中华民族文化大系

【蒙古族】上

天之骄子

主编 齐木德道尔吉

总顾问单位 国家民族事务委员会

国家出版基金项目
NATIONAL PUBLICATION FOUNDATION

上海锦绣文章出版社 上海文化出版社

中华民族文化大系

《天之骄子——蒙古族》

主　编

齐木德道尔吉（蒙古族）　内蒙古大学教授

撰稿专家(按章节顺序排列)：

刘钟龄　内蒙古大学教授

恩　和（蒙古族）　内蒙古大学教授

芒　来（蒙古族）　内蒙古农业大学教授

贺其叶勒图（蒙古族）　内蒙古大学研究员

郭雨桥　内蒙古文联译审

扎格尔（蒙古族）　内蒙古师范大学教授

敖　其（蒙古族）　内蒙古师范大学教授

乌力吉（蒙古族）　内蒙古师范大学教授

阿木尔巴图（蒙古族）　内蒙古师范大学教授

吴七柱（蒙古族）　内蒙古医科大学讲师

乌仁图雅（蒙古族）　内蒙古医科大学教授

杨玉成（蒙古族）　内蒙古艺术学院教授

王景志（蒙古族）　内蒙古艺术研究所研究员

赵林平（蒙古族）　内蒙古艺术学院教授

陈岗龙（蒙古族）　北京大学教授

额尔敦白音（蒙古族）　内蒙古大学教授

照日格图（蒙古族）　内蒙古大学教授

嘎日迪（蒙古族）　内蒙古师范大学教授

白玉冬（蒙古族）　辽宁师范大学特聘教授

张岱玉　内蒙古大学副研究员

苏日娜（蒙古族）　中央民族大学教授

陈永志（蒙古族）　内蒙古博物院教授

于宝东（蒙古族）　内蒙古博物院研究员

齐木德道尔吉（蒙古族）　内蒙古大学教授

苏德毕力格（蒙古族）　内蒙古大学教授

赛　航（蒙古族）　内蒙古大学副研究员

乌　兰（蒙古族）　中国社会科学院研究员

董　杰　内蒙古民族文化产业研究院研究员

郭世荣　内蒙古师范大学教授

白音查干（蒙古族）　内蒙古师范大学教授

草原上永远不缺少惊喜，彩虹是雨后的馈赠(图/额博)

中华民族文化大系
编委会成员(按姓氏笔画排列)

阿地里·居玛吐尔地（柯尔克孜族）

陈　倩	陈　徵
陈丹正	陈勤建
罗春寒（水族）	和少英（纳西族）
金黎燕（景颇族）	周亚成
周志军	周国茂（布依族）
周艳梅	郑继强（仡佬族）
房剑森	孟旭彦
赵卫星	赵昌平
郝苏民（回族）	胡文明（普米族）
段　超（土家族）	俞惠煜
姜复生	姜逸青
袁晓文（藏族）	都永浩（朝鲜族）
贾合甫·米尔扎汗（哈萨克族）	夏　蒙
夏一鸣	热依拉·达吾提（维吾尔族）
铁穆尔（裕固族）	徐　炯
徐艺乙	高志英（纳西族）
高韵斐	郭　锐（佤族）
郭志超（回族）	郭建斌
黄永松	曹先强（阿昌族）
鄂崇荣（土族）	康南山（傣族）
彭卫国（土家族）	葛剑雄
蒋澄澜	覃德清（壮族）
傅爱明	街顺宝（彝族）
童翔蔚	蓝炯熹（畲族）
赖永良（德昂族）	蔡武成（傈僳族）
阚宁辉	樊人龙
滕春华（俄罗斯族）	颜莹舫
毅　松（达斡尔族）	潘晓岗

天地间，套马手与马儿同在（图/额博）

弘扬优秀民族文化
打造传世文化精品

中国自古就是一个统一的、多民族的国家，各民族之间交往频繁，相互依存，相互融通，血肉相连。上下五千年的中国史，就是各民族交往交流交融的历史，各民族的交往交流交融也是中华民族自我完善发展的强大推力。我国各民族都是中华民族大家庭中的成员，各民族团结进步是中华民族的生命所在、力量所在、希望所在。只有加强各民族交往交流交融，在共同生产生活和工作学习中加深了解、增进感情，才能促进各民族和睦相处，像石榴籽那样紧紧抱在一起，在中华民族大家庭中守望相助、和谐共生。

文化是民族的精神血脉，积淀着民族深沉的精神追求，代表着民族独特的精神标识，文化自信是国家发展更基本、更深层、更持久的力量。中华文化是一个有机的整体，优秀的民族文化是中华民族深厚的历史文化和丰富的人文风情的重要组成部分。中国56个民族的文化尽管个性纷呈，但是它们都深深根植于整个中华民族文化的丰厚土壤里，既特色多元又融为一体，"各美其美，美美与共"，共同创造了源远流长、灿烂辉煌的中华文化，对延续和发展中华文明、促进人类文明进步，发挥着非常重要的作用。

各民族优秀的文化事项和文化元素，不仅是各民族的文明精华，更是今天整个中国文化大发展的源头和根基。我们要坚持辩证唯物主义和历史唯物主义，不断赋予新的时代内涵和现代表达形式，不断补充、拓展、完善，使中华民族最基本的文化基因与当代文化相适应、与现代社会相协调、与时代需求相结合。优秀的民族文化元素一旦与现代理念和技术相结合，必将焕发出勃勃生机，有利于中华文化在今天的世界多元文化中彰显出自己的特色与个性，有利于促进新一轮的中华文化大发展。

习近平总书记在中央民族工作会议上指示："让各族人民增强对伟大祖国的认同、对中华民族的认同、对中华文化的认同、对中国特色社会主义道路的认同。我们越是接近民族复兴的目标，就越需要汇聚全民族的磅礴之力。"民族问题是事关国家长治久安的核心和要害问题，民族团结是实现中华民族伟大复兴中国梦的基石和"助推器"，向广大民众展示、解读、传播、弘扬各民族优秀文化，促进各民族相互了解、相互尊重、相互包容、相互欣赏、相互学习、相互帮助，具有十分重要的意义，是非常必要、非常迫切的任务。只有加强民族之间的相互了解，才能消除偏见和误会，让民族团结之花常开长盛，共建美好的中华民族大家园。

上海文艺出版社、上海市国际文化传播协会、上海文坊文化传播有限公司多年来一直致力于中华民族优秀传统文化的弘扬及其创造性转化和创新性发展，取得了诸多成果。由三家单位策划的这套"中华民族文化大系"大型丛书汇集众多民族文化研究成果，集聚一流的民族文化专家学者，解读各民族悠久灿烂的文化，展示中华民族共同的精神家园，极大丰富了国民的文化认知。为配合做好新形势下的民族工作，出版这类既有主体观、本土观，也有他者观、国家观，既立足于学术，又为群众喜闻乐见的普及型著作，可谓恰当其时。这套丛书虽然是一部以传统纸质印制的图书，但又不拘泥于纸张，利用现代理念和技术进行文化整合创新，使传统图书与各种新兴媒体表现手段有机结合，在可读性、大众化方面进行了独具中国特色和当下风格的内容表达与视觉呈现的探索，以期让读者获得更完整、更全面的阅读体验。

我国众多民族与周边各国的民族和人民之间有着千丝万缕的联系，而民族文化具有独特的魅力以及广泛的文化传播力，尤其是与"一带一路"国家战略高度契合。希望这套丛书可以推动中华优秀文化的国际传播，推动中外文化的交流互鉴，成为中国民族文化"走出去"的力作。同时，这套丛书也将以令人信服的内容成为世界准确客观了解中国的窗口，并回答国际社会对我国民族问题的关切和期待。

2016年12月29日，习近平总书记致信祝贺《大辞海》出版暨《辞海》第一版面世80周年，对出版工作作出了"坚定文化自信，坚持改革创新，打造传世精品"的重要指示，作为富有责任感、使命感的出版文化工作者，我们更有义务做好弘扬优秀民族文化、打造传世精品的工作，讲好中国故事，谱写中国篇章，宣传中国文化，担当中华优秀文化的传承者和守卫者。

本书编委会

2017年6月

目录　CONTENT

目录 CONTENT

目录 CONTENT

第4章 天地穹庐蒙古包

民居

99

第5章 华服珠饰，身份象征

民间服饰

117

目录 CONTENT

目录 CONTENT

目录 CONTENT

第8章
天人一脉，
守护健康
传统医学
197

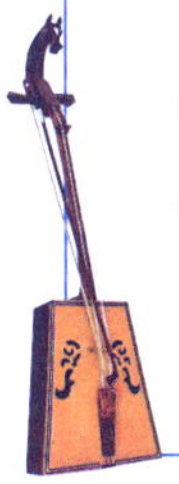

第9章
歌化的草原，
心灵的回响
音乐
205

目录 CONTENT

目录 CONTENT

布里亚特蒙古男子(图/宝音)

中华文化有两大主源，即中原农耕文化和草原游牧文化。草原文化是在以蒙古高原为中心的亚洲北方草原特定的自然地理环境中，由阿尔泰语系三大族系的匈奴、突厥、鲜卑、契丹、蒙古、女真、满族等草原民族，在其形成、发展过程中创造的生产和生活方式的总和。成吉思汗统一草原各部，在蒙古高原中心建立大蒙古国，全面继承和发展了几个世纪以来所创建的北方游牧民族的历史文化。

草原游牧文化的代表
让我骄傲的蒙古族

齐木德道尔吉(蒙古族)
内蒙古大学教授

》2011年的夏秋之际，何承伟先生和汪冬梅女士在内蒙古教育出版社原社长徐学文先生的陪同下来到内蒙古大学，将新的出版计划——“中华民族文化大系”的设计与理念与我们做了交流，并热情邀请蒙古族的学者参与《天之骄子——蒙古族》的撰写工作。作为一个蒙古历史文化研究工作者，我认同该项目的设计理念、编辑方法，并感觉到这是一项具有学术和人文社会科学知识普及意义的工程，将会对多民族统一国家的繁荣发展产生深刻而积极的影响。所以我们欣然答应，愿意将我们的研究成果在这一广阔的平台加以展示。接着就是根据出版社的建议框架，设计编写大纲，聘请专家，开始《天之骄子——蒙古族》的编撰工作。所有参与此书编写工作的专家学者尽心尽力，按时提交了所承担部分的稿件。尽管我们根据该书的特点和风格，将自己的研究成果尽量做了通俗化的处理，结果还是败下阵来，将艰难的再编辑、再创作的重担转交给了该书的编辑汪冬梅、田甜女士。通过这一实践，我们深刻体会到做学术研究的不易，更体会到普及人文社会科学知识的不易，愈加钦佩本书的编辑们。经过各位作者和编辑们近四年的努力，我们的书逐渐成型，即将付梓，欣喜之余，略抒感受，记写一二。

敖包(图/于怀)

《辽阔的草原》

扫描二维码，优美的音乐会在您耳边响起

肖像绘制/丁德武

》中华人民共和国是统一的多民族国家，由56个兄弟民族组成了团结和谐的大家庭，结成了谁也离不开谁的坚固关系。为了这个东方文明古国的崛起和昌盛，每个民族都做出了各自的贡献，并在当今建设中国特色社会主义、实现中华民族伟大复兴的宏伟事业中继续发挥着无可替代的作用。蒙古民族作为这一大家庭中的重要成员，更有责任在传承自己辉煌的历史文化的同时，为国家的繁荣、为各民族的平等发展倾力奉献。

拥有长久而辉煌历史的民族

》蒙古人操蒙古语，蒙古语属于阿尔泰语系蒙古语族。蒙古源于公元前展现于史乘的北方民族——东胡之鲜卑，或称“室韦-达鞑”，是为原蒙古人。唐开成年间，趁群雄无首之机向西发展，进入蒙古高原，与留居蒙古高原的突厥语族居民相融合，成为真正的草原民族，始称“蒙古”。经辽、宋、金时代，部落繁衍，蒙古乞颜部孛儿只斤氏贵族铁木真，历经艰辛，统一蒙古诸部，兼并其他蒙古化突厥部落，于金泰和六年（1206）建立大蒙古国，被拥戴为蒙古大汗，号成吉思汗。

》大蒙古国的建立，标志着一个具有共同语言、共同地域、共同文化的蒙古民族的最终形成。

蒙古汗国哈拉和林宫殿根基遗址（图/额博）

》 成吉思汗建立大蒙古国后，开始了大规模的对外扩张的军事活动，大蒙古国成为横跨欧亚的大国。至元八年（1271），忽必烈定都大都，建立大元王朝。至元十六年（1279）灭南宋，统一全中国，结束了唐末以来长期分裂的局面，奠定了中国统一多民族国家的基础。

》 在长期的征战过程中蒙古统治集团内部的矛盾冲突也日益加剧，致使大蒙古国逐渐进入分裂阶段。成吉思汗子孙各自在分封的领地上建立大小诸汗国，忽必烈时期，蒙古本土以外已形成四大汗国。

》 1271年，忽必烈将大蒙古国统治中心由漠北南移到中原，建立年号，改国号为“大元”，设立汉式官僚机构，定都汉地，实行中央集权的行省制度和宗教信仰自由政策，发展生产，尊崇儒学，使元朝成为繁荣发达的世界强国，推进了东西方的经济文化交流。

内蒙古通辽出土的缠枝纹青花瓶（图/陈永志）

蒙元帝国代表着当时世界文明的主流

》 大蒙古国从建立到元朝灭亡仅仅延续了160多年，但它在世界历史中写下了光辉的一页。蒙元时代所创造的历史，成为人类历史的奇迹流传于世。蒙古铁骑打破了欧亚之间的铁壁界限，使东西文化的交流畅通无阻；蒙古帝国横跨欧亚，使东西方生产方式得以互通，极大地促进了人类生产力的发展；随着军事技术的交流，火药、大炮的使用真正成为可能。13—14世纪的蒙元帝国，代表着世界最先进的科学技术和生产力，代表着世界文明的主流。蒙元时代所创造的文化，更是人类文明宝库中的经典。多种族、多民族、多元化竞相争艳，多语言、多文化、多宗教平等存在。蒙元时代创造的物质和精神财富，至今仍影响着人类。

》 北元与明朝对峙，形成新的南北朝。明太祖、成祖两朝，多次深入草原征伐北元势力，却始终未能将其征服。明朝修长城防御蒙古的南侵，同时想隔断南北经济联系。双方时战时和，长达300多年。明嘉靖年间，土默特部阿勒坦汗强盛，西逐西蒙古瓦剌部于杭爱山以西，占领青海。隆庆年间与明朝修好，接受明廷“顺义王”封号，在丰州滩筑板升（房屋），营库库河屯城，引进藏传佛教格鲁派。从此，喇嘛教在蒙古广为传播，古老的萨满教被强势排斥。

》 明朝末年，以瀚海为界，蒙古分为三部：漠南蒙古、漠北蒙古和漠西蒙古。漠南蒙古，亦称东蒙古。明万历三十二年（1604），年少的林丹汗继蒙古正统大汗位，称呼图克图汗。

从式微到新生

》清朝逐步征服、统一蒙古各部后，蒙古原有的鄂托克、爱马克等众多封建贵族领属集团之绝大部分被整编为由札萨克世袭统治的旗。清朝的各种治蒙政策和制度，使蒙古族为清朝统治者起到了“屏藩朔漠”的历史作用。但另一方面，蒙古落后的封建领主性统治制度也因此得以延续以至强化，由于互不统属的分割统治和民族隔离性蒙禁政策，消蚀了蒙古民族的凝聚力，人为阻滞了社会经济结构和生产力，以及社会的发展。特别是优待、扶植喇嘛教的政策，使蒙古民族精神愚钝，不事种族繁衍和社会生产的喇嘛越来越多，人口和劳动力递减。所有这些，成为晚清以来蒙古民族在政治、经济、社会、文化和民族精神等方面全面衰颓的重要历史原因。

20世纪上半叶，蒙古贵族妇女（图/比利时人田清波，内蒙古摄影家协会收藏，额博供图）

》辛亥革命推翻了大清王朝的统治，喀尔喀蒙古宣布独立，内蒙古仍为中国的一部分。内蒙古在民国时期被分为绥远、察哈尔、热河等省，东部地区甚至被伪满洲国吞并，成为日本帝国主义的殖民地。1947年，在中国共产党的领导下，内蒙古人民得到解放，全国第一个民族区域自治地方——内蒙古自治区得以建立。蒙古族人民在中国共产党的领导下，迈入崭新的历史发展时期。

蒙古族创造了灿烂的草原文化

》中华文化有两大主源，即中原农耕文化和草原游牧文化。草原文化是在以蒙古高原为中心的亚洲北方草原特定的自然地理环境中，由阿尔泰语系三大族系的匈奴、突厥、鲜卑、契丹、蒙古、女真、满族等草原民族，在其形成、发展过程中创造的生产和生活方式的总和。成吉思汗统一草原各部，在蒙古高原中心建立大蒙古国，全面继承和发展了几个世纪以来所创建的北方游牧民族的历史文化。在此基础上，成吉思汗及其继承者们经过几十年的征战，建立了横跨亚欧大陆的蒙古帝国，进而统一中原，建立大一统的元王朝，将草原文化的影响扩大到东西方。

》草原文化作为具有鲜明地域特点的文化类型，在漫长的历史年代中与中原农耕文化共存并行、互为补充，为中华文明的演进不断注入生机与活力。随着社会的发展，草原文化经过多次转型，有些文化形态得以保存和发展，形成传统文化，至今还在推动着人类文明的发展。

和谐和美的草原自然观

》 草原文化具有其鲜明的特点。从精神层面上看，草原文化具有天人合一、崇尚自然的宇宙观，敬畏大自然、与大自然和谐相处的自然观，合理取舍、永续利用的生态观，描摹自然、歌颂自然的文化观。

》 从自然层面上看，其生物的多样性、生态景观的丰富性和环境条件的平衡性体现得最为完美。

》 从历史层面上看，这里是人类先祖的栖息地，人类文化的发源地，历史上的许多北方民族的发祥地，汉民族与北方少数民族的融合地，东西文明的交汇地。

》 草原文化的基本精神体现在如下几个方面，即崇尚自然、践行自由、崇拜英雄、以人为本、兼容并蓄。

岩画上的狩猎图，简单生动，体现出草原文化的生存特点(图/内蒙古博物院)

草原文化的实用层面

》 草原文化有物质层面和精神层面之分。物质层面有：1.以毡帐为代表的住宅文化。清代，除传统的毡帐外，蒙古地区建造了数千座寺庙。其建筑风格有藏式的、汉式的、蒙藏混合式的和汉藏混合式的。这一时期出现了大批蒙古族建筑师，有不少寺庙是由他们设计和建造的，充分显示了他们的才华。归化城著名的蒙古族工匠希库尔达尔汉和贝勒达尔汉设计建造了西乌素图召。2.以驯马养马为主的马文化。作为马背民族，调养出适应蒙古高原严酷气候草场条件的蒙古马，把蒙古马在生产、生活和战争中所起的作用发挥到极致。蒙古男人用自己一生的积蓄，毫不吝啬地装饰自己的坐骑和马鞍等马具。清代各旗都有各具特点的马鞍造型和装饰，雕花的、鲨鱼皮的、骨雕的、贝雕的、金银装饰的马鞍比比皆是，呈现出异常的气派和韵味。3.奶食肉食为主的饮食文化。在蒙古高原自然和气候条件下生成的富有营养的植物和经过几千年自然淘汰选择的蒙古高原独有的蒙古“五畜”——马、牛、驼、绵羊、山羊，构成蒙古高原食物链的基础。以上五畜产出的奶、肉等成为蒙古人的饮食来源，滋养着他们的身体，造就了蒙古民族独有的体魄，谱写了蒙古民族发展变化的历史。4.毛皮、金银首饰为特色的服饰文化。珍稀的野兽和蒙古家庭饲养的牲畜，为蒙古人提供了衣物来源，从而形成独具特点的服饰文化。蒙古众多的部落，形成各自的袍服和头饰特色。大量的珍贵宝石、珊瑚、金银都用在妇女的头饰上，佐以精美的工艺，透出秀美的草原风格。5.多元的草原城市文化。成吉思汗统一蒙古，建立蒙元大帝国，将东西文化连接起来，使草原城镇的文化多元起来。哈拉和林（13世纪蒙古帝国首都，现位于蒙古国前杭爱省）、元上都（曾为元朝首都，现位于内蒙古锡林郭勒盟正蓝旗草原）都是世界级文化遗产。在内蒙古草原，最大的草原有形文化遗产就是元朝的上都遗址，再者就是辽金时期的京城遗址。其他珍贵的历史遗迹与文物，如从红山文化遗存到金界壕，从匈奴的皇冠到契丹的面具，从突厥金器到蒙元青花瓷，从成吉思汗陵祭奠到清代的寺庙文化，更是数不胜数。随着蒙古帝国的扩张，草原文化与中亚伊斯兰文化、俄罗斯东正教文化结合，在中亚、印度和俄罗斯建造了风格独特的城市和建筑。印度泰姬陵、红堡，莫斯科克里姆林宫等就是草原文化与当地文化结合的典型。

蒙古族妇女头饰上有大量珍贵宝石、珊瑚和美玉，精美华丽（图/贺其叶勒图）

非物质文化的深远影响

》草原文化的无形精神文化，尤其丰富多彩：从人类文化的活化石英雄史诗到近代蒙古文文献，从草原民族优美的歌舞到传统的风俗习惯，从传统的生态知识到丰富的游牧文化，从草原习惯法到成吉思汗大扎撒等等。此类精神文化，作为非物质文化形态，具有深远的影响力。在草原文化转型的关键时期，由于游牧生产方式的改变，其中的优秀文化形态正面临被遗忘的命运。

》蒙元时代蒙古族文化最重要的成就是蒙古族有了自己的文字。成吉思汗时期，用畏吾文字母记写蒙古语，从而产生了畏吾体蒙古文。用畏吾体蒙古文写出《蒙古秘史》、译写出《甘珠尔经》等不朽著作。元朝时期又创制了八思巴蒙古字。有了本民族的文字，蒙古族的历史与文化就有了载体。蒙古文字在发展民族文化、保存蒙元时期丰富的文化遗产方面起到了重要作用。

》同时，文化是动态的，是在不断发展的。随着民族历史的变迁，民族文化中不断补充进新的内涵，旧的不适应的内容则逐渐被淘汰或遗弃。

》有清一代，蒙古社会以及生产关系的变化，导致内蒙古草原文化的首次变迁。

》在语言上，蒙古语进入清代后产生了巨大的变化。随着漠南、漠北和卫拉特蒙古诸部逐一归附，明末形成的蒙古语方言布局也被彻底打破。清廷“众建以分其势”，大力推行盟旗制度，每旗形成一个独立的社会实体，互不统属，各自发展，最终形成清代蒙古语方言的新布局。

入清以后，畏吾体蒙古文进一步完善、定型，成为清朝主要文字之一，被用于纂修大量辞书，这对蒙古语词汇的发展起到了积极的作用。同时所创造的阿礼嘎礼字母，为翻译藏文佛经时准确地记写梵藏文佛教名词术语开辟了捷径；托忒蒙古文，为记写额鲁特方言提供了便利；索永布文，为自然便捷地记录佛经语言创造了可能。蒙古族文学创作和历史编纂学空前发达，极大地丰富了蒙古文化遗产。寺院教育与清末的新式教育，为蒙古民族的发展和草原文化的弘扬，发挥了巨大的作用。

蒙古族民间艺术具有悠久的历史和广泛的群众基础。它与蒙古族人民日常生活的方方面面都有联系，在蒙古包、服装、马具、荷包、褡裢、刀具、乐器、头饰以及饮食上，具有民族特色的民间美术图案的美化装饰无处不在。

蒙古族民间美术，有各种固定的美术图案形式，如狮、虎、五畜、花草、鸟、云彩、日月及佛教八宝等。民间美术的工艺方法也多种多样，刺绣、雕刻、绘制、镶嵌等都是常用的工艺方法。所用的材料根据用途而设，有木头、金属（金银铜铁等）、皮革、泥土、布料、绸缎、毡呢、石料等。从其用途来看，有单纯的艺术或工艺品，有装饰性的生活用品，更有宗教用品。

清代龙纹铜东布壶，蒙古族最具特色的斟酒器具（图/内蒙古河套酒文化博物馆）

民间美术创作与人民风俗习惯和生活理想有关。民间美术在蒙古族民俗中起着重要的作用。每逢新年、红白喜事、敖包祭祀、那达慕（传统集会活动）等重大节日，人们的服饰、用品的工艺装饰就成为表达特定场合气氛的重要因素。美术装饰的各种图案是一种象征语言，如虎、狮、鹰等动物表示着英雄气概，云纹和八宝纹寓意吉祥和因果报应，花鸟代表幸福安宁。民间美术创作中常用的颜色也含有象征意义。蒙古人认为，蓝色（青色）象征永恒、坚贞和忠诚，是蒙古民族色彩；白色是纯洁、美好、善良的代表符号；红色是愉快的颜色，代表胜利和热情。这一切反映着蒙古民族在长期的历史过程中所形成的独特审美趣味和观念。

蒙古族善于雕刻，尤其木雕最甚。马头琴、胡琴、蒙古象棋等都是精美的雕刻作品。清代蒙古金属工艺与雕刻大有发展，蒙古金属工艺品一般用金、银、铜、铁等原料制作，包括桶、碗、壶、勺、酒器、头饰、马具、火镰、刀子等生活用品和查玛舞道具等宗教器皿。蒙古金银匠主要采用錾雕手艺，在金属制品上錾出精美的各式纹样和图案。佛教寺院供养的佛像和所用法器都是精致的艺术品，比如，五当召雄踞殿内的10米高的黄铜弥勒佛像、额尔德尼召内的二十一度母像等等都很著名。

》蒙古民族能歌善舞，创造了极其丰富的音乐舞蹈作品。内蒙古各盟旗，直到苏木（相当于“乡”级行政单位）、巴嘎（相当于“村”级行政单位），都有各具特点的歌舞音乐。民间有民歌，王府有王府音乐。婚宴时，有专门的送亲、接亲歌，每举行婚宴的一个仪式和节目，就有专门的歌曲唱颂。民间歌曲更是丰富多彩，欢快的、忧郁的、凄凉的、委婉的曲调，应有尽有，加上优美的歌词，美妙无比，使人产生强烈的美感和无比的舒适感，其中最有代表性的有鄂尔多斯的婚宴歌曲，锡林郭勒的长调歌曲，科尔沁的叙事歌曲等。

》蒙古族乐器除了传统的民族乐器马头琴、蒙古筝等以外，还新添了汉族的二胡、四胡，藏族的长号角，哈萨克族的冬不拉等。

》蒙古族民间舞蹈有了新的发展。集体舞安代在东蒙古各盟旗中普遍流行。藏传佛教影响到蒙古音乐舞蹈领域，西藏寺院在法会上表演的一种化装舞剧——查玛在蒙古地区广为流行。在查玛的启发下，19世纪30年代开始出现了蒙古族歌舞剧的萌芽。

》在东蒙古地区出现了新的说书风气。蒙古语说书胡仁·乌力格尔是蒙古民间艺人一边拉四胡，一边说唱“本子故事”的传统曲艺。本子故事一般都是用蒙古文翻译并经改编的汉族长篇小说，诸如《封神演义》和隋唐故事等。

》到了清末，随着新政的推行，蒙禁被取消，大量的内地移民涌入蒙古地区，大片牧场被开垦，致使在内蒙古地区形成农业区域，民族和人口构成发生了质的变化，蒙古族成为少数民族，进而导致内蒙古地区的草原文化的再次转型——纯粹的

马上技巧，1997年摄于呼和浩特（图/巴义尔）

游牧经济，除了部分地区外，代之以半农半牧的经济形态；纯粹的蒙古族聚居区，有一大部分成为蒙汉混居区；大量的牧民，转而从事农耕；接近内地的地区产生了许多以汉民为主的城镇，旅蒙商家遍布草原腹地。

顶碗舞是蒙古民族独有的舞蹈形式（图/巴义尔）

民族交流的深刻影响

》各民族间的融合和交流加快，近代的内蒙古草原文化形成如下布局：

——东部科尔沁、喀喇沁文化区，首先在满族文化，然后在汉文化的影响下，形成了独特的科尔沁、喀喇沁文化形态；

——中部游牧文化区，由于接受满汉文化影响较小，基本保持着蒙古游牧文化形态；

——西部蒙汉混合文化区，受满文化影响较少，接受汉文化影响较深，形成蒙汉文化混合形态。

》清代形成的内蒙古草原地域文化，经过民国时期，再传承到今天，在新的社会制度和新的生产关系的条件下，再一次改变了内蒙古草原地域文化的形态。

》今天，随着社会的发展，草原文化又到了转型的关键时期。草原文化赖以形成的草原生态、草原生产和游牧生活方式正在发生根本的变化。草原文化的载体——蒙古民族也在经历着深刻的变化。

《甘珠尔》经卷，是已知蒙古族最大部头的藏传佛教典籍，由众多蒙古族佛教学者历经元、明、清三个朝代数百年的辛勤劳动编译而成（图/齐木德道尔吉）

》所有变化，需要我们去面对，所有问题，需要我们去寻找答案。草原文化需要传承，更需要现代化。

》以上丰富的历史文化内容，将在这本书中通过图文并茂深入浅出的描述、智慧精巧的设计和编辑得到展示。相信这本书能够成为中国蒙古族的名片，传递到世界各民族人民手中，使中华文明在世界范围内得到发扬光大。

》最后，将我们深深的感激之情献给上海世纪出版集团，献给何承伟先生，献给汪冬梅、田甜等各位编辑。作为该书的主编更应该将自己的谢意呈献给该书编撰团队的所有女士和先生。我认为，我们做了一件非常有意义的事情，同时也学到了不少新的知识、新的思想，这对我们的未来会非常有用。

齐木德道尔吉

2014年7月15日于呼和浩特内蒙古大学

蒙古族

人口与分布

蒙古族人口有5981840人（2010年第六次全国人口普查），主要分布在东北和华北地区，尤其是内蒙古、辽宁、吉林、黑龙江、新疆、青海、甘肃、云南、四川、河北等省区，其中内蒙古分布最多，达到380万。

环境与资源

蒙古族主要居住在内蒙古高原上，地貌格局是由南侧的外缘山地逐渐向浑圆的低缓丘陵与高平原依次更替，草原有山地草甸草原、丘陵草甸草原、平原丘陵典型草原、沙地植被草原、低地草甸草原等不同类型。2014年内蒙古自治区内森林面积2487.9万公顷。从资源角度，内蒙古自治区有“东林西铁，南粮北牧，遍地是煤”之称，除了矿产资源中的煤铁资源丰富之外，已探明的有色金属有铜铅锌铝等40余种，稀有氧化物储量占全国的96%，居世界首位。除了内蒙古之外，其他省区蒙古族

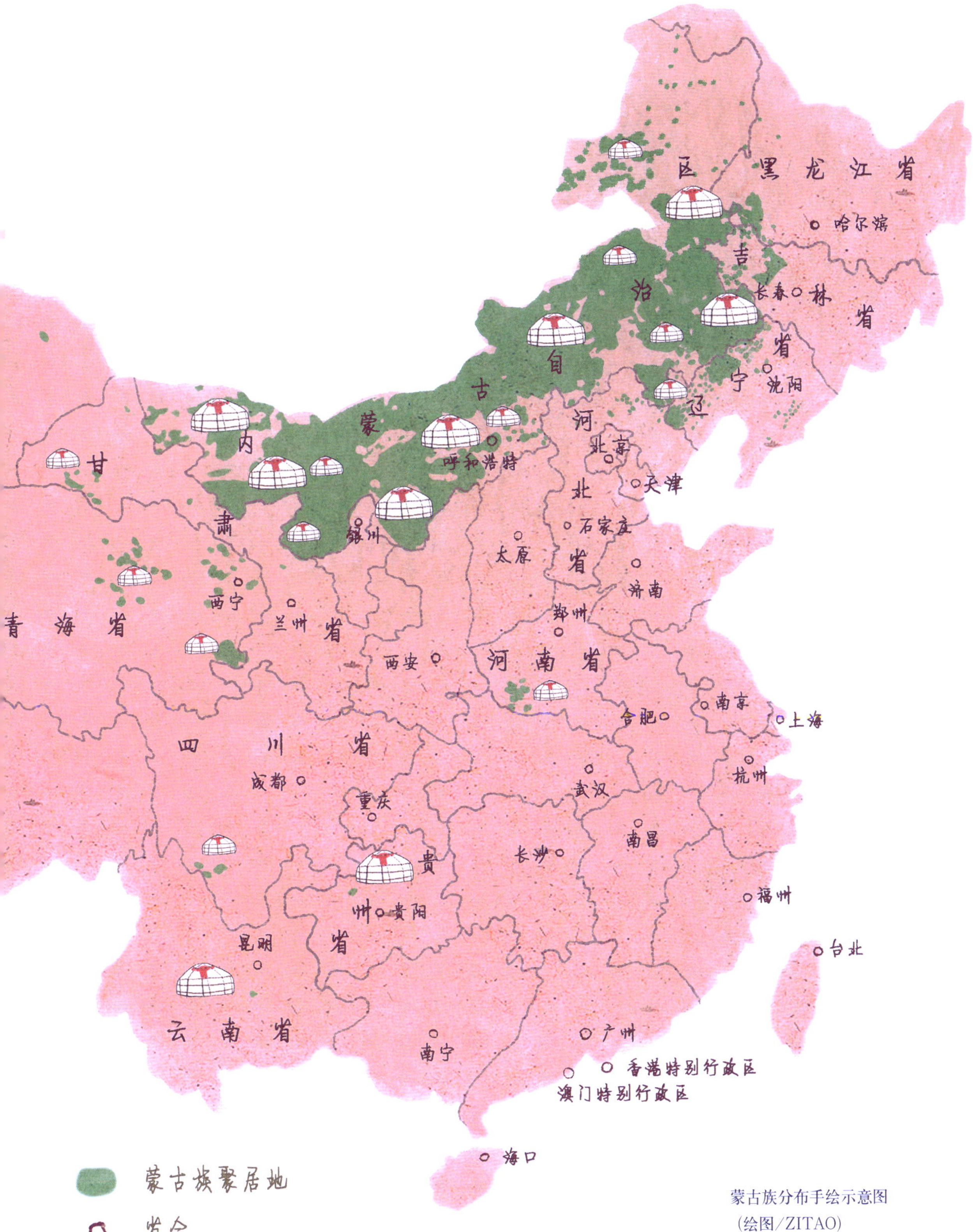

蒙古族聚居地

省会

蒙古族分布手绘示意图
(绘图/ZITAO)

聚居地区的物产资源也很丰富，比如新疆巴音郭楞蒙古自治州和博尔塔拉蒙古自治州，土地辽阔，物产丰饶。

语言与文字

蒙古语属阿尔泰语系蒙古语族。中国境内的蒙古语分为内蒙古方言（也称中部方言）、卫拉特方言（西部方言）和巴尔虎布里亚特方言（东北部方言）等3种。其中，内蒙古方言分布最广，使用人口占蒙古族人口的90%以上。我国的蒙古族现使用着两种蒙古文，一种是居住在内蒙古自治区和黑龙江、吉林、辽宁、甘肃、青海等地的蒙古族使用的现行传统蒙古文，另一种是居住在新疆地区的蒙古族所使用的托忒文。蒙古文字是从上到下连写，从左到右移行的独特的文字。

文化艺术

勤劳智慧的蒙古族创造了丰富多彩的游牧文化和民族艺术。蒙古族在历史上留下了《蒙古秘史》《蒙古源流》《江格尔》《格斯尔》《清史演义》等历史、文学巨著，在民间还流传着许多民间故事、神话传说以及好来宝、英雄史诗等口头文学。能歌善舞的蒙古族人民创造出很多具有民族特色的歌舞形式。蒙古族传统的民间舞蹈有安代舞、盅碗舞等。马头琴是蒙古族代表性的传统乐器。

风俗习惯

蒙古族的风俗习惯有浓厚的民族特色。蒙古族崇尚礼仪，以热情好客著称。主要礼俗有见面礼、祝寿礼、贺满月、过生日等，献鼻烟壶、献哈达是蒙古族表示欢迎、敬意和祝贺的重要礼俗。

蒙古族的衣食住行等风俗习

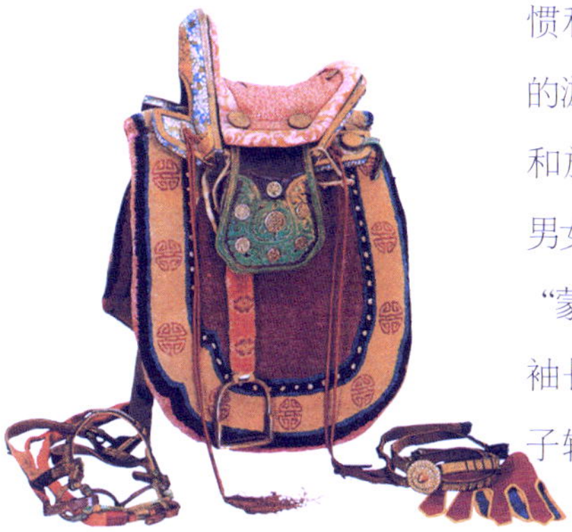

惯和游牧生活密切相关。在长期的游牧生活中，为了适应气候条件和放牧生活的需要，牧区蒙古族男女老幼都喜爱穿斜襟长袍，俗称“蒙古袍”，蒙古语称“特尔力克”，袖长而宽大，下端左右不分衩，领子较高。穿这种长袍乘马放牧，既

可护膝，又可防风寒。与蒙古袍相配的帽饰、首饰也很讲究。

蒙古族饮食分为奶食、肉食、粮食三种。奶食有白酥油、黄酥油、奶皮子、奶豆腐等。肉食以羊肉、牛肉为主。粮食以面粉、玉米、大米、炒米等为主。

蒙古包是蒙古族的传统住所，大小不一，包内直径4—6米，高约2米，四周围墙由直径1寸（3.33厘米）左右的柳木杆呈菱形网眼状编成，俗称“哈纳”。整个蒙古包的外壁多以羊毛毡覆盖，用毛绳交叉绑紧。蒙古包简单轻便，搬迁时容易拆卸。

蒙古族的婚礼热闹非凡，别具特色。由于地域的不同，又有鄂尔多斯婚礼、察哈尔婚礼、卫拉特婚礼和科尔沁婚礼之分。

蒙古族的丧葬大致分为土葬、火葬和野葬3种。

宗教信仰

蒙古族早期信仰萨满教。藏传佛教传入内蒙古地区后，大多数蒙古族皈依了藏传佛教。此后，蒙古族贵族在极力提倡藏传佛教的同时，打击萨满教。明清两代的统治者也在内蒙古地区大力提倡藏传佛教。进入20世纪之后，蒙古族群众对于藏传佛教的信仰一直趋于淡化。

本书导读示意图

拓展阅读：与专题相关的名词解释、背景知识、人物小传、田野实录等的延伸阅读，为你构建多维度、多侧面的全息专题文化影像。

专题标题：以虚实结合的文字概括各民族的某一重要文化事项。

专题段落标题：揭示这一重要文化事项的不同断面，分层切入，条分缕析，引你直抵现象背后的文化之核。

正文

民族经典纹样——蒙古族嘎日迪（凤鸟）纹。《蒙古源流》记载铁木真即合罕位前，有五彩瑞鸟每日在房前呼唤“成吉思”，预示草原圣主即将诞生。作为上天降下祥瑞的吉兆，凤鸟纹在蒙古族民间运用普遍，成为幸福理想的象征。

漫天星斗的音乐构成

什么音乐会比民族的历史还悠久？

丰富灿烂的民间音乐

蒙古族音乐因地理分布和历史文化演进的不同影响，有着复杂而庞大的构成类型。它包括民歌、歌舞音乐、器乐音乐、说唱音乐等四个部分。

以声部划分的民歌

蒙古族民歌有单声部民歌和多声部民歌两种。根据旋律和节奏，单声部民歌分为长调和短调。还有多人演唱双声部的潮林道和一人演唱双声部的呼麦两种。

潮林道：蒙古族音乐的最高典范

流行于锡林郭勒阿巴嘎—阿巴哈纳尔一带的潮林道被誉为蒙古族音乐的最高典范。由一人演唱长调形态旋律声部，多人演唱持续低音声部。过去，这种二声部合唱，是在王公贵族宴会和重大的那达慕大会上演唱的。目前，阿巴嘎、锡林浩特地区有少数牧民歌手，传承着十余首潮林道。

扫描二维码欣赏
陈巴雅尔演奏的马头琴曲《德玛》

我拉琴来你来听（图/额博）

蒙古族—212

多媒体技术的全新运用和呈现：音（视）频链接为你直观展现民族文化的某个片段。从此，纸质经典不再是一位沉默的朋友。

图片：既有近百年来中外著名学者亲历现场所拍摄的第一手影像资料，也有当代摄影家极尽巧思的唯美大片，涵盖面广泛，于文本之外，自成一个独立的图片系统。

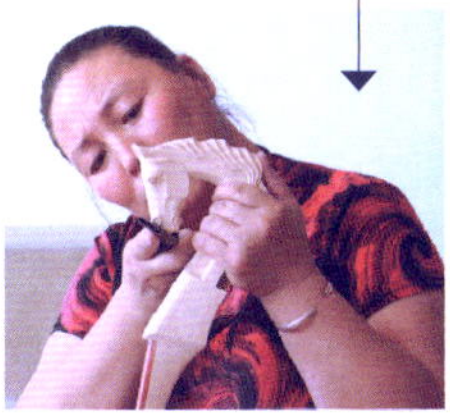

马头琴用硬木制作，音箱有倒梯形、长方形等多种。大者琴长120厘米，小者琴长70厘米。音箱两面蒙绘有图案的马皮或羊皮。琴弦的特别之处是由多根马尾分为两束而成琴弦，按四度关系定弦。

撰稿专家

杨玉成(博特乐图)，蒙古族，博士，内蒙古艺术学院教授，博士生导师，内蒙古音乐家协会副主席。主要从事民族音乐学、蒙古族音乐研究。代表著述有《胡尔奇：科尔沁地方传统中的说唱艺人及其音乐》《表演、文本、语境、传承——蒙古族音乐的口传性研究》《蒙古族英雄史诗音乐研究》等。

《表演、文本、语境、传承——蒙古族音乐的口传性研究》

扫描二维码，阅读专家代表著作的电子版

送亲乃日上演唱(奏)的曲目列表

歌（乐）曲名	类型	形态	题材	演唱语种	地区（部落）	伴奏
《修长的青马》	民歌	长调	感恩歌	蒙古语	乌珠穆沁	无
《美丽的乌珠穆沁》	创作歌曲	短调	赞颂歌	蒙古语	内蒙古	无
《黑骏马》	民歌	短调	情歌	蒙古语	喀尔喀	无
《我心爱的小情人》	创作歌曲	短调	情歌	蒙古语	蒙古国	无
《像天般》	民歌	长调	哲理歌	蒙古语	乌珠穆沁	无
《褐色的雄鹰》	民歌	长调	励志歌	蒙古语	乌珠穆沁	无
《东山哥哥》	马头琴演奏民歌曲调	短调	——	——	科尔沁	——

213— 音乐

图片说明：拒绝标签式的大白话图片说明，每一段解读，或长或短，都经撰稿专家反复推敲，发图片画面之所未发，读图时代，仍然需要如此点睛之笔的助力。

专家简介：为你介绍各章撰稿专家的学术背景、学术成就，在作者与读者之间搭建起一座信任之桥，论世需要知人，论著也当知人。

代表性论著链接：扫描二维码可阅读该专家代表作，并可进一步在中华民族文化经典学术著作数据库中阅读其他民族文化学术著作。

表格：删繁就简，将大段枯燥的学术性表述华丽转身为一目了然的图表，文明演进的过程、文化现象的罗列，由此变得简洁明了。

草原深处的人家(图/额博)

第1章

天高地阔，休养生息

人文地理

本章主撰稿人：内蒙古大学教授　刘钟龄

成吉思汗征服过半个世界，从而改写了人类的历史。但是，成吉思汗从来不想征服草原，也没有改变过草原的生态结构。蒙古人，包括成吉思汗，敬畏苍天父亲和大地母亲，而大地母亲就是草原。

内蒙古的生态环境和自然资源以草原为主体，呈现出景观和生态的多样性。这是自然演化和人类经营活动双重影响下的产物，既显示了区域景观生态的特征，也反映出历史发展的过程。这里是我国草原最广的地方，拥有呼伦贝尔、锡林郭勒、科尔沁、乌兰察布、鄂尔多斯和乌拉特6个著名大草原，其中锡林郭勒草原是内蒙古也是我国最大的草原，是著名的欧亚大陆样板草原，有“草原图书馆”和“草原画廊”的美誉。

在内蒙古山地和沙地等生态环境中也分别有疏林、灌丛、草甸、沼泽等景观生态类型，构成错综复杂的以草原为主的生态多样性组合。这是古老的北方民族，包括蒙古族，生存发展的环境和资源保障。

游牧文明是由牧草、牲畜和人三者构成的，其中草是全部游牧生活的命根子，因此说游牧过程其实就是周转在草尖上的日子。在四季游牧中，蒙古人所做的一切实际上是马不停蹄地协调着牲畜和草场的关系。这种关系并不像工业文明那样用技术和工具进行结构性的改造和调整，而主要是靠传统经验和生活智慧去主动适应。四季游牧并不是人们想象的那样浪漫和单纯，它的内涵和艰辛远比我们知道的多得多。

在游牧生活中，蒙古族人民热爱草原、爱护家畜、保护生命、维护环境的朴素感情是人与自然和谐共荣的生态意识，是走向文明祥和的精神动力。

丰富多样，涵养万物

内蒙古高原多姿多态的地貌特征

中国东西跨度最大的省区

内蒙古自治区地处蒙古高原的东南半壁，从地理区划而言，是我国东西跨度最大的省区。从海拔角度来说，内蒙古地区在我国的疆域中，位于平均海拔约千米以上的第二阶梯之上，属于我国北方的内陆高原地区。

蒙古高原是在漫长的自然历史演变过程中，由大地的内外动力塑造形成的。内蒙古地区在地质构造上主要受华夏系北部构造带和纬向构造带所控制，西部受阿拉善弧形构造带的制约。因而东起大兴安岭，向西南延伸到燕山和阴山山脉，再往西与贺兰山、龙首山、合黎山、马鬃山的构造相连，构成了内蒙古高原本部的外缘山地，成为地理科学所确定的“蒙古弧”。通俗地说，和青藏高原的抬升相伴，内蒙古高原也是在较长地质历史过程中

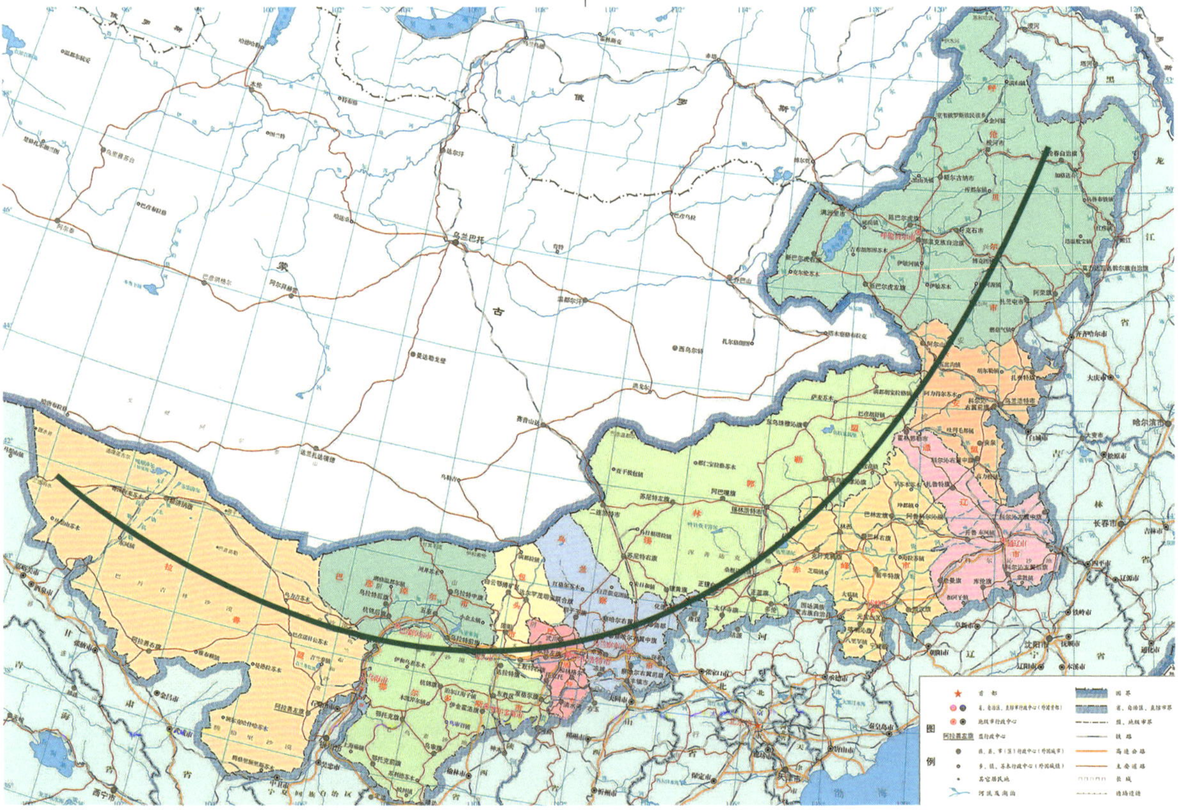

蒙古弧，内蒙古大地的脊梁（图/刘钟龄）

蒙古高原是位于亚洲大陆腹地的内陆高原地区，南北纵跨中国、蒙古和俄罗斯三国的广大地域，总面积约314万平方千米。其地貌景观格局是以广阔的高平原和一系列山地为主体的，大部分为古老台地，仅西北部多山地，西南部为广阔的戈壁，中部和东部为大片丘陵

由于地壳的抬升而形成的，只不过内蒙古高原的抬升幅度远没有青藏高原那样剧烈，在高原的东南部由于地壳断裂而逐渐翘起，形成了内蒙古的主要山脉：大兴安岭、阴山和贺兰山。它们由东北向西南蜿蜒相连，横贯全区，形成一条弧形山带，构成了内蒙古地貌的脊梁。

巴音满都呼发现的恐龙蛋化石（图/内蒙古博物院）

这是内蒙古高原的一条极为重要的自然地理分界线。这条分界线把内蒙古分割成若干个高原、平原、山地等不同的地貌单元，它们相间排列、错落有致，构成了内蒙古独特的地貌形态和美丽的自然景色，也影响着生物多样性的地域分布格局。地貌与矿藏以及景观生态多样性又成为畜牧业、农业、林业、工矿、交通等各项产业合理布局和可持续发展的环境与资源保障，并且组成了我国北方重要生态安全屏障，为内蒙古民族经济、民族文化和社会发展赋予了优越的地理条件。

内蒙古高原不仅仅是草原

内蒙古高原海拔高度约在600—1500米之间，地势由南向北、从西向东逐渐倾斜下降，地图上呈现黄色—橙色—绿色的颜色渐变。总体的地貌格局是由南侧的外缘山地逐渐向浑圆的低缓丘陵与高平原依次更替。丘陵区以古生代的结晶岩、变质岩以及中生代花岗岩侵入体为主，广大的高平原主要由中生代和第三纪的砂岩、砂砾岩、泥岩以及玄武岩等组成，上覆厚薄不一的第四纪沉积物。

呼伦贝尔草原，远处有草原湖泊（图/于怀）

沧海桑田，起落恢宏，亿万年变化中形成的高原地貌

恐龙王国的巨人——查干诺尔龙(早白垩世)(图/内蒙古博物院)

内蒙古自治区地域辽阔，埋藏着非常丰富的古生物化石，以中生代白垩纪恐龙和新生代哺乳动物为主的古生物化石驰名中外，在国际古生物学界占有极其重要的地位，是我国白垩纪恐龙化石种类和数量最多的地方，是享誉中外的“化石之乡”。

鄂尔多斯高原与二连浩特盆地是亚洲最早发现恐龙化石的地区之一，也是最早发现恐龙蛋化石的地区。

此外还有阿拉善白垩纪恐龙动物群、阿拉善左旗乌力吉苏木白垩纪恐龙生物群、额济纳旗马鬃山恐龙生物群、乌拉特中旗中侏罗世恐龙足迹、四子王旗晚古新世闹木根哺乳动物化石、苏尼特左旗中新世晚期通古尔古动物群、乌审旗晚更新世萨拉乌苏动物群等。(资料来源：《内蒙古日报》)

根据地质学家及考古学家的研究，高原古地理环境与今日有着极大差异。在中生代，阴山山脉南麓的广大地区，遍布着河流和湖泊。二连浩特在晚白垩世时期，曾是一个广阔的湖泊地带，有亚热带雨林，还有多姿的蕨类，绚丽的苏铁、棕榈等。河套平原曾是湖沼湿地，淡水湖星罗棋布，湖畔和河流两岸有森林，气候比现在温暖湿润，曾有河套大角鹿、赤鹿、披毛犀、普氏羚羊、诺氏驼等生存。

呼和浩特东北郊的大窑文化遗址，也是内蒙古境内人类早期文明的遗迹，大青山南麓，西南方是土默特平原，大小黑河从这里流过。远古时代，这里的气候从炎热湿润逐渐变得温暖，到了旧石器时代晚期，向干燥寒冷演变，大地上既有深山，也有小片森林和林间的灌木地带，以及野草茂盛的大片坡地和平川。这种不断变迁的自然环境，适于当时的人类居住生活。

内蒙古地区中生代恐龙化石分布图(图/内蒙古博物院)

内蒙古的“自然之最”

我国草原最广的地方：不用多说，这是所有人对内蒙古的印象。草原总面积8666.7万公顷，其中有效天然牧场6800万公顷，占全国草场面积的27%。拥有呼伦贝尔、锡林郭勒、科尔沁、乌兰察布、鄂尔多斯和乌拉特6个著名大草原，其中锡林郭勒草原是内蒙古也是我国最大的草原。

我国湖泊最多的沙漠：内蒙古阿拉善盟巴丹吉林沙漠是世界上最大的鸣沙区，这里80%的沙山是鸣沙山，被誉为“世界鸣沙王国”。更有意思的是，在5.2万平方千米的面积内，沙山之间洼地星罗棋布，点缀着大大小小110多个湖泊，世所罕见。

我国在中新世到更新世之间（1200万年前—5万年前）火山数量最多的地方：内蒙古中东部乌兰察布、锡林郭勒和大兴安岭地区，分布着500多座各种火山，断续近千千米，层叠构成了火山群落。其中呼伦贝尔的柴河–阿尔山地区，有近50座火山喷发口，7座海拔千米以上的高山天池和一处百余千米长的火山断裂带。而且这些火山结构完整，体态完美。据考证，多喷发于4万—6万年前，甚至1万年前的全新世，火山锥比较新而没有太多风化侵蚀，加之位于森林和草原地带，都更宜于观赏。除了火山锥，还有火山造就的湖泊，静卧在高高的火山锥顶部。

我国森林面积最大的省区：据2014年调查，内蒙古森林面积2487.9万公顷，居全国第一，主要集中在大兴安岭北部。

为什么内蒙古高原有真正的高平原

中国的五大高原青藏高原、帕米尔高原、云贵高原、黄土高原和内蒙古高原中，只有内蒙古高原才是名副其实的高平原。高平原的定义包含以下要素：海拔500米以上、面积较大、顶部相对平坦、一侧或数侧为陡峭的高地，内蒙古高原符合所有的条件，起伏很缓，虽然有大山，但都在高原的边缘。不像云贵高原，因为遍布喀斯特地貌而崎岖不平；也不像青藏高原，因为几条横亘的山脉而在内部造成了一道道屏障；帕米尔高原只有河谷两岸才是平的，或者说雪峰的峰顶才在一个平面上；黄土高原也是千沟万壑。只有内蒙古高原才让人产生骑上骏马尽情驰骋的愿望。

典型的草甸草原，植被繁茂（图/于怀）

从森林草原到荒漠沙地

领略内蒙古丰富的大地之美

东部：冷凉而明亮的大兴安岭山地

大兴安岭山脉平均海拔保持在1500米上下，主要分水岭是不连贯的，山脉的东坡和西坡也有明显的差异，由于第三纪后期的新构造运动使山岭西侧随蒙古高原而抬升，总的坡降不大，山岭东侧则因松辽平原的下降，切割比较剧烈，所以使东西两侧呈不对称的形态。随着山地高度的差异和坡向的不同，植被的分布有

一定的垂直分带现象，山脉北段是兴安落叶松林为主的针叶林区，中、南段则是坐落在草原区的山地森林草原景观。大兴安岭东西两麓的山前丘陵地带也是森林草原带的一部分，山地分水岭则成为松辽平原草原区和内蒙古高原草原区的界线。

兴安落叶松、樟子松、云杉和偃松等构成的针叶林，被称为大兴安岭的生态灵魂。这样的森林植被称作“寒温型明亮针叶林”，明亮，是因为大兴安岭的森林幽闭却不幽暗，这样的森林让人心情敞亮，鲜有压抑感。满山遍野的落叶松也是夏绿冬枯的，每年9月，兴安落叶松满树金黄，金色的林海吸引无数摄影师北上内蒙古，聚集拍照。

主体：从草原到荒漠的内蒙古高原

内蒙古高原东北部：绚丽的呼伦贝尔草原地区

它由大兴安岭西麓的山前丘陵与高平原组成，以海拉尔台地为主体，海拔高度约600—900米。山前丘陵地带广泛堆积着黄土状物质与冰水沉积物，植被与景观是以森林、草原为特色。呼伦贝尔东部是草甸草原，有更

明亮的针叶林，内蒙古东部大兴安岭山地的典型景观（图/额博）

多的蓝绿色的羊草和柔软的贝加尔针茅草，湿地上多长柳条和芦苇，风吹过，草上有浪，泛着光泽，像丝绸。

呼伦贝尔高原的地表水系比较发达，发源于大兴安岭的海拉尔河、根河等汇流到额尔古纳河。在这几条较大的河流水系两侧都有发育良好的河岸沼泽、河滩灌丛与草甸。

内蒙古高原中段：广袤而多样的锡林郭勒高原

锡林郭勒高原位于呼伦贝尔高原以南，也是一个广大的草原地区，海拔约900—1300米。它的北面、东面和南面均有丘陵和山地隆起，但地形切割不甚剧烈，形成北方最广大的草原。高原内有一些典型的草原内陆河流和洼地，如锡林河、乌拉盖河等均形成曲流景观，沿河滩湿地分布着各种华美的草甸与沼泽。

锡林郭勒高原区的东半部以乌拉盖河为中心，形成乌珠穆沁盆地，分布着典型草原和草甸草原，高原中部有连续的阿巴嘎熔岩台地及大量的古火山群，是我国北方独特的地貌景观。

锡林郭勒高原南部是面积广阔的浑善达克沙地，这是第四纪以来形成的风沙地，缺乏地带性草原植被的分布，榆树疏林，各类灌丛、草甸，以及沙蒿等沙生植物群落都十分发达。沙区内的沙丘间洼地多发育成草甸和沼泽，也有许多星罗棋布的小型湖泊，显现了美好的景观生态多样性。

锡林郭勒高原往西：荒漠草原为主的乌兰察布–乌拉特高原区

此部分海拔约为1000—1500米，其南部是阴山北麓的山前丘陵，丘陵以北是地势平缓的凹陷地带，凹陷带以北又有一横贯东西的石质丘陵隆起带，海拔在1500米上下，剥蚀比较强烈。由此往北则进入逐级下降的层状高平原地区，这里地形平坦，地幅广阔，地面组成物质主要是第三纪的泥质和沙砾质岩层，形成了荒漠草原占优势的自然景观。

内蒙古高原西部：荒漠+盐湖型的阿拉善高原区

此部分是干燥剥蚀高平原地区，海拔约1000—1400米，这里是亚洲内陆荒漠区的东部地带。它的四周围绕着阿尔泰山、贺兰山、龙首山等山地。区内还有一些老年期的干燥剥蚀丘陵和低山，把高平原分割成若干盆地，使阿拉善高原区内沙层广泛覆盖，形成著名的巴丹吉林沙漠、腾格里沙漠和乌兰布和沙漠。沙漠之间还有大面积的沙砾质和砾石质戈壁，都是地带性荒漠植被分布的地区。高原上还分布着许多盐湖和湖盆洼地，较大的有居延海、古日乃湖、吉兰太盐池等，盐生荒漠与盐生植被占优势。

左上图：呼伦湖和贝尔湖是呼伦贝尔高原的低洼中心，其周围有沼泽湿地和盐化低地的分布，形成各类草甸植被（图/于怀）

左下图：锡林河畔草原河流——曲流（图/额博）

当河流流经平坦的地区，如果抗冲刷能力弱的一侧河岸在河水侵蚀作用下坍塌，原来顺直的河流就会变得弯曲凹陷，原因是表层河水将向凹处的河岸冲去，另一部分折向河底，形成底层水流，触及河底后，又变为上升流返回河面，形成环流。与此同时，河水向下游的纵向流动并没有停止，横向的环流与纵向的水流结合起来，构成了一种螺旋向前的水流。

锡林郭勒草原是河流施展旋转舞步的好地方，绿草织就连天碧毯，河流的旋转舞步好像可以一直舞到天边

上图一：巴丹吉林沙漠是中国第三大沙漠，主要由剥蚀低山残丘与山间凹地组成；上图二：沙漠中的湖盆湿地，湖泊周围植物生长茂密（图/刘钟龄）

毛乌素沙地消失了吗？

毛乌素沙地腹部的乌审召，因为从20世纪60年代以来开展的治沙而扬名全国，被郭小川誉为“牧区大寨”。现在沙地的植被覆盖率高达75%，森林覆盖率达到30%。同样，鄂尔多斯高原北部库布齐沙漠的出名，也是因为植树造林。

治理沙地主要是用林草南围北堵、中间切割的办法，首先在中部治理了数条山洪沟，以减少泥沙量。然后在干旱硬梁区种植窄林带、宽草带，同时使灌木和草带相结合，而原本尘土飞扬的丘陵沟壑区，则种满沙棘、柠条、松柏。目前的状态是沙丘基本被圈住了，不再移动，风小的时候，不起沙。沙害基本消除，但是沙地和沙漠的地貌，不可能消失。在这个过程中，降水的影响也是重要因素，降水偏多使地下水位回升，给植物生长带来关键性的保障。风沙肆虐多年的鄂尔多斯高原，逐渐告别风沙侵扰的历史。

南部：
被黄河套进去的鄂尔多斯高原和河套平原

农牧交错带的鄂尔多斯高原

阴山山脉以南被黄河大湾所包围的鄂尔多斯高原是一块海拔约1100—1500米的高原台地。基岩以中生代的疏松砂岩为主，地面覆盖大量的第四纪冲积物和风积物。高原的中部为剥蚀平原，并具有许多剥蚀残丘、沟谷和湖盆洼地等，使地形切割比较明显，高原西部的桌子山为一南北走向的断块山地，在构造上与贺兰山相连，海拔约1600—2000米。

高原的东部是流水侵蚀造成的地面切割十分破碎的黄土丘陵和基岩裸露区。鄂尔多斯的南部是较大面

前套平原双城记：包头和呼和浩特

大青山和黄河之间的前套平原，空中遥看近似三角形的“绿宝石”，是塞外一处重要的农耕区，它的另一个名字是土默川，得名于明清时期的蒙古土默特部落。自古以来，这里就是各民族生活的富饶之地。明清以来，更是哺育出了包头和呼和浩特两个塞外大城。青城呼和浩特在平原东北，鹿城包头在西南，恰好扼守在三角形平原的两个角上。近年来，青城是政治中心，鹿城是经济中心，互相呼应，共同见证了前套的富庶和繁荣。

平原曾是牧场。敕勒川，阴山下，风吹草低见牛羊的地方。而现在的民谣唱着：黄河北，阴山南，八百里河套米粮川，渠道交错密如网，阡陌纵横似江南。农牧交错是永远的变奏。大青山是一座天然屏障，南坡草木葳蕤，良田纵横。大漠风沙难以逾越，高原寒流至此停歇，保证了黄河畔农田的连年丰收。

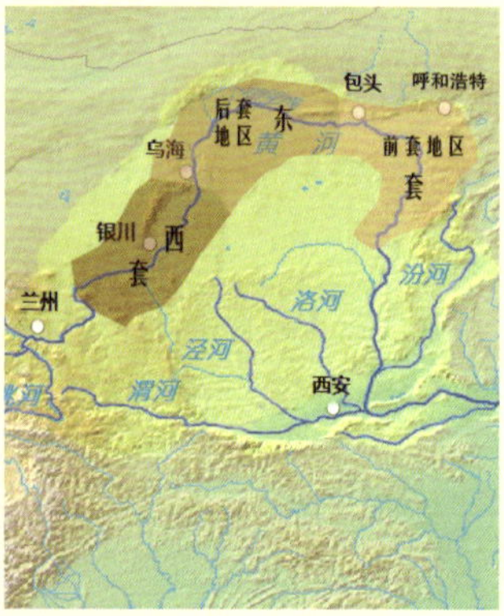

积的第四纪沙层所构成的毛乌素沙区。

在黄河南岸，高原的北缘还有一条狭长的库布齐沙带横贯东西。鄂尔多斯高原经受强烈剥蚀的长期作用，使典型的地带性植被不能充分发育，适应于地表侵蚀和堆积作用的半灌木植被与沙地植被具有广泛的分布。

大漠中的粮仓：河套平原

阴山山脉南麓的冲积洪积扇裙形成了山前倾斜平原，在扇裙边缘，由于潜水溢出，故形成断续的沼泽化低地。因大青山、狼山沿着断裂带继续隆升，所以山谷内普遍发育着一至四级阶地。现代黄河也有轻微下切，在河漫滩以上形成高出河面10米左右的阶地。

河套平原的上述地形条件，使地带性植被的分布仅限于山前倾斜平原及局部隆起的部位，而隐域性的盐生草甸及盐生植被则广泛发育。由于地下潜水水位较高，又便于引黄河水灌溉，所以河套平原已是灌溉农业地区，自然植被多被农田所代替。

草原还是荒漠？阴山及贺兰山的分水岭意义

阴山山脉屹立在内蒙古高原的南部边缘，南北两侧也是很不对称的，南坡面向着陷落的河套平原及土默特平原，山地的相对高度在1000米以上，因而显示出巍峨的中山地貌。北坡则经过剥蚀的低山丘陵缓缓过渡，逐步下降到内蒙古高平原上，相对高差只有200—400米，所以山地形态很不显著。阴山山脉作为内蒙古高原南缘隆起山地，其南坡主要形成了与华北植物种类成分相似的山地森林、灌丛及草原植被，北坡则草原植被占优势。阴山山脉的分水岭在内蒙古高原草原区与黄土高原草原区之间，显然是一条天然分界线。

贺兰山是阿拉善高原区东南边缘的隆起山地，呈南北走向，它是内蒙古地区海拔最高的山地，最高峰达3556米，相对高度1500—2000米以上。因此，形成了比较完全的山地植被垂直带，上部有亚高山植被发育，在大区域的植被水平地带分异中，它的分水岭成为草原区与荒漠区的一段重要界线。

河套平原的地理构造手绘示意图(绘图/ZITAO)
河套平原位于鄂尔多斯高原北边与阴山山脉之间，在构造上是一条东西走向的沉降盆地，海拔900—1100米。在盆地基础上普遍沉积了很厚的第四纪冲积湖积沙土、亚沙土、亚黏土和淤泥等，黄河两岸尚有小规模的风积沙层

说不尽的草原

蒙古族的生养之地和文化之源

内蒙古的生态环境和自然资源以草原为主体，呈现出景观和生态的多样性。这是自然演化和人类经营活动双重影响下的产物，既显示了区域景观的特征，也反映出历史发展的过程。

内蒙古位于亚洲大陆的中纬度内陆地区，在古人类起源的世纪——第四纪，内蒙古的生态地理环境经历了从森林化到草原化与荒漠化的漫长过程，也承受着人类发展，尤其是民族更替带来的影响。在广阔的高原、平原及丘陵地区，形成了温带草原和荒漠草原。

在内蒙古山地和沙地等生态环境中也分别有疏林、灌丛、草甸、沼泽等景观生态类型，构成错综复杂的以草原为主的生态多样性组合。这是古老的北方民族，包括蒙古族，生存发展的环境和资源保障。

内蒙古自治区森林、草原、荒漠、沙地、绿洲分布图（绘图/ZITAO）随着气候湿润度的地理差异，从东往西，形成了森林草原带（大兴安岭山前半湿润气候区）→典型草原带（内蒙古草原区中部广大的半干旱气候区）→荒漠草原带（西部干旱地区）

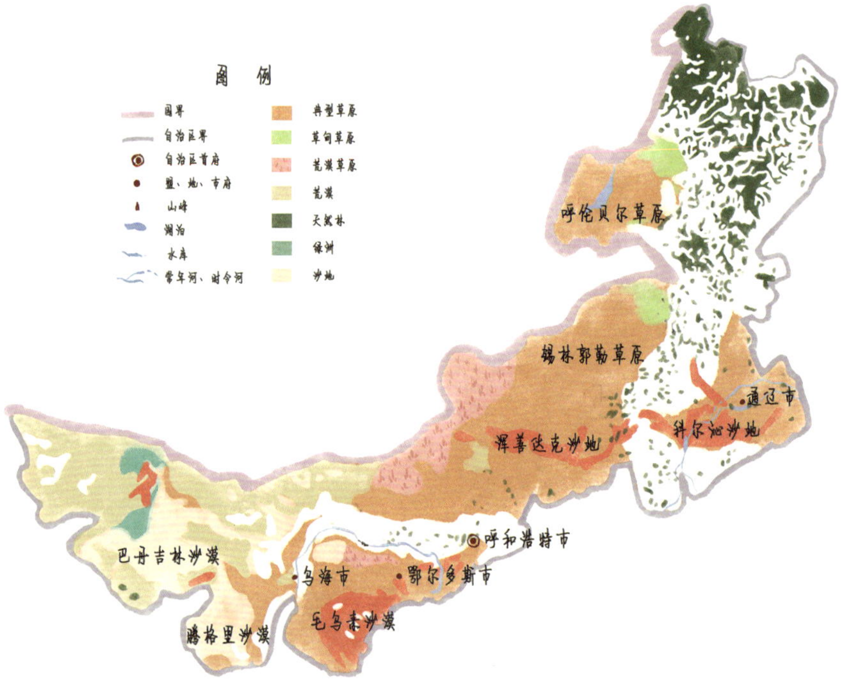

带你一起看草原：草原的植被之美

什么是草原？

每当看到绿毯一样一望无际的平地，或者地上是草而不是树和灌木丛时，普通人习惯会说，这草原如何如何，而对于专家来说，这不一定是草原。为什么会有这样的“差距”？在老百姓的心中，草原不就是长草的平原吗？

阳光、雨水、土壤这些植物生长所不能缺乏的要素组合，决定了一个地方的植被类型。

到底什么才是草原？严格来说，草原是一种陆地景观生态类型和植被类型，是以耐寒的旱生、多年生、丛生草本植物为主的植物组成的植物群落。草原植物的耐寒性是因为草原分布在冬季寒冷的温带（分布在热带的叫稀树草原），旱生性是在干旱或者半干旱地区（年均降水量在200—400毫米之间的地区）形成的，多年生是指草的寿命是连续多年生长的，一年生草的寿命只有一年。所以河边无草原，因为太湿不符合旱生条件；刚长满杂草的草地也不一定是草原，因为多是一年生植物；紧挨着森林开满鲜花的茂密草地也不是草原，因为不是以多年生旱生丛生的草本植物为主。也就是大家常说的草原，在专家眼里则可能是草甸。民间的看法跟生态学家的区别，代表了不同的视野和习惯。所以生态学家按照草原的学理化定义将其分为“典型草原”或者“真草原”、草甸草原和荒漠草原。

温带草原在内蒙古北部高原、西辽河平原及鄂尔多斯高原中东部连续分布，构成了内蒙古草原地带，北面与蒙古国的草原区相邻接，共同组成亚洲大陆中部的蒙古草原区。蒙古族正是在这样的寒冷干旱多风的气候条件和草原生态环境中成为优秀的游牧民族。

植物学家根据针茅不同种类的建群种（对群落的结构和环境形成有明显控制作用），来区别草原类型。以大针茅和克氏针茅为主的是典型草原，比如新巴尔虎左旗、东乌珠穆沁旗、西乌珠穆沁旗的草原；而以贝加尔针茅为建群种，则是草甸草原；倘若出现了戈壁针茅和小针茅，则是荒漠草原。

对于普通人而言，针茅很难辨认。外形与麦子和稻谷既像又不像，叶片窄小细长，开花结籽的穗上有长长的芒针。中国有30多种针茅，彼此之间最显

大针茅（1.植株 2.枝条 3.颖片 4.小穗）

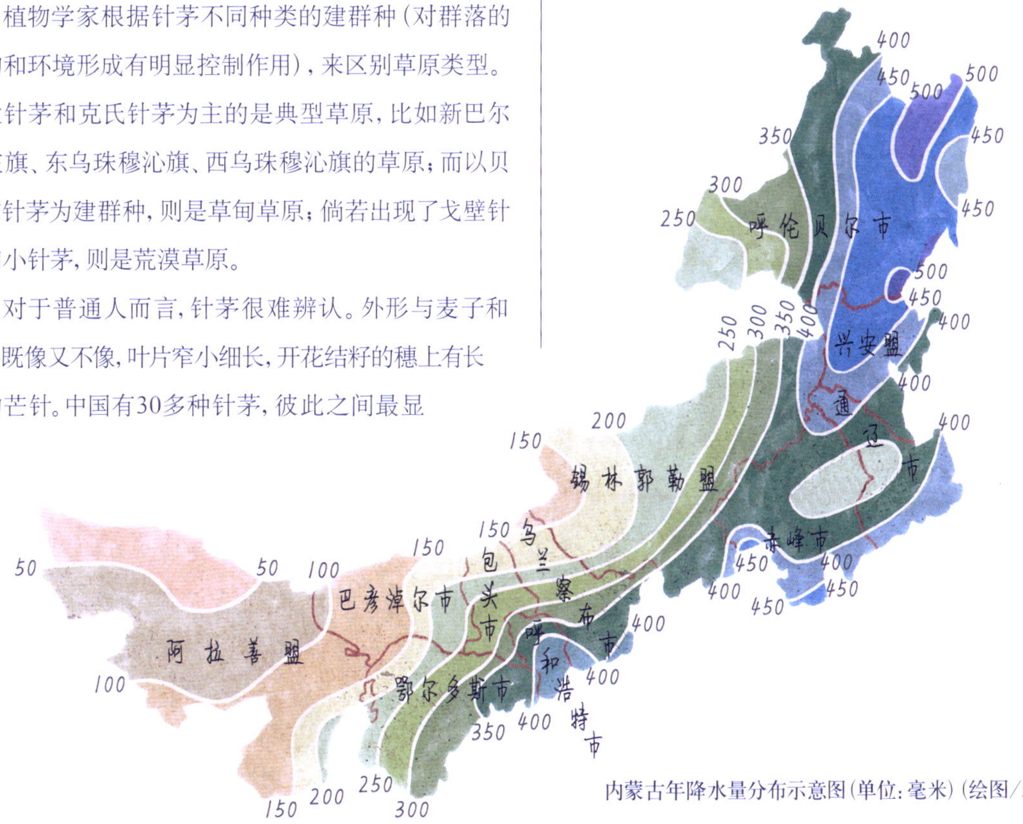

内蒙古年降水量分布示意图（单位：毫米）（绘图/ZITAO）

著的区别，往往就在某个器官的宽窄和长短上，比如芒针、外稃等。

温凉半湿润气候的草甸草原

在温凉半湿润的大气候条件下，由比较丰富的草本植物种类组成草甸草原，最主要的优势植物及特征植物是贝加尔针茅、羊草、线叶菊等。

草甸草原主要分布在大兴安岭山麓及阴山山地，它与山地阴坡分布的岛状森林、灌丛、草甸等植被组合在一起，并与河谷湿地上的草甸、沼泽及河岸灌丛等共同构成绚丽多彩的森林草原地带。

半干旱气候的典型草原

由典型旱生性多年生草本植物组成的草原被称为典型草原。在植物组成中，禾本科草与蒿类植物占优势，主要优势种与特征种是大针茅、克氏针茅、本氏针茅、白莲蒿等。典型草原的主要类型有大针茅草原、克氏针茅草原、本氏针茅草原、羊草+大针茅草原、冰草草原、冷蒿草原、百里香草原等。

典型草原广泛分布在内蒙古高原的呼伦贝尔、锡林郭勒、阴山南麓及鄂尔多斯东部，构成了广阔的典型草原地带，这是内蒙古草原区的主体。

干旱气候的荒漠草原

荒漠草原是适应更干旱气候的多年生矮小草本植物组成的草原，也构成了连续分布的荒漠草原地带。但植物组合比较简单，植物种类比较贫乏，拥有一组特征植物种类，例如小针茅、小型羽状芒针茅等。

小型针茅荒漠草原植物组合简单，种类较少（图/赵利清）

锡林郭勒：欧亚大陆样板草原

锡林郭勒草原，美得像一幅画

锡林郭勒大草原位于内蒙古的中东部，面积超过20万平方千米，锡林郭勒的蒙古语意思就是“丘陵地带的河”。辽阔苍茫是该草原第一大特点，它的总面积接近整个英国，是世界驰名的草原之一，现在90%仍是牧区。

这里是草原之神格外恩赐的地带，是原生植被保存最完整、草原类型最多、饲用植物最丰富、景观最美丽的草原之一。从东向西分布着森林草原、草甸草原、典型草原、沙地疏林草原、半荒漠和荒漠草原，是识别草原谱系的课堂，就像一个草原图书馆。

多样的景观让人赞叹。地势从西南向东北倾斜，山地、丘陵、平原、沙地、洼地彼此交错叠置，其间装点着玄武岩熔岩台地和火山锥，以及诸多河湖。

东北部的乌珠穆沁盆地是锡林郭勒草原最华丽、最核心的地带，有着天堂草原的美称。而锡林郭勒草原国家级自然保护区是一颗“草原之心”。在5800平方千米的面积里，林地、草原、湿地、沙地疏林、灌丛和沼泽错落，形成了多元的生态环境。丰富多样的种子植物、苔藓植物、优良牧草与生活在这里的野生动物共同反映了内蒙古高原独特的生态结构和生物多样性，是国际植物界公认的“欧亚大陆样板草原”，也是我国建立的第一个草地类自然保护区。这里植被生长茂盛，整体高度在80厘米以上，每平方米内可以长20种以上的植物，开着小黄花的线叶菊，蓝盈盈的小漏斗沙参花，浪漫紫色的鸢尾花，白色的唐松草，红色的山丹，织成了一幅壮美的草原织锦。

产于草原的多种药用植物与动物，也是有益于人类健康的重要产品。例如，甘草、麻黄、黄芪、知母、防风、柴胡、沙参、草乌等，都是产于草原的大宗药用植物。

荒漠锦鸡儿（图/吉米斯）

蒙古韭，别名沙葱、蒙古葱（图/图亚）

蒙古人的四季游牧

草尖上的岁月之道，演绎真正的和谐共生

一位哲学家说过这样的话：世界的本质无非是天、地、人、神的四重围合，而且提到这四者中的任何一个，其他三个也就连带提及了。很少见过这种四重围合的场面，但是内蒙古的草原却符合了这个标准：天、地、人、神同时在场。这种画面在内蒙古草原上时常见到，甚至可以说每天都会出现。

为什么内蒙古草原总是打动我们，令我们感动？因为在那里，一切杂乱的、虚幻的、无聊的、琐细的、复杂的东西都消失了，一切变得那么简单：一条长长的地平线，上有天，下有地，二者之间是人。人赶着牛羊，还有狗。至于神呢？牛、羊、马、骆驼、狗与人的组合，不正是神赐予的吗？

比居住权更重要的是移动权

草原有两个特征，一是广阔，二是脆弱。这广阔，决定了过去传统游牧社会中大范围内的大幅度频繁迁徙移动。千百年来，草原是连成一片的，牧场与牧场之间的界限是模糊的，与农业文明中把土地切割成一块块田地经营很不一样。一片草原只有在不被切割的前提下才能保持其植被物种的多样性。在这种多样性和可持续中，草畜平衡是关键中的关键。实际上，有经验的牧民首先是深知草场载畜量的，牲畜一旦超过草场能够承受的载畜量，就会引起草原的退化。

在蒙古人美妙的祝赞词中一般都喜欢说“祝福我们的牛羊数也数不清”，认为数不清才吉利。但实际上蒙古人在现实生活中还是依靠去势技术等，一直有序地控制着牛羊的数量。在游牧文明中，人不是主宰者，而只是草场、牲畜甚至包括野生动物在内的草原生态系统的积极调节者。

著名学者拉铁摩尔曾经说过，没有一个单独的牧场是有价值的，除非使用它的人可以随时转移到另外的牧场上，因为没有一个牧场经得起长期的放牧。移动权比居住权更加重要，而所有权就是循环移动的权力。

四季游牧的时间主题

在游牧社会中，重要的是人类怎样在时间和草原的空间坐标上和谐地生存和可持续地发展。因此，对于游牧蒙古人来讲，草木生长枯荣的时间和牲畜繁殖的时间都具有决定性意义，人们只能根据草场和牲畜的变化来决定四季游牧的时间。

首先在时间上，游牧迁徙的次数和距离都有约定俗成的规律性，按照季节把牧场分为冬牧场、春牧场、夏牧场和秋牧场，这就是说，一年当中至少移动牧场4次。而传统游牧社会，每个季节还至少迁徙2—3次，因此一年迁徙次数甚至在10次以上。从一片牧场转移到另一片牧场，要看草场长势的好坏，好的草场，放牧的时间可以稍长一点，草长得不好，可能要频繁转移牧场。

同样，在春夏秋冬四季牧场的转移中，牲畜膘情的变化是决定游牧时间的重要因素。从春季开始，艰难熬过寒冬冰雪难关的畜群不仅需要吃饱肚子增加水膘，增加抵抗力，而且开始下羔生仔；夏季增加肉膘，秋季增加油膘，而保膘更是为了畜群安全度过寒冷而漫长的冬天。因此，草的长势、牧草的多样性和牲畜保膘共同构成了有内在因果规律的良性循环，而怎样保持好这

草原上不会有真正的留痕，这些车辙会被新生的草完全掩盖（图/于怀）

种良性循环就成了游牧蒙古人一年四季的时间主题。

草原和游牧，决定了蒙古人的财富观

与草原人接触交谈，发现他们一直强调一种价值观：保持原样、不留痕迹。被学者称之为“无痕迹”现象或“无痕迹”意识：游牧过的地方不留痕迹，支过蒙古包的地方，走后一切照旧。“天空没有翅膀的痕迹，而我已飞过”，这是鸟儿的准则；“草原不留任何痕迹，但我已放牧过”，这是牧人的信条。

一望无际的草原上除了花、草、牛、羊，一无所有。其实千百年来，无数的牧人来过这里，草地上曾经支起过一代又一代牧人的蒙古包。但是这些蒙古包搬走后，从不留下任何痕迹。

蒙古包是就地取材的杰作。轻便又结实，适应搭建和拆卸频繁的需求，可在短时间内快速完成。蒙古包的一切，都是为了满足游牧生活的生存需要，比如冬天风力强劲，圆形才能让风从两面侧着绕过，避免了方形建筑直接承受巨大的风力。而蒙古包内很简便，一般的家具就是桌子衣柜和精美的佛龛，没有奢侈的摆设。蒙古人的财富是随身携带的，对于女人而言，尊贵的头饰是她的嫁妆和女主人的标志；对草原男人而言，一匹好马，一副漂亮的马鞍，一个鼻烟壶，一把蒙古刀，可能就代表了他的全部财富和社会身份；而那达慕比赛上，看到自己的马跑出好名次，可能是游牧人全家最幸福的时光。

安宁是牧人的权利

有人曾问过：一个个蒙古包相距那么远，牧人们不寂寞吗？这问题会让蒙古人感到奇怪：“怎么会寂寞？一点也没感觉到呀。春天接羔时，一只只小羊生下来，孩子们把它们抱回蒙古包，这时，照顾小羊既是劳动也是玩耍。候鸟飞来时，鸟叫声铺天盖地的。你只要放过一个月

天、地、生、人，完美的草原生态结构，一切劳作都有安宁之美（图/宝音）

的羊，羊在你眼中就不再是一群白白的、会移动的东西，而是每一个都拥有自己名字和性情的朋友，一点儿也不寂寞。”

还有另一种回答，转换了方向，变成了价值观：寂寞变成了宁静。作家张承志曾在东乌珠穆沁旗的草原插队多年，他在书中写道：“享有纯粹而悠久的安宁，也许是牧人的一项奢侈。漠北草原，那里静谧得简直能听到四十里开外一只獭子的咳嗽。草海潮动时，能吸附一切近在咫尺的声音。”

草原，蒙古族“天、地、生、人”生态结构的基础

草原和家畜是蒙古族生存繁荣发展的物质基础，草原环境和肉乳为主的饮食结构造就了可远行跋涉、不畏艰苦、善于骑射、武功高强的健壮体魄。

草原所提供的植物产品与游牧方式的动物生产结合起来，是人类经营农业之外的历史性创造。游牧生活恰恰构筑了天（气候环境）、地（水、土壤营养库）、生（生物多样性）、人（人群社会）的生态–经济–社会复合系统，该系统是在历史条件下达到的能量流动与物质循环高效和谐的组合。草原牧养的家畜完整地构成了蒙古族的食、衣、住、行基本物质保障。牛羊肉乳提供了完全营养的洁净食品；毛绒皮革是制作服装、居住（蒙古包）、交通工具、生产生活用品的重要材料；牛马驼又是役用、军用的动力资源；畜粪也成为生活中的燃料能源。总之草原家畜在蒙古民族的生存与发展中是生物能源中最主要的部

分，再加上与中原民族交往中得到的粮、茶、丝绸等，保证了游牧民族体质健康与繁荣发展。

融入血脉的和谐共生意识

在游牧生活中，蒙古族人民热爱草原、爱护家畜、保护生命、维护环境的朴素感情，包含着人与自然和谐共荣的生态意识，是走向文明祥和的精神动力。

游移放牧的完整规范，可以保持草原自我更新的机能和生物多样性的演化，满足家畜的营养需要，保障人类的生存与进步。这是草原与民族、生态与社会协调有序的融合。这种优化系统结构必然成为生态观念的客观根据。所以在草原民族文化中，在意识形态、科学技术、伦理规范、民风习俗、宗教信仰等诸多方面都蕴含了鲜明的生态与环境意识。

大自然是蒙古民族文化发展的源泉。广阔无垠的草原景观，塑造了高亢的音乐艺术风格与豪爽的民族性格。草原的生产与生活方式，培育了蒙古族互相友爱、私有观念淡薄和崇尚自然的民族精神。蒙古族的文化传统与蒙古学、民族学的不断发展，无不具有草原风情的烙印。在蒙古民族等各民族的发展史中，书写了人类文明宝库中值得自豪的绚丽篇章。

在长期的社会实践中形成的认识，必定包含着真理的内核。今日的世界已进入人口剧增、资源转化、环境约束、科技创新、知识经济、信息社会的新世纪，原始的游牧生活已不能满足当今时代的民族需求。现代化的目标，可持续发展的理论和实践，为人类勾画了光明前景。但是实现人口、资源、环境、生态、科技、经济、文教协调发展的道路应是亿万人民的行动，是科学与群众的结合。因此，民族遗产中的草原生态文明也将在全面建设小康社会和走向现代化的民族复兴征程中提供有益的历史借鉴。

（本节文字摘自陈岗龙《草尖上的文明》）

谁是草原的“耕耘者”？

牧人没有耕耘，他们把马群赶到河滩草甸去踩踏那些很高的杂草，让低矮的小草得以露出。雪天时，让马群进去把雪踏落，踢散，让枯黄的草重现地表，牛羊就可以在冬季的草原吃到被埋在雪下的干草。

草原上的五畜实际上是与阳光、雨水、土壤同等重要的要素。牛羊马等牲畜通过它们的食用和踩踏，改变着草原的植物组合。

轻微的、中度的还是过度的不同程度的食用，都会相应地带来草原植被组合的变化，这些植物有的受到压制，有的受到鼓励，高的被吃了，低矮的生长了。踩踏带来的影响更大，牧民说，一个牲畜有5张嘴，因为4个蹄子就是4张嘴，踩踏动作通过土壤上层结构的变化，改变土壤的湿润程度。轻微的踩踏能抑制杂草，过度的踩踏使地面变硬，并使土壤毛细管现象生成，表面蒸发加强，向干旱的环境演变，进而促使耐寒的草类成为主角，从而导致草原的景观改变。

撰稿专家

刘钟龄，内蒙古大学生物学系教授，一直从事植物地理学、植物生态学、草地学基础、干旱区植被生态学、普通生物学等教学与研究，编著了《内蒙古植被》《内蒙古自然保护纲要》，参与编写了《中国植被》、《内蒙古植物志》第1版和第2版、《内蒙古珍稀濒危植物图谱》、《内蒙古农牧业资源》、《内蒙古生态环境演变与生态文明发展》等12部著作，发表相关论文50余篇。

《内蒙古自然保护纲要》

扫描二维码，
阅读专家代表著作的电子版

慧眼识良驹，2007年摄于锡林郭勒西乌珠穆沁旗（图/宝音）

第2章

顺应四时的游牧智慧

经济

本章主撰稿人：内蒙古大学教授　恩和

蒙古族的古老传说中，孩子问母亲，我们为什么总是不停地搬家？母亲说，我们要是总固定一地，大地母亲就会疼痛，我们不停地移动，就像血液在流动，大地母亲就会感到舒服。

生态学中心是一个“爱”字，爱家园，爱一草一木。蒙古歌把家乡、母亲、情人、山水、草木、家畜和野生动物都融入草原，唱出了人类热爱大自然的最强音，是名副其实的“生态歌”：“蓝蓝的天空，绿绿的草原，这是我的家哟，我的天堂。”

他们不是盖不起房子，也不是不想过安定的日子，正如四季歌中唱道：“春天到了，春天到了，草儿青青发了芽，本想留在春营地，故乡荒芜路途遥远，路途遥远，我们还是走吧！夏天到了，夏天到了，草原百花齐开放，本想留在夏营地，故乡荒芜路途遥远，路途遥远，我们还是走吧！秋天到了……”还有苍老的大雁教导它的7只小雁的故事，适应自然，面对生活，秋去春回。人雁对话中说的是人向大雁学习顺应环境变化、四季轮回的道理。

在一般人的理解中，逐水草而游牧似乎就是一片牧场吃完了，再去找另外的好牧场去放牧。然而，真正的游牧迁徙并不是等到一片草场吃光了才走，而是放牧一定程度以后就要迁徙，以保障这片牧场正常地恢复循环。正是这种游牧方式，使得草原上的人们频繁迁徙，保障了草原得到合理的休养生息。

牧人逐水草迁徙，也不是漫无目的地跟着牛羊流浪，而是有目的、有规律、有计划、有限度的，从时间上说，游牧迁徙的次数和距离都有约定俗成的规律性。蒙古族按季节，把牧场分成冬牧场、春牧场、夏牧场和秋牧场，而传统游牧社会，每个季节还至少迁徙两三次，因此，一年迁徙次数在10次以上。

蒙古人回馈自然的最好方式

牧民是草原上第一批真正的生态专家

与世间一切事物的形成一样，蒙古族的草原畜牧业也经历了从无到有、从小到大、从不成熟到成熟的漫长过程。蒙古族从千百种大型野生哺乳动物中选定和驯养了后人以其驯养民族命名的五种家畜——蒙古马、蒙古牛、蒙古骆驼、蒙古绵羊和蒙古山羊，将其繁育成为人类稳定的衣食住行来源。而驯养大型野生动物，如著名历史学家A·J·汤因比在《历史研究》中所说，是要求高超技艺的一项劳动。如果把放弃了农业而仍旧留住在草原上的游牧民族的文明和那些改变了生活地点仍旧维持着农业传统的民族的文明加以比较，我们就会发现游牧民族的文明在好几个方面表现着优越性。首先，驯化动物显然是一种比驯化植物高明得多的艺术，因为在这里表现了人类的智慧与意志力对于一种更难控制的对象的胜利。

蒙古族的先民不仅创造了独特的民间选育技术体系，将所驯养的五种家畜培育成为与蒙古高原严酷自然环境高度适应的畜种，而且也创立了长期经营草原畜牧业的社区制度——浩特阿寅勒体系，创造了包括驯养家畜使其成为人类生产与生活可靠帮手，以游牧方式从事

草原、曲流和羊群（图/于怀）

畜牧业生产所需成套工具和衣食住行用具，加工、制作和储存肉、乳、皮、毛、绒等畜产品的技术工艺体系。

人类（蒙古族牧人）、所驯养动物（蒙古族五畜）、大自然（蒙古高原的草原生态系统）三者相互依存的游牧方式，是蒙古高原直至20世纪60年代为止能够一直保持蓝天绿地景观的原因，不是因为畜群规模小、生产力低下而使得生态得以幸存，这恰恰是牧人们以游牧方式世代悉心呵护的产物。这一切，是被不少人长期否定的游牧文明的核心和精髓。

受习惯思维方式的影响，一些人认为蒙古族的草原畜牧业的发展只是近几十年的事。其实，草原畜牧业历史研究表明，蒙古高原的畜牧业早在匈奴时期已经相当发达，蒙古帝国时期已经相当完善，达到了很高的水平。成吉思汗一生征战建立横跨欧亚大陆的大帝国的宏业，其经济基础就是蒙古人的草原畜牧业。

蒙古高原岩画（上下两图选自【蒙古】托·索德乃《蒙古家畜生态》）

上图岩画描述的是牧人放养家牛、家马、家骆驼，以各种方式使役所驯养的这些家畜，肩挎弓箭的骑马人在狩猎，还有人驾驶着三套、四套马车乃至篷轿车。以上的情景是岩画中十分普遍的

上图岩画描述的是一个手持弓箭者正在用鼻绳牵着一头脖子系有铃铛的西伯利亚赤鹿。这表明，远古时期的人类对各种野生动物都做过驯化尝试，从而得知有些动物可驯化为家畜，有些动物不可以。因此，蒙古族的先民们最终在五畜的野生祖先的驯化上，取得了成功

蒙古人的草原畜牧社区制度

浩特阿寅勒，牧民天然的经济合作组织

合乎自然，分工互助

从地理位置看，蒙古高原为远离海洋的内陆区域；按地貌特征说，它属于高海拔地区，整个高原的大部分为典型草原（以旱生的多年生草本植物为主）和戈壁荒漠。土壤覆盖虽然多种多样，但高原绝大部分区域的土壤肥力不高，其肥沃土壤层薄，并且十分脆弱。植被分布不均，森林分布区域只有10%左右，其余区域的植被低矮、稀疏，植物生物量很低——“天苍苍，野茫茫，风吹草低见牛羊”，只是个别地区的景观！

高原的气候整体上属于极端气候带。气温：部分区域的气温在酷暑季节超过40℃，一旦进入严冬，则降到−50℃以下，而且年内和年际的变率极大，冬季漫长，夏季短促。降水：除东北和西北小部分地区年降水量可达到400—500毫米外，大部分地区的年均降水只有200—300毫米，荒漠地区50毫米以下，春夏干旱、冬季雪灾频繁。风力：冬春季节多大风，约占全年日数的60%，

晨曦下的夏季牧场，收获的时刻（图/宝音）

常有沙尘暴灾害。高原上的地表水集中分布于蒙古阿尔泰、杭盖和我国的大兴安岭西麓，在广袤的草原和荒漠区河流、湖泊稀少，水量不足，主要由夏秋季降水渗透涵养形成的地下水，也十分稀缺。

干旱、严酷的自然环境迫使蒙古人选择了与其环境条件相适应的草原管理模式。尽管按照大自然的规律，野生动物群中的雌雄比例基本相等，可是一旦到了繁殖期，就会出现雄性种兽之间的激烈打斗，经过这样的“决一雌雄”，其中的胜者——最强壮者获得传宗接代的权利。也许远古人类由此悟出了生物学意义上的“有其父必有其子”的道理，萌生了选留最强壮公畜以保持种群存活率的想法，进而这一想法逐渐发展为畜牧业的民间选育法。而且，膘情最好的野生动物得以度过严酷季节而继续存活下来的可能性最大，这也是远古人类的一个重大发现。于是他们就效法这些驯养中动物的野生祖先的迁徙和采食过程，逐步找到了在不同季节到不同水草条件的场地的方法。这就是后来人们称之为“游牧”的生产生活方式的由来。

牧人对放牧地的选择跟自然的变化紧紧联系在一起。他们对所生活的草原中草地的形状性质、草的长势、水利等等，具有敏锐的观察力。有经验的老人，即使在夜间骑马，用鼻子就能嗅出附近草的种类和土质。对于外来人而言，茫茫的草原千篇一律，对于牧民而言，草原千差万别，并且其区别特征一目了然。草原生态如果没有人的行为干预，本身能保持稳定状态。但放牧本身就是人的行为作用于草原。所以草原放牧规定了一系列的技术措施，使得放牧中的家畜、放牧地和放牧时间产生有机联系。

额尔古纳湿地的羊群（图/于怀）

游牧的根本特点在于：其一，以完全适应蒙古高原自然环境的稳定的生活来源——畜牧业为支撑，随气候的变化在一定范围和界限内迁徙，生活于相对宽阔的自然地域内。其二，不同于农耕地区定居民族为满足其生活需求而以直接耕作方式利用土地，蒙古族通过五种家畜间接地利用土地，并且不是以私有而是以公共所有和占有的方式加以利用的。

蒙古族经典草原畜牧业的主结构与次结构

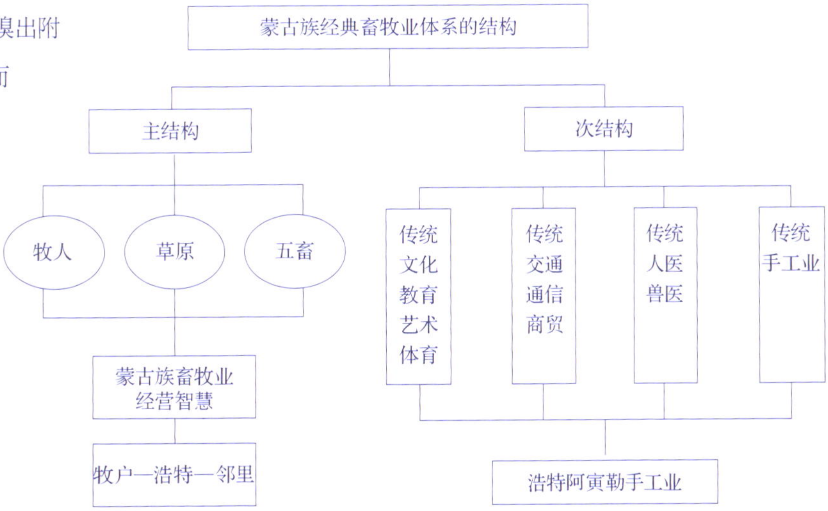

牧民的四季转场

文/麻国庆

1950年代，在内蒙古锡林郭勒草原，牧民每年于阴历三月间，选好无风无雨的日子，先在较远距离的牧地放火，以迎春雨期的到来，使牧草得以很好地发芽。五月初，牧草开始逐渐生长发育，此时搬回蒙古包放牧，如马以500匹为一群，编成数组，15千米牧地，只够马群15日就食，然后转移他处，过30日或15日再回到原来的地方，即轮牧。一直到九月下旬十月初之间，水草枯竭，牧民开始带马群回家，此时不能远牧，至十一月后赴冬营盘。其他牲畜的放牧方法有所不同，但季节移动是相同的。“夏季到山坡，冬季到暖窝”，这就是牧业生产生活中，牲畜转场对气候变化的一种适应，也是为了给牲畜选择一个良好的气候环境。

牧民们通过长期的实践，认识到部分山地草场和山麓地带草场，在水热条件的垂直分布上存在着一定的差异，因此在安排牲畜转场时，还结合了中小地形的局地小气候特点（如坡向、谷地走向等），暖季草场一般选择在海拔较高的高山、阴坡、岗地或台地，冷季草场一般选择在海拔较低的向阳背风的坡地、谷地或盆地。营盘因地势草场来设，每年3—5户，相距数里（注：1里为0.5千米，下同），一家一户以游牧为主，很少定居。20世纪30年代布里亚特蒙古族的宿营地即是一例，一般每个宿营地有3—4户，宿营地之间间隔距离1—2千米，最近的也有300米的距离。

这种格局和轮牧方式，有利于草场的保护。在20世纪60—70年代，牧区被套用农区的做法，集中建立牧民新村，以定居多少作为衡量牧区发展的重要指标。这种政策未考虑合理安排定居地点和草场的关系，不甚合理，居民点附近的草场因放牧和牲畜往来践踏而过早地退化、沙化，远一点又不能利用，畜草矛盾突出，有的草场大面积退化，这是决策忽视民族文化传统，又找不到现代科学方法所致。

转场（图/额博）

浩特阿寅勒组织体系的内涵

主要由于征战和围猎的需要，在蒙古族的历史上曾经形成由数百个乃至近千个帐幕组成的规模较大的集团游牧单位——古列延（“圈子”或“环营”的意思）。伴随征战的结束和社会的演进，古列延的形态逐渐让位于牧户阿寅勒—浩特阿寅勒—邻里阿寅勒体系。“阿寅勒”即单个或若干住户，“浩特”最原始的含义为家畜或羚羊等野生动物爬卧歇息的地方，人们将其简称为浩特阿寅勒体系。

加工奶制品（图/额博）

浩特阿寅勒体系在蒙古族草原畜牧业经营体系中处于基础性地位。

这一社区组织是依据五种家畜合理的畜种结构、畜群数量，所选草牧场的承载能力和水源与盐碱资源的分布情况，牧户们劳动力状况以及牧户之间的私人关系、社会心理协调性等因素，自愿组织起来的牧户阿寅勒—浩特阿寅勒—邻里阿寅勒组织体系。从这个意义上说，蒙古族的传统草原畜牧业就是一种天然的经济合作组织，常由几家牧户组成。

牧户阿寅勒、浩特阿寅勒、邻里阿寅勒不仅是畜牧

劳动中的妇女（图/额博）

业经营的生产组织，而且也是包含发展社会关系、组织文化活动、合理利用生态环境资源等诸多功能的社会组织形式。

牧户阿寅勒即单个牧户是畜群的所有者、草牧场的使用者，从而是浩特阿寅勒体系的形成基础。无边无际而难以罗列的体力兼脑力的艰巨劳动，是蒙古族牧民终年全部生活的基本特征。其维持生计的地域单元——四季草牧场或四季营盘，恰好构成经营畜牧业的一个生态单元，牧户只有以自己的智慧使自家的人口、家畜、畜牧业经营很好地适应这一生态单元的特征，方能维持正常的生产和生活。

蒙古族牧户不仅是他们物质文化的创造基地，也是包括他们心理、审美乃至其经典艺术在内的本民族精神文化的形成源头。并且，这种精神文化本身也是以他们繁衍生息的生态单元为基础的。

浩特阿寅勒组织形式经历了漫长的演变过程。其规模一方面因所处自然环境的不同而各异，另一方面受政治体制与行政建制变化的影响而发生了变化。据记载，在20世纪50年代，其规模在水草相对丰裕的地区一般保持着3—5户，在水草条件较差地区则2—3户。据苏联学者们对蒙古国草原牧区同一时期的调查，其浩特阿寅勒规模介于2—10户之间，在个别区域也有13户的规模。

邻里阿寅勒是由驻扎于相距1—2千米范围内的2—3个浩特阿寅勒组成的相对松散的合作组织，其主要功能在于：暖季期间不失时机地充分收获羊奶，完成羔羊的换群放养，共同放牧马群和骆驼群，遇有风暴等特殊情况下相互合作等季节性、临时性合作。

牛粪是最佳燃料，秋冬的温暖皆来自它们（图/巴义尔）

打烙印，每个畜群的烙印各不相同，以示区别（图/额博）

草原智慧的集中体现，浩特阿寅勒的功能与实质

浩特阿寅勒体系一般由亲属牧户，有时也由彼此了解、相互信任的朋友牧户组成。其主要功能是：(1) 共同利用草牧场；(2) 轮流放养家畜；(3) 交换种畜，改良畜群；(4) 共同搭棚圈、挖水井；(5) 共同剪羊毛、马鬃；(6) 共同完成阉割公畜、作耳记、打烙印等工作；(7) 为骑乘、役使而调教大畜；(8) 刈割饲草，种植小规模谷物、蔬菜；(9) 确定迁徙路线、驻扎营地，共同完成移迁或走“敖特尔”（备用草场）；(10) 共同完成擀制毛毡等具有一定难度和需要较大体力强度的加工生产；(11) 相互交流生产技术和生活方面的经验；(12) 组织体育、文艺、游戏活动。

概括牧户阿寅勒—浩特阿寅勒—邻里阿寅勒体系的总体功能后，就其本质或精髓而言，这样的体系具有较完善的劳动、牧地、智力等三个要素合作功能。如上所述的劳动力合作体现了“1+1>2”的组织功能，蕴含着生产劳动专业化的胚芽。草场的共同使用适应了蒙古高原生态环境特点，找到了草原的价值体现单位——经营畜牧业的生态单元，富有科学内涵。但从经济学角度看，未能形成现代意义上的牧户之间的资本合作。但这不是游牧方式本身的问题，而是这种游牧社会所处的政治环境等其他因素所导致的问题。

牧户阿寅勒—浩特阿寅勒—邻里阿寅勒体系不是简单的生产组织，而是把经济、社会、文化等功能集于

鄂尔多斯牧场上竖起的幸运旗，蒙古语称为“黑篦日”，意思是运气，它与家族敖包一起，保佑着畜群和人们的平安繁荣（图/巴义尔）

一身的整体性社会组织。除经济功能外，它扮演着非正规社会化基地、非正规文化活动场所、非正规教育机构的角色。因此，单纯从一个领域、一个角度实施的任何一项牧区政策，都可能削弱乃至破坏草原牧区发展的整体性机制。

浩特阿寅勒组织具有明显的弹性和灵活性。营地的选择、迁徙的路线、放牧场上的停留时间等，不是固定不变的。整个生产和生活，随气候、降水、植被等自然因素的年际和年内不同季节间的变化，经常处于适当的调整中。这种调整由“浩特长”及富有经验的牧人经判断后做出。这样的体系可被认为是牧区合作经济的初级形式，而且不是哪一层“上级机关”或哪一位高明“领导人”规定和强加的官方安排，而是广大牧民千百年来生产实践和生活过程中创造的制度文化。因此，它应成

为牧区制度安排的一个出发点。

蒙古族的草场利用，从来就是以牧户阿寅勒、浩特阿寅勒、邻里阿寅勒的组织形式经营的。换言之，牧户们都拥有各自常年使用的四季草场和营地。通常，任何一户不能随意进入其他牧户的营地，连家畜也知道自家的草场在什么地方。只在遇到大旱、大雪等严重灾害的情况下，才能在事先协商之后到他人的草场和营地。

有句谚语“只有自知之明，才能称其为人；只有认得自家草场，才能叫作家畜”，说的就是这个道理。

四季营地中冬营地为寒季使用的草场，需要周密安排，分为远处、近处和备用草场。此外，为确保牲畜抓膘和避免灾情，还必须计划另一类用途的草场——敖特尔。敖特尔也有近处、远处之分。

经营草原畜牧业的智慧是蒙古族及其先民们为人类知识宝库所做的贡献之一。直至20世纪中后期的蒙古高原草原景观表明，他们千百年来经营的草原畜牧业，是一种既有不少收益又无生态损害的环境友好型经济，他们的草原利用方法，符合生态学原理。

蒙古族四季草场利用的传统方法

- 全部草场
  - 冬营地
    - 远处草场
    - 近处草场
    - 备用草场
    - 使役家畜草场
  - 春营地
  - 夏营地
  - 秋营地
  - 敖特尔草场
    - 近处敖特尔
    - 远处敖特尔

*敖特尔：蒙古语，备用草场

上图：雨中羊群（图/巴义尔）
左图：呼伦贝尔打草季节（图/巴义尔）

草原打马印

文、图/夕烟牧人

打马印始于12世纪，除了用于马匹识别外，蒙古人在战争过程中或者收税时，也广泛使用印记，每个畜群的印记都各不相同。蒙古人使用的印记种类繁多，形状各异。有圆、方、三角、梯形等各种形状，有日、月、星、火、山、树、花、鞍、嚼、蹬、弓、箭、锁、锤、法轮、万字、吉祥结等图案。他们在实践中，是按照自己的意愿来设计印记图形的，作为部落或个人马群的标志。

给马打印记工作量很大，不是一两个人能够完成的，需要得到许多人的帮助和支持，一般由几家联合起来轮流合作。打马印是需要勇敢气质和精湛技术兼备的危险工作，是勇敢强壮的蒙古汉子在大草原上大展风采的机会。打马印一般由一名或几名骑艺精湛、烙技娴熟、通晓马性、德高望重的牧人执印。马身上被印记烙的地方，毛已烧焦，印形清晰醒目，即或再长出新毛，颜色也与原来不同，很远处就可辨认。工作完成后大家一起杀羊喝酒欢聚庆祝，成为清明节或端午节前后的传统活动。

巴尔虎草原狼井牧场

1 套马

2 协作套马

3 绊马腿

4 掀起马蹄

5 打马印

冬牧(图/额博)

顺应自然，智者生存

蒙古族的畜牧业经营智慧

来自生活的认知

从事草原畜牧业的游牧民族常年同家畜及自然环境打交道，如果没有对这两者的深刻认识，就不可能维持自己的正常生产和生计。他们千百年来的认识活动就是从这里开始的。他们的畜牧业经营智慧与文化体系包括与五种家畜直接相关的生态知识、与草牧场相关的生态知识、与高原气候相关的知识、处理草畜关系的生态智慧等等。

由于这些知识本身包含的内容十分丰富，这里拟以举例的方式进行说明。

互相依存的五畜

培育出完全适应蒙古高原自然环境和气候特征的五种家畜的品种，使其既能在极端严酷条件下顽强生存，又能为人类提供衣食住行资源，无论在寒冬还是酷暑，即使没有牧人的常年参与，均能找到所采食的食物和水源，是游牧蒙古人的民间繁育技术的丰功伟绩。

阿拉善盟额济纳旗，山羊们在啃食胡杨树皮（图/巴义尔）

五畜之骆驼、绵羊、牛和马
（图/巴义尔）

典型的蒙古绵羊，除了其头部为黑白花色外，身体其余部分均为纯白毛色，同其身体大部分部位均呈黄棕色或暗棕色的野生祖先极为不同。

在任何一种动物的生态适应性中，毛色适应性是其重要方面。在蒙古高原严酷环境中，纯黑毛色适应冬季严寒，入夏后却使动物酷暑难耐，从而成为不利因素；与之相反，纯白毛色适应酷夏但不适应严冬。因此蒙古高原的野生动物几乎都进化为棕色或灰色等黑白之间的中间毛色，以保持其热量平衡。在蒙古族五种家畜中，绵羊是个例外。研究认为，这是历代游牧蒙古人按照既让它们在严酷气候下得以存活，又能为人类提供更多白色绒毛的要求，长期选育的杰作。

游牧蒙古人的先民早在几千年前就已认识到互利共生原理，并将其应用于自己的畜牧业经营实践。

蒙古族把五畜区分为大畜（牛、马、驼）和小畜（绵羊、山羊）。一家牧户只有在既有大畜又有小畜的时候，才能被称为拥有了合理畜群。其道理在于大畜和小畜之间形成的相互依存的共生关系——这是许多人，包括许多专家、学者在内，至今没有注意到的一个重要的生态学原理。这里举一例说明大畜是如何依赖小畜的：

羊群取暖（图/额博）

牛只能排泄粗疏的粪便，而粗疏的粪便不能产生温暖效果，因此在寒冬腊月无法单独过夜，只有在绵羊和山羊（特别是绵羊）过夜的浩特（家畜和食草野兽夜间歇息、爬卧之地），牛才能舒适地爬卧、倒嚼。如果只有牛和骆驼，往往因缺少暖粪垫而遭殃，在无粪垫的浩特内过夜，过不了几宿，浩特就成为冰场。

蒙古族还把五畜区分为热口家畜（指绵羊、马）和冷口家畜（指骆驼、牛、山羊）。世界上经营草原畜牧业的其他民族，似乎还没有这种区分。在五种家畜中，绵羊的浩特最暖和。其他家畜如果不是以绵羊过夜之地作为浩特，慢慢都会逃离。冷口动物——山羊，只有依靠绵羊这种热口动物，才能度过漫长的严冬之夜。细心观察羊群浩特的人都会看到这样的情景：山羊紧靠绵羊的脊背爬卧，体轻灵活的山羊羔爬到绵羊的背上过夜，有时山羊顶开绵羊后占据它的卧地，可见山羊是依靠绵羊群的热量过冬的。正因为这样，同绵羊一起入浩特过夜的山羊，很少消瘦，一般情况下还不容易流产。纯山羊群过冬时，常出现一些山羊被压死的情况。

就羊群而论，绵羊与山羊之所以必须共同成群，还有这样的原因：山羊寻找鲜草的能力很强，哪里有适口性好的鲜嫩花草，它首先能找到那里。相比之下，绵羊是一种本事较差的温顺动物，因此只有山羊领路，绵羊才能到长有可口牧草的草地，然后绵羊就稳定在那里采食，这时机灵好动的山羊因舍不得离开绵羊伙伴也跟着稳定下来。遇有大雪封地，饲草被埋住的情况，3岁以上的羯山羊开辟路径，带领整个羊群到达采食地。无论白天还是黑夜，一旦野狼入群，甚至只是靠近畜群转悠时，山羊都能首先知道，从而能帮助主人保护畜群。绵羊容易在冷雨大风中被赶散，这时因山羊是一种“以家为命”的动物，会寻找到蒙古包附近的避风处，绵羊这时又舍不得离开山羊，从而整个羊群得以稳定不易走散。绵羊倘若离开浩特，山羊则咩叫给主人报信。凡此等等，都是牧民最熟悉不过的事例。

火眼金睛辨牧草

蒙古人的畜牧业经营不仅四季轮牧以更换营地，而且在每季营地内也根据饲草情况进行多次倒场。他们对新草场的寻找和确定，是很有讲究的。老一代牧民人人皆知的一个故事，可以说明问题。

有一家牧户的父子二人为寻找新草场而一起出发了。

上图：呼伦贝尔的牧草（图/于怀）

下图：搬家中（图/视觉中国）

二人走到一处看似水草丰美的草甸后，落脚观看了情况。儿子说：“这一片草场真是太好啦！我们该迁到这里了。”父亲点了一袋烟后，顺手点燃了一把草，然后说：“咱们不能扎营这里。”于是又出发另寻营地。他们到达一片草的长势稍差的草场，父亲又抓下一把草烧完后说：“就在这里扎营吧。”儿子说：“这一片草场明明不如先前的那一片，为什么舍优求次？”父亲说：“先前的那一片我烧草时，草立即给点着了，并且烧成的灰是白色的。这说明牧草的营养主要集中到草尖上，因此其质量就差。而现在这一片草场的草，燃烧起来很慢，并且烧成的灰是黑色的，这说明其营养汁液既多又好。”

牧民的判断力

人们经常论及蒙古高原自然环境的严酷多变，总提到某年某月的风雪灾害中死了多少头牲畜，进而得出结论说，传统草原畜牧业是一类“极不稳定”的脆弱产业，殊不知，旱情和雪灾是蒙古高原气候环境的常态，蒙古族的草原畜牧业恰好是在这种条件下形成和发展起来的。千百年来，蒙古牧人积累了应对灾害的丰富知识。被蒙古国政府授予“国家级好牧民”称号的一位牧民的事迹，说明了牧民们所掌握的传统知识何等丰富。

在蒙古国合作化时代，该国乌布苏省南戈壁苏木曾有一位名叫B·伊尔格勒的合作社主任。依靠经营畜牧业的超群智慧，他成为远近闻名的富户，从而被人称为伊尔格勒巴彦（巴彦，富人的意思）。尽管政府部门根据专家意见安排了配种与接羔计划，每当临近小畜交配期，他都携带望远镜到哈尔西拉山山顶，观察北山羊、盘羊是否开始交配。一经发现北山羊和盘羊进入发情期而开始聚集，他就立即下山，指挥自己合作社的牧民放开种羊入群。因此，按政府计划配种的邻近合作社的羊群在暴风雪中产羔，从而蒙受成批损失的时候，他们的羊群却在暴风雪平息之后才开始产羔。伊尔格勒巴彦的浩特从而成为羊群冬春损失最小的集体。

伊尔格勒巴彦的事迹表明，人类尽管已经进入能够借助技术手段认知大自然的科学时代，但还远没有达到完全认识大自然的程度，同博大神秘又时时变化的大自然相比，还是个十分幼稚的孩童。科学不是专家、学者独有的专利，科学家必须不断地以蕴藏于普通百姓中的丰富智慧来补充自己。牧民们所掌握的传统知识并没有过时。

种山羊（图/巴义尔）

处理草畜关系的生态智慧

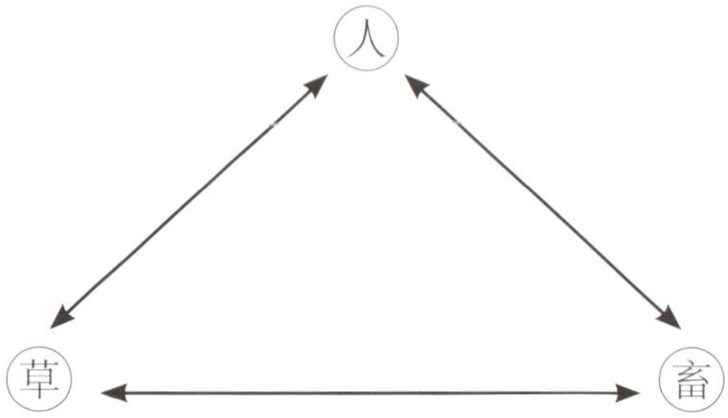

人、草、畜三者的关系

蒙古族草原畜牧业体系中的人、草、畜三者的关系，不是一些人所描述的“畜吃草+人吃畜”的单向关系，而是三者之间相互依存的等腰三角形关系。

把草食动物描述为单纯的“消费者”，从而把草畜关系说成“草畜矛盾”的提法，只看到草场与家畜间关系中的一个方面——“矛盾”的一面，而忽视了两者之间相互依存的“统一”的另一面。事实上，家畜对植被，既有“取”，又有“予”。

牧民们十分熟悉该体系的草畜关系，认为家畜的合理放牧有利于草原植被的繁茂与完好。他们的传统放牧技术，正在被放牧管理学的新近研究所证实。

● 合理的畜群结构（五种家畜的比例）对草场好，是蒙古族牧民的常识。因为食草动物物种的多样性会降低植被受损的可能性。国外学者的近期研究表明：一种放养动物的选择性采食，能提高另一种放养动物所需牧草的数量、可食性、适口性和营养含量，抑制杂草的蔓延。

● 牧民有一种被广泛认可的说法——牧草不吃

不长，说的就是通过动物的修剪效应以刺激植物的补偿性生长这一科学道理。

● 动物的粪便、尿液是植物的有机肥料，传统放牧起到对天然草场的均匀施肥。

● 如果没有家畜踩踏，许多植物种子会被风刮走。五种家畜的踩踏，实际上起到了免耕播种的作用。

● 家畜的践踏、迁徙，还具有控制啮齿动物种群规模的功能。

● 家畜的采食和迁徙起到了种子散布的作用。天然草原植物群落的形成，实际上是借助草原动物的种子转移和种子疏散功能实现的。

● 荒漠、半荒漠草原木本植物（乔木、灌木、半灌木等）的木质素，是微生物难以直接分解的物质，只能经骆驼、山羊等草食动物采食、消化、排泄后才能被分解。因此，如果长期禁牧，就会中断生态系统的有效循环。

● 蒙古高原干旱草原地区植物生长期昼夜温差极大，日出前后，植物表面时常形成结露，迁徙的野生动物和游牧的牲畜对草地结露扰动造成的露水溅落，是干旱草原重要的补水过程。新近某地区的一项研究表明，结露水的重量为33.66吨/日，如果有野生动物或家畜经过，扰动区域露水溅落率达总结露水重量的39.58%，即达到13.32吨/日。这也可能是千年来蒙古草原牧民游牧习惯、游牧文化中包括善待野生动物传统的成因之一。

撰稿专家

恩和，蒙古族，内蒙古大学周边国家研究所教授，少数民族经济、境外蒙古族研究等领域的学科带头人。现兼任国际游牧文明研究院通讯研究员。著有《内蒙古牧区经济社会可持续发展研究》（4卷），发表《草原荒漠化的历史反思：发展的文化维度》等多篇论文。

《草原荒漠化的历史反思：发展的文化维度》

扫描二维码，
阅读专家代表著作的电子版

朋友间的私语（图/额博）

烈马追风(图/额博)

第3章

亲密伙伴，铁骑疾风

马文化

本章主撰稿人：内蒙古农业大学教授　芒来　　内蒙古大学研究员　贺其叶勒图

马，作为农耕文明的重要畜力留下了不可磨灭的功绩；马，作为牧业文明的象征至今仍是牧民心中的图腾；马，作为现代体育运动的主要项目元素被世界瞩目。马是人类非常亲密的朋友，它们承重运输、驰骋疆场、奉献马奶，可谓功勋卓著。

蒙古族生在马背上、长在马背上。在纷繁芜杂的现代生活中，守护传统文化就是守护每一个人的心灵归属。对于蒙古族马文化这样有特点的文化遗产来说，更是依靠着一代代传承人不懈地坚守与付出，才得以完好地保留至今，并依然光华灼灼。

蒙古马的形象深深地镌刻在牧人的心中。蒙古人与马结缘，历时长久，在他们还未开始驯养马的时候就已经崇拜马了，那时人们崇拜羡慕马的速度和力量，渐渐地，人们开始驯养马。马的灵性，对人们生活的作用，特别是对游牧民族的作用，任何牲畜都无法代替。无论是作为行走的工具也好，战争中的坐骑也好，马所起到的作用都是无可比拟的。在草原人民的心目中，马总是与英雄联系在一起的。很难想象，民族英雄成吉思汗的胯下如果没有骏马，那将会是一个什么样的形象。英雄与骏马，在草原人的心里，是一个不可分割的整体。草原上的小伙子，如果没有高超的马上技艺，就难以赢得姑娘的芳心。

作为游牧民族，蒙古人只有和马在一起的时候才能够真正激发起他们的本性和热情。蒙古人通过与马的接触，不断蓄积这种力量，创造了一个又一个人类文化的奇迹。在同马长期相互依存的过程中，马的习性和禀赋也影响了蒙古人个性的形成，勇往直前，奔腾不息，这就是蒙古民族的精神，也使蒙古马从自然的马到神马，最终成为马背民族的文化图腾。在人类生存繁衍和发展的历程中，人与马产生了不可替代的共生的关系，形成一种命运的联系。

上天的恩赐，共生的命运

没有骏马的蒙古人，就像失去了灵魂

蒙古马的自然属性

蒙古马是世界250多个马品种之一，是源于蒙古高原的野马，很早以前就生活在中亚北部广阔的草原上。蒙古马的名称源于蒙古人和蒙古草原。蒙古马粗糙结实，体格中等，体躯粗壮。头较粗重，额宽平，眼大耳小，鼻孔大，嘴筒粗。颈短厚，颈础低，肌肉发育丰满，多呈水平颈，头颈结合良好。鬐甲短而宽厚。前胸丰满、胸深，肋拱圆，多数腹大而充实，背腰平直而略长，尻短而斜。四肢短粗，肌腱发育良好，关节不明显，蹄质坚硬。鬃、尾和距毛浓密。毛色复杂，青毛、骝毛、黑毛较多，白章极少。

纯种蒙古马虽然体形较小，但体质健壮。在半野生状态下生存的蒙古马不怕寒冷，不择食，容易适应各种气候；能够识别毒草而不中毒，抗病力强，除寄生虫病和外伤，很少发生内科病。大群放牧的蒙古马具有很好的合群性，一般不易失散，母马母性强，种公马护群性强。常年放牧的蒙古马性情悍烈、好斗、不易驯服，听觉和嗅觉都很灵敏（图/贺其叶勒图）

蒙古马的种类

蒙古马数量多、分布广，因各地自然生态条件不同，逐渐形成了一些适应草原、山地、沙漠等不同条件的当地优良类群，著名的有乌珠穆沁马、百岔铁蹄马、乌审马、巴尔虎马、阿巴嘎黑马等。科尔沁马、三河马属于高头大马，有洋马的血统，高大俊美，四肢修长，爆发力强，速度快，在国内外赛马会上风头露尽，常夺头筹。乌审马短小精悍，清秀机敏，很有灵气，戈壁沙地行走如飞，因此这种马很受西部荒漠草原牧民的喜爱。成吉思汗陵内那匹“温都根查干”白神马就是乌审马。乌珠穆沁马是较典型的蒙古马，强壮抗病耐劳，善于长途奔跑，适宜作战行军，在古代战争中屡建功勋。据考证，世界著名的唐昭陵六骏中就有一匹乌珠穆沁马。

成年蒙古马体重、体尺表

性别	体重（千克）	体高（厘米）	体长（厘米）	胸围（厘米）	管围（厘米）
公	352.89	134.07±5.63	142.03±5.91	163.81±7.60	18.63±1.06
母	318.24	128.07±4.35	137.02±7.93	158.38±9.56	17.48±0.87

三河马：改良的品种

三河马主产于内蒙古呼伦贝尔市的三河（根河、得耳布尔河、哈乌尔河）地区，因而得名，由俄罗斯后贝加尔马、蒙古马及英国纯种马等杂交改良而成，至今已有上百年的驯养历史。三河马外貌清秀，身体结实，动作灵敏，具有奔跑速度快、持久力强等特点。在地广人稀、交通不发达的时代，主要交通线上常需速度、持久力、挽力较好的马匹，作为骑乘、运输之用，三河地区宜林、宜牧、宜农，木材运输、土地耕作都需要挽力、持久力较好的马匹，三河马一度作为当地生产、生活的主要动力来源，这是其产生的主要社会因素。

三河马外貌俊美，肌肉结实丰满，气质属平衡稳定型。毛色整齐一致，主要为骝、栗两色，杂色极少。公马平均体高147.70±3.74厘米，体长152.20±2.24厘米；母马平均体高145.86±2.23厘米，体长149.67±4.29厘米

不同源流的基因交汇，从蒙古野马到蒙古马

文/张柯，摘自《环球人文地理》

关于蒙古野马，有一段广为人知的历史：1878年，沙俄军官普热瓦尔斯基率领探险队先后3次进入准噶尔盆地，发现那里生存着世界上唯一的野马，以后这些野马就被正式定名为普氏野马。但最近几个世纪，这些野马由于圈养和近亲繁殖，种群严重退化，体质已经变得极差，加之最近一百年来草原环境的恶化以及探险队捕捉等原因，到了1984年，我国宣布野生状态的野马已经灭绝。1986年，英、德等国先后把18匹野马送还我国，两年后，我国将野马列为国家一级保护动物。2001年，为了恢复蒙古野马的野性，在新疆，饲养人员将27匹野马有监视地放归自然。

蒙古马的身世，和蒙古人一样，充满了神秘。同样，蒙古马的驯化过程，与草原内部不同地区甚至草原外的基因交流分不开。草原腹地的乌珠穆沁马和巴尔虎马可能直接起源于蒙古野马，至今这里还流传着牧民捕捉野马与家马杂交来优化整个马群的故事。而在某些品种的蒙古马身上，还发现了不少与阿拉伯马甚至欧洲马相同的基因，这可能就是古时蒙古人、突厥人与斯基泰人等中亚民族之间进行交流的结果，也可能是蒙古人西征时与西方地区融合的产物。特别是科尔沁马与三河马，它们高大英俊、四肢修长，明显有着西洋马的血统。

以蒙古野马为祖先，掺杂着不同源流的基因，为蒙古马的优良体质带来了保障，并在不同地区涌现出适应当地环境的优良品种。其中，乌珠穆沁马被称为蒙古马中最好的类群，体格壮硕，体型优美，是锡林郭勒草原上的明星；百岔铁蹄马的蹄质坚硬，步伐敏捷，适合行走在昭乌达地区的山路上；乌审马体格虽小，但是体质耐干燥，善于在毛乌素沙漠中驰骋。

蒙古野马，动物学名称出现得比较晚，是近代沙俄探险家普热瓦尔斯基所发现的野马品种，并由此而定名为“普氏野马”，它本身是历史悠久的古代原始马种

从共存到伙伴，被人类驯化的蒙古马

我们无法确定中国古代文明中开始驯化与使用马匹的准确时间，但是在新石器时期文化遗址的发掘中，已经多次出现马骨，说明那时的人与马之间存在着共生关系。这个共生关系出现于大约公元前3000年至前2300年之间，一个有力的例证是山东龙山文化遗址发掘中出土的马骨，经过科学鉴定，它与野马的骨骼有所区别，这是中国现在已知的最早的驯养马实例。

根据出土发现分析，当时使用的就是经过驯化的蒙古矮种马，它们具有长而飘逸的鬃毛、额毛，以及粗大的尾巴。这是与典型的草原野马之间的区别，这可能是与阿拉伯马杂交的结果。中国古代的马匹品种大多数都是以草原野马为祖系，与其他马种杂交、选择后发展而来。从考古发现中获得的早期马匹雕塑来看，那时的马匹身体较矮，脖颈短粗，腿也比较短小，显示着蒙古矮种马的特征。

相对于农耕为主的中原地区，游牧民族早期养马的证据比较多，比如大量的各个时期的古代岩画遗留。几千年前，游牧民族把与自己生活最密切的动物形象刻画在山石上，形成了遍布各地的原始岩画，内蒙古、宁夏和新疆等地的北方岩画，通过不同形式表现出的图像，虽然大多是线条勾画的简单轮廓，但也可以看出长尾、长脸和鬃毛等生动的特征，是马在古代游牧民族生活中重要地位的体现，也是人们驯养马匹的见证。

赞扬驯马手的歌曲《阿尔斯楞的眼睛》中唱道：

新疆阿勒泰富蕴县徐永恰勒岩画上的射手骑马图

宁夏平罗县崇岗乡上田村岩画中的牧马图

河南博物院藏元代瓷枕，上面画着一个奔马背上倒立的男子，应该是当时民间卖艺的艺人写照

套马与驯马（图/额博）

要说飞快的骏马，数我们草原的马群。
要说勇敢的小伙子，数那放马的阿尔斯楞。
他那驯马的本领，赢得了人们的赞赏。
他那深情的眼睛，迷住了姑娘的心。

驯马是一门绝技，只有剽悍机敏的驯马手才能胜任。因为所驯之马均为生个子马，一般人是很难制服的。驯马一般是在马驹断奶两年后开始调教。在半野生状态下生活的生个子马，见人就迅速逃奔。驯马手骑杆子马策马猛追，用套马杆将马套住不放松，奔跑一段路程后，趁机接近，并且敏捷果断地跳上马背，生个子马自然会暴跳如雷，狂奔尥蹶子，驯马手沉着应对，双手紧抓马鬃，双腿夹紧马肚子，牢牢地骑在马背上，直到马筋疲力尽、声嘶力竭被制服为止。驯马场面相当惊险刺激，它是展现蒙古族男子勇气和胆量的活动，能驯服烈马是一个优秀蒙古族男子的标志。

烈马扬鬃（图/额博）

天地蒙古人和他们的伙伴（图/宝音）

铁骑万里，纵横天下的秘密：世界上忍耐力最强的马

蒙古人马上得天下，素有马背民族之称。13世纪初叶，蒙古民族走向大统一，史称“蒙古马的时代”。蒙古马是蒙古骑兵的好朋友，也是他们征战南北的好伙伴，马对于骑兵就像水对生命一样重要。成吉思汗在统一蒙古诸部落的时候，将帐下最得力的四位大将木华黎、赤老温、博尔朮、博尔忽封为“四骏”，而功劳次之的哲别等人只能被封为“四犬”，可见马和狗在蒙古文化中的崇高地位，而马的地位又高于狗。

蒙古大军每次出征时，每个战士除乘马外还备有少则一匹、多则三匹的蒙古马。乘马跑一段路程后，便丢给战争途中的专门养马人，换上另一匹膘肥体壮的战马继续前进。蒙古马为蒙古大军赢得了时间，占据了有利的地形地势，使得成吉思汗在战事中经常处于主动地位。在激烈的战斗中，蒙古马食宿简便易行，围追防范能力很强。它能吃任何异地牧草，能不分昼夜不管冷热站着睡眠，它体力恢复极快，这些特殊性能使其在战争中始终保持健壮的体魄和充沛的力量。

蒙古马称不上是“高头大马”，平均体高（马蹄到背脊）只有120—135厘米，但是粗壮、结实的身躯，给人以安全感，四肢短但坚实有力，关节牢固，肌腱发达，“底盘”相当牢靠。

蒙古马身材矮小、跑速慢，越障碍能力也远远不及欧洲的高头大洋马。但是蒙古马是世界上忍耐力最强的马，对环境和食物的要求也是最低的，无论是在亚洲的高寒荒漠，还是在欧洲平原，蒙古马都可以随时找到食物。可以说，蒙古马具有最强的适应能力，可以长距离不停地奔跑，而且无论严寒酷暑都可以在野外生存。

蒙古军队几乎是清一色的骑兵，由约六成的轻骑兵和四成的重骑兵组成，不过即使是重骑兵，也仅仅身披一层鳞甲，这在西方骑士眼里依然属于轻骑兵。此外，蒙古骑兵还常常装备其他武器，譬如套马的绳套和网马的网套，这在欧洲军队看来匪夷所思，也防不胜防。成吉思汗正是利用了蒙古马的特点，结合蒙古人弓马娴熟的长处，将骑兵战术发挥到了极致。蒙古骑兵个个都是神射手，拉的都是硬弓，可以射穿盔甲，再加上超群的控马技术，与战马配合得天衣无缝，每次战斗如同狩猎一般，常常以少胜多。

如果说蒙古骑兵是中世纪最有战斗力的军队，那么蒙古军队的通讯能力在当时也首屈一指。用于传递军情的马匹，可以每天持续奔跑10个小时，行程240多千米，这与蒙古马的坚韧和忠诚是分不开的。

夕阳下的套马手（图/额博）

马在不同文明中的定位差异

马在亚洲的农耕社会里，通常扮演着运载工具的角色，马和人之间是一种生产关系。在欧洲的庄园经济中，马成为贵族们高贵和富有的象征，甚至提升到与“骑士精神”相关的生活品质层面。因此，欧洲的马逐渐被驯化和教养得更为漂亮，也善于进行各种马术比赛。但是在亚欧大陆之间的草原地带，游牧民族与马在长期危险、艰苦的狩猎和迁徙过程中，成为生死相托、相依为命的伙伴。

游牧民族经常通过互市和贡纳方式把大批马匹运送到中原地区。对于汉族而言，从游牧民族输入的马匹是对中原地区农业生产的有力支持，直接为农耕和日常交通运输提供了动力。同时，马之多少关系到军队之强弱。故历代中原王朝都很重视发展同游牧民族的市马贸易。而游牧民族又通过市马贸易从中原汉族农业区取得他们所需的粮食、衣着等生活用品和生产工具。这样，马文化与农耕文化在经济上、政治上、军事上，都形成一种相互补充、相互调剂的密不可分的依存关系。

蒙古族手工艺高峰——马鞍文化

女人有钱戴在头上，男人有钱用在马上

牧人之子，人、马和马鞍自然而成一体（图/贺其叶勒图）

蒙古民族自古以来在茫茫大草原上以游牧、狩猎为生。蒙古族在马背上长大、马背上崛起、马背上创业，马背上展示自己的聪明才智、勤劳勇敢，从而被世人称为“马背上的民族”。

马鞍是身份和审美的体现

英雄与骏马，是靠马鞍连接在一起的。只有当马鞍把他们结合在一起的时候，才能形成一股强大的生产力和所向无敌的战斗力。骏马的地位崇高，自然也提高了马鞍的身价。蒙古牧人做好一副称心如意的马鞍，就像汉族农民买到一块土地一样，是非常惬意和隆重的事情。不同的是，这财富伴随着主人走南闯北，带来无比的体面和自豪。聚在一起时比谁的马跑得快，谁的马鞍更漂亮是常见的乐事。

据史料记载和考古发现，蒙古族很早就发明使用鞍具。最初的鞍子是用柳条编织的，后来有了把牛皮整形而成的鞍子，还有坐垫形的鞍子。随着社会的进步、使用鞍具经验的积累以及新材料的发明，马鞍的样式、制作工艺也有了相应的发展和完善。在长期的马背生涯中人们不断改进鞍具、装饰鞍具，形成了独具特色的蒙古族鞍马艺术。

13世纪记录蒙古族历史的巨著《多桑蒙古史》中也说，蒙古人的马鞍具有装饰美化的传统，而且通常都

大尾式鎏金镶珐琅马鞍具以及局部图(图/齐木德道尔吉)

元代铜鎏金马鞍饰件,内蒙古陈巴尔虎旗民族博物馆藏品(图/视觉中国)

用白银雕镂出各式各样的花纹。人们爱马、饰马,以拥有骏马雕鞍为荣耀。所以马鞍饰具制作精美,用料考究,是民族手工艺和审美情趣的集中体现。对马鞍用具的装饰也体现着主人的身份和审美感。

带你细细看懂马鞍:实用第一的马鞍结构

马鞍的主体由前鞍鞒(1)、后鞍鞒(5)和鞍鞒边(2)及鞍板(7)构成(见P87《马鞍结构图》)。马鞍的辅助配件如下:马镫(12)是连接骑乘者与马的重要马用具,用吊镫皮条(13)与马鞍连接;前后肚带(11)、扯肚(10)把鞍子固定在马背上;鞍屉(8)是为了防止马的脊梁肋骨被鞍子磨伤,也为了吸马汗而垫在鞍子下的软垫;鞍垫(3)是垫在鞍子上的布垫,鞍垫左右两侧各用

历史的见证，马鞍中的贵族

金马鞍：

卧鹿缠枝牡丹纹金马鞍饰

1988年锡林郭勒乌兰沟出土的金马鞍现收藏于内蒙古博物院。

材质：木质鞍体，鞍体外面包镶黄金饰片；

图案：浮雕式，中心是四曲海棠形开光，一只瑞鹿静卧于花草之中，四周装饰花草纹。

传说17岁的海都王爱女明月公主赢得那达慕大会的胜利，忽必烈命工匠在金马鞍饰上捶揲一只瑞鹿，既喻吉祥也象征公主的美丽与灵性。后来在海都王与忽必烈的纷争中，公主阵前自刎，牺牲生命以平息战争。金马鞍随葬，作为公主美丽善良的见证，也成为蒙古人的佳话。

银马鞍：

阿拉善王爷达力吉雅遗物

所谓金马鞍、银马鞍都是就马鞍的装饰而言，并不是全用金子和银子制成。裸鞍及马鞍的骨架，不论怎样高贵，多数还是木头的。金属、骨头、景泰蓝和其他材料，装饰的都是马鞍的有关部分。

前鞍桥的“达”记，表明这是达力吉雅王爷之物（图/贺其叶勒图）

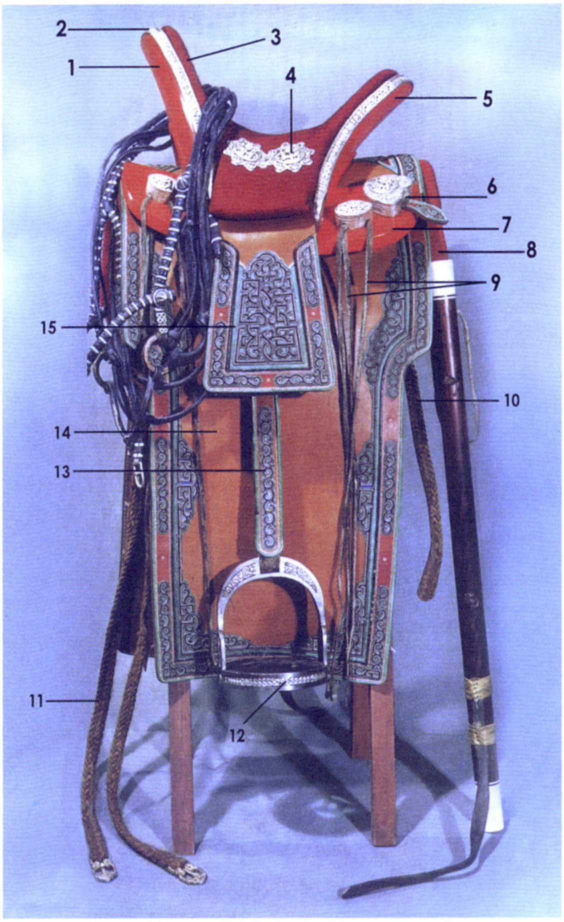

马鞍结构图(供图/博研宝音)

两个鞍花(4)把它固定在鞍子上;鞍韂(14)可用来防止马蹬碰伤马身,同时防止马身上的汗水毛渍弄脏骑手衣物;镫磨(15)是压在镫带上,防止马镫皮条磨损骑者衣物的器具,亦称“小韂”;梢绳(9)是由优质柔软的皮革打造成的圆形皮条,从两侧鞍翅前后专用的串孔中串出整齐下垂,用于固定马鞍上托载的物品或便于托载猎物而备;压钉(6)是位于鞍板前后用于串马鞍梢绳和攀胸、后鞧孔的饰件。

全凭手上真功夫:马鞍是所有手工艺综合的成果

蒙古马鞍的制作,是木工、皮毛、金属甚至刺绣等多种工艺的综合。经过千百年的锤炼,蒙古马鞍的制造

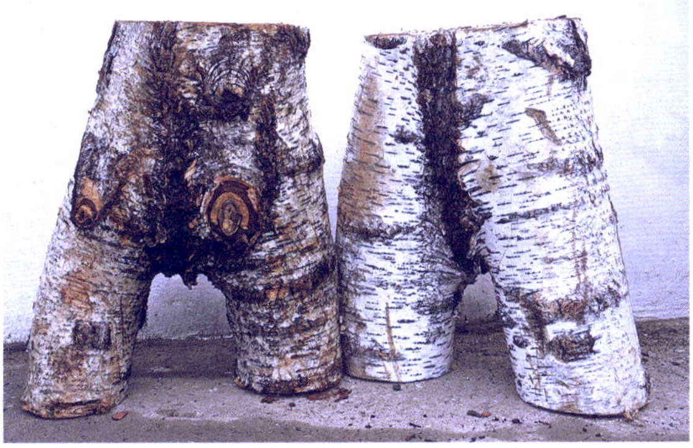
马鞍的原料黑桦木(图/巴义尔)

已经发展成为一门独立的艺术,有自己生生不息的传承人。兰州的景泰蓝马鞍、多伦马鞍,科左后旗的军鞍,都曾经是当时的名牌。科左后旗制作的马鞍,曾经支持过僧格林沁抗击八国联军。

马鞍的原料一般多用桦木。桦木砍倒以后,一般要干燥三四个月才能使用。一副马鞍一般只用四大块材料,两块凸形的叫前后鞍鞒,两块平板为左右鞍板。用常人的眼光来看,把这四块木板对在一起就行了。但是,这里有角度、宽窄、弧度的问题,而且在做的时候不断地变化,远不像人们想的那般容易。

民间没有模具和机器,全凭匠人的眼力和经验来完成,可以说是一种绝活,这也是民间手工艺的神秘性和个人风格所在。用各种各样的手锛子和木锉做出雏形以后,就可以固定在一个地方把缝隙胶合。等胶干透,在前后鞍鞒和鞍板、鞍座相接的地方,前面打8个眼,后面打10个眼。每两个眼里,贯串一道湿生牛皮条,等到湿生牛皮条一干,就把它们硬绷绷箍成一个整体。后面之所以要多打两个眼(也就是多加一道生牛皮条),因为后鞍鞒下面承受着人们臀部的压力,比较吃紧。左右鞍板的前后,还要各打4个眼,用来穿缀梢绳。左右鞍板中间下方各打一个方形大眼,用来穿缀马镫。后面鞍板左右各打一个眼,里面穿出绳环,准备将来连接后鞦。染色和油漆是最后的一道工艺。

这样做出来以后,还是一副裸鞍,远远达不到能够

蒙古族马鞍从外形上可分为方脑鞍和尖脑鞍两种，其中也有大尾(后鞍鞒)式和小尾式之别(还有架鞍、车鞍、驮鞍、吊屉鞍等)。左上图为方脑大尾式马鞍，右上图为尖脑小尾式马鞍(图/贺其叶勒图)

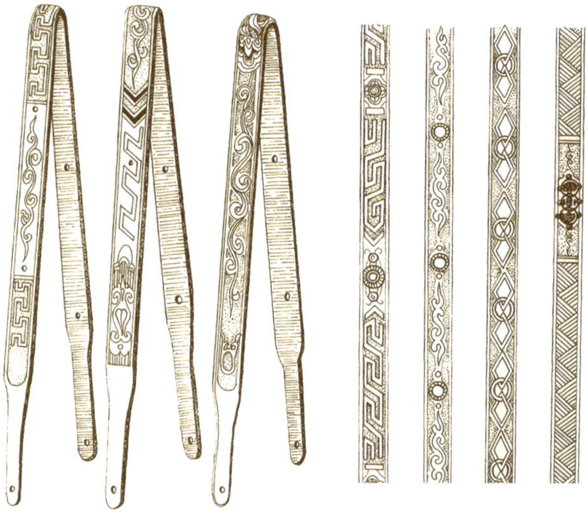

金属鞍鞒边及其图案细部(图/贺其叶勒图)

使用的程度。它上面要包起来，下面要衬上屉子，左右加大鞍韂、小鞍韂，前后穿上梢绳，才能成为一副完整的马鞍。

把所有的美和祝福，
集中在这里：蒙古族鞍马用具图案

鞍鞒边的配置直接关系到鞍子的美观、档次和特色。人们通常所说的银马鞍、景泰蓝马鞍、鲨鱼皮马鞍、雕花的马鞍等高档马鞍是根据装饰马鞍的材料而言的。鞍鞒边是为了加固鞍鞒、美化鞍子而围绕鞍鞒镶贴的金属、骨质边。关于鞍鞒边有“单鞍鞒边”“双鞍鞒边”之说。这里所说的单鞍鞒边是指只在前后鞍鞒上镶贴鞍鞒边，而双鞍鞒边是指除了前后鞍鞒外，左右鞍翅的四个边上也镶贴鞍鞒边。还有“两个鞍鞒边”与“八个鞍鞒边”之说。

马鞍用具上的各类图案是蒙古民族审美情趣的展现，有深刻的文化内涵。长期在大草原上过游牧生活的蒙古人根据对自然现象的崇拜、理解而逐步产生了具有民族特色的各种纹饰图案。经常出现于鞍马用具上的有山水纹、云纹、树木花草纹等描摹自然物景观的图案，还有形容动物的龙纹、鹿角纹、五畜纹、蝴蝶纹、蝙蝠纹以及几何图案、吉祥图案、福寿纹图案等，用细节寄寓着对幸福平安的美好向往。

文学作品中的牧人马鞍

金色的马鞍(散文，作者：席慕蓉)

金色的马鞍，蒙古语的发音是“阿拉腾鄂莫勒”，在蒙古文化里，是一种幸福和理想的象征。

长途驰骋，原本只需要一副实用的好马鞍就可以了，然而，把马鞍再镶上细细的金边，则是一种心灵上的满足。

越接近游牧文化，越发现这其中有着非常丰富的面貌，在这里蕴含着许多含蓄曲折的憧憬，许多难以描摹的对美好的祈求和渴望。

温情的记忆：雕花的马鞍
(歌曲，词作者：印洗尘，曲作者：宝贵)

在我很小的时候，有一只神奇的摇篮/那是一副雕花的马鞍，伴我度过金色的童年/当阿爸将我扶上马背，阿妈发出亲切的呼唤/马背给我草原的胸怀，马背给我牧民的勇敢/雕花的马鞍，神奇的摇篮。

在我长大成人的时候，忘不了那神奇的摇篮/那是一副雕花的马鞍，在草原上世代相传/孕育了多少民族的骄傲，编织了多少理想的花环/马背给我劳动的欢欣，马背给我青春的信念/雕花的马鞍，难忘的摇篮。

我拿什么来爱护你：
蒙古人的爱马、护马手工艺品

马挠子

马刷子

马汗刮子，一般都用竹子板或木板制作，偶尔也有用角、象牙、宝石等高档材料制成的。其形状基本上像一把带柄的双刃剑，但要把马汗刮子两侧的“刃”磨平磨圆，防止刮伤马的皮肤。马汗刮子上面刻有各类图案及民间纹饰。马因跑远路或急驰而出汗，特别是冬季，卸下鞍子时，鞍屉下有很多汗水，不及时刮掉，马会受凉乃至生病。所以主人用马汗刮子刮去马身上的汗水，如有条件，在马背上盖毡子等防寒用具。

马刷子，用马鬃制作，类似带柄的鞋刷，专门用于洗刷清洁马身。

马挠子，刮去马身上的毛渍灰尘的用具。类似于梳子，在带齿的铁板或木板上安装手柄而成。春、夏季节北方草原上经常刮大风，马身上粘有很多灰尘杂物，同时也是马褪毛季节，所以马的主人经常用马挠子刮去马身上褪下的旧毛和尘土，保证马身的洁净靓丽。

爱马护马（图/贺其叶勒图）

蒙古马的文化价值

忠诚的伙伴，美好的化身

人和马的相处之道

蒙古马亲情很重，多年后乃至到死都能准确认出父马、母马与兄妹马，并保持亲密的家族关系，有的马离群多年回到家族中间，以互咬鬃毛来表示亲热，我国有“老马识途”的成语。蒙古马从不与生身母马交配，因而蒙古人称马为义畜。蒙古人视生过10匹马驹的母马和年久的种公马为“功臣”，给予特殊待遇，马鬃系上色彩鲜艳的绸缎条，以区别于一般马。这两种马不但不能宰杀，死后还要厚葬。

蒙古马通人性，对主人竭尽忠诚。主人如果受伤、醉酒，只要把他放在马背上，它就会十分温顺地驮着主人回家；在赛场上，它会按照主人的意愿拼死向终点奔跑，为了主人的荣誉，它会拼尽最后气力，宁愿倒地绝命也不会半途放弃比赛。

马背人生（图/额博）

上图：放马（图/额博），右图：赛马（图/巴义尔）。在草原的许多民风民俗中都有与马相关的内容，如赛马是草原上最受欢迎的运动项目，赛马前把马尾扎起来，既美观又减少阻力

蒙古人爱马如命，视马为命根子。在辽阔大草原上过游牧生活的人，如果没有骑乘的马或不会骑马，可谓“寸步难行”。所以，蒙古人从小学骑马、会养马，把小孩的长大比喻为“手及梢绳，脚及马镫”。

蒙古人视马为朋友，马以头为尊贵，蒙古人严禁打马头，不准辱骂它，一般不准两个人骑一匹马，秋天抓膘期不准骑马狂奔让马出汗。马倌、骑手要随身携带马汗刮子、马刷子，随时为骑乘的马刷洗身子、刮除马汗，为马舒筋活血、放松肌肉、消除疲劳，同时，这也是主人与马亲近、增强感情的途径。牧马人说：“为马刮一刮，刨一刨，胜似喂精料。”

传统习惯中，马只有病死、老死，没有被主人杀死的，而且传统习惯中蒙古人是不吃马肉的，由此也可看出蒙古族人民对马的深厚感情。

马奶：千年流传的草原饮料

《马可·波罗行纪》中说：“达靼（注：也写作鞑靼）人饮马乳，其色类白葡萄酒，而其味佳，其名曰忽迷思。”蒙古人饮马奶酒始见于《蒙古秘史》，从成吉思汗先祖时代即已酿制，到元代时马奶酒已成为宫廷中的“国宴之酒”。在蒙古人心目中，马奶酒是神圣的饮料。

酸马奶在草原上久负盛誉，蒙古族人民在长期实践中发现酸马奶不仅是营养丰富、易消化吸收的食品，而且还是抵御许多疾病的“医药保健品”。马奶中乳脂球小，不饱和与低分子的脂肪酸含量高，宜于人体消化吸收，脂肪酸中亚油酸、亚麻酸的含量高，可降血脂，有着较好的医药保健价值。酸马奶对肺结核、贫血及消化道疾病有显著的疗效，是不可多得的保健奶制品，是蒙古族饮食文化的载体之一。

赛马：蒙古男儿的豪情

赛马，是“男儿三技”中的一项，是考验马背民族的一种比赛项目，其主要项目有奔马赛、走马赛和马术三项。前两项是比赛项目，后一项是马上的竞技表演项目，通常是在祭敖包和那达慕大会上进行。蒙古族的赛马活动，参赛人数不限，少则两三人，多则百余人；选手的年龄不限，一般多为少年人，最小的只有八九岁。为减轻马之载重量，一般不装备马鞍，一方面对马损害小，另一方面赛手跌下来也不会出意外。骑手的服装必须合身得体，有利于辨别。

传统赛马比赛有明细规定：①分组：按马的年龄分为成年马、五岁马、四岁马、三岁马、二岁马分组比赛，按走法分快马、走马、颠马分组比赛。②赛程：以快马为例，成年马35千米，五岁马28千米，四岁马25千米，三岁马15千米。走马和颠马为15千米。③登记：赛前各赛马主人至主席台将参赛马的类别(指快马还是走马)、年龄、颜色、数量一一登记清楚。④登记后，分组进行比赛，领队骑着马，领着本组参赛骑手唱着《万马之首》顺时针绕主席台三圈，边唱边走，然后一起到起跑点集合，准备比赛。

奔马赛：奔马赛是长距离的速度比赛，主要考验马匹的耐力。参加奔马赛的马匹较多，少则数十，多则逾百，不计时，不论马的年龄，不分组，也没有固定的场地跑道，最先到达者为胜。赛奔马的赛程一般在20至50千米之间，比赛时裁判一声令下，所有参赛者同时脱缰，骑手们头缠丝带，缨穗飘扬，身着艳袍，五彩缤纷，一路催马扬鞭，跃马驰骋，疾风一般卷过绿色草原。骑手在飞驰的马背上挥臂加鞭，奋力争先，宛如飞霞流彩，技术精湛，人马和谐。这一刻，草原上众马奔腾，蹄声震天，蔚为壮观。在终点，取得优胜的马和赛马手披红挂彩，风光无限地走进欢呼的人群，接受人们的赞扬和祝贺。

走马赛：走马赛是技巧性很强的比赛，主要比试走马的侧步平稳和速度。走马与跑马不同，跑马

雪地赛马(图/夕烟牧人)

驯马（图/额博）

是狂奔，马的前后蹄同时前进；而走马则是重于“走”。数百头马的马群里，好走马不过一两匹，所以走马就倍显珍贵。一般来讲，走马只用来调训参赛，绝没有出卖的。

走马的参赛骑手多为经验丰富的长者或中年人。参赛的马匹要配上精美的鞍辔，打扮得漂漂亮亮的。走马经过严格的训练，步伐分左右两侧前后蹄同时迈出，以稳健为上，既快又稳，姿势和谐优美，以最先达到者为胜。比赛既要考验马的技能，也考验骑手的驾驭水平。走马赛是那达慕大会中不可缺少的比赛。

马术：马术是蒙古族特有的马上竞技表演项目。《内蒙古纪要》云：“骑术，上体垂直，膝下向后方稍曲，无论若何运动，仅上体少动，下体之位置全然不变，策马而驰，则直立鞍上，腰不及鞍，纵终日马上亦无倦容。”

蒙古族的传统赛马按既定距离跑直线，一赛即决，不分初复赛，也不像现代赛马，在专门的赛马场跑圈。游客亲历其境，都会被民俗色彩浓重的文化氛围所感染，久久难以忘怀。

在众多的赛马项目中，鄂尔多斯赛马是最有特色的。在赛马前，首先由一位已婚妇女，头戴珠光闪烁的头饰，手持祭祀奶桶，蘸一点圣洁的马奶，对着天地敬献泼洒，然后一声号令，所有的骏马如潮涌般驰向草原的远方。到达终点时，由一位德高望重的老人手持长长的哈达，哈达上放一个羊头，羊头面部抹着圣洁的鲜奶，飘飘然来到头马近前，泼洒鲜奶于马身上，涂抹马的面部，口中高唱起深沉的祝赞词：广众聚集的那达慕/神速马赛中脱颖而出的这匹马/脖颈上系着龙王的彩带/胯骨上打着经师的烙印/大象般的头颅/鱼鳞般的颚纹/苍狼般的双耳/明星般的眼睛/彩虹般的尾巴/丝绒般的颈鬃/每个关节长满茸毛/每根茸毛上流金溢彩/这匹天造地设的神驹宝马哟/把那吉祥圣洁的鲜奶抹在你的头上。

比赛结束后，为获奖的马匹和骑手颁发奖品，先由专人在台上唱颂《万马之首》等歌颂马匹的歌曲，然后向骏马身上洒马奶酒和鲜牛奶，并授予荣誉称号；给骏马佩戴缨子和彩绸带，给骑手颁发证书和奖品。传统奖品的规格按照赛马的口齿岁数而不同：“五岁以上跑第一的马可以赏赐骆驼一匹、马八匹；四岁马应赏赐骆驼一匹、马六匹；三岁马赏赐骆驼一匹、马四匹；二岁马应赏赐骆驼一匹、马二匹。”

赛马奔放着草原牧人的激情，升腾着昂扬、奋发的气质，贯通着草原熠熠生辉的文化。草原汉子的阳刚之气因此而体现，他们的生命在博大与永恒之中升华。

神马：沟通牧人和神祇的桥梁

和系彩带的马一起去祭祀敖包（图/贺其叶勒图）

神马的民间崇拜：爱马，才能兴旺马群

蒙古人自古以来就有把自己心爱的马献给神祇的习俗。人们从马群里挑选出一匹马，举行祝福涂抹仪式，在它的鬃毛或脖颈上系上彩绸带，宣布它是献给神的马，这种马终生不受羁勒，不服劳役，撒群闲游。过去人们认为这是迷信做法，但换一个角度看的话，实际上它是牧民借献神之名，祝愿自己马群兴旺的爱马思想的集中表现。蒙古族的生活里，马不仅是乘骑的，而且已经具有丰富的文化内涵和鲜明的人文特征。系彩绸带的马除了献给天神外，还要献给祭祀的敖包，这一习俗在蒙古人中间比较普遍。蒙古地区大约阴历五月到七月间祭祀敖包，祭祀时用熏香净化马身，讲明该马的毛色、品种、牙口，在它的鬃毛或脖颈上系上彩绸带，绕敖包三圈后放回马群中，翌年祭祀时带去转敖包并更新其彩绸带。原来的系彩绸带的马老死时，得选定新系彩绸带的马。

蒙古人把马与生命连在一起，像爱护眼珠一样爱惜自己的马。马也非常通人性。蒙古人把自己最喜爱的马或对主人做出贡献的良马，好的杆子马，优良品种的骒马、种马封为“达尔罕马”。对达尔罕马终生不卖、不骑用、不剪其鬃毛尾巴直到其老死。

源自成吉思汗的国事祭祀：神马温都根查干

温都根查干神马，是成吉思汗生前供奉的神马。“温都根查干”，蒙古语，意为像鸡蛋一样圆溜洁白的马，是成吉思汗陵神马。举世瞩目的成吉思汗陵，位于内蒙古鄂尔多斯市伊金霍洛旗巴音昌呼格草原。自一代天骄成吉思汗逝世以来，这里达尔扈特氏及广大牧民一直将祖先的遗物珍藏至今，年复一年地守护着陵寝，并进行祭祀与膜拜。成吉思汗陵八白室祭祀的主体文化之一的神马祭祀，是蒙古民族原始的祖先崇拜形式的延续与发展。

关于温都根查干，蒙古民间曾有这样一则传说：圣主成吉思汗在五十岁那年，突然贵体欠安达两个多月之久才得康复。为了庆祝这长达八十一天灾难的消除，成吉思汗令其下属，用九十九匹白骒马的鲜奶对九十九个天进行了祭祀，同时也对苍天神驹温都根查干进行了专门的祭祀。另有一则传说：成吉思汗五十岁那年春天正逢灾年。大汗认为春天三月为黑月，不吉之月，应以白色为洗礼，故用白骒马的鲜奶对九十九个天进行了祭祀，同时将一匹纯白马指定为天马，并用白绸缎进行了特殊祭祀。两则传说均说明，祭祀神马之习俗最晚在成吉思汗时期就已盛行。

成吉思汗逝世以后，神马祭祀以一种文化惯例或特殊的文化定式一直流传至今。首先，神马温都根查干的祭祀从成吉思汗时期就成为一种盛大的国事活动，窝阔台汗时被列为成吉思汗陵寝八白室之一，成为成陵文化的一个组成部分被固定下来。其次，神马的转世不是随便可以确定的，而是有较缜密的条规与戒律。譬如，神马的毛色首先要顺溜，鬃毛必须是生来未曾剪过，两眼乌黑，四蹄乌黑，双耳对称，且像鸡蛋一样洁白无瑕，浑身不含任何杂毛。

神马有别于其他马匹最突出的方面是，具有不受羁勒，且任何人都不能随意役使或鞭打的特权。在鄂尔多斯，人们不论在哪儿碰到神马都会虔诚地加以膜拜，神马不论走近谁家，人们总是喜出望外地用鲜奶来进行祭洒，以此来表示感激神马带来的好运。蒙古族民间也常有对献给神祇的马进行专门祭祀的习俗，但这些被放生的马是牧人心目中的马神，是民间马崇拜的一种特殊礼仪，同成吉思汗八白室所祭祀的神马是有区别的。这种习俗的产生应该说是早于神马温都根查干崇拜的。成吉思汗祭祀神马的起因虽源于这种习俗，但这种民间的马崇拜习俗只有经成吉思汗亲自祭祀后才成为一种盛大的国事活动。

成吉思汗陵前的神马温都根查干，生性未经驯服，是牧人心中的马神（图/贺其叶勒图）

精神象征和文化图腾的多重意义

马英武的气质、矫健的身姿和灵敏的动作，都成为人们寄托精神追求的物化形象。马被赋予忠诚、勇敢、机敏的品质，深受草原人的喜爱和崇拜。马身上的品质，比如最具忘我情怀，遇事主动承担风险，在蒙古族民间故事中生动流传。13世纪的叙事诗《成吉思汗的两匹骏马》，几乎是家喻户晓。叙事诗描述了两匹骏马在参加成吉思汗围猎中表现超群，贡献巨大。但这样辉煌的业绩没有得到主人应有的赞扬，因而两匹骏马遁逃而去。途中两匹骏马对成吉思汗的不同看法终于暴露出来：一个是倔强自信、桀骜不驯，一心追求自由；一个是愿意忍受役使而眷恋主人。最终在"恩君"的感召下，两匹马又重回到原来的马群，受到成吉思汗的欢迎、问候和封奖。这一寓言诗以两匹骏马的人格化反映出蒙古人与蒙古马的美好关系和蒙古马对蒙古人的忠诚心态。蒙古民族对其后代进行爱马教育时，经常引用《成吉思汗的两匹骏马》作为例证。

辽宁西丰西岔沟出土的野兽啮马铜饰（图/内蒙古博物院）

在蒙古族的文学艺术作品中，真诚地歌颂、赞美马，以马的品质激励后人的诗歌、故事传说、歌曲等数不胜数。"雄狮般的脖颈啊，星星般的两眼，猛虎似的啸声啊，麋鹿般的矫健。精狼似的耳朵啊，凤尾般的

冬日祭祀中的良马（图/宝音）

内蒙古准格尔旗玉龙太出土的马形竿头饰物（图/内蒙古博物院）

毛管，彩虹似的尾巴呦，钢蹄踏碎千座山。”（摘自《蒙古族婚礼歌》）

可以说，蒙古人和蒙古马的灵魂结合在一起了。马对于蒙古人来说是忠实的伙伴，是美的化身。马头被当作典型传统乐器的特殊标志，因此有了马头琴。马对蒙古人的感情很深，蒙古人对马的感情也很深。在草原上，在蒙古包里，随时都可以见到各种各样的马：奔跑的马、静止的马、画上的马、雕刻的马等等，连蒙古国的钱币和国徽图案上都有马。蒙古马这种既平凡又不平凡的动物，在蒙古人心目中竟然占有那么高的地位，仅凭这一点就知道马对他们有多么重要了。

蒙古马作为一个重要的元素渗透在蒙古族文化中，成为蒙古族文化中的精品；蒙古马驰骋在草原上，点缀着蒙古大草原，成为草原文化中不可缺少的部分。如果说北方草原是蒙古人的历史摇篮，那么矫健的蒙古马就是蒙古人创造历史文化的主要工具。蒙古马在蒙古族的日常生活中，在不同历史时期蒙古民族的成长发展历程中扮演了重要的角色。从古至今，蒙古族不论从事什么职业，对马都有着特殊的感情。在蒙古族的生产劳动、社会生活、祭祀习俗和文学艺术中，几乎都伴随着马的踪影。由此，就自然而然地在民族生活中形成了多姿多彩的马文化。蒙古马已成为蒙古民族精神象征和永远崇拜的文化图腾，蒙古马是矗立在蒙古人心目中的不朽的丰碑。

撰稿专家

芒来，蒙古族，东京大学兽医学博士、东北农业大学农学博士，内蒙古农业大学二级教授，内蒙古农业大学副校长，中国马会和内蒙马会秘书长，一位从锡林郭勒大草原走来的“马博士”“马教授”、马科学专家。主要学术研究方向为马属动物遗传育种学，著有《马在中国》，荣获过吴常信院士科技成果奖。

《马在中国》

扫描二维码，
阅读专家代表著作的电子版

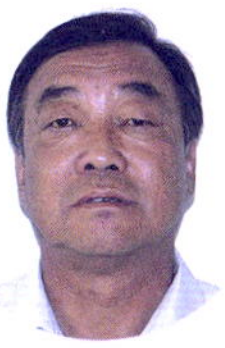

贺其叶勒图，蒙古族，内蒙古大学蒙古学研究中心研究员，内蒙古大学民族博物馆馆长，蒙古民俗学专家，著有《蒙古民族鞍马文化》等。

《蒙古民族鞍马文化》

扫描二维码，
阅读专家代表著作的电子版

蒙古人家(图/额博)

第4章

天地穹庐蒙古包

民居

本章主撰稿人：内蒙古文联译审　郭雨桥

蒙古民族把自己称为“图乌口嘎腾”　　毡帐之民，以自己的住所作为民族的标志，可见蒙古包在蒙古人心中的地位是多么重要。我国著名的人类学家吴文藻说，蒙古包是蒙古族物质文化最显著的特征，可以说，明白了蒙古包的一切，便是明白了一般蒙古人的现实生活。

以“蒙古包”这一名称闻名于世的建筑形式，是亚洲游牧民族的一大创举，是他们对人类文明做出的一项重要贡献。蒙古包是以木杆为主要支撑材料的人类早期建筑形式，穹庐圆壁，主要以苫毡做覆盖物。这类建筑生命力绵长，到20世纪末叶，世界上还有近100个部族住在蒙古包式的建筑里。

距今2000余年前，匈奴冒顿单于统治北方草原，建立了游牧民族的第一个政权，他们的房屋被中原人称为“穹庐”或“毡帐”。而当代蒙古国出土的匈奴工艺大毡，说明当时擀毡与刺绣的工艺已经达到相当高的水平。《史记》和《盐铁论》亦有关于匈奴穹庐的记载。

蒙古汗国时期，元上都设有专门制毡和毛织品的毡局，百工之事无不具备。同时出现了一种把蒙古包固定在车上的家车形式，最大的需要22头牛才能拉动。每一个大家车的后面，还跟着其他小家车，附带一二百辆勒勒车。那时候的生产方式是大游牧，活动的范围非常广阔。最为举世瞩目的是斡耳朵（帐殿），是可汗、酋长为了召开会议、举行宴会、欢迎外宾使团而建造的一种大型蒙古包，内饰金碧辉煌。还有专门用于长途征战的大帐幕，马可·波罗称其见过容纳1000名士兵的大帐，柏朗嘉宾称见过容纳2000多人的大帐。蒙古人携着蒙古包或是游牧，或是征战，几乎走遍了整个欧亚大陆，蒙古包因此堪称世界上最具流动性的建筑。

蒙古族物质文化最显著的特征

寒热风雨总相宜，足迹曾遍布欧亚大陆的建筑

1636年前后，漠南蒙古诸部族都归顺了清朝，清朝用盟旗制度“画地为牧”，把蒙古王公的统治限制在各自的领地之内。千里万里的大游牧消失，长途征战也不复存在。家车的含义变成了多辆勒勒车的串联，现代蒙古包在这个时候走向成熟。

木为架，毡为衣，行走的巨人

蒙古包的构件，概括地说就是三位一体。从材料上讲，是苫毡、皮绳和木头三位一体，不用一根铁钉，全部就地取材；从骨架来说，套脑（天窗）、乌尼（木杆）和哈纳（围壁）构成可分可合的三段式结构；从覆盖物来讲，是幪毡、顶篷、围毡三位一体。蒙古人认为蒙古包的套脑是头，乌尼是腰，哈纳是腿，像一个巨人行走在草原上。

木制的套脑是蒙古包的天窗，居于蒙古包之顶。蒙古包采光、通风、走烟都通过套脑，窝棚式建筑加入套脑的设计后扩大了包内的容积，也增加了进入包内后人可直立行走的范围。乌尼是撑起蒙古包顶篷的长杆，排列呈辐射状，一头支撑起套脑，一头架于哈纳之上，就像是人的腰一般。

蒙古语称为“哈纳”的围壁是窝棚式建筑革命性的发明，它们是蒙古包的腿，有了哈纳，蒙古包才真正站立起来。哈纳是由木杆和皮钉制成的网格状的方形大扇片，蒙古包的面积和高度都可由它来控制。哈纳片的网孔为不稳定的四边形，可以自由开合，通过调整网孔的开合程度即可改变网片的宽度和高度。在哈纳片数量一定的情况下，哈纳片拉得越开，蒙古包面积越大，而高度越低；哈纳片收拢，则蒙古包面积减小，高度增大。当然，哈纳片本身的大小和数量也是决定蒙古包大小的重要参数。通常牧民以哈纳的数量来大致估算蒙古包的大小，最常见的是4扇哈纳的蒙古包，也称为标准蒙古包，富裕人家可住6—8扇哈纳的蒙古包，旧社会的王爷和上层喇嘛才能住12扇哈纳的蒙古包。小蒙古包不需要立柱，大蒙古包中间则要加上立柱支撑。

蒙古包和勒勒车（图/额博）

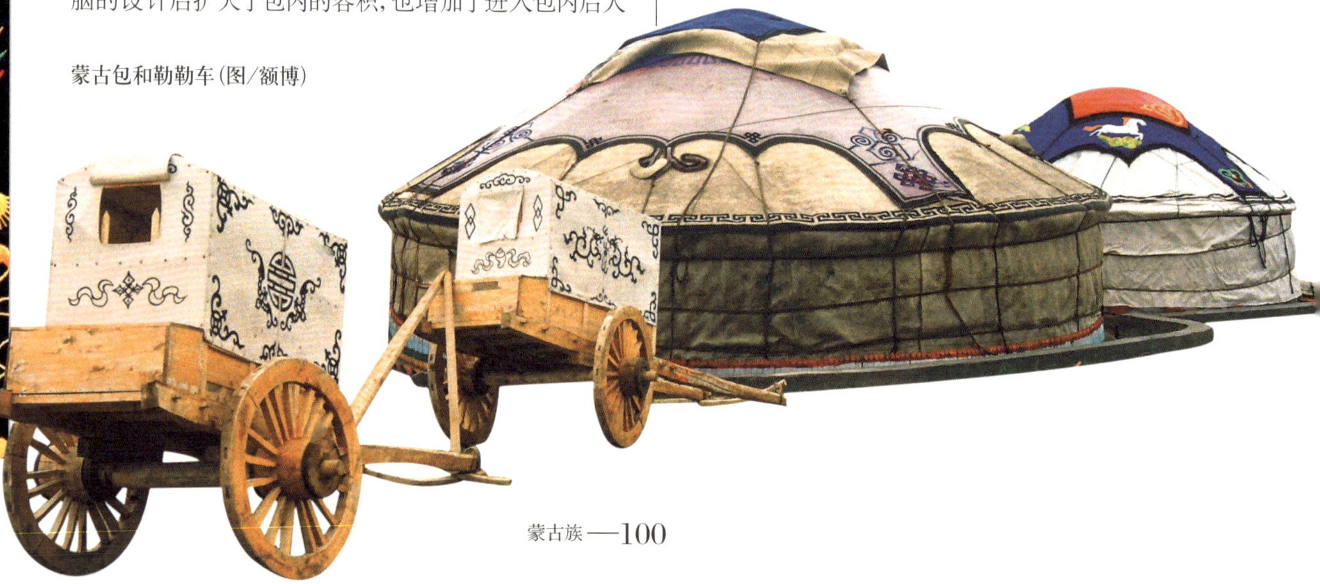

20世纪50年代搭蒙古包(图/内蒙古摄影家协会收藏，额博供图)

给蒙古包“穿衣服”——覆毡，这里是苫盖乌尼的部分，先放前片，再让后片压住一点前片放置（图/额博）

蒙古包通身覆盖的苫毡，可视为蒙古包的衣服。覆盖套脑的叫幪毡，覆盖乌尼的叫顶篷，包裹哈纳的叫围毡。苫毡通常为羊毛擀制而成，冬天围双层，夏天围单层，天气炎热时还可以将下半截围毡卷起来形成凉亭，就像人在夏天穿短裤、短裙一般。套脑上覆盖的幪毡每天晨开暮合，下雨刮风的天气白天也要合起来。

哈纳片上的皮钉由牢固耐用的牛皮或驼皮制作，乌尼杆下端的绳环、哈纳捆绳和围绳等是用羊牛驼马的毛绒搓成，尤其马鬃，是制作绳索上佳的原材料。

制作蒙古包的所有原材料都俯拾可取，但是架木结构的制作仍须由专门的民间作坊来完成，作坊简陋，工具原始，但工艺精巧。材料头年就得准备，让它们充分干燥。选择性能良好，有弹性、坚韧而耐压、细直而轻巧的山杨、红柳，还有稍微沉重、结实的柞木、桦树

蒙古包的乌尼可以分散压力（图/额博）

做原料。作坊由熏料炕、儿马木（机床）和必要的工具组成。熏料炕通过高温把木料烤软回性，在儿马木上弯成需要的形状，再经过一系列工序，做成整齐划一的部件材料，再用卯榫皮钉和各种方法固定穿缀起来，做成可以吻合、配套的套脑、乌尼、哈纳扇。其余的诸多捆绳、苫毡，都由牧民把架木买回去以后，在搭建的时候自己准备。蒙古包的传统营造技艺已被列入国家级非物质文化遗产名录。

蒙古包内也可进行精美装饰，套脑上彩绘的成吉思汗军队或牛马驼羊似乎在走动，络绎不绝；哈纳壁画上的草原，是那样深邃无边，好像可以一直走到天边，这是圆的神秘造成的错觉，使人忘了自己身处蒙古包里。箱柜佛龛上的雕刻，银碗上的花纹，甚至坐的地毯坐垫，无不散发着一种艺术的温馨和感召。它们可能不符合西洋绘画的透视解剖原理，但是那种东方的意味和情趣绝对让西洋画望尘莫及。游牧人在把蒙古包当作住所的同时，由物而文，道器合一，把他们的精神世界也融贯其中，使之成为审美和理念的殿堂。

上图：剪纸上的蒙古包（图/阿木尔巴图）
下图：蒙古包透视图（绘图/周琦）

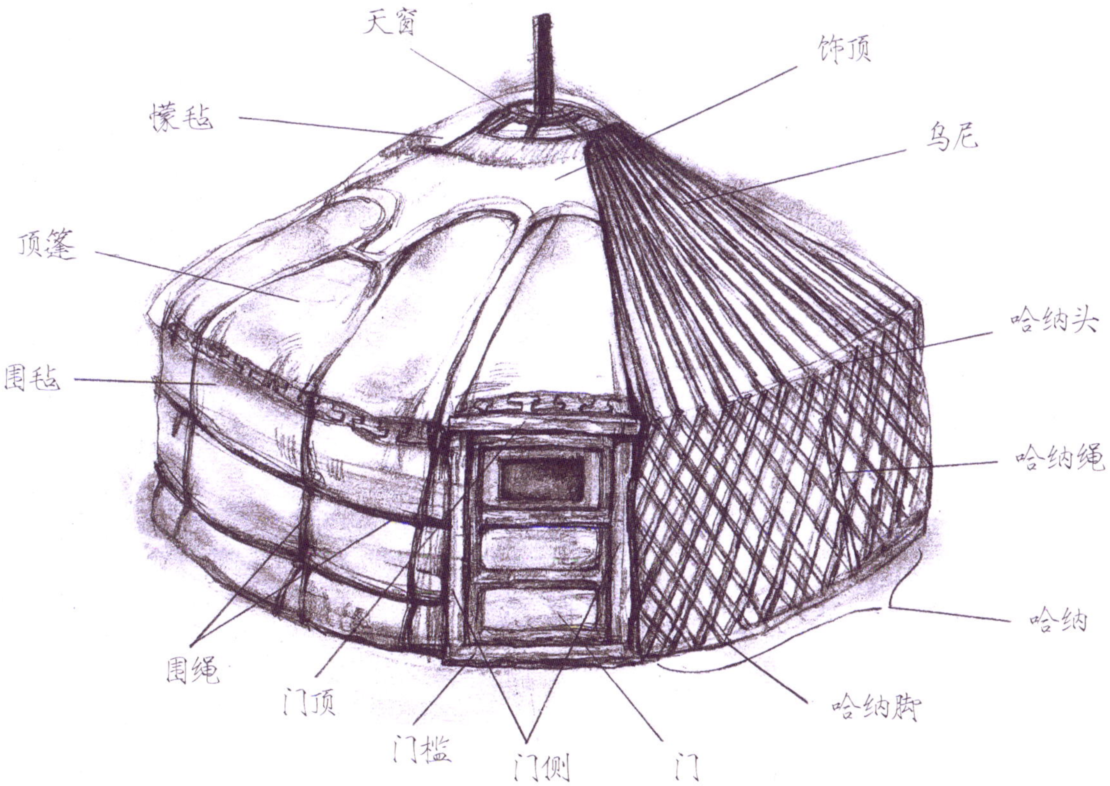

彩虹下的蒙古包(图/额博)

世界上最易搭建的民居

蒙古包的搭建，作为一种劳动，自然有它艰辛的一面，但是亲眼观看蒙古包的搭建，更多的是一种诗意的欣赏。看不到上栊架梁的沉重劳动，也不见盖房人一身水、一身泥脏兮兮的样子。不仅轻松，干净，画面也好看。一片青青的草地，蒙古包就在上面搭起来啦。牧人戏言，在公母山羊交配的工夫，就可以搭起一座毡包。

蒙古民族四季游牧，根据牲畜与水草的情况选择不同的扎营地点，夏天要防止水淹，冬天要背风向阳，选址后便可开始搭蒙古包。包门朝南开，然后立起哈纳，通过控制哈纳片的开合可控制蒙古包的高矮和大小，哈纳片之间以绳索绑紧，然后以围绳绕哈纳一周捆紧，防止蒙古包坍塌。小的蒙古包插乌尼杆时可一人居中举起套脑，其他人从几个方向同时将乌尼杆插进套脑上的小孔里并支起套脑，再将乌尼杆下端的绳圈套在哈纳头即可，然后将其余的乌尼杆全部插入。大的蒙古包可先以乌尼杆撑起套脑，然后依次将乌尼杆搭到哈纳之上。之后围上苫毡，并以绳索捆紧即可，捆扎正确的话会在蒙古包的门上方现出吉祥结，近些年风靡全球的中国结正是源于蒙古包上的这一绳结图案，表达着蒙古人对家宅平安的美好祈愿。

其他形式的“蒙古包”

(图/郭雨桥)

1 选好地点后确定门的位置，门必须朝南偏东开，以避开西北方向的风沙

2 立哈纳片，决定蒙古包的高矮胖瘦

3 以绳索捆紧蒙古包哈纳

4 小蒙古包可一人居中举起套脑，其他人从四周插上乌尼杆

5 围上围毡，然后盖上顶篷和幪毡

6 用绳索捆好围毡和顶篷之后，蒙古包搭成

（图/田甜）

蒙古人为什么选择蒙古包?

源于依托草木以行为主的游牧生活方式

农耕民族把自己的住宅叫作“家园”，因为“家”后面总跟着“园”，或是菜园，或是果园，都是静止的、固定的概念。蒙古族的习惯说法则是“家车”，因为蒙古包旁总是停着一队勒勒车，“车”一走，“家”就动了。“居则毡为庐，行则车为家。”家车这个动态的概念着实形象地点出了蒙古人游牧生活的特点。游牧是蒙古人基本的生活方式，一切活动和用品都必须适应游牧生产生活的需要，其民居也不例外。那么蒙古包究竟是如何完美适配游牧生活的呢？蒙古包又展现着蒙古人怎样的精神世界呢？或许只有理解了游牧生活的全貌，才能明白蒙古人选择这种建筑作为民居的缘由。

“家”与“车”，都是动态的概念

不论常规与非常规的迁徙，流动性显然是游牧生活的第一注解，搬家于蒙古人实在是家常便饭，蒙古族谚语说“窝棚落地是我家，炊烟升处即故乡”。所以蒙古人的家必须具有易拆易搭、运载方便的属性。蒙古包便是如此，其搭建之容易前文已述及，拆卸就更是便利了。最神奇的是，蒙古包在拆卸之后，各个部分还可化作搬迁的工具。展开后五六米宽的哈纳片，收拢来仅有五六十厘米，可置于勒勒车上做铺车板，乌尼杆并排捆扎即形成驮架，上面放置其他需运送的物品，苫毡可做垫衬，也可做包袱，包裹其他物品，防震、防易碎品磕碰。半球形的套脑里可放置包裹好的锅碗盆勺等易碎物品，捆扎哈纳的围绳自然也可以用来将搬运的物品固定于勒勒车上或者骆驼背上。拆卸后的蒙古包在搬迁中完全被化解，不仅不是搬迁的负累，而且变作了各种有用的搬迁工具。所以蒙古人只需几辆勒勒车，或是几峰骆驼就能轻易地将整个家搬走，

游牧——是行？是停？牛羊说了算

蒙古包是游牧生活的产物，游牧生活是它的根，它的魂。可以这样说，蒙古包是游牧生活对生产方式的适应，牧人对牲畜习性的照顾。如果说农耕是依托土地、以“居”为主的文化的话，那么游牧就是依托草木，以“行”为主的文化。我国古代把蒙古包称为“行屋”“行帐”，这是颇有深意的。行帐的好处就是行：畜行，人行，包也行，三者动态平衡。搬家时首先考虑的是牲畜的水草，其次才是蒙古包的坐落。不等一个地方的水草吃败，就搬家到另一个地方，以确保牲畜永远吃的是鲜草，喝的是清水，并且能更换口味，使牲畜营养均衡，身体结实，能抵御瘟疫虫害，能越过酷暑寒冬。

蒙古高原地处寒带，冬季漫长，在冬营地停留时间相对较长，通常选择山阳避风地带保护牲畜安全过冬。经过了寒冷、草枯、多雪的冬季，春季对牲畜尤为严酷，牲畜膘情大为下降，抵抗能力减弱，且为牲畜繁殖季节，因此，春营地要选在避免风雪灾害的草场，以确保新生幼羔的存活。夏天为了增加牲畜的肉膘，则要选择山阴、山丘、山间平川的细嫩草场，同时也要考虑为牲畜提供遮荫的地方。秋季是增加牲畜油膘的关键期，要选择草质好、凉爽的草场，以增强牲畜的耐寒能力。

不仅如此，所饲养牲畜不同，选择的草场也不同。一般绵羊、山羊、马群选择长有碱草、苇子、山荒草、蒿草等的草场，牛选秸秆高而茂盛的草场，骆驼选带有碱和刺槐的戈壁沙地。

除了四季常规游牧，如遇自然灾害还需临时走场，称为“走敖特尔”。既定的草场无法满足牲畜需求，则需要临时为它们寻找新的草场或是借用他地的草场。走敖特尔可远可近，可长可短，均视自然灾害的轻重、牲畜的膘情而定。

夕阳下的勒勒车（图/额博）

这是世界上任何民居都望尘莫及的。

若是迁徙路途遥远，在途中需要临时休息甚至过夜，则不必费周折搭好整个蒙古包，取下几根乌尼杆将上端捆扎，下端散开，盖上苫毡，便是一个简易的窝棚。或是将两扇哈纳搭在一起，覆以苫毡，也是一个简单的帐篷，足以应对临时休息的需要。

蒙古包为何是圆的？

内地住惯房屋的人，乍见蒙古包，总觉得它简单、简易、简陋，支支架架搭起的茅庵草舍，没有多少深奥的科学内涵。其实恰恰相反，蒙古包的浑身上下，都有科学的细节，充满着游牧的大智慧。蒙古包定型以后几千年不变，其中必然包含着深刻的道理。

圆，是为了最大限度地使用空间

进过蒙古包的人常常会觉得外面看似不大，但是里面很宽敞。这其中暗含着一个普通而又深刻的几何原理：周长相等的四边形和圆，圆的面积更大，这直接导致了对建筑材料的节省，意味着采用圆形结构时，更少的哈纳片可以带来更大的室内面积。另外，圆弧形的蒙古包内壁也能形成天然的回音壁，在包内唱歌的音响效果要好于方方正正的房屋。由于透视的关系，在蒙古包内挂一幅草原背景的画，会让人感到蒙古包好像没有边际，能够跟着这幅画走到天边，走到草原尽头。

蒙古包哈纳围成圆形可抵御暴风雪，风雪刮向蒙古包的时候，便顺着包顶的弧线滑过，不会积聚在蒙古包前后，以至将蒙古包掩埋。同样圆弧形的顶篷也使雨雪迅速滑落，不会积于包顶压垮蒙古包，或是造成漏雨现象。由于哈纳的灵活伸缩性，包顶的弧度也可调整。秋天雨大，围绳将哈纳捆得紧一些，它就变成了瘦高个，包顶更加圆滑，雨就会存不住；春天风大，围绳把它捆得松一些，它就瘪塌下来，牢牢地趴在地上，尽量减少风的阻力。蒙古包是游牧人对居室的一大发明，是游牧人写在大草原上的得意之作，是恶劣气候的克星。

圆，是为了均匀分散压力

蒙古包整体呈卵圆形，用材简单，看似纤薄脆弱，却坚韧稳固，不易坍塌，这

上图：清代鄂托克旗蒙古人搭建蒙古包（图/内蒙古摄影家协会收藏，额博供图）
下图：蒙古包与蒙古老人（图/额博）

正是利用了薄壳原理。物理学告诉 ，同样的材料，如果做成空心或者弓形，用料最少，强 度大，而且重量最轻，这也正是千余年稳若磐石的赵 所采用的原理。圆弧形有利于压力的均匀分散，套 的重量分散传递到乌尼杆上，斜搭的乌尼杆形成一 滑力，自己并不承受许多压力，而是传递到底部的哈 上，最后传递给大地。采取这一形式便能够起到四两 千斤的作用，轻松化解蒙古包自身的重量和所承受的 雨雪的压力。

圆，是为了排烟

在蒙古包里生火时，要放下 ，使蒙古包变成一个火罐。而火罐是排烟的，投火 以后，里外形成一种压差，烟一下子就吸附到大地 上。根据科学家研究，由于蒙古包顶部是个半球 论从哪个方向来风，都会在蒙古包上空形成一个 压区。所以蒙古包内的炉灶特别好用，生火不易倒 蒙古包烟囱上的小伞，不仅可以防雨，也是利用风 生低压，好让炉里的烟排得更好。

处处有智慧——蒙古 的细节

蒙古包的整体形态体现着 的理念，而其中许多局部设计，也将蒙古人对空 材料的运用发挥到了极致。在骄阳如火的七月，利 古包的自然通风，还可以把鲜肉晾成干肉条。这 出来的干肉，吃面条时削进去一些，吃起来特别有 ，鲜美异常。新疆伊犁地区的蒙古人在火撑里烧 ，将肉条晾在套脑周围，松柏枝燃烧的芳香烟气 透到风干肉里，吃起来别有风味。利用现成的住宅 风干牛羊肉，可以说是蒙古包带给牧人的一个极大 。

遇到特别恶劣的风沙天 民也会在套脑下方吊一个大沙袋或是一桶水，以 蒙古包的稳定性，防止蒙古包被大风吹翻。

走进蒙古包，空间一览无 除了箱子、柜子外，并

彩绘套脑及立柱局部，跨度大的蒙古包下面要用柱子顶住，柱子的粗细高矮根据蒙古包的大小高低而不同，形式多样，雕刻图形并油漆彩绘，跟蒙古包套脑和乌尼相适应（图/郭雨桥）

没有更多的置物空间，而手头零碎的常用小物，也不宜放得太隐蔽，取用不便。于是蒙古人开发了哈纳上沿和乌尼交接处的空间，增加一块木板，放置小物件或是晾制奶制品。这块木板被称为登努尔，蒙古包最多可以搭3个这样的登努尔，东面放女人的物品，西面男主人使用，北面是供神的地方，放置供神的物品。而事实上，哈纳顶端的哈纳头和哈纳网孔上都可以挂物品，帽子、药品、钱包、照片、时钟等等。连乌尼杆与顶篷毡之间的空隙也可以夹进手机、书本等物品。蒙古人实在是空间利用的专家。

蒙古包外覆盖苫毡，蒙古人擀制的苫毡较为蓬松，易折叠，便迁徙，同时苫毡内充满空气，具有极佳的保暖效果，符合保温材料的基本原理。但同时苫毡也不隔音，这一特性恰恰能满足放牧生活的需要。在蒙古包内，包外的任何声响都能听见，能够提防狼的侵袭，知晓牲畜的异常，天气的变化，或者及时出包迎接来访的客人。这种不隔音性，正是游牧民族求之不得的特性。

既是民居，又是时计

得益于蒙古包顶部的套脑和呈圆形辐射状的乌尼杆，能够均衡地丈量太阳照在蒙古包里的时间，一个4扇哈纳的标准蒙古包竟然能摇身一变成为一个天然的大日晷。标准蒙古包的哈纳有14个头，4扇哈纳共56个，加上门上的4个，计60个，也就是需要60根乌尼杆，圆形一圈为360度，相邻两根乌尼杆间的夹角正好为6度。蒙古人就用它来计时，安排一天的牧业生产，还可以纪年，推算十二生肖、六十花甲子，以及春分、夏至、秋分、冬至的时间。

“太阳到了乌尼中间”，或者“迎接羊倌的太阳”，夏秋季节，牧民一向天一亮就把羊放出去，放羊的人喝过早茶以后，就去把一早出去的人换回来。午后到了“乌尼中间的太阳”时，再把那个放羊的人迎接回来，这样就有了“迎接羊倌的太阳”的说法。牧人观察着蒙古包里的日影便能安排四季牧业生产活动。

太阳照到套脑圈	早晨太阳升起
太阳照到乌尼中间	太阳已经升得很高
太阳照到哈纳头上	小晌午，放牧的人到了远处草场
太阳来到床上	快到中午
太阳来了正北	春夏的正午
太阳来到了东北	过午
太阳爬上了哈纳头	大半后晌
太阳从包里出去了	太阳快落了

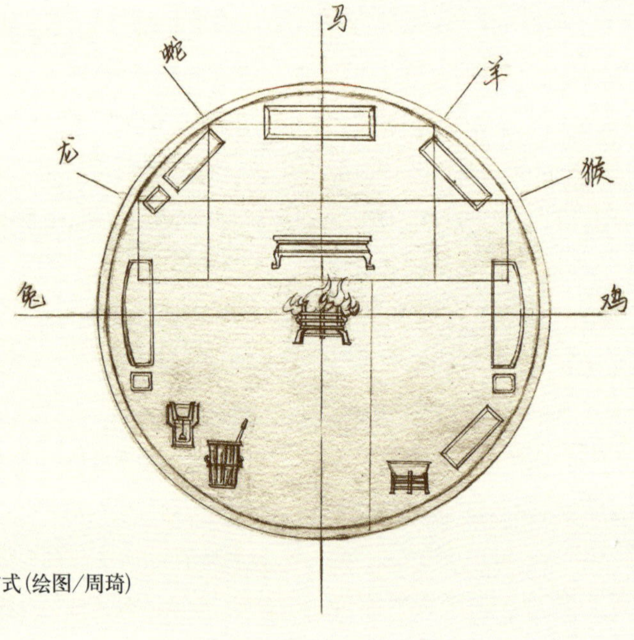

蒙古包的计时方式（绘图/周琦）

蒙古包里的秩序

蒙古包是蒙古人的典型民居，是供蒙古人日常居住的，除了适应自然环境，符合游牧生产需求外，必定也被加注了人的思想、人的意识。蒙古包内的空间布局、坐卧次序、民俗禁忌等都是蒙古族社会文化的缩影。

蒙古人敬火，火既是烧水煮饭的工具，也是香火延续的象征。因而建好蒙古包后的第一件事便是立灶，蒙古人称立火撑。火撑必须立在蒙古包的正中央，上方正对着蒙古包的套脑，利于排烟。装燃料牛羊粪的筐子放在其东南侧。火撑等组成蒙古包布局的第一圈——香火圈。

第二圈是铺垫圈。即在地面铺上毡垫或木地板，留出门口及火撑区域，形成“倒凹形”。这个区域是人们主要的活动区域，因此毡垫上绣以各种花纹图案作为装饰。有客人到来时坐于其上，取出小桌摆上奶食肉食，倒上奶茶供客人享用，晚上睡觉也是在该区域，坐卧的基本原则是男人在西面，女人在东面。

贴近哈纳的是最外圈——家具圈。西北是神龛佛位，放佛像、经文、香烛等；西面放置男人的物品，如狩猎用品、马头琴，西南则是马鞍具、酸奶缸的位置。北面是被桌，叠放主人的被褥。东北方向放女人用品箱，衣服、首饰、针线等。东面是放碗架的地方，肉食、奶食、水都要分开放，尤以奶食及其器物的地位崇高，奶桶所放位置必须高于水桶的位置，这与蒙古族尚白思想有密切关系。东南是放水缸、锅架等的地方。南面是门户之位，不放物品。

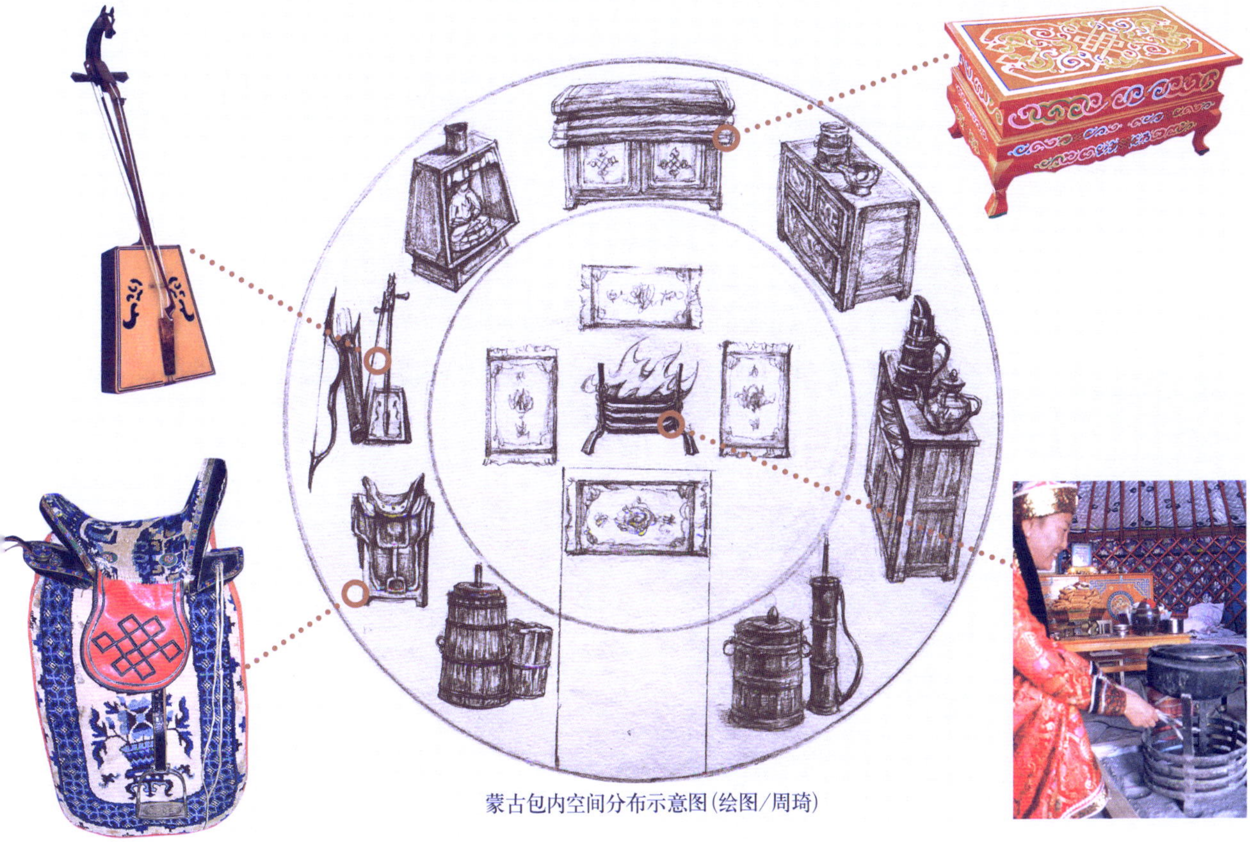

蒙古包内空间分布示意图(绘图/周琦)

蒙古包里的习俗

进退有据，礼尚往来

与汉族相似，蒙古族也是礼仪之邦，到蒙古人家做客有许多的规矩，要了解这些规矩，尤其是禁忌，才能入乡随俗。

无论是开车还是骑马，走到蒙古包跟前的时候，一定要放慢速度，离蒙古包还有一段距离就要停下来，不得将车直接停到包门口，也不得将马拴在蒙古包上。进蒙古包不能踩门槛，不能在门槛上垂腿而坐，不能挡在门口，这是蒙古包的三忌。因为毡包被认为是主人的象征，门是口，门槛是喉，踩门槛，就是踩主人的咽喉。踩了平民的门槛便败了时运，踩了可汗的门槛更是有辱国格。禁止践踏门槛一事，蒙古汗国时期曾经有法律条文予以确认，踩了门槛很可能要吃棍棒之苦。只有有意向对方挑衅、侮辱对方的人，才故意把坐骑拴在蒙古包上，踩着人家的门槛进家。客人进家时，也不能将马鞭、马绊、武器带进去。

蒙古包西侧是马鞍、套马索等男性用品区域（图/贺其叶勒图）

牛粪在旁人看来是污秽之物，但在蒙古人眼里却是最好的燃料。蒙古人把放在老坛子里、慢慢斟给众人的酒叫作“颂”，把放在牛粪箱子里、慢慢烧用的牛粪也叫“颂”，牛粪就是火的酒，一定要加满。既然牛粪筐的地位如此之高，人就不能坐在上面，也不能跨越牛粪箱子，进出时要把袍子撩起，不要让袍边扫着牛粪箱子。走路碰到火剪，也要拿开，不能从上面跨越。还忌讳向火里洒水、吐痰、扔脏物，不能在火撑子及其木框上磕烟袋，更忌讳将腿脚伸向火撑子烤火。忌讳用刀拨火，用刀直接从锅里扎肉。这都是因为蒙古族敬火的缘故。

坠绳，就是拴在套脑正中的拉绳，它主要是一种象征性的精神存在。蒙古人认为坠绳是保障蒙古包安宁、保存五畜福分的吉祥之物，不存在没有坠绳的毡包，没有坠绳就不能算毡包。坠绳专门用公驼的毛搓成，图其雄壮有力。出卖牛马驼等大畜的时候，要从鬃、尾、膝上拔一小撮毛拴在坠绳上，这是要把牲畜的底福留在家里，不要让它随买主跑掉。

蒙古族有着严格的动土禁忌，既是一种民间信仰，也体现其生态理念和现实意义。蒙古包搭建时几乎不动土，包内地面铺上木板或是毡子即可，搬迁后被压倒的草很快便能长出来，不消多久，牧人居住过的迹象就完全消失了。甚至在搬迁时拔出拴马桩后，也要将土坑填平，既保持了草原的完整，也防止牲畜行走时不慎踏入坑洞，折损了蹄脚，若是发生了这种情况，按照蒙古族的习惯法，挖此坑洞的人是要对牲畜的主人进行赔偿的。

蒙古包作为蒙古族物质文化的一个重要方面，对

坠绳在蒙古包绳索里的位置最高，地位也最高贵（图/郭雨桥）

蒙古人的体质、性格、气质、文化心理的塑造，有着不可估量的作用。一个从小在蒙古包里诞生、在马背上长大、把辽阔草原作为活动舞台的人，他的精神世界与农耕民族是不同的。

蒙古包的移动性使得蒙古人喜欢新鲜大地，富有开拓和冒险精神，更具有灵活性，他们说走就走，行动敏捷，不那么安土重迁、热土难离。但蒙古人的迁徙绝不是对一地资源采竭后的遗弃，相反，正是因为对草原深深的热爱，才要频繁迁徙以保护草原。根据生态“拾壹律”，自然资源在仅消耗十分之一的情况下才能自行恢复，持续再生。换句话说，谙熟这一自然法则的蒙古人每次搬迁时其实仅采用了当地不超过十分之一的草场资源，这与农耕民族“颗粒归仓”的理念是截然不同的。尤其在疯狂攫取自然资源换取经济效益的当今社会，蒙古人的传统生存方式更有借鉴意义。

白色的毡房（图/内蒙古摄影家协会收藏，额博供图）

撰稿专家

郭雨桥，内蒙古文联译审，专业作家，翻译家，蒙古文化学者。全国万里采风先进个人，全国民间文化十大守望者之一，首届乌兰夫蒙古语文奖获得者。目前已出版蒙古文化著作和散文集25部，包括《细说蒙古包》（是迄今为止唯一用汉文撰写的蒙古包全书，已译为蒙古文）、《蒙古通》、《成吉思汗祭祀全书》等。

《细说蒙古包》

扫描二维码，
阅读专家代表著作的电子版

典雅庄重的蒙古袍礼服（图/巴雅尔玛）

第5章

华服珠饰，身份象征

民间服饰

本章主撰稿人：内蒙古文联译审　郭雨桥

蒙古民族是生态民族，全靠生活在大自然里的牧畜和猎物作为自己的衣食之源；真正是食肉、喝奶、寝皮、衣毛的民族。“草是禾苗牧是家”，他们对自然生态的依赖，比农耕民族更甚。经过千百年的历史积累，他们对畜产品的开发利用已经达到炉火纯青的地步。他们会加工和综合利用各种畜产品，牲畜身上所有的东西都能派上用场，从而使单调的畜产品变成丰富多彩的衣服和配饰，用他们的双手和智慧创造出一个符合自己愿望的审美世界。

跟很多少数民族把自己的历史穿戴在身上一样，蒙古民族的服饰符号非常系统、周密和完备，不仅反映了整个人类服饰使用价值和审美价值互相结合的普遍规律，而且凸现出了蒙古族服饰如何与蒙古人、蒙古地区、游牧经济有机结合的自身规律，表现了它规范社会生活、维持道德人伦、传播游牧文明的特殊作用。

蒙古族逐水草而流动，牧无定处，居无定所。在这种生产方式下，生活用品都需要随身携带，而频繁的搬迁又要求尽量减轻负荷。因而，一物多用就成了蒙古族选择生活用品的上佳法则，这一法则几乎体现在蒙古族生活中的所有物件上。

内蒙古地域辽阔，自然环境、经济状况、生活习惯不同，特别是自17世纪中叶以来的300多年间，随着各个部落游牧地域的相对固定，蒙古族服饰的部落性特征进一步增强，形成了巴尔虎、布里亚特、科尔沁、乌珠穆沁、苏尼特、察哈尔、鄂尔多斯、乌拉特、土尔扈特、和硕特等数十种服饰文化。各个部落在保持蒙古族共同的基本服饰特点基础上，展现出丰沛的文化创造力，把民族性与部落性有机结合，将民族深层次的认知、理念、审美、祈望乃至于历史遭遇，以部落化的形式，具体而微地表达于服饰的每一个细节之中。

部族的标签，游牧的佳作

与游牧生活相契合的服饰优势

模仿人类身体的服饰

与古代中原的“胡曹作衣”不同，蒙古族认为袍服起源于对人自身身体的模仿。蒙古族布里亚特部落有一则家喻户晓的传说：从前，有一对夫妇想为自己即将出嫁的女儿做一身衣裳，却苦于没有可参照的样板。商量许久，妻子忽然从自己的双手上得到启发——她将两只手水平前伸，然后手心贴手背上下重叠：两边的大拇指，好比衣服的袖子。中间重叠的部分，就是衣服的前后身子。第一件袍子就这样做了出来：大拇指根部是肩和袖窿，其第二、第一关节是袖筒，指甲是马蹄袖。鄂尔多斯现存的一种带接袖袍子的裁剪方法，裁剪出来的衣服图样和上述传说中的图形非常相像。

原生态的量体剪裁

在现代生活中，蒙古民族仍然保留着许多与传统生活环境相适应的生活习惯。比如：汉族用拇指和食指拿针，顶针戴在中指上，由下往上缝。蒙古族妇女则是用拇指和中指拿针，顶针戴在食指上，由上往下缝。有研究指出，这是由于汉族的窗户多为侧光，蒙古包的天窗多为顶光或顶侧光，故而形成了握针方式的差异。在蒙古族地区，至今也仍有许多老人裁剪衣服不用尺量，而是用自己的手掌关节进行测量，或者也参照衣服穿着者的身体部位。蒙古语中有大量以身体部位来表示的长度单位：

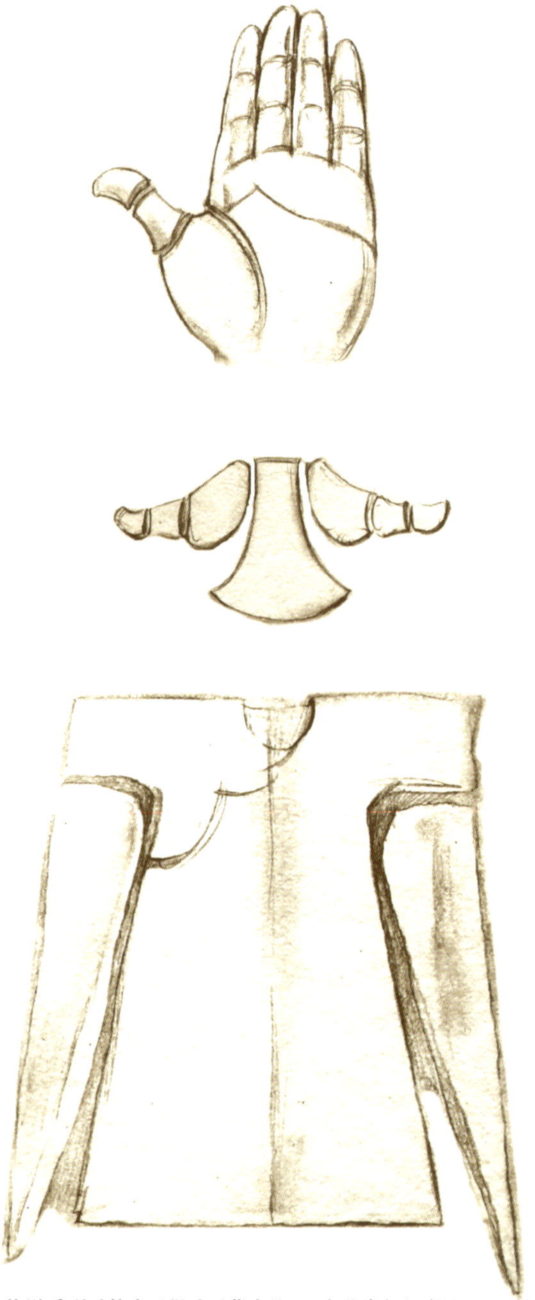

传说受到手的启示做成了蒙古袍，二者非常相似（绘图/周琦）

1指	一个指头横量的长度
2指	两个指头并拢横量的长度
寸	食指指尖到第二关节指纹的长度
虎口	拇指和食指岔开的长度
半虎口	拇指岔开食指弯曲回来的长度
拃	拇指和中指岔开的长度
尺	支肘于桌，肘端到腕纹之间的长度
长尺	手臂在胸前平贴，肘端到中指间的长度
短尺	手臂在胸前平贴，握拳，肘端到拳梢的长度
庹	两臂平伸，中指尖之间的长度
半庹	庹的二分之一

传统袍服的裁剪方法科学而简单：选好衣料，使其宽度足够容纳人的身宽（身高可以自由选择）；将面料左右对折，高度裁至穿着者的身高，即7拃；再上下对折一次，使衣料折为四层；然后在开口一面，用画粉大体画一个“7”字，顺着“7”字裁剪，就可得袍子的半身图，展开即可呈现袍服的大体形状。

一针一线（图/田甜）

由四层展开成袍子（上中图），另加一块底襟成型（下图）（图/郭雨桥）

契合自然和职业的游牧服饰

蒙古族服装是一种三段体样式，由于裤子穿在里面，为长袍所覆盖，不易看见，所以一般不提裤子，而称袍子、腰带、帽子、靴子为蒙古族服装四大件。这是游牧民族标志性服饰，是数千年来游牧部落与草原环境不断适应的最佳选择，是人与自然和谐共生的完美契合。蒙古人骑马走在草原上，蓝天白云之下，牛马驼羊相伴，就是一幅自然天成的画卷。那么蒙古族服饰在游牧生活中究竟有怎样的优势呢？

乌珠穆沁童装（供图/博研宝音）

与自然的高度契合：蒙古族服饰构成表

种类	代表性照片	形制	优点
袍子	 布里亚特男式蒙古袍（图/郭雨桥）	立领，有大襟、底襟，袖长，可接马蹄袖，袍长及靴，裉里宽松，下摆肥大	1.裉里宽松：骑马方便，干活不绷 2.下摆肥大：骑马前可护膝，后兜屁股，不得风湿病 3.马蹄袖：护手，利于骑射，骑马时执缰拿鞭比戴手套暖和方便 4.有大襟、底襟：底襟可抵背心，有效护腹，保暖，抵挡风沙侵袭 5.立领长身：封闭性能好，保温防寒，不灌风沙，防止蚊叮虫咬 6.总体衣襟长而肥大：干活不拘束，防止牲畜踢咬，晚上当被盖，前襟可装牛粪 7.小解自带屏障

种类	代表性照片	形制	优点
腰带	 青海蒙古族服饰中的腰带（图/额博）	多用绸子制作，有两三丈（约6.6–9.9米）长，较宽	1.保暖 2.骑马时保护肋骨和内脏，减少颠簸痛苦 3.使腰部挺拔健美 4.把袍服隔成两个部分，上面形成口袋可装物品或做婴儿襁褓，腰带上可垂挂一系列游牧用具（蒙古刀、火镰、鼻烟壶、烟口袋、碗袋等） 5.特殊情况下可用来提水、牵羊
帽子	 风雪帽（图/内蒙古博物院）	圆顶圆帽、尖顶圆帽、风雪帽、栖鹰冠	1.系带、耳扇：保护耳朵脸蛋，防曝晒、抗严寒 2.三角形、圆形加飘带：不戗风，利于骑马奔驰 3.后屏：保护脖颈，抵挡风寒 4.迎峰大：风沙不迷眼睛 5.耳扇、帽檐可开合：调节冷暖，适应变天
靴子	 卷草纹高靿男平头靴 （图/内蒙古博物院）	马亥（布靴）或皮靴；翘头、半翘头、平头；中靿或高靿	1.靿高：骑马保护脚踝、小腿免受摩擦；防止蛇咬、虫叮、荆棘刺伤，便于涉草、涉水、涉沙 2.尖头：骑马摔落时不套镫，较为安全

取材天然的牧衣

草原上地广人稀，人们对自然生态的依赖比农耕民族更甚，他们以草原上的各种自然资源作为衣食之源，依靠自然即可达到自给自足。经过千百年的经验积累，蒙古族对自然资源的利用已经达到炉火纯青的地步，他们充分利用牲畜的各个部分加工制作出丰富多样的服饰，创造出一个符合自己审美的多彩世界。

东乌珠穆沁牧民萨日娜在熏皮子。这样熏出的皮子不怕雨淋，不起皱，颜色好看（图/郭雨桥）

服饰技艺图表

<table>
<tr><th>动物部分</th><th>加工过程</th><th colspan="2">服饰上的应用</th></tr>
<tr><td rowspan="4">毛</td><td>自然状态</td><td colspan="2">做填充物：坎肩、棉袍、棉裤、被褥等</td></tr>
<tr><td>捻成毛线</td><td colspan="2">纳底子、做座垫、绣图案、织毛衣</td></tr>
<tr><td>织成土毛布</td><td colspan="2">粗纺衣、雨衣、褡裢、口袋、饮水槽</td></tr>
<tr><td>擀成毡子</td><td colspan="2">做风雨衣、毡帽、毡袜、毡靴、碗袋、香袋</td></tr>
<tr><td rowspan="8">皮</td><td>生皮</td><td colspan="2">做座垫、土皮鞋、穿订（蒙古包用）</td></tr>
<tr><td rowspan="4">熟皮</td><td>老羊皮</td><td>白茬皮袍、达赫（大衣）、得格地（靴子外面套穿）皮裤</td></tr>
<tr><td>二茬皮</td><td>吊面皮袍（礼服）、坎肩、套裤、皮袜</td></tr>
<tr><td>羊羔皮</td><td>吊面皮袍、坎肩、皮帽</td></tr>
<tr><td>红筒（整扒的小畜皮）</td><td>浑脱帽、围脖、耳套（用尾巴皮）、烟口袋（用阴囊皮）</td></tr>
<tr><td>粉皮（去毛鞣革）</td><td>坎肩、套裤</td><td></td></tr>
<tr><td>革</td><td colspan="2">皮靴、香牛皮靴、褡裢、做夹条和装饰的股子皮</td></tr>
<tr><td colspan="0" style="display:none"></td></tr>
<tr><td rowspan="2">绒</td><td>自然状态</td><td colspan="2">当棉花絮坎肩、棉袍、棉裤、被褥等</td></tr>
<tr><td>织成细布（氆氇）</td><td colspan="2">做蒙古袍、雨衣、喇嘛经服</td></tr>
<tr><td>筋</td><td colspan="3">捣碎抽线可以绱鞋底、缝皮囊、做捣奶缸</td></tr>
</table>

科尔沁蒙古一家人，科尔沁蒙古族的刺绣习俗从清代起逐渐形成自己鲜明的地方特色，是服饰中的亮点，其图案色彩艳丽，朴实亲切，受到过萨满教、藏传佛教和清代满蒙联姻的影响（图/额博）

少穿戴，多佩饰：游牧服饰的辩证法

风晴雨雪总相宜：游牧服饰的多功能性

蒙古族逐水草而流动，牧无定处，居无定所。在这种生产方式下，生活用品都需要随身携带，而频繁的搬迁又要求尽量减轻负荷。因而，一物多用就成了蒙古族选择生活用品的上佳法则，这一法则几乎体现在蒙古族生活中的所有物件上。如宽大的蒙古袍，既是衣服，也是襁褓，晚上还可当被子，襁褓的功能在牧人骑马时尤为实用，将婴儿放在怀中便能释放双手握缰驰马。

蒙古族各部落的服饰普遍具有多功能性，如新疆卫拉特蒙古人的长枕头，睡觉时是枕头，在叠放被褥时可垫在下面当“被桌”，转场的时候又变成了衣箱，里面可放置许多衣物，同时枕上的刺绣精美华丽，又是一件手工艺品。蒙古族服饰的多功能性有时候是通过增减服饰的某一个部件实现的。比如科尔沁蒙古贞的双层毡帽，上面绷上狐皮，护住双耳，就是暖帽；进家把双耳塞进帽里，即变为瓜皮帽；热天把耳扇上绷的狐皮拆下来，就可以权当凉帽。

尤登帽和它的几种戴法（图/郭雨桥）

乌珠穆沁的马蹄袖袍服（供图/博研宝音）

有的时候通过改变衣服的款式也可变换其功能。青海台吉乃尔地区的普通袍服，待客的时候必须在外套穿长坎肩才符合礼仪。但是如果把袍服直接做成礼服，就可以穿上待客，不必外穿长坎肩。

同样，改变穿戴的方法也可达到多功能的目的。蒙古族布里亚特部落的尤登帽，叠在一起就是两个大小相同的三角形布片，加一道简单的滚边，没有什么神奇之处。可是只要穿戴时变换花样，例如开合耳扇、系取帽带、变样折叠、前后倒换等，就可以拼出六种花样，发挥遮阳、护耳、保暖、纳凉等多种功能，适应风晴雨雪的不同环境。

有些配饰除了实用以外，还具备礼仪功能。如烟袋，既是抽烟的工具，也在见面礼仪中起到重要作用。见面时，有的地方是接过对方的烟袋，装上自己的烟叶点着以后献给对方；有的地方是把自己的烟袋装上烟叶抽着以后，献给对方。通常是年轻人为年长者点烟，长者再将烟袋递给年轻人，即使不会抽烟的人，也要把烟袋接过来，说一声“我不会抽烟”，再把烟嘴朝着对方还回去，会抽烟的人接过烟袋吸几口，把烟嘴擦一擦还给对方。年岁相仿的同辈人互相换过烟袋抽烟就可以了。

交换烟袋抽烟，除了表示友好和问候以外，根据不同场合还可表示结识、认错、征求同意等多种含义。鼻烟壶的作用与烟袋相仿。在乌珠穆沁，连马蹄袖也能表达礼仪。马蹄袖有撩起、放下、卷起来三种方式。走进别人家，或者给长辈敬酒献茶的时候，一定要把马蹄袖撩起。冷天在野外劳作，参加追悼会，一定要把马蹄袖放下来。饮茶、吃饭、吃肉的时候，要把马蹄袖往里面卷进去。

佩饰成套是游牧民族的一大特点，也是支撑他们的服饰成为独立体系的重要基石。蹀躞带就是一种游牧民族用于悬挂随身物品的服装配饰。游牧民族从事放牧和打猎，在野外活动较多，需要带上多种工具以备不时之需。如在山野草地生火做饭，火镰、刀、碗筷都不能少，将其挂在腰带上能释放双手骑马劳作，也不易遗忘物品。同样，随身挂带的物品必须少而精，一专多能。比如蒙古刀，在家时可以用来杀羊、切菜、削肉，也可以修理马绊笼头，野外打猎时可用来剥皮，砍枯枝生火，搭盖简易窝棚，对付凶禽猛兽。

苏尼特左旗唐代蹀躞带，这种腰带上挂物品的传统一直延续到现在

见其衣，知其人——标志身份的服饰

蒙古族崇拜天，称其为长生天，因而挚爱蓝色，他们认为蓝色蒙古位于东西南北中五方的正中央。蒙古民族的服饰，不仅反映了整个人类服饰使用价值和审美价值相互渗透的普遍规律，而且凸显了蒙古人、蒙古地域及蒙古族游牧文化的自身特点。

男女有别的服饰礼法

蒙古族服饰受多种文化的影响，既有上乾下坤、男尊女卑封建礼教观念的遗存，也有萨满教和藏传佛教文化的体现，同时也表达吉祥如意的美好愿望。蒙古族服饰在穿着、存放上有严格的规定，对着装者的性别、年龄、婚否、场合也都有相应的限定。除了小部分“度爵而制服”，含有一定的阶级内容外，多数都是约定俗成的礼法，包含的内容十分丰富。有的是针对衣服本身的，如重袍轻裤、重帽轻靴；有的是针对性别或官民的，如官民不通衣裳，男女不通衣裳，既不能混穿，也不能混放；有的是针对信仰和忌讳的，如靴子不能放在火撑子北面，出门袍襟不能扫住粪箱等等。收拾衣服的时候，最下面放靴子、袜子，然后是裤子，再是袍子，最上面放腰带和帽子。不能把帽子和袍子放在裤子下面，更不能放在靴袜下面，尤其不能放在女人的裤子下面。存放衣物时纽扣一定要全部扣好，岳母赠送给女婿袍子时，也要把扣子全部扣好，腰带扎好，才能当礼品赠送。穿着蒙

蒙古摔跤是检验一个蒙古男人是否智慧、强壮的最直接方式之一（图/额博）

江嘎（彩色项圈），是历次比赛获胜的象征物

彩绸腰带

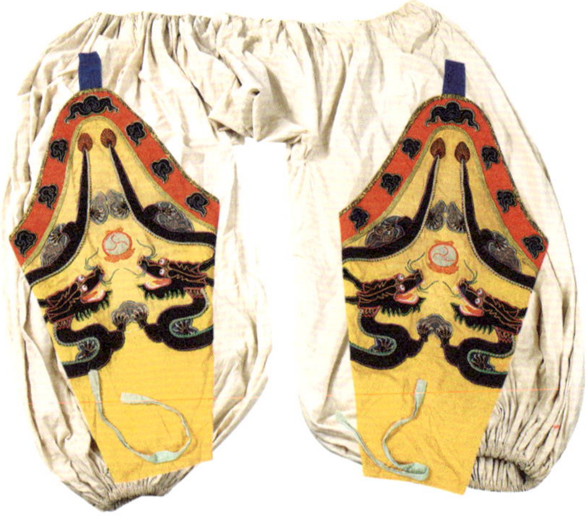

长裤、套裤

坎肩（背部）

靴子

蒙古族摔跤服细节图（图/内蒙古博物院）

摔跤服又称为搏克服，包括坎肩、长裤、套裤、彩绸腰带等。坎肩袒露胸部，长裤宽大，套裤上图案丰富，一般为云朵纹、植物纹、寿纹等。图案粗犷有力，色彩对比强烈。内裤肥大，用10米大布特制而成，利于散热，避免汗湿贴于体表，也适应摔跤角力运动特点，使对手不易使用缠腿动作。套裤用坚韧结实的布或绒布缝制，膝盖处用各色布块拼接组合缝制图案，纹样大方庄重。搏克服各部分配搭恰当，浑然一体，具有勇武的民族特色

古袍时领口、肩头忌讳朝里卷回去，因为吵架时才这样，一般袖子也不能朝里卷，杀牲口的人才这样。绝对不能敞着前襟、撩起袍子、捋着袖子去别人家里，会被认为是找茬儿打架来的。再热的天，也不能把袍子脱下来，披在头顶上，因为过去押解犯人时才会如此。

蒙古民族自尊自信，很注意自己的形象，即使家境贫寒，也不能以脏乱差的面目示人，特别是在节庆宴会、庙会和那达慕时。即使在自己家里，也要穿得整齐干净，尤其是春节期间，人人都要穿戴上最漂亮的服饰。蒙古谚语说：好吃的让别人，好穿的留自己。蒙古族的服装有常服和礼服之分，常服是家常和生产劳动时穿的，在宴客和节庆时则一定要穿礼服。

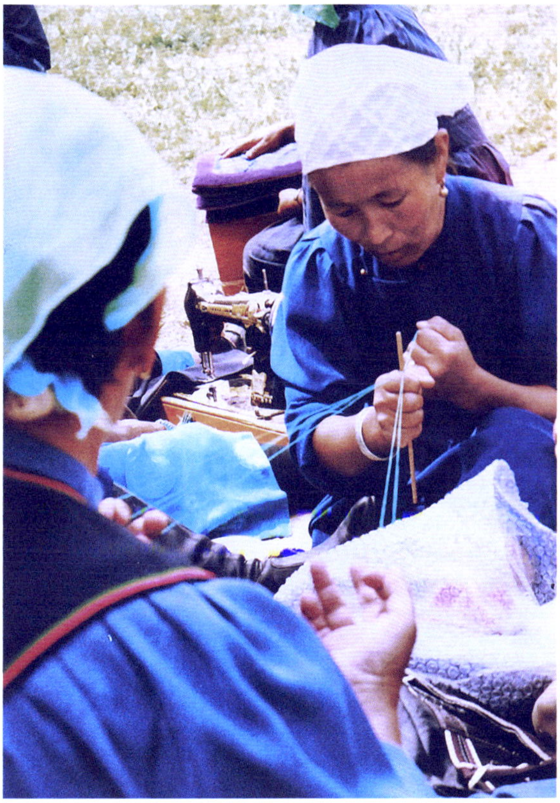

妇女们自己襻扣子(图/郭雨桥)

礼服白茬皮袍(上图)和普通白茬皮袍(下图)(图/郭雨桥)

服饰是身份的名片

通过蒙古族服饰常常能够判别穿着者的性别、婚否和大致年龄,能够了解其基本身份。在蒙古族各部族服饰符号中,特别注意姑娘和媳妇的区别,她们发式不一,头饰不同,服饰各异。姑娘一根辫,表示一个人,媳妇两根辫,表示小两口;媳妇头饰再简化也要有辫套或大耳坠,姑娘头饰再繁复也不能有这两件东西;姑娘扎腰带,媳妇不扎腰带;姑娘的头巾在头上绕回来(露顶),从右鬓上垂下来,垂到肩头为止,末端有穗头,已婚妇女的头巾绕满头以后,把末端掖在后脑勺上;年轻女子戒指如戴在无名指上,表示已婚,或者怀孕,戴在食指上则表示单身,如戴在中指上,表示自己有了对象;不穿坎肩的是姑娘,穿坎肩的是媳妇;无接袖的是姑娘,有接袖是媳妇;无马蹄袖的是姑娘,有马蹄袖的是媳妇;平肩的是姑娘,起肩的是媳妇。

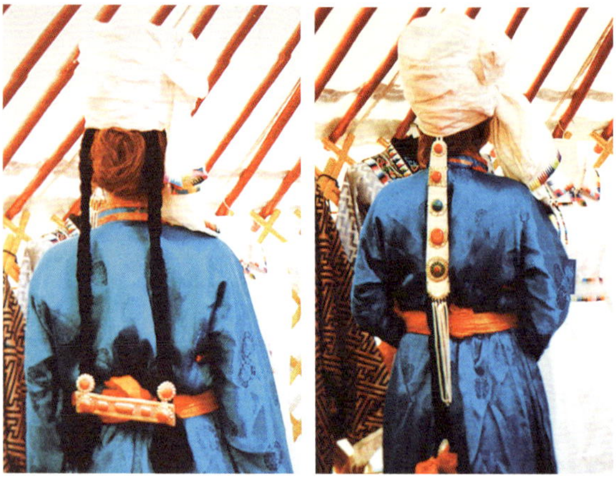

左图为媳妇辫子，右图为姑娘辫子（图/郭雨桥）

左图为姑娘头巾，右图为媳妇头巾（图/额博）

彰显部落特征的袍服冠饰

与很多将自己的历史穿戴在身上的少数民族一样，蒙古民族服饰非常系统完整。每个部族的服饰都是一个独立的符号系统，可以说蒙古部族服饰符号就是为了区分各个部族而设立的。

部族服饰：穿在身上的史书

蒙古各部族的服饰区别非常明显，这些服饰产生之初就是为了彰显自己部族的特征。有的部族具有其他部族所没有的服饰品类，比如土尔扈特的开襟袍，布里亚特的三色襟袍等，一见即知穿着者的部族。有的品类各部族都有，就用款式加以区别，比如袍服各个部族都有，就在款式（如长短、气口、开衩、镶边、领袖、前襟下摆）上相区别。若款式一样，则用扣把长短、扣距远近、绗线宽窄、缝线明暗相区别。总之一定要在服饰上将部族的界限勾勒出来。

服饰上的历史小细节

蒙古各部族的服饰，包含着丰富的历史内容，体现和张扬着民族精神。每个部族的历史上，都发生过一些重大事件，出现过为了民族利益浴血奋战、不畏牺牲的英雄人物。这些事件和人物，正史不一定记载，记载也不一定和民间口传一致。于是民间用隐蔽的方式，将这些情愫缝制到服饰上，世代流传，表达当时民间真实的情感。

巴尔虎特角头饰，壮观大气，发片展开较平整，头顶中间有外加的小礼帽（图/郭雨桥）

传统民族服饰为我们了解当时的社会背景和民间情怀提供了一种思路和认知，开启了一扇智慧的大门。民间故事讲道：喀尔喀部族的火撑子有四条腿，每条腿都向下弯曲成钩。民间传说那是乌鸦的嘴，清廷专门用来毁灭蒙古人的香火。后来民间识破了这个阴谋，烧火人就把头饰弯曲起来，肩头隆起，手里拿着火钳，好像一只大鹏鸟专门来降伏乌鸦，所以清廷终究不能如愿以偿。这则故事说明了当时蒙古民众对清朝统治的反感，喀尔喀部族头饰据说与此传说有关。又如，青海蒙古部族衣服的下摆和领子的背面必须使用红布。相传在反清北走时，该部族人的手和脖子受过伤，鲜血流到了袖子和领子上，所以服饰的领口和袖口都用红色以示纪念。也有人说是因为古代格斯尔镇服恶魔，用袍子边缘和领子背面擦过剑上的血，为了纪念他的丰功伟绩，该部族祖祖辈辈穿着红色袍领的衣服。

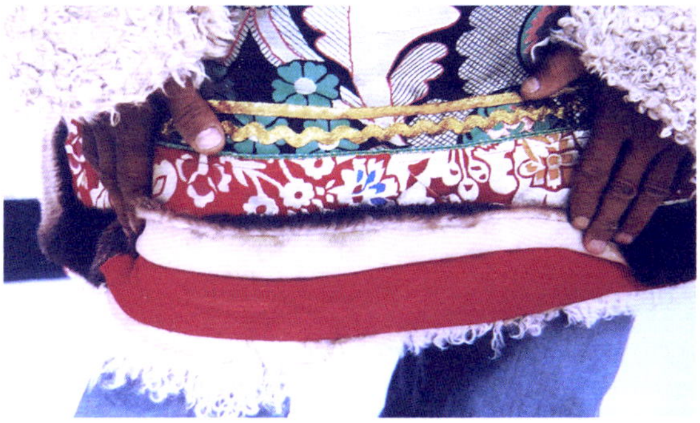

传说中留着格斯尔血迹的和硕特镶边（图/郭雨桥）

在阶级成分表面化的清代社会，王公贵族总是有意把自己凸现出来，不愿意与平民百姓混同，王公贵族的顶戴花翎与百姓服饰相比十分显眼。衣服上的图案花纹也是官民有别，即使是都可穿着的款式和种类，在材料、做工、刺绣上也会大相径庭。

蒙古包里的新嫁娘（图/文慧）

璀璨头饰，闪耀千载

蒙古族服饰的精华，不仅仅是美丽

头饰是部族最鲜艳的旗帜

头饰是蒙古族服饰最重要的组成部分。鄂尔多斯市准格尔旗西沟畔出土的匈奴头饰和黄金耳坠、蒙古国出土的突厥金步摇，这些北方民族早期头饰的特点，都在蒙古族头饰中得到继承和发展。随着蒙元以来众多部族的形成和发展，蒙古族头饰也更趋多样和完美。特别是清代实行盟旗制度以来，在二三百年的历史发展中，各部族在头饰制作中争奇斗艳、花样纷呈，达到了一个百花齐放的鼎盛时期。不仅每一个部族有自己的头饰，甚至部族内部的不同族群也有不同的头饰，如察哈尔、鄂尔多斯、苏尼特、乌珠穆沁等部族内部，都有好几种头饰，鄂尔多斯准格尔旗、达拉特旗和杭锦、乌审、鄂托克旗的头饰就有明显的不同，甚至杭锦旗内部，也有四五种不同样式的头饰。处于漠南漠北中心地带的各个部族，他们的头饰尤为雍容华贵、璀璨夺目。

蒙古部族头饰集缝纫、刺绣、剪贴、镶嵌、银匠工艺于一身，聚珊瑚、松石、珍珠、玛瑙、蜜蜡、翡翠、青金石、白银、美玉于一处，每个匠人竞相展示自己的才艺绝活，使它们成为服饰之精华，被视为部族的旗帜和徽志。

美丽头饰四大类

由于蒙古各部生存环境、历史背景、风俗习惯、受他文化影响的不同，头饰也灿若星空，艳赛花海，要对它们进行分类很不容易，归纳起来大体有以下四种。

(1) 连垂式：工艺繁复，使用最广

处于大漠南北成吉思汗黄金家族后裔直接统治的

赤峰巴林蒙古人头饰，红宝石、绿宝石镶嵌其间，光彩照人(图/额博)

戴图德格(发盒)的乌拉特妇女(图/郭雨桥)

喀尔喀贵族妇女头饰，繁复庞杂，状如大鹏（图/内蒙古摄影家协会收藏，额博供图）

左图：犄角式，巴尔虎妇女头饰，保留了“林木中百姓”的部落特征，把对羊的崇拜融入其中
右图：辫套式，阿拉善和硕特蒙古妇女头饰（图/额博）

部族，大部分使用连垂式头饰。连垂式头饰由两大部分组成，一是发箍及其上面垂挂、可以摘下来的各种部件，一是连垂及其上面的发盒、辫套、飘带等。在各类头饰中，连垂式结构最完整，部件最多，也最沉重繁杂，金银珠宝用得最多，璀璨绚丽。使用连垂式头饰的部族也最多，在蒙古族头饰中占第一把交椅。

（2）犄角式：精美贵重

犄角式头饰包括喀尔喀、巴尔虎、明嘎图、达里干嘎等部，它们是连垂式头饰的分支。这类头饰的共同特点是，把头发从中间一分为二以后，在面颊两旁弯成犄角式，用发卡卡住，再把辫梢塞进银质或珊瑚镶嵌的发筒，发筒下面一般还要接一串装饰性的银穗。头上一般都要戴一个镂空银质或珊瑚编的帽圈。重量、用银和工艺不亚于第一种。

（3）辫套式：简单朴素

这一类头饰，以卫拉特为主，也包括许多受他们影响较重的邻近部族。有额鲁特、准噶尔、土尔扈特、杜尔伯特、和硕特、扎哈沁、乌梁海、巴雅特、科布尔等，即传统意义上的西蒙古地区。这些部族头饰的特点是：其一，没有发盒或发筒，头发从两边梳下来以后，直接装进辫套里。辫套多为布制，最多饰以少量银片，所以分量很轻，无须装进发盒。其二，辫套以上的头发裸露，不加任何装饰，不像连垂式头饰那样几乎不露头发。其三，头饰相对简单，头顶上几乎没有任何银器。其四，这个系列的头饰，装卸最为容易。以土尔扈特为例，它

连垂式的鄂尔多斯头饰（图/齐木德道尔吉）

盘发式，科尔沁妇女头饰，五簪施于头顶（图/郭雨桥）

这位老太太是甘肃省肃南县的喀尔喀部族人，她的头饰只有一对大耳坠（图/郭雨桥）

的实际头饰，只有一对辫套、一对辫套下面接的彩虹道子装饰的丝线穗子，一条和头发裹在一起的黑布做的棉花棒子。银器只有一种名为耳坠，实际上只有一只蝴蝶、一个盘肠、一朵花叶和几个银铃组成的小饰件，比东蒙古的耳环大不了多少。

（4）盘发式：花簪垂饰

盘发式也是一个大类，它属于东北的大科尔沁系统，包括科尔沁各旗、阿鲁科尔沁、翁牛特、奈曼、库伦、扎鲁特、扎赉特、左右巴林、左右喀喇沁、蒙古贞、郭尔罗斯、杜尔伯特（黑龙江）等。把头发左右分开以后，在后脑勺上辫成两条辫子，分别穿进珊瑚装饰的发筒里，从上下分别插进两个簪子，再将一个大发簪横架在发筒上，然后将辫子绕在横簪上。前面剩余的头发也盘到横簪上，再用一条或两条发带缠上，插上花簪垂饰之类作为陪衬，头饰便最后完成。

这类头饰的共同特点是：其一，头发要盘在头顶，不垂于胸前，显得精干利索。其二，用发盒（发筒）而不用辫套。其三，由于发型堆在头上，戴帽子不方便，所以发明了刺绣精美的护耳，不但在冷天可以保护耳朵，与全身刺绣的大坎肩也成呼应之势。其四，盘发必须有发簪，是盘发式头饰的主要饰品。其他类头饰较少使用发簪。其五，盘发式头饰往往搭配穿着大襟绣花长坎肩，满族式绣花宽袖袍，绣花长靿布靴或布鞋。其六，刘海不像连垂式头饰那样结网，一般只用珊瑚索儿弯作U形互相交叉即可，清代用风冠代替发带，凤冠上也有小的垂坠。

头饰在女性身上的加减法则

头饰是区别女性年龄和婚姻状况最直观的显性标志。女性一生的衣饰变化，“两头简单，中间繁复”。幼年和老年时，各地情形相似；中间阶段跨度大，变化多。女孩小时候只有两条梳在前面的小辫，几乎没有头饰。当她出落成大姑娘以后，头饰就逐渐增加，特别是到了临嫁的年龄，头饰也和面貌一样光彩照人。当变成新嫁娘和少妇以后，头饰也达到了高峰，部件齐全华美。到了中年她们的后代开始男婚女嫁的时候，头饰也逐渐减少，“扫除腻粉呈风骨，褪却红衣学淡妆”，刘海、两颊的垂穗渐次递减，最后达到妇女的底限，只剩两条胸前的辫子。甚至有的削发为尼，成为在家居士。如果一直没有嫁人，则一生都要保持少女时代的头饰和发式，不过在颜色、数量上有所减少而已。

察哈尔白旗待客头饰

察哈尔白旗全副头饰(图/郭雨桥)

察哈尔少女，简单的头饰，明亮的双眸，生机勃勃

妇女头饰的增减，往往能折射来客规格的高低、地位的尊卑。下文以乌尔图纳森大妈的察哈尔白旗头饰为例，逐一加以剖析。

白旗头饰的四个基本组成部分

(A)小发箍，由带有镶嵌图案的发箍、前面的刘海、两旁的垂穗三件组成。

(B)发筒，由发筒、发球、簪子三件组成。把头发塞进发筒以后，用发球从下面挤紧，用簪子插住，用黑线把头发绕上。这是姑娘变成媳妇的时候最先使用的束发器具，也是做媳妇的底限，任何时候都不能去掉。

(C)人耳坠，由耳坠本体(由小到大排列的五个嵌珊瑚银牌组成)、挂在头上的带子(其上也有装饰)、下端的耳坠链子、防止耳坠前倾的丝线组成。

(D)大发箍，由银饰牌(过去上面焊有可以活动的龙凤和银索儿，随着主人的莲步颤动而发出响声，是金步摇的变体)、后络儿(把整个脖颈、后背罩上的珠帘)、垂穗三部分组成。

(1)单独戴小发箍是少女的装束。梳妆以后就变成新娘或少妇。

右图：察哈尔已婚女子头饰，主要由头箍、额饰、鬓角垂饰、耳后坠饰、胸饰和脑后饰组成，头箍底衬为一条宽约两指的黑色库锦。额饰是用珊瑚、珍珠、松石组成的哈纳纹装饰，鬓角垂饰左右各一，琳琅满目，精美异常(图/郭雨桥)

（2）小发箍 + B的底限=最低接待规格

这是媳妇的简装。可以接待一般的客人，比如邻居和经常来的客人、熟人等，这是接待客人的第一个档次。

（3）小发箍 + B的底限 + 大耳坠=中等接待规格

戴上它可以接待中等层次的客人，这是接待客人的第二个档次。

（4）小发箍 + B的底限 + 大耳坠 + 大发箍=最高接待规格

这是妇女的盛装，头戴齐全，可以接待高等层次的客人，比如扎兰（参领）、梅林（统领）、管旗、王爷、不住在一起的公婆、自己父母、姥爷舅舅等。另外也在重大节日时穿戴，如春节、庙会、那达慕、婚礼、寿礼（不出席葬礼）。

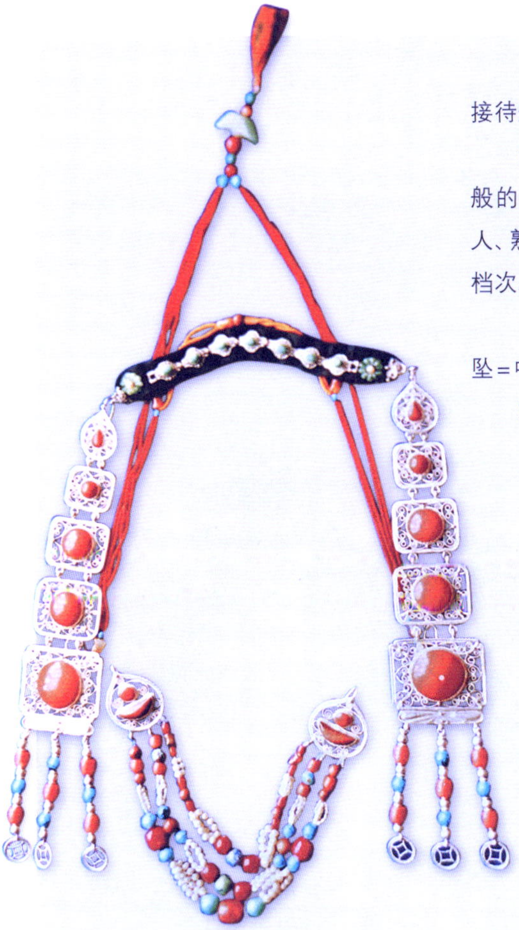

上图：大耳坠

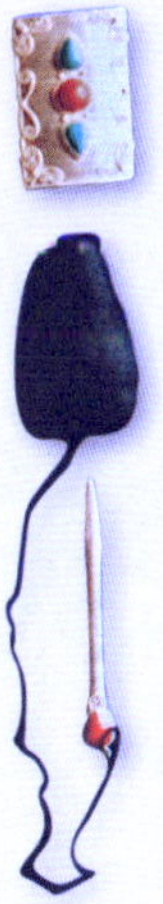

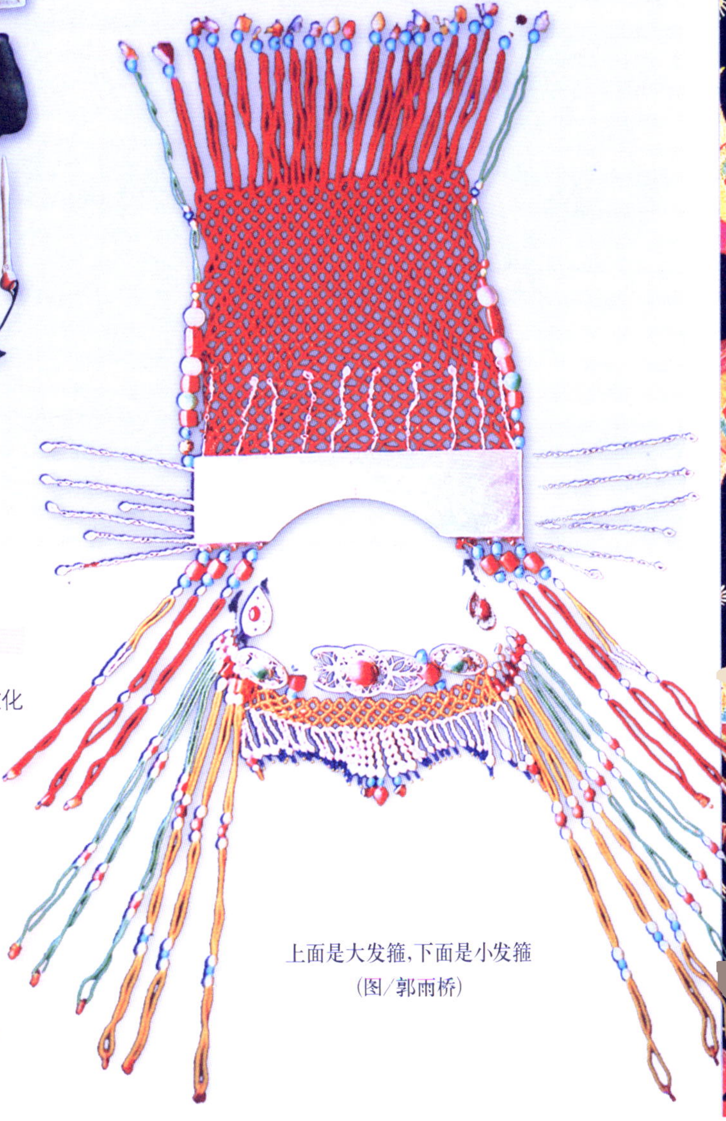

上面是大发箍，下面是小发箍

（图/郭雨桥）

撰稿专家

郭雨桥，内蒙古文联译审，专业作家、翻译家，蒙古文化学者，蒙古民间服饰研究者。

《蒙古通》

扫描二维码，
阅读专家代表著作的电子版

蒙古族阿妈正在熬制奶茶（图/额博）

第6章

草原生活，多姿多彩

民风民俗

本章主撰稿人：内蒙古师范大学教授　扎格尔　　内蒙古师范大学教授　敖其

民俗是与一个民族的日常生活关系最为紧密的文化，体现着人们衣食住行的规律和对世界的认知，堪称文化之源。著名的蒙古族民俗学家乌丙安先生将民俗称作民族文化的根脉，只有根深才能叶茂。作为现在生活在我国北方辽阔草原上的人口最多的民族之一，蒙古族的民俗文化承载着自旧石器时期以来先后活跃在北方草原上的诸多民族文化遗存，并始终以开放进取的精神与他民族、他文化频繁接触，形成丰富多元、积淀深厚的蒙古族民俗，这正是蒙古族文化最坚实、最稳固的根脉。

蒙古族生活地域广袤阔达，生态类型多样，西起巴丹吉林沙漠、腾格里沙漠，沿着黄河的马蹄湾绕过鄂尔多斯高原，跨过阴山山脉，穿过锡林郭勒草原，掠过科尔沁沙地，翻过阿尔山，直达呼伦贝尔草原，最后延伸到大兴安岭的密林深处。居处于不同地区的蒙古族有着迥异的生产生活方式，风俗习惯自是不同。而其中草原为蒙古族最主要的生活区域，游牧也被看作其最典型的生产生活方式，因而其民俗文化也充满了草原特征与游牧色彩。在日复一日的草原生活里，从一碗咸香的奶茶，到一曲悠扬的长调，从一杯醇厚的烈酒，到一场激烈的赛马，亦柔亦刚，亦静亦动，向世人呈现出多姿多彩的蒙古族民俗文化。场景与时节不同，礼俗也各有不同：蒙古族人们从四面八方千里迢迢聚集在成吉思汗陵前，赞美和祭奠英雄的祖先成吉思汗；人们平时路遇敖包必添石祈祷，在专门祭敖包的日子更是以严格的礼仪隆重祭祀，祈求风调雨顺；在夏季相对温暖且牧闲的时候，人们欢聚在一起，举行那达慕，尽情地唱歌、跳舞、赛马、射箭、摔跤，徜徉在欢乐的海洋里……

到蒙古族阿妈家喝茶：蒙古族饮食

在草原上，走进任何一座蒙古包都会受到主人的盛情款待

不走进草原，坐在蒙古包里，喝上一碗蒙古奶茶，就不可能真正认识蒙古人，了解蒙古人的生活。草原地域宽广，人烟稀少，蒙古人以家庭为单位过着独立、自足的生活，因此更为热情好客。在辽阔的蒙古高原上，走进任何一座蒙古包都不必担心冷遇，而必定会受到主人家的盛情款待，甚至在成吉思汗法典《大扎撒》中也有规定：行路时经过用餐人的旁边，可下马与之共席用餐，用餐人不能拒绝。

受锡林郭勒草原上托雅额吉之邀，我们去蒙古包中喝茶，蒙古族称呼妈妈为额吉。架木结构、外覆毛毡的蒙古包不隔音，在包内也能清晰地听到包外的动静，便于及时了解包外牲畜的情况。我们还未走近蒙古包，额吉早已推开包门，笑脸相迎了。到蒙古人家做客无论是骑马而来，还是驾车前往，在远处就要下马下车，步行到蒙古包前，以示对主人的尊重。

蒙古人最正式的见面礼节是躬身向对方奉上蓝色的哈达，拜访长辈时须准备哈达，甚至平日里人们也随身携带着哈达以备与亲朋的不期而遇。有时也交换鼻烟壶，从对方的鼻烟壶里取出一小勺，放到左手虎口处

蒙古族妇女正在晾晒奶豆腐（图/额博）

轻嗅，再将鼻烟壶交换回来。拥抱和亲吻脸颊在亲密的人见面时，或对晚辈表示亲昵时也很常见，他们的情感热烈而真挚。

进到蒙古包内，额吉会根据客人的年龄和性别邀请客人落座。蒙古包的门向南开，西北侧摆放佛龛或成吉思汗画像，是最尊贵的方位。一般情况下，长者坐在北侧，男性坐在西侧，女性坐在东侧。这并非完全因为尊卑之别，还与各自活动区域有关：男性使用的工具摆放在西侧，女性操持家务所需的用品多摆放在东侧。

奶茶是蒙古人每日的第一道饮食

额吉用右手递过一碗热腾腾的奶茶，尚右是蒙古族的基本礼节，因而也要欠身以右手接过。轻啜一口，暖暖的奶茶便在唇齿间流淌。这种以青砖茶熬制、添加鲜牛奶、以食盐调味的奶茶是蒙古人最喜爱的饮品。小小一碗奶茶既是蒙古饮食因地制宜的代表，也是长久以来游牧文化与中原文化交流融合的象征。每日清晨，草原上的主妇起床后第一件事便是生火熬茶，蒙古人熬制奶茶时最喜爱的是产自今湖北咸宁地区的青砖茶，说明很久以前北方少数民族便开始了与中原地区的茶马互市。鲜奶则是刚从奶牛身上挤下的，还冒着热腾

身背娃娃的妇女在制作奶食品
（图/额博）

蒙古族妇女正在熬制奶茶
(图/额博)

喝完第一碗奶茶算是礼毕，便与额吉闲话家常，除了询问对方以及家人是否安好外，蒙古人见面一定要问到五畜（马、牛、骆驼、绵羊、山羊）好不好，雨水是否充沛。五畜是游牧生活的核心，雨水充沛，草才长得茂盛，五畜才有足够的食物，同时牧民也要根据气候变化来决定营地的迁移，因而天气问题关乎牧民的切身利益，是最受关注的话题。

腾的香气。盐则堪称内蒙古草原的特产，草原上分布着许多盐湖，蕴藏着丰富的盐矿资源，锡林郭勒盟的额吉淖尔（母亲湖）就是一个著名的大盐湖。

因为奶茶是蒙古人每日的第一道饮食，奶茶熬好后并不是由人最先品尝，额吉通常要舀上一小勺奶茶走到户外，向天空扬洒，感谢天地、祖先的恩赐，这被称为“德吉礼”，任何人都不能在德吉礼完成之前品尝奶茶。许多牧人搬到城市，住进高楼后仍然不忘德吉礼，早晨熬好奶茶也要打开窗户，象征性地先向天空扬洒。熬制奶茶时茶汁的浓度不同，加入鲜奶与食盐的数量不同，各家熬出的奶茶味道也就不同，那可是蒙古族额吉们各自的独门秘方。如果说未到过草原的人心系的是蓝天白云下碧绿的草原，那么久居草原离开后的人寤寐惦念的一定是那一碗草原额吉熬制的奶茶，就像在外的游子思念妈妈亲手做的菜肴一样。相传有一位曾在内蒙古插队的北京知青，回北京后十分思念草原额吉熬制的奶茶，于是重返草原求得额吉的熬茶秘方，在北京也开设了蒙古奶茶馆。

先白后红的蒙古族餐饮礼仪

若受蒙古人之邀喝茶，以为是一壶热茶、三两碟干果零食的小场面那可就大错特错了。蒙古人所说的喝茶，甚至比吃饭更为隆重，是具有礼节性的正餐，饮食品类十分丰富，各种奶食、肉食，一应俱全。以茶名餐，可见奶茶在蒙古人心中的地位。额吉陆续摆上奶豆腐、奶皮子、酸奶等多种奶食。蒙古人尚白，视白色为纯洁的象征，因此，被称为“白食”的奶食品比被称为“红食”的肉食品要更加圣洁尊贵，所以食用的顺序也是先白后红。即使以全羊宴招待客人，也要在全羊的额头放上一块白色的奶食，象征白食当先。

每种食物都要先献给席上最年长的人，这也是德吉礼的一部分，长幼为序是蒙古族社会的基本规则，不分客主、不分官阶，只以年庚排序，体现对长者的尊重。敬酒的时候也是如此，由第二年长的人最先开始向年长的人敬酒，然后每个人依次向年长于自己的人敬酒。敬酒时同样也需遵循尚右原则，接受敬酒的人坐在右边的尊位上，敬酒者站在左边，取过对方的酒杯斟满，屈膝双手奉上，并说上几句吉祥话语，接受者接过酒杯，以右手无名指蘸酒轻弹三次，表示敬天、敬地、敬祖先或火神，而火炉被认为是祖先所在的位置。然后对敬酒者说上几句祝福话语，饮下杯中酒。在敬酒仪式中，敬酒者无需饮酒，年轻人只有在年长者赐酒时才能饮酒。蒙古族各部落的敬酒礼仪也各不相同，但总体上都遵循文明有礼的理念，蒙古人大口吃肉是真，但大碗喝酒恐怕只是个传说了。蒙古族筵席，有酒必有歌，喝到兴起，人们便唱起歌儿来，悠扬的长调、欢快的短调，蒙古包内充满了欢声笑语，其乐融融。

适应艰苦的游牧和征战的饮食必须是原料精良又有高营养价值的。奶豆腐、奶皮子都是将牛奶固体化后的精华，体积小巧、便于携带，并能长期储存，解决了

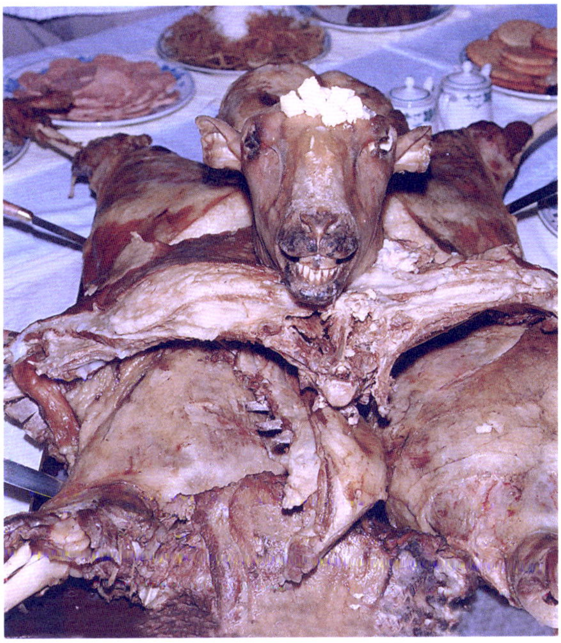

上图：蒙古族筵席上的烤全羊，烤羊的额头放着白色的奶食，象征白食当先（图/额博）

下图：蒙古族妇女用牙齿咬住棉线的一头，手持另一头切割奶豆腐，比起刀切的方式，这样处理不容易碎（图/额博）

鲜牛奶易腐坏的问题。同时，奶食品具有高热量和高营养，食用少量便能补充人体所需能量和多种微量元素。在奶制品的加工过程中，蒙古人展现出惊人的创造力，经过不同的工序，简单的牛奶竟然能制成数十种风格迥异的奶食品，在自然资源和食品供给十分有限的情况下极大地丰富了蒙古族饮食文化。

在额吉家尝到了鲜美的蒙古饮食，领略了质朴的草原风情，日头西移，是时候踏上归途了。汽车缓缓驶出，回头再次挥手告别额吉，额吉手执奶桶和奶勺，向我们离去的方向扬洒鲜奶，祝福我们一路平安顺利。

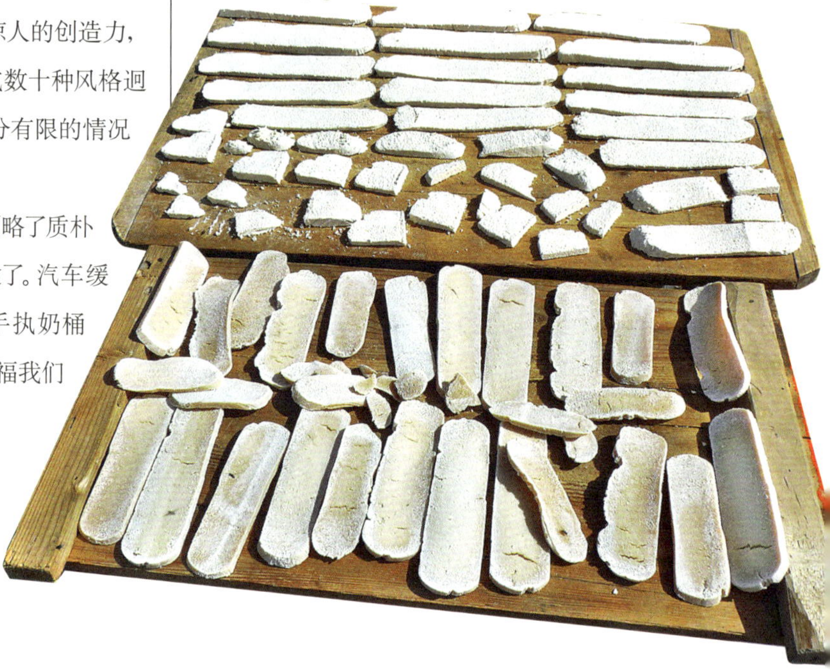

晾晒中的奶豆腐（图/田甜）

成吉思汗的军粮

蒙古族的肉食也是高热量的食品，煮手把肉是最常见的食肉形式。牛羊每日漫步草原，食用新鲜草料，肉质十分鲜美，只需以清水烹煮，放少许食盐调味即可。烤全羊则是一道过去宫廷礼仪性的菜肴，用来招待尊贵的客人，或是在祭祀仪式中使用，并非日常菜肴。烤制好的全羊被盛放在精美的木制托盘内，由德高望重的祝颂人唱念祝颂词《全羊赞》，感谢天地、祖先之后，再由筵席上最年长的人首先象征性取用，其他人方可分食。为便于储存和携带，蒙古人会将牛肉风干，传说成吉思汗征战时部队便以风干肉为军粮。肉干热量较高，体积小，便于携带，能及时为士兵补充体能，有利于快速用餐。牧民常常喝完早茶便出外放牧，要到太阳下山才返回进餐，也全凭高热量的蒙古饮食保持体力，以应对辛苦的劳作。

蒙古族对牲畜充满怜爱珍惜之情，因而并不说杀羊、宰羊，而是以取羊、用羊等表述。为了保持骨头的完整，蒙古人也不会敲断羊骨，而是在羊的关节处分开羊肉，称为“解羊”。食用的时候也不可敲断骨头，人们认为断开羊骨会导致牲畜损失。由于牛羊肉以大块烹饪，所以食用手把肉时会以小刀为工具。使用时刀刃必须朝向自己，若是刀刃对着他人会被看作挑衅，这是蒙古族一项十分严格的禁忌。若是吃到腿骨时可将羊踝骨取下收藏，代表着极好的福气，积攒起来也可以用来玩沙嘎游戏。

记录人生的华彩礼仪

人生的重要时刻，必以隆重礼仪纪念

传承800年的礼仪：鄂尔多斯婚礼

像大多数民族一样，蒙古族也非常重视婚礼，并且由于地域辽阔、部落众多，不同地区、不同部族形成了许多不同的婚礼习俗，具有鲜明的地域文化色彩，其中鄂尔多斯婚礼最具特色。鄂尔多斯是成吉思汗长眠的地方，这里居住的大多为元代宫廷护卫者达尔扈特部的后裔，他们世代相传，较完整地保留了12世纪蒙古族婚礼的程序。整个婚礼过程以幽默诙谐的韵文、祝颂词、歌舞相伴，欢乐喜庆，因其深厚的文化内涵，已入选首批国家级非物质文化遗产名录。鄂尔多斯婚礼亦被编排成大型歌舞剧，多次在世界范围内巡演，经久不衰。

20世纪上半叶鄂尔多斯蒙古族婚礼（图/内蒙古摄影家协会收藏，额博供图）

迎亲路上（图/额博）

婚礼中祭祀成吉思汗战旗苏力德的仪式(图/额博)

鄂尔多斯婚礼中的佩弓娶亲仪式是古代婚俗的遗存(图/额博)

成吉思汗亲自缔造的婚仪

达尔扈特部落是蒙古族中最神秘的部落之一。成吉思汗去世后,他们奉命守护成吉思汗陵,点燃长明灯,世代相传,800年来从未间断。对成吉思汗的崇拜贯穿他们生活的方方面面,在婚礼上也有着显著的体现。在举行婚礼之初,便要在苏力德(成吉思汗战旗)下祭祀圣主成吉思汗,新郎需要面向成吉思汗陵,对天、地、成陵叩首,并以优美的祝赞词赞颂成吉思汗。达尔扈特人认为是成吉思汗与夫人孛儿帖的婚礼缔造了蒙古族最初的婚礼仪式。在婚礼的闭门迎婿环节,被拒之门外的男方最终以成吉思汗的名义请求进门方获允准。

新郎顺利迎回新娘,脸上洋溢着灿烂的笑容(图/额博)

婚礼中古老的记忆

鄂尔多斯婚礼中的佩弓娶亲仪式是古代婚俗的遗存,古时游牧部落多有抢亲习俗,娶亲过程中新娘容易被抢走,因而娶亲时需佩带弓箭,以备武力防御之用。《蒙古秘史》中载成吉思汗之母即是其父抢亲得来。现在婚礼中仍佩带弓箭,不再具有防止抢亲的作用,而是用来彰显新郎的阳刚之气。

除了佩带弓箭来显示男子的英武,在婚礼上男方也会遭遇真正的力量考验。新郎会被要求用技巧掰开坚硬而骨节交错的羊颈骨,这是男子力量和智慧的展现。说明在过去的社会中,力量和智慧是判断和衡量一个男子能力的重要指标,是保护妻儿必须具备的素质。

鄂尔多斯婚礼仪式过程

仪式名称	地点	主要内容
哈达定亲	女方家	媒人带着哈达、奶食和酒前往女方家提亲，女方父母收下哈达代表接受这门亲事。随后商定婚礼事宜
佩弓娶亲	男方家	新郎佩带弓箭，骑马前往女方家娶亲
分辫出嫁	女方家	由女方聘请的一对年长夫妻为新娘梳头，称为梳头爹娘，发式由少女的一条辫子变为多条
闭门迎婿	女方家	迎亲队伍到女方家后，女方亲友挡在门口，双方进行一系列机智风趣的对诗问答后方可入内迎亲
献羊祝酒	女方家	新郎向女方父母献上象征最高礼节的礼品全羊，并在祝颂人的祝颂词中向女方客人敬酒
求名问庚	女方家	鄂尔多斯少女成亲后要取一个新的名字，婚礼上新郎与祝颂人要发挥聪明才智，千方百计问出新娘的名字与年庚。双方进行长时间韵文诗歌对答，饶有趣味
送亲路上	路途中	送亲路上，送亲方会抢走新郎的帽子，以考察新郎的脾气和反应能力。送亲方与迎亲方追逐嬉戏、赛马，看哪方先抵达
迎新拜灶	男方家	新娘抵达后要先跨过火盆或火堆祛邪，然后跪拜象征灶神的火炉，以示为新家庭所接受，同时拜见公婆
新婚庆典	男方家	隆重的婚礼庆典正式开始，新人以全羊宴招待宾客，并向宾客们敬酒，开始热闹非凡的婚礼歌舞

到达新郎家前，新娘跨过火堆祛邪（图/额博）

婚礼上欢乐的歌舞器乐表演(图/额博)

说比唱更动听:言辞优美的婚礼祝赞

鄂尔多斯是著名的歌乡舞海,婚礼上的歌曲和舞蹈自然热闹非凡,但最为独特的要数祝赞。祝赞是由专门的祝颂人以诗歌般优美的文辞唱颂,贯穿婚礼始末,内容既有对古老婚姻神话的追溯,也有对婚礼新人的祝福,既有对即将离开母亲家、伤心痛哭的新娘的劝慰,也有对夫妻相处之道的告诫。多采用生动形象的比喻,满含生活哲理。如这则劝诫祝赞就将男女比作刀和磨石:

"钢锋硬啊磨石软,刃和磨石有姻缘;钢刀不磨无光彩,刀石相伴过百年。"以此劝诫新郎和新娘,要在婚后的生活中互敬互爱,和谐相处。如若刀尖刀刃顶在磨石上则会:"磨石平啊刀尖尖,刀尖顶立太艰难,三天五日要顶嘴呦,男人脸面无光颜,五天六天吵起架呀,女

右图:甜蜜幸福的新婚夫妇(图/额博)

人脸上无光颜。”只有像平时磨刀一样将刀平放在磨刀石上，才能“磨石的平面像路似的平坦，迎刃而解的生活无艰难，门前的牲畜会把草原铺满，眼前的路会比大海还宽”。

六十岁以上才可过寿

严格来讲蒙古族的祝寿礼是只属于老人的。蒙古族有过本命年的习俗，第一个本命年是13岁，父母赠送礼物给子女祝贺成人，25岁和37岁并不过寿，49岁可收直系亲属的礼物，但并不庆祝。直到61岁以上方可以举办宴会来过寿，若是父母健在则依然不能过寿，以表达对父母的尊重。这种祝寿习俗将蒙古族对老人的尊重推向极致，长者为尊的理念体现在方方面面，年庚确定的自然顺序是超越官阶、学历等社会顺序的。

寿宴上人们依次向寿星长者敬献哈达（图/额博）

蓝色的哈达：礼之至尊

蓝色的哈达是蒙古族生活中最常见的礼仪用品，可谓没有哈达，不成礼仪。因为对蓝色的长生天（蒙古人称天为长生天）的崇拜，故蓝色也是蒙古族的崇拜色。在蒙古族生活中，哈达几乎无处不在。人们见面时便以哈达互相问候。接过哈达后不能挂在脖颈上，而是要小心地折叠收好。只有在佛事活动中，活佛能将哈达挂到信徒的脖子上以示祝福。在敬献哈达时，哈达折叠的开口朝向对方，意味着把福气送给接受哈达的人，也表示敬献哈达者开阔的胸怀。赠送礼物的时候将哈达放在礼物之上以示郑重。提亲的时候，男方提亲人向女方父母献哈达，收下便表示应允了婚事，称为哈达定亲。无论是崇尚自然的敖包祭祀，还是祖先崇拜的成吉思汗祭祀，或者是在召庙之内进行的宗教活动，都离不开哈达。新建成的蒙古包套脑上要拴哈达，马头琴乐手的琴头上要系哈达……哈达实在是堪称蒙古族礼节之至尊。

由于过去蒙古族大多没有记录生日的习惯，人们多用长草的时候、接羔的时候等与牧业生产相关的时节来模糊地记录出生时间。所以传统的祝寿仪式多选择腊月二十三祭火到除夕之间举行，为老人迎接其本命年的到来。祝寿前子女要提前邀请亲朋好友、邻里乡亲。前来祝寿的客人多带哈达、蒙古袍、绸缎等礼品敬献给寿星，祝福老人长命百岁。过寿的老人也会用银碗向客人赏酒，并回赠茶碗、糖果、特制的寿饼等纪念品。有时会举行小型的那达慕来庆祝寿诞，有赛马、摔跤、对弈蒙古象棋、玩沙嘎游戏等，获胜者将会获得一定奖励。以体育竞技和智力竞技的形式庆祝生日可谓是别出心裁、健康向上。

每年春夏之交，蒙古族都要祭祀敖包（图/额博）

敬自然、敬祖先的蒙古族祭祀

天地万物皆有灵，英雄祖先皆供奉

敖包不是相会的地方

一曲脍炙人口的《敖包相会》似乎让敖包天下闻名，但是敖包却绝不是男女青年相会的地方，它表达的是草原民族的自然信仰。

平坦的北方草原一望无际，若是突然出现一棵树、一座小山包或一块大石头都会特别引人注意，这些自然物最初被视作路标，是地理方位的参照物。同时，蒙古先民认为任何山水、草木都有神灵，为了表达对万物神灵的崇拜和感恩，渐渐产生了对这些自然物的崇拜，并

人们顺时针绕敖包三圈，并添上石块，祈祷风调雨顺（图/宝音）

逐渐演变为在高山丘陵、森林莽原、江河溪流旁堆垒人工敖包进行祭祀。敖包大多用石头堆砌而成，也有极少数敖包是用树条围建或用沙柳堆积而成。敖包通常都设在高山或丘陵之上，也有的设在草原和河流岸边。敖包的建造形式一般为圆锥形实心塔，也有的建在两三层圆石台上。一地的敖包数目不一，有单独的一个敖包，也有一个中心大敖包和周围数量不等的小敖包组成的敖包群。敖包顶端插旗杆，从上挂下数条经旗。旗杆周围插大量树枝或柳条，上面悬挂五颜六色的经幡和哈达。敖包有盟、旗、苏木敖包，也有部落、氏族和家族敖包。平日里路过任何一个敖包，都要捡三块小石头，然后绕敖包三圈，并将石头添加到敖包上。长此以往，在一些著名的敖包附近，连小石头都很难找到了。

每一个敖包都有固定的正式祭祀时间，一般在阴历五月初三到六月中旬之间，但大多数敖包在阴历五月十三进行祭祀。祭祀敖包时，几十里乃至上百里远的牧民都要带着祭品赶来，敖包前摆放羊背子、奶食、圣酒等供品。早期的敖包祭祀仪式由萨满教巫师击鼓念咒，膜拜祈祷。藏传佛教传入之后则由喇嘛诵经吹法号，焚香点火。牧民们面向主祭，围跪在敖包前，祈求降福，保佑人畜两旺。

敖包祭祀也有许多传统禁忌，由于现存的大多数敖包为男性祭祀敖包，最普遍的是祭祀时不允许女性登上敖包，祭祀仪式结束后才可以与男性一起顺时针方向绕敖包三圈，并将带来的祭品撒向敖包。忙碌了一个春天的牧人们也得以借此机会

祭祀仪式上扬洒鲜奶（图/额博）

敖包祭祀仪式上，德高望重的长者切下第一块羊肉敬天（图/额博）

坐落于鄂尔多斯市伊金霍洛旗的成吉思汗陵(图/巴义尔)

聚首,举行传统的赛马、射箭、摔跤等活动,还有商品交易,年轻人也借此机会相互结识,寻找伴侣。

800年未灭的长明灯:成吉思汗陵祭典

鄂尔多斯,蒙古语意为有很多宫帐的地方,这宫帐指的便是成吉思汗陵内的八座存放黄金家族遗物的白色宫帐,俗称八白室。相传成吉思汗在西征路过鄂尔多斯时,其所持金马鞭不慎掉落,成吉思汗感慨鄂尔多斯的优美风光,便交待在他百年后葬于此地。后来成吉思汗在征西夏途中去世,运载遗体的灵车路过鄂尔多斯时车轮突然陷落,动用了许多头牛马也未能拉出,于是便将成吉思汗葬于鄂尔多斯。那时蒙古贵族实行秘葬,成吉思汗下葬后,将墓地以万马踏平,并种草植树,不出几年便不见了墓地的痕迹。据史书载,最初为了便于祭祀,曾牵引一对骆驼母子至墓地,当着母驼宰杀了驼羔,母驼哀嚎不止。之后每逢祭祀,便牵母驼前往,母驼停下来哀嚎之处便是祭祀地。但这峰母驼去世后,成吉思汗的具体埋葬地便成了永远的秘密。

然而,墓地成谜并不妨碍后人对成吉思汗的祭祀,

蒙古族男子以额头虔诚触碰转世的成吉思汗神马(图/额博)

成陵祭祀仪式上喇嘛吹奏法号(图/额博)

况且蒙古人本就没有肉身崇拜，而是更加重视灵魂。按照记载，成吉思汗去世时，拿白色公驼的顶鬃，放在成吉思汗的口鼻上，如果驼毛停止微动，说明成吉思汗停止呼吸，它的灵魂已经附着在这片白色驼毛上，这时遗体就可以埋葬，而这团驼毛便保存在成吉思汗的衣冠冢八白室内。

为了让蒙古民众永世铭记成吉思汗的盖世功勋，窝阔台汗根据萨满教习俗创建了成吉思汗祭典，建立了八白室，里面放置成吉思汗及其夫人们和黄金家族其他成员生前用过的物品，作为衣冠冢。窝阔台亦任命达尔扈特部承担守护成吉思汗八白室的重任，其间经历了朝代更迭、战祸天灾，数次迁移，但是800多年来，成吉思汗陵的长明灯从未熄灭过。过去，八白室置于流动的勒勒车上，随着达尔扈特守陵人迁移。1949年后，成吉思汗陵最终安置在鄂尔多斯市伊金霍洛旗境内，建成了如今的固定建筑，将八白室置于其中，供后人祭祀。

成吉思汗祭典包括八白室祭奠、苏力德祭奠、成吉思汗神马祭祀、敖包祭祀等仪式，分为日祭、月祭、四季大祭等。成吉思汗系列祭祀已入选国家级非物质文化遗产名录。

季节	时间
春季大祭	阴历三月二十一日
夏季大祭	阴历五月十一日
秋季大祭	阴历九月十二日
冬季大祭	阴历十二月三日

系列祭祀的月祭在每月初一、初三举行。其中，阴历三月二十一日举行的春季大祭为最隆重、最盛大的祭祀活动，届时，蒙古人会从遥远的地方赶来，穿上节日盛装，参加祭祀，盛况空前。据说每个蒙古人一生中都要参加3次成吉思汗陵祭典。

成吉思汗陵春季大祭

文/敖其

2011年阴历三月二十一日，时逢成吉思汗陵大祭，我照例带着民俗学专业的学生前往成吉思汗陵参加祭典。路途遥远，前一日下午，我们便驱车赶到了成陵附近的牧民家借宿。每逢春季大祭，从自治区、全国各处甚至世界各地前来祭祀参观的人数近10万，为了避开人流高峰，第二日天刚亮，我们便出发了。

阴历三月的草原清晨，温度还很低，我们一行步行10多分钟便到了成陵的大门前。还不到7点，这里已是一派热闹景象。许多身着各自部落蒙古袍的人们携带着砖茶、酒，甚至煮好的全羊走进了成陵。今日成陵大门大开，不收门票。成陵依山而建，坐落在一座小山顶上，我们沿着台阶拾级而上。长长的台阶两旁绿树葱郁，是草原上并不多见的景观，人们都说是成吉思汗的庇佑，这些树木才能在干旱的鄂尔多斯高原上生长。

行到殿前，三座蒙古包式的建筑在瓦蓝的天空映衬之下，显得格外壮观。殿前广场上已聚满了祭祀的人群，趁着人流量还不算大，我们便按照习俗先到殿内祭拜。

正中央大殿内供奉着最主要的三白室，殿内有许多身着蒙古长袍、头戴毡帽的蒙古男子，他们便是世代守卫成吉思汗陵的达尔扈特人。灵包前正在举行祭拜仪式，祭拜者们献上祭品后跪于灵前，双手向上托举着蓝色的哈达，一名达尔扈特人手执长明灯，诵念着祷文，诵念的中间会停下来，让每个祭拜者说出自己的名字。然后达尔扈特人将哈达收起，挂到灵前，并

成吉思汗陵祭祀中敬奉供品的仪式（图/额博）

达尔扈特人正手执长明灯，为祭拜者祈福（图/田甜）

让每一位祭拜者抚摸那盏800余年从未熄灭的长明灯的灯盏，以求得福气。最后在一个银碗中倒上美酒，祭拜者们轮流各喝一口，最后一位要饮尽银碗中的酒，方才礼毕。事实上，这只是一个简单的祭拜仪式。真正的祭祀仪式只有达尔扈特人参加，早在祭拜人群到来之前就已进行完毕，其过程旁人就无从知晓了。

9点左右在殿前广场进行盛大的集体祭祀仪式，达尔扈特人吟唱颂歌，颂歌的内容极其神秘，至今仍无人能够完全知晓其中的含义，主要是歌颂成吉思汗戎马一生的丰功伟绩，同时祈求圣主的庇护。

前来祭拜的人们不断献上全羊、砖茶、酒等祭品，很快，广场上的祭品便堆积得像小山一样，数百只全羊整齐排列，蔚为壮观。

主祭结束后人们还前往成吉思汗的战旗黑苏力德祭坛、成陵内的甘德尔敖包进行祭祀，同时祭祀成吉思汗的神马——溜圆白骏，分饮祭祀后圣洁的鲜奶。

同学们各自去采访祭拜者。一位年长的额吉正在费力地将哈达系在大香炉的炉耳上，我上去搭了一把手，额吉和善地谢过我，我们自然地攀谈起来。额吉叫葛根塔娜，正如我从她的头饰和服装所判断的，她来自离成陵约300千米的乌审旗。额吉几乎每年都来，问到原因，额吉很坚定地说成吉思汗是蒙古人的祖先，是我们最重要的保护神，一定要祭拜。

学生们聚拢来，他们采访了许多参加祭祀的人，有从蒙古国远道而来的祭拜者，有拄着拐杖、家人搀扶着的老人家，有年轻的大学生，有身着袈裟的喇嘛等等。成吉思汗祭祀是深植于蒙古人心中的、最重要的祭祀活动，有着典型的民间信仰特征和深厚的群众基础。人们前往成陵祭祀祈福，既是缅怀先祖的丰功伟绩，也是祈祷人间风调雨顺。

庄严整齐的祭祀广场（图/额博）

围绕牧业生产的蒙古族节日

丰收的喜悦，尽在节日中

蒙古族春节中的奶食品摆盘，奶食品盘的摆放是衡量一户人家生活富裕、清洁程度和主妇勤劳灵巧与否的重要标志（图/额博）

蒙古族的春节

蒙古族过年是从祭火开始的，每年阴历腊月二十三或二十四日，蒙古族要举行祭火神仪式，在民间称之为“祭火二十三”或“过小年”。蒙古族人认为，火代表着圣洁、兴旺和祖上的香火。腊月二十三火神要与天神相见，向天神呈报人间一年的凡事。人们的日常生活离不开火，火神每天与每家每户同存，最了解人们的善与恶。因此，为得到火神的保佑，让其高高兴兴地拜见天神，在这一天夜幕来临之际开始祭火。

在二十三日那天，各家各户打扫房屋、清洗器皿，准备好祭品，祭火最主要的祭品是绵羊的胸叉骨。祭火时将胸叉骨的肉剔掉，再用羊毛或驼毛线绕上数圈。另外，在肉汤里煮粟米粥，加上黄油、红糖、红枣，蒙古语称“阿木斯”。祭火时将裹好的胸叉骨、阿木斯与酒、奶食品一同放入熊熊燃烧的火焰中，向火神叩拜的同时咏颂火神的功德，祈求火神保佑。祭火仪式由家里的男主人主持，大的家族在萨满教盛行时期请萨满诵念“祭火词”，佛教在蒙古地区占统治地位后，变为由喇嘛念经。二十三日晚，祭火仪式结束后向祖先祭烧供品。蒙古人将煮好的肉和阿木斯看作火神的恩赐，分享给邻里，各家各户也会进行比较，认为哪家的阿木斯最香甜，谁家就会在新的一年中更加兴旺发达。

除夕，蒙古族将其称为“毕特翁”，每家每户都要煮全羊。傍晚时分，祭祖供佛后，摆好全羊，给老人、长辈敬酒，全家人一起吃团圆饭。除手把肉外，还要吃包子、饺子等象征着完整、团圆的食品，有些地方还有煮整羊头的习俗。在家吃过团圆饭后，带着除夕的食品、酒去拜访亲属、邻里，一起辞旧迎新、共享美好除夕。

除夕要守夜。蒙古人认为除夕之夜不睡觉，在新的一年中就会更加清醒，更加聪明。除夕之夜主妇要摆放奶食品盘，将奶豆腐、奶皮、黄油、炸果子、冰糖、红枣等摆放成一定的造型。摆放食品盘要有一定的技巧，使之色泽鲜明、整洁丰厚。蒙古人认为，奶食品盘的摆放是衡量一户人家生活富裕、清洁程度和主妇勤劳灵巧与否的一个重要标志。因此，蒙古人都特别重视奶食盘的摆放。

阴历正月，蒙古族称作“查干萨拉”，即白月，也叫作大年。正月初一拂晓时首先叩拜天神，叩拜天神的仪式主要由男性参加。在预先准备好的地方（有些地区准备土堆）将用草扎好的天灯插上，供奉奶茶、奶食品、美酒进行叩拜。祭天仪式结束后，向火神祭奶茶、奶食、酒、肉等，再向佛龛敬香、点燃神灯。这种拜天、祭火、供佛龛的习俗中不仅保留着原始宗教的痕迹，而且有着浓郁的佛教色彩。这些仪式结束后，在家中向长者敬献哈达、行叩礼，长者用吉祥的语言祝福子孙，然后喝新年茶、吃年饭。家中的拜年礼结束后，则从近邻的年长者家开始拜年，礼仪与在自己家中向父母拜年相同，并且男性互换鼻烟壶。对前来拜年的客人，主人首先敬茶、邀请品尝奶食品，然后敬酒、请喝新年汤（肉汤里煮饺子、面条、粉条等）。

过年时人们穿着鲜艳的新蒙古袍，骑着骏马，成群结队地相互拜年。途中谁的骏马跑在第一，谁就会在新的一年里最幸运。拜年的途中特别忌讳隔家拜访，这也是蒙古民族耿直热情，不分高低、贵贱的美好传统习俗。草原上的蒙古族居住分散，过年走亲访友要持续1个月之久，初一至初四一般是男子和孩子成群结队地拜年，初五为“破五”不宜出门。初六开始老人和妇女到近处的亲朋家拜年，男子则去较远的亲朋家拜年。蒙古族还有给牲畜过年的习俗，在正月初一的早晨去放畜群时，在种畜、产仔数量多的母畜额头上涂抹黄油，予以祝福，企盼牲畜繁殖兴旺。

对蒙古族来说，查干萨拉（白月）象征着严寒即将过去，牲畜基本上平安地度过了隆冬岁月，新的一年给

春节中的拜年活动（图/额博）

人畜以新的生机和活力。为预祝新一年的美好生活，增进人与人之间的友好往来，过年的所有活动都是在热情、祥和、欢乐的气氛中进行的。

草原上的盛会：蒙古族那达慕

那达慕，蒙古语意为娱乐，是蒙古族最重要的传统集会活动，现在已入选国家级非物质文化遗产名录。那达慕大会无特定的日期及地点，一般在水草丰美、牛羊肥壮的夏季举行，现在也会在冬季举行。度过了漫长难捱的严冬，经历了昼夜接羔的春季，辛劳的牧民们终于可以稍稍喘一口气，卖出了部分羊羔，也品尝到了收获的喜悦。人们身着节日的盛装，快乐地赶赴一个又一个那达慕，去骑马、摔跤、射箭，去唱歌、跳舞，整个夏天都沉浸在欢乐的海洋里。那达慕不仅可以让辛勤操劳的牧民们得到放松，更可以让散居于草原上的人们增进邻里和亲朋好友之间的关系。年轻人还可借此机会挑选自己的终身伴侣。所以，那达慕不仅是一场体育竞技比赛，也是人们重要的社交场所，有着与现实生活密切相关的文化意义。

那达慕常常在敖包祭祀后举行，人们从四面八方驱车、骑马赶到会场。蒙古族传统男儿三技摔跤、赛马、射箭是必不可少的内容，蒙古象棋、沙嘎游戏也是那达慕上常见的活动。从这些项目便可看出，那达慕有着明显的征战时期的痕迹。在成吉思汗统一北方草原各部时，常常在夏天召开大呼拉尔（大型聚会），将各部落聚集到一起商议要事，并举行摔跤、赛马、射箭比赛，这既是娱乐，也是练兵，培养崇尚力量的民族意识。而蒙古象棋、沙嘎游戏是对战略战术的运用，是彰显智力的项目，有文有武，相得益彰。如今的那达慕中，这些项目体现了对健康体魄的崇尚，对超群技艺的赞赏，并且加入音乐舞蹈、服饰展演等内容，也增添了对艺术的欣赏、对审美的追求。

那达慕中的射箭比赛（图/视觉中国）

冬季那达慕中激烈的赛马（图/巴义尔）

那达慕大会决出各项目的优秀者，颁以物质奖励，比如马鞍、马匹、骆驼、绵羊等等，但更重要的是获得的美好声誉，最优秀的摔跤手、赛马手和箭手、长调歌手、马头琴大师等等，都是远近闻名的名人，受到人们的喜爱和追捧，是人们心目中的英雄。

力量与智慧兼具的蒙古族摔跤

蒙古族摔跤是一项古老的体育运动，成吉思汗时期就将其定为出征前和凯旋后的娱乐活动，也是古时选举部落首领的主要方式。蒙古族摔跤为淘汰制，参赛人数必须是2的乘方数，4、8、16、32等等，吉尼斯纪录记载，最多曾有2048人参加同一场蒙古族摔跤比赛，每轮淘汰掉一半的选手，直至决出冠军。比赛没有时间限制，一局定胜负，参赛者脚以外的部位触地即输掉比赛。并且比赛不划分重量级，所以也时常能见到身材瘦小的摔跤手以四两拨千金的巧力扳倒孔武有力的壮汉的情形。力量固然重要，但是机敏矫健的身手亦让人钦佩。

蒙古族摔跤手身着的摔跤服极具民族特点。坎肩多以牛、鹿、驼皮制作，皮坎肩上镶有铜或银制的泡钉。皮坎肩上也饰有精美的龙形、鸟形、花蔓形、怪兽形图案。套裤为白色或彩色绸子制成，宽大多褶，套裤上绣有各式精美的图案。足蹬马靴，腰缠一宽皮带或绸腰带。若是见到摔跤手的脖子上挂一缀有各色彩条的圈，说明这是一个获得过多次胜利的摔跤手，这个脖颈上的“江嘎”便是带在身上的获奖证书，彩条越多，表示战绩越丰。

扣人心弦的蒙古族摔跤比赛（图/额博）

参加比赛的摔跤手分左右排成两行，著名摔跤手在前，随着摔跤助兴歌的歌声，腰板挺直，两臂平伸，慢悠悠地上下摇动跳跃进场。这种入场时的跳跃动作称为鹰步，动作优美，犹如雄鹰展翅，显得格外矫健，对鹰的模仿是古老的图腾崇拜的遗存，是蒙古族摔跤的显著特征之一。摔跤手在每一轮比赛进场时皆如此，比赛胜利时也迈此步伐以示庆祝。

撰稿专家

扎格尔，蒙古族，内蒙古师范大学社会学民俗学学院二级教授，博士生导师，内蒙古民俗文化研究基地首席专家，内蒙古师范大学民俗学、社会学、人类学学科创建者之一。主要研究方向为蒙古族民俗、非物质文化遗产保护、蒙古族民间文学。主持《蒙古百科全书·民俗卷》编纂工程，主要著作有《史诗江格尔研究》《草原物质文化研究》等。

敖其，蒙古族，内蒙古师范大学社会学民俗学学院二级教授，博士生导师，内蒙古师范大学非物质文化遗产研究院常务副院长，内蒙古师范大学社会学民俗学学院创始人之一。主要研究方向为蒙古族民俗、非物质文化遗产保护、蒙古族民间文学等。主持国家社科基金项目“蒙古族传统物质文化保护与开发利用研究”等，主要著作有《蒙古民俗》《民间文学概论》等。

《草原物质文化研究》

《民间文学概论》

扫描二维码，阅读专家代表著作的电子版

赤峰鹿群岩画，位于内蒙古赤峰市克什克腾旗百岔川，被称为“百里画廊”，200多幅岩画，题材多样，内容丰富，涉及生产生活、族徽、宗教、祭祀、天体星云、人面图、图腾崇拜等诸多方面，其中不少岩画以鹿为主题。这幅岩画上的群鹿神态各异，有呼之欲出之感（图/巴义尔）

第7章

民族文化的视觉符号和密码

美术与图案

本章主撰稿人：

内蒙古师范大学教授　乌力吉　　内蒙古师范大学教授　阿木尔巴图

历史常常以文字或口头传说等方式被记录下来，美术则是记录历史的另一种方式，它虽然没有直接诉说，但通过那些形象或纹饰，可以折射出历史的诸多方面。因此，蒙古族美术为我们提供了了解当时的政治文化与民俗风情的可能，成为北方草原游牧文化的一部分。

从远古时期开始，北方草原上孕育了许多民族，如匈奴、突厥、高车、柔然、契丹、党项等，不同时期的不同民族都在此生活过，并留下了他们的足迹。蒙古族融合了这些古代民族的特点，当然蒙古族的美术也受到了这些民族的影响。

但就遗留下来的美术作品来看，数量并不多，而且大部分也不能算是纯粹审美动机下的产物，如岩画、壁画、石人像等，均为蒙古族生活文化与巫术思想、藏传佛教等宗教思想的结合。除了这些之外，就是一些工艺美术品，如金银器、玉器、青铜器等，游牧生活方式让人们选择了坚固耐用的金银和青铜等材质。从古代文献记载来看，关于蒙古族美术方面的记载非常少，只有在史书或其他国家使者的出使游记中留有一些蛛丝马迹。同时，蒙古族的游牧生活方式也不利于一些文化的留存。

这些因素虽然对蒙古族美术的研究造成一定困难，但也正是这些因素创造了独特的蒙古族美术，以画见史，以史说画。

蒙古族图案流传广泛，与蒙古人的衣、食、住、行、用都息息相关，具有审美和实用的双重功能，是物质生活与精神生活的交融。

岁月无语，唯石能言

蒙古高原岩画，蒙古族先民的第一件“画作”，石头上的“史书”

人类第一块“画布”是岩石的表面。岩石是保存人类远古符号的最好载体。

岩画是远古初民在深山的岩壁或洞穴中遗留下的一种图像文化。这种以石器在岩壁上镌磨或用矿物粉拌血，在岩穴中绘出的图像，都是表现当时生命精神超越于生命物质存在的一种努力与尝试。

蒙古族岩画是北亚草原岩画的一部分。它分布甚广，并蕴含着深邃的文化内涵，已经引起国内外专家学者的高度重视。它能帮助我们去复原或重构蒙古族曾经存在而今已经消逝了的社会面貌，重建人类历史的史前文字时代，是宝贵的资源。

岩画题材是多样而广泛的，画面上描绘了各种生活图景：狩猎图、战争图、人物图、人面图、舞蹈图、祭祀图，以及日月星辰、穹庐毡帐、车辆畜圈、狩猎工具、手印足印蹄印以及原始符号等图形。由于原始狩猎者对动物形体和习性的细致入微的观察和认识，其中数量最多的是野生动物的形象。

阿拉善盟曼德拉山持弓猎人岩画（图/内蒙古博物院）

为什么要探寻蒙古高原岩画?

蒙古族岩画属于中国北方系统的岩画，内容以动物为主，风格较为写实，技法采取的均是刻划方式。从旧石器时代被发现以来，岩画所散发的时空能量，远远超出了一般的原始美术形态，它凝聚着北方民族生存活动的点点滴滴，也体现着他们精神生活的全部内涵。

内蒙古西部是岩画最为密集的地方，这里有被誉为“北方草原第一岩画画廊”的乌兰察布岩画。乌兰察布岩画西南方，是举世闻名的阴山岩画。阴山岩画往南就是桌子山岩画所在地。除了这些岩画之外，北方草原另一个岩画宝库在阿拉善，阿拉善岩画可追溯到旧石器时代，是中国已发现的岩画中时代最早的一个。

不同的地理环境、不同的心理以及不同的经济生活和社会风貌注定北方岩画的不同特点。北方岩画的题材一般以生存、生育以及巫术思想为重点。当然这些题材并不是孤立存在的，而是相互依存，互相有紧密的联系。

作为远古时代的作品，岩画的存在是永恒的。虽然画面中的意识尚处于混沌状态，但它所表现出的生命力是不变的，它集中向人们展现古代北方人的生活、信仰、经济、审美与社会活动的真实面貌。

当时人心中原始艺术的形式，跟我们现在眼中的，肯定具有全然不同的意义。原始艺术的表层意义，只与图像的原初物象有关系，而深层意义则象征着特定文化中的所指和功能。表层意义面对着我们，深层意义则属于图像当时的创造者和使用者，这是我们的盲点。对原始艺术深层意义的探寻，有助于我们了解人类遥远的过去，对一个民族的起源，有更深刻的认知。

上图：阴山岩画持弓猎人
左图：阿拉善盟曼德拉山持弓猎人岩画
（图/内蒙古博物院）

狩猎：先民力量的原始展示

在内蒙古阴山韩乌拉山峰西地黑色岩石上，凿刻有围猎图，9个步行的猎人，布成一个扇形围猎一群野牛、野马，其中8个猎人手持弓箭，瞄准猎物，未拿弓箭的一个猎人则扬起一臂，叉开双脚，似在呐喊驱赶动物。而动物们惊恐万分，四处窜逃，形态各异。画面最上部还刻有一条猎犬，似在监视着动静。

自古以来生活在草原上的原始人类和猎牧的游牧民族，在求生存寻发展的活动中，在天然的洞穴壁上和岩石上刻绘出他们的生活、生产和期盼。狩猎是原始先民的一种较为普遍的生活方式。以狩猎为生的原始人食动物的肉，穿动物的皮毛。而且，狩猎的经济意义，不仅在于人们通过狩猎能获得食物，还在于可以得到其他必要的生产资料，如兽类的毛皮是人类御寒的衣料，骨、角是制造武器的重要原料，脂肪是原始照明的燃料。

早期的狩猎是集体的、有组织的，这证明原始人是依靠集体的力量与自然相抗衡，到了较晚的阶段，个人的狩猎才逐渐发展起来。

蒙古族认为，所有的猎物都是上天的恩赐，只有祭天才能得到猎物。很多地方在出猎之前，都要进行专门的祈祷和祭祀活动。

在远古时期的北方，狩猎不仅是一种生存活动，也是一种巫术活动，人们认为巫术对狩猎的影响是必然的。狩猎岩画是巫术思维的产物，既在客观上反映了原始人的狩猎活动和狩猎巫术，又对真实的狩猎发生着巫术的影响力。

在北方草原生存的人们，很早就知道模拟或描摹狩猎对象的形态，可以借助神秘的力量获得这些猎物。除了在岩石上绘出对象的形象之外，还模拟猎物的动态舞蹈欢唱，或佩戴猎物的牙齿和骨片，其目的都是为了猎获更多的动物。

曼德拉山草原鹰岩画（图/内蒙古博物院）

《猎羊图》，早期的狩猎是群体性的，彼此呼应，依靠集体力量与自然较量（选自《中国岩画全集：北部岩画》）

这种狩猎图像表达的是两种思想：其一是通过图像获得了捕杀野兽的信心和力量；其二是巫术思维使原始狩猎者认为，拥有野兽的形象，便意味着会拥有那些野兽。画了受伤野兽的岩画，这画便使他们能够射伤遭遇到的野兽。在原始狩猎者们看来，这些画着受伤的野兽的岩画具有某种巫力，可以使他们在下一次的狩猎中得到丰厚的收获。

拜日，表达对原始世界统治神的崇拜之情（选自《中国岩画全集：北部岩画》）

太阳神崇拜：对生命和永恒渴求的集中表达

在众多的岩画中，有一种恒定的人面形，面部眼、鼻、口备具，头顶或头形轮廓外，悉有一道道刺芒状物，颇如光芒四射的太阳射线。这种人面岩画即为先民信仰的太阳神岩画。

在内蒙古磴口县沙金陶海苏木格尔敖包沟的岩画中，有新石器时代的拜日图像，画面中，一个正面人像伫立于大地，双手上举，在头顶合十，其上有一个圆圈，以示高悬于天空的太阳。拜日者的虔诚之心，昭然可见。从原始宗教的角度来看，具有神力魔法作用的岩画，无论是地点或方向的选择，都不会是漫不经心的，它们都来自一种神秘的旨意。

岩画中的天体崇拜

阴山岩画中，有很多题材是以自然物作为崇拜对象。其中，重要的内容是天体崇拜，即日、月、星、辰的崇拜，说明在远古时期北方民族的思维受到万物有灵观念的支配。这些代表天体崇拜的岩画都是自然和自然力的人格化。

蒙古族认为一切自然物和自然现象都有生命和灵性，能影响人的命运。所以视其为崇拜对象，向其表示敬畏，祈求其保护和降福。

蒙古族先民以狩猎和驯养牲畜为生，他们穿的皮革、居住的毡帐、食用的肉类、乘骑等都与动物有关，动物是他们重要的生产和生活资料，因此畜群的繁衍情况直接影响他们的生活。而自然变化正是使其产生变化的重要原因，所以，人们对自然现象的初步关注是从天象开始。

蒙古族视天体为生命的赐予者，人们忌将人或动物的血，包括其他一切秽物暴露在太阳之下。北方民族对七老翁星（即北斗星）也具有崇拜意识，传说七老翁星能保护羊群不受狼的侵犯，能使畜群平安无事。他们举行洒奶仪式，献给七老翁星，以防发生不幸。

太阳神岩画和各氏族以太阳为图腾绝不是偶然的，它是蒙古高原远古社会中存在过的太阳崇拜的反映。大约自原始社会后期至商代早期，由于农业和畜牧业生产的需要，天体崇拜特别盛行。在天体崇拜中，对太阳的崇拜最为普遍。因为太阳能带来光明和温暖，带来生命的繁衍，靠放牧为生的氏族，必须根据太阳的远近判断季节并移动畜群。北方民族的太阳崇拜，实质是生命崇拜，崇拜东方，欢迎春天，都是崇拜太阳的外化形式。永生的太阳是世界万物的活生生的统治神。人类在太阳的光照下，祈求生命永恒。

蒙古高原的许多北方民族，如蒙古族、鄂温克族、达斡尔族以及古代的匈奴人、东胡人都崇拜太阳，以太阳为图腾。

动物图腾：从这里看到蒙古族先民的信仰和世界观

鹿，原始图腾崇拜的集中意象之一(选自《中国岩画全集：北部岩画》)

牝鹿

内蒙古阴山岩画中有很多的牝鹿岩画，不能不让人联想到蒙古人的女始祖——梅花鹿奥云高娃的神话形象。这只神鹿的形象属于蒙古人谱系颂诗之首，蒙古族的宇宙起源传说就是以它为开端的。“美丽的母鹿”不仅开创了成吉思汗祖先居统治地位的黄金家族孛儿只斤氏，而且开创了整个蒙古民族。

这一传说还与其他民族的传说相呼应。民族大迁徙时代的传说总要提到一只神奇的扁角鹿(部落的祖先和保护人)引导各个部落前进，为他们走向新的地方指明道路。根据鹿形在远古时代草原部落、图腾神话和动物崇拜神话的艺术中广泛流传这一情况看，13—14世纪蒙古人的鹿形的起源是很早的。看来岩画中的母鹿所表现的有可能就是女始祖奥云高娃的形象。梅花鹿形象真实地表现了蒙古人在藏传佛教尚未传播之前的古老世界观，反映了他们从草原的远古时代起就已产生的传统和信仰。

狼岩画，狼与蒙古族渊源深厚(选自《蒙古民族宗教文化》)

狼

崛起于6世纪中叶的突厥以狼为图腾，认为突厥的始祖是狼，突厥人是狼的后代。突厥酋长的牙门之前建有金狼头纛，作为徽记，以示对狼图腾的崇拜。

蒙古族也是以狼为图腾。传说中蒙古族的祖先是苍狼与白鹿。《蒙古黄金史纲》记载：“传令大狩，行围于杭爱汗山，敕言：‘若有苍狼、花鹿入围，不许杀戮；卷毛黑人骑铁青马入围，要生擒他。’果有苍狼、花鹿入围，而放走未杀。”

内蒙古阴山牧马图岩画(选自《内蒙古工艺美术史》)

马

北方民族对马的崇敬在岩画中得到了充分体现，之后的青铜器、金银器等北方民族的“作品”中也能够看见马的造型。马在北方各民族中一直备受关注：秦汉时期的北方乌桓在举行婚嫁仪式的时候，以马牛羊为“聘币”，举行丧葬仪式时，以马为陪葬的动物，祭祀天地鬼神时也用马。鲜卑素来以马为殉葬品。《旧唐书》中说：“突厥兴亡，唯以羊马为准。”契丹曾经以马的数量作为官位升降的标准，并且契丹人有以白马为图腾的迹象。

原始的生活方式，决定了在北方游牧先民的原始艺术中动物题材占据着统治地位。岩画题材中，动物题材是最为普遍的。动物图像与原始时期的图腾崇拜有密切的联系，图腾观念也是原始宗教的一种形式。北方原始先民总是用某些动物作为崇拜的图腾，并相信自己的祖先是某种图腾动物的化身，从而将这些动物视为自己的祖先加以崇拜，希望得到其神秘力量的保护。

内蒙古赤峰克什克腾旗砧子山马群岩画（图/内蒙古博物院）

人类自身岩画：对灵魂存在和生殖繁衍的期望

人面岩画可大致分为类圆形人面岩画、太阳形人面岩画、方形人面岩画、无轮廓形人面岩画和冠饰形人面岩画等五类。其中类圆形应是岩画中人面像的基本图形，类圆形人面像也可能源于古人对太阳的崇拜。

绝大部分人面像都选择在峡谷的入口处，镌刻在悬崖峭壁的高处，个别则镌刻在底部的基础性石面上。一般岩画所在的前面有一开阔地，可能是人们举行祭祀的场所，并可以据此而推断，人面岩画可能与先民的原始信仰有关。

人面像，寄托对灵魂永存的向往（图/包头博物馆）

人面图像产生于原始先民的灵魂观念。先民认为，人与世间一切事物都是有灵魂的，灵魂能够主使生命和一切活动。人的肉体可以死亡，而其灵魂是不灭的。人的灵魂存在于人的头颅之中。头颅被认为是灵魂的象征，头颅也是最神圣的。岩画作者在岩石上根据人的头颅的样子刻画出人面像，目的是为了永久保存其氏族祖先以供祭祀，甚至不能排除一个氏族祖先死去，就在岩石上刻画上一个人面像的可能性。

岩画中的生育崇拜

对女性生育的观察，使人们越来越认识到女性在生育中的作用，于是，出现了对女性生殖器的刻画。没有男子与女子性交，女子便不会生孩子。因此，男女交媾是北方草原岩画中一种常见的题材，还发现了在男女交媾图像的旁边伴有动物或伴有放牧者的岩画。

男女交媾图，生殖崇拜是人类得以繁衍的基础（选自《中国岩画全集》）

自有社会以来，人类就面临着两种生产，即生活资料的生产和人类自身的繁衍。人类自身的生产，即种的繁衍，对原始人来说，是至关重要的大事。男女之间的性本能，导致两性交媾和生儿育女，对人类具有一定的神秘感。

这类岩画的创作，显然也与生殖巫术有关，目的在于既促进动物的繁殖，又促进人口的繁殖。先民之所以在岩画上刻画一些有动物在场或有放牧者在场的交媾图，乃是为了促进动物的繁殖或狩猎的丰饶，同时也为了促进人类自身的繁衍。

脚印岩画

在百灵庙东北的夏勒口，一块巨石上刻了百来个蹄印，有牛、马、鹿、羊等各种大小蹄印。据内蒙古乌兰察布草原的牧民说，每当牧民感到牲畜繁殖太慢，或瘟疫使大批牲畜死亡时，他们便到附近山上，选择风水好的地方，凿刻许多兽蹄印迹，祈求牲畜兴旺和避免灾祸。

蹄印，先民祈求牲畜兴旺和避免灾祸的原初表达（图/内蒙古博物院）

脚印岩画，是为妇女求生育时践踏之用，制作脚印是为了生育，脚印岩画是古代生育崇拜的一种象征文化。

《史记·周本纪》谓：“周后稷，名弃。其母有邰氏女曰姜原……姜原出野，见巨人迹，心忻然悦，欲践之，践之而身动如孕者。居期而生子。”古人认为踏人脚印可致怀孕。

除了人的脚印岩画外，还有牲畜的蹄印岩画。这类符号形式的岩画所具有的文化意蕴，大多也是为了祈求动物的繁殖和人口的繁衍，因而具有生殖崇拜的巫术含义。可见蹄印岩画是作为先民生殖崇拜的象征而存在的。

综上所述，蒙古族岩画是蒙古族古代图腾文化及宗教思想的一种表现形式，大量岩画的出现是他们古代观念意识的另一种体现。这种观念意识开创并发展了岩画艺术，也丰富了蒙古族艺术种类，并可据此研究蒙古族的信仰、生活、心态、艺术、审美观和世界观诸多方面的问题，进而从一个侧面去重构蒙古族的历史。

达茂岩画：先民们的畜牧生活

达尔罕茂明安联合旗位于包头市北部，北与蒙古国接壤，是内蒙古自治区边境旗县之一。达茂旗地处大青山北部的内蒙古高原地带，属著名的乌兰察布草原，这里幅员辽阔、地势平缓、河流纵横、水草丰茂，自古以来就是优良的天然牧场。据史料记载，曾经有北狄、匈奴、鲜卑、突厥、契丹、女真和蒙古等众多民族在这里生活，因此，遗留大量珍贵的、极具特色的文化遗迹和历史文物，而岩画就是众多文物的代表，约4000幅。

达茂岩画风格与这里的自然环境和经济状态有着千丝万缕的联系。达茂草原适宜畜牧业的发展，因此，家畜、放牧以及与畜牧经济有关的蹄印崇拜成为该地区岩画的主要特征，表现出浓厚的原始畜牧经济色彩。

包头博物馆馆藏的达茂岩画共计25幅，从新石器时代到唐代，时代跨度大，制作方法为磨刻和凿刻两种，内容包括人物、动物、道路、车辆、巫师、人面像、神话动物、动物蹄印、抽象符号等。

人面像

人面像

采集于包头市达茂旗推喇嘛庙南约12千米的塔克马拉。画面高0.57米、宽0.38米，磨刻制作，主体画面为正面猴脸形人面像，图案古朴凝重、充满神秘色彩，反映了古人对神灵的崇拜，岩画画面保存完好，新石器时代（开始于约八九千年以前）作品，二级文物。

牵马图

采集于包头市达茂旗推喇嘛庙。画面高0.52米，宽0.52米。通体阴刻，刻后似经打磨。主体画面为一人牵一马，人呈正面形象立于马前，系尾饰，马立于画面中央，造型生动流畅，马蹄下刻有蹄印，以表现图案的三维效果。岩画保存完好，春秋战国时期（公元前770—前221）作品，二级文物。

牵马图

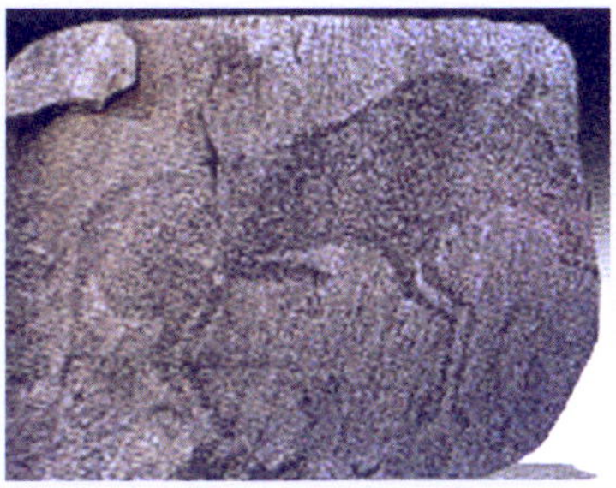

神话动物

神话动物

采集于包头市达茂旗推喇嘛庙，画面高0.26米、宽0.4米。通体阴刻，刻后似经打磨。该动物呈侧身伫立状，身体由马头、鹰喙、牛身组成，动物的颈部粗壮，颈上部隆起，尾巴纤细，体型具有牛的特征，造型雄健丰腴。岩画保存完好，春秋战国时期作品，一级文物。

组合式神话动物

草原上的石人像

纪念逝者的祭祀象征

石人像，就是用石料凿刻成的类人形艺术品。它的别名甚多，如“石雕”“石雕人像”“石雕刻”“石像”等。石人像是欧亚草原居民古老的艺术文化遗存，也是蒙古族雕塑艺术中具有重要文化价值的内容。它不仅代表着北方草原远古时代的雕塑艺术的发展水平，同时也展示出当时人们的丧葬礼仪及与此相关的一些宗教观念。中国北方草原民族，匈奴、鲜卑、高车、突厥、回鹘、吐蕃、契丹、蒙古都存在过种种以崇拜祖先偶像为形式的祖先崇拜，其中分布最广、延续时间最长的祖先崇拜是古代草原各民族墓地上的石人像。

这些遗存不仅反映了古代草原居民的思想意识、文化面貌、丧葬风俗，而且在一定程度上再现了古代草原居民的雕塑艺术和审美情趣，对雕塑史、人种学、民俗史、民族史、文化传播学、文化人类学有重要价值。

突厥石人，记载着草原上游牧部落的活动信息，折射出繁荣的过往（图/内蒙古博物院）

蒙古族贵族石人像：蒙古为“体”，汉化为“用”

蒙古族石人像可分为坐姿和站姿两种。坐姿又分为蹲坐势、盘坐势和坐椅势。蹲坐势，虽坐于坐具上，但坐具的形制不明；盘坐势是双腿盘曲而坐；坐椅势是坐于高靠背双扶手交股式圈椅上。

内蒙古正蓝旗元上都羊群庙遗址发现的三尊石人像形象相似：均为正襟端坐在靠背圈椅上，服饰是内穿紧袖口长衫，外罩半袖长袍，长袍环胸背及双肩有双龙纹和卷云纹图案；雕像脚蹬厚底蒙古靴，靴尖饰有如意图案。右臂挽于胸前，手握长方形高足杯状物；左臂下垂，左手无名指戴有镶珠戒指。雕像有两缕分叉的胡须。三尊石人像都具有蒙古族贵族特征。

从细节看石人像的非凡背景

蒙古族坐椅是受到汉文化影响的结果，而汉族的椅子是源于南北朝的“胡床”，早期蒙古族石人像所坐的椅子就是古代的交床，它的形制类似今天的“马扎

元上都羊群庙石人像，服饰细节体现了石人蒙古族贵族身份，但右手握杯于胸前这一举止，与6—9世纪突厥人的石人像具有极大的相似性（图/内蒙古博物院）

儿”。这种交椅，坐收方便，可随地而架，深受“居无常处”的蒙古族贵族的喜爱，将死者的形象坐于这种椅子上，反映了当时蒙古族社会对椅子的重视。

石人的服饰为典型的元代蒙古族服装。元代蒙古族上层人物的服装等级很有讲究，如立式石人身着窄袖长袍，是元代蒙古族上层人物中流行的式样，称作“比肩”，或称“襻子搭护”，是元代宫廷质孙服之一，元代天子质孙服在“其上并加银鼠比肩”。在立式裸身和头部残失石人像服装上的云、龙、花卉图案，具有典型的元代特色。这里石人像服装纹样中，云、龙、花卉各有所重，规格十分规范化。据《元史》记载，元代天子的质孙服一般饰四龙，龙的样子为“五爪二角”，上述雕像肩背处所饰之龙，恰好是“五爪二角”，应为天子服所饰之龙的样式。可见，这两处祭台及其前的石人像，分别是为祭祀元代两个皇帝而特意设立的。

从石人的面部特征看，是典型的蒙古人的面容形象：圆脸庞、高颧骨、多数是圆下巴，但也有少数尖下巴，眼细长，头后垂有单辫或双辫。元代蒙古族石人像有表现胡须的特征，且多为“八”字形，有的石人下颏有一撮羊须胡。八字胡须恰恰是元代蒙古族上层人物中盛行的胡须样式。

为什么北方草原上会有大量的石人像?

石人像的出现，与蒙古族古老的祖先崇拜观念有联系。

羊群庙是元朝祭祖的地方。每年阴历七月九日，元朝皇帝都在这里举行祭祀祖先的仪式，这些身穿帝王服装的石像，即是秘葬于漠北的蒙古族历代先皇的雕像。

蒙古族石雕人像，是其坟墓中所埋死者的象征，生人为了要祭祀死者，便去祭祀死者的化身——石人像。

蒙古族祖先崇拜

祖先崇拜以鬼魂崇拜为基础，是鬼魂崇拜的一种。但这种鬼魂与崇拜者有血缘关系，是人而不是动物或植物。

成吉思汗逝世后，蒙古人对成吉思汗的崇拜在文化与艺术中都有所反映。意大利人约翰·普兰诺·柏朗嘉宾在出使蒙古汗国的报告中，谈到蒙古人的祖先崇拜：“他们为第一代皇帝做了一个偶像，他们把偶像放在一辆车子里，这辆车子放在一座帐幕前面的敬礼偶像的地方，像我们现今皇帝的宫殿前面所看到的那样。他们向这个偶像奉献许多礼品。他们也向偶像献马匹，这些马没有人敢骑，直到它们死去。他们向这个偶像鞠躬膜拜，如向神鞠躬一样，而且还让正在访问他们的其他贵族也这样做。”

因此，石人的功能，首先是祭祀的对象。人们用石人像来纪念死者，象征性地表现石像主人曾经生活及战争的环境。这是丧葬文化中的一种独特的形式。

人类最早竖立石人像，是公元前4000年左右，可能与游牧部落斯基泰人有关，而突厥石人继承了斯基泰石人的传统。据段成式《酉阳杂俎》记载："突厥事祆神，无祠庙，刻毡为形，盛于皮袋，行动之处，以脂苏涂之，或系之竿上，四时祀之。"这段文字描述了古代突厥人往偶像身上涂抹酒食油脂的习俗，蒙古族也一直有在石雕人像上涂抹酒食油脂及其他食品的习惯。元上都一带的元代石雕人像为祭祀的对象，已为石人发掘时旁边发现的遗物所证实。蒙古族石人的出现，是以蒙古族墓地的存在为前提的。

新疆博尔塔拉草原上的石人，是蒙古族传统丧葬文化的一种独特的形式（图/巴义尔）

羊群庙石雕像，体现了蒙古人万物有灵观念支配下的偶像崇拜，与突厥民族固有的石刻文化达到了恰当的碰撞与融合（图/内蒙古博物院）

在墓葬无冢的蒙古族丧葬观念中，石人像是有特殊意义的。它是后代对死者进行祭奠的实物，石人如真人。蒙古族石雕人像虽为祖先崇拜和丧葬礼仪观念的驱使下产生，但它在蒙古族雕塑艺术中有特殊的意义，表明圆雕艺术形式在这个时期基本确立，形成了独具蒙古族特征的艺术形式。

蒙古族丧葬礼仪

蒙古族丧葬仪式分为土葬、火葬和野葬三种。土葬是蒙古族最早的丧葬形式。蒙古族虽然实行的是土葬，但没有冢。据《黑鞑事略》中记载："其墓无冢，以马践蹂，使如平地。"石人像是在一些土葬墓穴周围建造的。

火葬，早期蒙古人并不实行火葬，火葬是佛教的仪规。蒙古人受到藏传佛教的影响才开始实行火葬。火葬也多限于上层社会和喇嘛。通常火化之后，把骨灰与泥和在一起，塑成小像，置于庙中。

野葬，也称明葬和天葬。人死后用白布裹好，选好日期，放到荒野，头朝北，脚朝南，并作标记，然后返回，归途中不准回视。过3天以后，亲属去查看尸体是否被鸟兽食掉，如被食掉，认为死者已升天，如没有被食掉，就认为死者生前有孽，并在尸体上涂以黄油、酒等，以图鸟兽再食。

蒙古族壁画

藏传佛教蒙古化的生动见证

蒙古族壁画可分为宫廷壁画、墓室壁画和寺庙壁画。宫廷壁画因年代久远，建筑毁损，已很难见到。从现今发现和保存的部分墓室壁画中，还能够看到当时的社会生活与文化艺术方面的情况。寺庙壁画则留存较多，寺庙壁画显然是随着寺庙建筑的兴起逐渐发展起来的，而蒙古族的寺庙建筑的发展与藏传佛教的传入密不可分。

1578年，北元时期蒙古族首领阿勒坦汗与索南嘉措在青海仰华寺会晤，掀起了藏传佛教在蒙古地区传播的高潮。之后，黄金家族中阿勒坦汗的曾孙云丹嘉措被确立为四世达赖喇嘛，是历代达赖喇嘛中唯一的蒙古人。这为藏传佛教在蒙古各部落中的传播打开了方便之门。蒙古族寺庙建筑正是在这种情况下发展起来。到

阿拉善延福寺壁画（图/额博）
阿拉善延福寺位于阿拉善左旗巴彦浩特镇王府街北侧，是阿拉善地区最早建成的寺庙建筑。1733年第二代王爷阿宝先期修建大经堂，历代王爷不断扩建，陆续完成周围的建筑，故俗称“王爷庙”。作为阿拉善八大庙之首，庙内神像雕塑和壁画等都具较高的宗教与艺术价值，是研究该地区藏传佛教兴起和发展的重要资料

了清代，蒙古族地区藏传佛教进入了鼎盛时期，与之相应的宗教文化与宗教艺术也随之进入了鼎盛时期。

蒙古族寺庙壁画均为一些主题性的作品，是为表现特定的主题服务的。其中，乌素图召庆缘寺壁画、美岱召壁画和大召寺壁画等主题性和艺术性尤为突出，在蒙古族文化与艺术中有举足轻重的影响。

乌素图召庆缘寺壁画：以尊像图著称

乌素图召，在内蒙古呼和浩特西北约10千米的大青山山麓，“乌素图”是蒙古语，有“水”之意，乌素图召是庆缘、长寿、法禧、广寿、罗汉等五寺的总称。

庆缘寺，创建于1583年。先是察哈尔部游方喇嘛萨木腾阿斯尔到乌素图附近大青山山洞中修行，因为他擅长法术，经常为附近村民治病，因而受到村民的尊敬，声誉日高，于是在此修了一座寺院，移入居住，后来便成为乌素图召的第一代活佛。庆缘寺是乌素图召的主寺，俗称察哈尔喇嘛召。

庆缘寺壁画以尊像图为主。在左右两壁多画各种菩萨、天王、力士。每壁绘有7尊尊像图，骑乘狮子、马、象、羊等动物，在壁画空隙处填以云朵、火焰纹或山石树木以及各种动物连接整个画面。

画中的云山树木，不是壁画的背景，而是用作人物间隔，有时人大于山，或人高于树，使画面形成图案的效果。所有这些山石树木和动物图，都是围绕14位尊像图而描绘的，这些尊像图在其他景物的烘托下，呈现出十分突出的地位，给人以鲜明的印象。

什么是尊像图？

唐代之后流行尊像图，尊像图是佛祖和菩萨的端正像，类似肖像画，颂赞的是佛、佛母、菩萨、上师等，突出表现佛尊的宽忍垂悯与智慧之容。

一幅画可以只画一个尊神，也可以绘制多个尊神，还可以表现一个特定的尊神群体。有的还会加入主尊的胁侍像、护法神像和供养人像。绘制尊像图，是为了表达对主尊的崇敬和供养。

乌素图召庆缘寺佛殿东壁壁画，以尊像图为主，突出表现佛尊的宽悯与智慧（图/额博）

尊像图的绘画技巧与蒙古化特征

在绘尊像图时，用线部分多用铁线描，起落无大变化，活泼生动，从柔韧的衣褶描绘中，能将人体的各种动态很好地表现出来。这些正是印度与波斯的绘画特征，也是北方民族绘画的用线特征。这种传统的线描技法，适合于表现蒙古族服装的长线条的衣褶，适合于表现骑士般的英雄形象。

在塑造尊像图的人物形象时，吸收了古代武士的特征。在侧殿中，可看到穿蒙古服和戴圆形帽的神像，体现了蒙古人自古以来崇拜祖先的传统习俗和萨满教艺术的遗风，把自己的祖先也画在壁画上以作纪念和崇拜。从这些壁画可以看出画工们具有令人敬佩的魄力与熟练的技巧，其笔墨、色彩、构图都具有雄厚、健美的特色。

西藏、青海、蒙古画风的融合

在绘制壁画时，喇嘛画师有“图伯特（西藏）画风”“唐古特（青海）画风”“蒙古画风”之说。所谓“蒙古画风”，就是蒙古族自己的传统绘画，俗称“蒙古画”。从庆缘寺壁画中可以看出几种画风的结合。壁画没有局限于范本的临摹，有些尊像图结合了蒙古族生活，是很有特色的。

整个壁画呈白色调，这体现着蒙古族“尚白”的风俗。壁画制作，用白灰涂壁，墨线打稿。菩萨、四大天王和各种神像的宝冠、项圈、手镯、服饰等，为求有光亮和立体感，多用堆金沥粉的方法。乌素图召中用金的方法很多，在壁画、泥塑、建筑彩画中用金大体有以下几种方法：一是勾金（泥金），二是贴金，三是扫金，四是拨金。这些用金的方法，在所有的召庙中普遍应用。壁画、藻井、彩画、泥塑、铜铸佛像、唐卡艺术，都用不同的方法使用金色。

乌素图召庆缘寺壁画艺术，是16世纪以来蒙古族美术的重要遗迹之一，它反映了当时蒙古族人民的文化水平，也是蒙古、汉、藏各族文化交流的生动见证。

乌素图召庆缘寺供养人壁画，受到蒙古族崇拜祖先传统习俗的影响（图/额博）

祥瑞图：神化的动物形象

壁画中有很多动物形象都属于祥瑞图，或称为“吉祥图案”。所谓“祥瑞”，大都是些奇禽异兽，但画工描绘这些想象中的神物，却不能不借助现实生活中常见的走兽、家畜、飞鸟、野牲。因此庆缘寺壁画中的“白兔”“白象”“白马”“双鹿”“龙”“虎”“狗”“飞鸟”“雄狮”“羊群”等都被视为“祥瑞”，这些都是神化了的动物形象。这些动物图案，是佛教故事中和平安乐生活场景的再现。这种祥瑞图是有古老传统的，在内蒙古和林格尔壁画和元代壁画中，都可以看到许多祥瑞图。

来自蒙古生活的牧羊图

除了宗教内容的画面以外，也有表现蒙古族生活场景的主题。庆缘寺东壁左下角，有一幅表现草原生活的牧羊图，羊群的走动，人物的朴实形象，正是蒙古人世代辛勤放牧的写照。这显然是民间画工热爱乡土、热爱生活的表现。

美岱召壁画：
北元时期蒙古族自己的供养人像

美岱召是蒙古人称之为"迈达理召"的音译，原名"灵觉寺"，后改为"寿灵寺"，位于内蒙古土默特右旗。据考证，美岱召是阿勒坦汗最早建立的，又名福化城。

美岱召最富有历史和艺术价值的是西壁下层所绘的供养人像。这种供养人像与其他寺庙的供养人像不同，完全以反映北元时期阿勒坦汗的事迹为主。身穿蒙古服饰的男、女像，世代相传为阿勒坦汗及其夫人三娘子画像。在他们近旁，还有许多穿着蒙古服饰的人物。

图中有一蒙古宫廷乐队，其中有拉四胡、弹古筝、吹骨角、打鼓镲、吹横笛等，可以真实地反映出当时阿勒坦汗的宫廷音乐生活。壁画中还有各台吉那颜（王爷和贵族）、龙虎将军、献茶的奴仆，以及献箭和额尔德

上图及下图：美岱召阿勒坦汗家族礼佛图（五兰妣吉和麦达理活佛对坐图），是北元时期蒙古宫廷生活的生动写照（图/额博）

尼（宝物）的各种人物。壁画中描绘的北元时期蒙古服饰十分丰富，有白色、蓝色、黄色和褐色的蒙古袍。北元时期，蒙古人退居草原，服饰礼仪仍循元代旧俗，阿勒坦汗到青海迎请达赖三世，礼仪繁琐严肃，一切仍循元朝接待外国使节所规定仪式。

无处不在的蒙古族细节特征

壁画中出现的帽子种类繁多，有珠顶皮檐笠子帽、胡帽。所谓胡帽，《元史·后妃传》载："胡帽旧无前檐，帝因射日色炫目，以语后，后即益前檐。帝大喜，遂命为式。"壁画南部的那位少妇头戴红缨钹笠圆帽，这种高顶帽子，略有罟罟冠遗意。壁画中出现的最为普遍的服装是男女半袖长袍，内着的窄袖袍，还有大红比甲。帽子中还有风雪帽、圆形帽。

阿勒坦汗和三娘子头戴圆形图克利克帽，三娘子饰以耳环及发套，十分生动地描绘出当时蒙古人的服饰。元代的罟罟冠帽，这时已基本上不见了。这组壁画，不仅在绘画艺术上有较高的造诣，也是研究蒙古族服饰的重要资料，因而可谓珍贵。

大召寺壁画：明清时代来自西藏的高等护佑

大召，在内蒙古呼和浩特旧城大召街，蒙古语称"依克召"，汉名原为"弘慈寺"，后改为"无量寺"。大召系阿勒坦汗为达赖三世所建的寺院。1578年，阿勒坦汗迎达赖三世到青海相会时，许愿要在呼和浩特修建寺院，供奉"用宝石金银庄严"的释迦牟尼像。所以大召是呼和浩特最早兴建的寺院，1579年建成。

大召寺现存壁画主要见于大雄宝殿经堂北壁东西两侧和佛堂内，以及乃琼庙佛堂内北、东、西三壁。

大召寺壁画是清代蒙藏宗教关系的折射（图/视觉中国）

五尊像：时代风貌和宗教结合

五尊像被绘在大召寺乃琼庙佛堂北壁。乃琼庙是大召寺的戒律院，用于惩戒触犯宗教戒律和寺规的喇嘛。此五尊像应是白哈尔五身神。白哈尔是西藏地区确立较晚的外来保护神，是格鲁派所奉世间护法神的主神，在巴达霍尔作为霍尔部落的保护神。

五位尊像身旁都有数尊形体较小的形象，有胡人形象、喇嘛高僧、伴神、坐骑牵引人、鬼怪等，有部分形象着装较有时代特征，例如年轻比丘形象头戴红色尖顶帽，似清代官帽造型。

白梵天：来自西藏高等神巫的护佑之意

乃琼庙佛殿西壁壁画主神是具海螺髻白梵天，有着独具特点的发型，重要的标志性法器是水晶剑、长矛、珍宝碗。白梵天是来源于印度万神殿的重要神灵，但在藏传佛教中仅占一个次要的位置。

白哈尔、白梵天、铁匠神三者均为藏传佛教中的世间护法神，他们都有自己的代言神巫，可以为世间事件做出预言。其中白哈尔和白梵天神的代言神巫乃琼护法和拉穆吹忠在清代时是西藏噶厦政府最高等级的宣谕神巫，他们在西藏政教领域中的地位至高无上。这样高等级神灵被描绘于内蒙古大召寺乃琼庙佛殿壁画中，意味深长。

蒙古族自己的宗教艺术选择

白哈尔五位主尊都是藏传佛教中形成体系较晚的护法神白哈尔的化身，乃琼庙壁画所绘内容基本上依照了成熟于藏地的对于白哈尔五组神的描述。其次，壁画中神灵所穿戴的服饰上几乎都有金色花纹装饰，虽颜色纹样有所差别，但是所表现的都应该是当时较为珍贵的织锦等丝织品。再者，此处壁画色彩与西藏本地乃琼寺所绘壁画有所差别，以红、白、蓝、黄为主体颜色。

大召乃琼庙壁画所描绘的主要题材应该来源于西藏本地已经成熟的神灵体系。根据壁画的具体表现方式可以看出当时的内蒙古地区与中央政府以及藏传佛教的本源地西藏的往来相当密切，与西藏的密切往来体现在将西藏地方政府高等级保护神作为内蒙古地区较大寺院的保护神，与中央政府的联系表现在丝绸织物等的描绘上。同时，大召乃琼壁画在艺术表现等多方面体现出蒙古民族的喜好，例如在颜色上有别于西藏的处理。

阿尔寨石窟，高耸在茫茫草原上，神秘而壮观

草原敦煌——阿尔寨石窟

阿尔寨石窟，位于鄂尔多斯高原西部鄂托克旗阿尔巴斯苏木。在一望无际的高原上，兀然屹立一座高约80米、宽约300米、状似平台的红砂岩小山，即是苏默图阿尔寨山。沿山体周围凿有众多石窟，如同蕴藏着无数宝藏和秘密的阿里巴巴的山洞，等候着人们前来探访。

阿尔寨石窟，又名百眼窟，它的成因至今还是一个谜。在茫茫大漠草原怀抱之中的一块丘陵地上，耸立着一座孤零零的小石山。山虽小，但岩壁陡峭，在险峻的峭壁上分布着许多大大小小的石窟，近1000平方米壁画，为西夏、元、明各代绘制，荟萃了佛教各派内容。目前部分古窟已遭到破坏。

蒙古族宫廷画像

流传和版本的秘密

自古以来，中国人就对皇帝相貌感兴趣，“帝王之相”的观念也深入人心。在蒙古族遗留下来的文物当中，最为珍贵的是代代相传的帝王画像。自成吉思汗开始至元宁宗懿璘质班，共有八位帝王的画像，系明代画家临摹元朝旧本画作，原收藏在清宫《南薰殿图像·元代帝像册》中，现藏于台北故宫博物院。这八位蒙古帝王的画像，成为人们追忆蒙元时期帝王真实形象的重要实物依据，具有非常重要的文物价值。

这八位蒙古帝王分别是：元太祖成吉思汗、元太宗窝阔台、元世祖忽必烈、元成宗铁穆耳、元武宗海山、元仁宗爱育黎拔力八达、元文宗图帖睦耳、元宁宗懿璘质班。其中以成吉思汗与忽必烈画像最为引人注目，也颇有争议。

现今保存的成吉思汗画像真迹，总共只有两幅。一幅是现藏于台北故宫博物院的成吉思汗画像，另一幅为国家文物鉴定委员会前副主任、中国收藏家协会前会长史树青先生1953年从民间征集到的，现收藏于中国国家博物馆。

所有传奇的出处：清宫《南薰殿图像·元代帝像册》

故宫南薰殿始建于明代，位于武英殿南，是明朝遇册封大典时中书官篆写金宝、金册的地方。南薰殿是一独立的院落，殿面阔五间，黄琉璃瓦单檐歇山顶。南薰殿图像中的《元代帝像册》，共有八开，绘录了蒙元时期自太祖至宁宗的八位帝王。目前广泛流传于社会上的成吉思汗与忽必烈的画像皆本于此。成吉思汗是人类历史上最有影响的人物之一，有关其本人的真实形象的探讨，受到社会的广泛关注。

清宫南薰殿成吉思汗像

台北故宫博物院收藏的成吉思汗画像即为清宫南薰殿旧藏《元代帝像册》的第一开绢本。清宫《南薰殿图像·元代帝像册》中的成

蒙古族皇室女收藏家祥哥剌吉

蒙古族皇室收藏在秘书监和奎章阁（至正元年——1341年前后改名宣文阁）的书画名迹，除供帝王贵族欣赏外，还能供画家观摹和临仿，而且条件很宽松，有助于画家们自由选择，直接间接地默认了元代画坛上出现的表现主观个性的纵逸之风，可以说是客观上赞助了画家的创作。在所有皇室的书画赞助者中，最为世人称道的还不是男性的帝王，而是女性的公主，即鲁国大长公主祥哥剌吉。她是元世祖的直系曾孙女，从小受到祖父裕宗、父亲顺宗的照顾，加上两位兄弟的地位，还有母亲在经济上的支持，使她对汉文化的学习有得天独厚的条件，也满足了她收藏书画的热情。她经常以丰富的藏品举行文人雅集，请著名的书画家题赏，形成浓厚的艺术气氛。许多画家借助了这样的机会饱享眼福，大开眼界。因此像祥哥剌吉这样出色的蒙古族女收藏家，自然就成为元代画史上享有美誉的艺术赞助人了。

中国国家博物馆藏成吉思汗像

画像为白笺纸地、淡设色的半身像。成吉思汗的形象是宽额方圆脸、面赭赤、目光深沉而敏锐、表情慈祥。头戴外白里黑的貂皮暖帽，身着浅米色毛绒衫，连鬓胡须，黑白相间，额前有发微露，左右分披，冠下耳后垂发鬟。画像的榜题写有“太祖皇帝即成吉思汗讳帖木真”几个字

吉思汗像，书写有榜题：“元太祖皇帝，即青吉思汗，讳特穆津，在位二十二年，父曰伊苏克伊，是为烈祖皇帝，起宋宁宗开禧二年丙寅、金章宗泰和六年，终宋理宗宝庆二年丁亥、金哀宗正大四年。”

南薰殿旧藏的这些蒙古帝王画像，向世人展现了蒙元时期历代帝王们的真实面貌，成为今天我们了解蒙元时期宫廷文化最为直观的实物资料。

现在传承的画像，是成吉思汗的真实面貌吗？

关于成吉思汗的具体形象，只在南宋赵珙的《蒙鞑备录》一书中有过描述：“其身魁伟而广颡（广颡即宽额），长髯，人物雄壮，所以异也。”公元1221年，南宋使臣赵珙奉命出使蒙古，曾经觐见过成吉思汗，这是目击者当时的亲历记载，应当可信。如果以此描述来分析目前的这两幅成吉思汗画像，虽然不一定完全与成吉思汗本人一模一样，但与其真实面貌应当很接近。从画像所表现的内容上看，这幅肖像画应为成吉思汗暮年之像，神情沉稳，充满了睿智，体现了一代天骄博大、从容的精神境界。

丹青出自谁手？

仔细观察这两幅成吉思汗画像，除了尺寸略有差别外，其他如成吉思汗的面相、装束、表情基本上一致，这说明是出自同一个画家之手，或者是相互临摹成像所致。《元代帝像册》中的成吉思汗与忽必烈画像，帽饰、

出自丹青国手的忽必烈画像

关于忽必烈画像，学术界有另一种说法，认为台北故宫所藏南薰殿入列的元代皇帝忽必烈、皇后察比的画像是元代著名的画家刘贯道所为。元末夏文彦在《图绘宝鉴》中记述刘贯道：“至元十六年写裕宗御容称旨，补御衣局使。”在元初画家中，刘贯道的绘画技艺“集诸家之长，故尤高出时辈”。

据史料记载：“刘贯道，字仲贤，中山人，工山水、鸟兽、花竹，尤道释人物，应真人物变化，态度尤雅。”其存世的作品有《元世祖出猎图》《消夏图》和《晴雪图》等。工笔重彩人物画《元世祖出猎图》现藏于台北故宫博物院，题款有“至元十七年二月御衣局使臣刘贯道恭画”，是其传世名作。细观《元代帝像册》中的忽必烈形象，写实主义风格浓郁。如果以《元世祖出猎图》中的忽必烈画像与南薰殿忽必烈画像对比验证，服饰和人物造型特征相符。《元世祖出猎图》和南薰殿忽必烈画像均属于工笔重彩画，两幅画所使用技法特征和色彩搭配如出自一人之手。所以，也有一种观点认为，作为宫廷画家，又主管皇室服装设计、采购、制作和管理的“御衣局使”的刘贯道，也可能画了忽必烈的画像。

元世祖忽必烈像

发饰、面饰与衣饰风格基本上一致。其他几位帝王像与成吉思汗像也有相似之处。画像的角度均不是全正面，而是四分之三侧面。

成吉思汗在世时，据传曾不允许为他作传记，不允许为他作画，不允许把他的名字刻在任何物体上，更不允许死了之后为他建陵墓。所以，在成吉思汗时代不可能留下他的画像。

帝王殁后追摹的惯例

在元代，设有专门供奉历代帝王御容的神御殿，旧称影堂。供奉的御容都由纶绮局织锦而成，这类画像大多是在帝王殁后所制，有的甚至是临摹或追摹而成。据《元史·祭祀志》所载，至元三年（1266），忽必烈兴建太祖庙，供奉先祖、先帝和已故至亲的神位。

“至元十五年（1278）十一月，命承旨和礼霍孙画太祖御容。”和礼霍孙所画的太祖御容，应当是最初的成吉思汗像。和礼霍孙是元代蒙古人，初任元世祖宿卫，至元五年（1268），任翰林待制兼起居注，升翰林学士承旨。九年（1272），与怯薛、蒙古官员子弟同入蒙古字国子学，学习新制八思巴字，后审定《至元新格》。据此可知，和礼霍孙是元世祖的近臣，是宫廷画家。和礼霍孙虽然没有见过成吉思汗本人，但他在作画时，曾得到了忽必烈的具体指点，他绘出的太祖画像，是经过忽必烈钦定的，与忽必烈本人最为接近。忽必烈称帝以后，封成吉思汗为元太祖，谥封时候发现成吉思汗还没有画像，无法在太庙陈列牌位，于是召集和礼霍孙等人画成吉思汗画像，由于没有所本，宫廷画匠们基本上是参照忽必烈相貌的轮廓，加上别人提供的印象，又作了一些艺术处理和美化，才把成吉思汗的画像绘了出来。

《元世祖出猎图》（局部），元代画家刘贯道作品，不仅是一幅优秀的人物鞍马画作品，也是研究元代前期人物肖像画的重要资料之一

撰稿专家

乌力吉，蒙古族，博士，内蒙古师范大学美术学院教授、硕士生导师，内蒙古师范大学美术学院院长。主要研究方向为北方民族美术史与美术理论，专著有《视觉草原——草原文化与内蒙古美术》《辽代墓葬艺术中的捺钵文化研究》《艺术心理学》等，2009年获内蒙古自治区第九届文学艺术创作“萨日纳”奖。

《视觉草原》

《辽代墓葬艺术中的捺钵文化研究》

扫描二维码，阅读专家代表著作的电子版

图案的动人之美

是装饰，更是民族符号和文化密码，也是北方草原图腾文化的有力表现

盘角羊形青铜饰牌（图/内蒙古博物院）

蒙古族图案在民间流传十分广泛。蒙古人生活中的衣、食、住、行、用都和图案有着密切的关系。这是反映生活、美化生活不可缺少的传统艺术。

“图案”的蒙古语为“贺乌嘎拉吉”，因为盘羊的犄角卷曲好看，所以类似犄角的称“乌嘎拉吉”，其他类型的称为“贺”，这跟汉字中以羊大为美是一个道理。通常蒙古人把一切器物的造型和一切事物的装饰平面设计图称为图案。它们无处不在，具有审美和实用的双重功能，使得物质生活和精神生活交融在一起。生活中的桌子、碗筷、马鞍、铜壶、木箱，还有衣服、鞋帽、工艺品乃至雕塑和壁画中的图案是最有生命力的美的存在形式。

我们看到生活中的刺绣小品和各种民间工艺美术品很能打动人，这种打动人的首先就是一种美的形式。内容通过色彩、造型、构图等形式，引起视觉和心理的快感，这种美的力量，超过了普遍意义上的装饰作用。

作为蒙古族传统文化的重要组成部分，图案在传承的过程中不断发展变化，已成为民族文化最有特色的符号和密码，成为民族精神的最有力的表现形式之一。

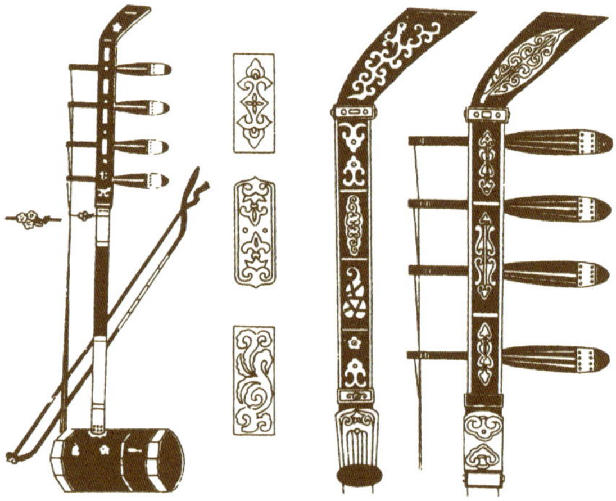

乐器上的图案之美（图/杨玉成）

蒙古族常用的龙、凤、哈木尔（云纹）、花卉、卷草、狼、鹿、马等图案都形成于原始社会，通过红山文化、夏家店下层文化、东胡、匈奴、鲜卑、契丹，一直到蒙古，在北方草原上代代相传，直到今天仍然有非常广泛的运用。

狼和鹿：蒙古族族源图腾的民俗溯源

《蒙古秘史》开篇就说，天命所生的苍色狼和惨白色鹿同渡腾汲思水来到斡难河源的不儿罕山前，产生了巴塔赤罕。蒙古族族源的传说有明显的图腾崇拜痕迹，是以狼鹿为图腾的两个氏族的联合。

这是人类史上的一件大事，两合民族婚姻联盟的出现标志着人本身生产的社会结构的形成。因此，在三万年前两合婚姻联盟萌生之初，与北方民族有密切联系的西伯利亚地区便出现了具有象征两合婚姻联盟神圣性的石雕。那就是西伯利亚马莱亚瑟亚出土的刻有"有关黑夜降临"神话的石雕，其中鹿与狼头尾相趋合的图案，表达原始人对两合婚姻联盟伟大意义的认识。原始人以这种契合为祥瑞的标志，这种习惯一直贯穿到更高级部落联盟产生甚至民族形成之时。北方青铜器时期，普遍存在的双兽图案，正是这一习俗及原始神话留存的反映。

蒙古国诺彦乌拉匈奴墓出土希日特格（毡子）中的狼鹿图案（图/阿木尔巴图）

鹿是灵物：人对自然感性认知的肇始

内蒙古大青山塬上文化中发现所有墓葬都以鹿头为殉葬物，鹿被古代北方民族普遍地奉为图腾，应该与人们对鹿角的观察有关系。鹿鸣开春，这是原始先民对物候节令的认识。原始鹿文化树大根深，它是古代"物候历法"文化的典型化石之一。

原始文明的初始时期，人们观鸟兽草木而辨春秋，雄鹿依时序解角孳茸的现象被当作纪岁授时的活动时间坐标。春三月，雄鹿头部岁岁更新的菌状角应时而生，与此同时恰有一个角状星宿形成于天空，人们称之为"大角"。研究者认为，东方七星中这只"大角"的命名，正是古人在春日里从季候性的新生鹿角的联想中产生的。在人类与丛林鸟兽为邻，以感性经验认识解释自然的时代，与四时递变循环神秘呼应的鹿角，大概是最先引起人类关注的灵物之一。

呼和浩特东郊大窑旧石器时代遗址中发现了鹿的骨骼和鹿角，1974年在呼和浩特西北大青山南麓的乌素图水库附近也发现了较完整的鹿角化石。这是鹿在蒙古高原曾普遍存在的证据。

从新石器时代到青铜时代，蒙古高原动物岩画很多，大多数鹿形岩画都属于这一时期。欧亚大陆北部各地区，凡有岩画的地方都有鹿的岩画，岩画中鹿的形象都具有原始图腾神的意义。在刻着各种动物神灵、圣像的石崖壁前面，一般都地势开阔，古代游牧部族曾在这里举行盛大祭神仪式。

赤峰市敖汉旗7000年前赵宝沟文化的鹿龙、鹿凤象征了兽类春天怀胎到夏天产仔的过程，可称为“兽母”。鹿鸣开春，草原开始返青，正是野生动物的发情期，也是狩猎的最佳季节。赵宝沟文化陶尊上的鹿形动物图案，是结合天象和气象，把一些渔猎对象的动物神灵化，以求风调雨顺，万物生长。代表性图纹有鸟龙、鹿龙、鹿凤、野猪首牛角龙，这些都具有“春神兽母”的神格。赵宝沟陶尊上的鹿龙可能还有礼仪崇拜内涵，审美情趣高雅，是北方草原年代最早的神鹿画卷。

鹿崇拜：为什么成为全球性的宗教和神话现象？

遍布世界各地新旧石器时代岩画中的鹿图腾告诉人们，鹿崇拜是一个全球性的神话与宗教现象。内蒙古赤峰敖汉旗赵宝沟陶尊将北方鹿崇拜神话与众不同的特色显示了出来，即以鹿作为人格神的通光明界与幽冥界的灵使。在赵宝沟陶尊的固态神话中，则展示为与象征着地下界和天上界的猪龙与日乌首尾勾连。

鹿石为什么形成如此独特的造型？鹿石造型的答案就蕴含在鹿石的整体结构与北方灵鹿神话的历史中。首先，这些鹿石大多发现在古老的石堆墓旁；其次，绝大多数的鹿石上刻着象征太阳的圆形，以此来象征其具有沟通光明界与幽冥界

烟袋上的鹿和花
（图/内蒙古大学民族博物馆）

鹿角化石及岩画（图/阿木尔巴图）

赵宝沟文化的鹿龙、鹿凤图
（图/阿木尔巴图）

匈奴人西迁后带到北欧的蛇盘鹿图案
（图/阿木尔巴图）

的神力。于是灵鹿便有了与象征光明界的日乌一样的喙状部，又有了象征幽冥界的野猪般的屈足。神鹿的功能后来让位给了萨满神，于是萨满戴起了鹿角帽，鹿则暗淡了灵性回到山中，从此萨满神话时代开始了。

东胡信仰崇拜鹿图腾。考古学认为夏家店上层文化为东胡文化。内蒙古西拉木伦河流域白岔河地区的岩画中鹿的比重相当大，而且有很多鹿完全是以单独被供奉形式出现的。有的鹿旁常伴有狗的形象。作为东胡的一支鲜卑的文物中，也有大量的鹿纹饰存在。在满洲里市扎赉诺尔鲜卑墓和乌兰察布市察右后旗二兰虎沟古墓均有鹿纹饰牌出土。鄂尔多斯青铜饰牌中有双鹿、三鹿、狼背鹿、虎鹿、狼鹿等饰牌。

狼有威力：北方民族族源核心的图腾想象

蒙古族起源神话与旧石器晚期著名的马莱亚瑟亚石雕神话内容极为相似。苍狼白鹿创造人类祖先，这个在北亚流传了3万多年的神话，又在《蒙古秘史》中神奇地得以再现。这种经东胡、匈奴，到乌桓、鲜卑承袭下来的以两图腾契合为基本内涵的族源神话系统，在蒙古族中得到了进一步的发展。

“周穆王征犬戎，得四白狼四白鹿以归”，一直到北魏以后，《魏书》才把狼图腾的故事补述清楚。《魏书·高车传》云：高车，盖古赤狄之种，匈奴单于有二女，姿容秀美，乃于国北无人处，筑高台纳女其上，以待天迎。三年后，有老狼来台下，守台呼嗥，经久不去，穿台下为空穴，小女往就至，下为狼妻而产子，后遂滋繁成国，其人好引声长歌。匈奴单于嫁小女为狼妻的故事，当然不是发生在单于时代，而是北朝人对几千年以前的民族故事的追述，是对整个北方民族始祖来历的图腾想象。从远古开始，高车祖老狼，突厥祖狼母，薛延陀祖狼头人，匈奴祖黑狼，蒙古诸族祖苍狼，基本上都是以狼为核心概念。

鹿形铜饰，内蒙古龙头山遗址出土（图/内蒙古博物院）

狼的刺绣（图/阿木尔巴图）

狼图腾的传说，象征着领导力和影响力

蒙古人有将帝王的生死与狼的命运相联系的传说。《多桑蒙古史》记云：“有蒙古人告窝阔台言：前夜伊斯兰教力士捕一狼，而此狼尽害其畜群。窝阔台以千巴里失购此狼，以羊一群赏来告之蒙古人，人以狼至，命释之，曰：‘俾其以所经危险往告同辈，离此他适。’狼甫被释，猎犬群起啮杀之。窝阔台见之忧甚，入帐默久之，然后语左右曰：‘我疾日甚，欲放此狼生，冀天或增我寿。孰知其难逃定命，此事于我非吉兆也。’其后未久，此汗果死。”从这段故事分析，放狼生，天可增其寿，说明狼是吉祥物，吉祥物被毁，必是凶兆，自己的生命也难于久留人世。由此可见远古崇拜狼的心理积淀虽已流逝久远，却还保留在后世人的观念之中。

蒙古民间也流传着狼童的传说。其事如下：从前，一群猎人在克鲁伦河畔狩猎，发现了一只母狼带领一个三四岁的男孩奔于荒野，猎人们赶走了狼，带回了男孩，不知他为何人所生，便起名为“沙鲁”。及其能言，沙鲁能听懂各种动物语言，及壮应征入伍，随成吉思汗征战。一次宿营，沙鲁听到狼嚎，便告诉头领有洪水之灾，必须易地扎营。果然夜间风雨交加，原营地被洪水淹没。此后，凡夜间宿营头领问沙鲁便知吉凶。从上述历史记载和民间传说看，蒙古人中存在着狼图腾崇拜的观念。

图腾崇拜也是一种信仰，是原始宗教的一种形式，它和氏族社会的发展相一致。它相信人与某一图腾有血缘关系，或相信一个群体或个人与某一图腾有神秘关系。比如东胡以鹿为图腾，而匈奴以狼为图腾，相信狼与其有血缘关系，狼便成了图腾崇拜的对象，狼的图腾形象也就成为这个民族的标志。图腾崇拜的过程形成了种种图腾禁忌，主要是禁止同一图腾者之间发生婚姻关系，对族外婚制度起了重要作用。另外也禁忌捕杀本氏族的图腾动物等。

狼图腾在北方许多民族比如蒙古族中是非常神圣的。

来自生活的细小美感：哈木尔（云纹）、卷草纹、哈纳（渔网）纹

图案名称	实物图及应用	图案及应用	含义解读
哈木尔（云纹，鼻纹）	 哈木尔刺绣 哈木尔图案最早见于4000年前夏家店下层文化的彩陶纹样中，以后在匈奴、鲜卑、契丹的文物中都有出现，特别在元代的工艺美术中应用得更为广泛。蒙古族服饰、建筑彩画、蒙古包、家具、生活用具等衣食住行中都用这一纹样	 民间工艺和元代瓷器上的哈木尔纹（图/阿木尔巴图）  哈木尔纹皮制品（图/内蒙古大学民族博物馆）	哈木尔是蒙古语“鼻子”的意思。关于鼻纹的历史，蒙古族牧民中流传着一个古老的传说：很久很久以前有个富人，造了个洁白的蒙古包，想请人贴绣图案，他对很多巧匠设计的样式都不满意。一天，远处走来一头牛，边走边触闻路边的灰，走到蒙古包前就用鼻子给其印上图案，从此以后牧民们就开始用鼻纹图案了。《山海经》描绘炎帝的形象为人身牛首，看来这一图案与原始图腾文化有关，与炎帝部落的“人身牛首”祖先神相联系，具有鼻祖和始祖的神圣意义

卷草纹	 元代青花瓷卷草牡丹图 (图/阿木尔巴图) 卷草纹广泛用于刺绣、家具、金银器皿等，为民间工艺增加了美感和喜人的情趣，洋溢着无穷的生机，这是千百年来艺匠们千锤百炼、代代相传的艺术结晶。它以忍冬纹形式流行于北魏时期，多见于敦煌图案及各种用品装饰	 民间常用的卷草纹  绣花鞋上的卷草纹 (图/内蒙古大学民族博物馆)	这是以花草为基础构成的波曲状的花草纹样，细叶卷曲相互穿插。卷草图案蜿蜒多姿，富有流动感和连续感，优美生动，具有连绵不断的韵律感。经常与盘肠、哈木尔、方胜等图案穿插卷曲在一起，故有生生不息、千古不绝、万代绵长的意义
哈纳 （渔网）纹	 蒙古包哈纳纹在生活中到处可以看到，有些学者称为“渔网”符号。我们从8000年前的兴隆洼陶器和小河沿文化陶器中看到了哈纳（渔网）纹	 民间哈纳纹图案 (图/阿木尔巴图)	有学者认为，这是一个由原始社会到今天广泛流行的人类共通的具有生生不息内涵的生命符号，它是人类共同的文化基因密码。 民俗学家认为：渔网符号的源头是“+”号和“x”号。“+”是太阳的表象符号，也是原始农业社会太阳崇拜族群的宇宙表象符号，即以我为中心的东西南北中五行宇宙符号……“x”是旋转的太阳符号和旋转的宇宙符号，具有宇宙旋转生生不息的哲学内涵，这两个类型的符号以其丰富的变体，7000年来在中国、西亚和世界范围流行，积淀于包括衣食住行、人生礼仪、信仰禁忌在内的全部民俗生活之中

原始信仰的集合，各民族共同的福寿祈愿

蒙古族民间的蒙古刀、银碗雕刻、家具、建筑彩画、服饰等都喜欢用龙的图案装饰。有的龙体变曲，驾云疾驰；有的曲体盘绕，在云中舞动。建筑彩画多为对称的二龙戏珠，呼和浩特大召寺就有几十种不同动态的龙纹图案。

龙溯源：北方民族的共同图腾

龙形的起源时代是在内蒙古敖汉旗距今8000年的兴隆洼文化。距今7000年的赵宝沟文化陶器上绘有鹿龙、鸟龙、猪龙。红山文化区发现了“碧玉龙”和“黄玉龙”等实物器形。可见龙的图案是起源于蒙古草原的。

后来的匈奴、鲜卑、契丹器物上都非常重视龙的图案运用。匈奴虽然以狼为图腾，也是崇龙的民族，在内蒙古准格尔旗采集到匈奴时代的龙首匕，就是龙首蛇身。北魏石刻，辽代的墓室壁画，元代的陶器、青花瓷、丝织品、银器中，都大量用龙纹装饰。

龙是北方游牧民族永恒的图腾，从龙的起源时代起，就已经翱翔在亚洲北部的亿万生灵的上空。在文化的内涵上，它是一个巨大的意义集合，反映了自古及今各地域、各民族人民的心理欲求，是观念世界中的神秘形象。

龙系人凭借原始思维赋予虫蛇神奇本能才得以最终飞升于九天之上。它上干天象，动应四时；能巨能细，能短能长；春分能登天，秋分而潜渊，通身鳞甲涵四海之水，吞吐江河；风云雷电，惊涛长虹，都是它的神奇幻影或行动征兆。原始龙神信仰流传至今。

元代双龙纹铜镜（图/阿木尔巴图）

上图：元昭墓志盖的龙纹；下图：五塔寺的龙纹图案
（图/阿木尔巴图）

龙纹帽子（图/内蒙古大学民族博物馆）

龙的形象集合了九种动物符号，角似鹿，头似驼，眼似兔，项似蛇，腹似蜃，鳞似鱼，爪似鹰，掌似虎，耳似牛。闻一多说：“龙图腾，不拘它的局部的像马也好，像狗也好，或像鱼像鸟像鹿都好，它的主干部分和基本形态却是蛇，这表明在当初那众图腾单位林立的时代，内中以蛇图腾为最强大，众图腾的合并与融化，便是这蛇图腾兼并与同化了许多弱小单位的结果。”

研究者认为，成熟的龙图腾形象体现着兽文化（游牧文明）与鳞虫文化（农业文明）的整合，是虎图腾与早期龙图腾（蟒蛇）相互吸收融化的结晶，此后龙、虎图腾对峙并驱。

民间的龙崇拜心理有祥瑞的意义，龙纹图案也多表示多福多寿，它能降福于人。

嘎日迪（凤）：吉祥之鸟，蒙汉共有的美好符号

蒙古民间凤鸟图案很多。牧民们用五色丝线绣出多彩多姿的凤鸟来，蒙古语称“塔本翁根嘎日迪”。民间刺绣的凤鸟越来越远离自然实有之鸟，它越来越神奇美好，成为美与幸福理想的象征。

《蒙古源流》说：“……帖木真，年二十八岁，于克鲁伦河之阔迭格阿喇勒即合罕位时，自其三日之前，房前一方石上，每晨落下一只似雀之五色鸟，唪声：成吉思，成吉思。遂中外共称圣雄成吉思合罕，而名扬天下四方矣。”神奇的瑞鸟，象征着上天降下的吉兆，给草原带来祥瑞，呼唤着蒙古圣主“成吉思”的诞生。

凤，人类对羽族的典型化和理想化表现

红山文化翁牛特石棚山墓地陶

黑缎彩绣双凤织锦缎褡裢（图/内蒙古博物院）

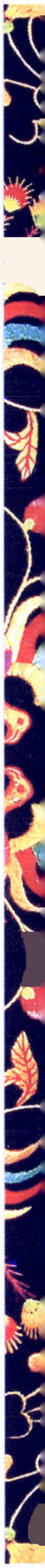

头饰上的凤鸟纹
（图/内蒙古大学民族博物馆）

器中发现鸟形壶，作昂首张口状，尾端有7个小孔，原来可能插羽毛，艺术性较高。考古学家从辽宁阜新胡头沟的各种鸟形陶器和鸟形玉佩中了解到，这种鸟形就是后来凤的最初形态。

越来越多的证据表明，中国文化之创始者商族原为北方民族，后沿渤海湾东移，后又由东西渐而建立商王朝，北方文化直接影响到中国文明的起源。凤也成为之后的汉民族的吉祥图腾符号。

凤不是大千世界里实有的飞禽，而是古人按美的规律虚构的神鸟。凤象征美好与才智，是至真至善至美的化身，在民间流行很广。

凤的形象，历来变化甚繁。这种变化在形式美感的表层之下也可能有深刻的内涵。凤凰是人对羽族的典型化和理想化。与龙一样，这种典型化主要来自综合，其尾有鱼尾、燕尾、孔雀尾、鸡尾的综合特征，头是鸡首或孔雀首，躯似鹤。

元代双凤图案的碗（图/阿木尔巴图）

绿绸黑绒彩绣盘肠花卉凤纹白布纳底高靿女鞋
（图/内蒙古博物院）

吉祥幸福，寓意绵长

藏、汉等文化影响下的蒙古族图案

不同文化的影响，尤其是藏传佛教和汉族文化，对蒙古族美术深刻的改变，体现在诸多方面，图案上也非常明显。

狮子图案：异域神兽

大召寺石狮子和狮子图案剪纸（图/阿木尔巴图）

匈奴活跃在中原大地的末期（汉代）和北魏时期，恰逢佛教传入，也带来对狮子的尊崇。据佛教传说：释迦佛降生时“一手指天，一手指地，作狮子吼”。又传说释迦佛是“人中的狮子”。在释迦佛的造像中，狮子常常与佛相伴，或为佛的坐骑。佛经中把狮子尊奉为护法辟邪的神兽。

北魏、辽代、元朝以来石窟艺术和墓室壁画中都可看到青龙、白虎、朱雀、玄武四灵。从乌桓时期留下的和林格尔壁画、北魏石窟艺术和辽代的墓室壁画等可以看出信奉佛教的人日益增多，人们由尊虎转为尊狮，处处为狮子造像，狮子占据了虎原有的地位。

以狮驱魔辟邪

狮子的造像，也是理想化的艺术创造。狮子的故乡在非洲、印度、南美等地，蒙古地区的狮子形象是通过佛教传入的。由于佛经对狮子的推崇，在人们的心目中，狮子便成了高贵的“灵兽”，于是人们不仅在佛教壁画中绘狮子，还要用狮子石雕镇守陵墓，驱魔辟邪。据说过去呼和浩特大青山昭君墓就有石骆驼、石狮子、石马等遗物。

从考古资料看，元上都遗址发现有石狮，元应昌路古城也发现石狮一对。元朝、北元和清朝时期的许多宫殿、府第及召庙的大门两侧均雕有石狮子守门、镇宅，以壮威势。

寺庙壁画及各种民间工艺中也都能看到姿态各异的狮子，成为生活中常用的一种装饰图案。

清代双狮火焰珠纹描金木塔（图/内蒙古博物院）

八宝纹：典型的佛教图案

佛教的八宝图案是指轮、螺、伞、盖、花、瓶、鱼、肠等八种器形和图形，也寓意吉祥和因果报应，多用于召庙的建筑彩绘、寺庙的法器及民间工艺。

盘肠纹：幸福绵长

盘肠本为佛教八宝之一，按佛家解释，盘肠为“回环贯彻，一切通明”，本身含有事事顺、路路通的意思。同时，其图案本身盘曲连接，无头无尾，无休无止，显示出绵延不断的连续感，称为吉祥结，作为连绵不断和长寿的象征。

匈奴饰牌有众蛇盘绕交叉的图案，盘肠图案与盘绕交叉的蛇纹有关。

盘肠纹式在蒙古族生活中的适用性很强，各种变形的盘肠与卷草纹结合形成变化多样的图案，或为单独纹样，或为二方连续纹样，在蒙古包、毡绣、衣物、召庙建筑、民居窗棂上处处绵延。凡表示永续不断的意义，如福禄承袭、寿康永续、财富源源不断，以至于爱情之树常青且幸福绵长等，都可以用它来表达。

佛教八宝图案造型，寓意吉祥和因果报应，在寺庙建筑细部和民间工艺中多有涉及（图/阿木尔巴图）

左图：经典盘肠图案

右图：白地贴盘肠团寿纹单提砖茶袋（图/内蒙古博物院）

莲花纹：圣洁吉祥

莲花是水生宿根植物，亦称荷花。佛教与莲花有着极其密切的关系，据说佛教创始人释迦牟尼在他的家乡盛植莲花。莲有多种，色有青、黄、红、白等，佛教主要取白莲花，赋予莲花以神圣的意义。佛经称“莲经”，佛座称“莲台”“莲座”，莲花形的佛龛称“莲龛”。

莲瓣纹：以相接的带状莲花瓣为题材，用于浮雕。

莲花图案成为佛教的一种标志，有关佛教的偶像、器物、建筑等，都以此为装饰。随着佛教的传播与流行，莲花图案也见于民间，人们称颂莲花出于淤泥而不染，视之为花中君子，绘之为吉祥图案。

上图：红缎彩绣八宝纹如意穗（图/内蒙古博物院）
下图：錾饕餮八宝纹四系鎏金铜佛龛（图/内蒙古博物院）

上图：蒙古贴花绣毡中央的莲花图案（图/阿木尔巴图）
下图：鼻烟壶袋上的莲花纹（图/贺其叶勒图）

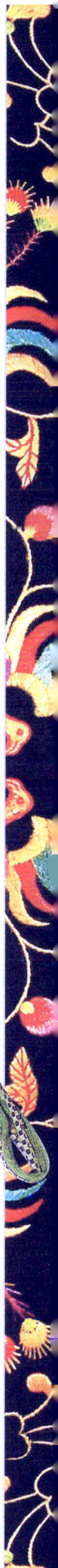

豪斯扎格斯（太极图），从旋涡到八卦

太极图在蒙古族民间美术中用得很广泛，比如风马旗、马印、宗教工艺品都用太极图，蒙古语称为豪斯扎格斯。而其原型旋涡纹在民间用得更多，比如2000年前的匈奴毡绣、服饰等。

太极图溯源，先民最爱使用的符号——旋涡

我们常见的太极图作“☯”形，俗称“阴阳鱼”，表示天地旋转，故其渊源，可追溯到先民们绘制的旋涡纹。

马家窑文化多绘旋涡纹，有水纹、火纹、鸟纹、兽纹、鱼纹，螺旋式、波纹式、齿轮式、勾云形等等。旋涡纹的绘制，说明先民们对于旋转运动的认识，反映的是生产活动，例如纺轮、陶轮的使用，车辆的制造，水车、风车的发明等等。

旋涡纹多有一个中心点，最简单的作“2”形，两短弧线绕一个圆心，稍复杂的作“22”形，四根短弧线围绕一个中心，都是寓意物体的旋转，有一个旋转中心。比如用钻头穿孔，必须围绕一点旋转，才能达到穿孔的目的。旧石器时代晚期的山顶洞人已有此认识。山顶洞人把卵石、骨管、兽牙等钻孔，作为项饰佩戴；还能制作骨针，钻出极小的引线孔。先民们既认识了旋转的运动，也就不断地探索旋转的原理，追求旋转的技巧，由此产生一连串哲理观念，小至一个角状物的运动，大至天象的旋转，最后构成宇宙本体的旋转，而又抽象化为“太极”。太极图在先民们的思维发展过程中，曾起过深远的影响。学者认为太极图中黑白表示阴阳二气的运行情况，万物尽在旋转之中。

从旋涡到八卦，旋转是万物的本源

在敖汉旗新石器时代中晚期的陶器装饰图案中，出现了一种“八角星纹”图案。形象是“四方八角”，即一个正方形，又分出八个直角三角形，具有东西南北中的正方位观念。八角星纹图案是表示太阳的光芒。太极者，天地旋转的中心，从哲学上说太极是元气之本，即道家所说的“道”，成为玄学的根本。“四方八角”的八角是图案，即为原八卦图形，八卦在先民们的观念中，学问最深，应用最广泛，天地之间有八卦，规范了人们的一切，因此，它的形象也最崇高。

太极图流行于民间，白代表阳，黑代表阴……随着太极图绕圆心的转动，自阴而阳，由阳而阴，循环往复，生生不息，随着年复一年、月复一月的时间变化，不停地运动下去。

马家窑文化旋涡纹壶（民和大庄出土）

蒙古匈奴墓出土毡绣旋涡纹图案（图/阿木尔巴图）

图案，艺术的矿藏之源

以上介绍的是蒙古族图案光辉灿烂的历史文化传统。通过民俗学、考古学和历史文献互相结合、彼此印证的方法，深入到草原文化哲学的深层领域。民族图案很多都是五六千年以前的文化符号密码。

蒙古族民俗文化中丰富多彩的民间图案，是蒙古族本源文化的活化石，草原文化传统没有发生过文化断裂，原生态文化在民俗文化中保存了下来。

民间图案是劳动群众创造的民间文化艺术，是蒙古族文化艺术的母体，是从原始社会到今天的原生文化的传承延续，具有鲜明的民族特征，是蒙古族文化内涵最丰富的且源远流长的文化形态之一，具有社会学和人类文化学、美学、艺术学等多学科的文化价值。

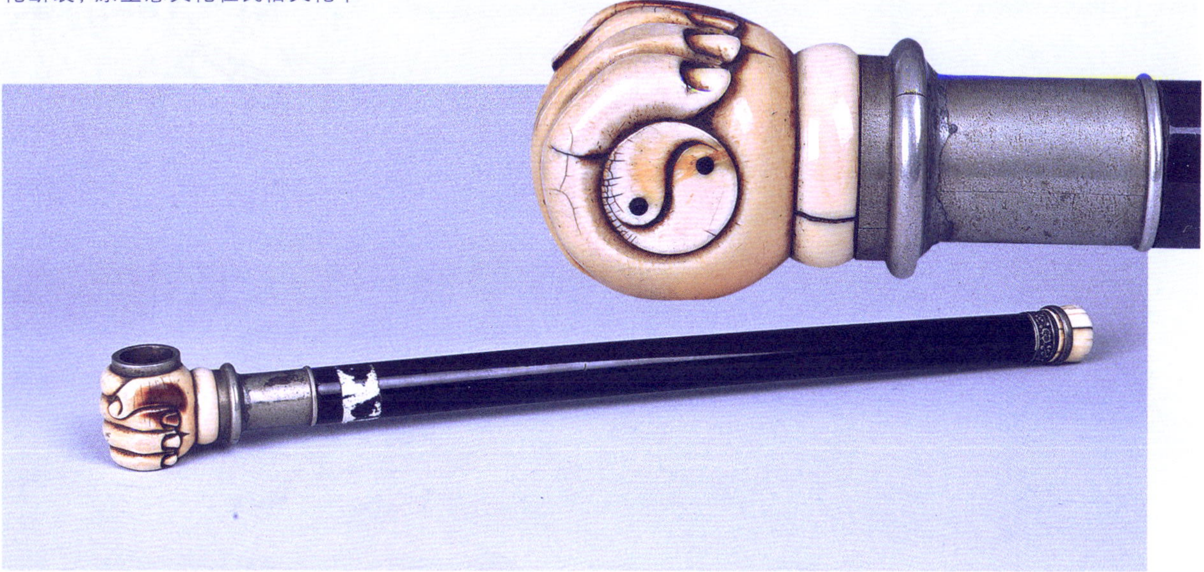

握手太极骨饰錾花银铜烟锅嘴木杆烟袋（图/内蒙古博物院）

撰稿专家

阿木尔巴图，汉名鲍玉祥，蒙古族，内蒙古师范大学教授。研究蒙古族民间美术并进行剪纸创作，著有《蒙古族民间图案集》《蒙古族民间美术》《内蒙古剪纸集》《蒙古族美术研究》等，其中《设计基础》获国家教育部一等奖、《蒙古族美术研究》获内蒙古第六届社会科学优秀成果二等奖。

扫描二维码，阅读专家代表著作的电子版

《蒙古族工艺美术史》

《蒙古族图案》

五味子，蒙古族植物药疗的原料之一（图/夕烟牧人）

第8章

天人一脉，守护健康

传统医学

本章主撰稿人：
内蒙古医科大学讲师　吴七柱　　内蒙古医科大学教授　乌仁图雅

蒙古族有这样的谚语：“没有债务就是富裕的，没有疾病就是幸福的；没有云彩天气晴朗，没有疾病身体健康。”

蒙古民族长期居住在北方高原寒冷地区，以狩猎、游牧为主要生产方式，难免风餐露宿，日晒雨淋，因此，经常会引起寒性疾病，而炎热的夏天在野外放牧会导致一些热性疾病，战争时期更有外伤及传染病。针对这些疾病，蒙古人逐渐摸索出了一些疗效快的外治疗法。

不用任何透视仪器，仅靠拿捏手法就能使骨头复位；用带子、锤子和筷子治疗脑震荡……神奇的蒙医药，曾在成吉思汗的征战中以及蒙古族的生息繁衍中发挥了至关重要的作用。其中，占巴拉道尔吉的温针、火针疗法，正骨疗法（蒙医正骨疗法），血衰症疗法和科尔沁蒙医药浴疗法被列入国家级非物质文化遗产名录。

非遗传承人阿古拉教授说：“蒙医药学最大的一个特点就是科学与人文的融合。”草原上的地理、环境、气候、生态，以及人们的风俗习惯、心理素质、生产方式、生活方式、饮食习惯、人体素质等，都与农耕地区有较大差别，有着自己显著的特点和规律。蒙医药具有鲜明的文化特色，崇尚自然的科学内涵。

非遗传承人乌兰接受采访时曾举例说：“在应对非典时，经内蒙古自治区西医呼吸病首席专家对几十位患者的临床观察，蒙药清热八味散能让非典患者体温下降平稳，且无一例股骨头坏死，无一例肺纤维化。该项成果在2003年被自治区政府评为科技进步奖。”蒙医药的独特疗效，依然深刻地影响着蒙古人的当代生活。

医药功德，泽被后世

蒙古人的健康，离不开蒙医药

蒙医正骨医生：有仙女般灵巧妙手的神医

蒙古人在马背上创造过军事奇迹——蒙古骑兵横扫欧亚大陆无人能敌。在远征的蒙古骑兵中，除了必备的粮草，随军的蒙古医生同样必不可少。他们能迅速治愈伤员，使军队保持持久的战斗力。而在众多的传统医术中，蒙医正骨术更是在战场上发挥了至关重要的作用。

由于蒙医正骨技术发达，清廷曾选拔了许多蒙医正骨医生。《清史稿》载："选上三旗士卒之明骨法者，每旗十人，隶上驷院，名蒙古医士。凡禁庭执事人有跌损者，命医治，限日报痊，逾期则惩治之。"

1728年，蒙古医士将正骨术传授给在北京学习的俄罗斯学员。由此，蒙古正骨手法流传国外。清代，正骨医士开始用冰块施麻后再行正复。清代科尔沁有名的正骨医生娜仁阿柏(1770—1855)的正骨术更是独具一格，因其医术高超，曾被誉为"有仙女般灵巧妙手的神医"。她教其子说："正骨医之双手，为正骨器械中最为高贵者。"

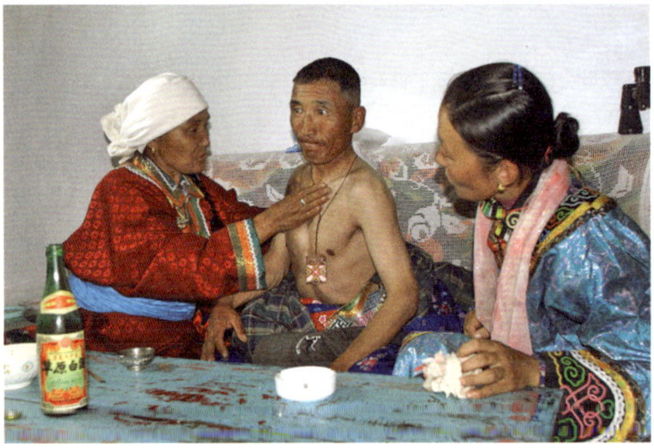

牧民正给从马上摔下来的邻居治疗。蒙医正骨术是萨满遗存之一(图/巴义尔)

手法：蒙医正骨术的核心

三诊：望、问、切。望：即眼看，指观察病人的一切现象，确定受伤部位和受伤轻重，观察病人的年龄、姿态、表情、伤肢肿胀、成角、弯曲、倾斜、旋转、缩短、高突、凹陷等畸形状况。问：即询问，索求本源、截其裂变，指询问病因、症状、时间等病史，同时心中想季节、想多发病、想症状，做到心中有数。切：即手摸，指通过轻巧的手法检查伤处的肿胀、畸形等形态的改变，如疼痛、软硬、麻木、温凉、波动摩擦等感觉的异常和伤肢功能障碍、假关节活动等功能的变异，骨擦声、凹凸等异常情况，做到手摸心会。

六则：正骨的原则，即手法复位、夹板固定、喷酒捋扶疗法、对症下药、调解饮食、功能锻炼，其中又以前三项最具特色。手法复位是因势利导，以力对力的功能适应的正骨技术，在临床上根据骨折类型的不同，主要采用擒拿扶正、拔伸牵引、摇旋按压、提摇按压、扣挤分骨、扩折反拔、钩提按捺、提按抻推、搓捏挤压、摩捋抖揉等10种复位手法进行复位。除以上10种基本复位手法外，根据需要，还可选用气鼓法、震动法等辅助手法。

贯穿于整个治疗过程的喷酒捋扶疗法是蒙医正骨术的一种独特疗法，也是手法复位的辅助手段之一。它包括摩捋法、抟摩法、按压法、蹭摩法、揉摩法、摇晃法、搓合法、抖动法、挤推法、攥捏法、掐摩法、抻摩

神奇的蒙医正骨术

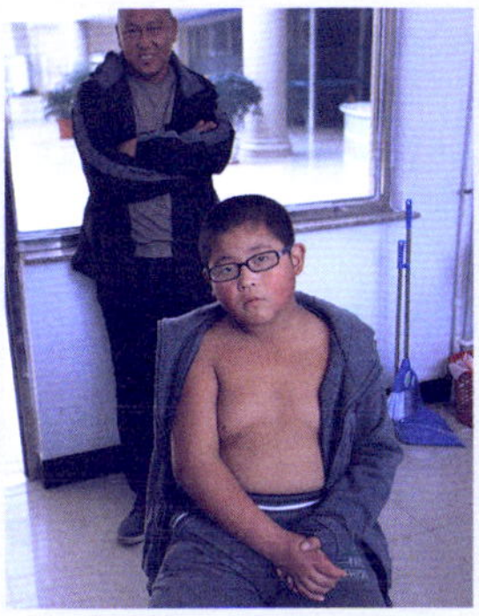

1.骨折男孩，辽宁锦州11岁的崔佳峻

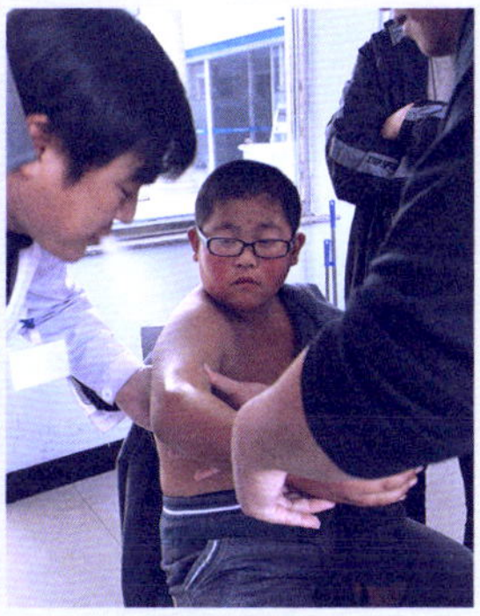

2.年轻医生看了看就开始喷酒，男孩疑惑地看着

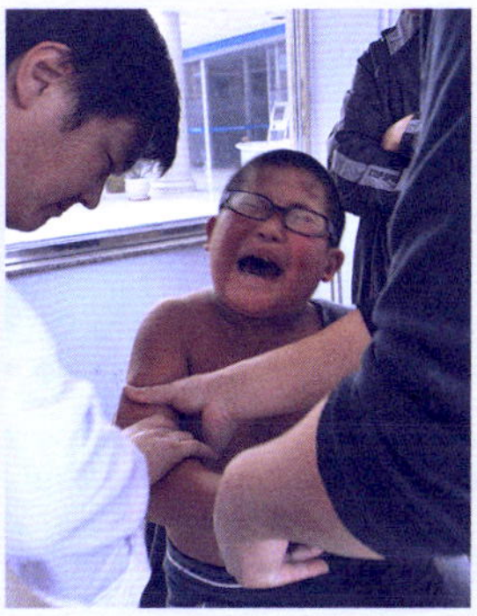

3.医生正骨，男孩感觉到疼了

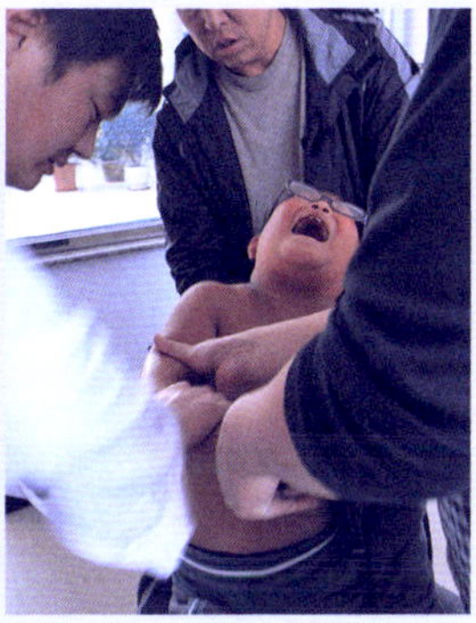

4.他哇哇大哭

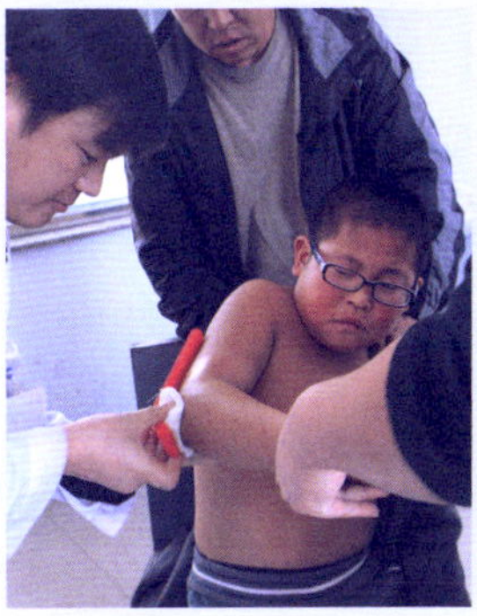

5.疼痛瞬间过去，上夹板

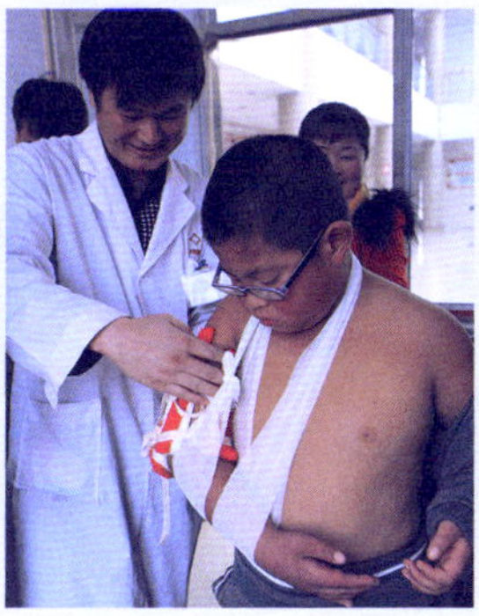

6.上夹板只是提示他注意两天，实际上已经正骨了

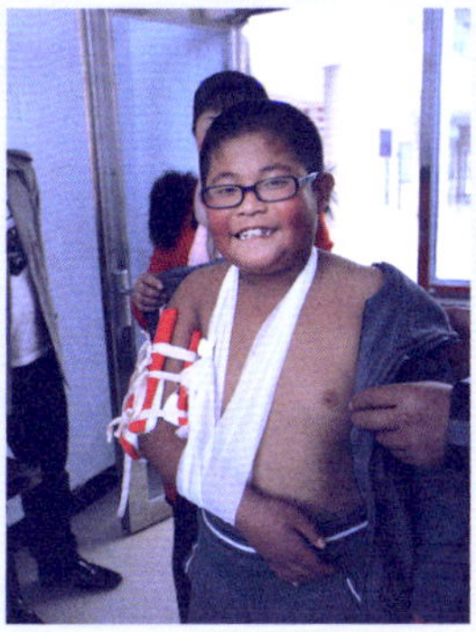

7.从医生开始看到绑好夹板共11分钟

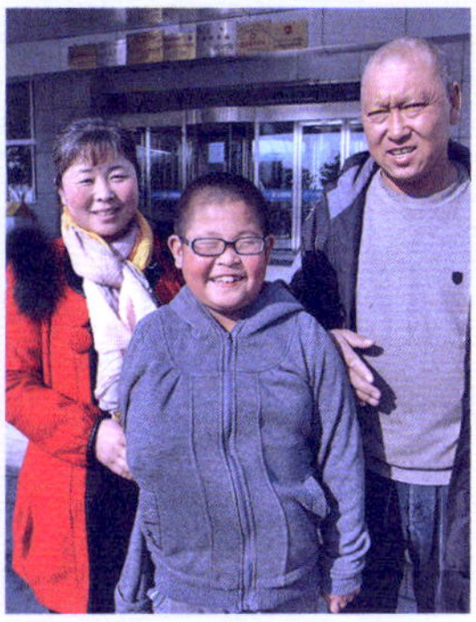

8.一家人高兴地走了

(图/巴义尔)

蒙医正骨术常用辅助器材

1.夹板：多使用柳木制成，符合人体各部形状。2.压垫：放于体表和夹板中间的衬垫物，主要用来加大夹板对局部的有效固定力，防止骨折块或骨折端的再移位，或借以纠正骨折端的残余畸形。3.白酒：喷洒在骨折处，具有散热、止痛、舒筋、活血的作用。4.青铜镜：在特定穴位或损伤部位按摩，具有解毒、增强赫依血循环的作用。5.银镘：在骨折处按摩，具有解毒、增强赫依血循环作用。6.蛇蛋化石：用于开放性骨折的止血。7.砂袋：用白布缝制，符合人体形状，里面装上本地特有的细砂，以固定伤肢。8.木槌：也有铁制或石制的，用以重新打开畸形愈合的骨折处。9.木枕：形状各异，主要用以校正骨伤部位。

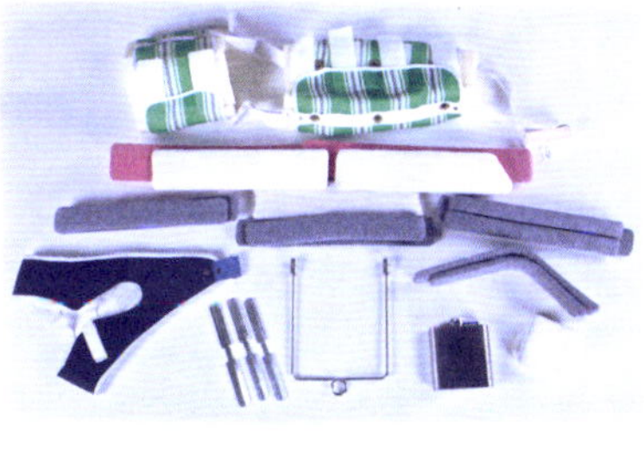

正骨治疗器械(图/内蒙古博物院)

法、搓摩法、掐入法等14种基本手法。

蒙医骨伤学以蒙医基础理论为指导，研究人体骨骼及关节疾病的病因病机、临床表现、诊断、治疗及预防。蒙医骨伤疗法具有鲜明的民族特色，在长期的临床实践中形成了整体观原则与静动结合原则等独特的标准和治法，从而有了方法简便、器械简单、费用少、治愈快等优点。

“以震治震”的蒙医震脑术

蒙医震脑术是蒙古族民间广为流传，具有悠久历史的一种专治脑震荡的奇特疗法，具有取材容易、便于掌握、用之有效等特点，是以“以震治震、震静结合、先震后静”为总原则治疗脑震荡的传统疗法。

生活中难以避免的脑部伤害

以畜牧业为主业的蒙古人善于骑马射箭，脑震荡有着较高的发生率。从车、马或高处跌下时头背部触地，或头部受棍棒打击、砖石砸碰等，均易引起脑震荡，若打击的外力过猛则可能发生颅骨骨缝松动的情况。

18世纪伊希巴拉珠尔在《四部甘露》中以“蒙医震脑术”为题，详细地介绍了治疗脑震荡的方法。《诊治百病古代方经》的蒙古文手抄本载：“小童脑震荡，挖地坑，将患童倒悬其中，拍打脚心三遍。”更有趣的是，骆驼如果得了脑震荡，可以“包其头用木榔头拍打”。由此可见，蒙医震脑术对人畜都有疗效。牲畜震脑法的临床实践也许为治疗人的震脑伤害提供了实验性经验。

以震治震

蒙医震脑术的治疗原则是“以震治震、震静结合、先震后静”。有按摩法、棒击法、紧拉法、打击法、捣捶法、敲打法、踹法等7种基本常用手法。治疗脑震荡时，根据其轻重度选用相适用的震治法施治，并决定合适的施治时间。一般三五日进行一次震治，轻者1次即可恢复，重者5次完全痊愈。震脑术用具包括：启震垫、启震杵、启震碗、启震板、大号启震槌、小号启震槌、启震筷、启震带等。具体操作方法有以下几种：

(1)木臼法：备一木臼，以百会穴为中心把木臼扣在患者头上，臼口垫以柔软厚布压垫，使之紧贴于头皮，然后用小木棒敲打臼底。

(2)棒击法：术前用宽绷带沿耳上包绕其头部，把

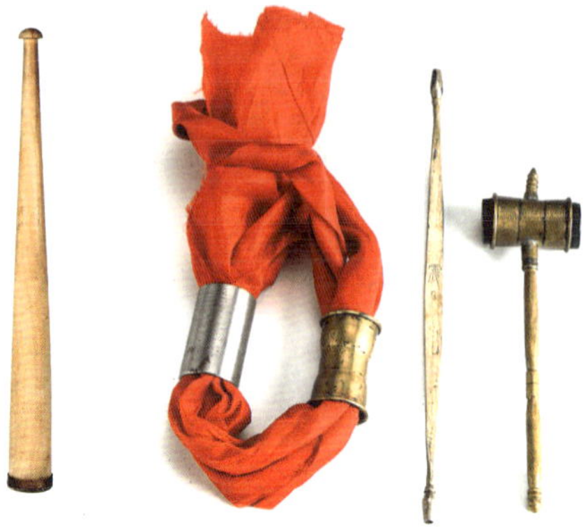

脑震荡治疗器械（图/内蒙古博物院）

绷带之两头接在疼痛一侧，右手拿木棒，从距头部一寸（约3.3厘米）处用力打击布头3次，继而在头部之另三侧依同法各打击3次。如无木棒亦可用手掌小指侧代替。然后用两手掌从头部之外沿往里抖拢挤摩，从头顶部抖动按压，用五指甲从前额开始往上边掐边搔数次，最后在头脉部和脊柱处进行推摩。

(3)脚底敲击法：令患者仰卧，贴脚底放一小块木板，在木板上进行敲打，此法亦能使被震动之脑恢复。对此法不适应者，如患有严重高血压病者，可采用绷带紧拉法。施治者用一手固定患者头部，一手从骨缝松动侧开始用力牵拉包绕头部之绷带两头7次，另三侧亦依同法牵拉。

另外，治疗内脏器官创伤、腰部损伤的震荡疗术亦

蒙医药的基本理论

蒙医以“三根”学说为主要理论基础（三根——赫依、希拉、巴达干，是人体赖以生存的三种能量和基本物质），同时还包括阴阳五行、五元学说，七素及六基症学说。18世纪，蒙医学家伊希巴拉珠尔首次提出了“六种基本病症”理论（赫依、希拉、巴达干、血液、希拉乌素、黏虫），把疾病的本质归纳为寒、热两种，发病本身的内在条件是指三根七素，即内因；致病因素指外界因素，即外缘。

流传至今，有些疗法已载入医书，例如《诊治百病古代方经》里介绍了治疗肝损伤、腰损伤等各种方法。这些治疗各种损伤的传统经验至今还流传在民间。

通则不痛的治疗原理

蒙医认为脑震荡属头部内伤范畴，分“脑气震荡”和“脑髓震荡”两类。头部受到外力，脑气和脑髓必然受震，轻则震脑气，重则震脑髓。由于头部外伤，脑气和脑髓等有关脑组织解剖位置失常，使气血循行受阻，“不通则痛”。如不及时治疗，会进一步加重“不通则痛”的病理变化。震脑术能根据不同情况，采取相应的震动方法，有助于脑功能的紊乱得以整复，气血得以畅通。

获得国家专利的蒙医脑震荡震疗仪，是非遗传承人阿古拉教授在继承古老蒙医传统的基础上创新的产物。现代社会中，传统的方法有不合时宜之处。阿古拉带领科研团队传承这一疗法中“以震治震”的理念，发明了可以监测震动力度的启震仪，使蒙医传统疗法与现代技术接轨。

细致入微的针刺疗法

针刺疗法是用特制的针具刺入人体特定的穴位，给以刺激而治疾病的一种峻疗法。针刺器械一般以金属特制，如金针、银针、青铜针、铜针、铁针等，目前在临床上主要用银针。

针刺疗法的适应症主要是赫依性疾病、巴达干性寒症、消化不良、痞块、瘀积病、水肿、肌肉麻木或肿胀、黄水病、脓疡等。其他疗法久治无效的疾病，也可用针刺法施治。

针刺疗法的禁忌症主要有肝痞、脾痞渗漏引起的热性水肿，热痞扩张和心等脏腑热性病余邪未除及外伤等疾病，如由血和希拉引起的一切热性疾病，特别是肌肉、骨骼、脉络等要害部位。老年人、婴幼儿以及病危者等，都禁用针刺疗法。

针刺疗法有热性针刺与寒性针刺2种。热性针刺是利用针刺和传热结合给以刺激的方法，可分为火针、灸针、针灸3种；寒性针刺是扎针兼寒性刺激的疗法，分为针刺、温针、冷针3种。

针刺方法：先明确穴位后，用右手拇指和食指在刺针尖以上0.5寸（约1.7厘米）处稳持，端正迅速地刺破皮肤，逐渐深刺。此时必须集中注意力，严格掌握针刺方向和深度，注意患者对局部麻木等的感觉，同时注意患者的外部表情。正确掌握针刺的角度、方向及深度，对增强针感、促进痊愈及防止发生异常现象等颇为重要。正确指定穴位，不仅指皮肤表面的穴位，还与针刺的角度、方向及深度密切相关。以针刺同一穴位为例，进针的方向、角度和深度不同时，针尖达到的组织结构及针感、功效等都有差别。根据医疗需要及患者体质强弱、胖瘦等具体情况，针刺的具体方法有横刺、直刺、下刺、上刺、十字形刺、外翻刺、避开脏腑刺、避开要害部位刺等8种。

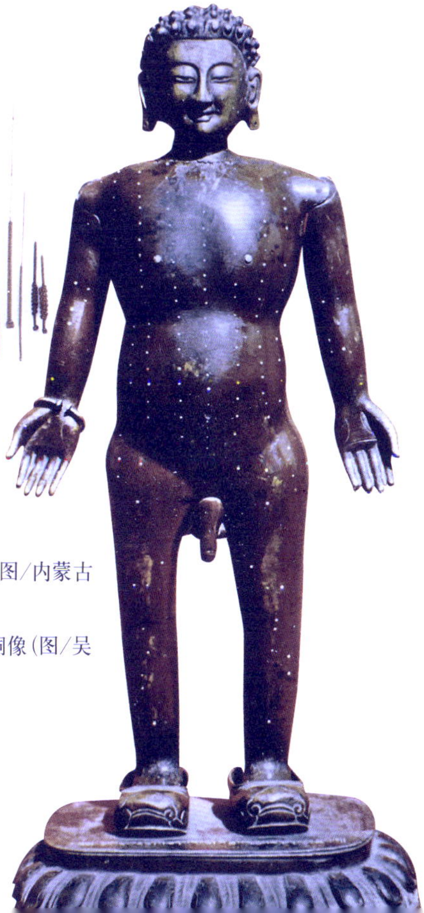

上图：蒙医针灸针（图/内蒙古博物院）

右图：蒙医用针灸铜像（图/吴七柱）

蒙医药材标本（图/内蒙古博物院）

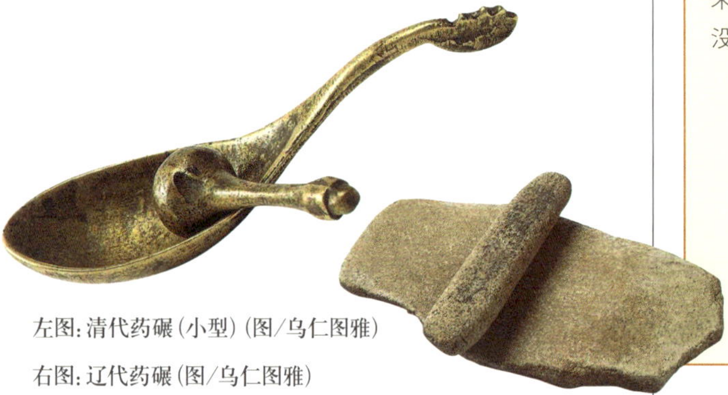

左图：清代药碾（小型）（图/乌仁图雅）

右图：辽代药碾（图/乌仁图雅）

蒙医五疗术

蒙医五疗术是蒙医四施（饮食、起居、药物、外治）中外治疗法的习惯性称谓，具体包括的治疗内容很多，具有代表性的有：针刺（包括温针、火针、干针、温灸针等）、灸疗、放血、浸浴、敷疗和涂擦、推拿、拔罐疗术等。

非遗传承人乌兰说：“起初我还没有认识到蒙医五疗术的惊人效果，第一次治疗一位腰椎间盘突出症患者，只治疗了5次他便从轮椅上下来，骑自行车来治疗了，那时一次治疗只需要花费4元钱，而且几乎没有副作用。”

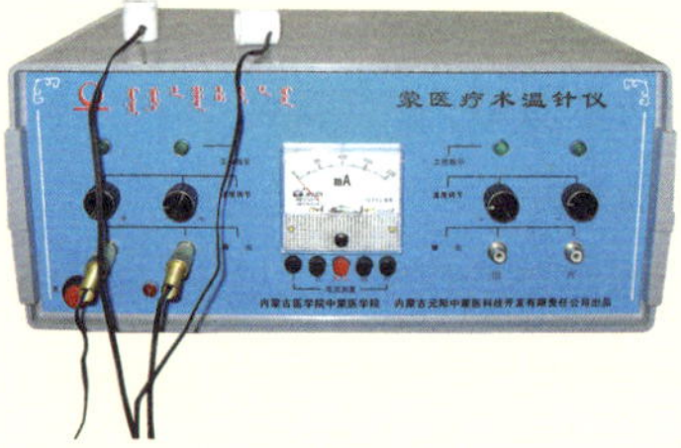

蒙医温针仪（图/吴七柱）

植物药疗

药浴是蒙医传统外治疗法，根据史料记载，13世纪时蒙医药浴疗法取得了显著的成绩。例如蒙哥可汗的胡图克泰皇后患病时，服用大黄汤药的同时施以大黄药浴的外治疗法。维廉·鲁布鲁克在他的游记里写道：“合答（也称胡图克泰）皇后患病，将大黄切碎，几乎成为粉……放进水里……喝了一些圣水和大黄，并用这种水濡湿了她的胸部，皇后病愈。”

13世纪的蒙古医生常用大黄。例如，1226年蒙古军中发生瘟疫，用大黄治愈。蒙哥可汗的金匠患了重病，医生给他服大黄。随着蒙药学发展成为一门独立的学科，使用烈性药物的知识也丰富了。拉施都丁的《史集》说“至今把有些蒙成药剂叫作哈吉儿（哈迪儿），古时的哈迪儿就是指烈性成药”。古代叫作“哈迪儿”，到了14世纪就变成“哈吉儿”，说明普遍使用哈迪儿药是14世纪以前的事情。另外，在《瑞竹堂经验方》《本草纲目》《长春真人西游记》《饮膳正要》等古代文献中都记载了内蒙古特产肉苁蓉。《饮膳正要》也阐述了巴旦杏、人参、杏仁、甘草、五味子、山枣、百合等很多药用植物的性、味、功能。

蒙药大多数属植物药，也有矿物药。植物药仅典籍记载已达2000种以上，而且大多有长期的应用历史。可分为镇赫依药、清希拉药、祛巴达干药、理血药、祛希拉乌素药、驱虫药、杀黏药、清热解毒药、利尿逐水益肾药、破痞药、止咳化痰药、泻下药、止泻药、滋补强壮药、抗白脉病药、疗伤及其他药等种类。

植物药必须以蒙医基础理论为指导，依据辨证治则，选择合适的药物，按照组成配伍原则，合理配伍而成，之后方可应用于临床，有一定的剂型、用量和用法要求。

蒙古医学学派

15世纪以后，蒙古医学至少有三个不同的学术流派：传统蒙医学派、藏医学派和近代蒙医学派。

（1）传统蒙医学派的中坚，大多是传统蒙古医学理论与疗术的继承者与捍卫者。正骨、震脑、饮食、滋补、推拿、罨敷、酸马奶、矿泉疗法等蒙医传统疗术及理论，在过去的历史年代为蒙古族的生存发展做出了不可磨灭的贡献，应该得到更进一步的发扬光大。

传统蒙医学派的代表人物，主要有明末清初的著名蒙古族医生绰尔济·墨尔根与觉罗·伊桑阿等。传统蒙医学派的医生大多信仰萨满教，许多正骨师本身又兼任萨满教中的萨满，治疗疾病采用的方法，有许多带有萨满教的烙印。

（2）藏医学派由坚持《四部医典》理论和经验的蒙古医学家组成。藏医学派的成员大多是黄教的信徒，许多人还是满巴扎仓的僧医和教师，与一般蒙医相比，理论水平普遍较高。龙日格丹德尔和云丹满仁巴是藏医学派的代表人物。

（3）近代蒙医学派是17世纪末18世纪初产生的新学术派别，既重视《四部医典》的理论成就及其对蒙古医学的影响，又不菲薄蒙古传统医学千百年来积累的宝贵实践经验。该学派主张从蒙古民族世代居住生活的中国北方草原、森林地带的实际出发，以蒙古民族长期积累的传统的防病、治病、用药、保健等医疗实践经验为基础，吸纳藏医学、印度医学的部分理论，以及汉医学和其他兄弟民族医学的相关知识，为蒙古医学构筑一个具有鲜明地方特色与民族特色的理论体系。

18世纪中叶，近代蒙医学派已经成为当时蒙古医学的主流流派。

学派主要代表人物有：18世纪卫拉特著名蒙古族医学家伊希巴拉珠尔，19世纪奈曼旗著名蒙药学家占巴拉道尔吉，卫拉特蒙古族医学家占巴拉却吉丹森佛仁来，鄂尔多斯公召庙活佛伊希丹金旺吉拉与察哈尔罗布桑苏勒和木等。

撰稿专家

吴七柱，蒙古族，内蒙古医科大学蒙医药学院讲师。发表学术论文13篇，主编或参编教材多部，主持内蒙古卫生厅医疗卫生科研计划项目、内蒙古自治区高等学校科学研究项目、内蒙古自治区科技计划项目等，曾参加多项国家级及自治区级科研项目。

《蒙医温针对炎症大鼠抗炎镇痛作用研究》

扫描二维码，阅读专家代表著作的电子版

乌仁图雅，蒙古族，内蒙古医科大学教授、硕士生导师，内蒙古自治区医药卫生学科带头人，从事蒙医教学、临床、科研工作，致力于蒙医眼科、蒙西医结合临床、蒙医文献研究。

《论蒙医药名词术语翻译的几点原则》

扫描二维码，阅读专家代表著作的电子版

唯琴声与天地同在(图/额博)

第9章

歌化的草原，心灵的回响

音乐

本章主撰稿人：内蒙古艺术学院教授　杨玉成（博特乐图）

蒙古人在逐水草而居的游牧生活中创造了独具特色的音乐文化。这些音乐形式包括了萨满歌舞、英雄史诗、呼麦、潮尔、潮林道、长调民歌、劝奶歌、安代、佛教音乐、马头琴、短调民歌、长篇叙事民歌、乌力格尔、好来宝、阿斯尔等十多种体裁。这些艺术形式中，有些（如萨满歌舞、英雄史诗）一直伴随着蒙古族形成、壮大的全部历程，有些（如长篇叙事民歌、马头琴）则是晚近才出现，有些（如长调民歌）可能比蒙古民族的历史还要长。

长调民歌自由的节奏、悠扬的旋律，正是辽阔草原的音乐化。对于蒙古人来说，马为五畜之首，将其头刻在了琴首。而琴有了首，便有了骏马般的体魄，奏出的旋律则象征着生命的跳动。每当那悠扬的长调唱响，往往有婉转的马头琴声与之缠绵。

蒙古人关于多声音乐的概念，是在一个持续低音声部与一个旋律声部的对比互动的基础上建立起来的。他们在世间万物的“动”与“静”、“变”与“不变”的自然法则中总结出了一种独特的听觉美，于是用音乐把它表现出来，从民间合唱潮林道到一人独唱的浩林·潮尔，再到人声与乐器组合的冒顿·潮尔，以及弓弦乐器乌塔森·潮尔等，都属于这一特定的审美表达范畴。这里，蒙古族人民把自己的哲学思考和世界观巧妙地通过音乐鲜活、形象地予以表达。

古老的萨满音乐，以歌舞与天地万物对话，从而具有了使人能够与神灵沟通的神奇力量。蒙古人也把歌乐唱奏给五畜，在蒙古族音乐中有一种叫“劝奶歌”的特殊体裁。因为蒙古人认为，五畜也像人类一样有思想、有情感，美妙的音乐能把人与畜的心灵联结起来，人通过音乐来感受到牲畜的心灵，也能通过音乐来感动牲畜，与之产生共鸣，使之接受人类的思想意志。

一体多源的音乐形成

蒙古族音乐与汉藏音乐文化的交流和影响

巴彦淖尔市乌拉特后旗和磴口县交接的托林沟地区发现的岩画大约为新石器时代至元代完成。这幅画中连臂舞蹈的情形，使人联想到安代舞、纳日给勒格、背力格、哲仁黑等民间歌舞（图/杨玉成）

千年承续，多元交融

今天展现在我们面前，以其民歌、歌舞、说唱、宗教音乐的奇光异彩引人瞩目的蒙古族草原音乐文化，有着丰富的历史积淀。当蒙古人的祖先还生息在大兴安岭一带时，匈奴、敕勒、鲜卑等就相继或相伴成为北方草原的主人，一代又一代地创造着、积蓄着草原音乐文化。在后来的几个世纪里，蒙古人走出森林迈入草原，最终成为北方草原的主人。他们融合先辈民族音乐的历史成果，继而进行了发扬和创造，最终成为古往今来北方草原音乐文化最伟大的继承者、收藏者、发扬者和创新者。北方草原已消失民族的音乐元素，有些保留在蒙古族音乐文化当中。如：北方民族民歌中的牧歌体，仍然保留在长调和短调当中；宋代北方部落奚人的乐器奚琴是马头琴、胡尔等弓弦乐器的鼻祖；辽代契丹人墓画中有酷似潮尔的乐器图等。这些都说明了蒙古族

右为科尔沁萨满作法时所用的法器和响器铜镜，左为金代伎乐纹铜镜，二者风格一脉相承，说明了草原音乐文化古老的源流（图/杨玉成）

音乐对先辈民族音乐的承续与发展。

从宫廷到民间，蒙汉音乐文化的水乳交融

在蒙古族音乐的形成和发展过程中，汉、藏、满等同时代民族对它的影响是不容忽视的。北方草原民族一方面不断给中原汉族文化注入新鲜血液，另一方面也经常吸收和融合中原文化的有益成分，不断地丰富自身。就蒙古族和汉族之间的音乐文化交流情况来看，不仅其历史源远流长，而且有丰富多样的交流方式。

特别是自清代以来，蒙汉民族之间的文化交流空前繁荣，尤其是内蒙古南部的广大蒙古族地区，蒙古王公既受皇帝恩宠，又被授藩封爵，享乐之余，效法朝廷宴享宫戏的规制，先后有十八个旗建立了王府戏班，即所谓蒙旗“十八班”。戏班艺伶中有汉族，也有蒙古族，他们不但在王府里表演，而且有时也到承德避暑山庄演出。

清代以来大量汉族民间器乐曲、戏曲、说唱音乐曲牌传入蒙古地区，被广大的蒙古族人民群众所接受，如，《八音》（又称《八谱》，来源于汉族民间曲牌《老八

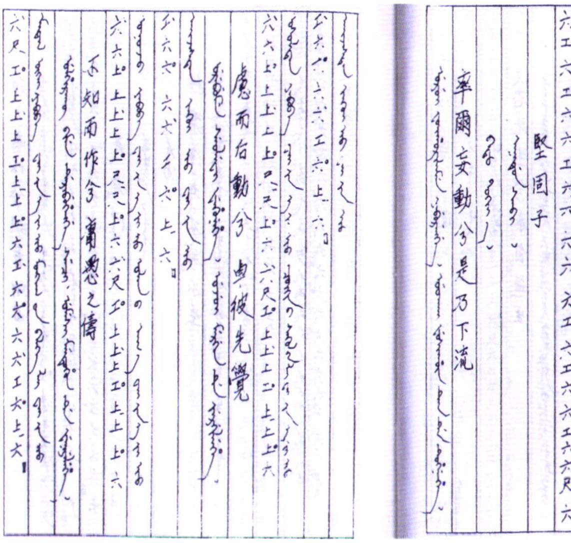

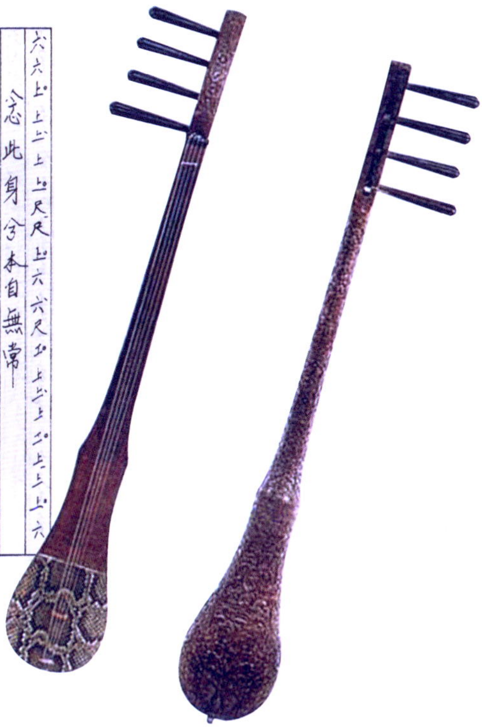

上左图：配有工尺谱的《蒙古乐曲》之《笳吹乐章》，用蒙古、满、汉三种文字记录唱词（图/杨玉成）

1634年，蒙古末代可汗林丹汗为后金兵所败，走死青海，次年其所统部察哈尔部被皇太极所灭。后金兵从林丹汗的汗帐中获得一套规模较大的宫廷音乐和完整的乐器，当是北元时期宫廷音乐。皇太极把乐师、歌工掳获而去，列入清朝宫廷燕乐当中。乾隆年间，这套《蒙古乐曲》被翻译成满文，用蒙古、满两种语言在宫廷中唱奏；后又翻译成汉文，用工尺谱记录乐谱，蒙古、满、汉三种文字合璧，辑入《律吕正义后编》，分为《笳吹乐章》《番部合奏》两个部分。《笳吹乐章》为蒙古语宫廷歌曲，《番部合奏》则为器乐曲。由于离开人的活唱，工尺谱无法活化恢复，故随着清末宫廷乐人的离世，这套音乐已失去传承。

目前，人们普遍认为流行于锡林郭勒阿巴嘎–阿巴哈纳尔一带的潮林道和流行于察哈尔地区的器乐合奏阿斯尔（阿斯尔，非常、崇高的意思）是蒙古宫廷音乐的民间遗存

上右图：明代制作的火不思，亚洲中部曾十分流行的弦乐器（图/杨玉成）

板》）、《得胜令》、《万年欢》等。而且，《八谱》一曲，甚至北传至察哈尔和锡林郭勒，成为传统器乐合奏阿斯尔中的一个主要曲牌，称《八谱阿斯尔》。

更重要的是，东蒙古科尔沁地区在汉文化的影响下产生了大型说唱音乐体裁胡仁·乌力格尔。清代以来，大量的汉族农民涌入内蒙古南部地区，开垦草原，筑室而居，使得这里的牧区逐渐成为半农半牧区。尤其是自近代以来，内地民族民主主义、人本主义思想，首先传

四胡上的“连续剧”——胡仁·乌力格尔

胡仁·乌力格尔是蒙古说书艺人在低音四胡伴奏下演唱自夏商周到唐宋元明清各代历史人物传说故事与蒙古史诗、传说故事的一种口头艺术形式。它包括蒙古故事家与艺人创编的中国历朝传奇故事，也包括蒙古传统史诗与传奇故事，是融合了蒙古史诗表演艺术手法，至今保留着部分史诗母题与程式，源于史诗又游离于史诗，受中原曲艺影响而又有独特艺术价值的说唱艺术。

它是草原音乐、草原史诗和中原古典小说的绝妙结合，是中华游牧文明和农耕文明碰撞交融中产生的弥足珍贵的口头文化现象，是中华文化多元一体的典型例证。蒙古语“胡仁”或“胡尔·因”意为“胡琴的”或“四胡的”，“乌力格尔”意为“故事”，合起来可以理解为“胡琴伴奏演唱的故事”或“四胡伴奏演唱的故事”。说唱胡仁·乌力格尔的艺人叫作“胡尔齐”（也作胡尔奇）。胡仁·乌力格尔在蒙古民间已有数百年传统。据不完全统计，以优美韵义形式说唱的胡仁·乌力格尔有几百种、上千部之多，而且每部规模都在1万—3万诗行之间。直到20世纪80年代，在蒙古族聚居区仍有300多位艺人说唱这些故事。而如今，只剩不足百位胡尔齐。

每年春节期间，清朝皇帝召见和赐宴内外藩蒙古王公大臣时，由专门音乐演出机构“什榜处”进奉《蒙古乐曲》。这一惯例一直沿用到清末（图/杨玉成）

播到了这些地区，开启了蒙古族近代音乐风格形成的序幕。蒙古族音乐的艺术风格从过去神幻浪漫主义和抒情浪漫主义，转向现实主义，出现了叙事民歌这样以写实为基调的音乐艺术形式。叙事民歌倡导民族民主主义和人本主义，反对宗教神权，提倡人性解放，具有鲜明的时代性和高度的思想性、艺术性，从而成为蒙古族音乐发展史上的一个里程碑。

叙事民歌和胡仁·乌力格尔的产生，标志着蒙古族音乐走入了它的第三个发展阶段——以东蒙古地区为代表的半农半牧音乐文化时期。叙事民歌把英雄史诗的英雄主义精神和艺术风骨继承下来，把它的神幻浪漫主义改造成现实主义，从而具有了史诗般的恢宏博大和历史般的沉着凝练。

蒙古族音乐与汉族音乐之间的关系是双向互动的，而不是一方对另一方的单方向的影响。例如，流传于内蒙古西部地区汉族民众当中的蒙汉调（漫瀚调），其曲调便来自蒙古族鄂尔多斯民歌，为“蒙汉合璧”体裁；内蒙古西部汉族二人台音乐中有大量曲牌也是来自蒙古族西部民歌。

蒙古族宗教音乐：与藏文化的交融

藏族文化对蒙古族文化的影响是十分深刻的，而且它主要是载负于藏传佛教的传入。在元代政权系统

宗教音乐玩偶（图/额博）

毛依罕演唱乌力格尔，四胡伴奏下演唱历史故事（图/杨玉成）

中，帝师是特别设置的一个职位，其地位十分崇高，下设25个职位，其中“吉日嘎固鲁格赤”一职为献乐人，“虎儿赤”一职为奏乐人，“布日雅赤”一职为吹号人，“毕斯呼日赤”一职为吹笳人，都是帝师下属的专职乐人。到了清初，蒙古族佛教得到空前的繁荣发展，在佛教思想文化的影响下，蒙古族传统音乐艺术体裁发生了改变，出现了大量以佛教思想为基调的民歌。尤其值得一提的是，藏族《格萨尔王》传入蒙古地区后，被蒙古民众全面接受，并经过艺人民族化改造之后，变成了兼具蒙古族与藏族两个民族文化元素的，具有宗教与世俗双重属性的艺术作品。另一方面，包括诵经调、查玛（蒙古族佛教歌舞）乐、经堂乐、法会乐等在内的佛教音乐在广泛流传的同时，在乌拉特等一些地区得到了民族化改造，逐渐与当地民俗文化生活相结合，发展成为蒙藏文化交融生成的重要音乐体裁。

经过千年的积淀，蒙古族音乐形成了一个集多民族（本民族、先辈游牧民族、兄弟民族）、多时代（传统的、现代的）、多层次（民间的、专业的）音乐文化元素交融整合的结构体。

佛教乐器大号（图/额博）

蒙古族叙事民歌代表作——《嘎达梅林》

科尔沁叙事民歌《嘎达梅林》中的主人公嘎达梅林，本名那达密达，汉名孟青山，“嘎达”是“最小”的意思，用作昵称，“梅林”是清代武官职名。1892年，嘎达梅林生于当时的哲里木盟科尔沁左翼中旗（俗称达尔汗王旗）。他读过私塾，精通蒙古文，略通汉文，任梅林之职。1924年，他与贵族出身的牡丹结为夫妻，生有一女。当时，东北奉天主政者不顾蒙古族人民的反对，大肆出售科尔沁左翼中旗草原，开荒耕种，使得蒙古族民众失去生计，纷纷离家北迁。嘎达梅林等一批有志之士，多次进谏达尔罕王和奉天当局，规劝他们停止开垦草原，都未获允许，统治者反而逮捕他们并要治罪。于是，嘎达梅林妻牡丹，召集弟兄劫狱，救出嘎达梅林，并武装起义，辗转作战于科尔沁、郭尔罗斯、扎鲁特等地，有力地打击了土地测量售卖工作，使得开垦时间再三地推迟，起义军也因此获得广大人民群众的拥护，人数曾超过1000。奉天当局不得不派遣东北军进行镇压。1931年嘎达梅林在乌力吉木伦河洪古尔敖包渡口英勇牺牲，起义失败。歌颂他英雄事迹的长篇叙事民歌《嘎达梅林》产生，讲述了这一历史事件，在民众当中广为流传。

新中国诞生后，《嘎达梅林》从科尔沁草原唱到了全国，成为中华大地大江南北人人皆知的蒙古族民歌代表作。1956年，我国著名女作曲家辛沪光根据这首民歌，创作出她的成名作《嘎达梅林交响诗》，成为中国交响音乐的传世佳作。2008年由嘎达梅林的家乡科尔沁左翼中旗申报的长篇叙事民歌《嘎达梅林》，入选第三批国家级非物质文化遗产名录。

乌力格尔《嘎达梅林赞》1981年获全国文艺汇演表演一等奖（选自阿云嘎主编《内蒙古文联五十年》）

丰富繁杂的蒙古族佛教音乐

左图：转庙(图/额博)

上图：佛教乐器——洞(图/额博)

下图：吹洞的喇嘛

蒙古族佛教音乐丰富而繁杂，大致分为诵经音乐、歌舞音乐和器乐等三个方面。其中，诵经音乐是带有乐器伴奏的诵唱调，包括藏语诵经调和蒙古语诵经调两种，在特定的节奏律动上诵唱，具有一定的旋律起伏，并用佛教吹打乐器伴奏。

查玛有大、中、小之别，还分为庙院查玛和经堂查玛两种。前者在露天场地表演，人数众多，以乐队伴奏、队舞为主，为乐舞形式；后者为室内表演的小型查玛，将歌、舞、乐、韵白结合在一起的歌舞形式。

蒙古族佛教歌舞查玛源于藏族羌姆。明代中叶传入蒙古，清代以来在各地寺院中盛行。蒙古查玛戴巴格（蒙古语，面具的意思）舞之。面具为佛教经典中的各类神祇、妖魔厉鬼形象，喇嘛头戴面具，身穿彩色服装，手执各类法器或相关道具，在乐队伴奏下舞蹈。除大型队舞之外，还有独舞、双人舞、小型众人舞等。查玛歌舞有《阎罗王舞》《护法神舞》《金刚神舞》《白度母舞》《绿度母舞》《牛头神舞》《鹿神舞》《骷髅舞》《蝴蝶舞》等。

查玛乐队使用鼓、钹、铙、铃、毕喜古尔、布日业等乐器。过去，蒙古族地区一些大型寺院里上演佛教歌舞剧，剧目有《米拉因查玛》和《布谷鸟传奇》等，现已失传。

经堂诵经(图/杨玉成)

漫天星斗的音乐构成

什么音乐会比民族的历史还悠久？

丰富灿烂的民间音乐

蒙古族音乐因地理分布和历史文化演进的不同影响，有着复杂而庞大的构成，它包括民歌、歌舞音乐、器乐音乐、说唱音乐等四个部分。

以声部划分的民歌

蒙古族民歌有单声部民歌和多声部民歌两种。根据旋律和节奏，单声部民歌分为长调和短调。在草原地带的牧区，有种旋律悠长、节奏自由的民歌体裁，叫乌日汀道——长调；短调与长调相对而言，它分为抒情短调和叙事民歌两大类，抒情短调民歌流行于整个内蒙古地区，而叙事民歌主要流行在东蒙古科尔沁、东土默特、喀喇沁一带，是一种富有说唱性的长篇叙事民歌。此外，还有多人演唱双声部的潮林道和一人演唱双声部的呼麦两种。

说唱音乐的巅峰——英雄史诗

蒙古族说唱音乐有英雄史诗、胡仁·乌力格尔、好来宝等。蒙古族英雄史诗历史悠长，分布广阔，有《格斯尔》《江格尔》、蟒古思因·乌力格尔等大型串联史诗、复合史诗以及数以千计的中短篇史诗。英雄史诗一般讲述天神下凡，投胎为勇士，辅佐可汗，与恶魔蟒古思进行斗争，最后消灭敌人，还人间平安幸福的故事，是一种具有鲜明神幻浪漫主义色彩的体裁。

英雄史诗在一定曲调上边说边唱，分为有伴奏的独唱形式和有伴奏的说唱形式两种。在科尔沁地区，史诗艺人用一种叫潮尔的弓弦乐器或者用四胡伴奏说唱；在卫拉特地区，史诗艺人用一种叫陶布秀尔的弹拨乐器伴奏说唱。胡仁·乌力格尔是清代中末叶产生的一种新型说唱音乐体裁，其特点是用本民族语言和音乐来演述汉族演义故事，如《隋唐演义》《封神演义》《说唐五传》《西游记》等。这些汉族历史演义故事，有部分是蒙古族文人从汉语章回小说翻译而来，大部分却为蒙古族文人或说书艺人编创。好来宝是一种口头即

潮林道：蒙古族音乐的最高典范

流行于锡林郭勒阿巴嘎–阿巴哈纳尔一带的潮林道被誉为蒙古族音乐的最高典范。由一人演唱长调形态旋律声部，多人演唱持续低音声部。过去，这种二声部合唱，是在王公贵族宴会和重大的那达慕大会上演唱的。目前，阿巴嘎、锡林浩特地区有少数牧民歌手，传承着10余首潮林道。来自锡林郭勒阿巴嘎旗和锡林浩特的牧民歌手，大多为潮林道世家后人。如下图中间芒来为歌王哈扎布的外甥，得到哈扎布的亲传，右一宝日和右二温都苏，均为第三代潮林道歌手。他们是当今蒙古族潮林道最重要的传承人。

兴说唱形式，由艺人在特定的曲调上根据即时情景，编词说唱，有赞美、描绘、讽刺等内容，其形式轻松明快，活泼生动，富有生活性。

丰富的蒙古族器乐

蒙古族有着丰富而独特的器乐艺术，可分为吹、拉、弹、打四种。吹奏乐器有古老的口簧琴、流行于西部卫拉特人当中的冒顿·潮尔、流行于整个内蒙古地区的临布（笛子）以及东蒙古地区的箫等。弓弦乐器在蒙古族音乐中占据重要地位，可分为潮尔类弓弦乐器和胡尔类弓弦乐器两种。潮尔类弓弦乐器有潮尔、马头琴、叶克勒等，琴弦和琴弓多以马尾制作，音色淳厚、泛音丰富，过去多用于英雄史诗、长调民歌等伴奏或用于乐队合奏。胡尔类乐器，就蒙古胡琴而言，有大、中、小三种，大四胡流行于东蒙古科尔沁地区，用来为英雄史诗、乌力格尔、好来宝和叙事民歌伴奏，中、小四胡用于民乐合奏或独奏。弹拨乐器有火不思、陶布秀尔、雅托嘎、三弦等，用来为英雄史诗伴奏或民乐合奏。打击乐器有旋律打击乐器扬琴以及节奏打击乐器鼓、钹类、铃等。这些乐器也是宗教法器。蒙古族乐器除了独奏之外，主要给民歌和说唱音乐伴奏，另外还用于民间合奏。民间合奏主要有科尔沁地区的东蒙合奏，中部察哈尔一带的阿斯尔合奏，西部鄂尔多斯地区的乃日合奏等。

祖孙马头琴（图/额博）

英雄史诗：十八部蟒古思因·乌力格尔的绝响

东蒙古科尔沁地区流行着一种叫蟒古思因·乌力格尔的系列英雄史诗，据称有十八部。内容讲述具有超然力量的可汗在麾下勇士的协助下，消灭危害人间的恶魔——蟒古思的故事。这种史诗由专门史诗艺人潮尔奇用潮尔伴奏，自拉自唱，基本曲调有9套20余首。著名史诗艺人布仁初古拉（1947—2008）曾是这一古老史诗和古老乐器为数不多的民间传承人之一。他能够完整地演述十八部蟒古思因·乌力格尔，并完整地传承了潮尔琴传统技艺和风格。2006年，内蒙古师范大学破例把这位民间艺人聘请为客座教授，利用高校教学平台，抢救传承蟒古思因·乌力格尔和潮尔琴。不幸布仁初古拉于2008年8月去世，十八部史诗仅留下三部。

扫描二维码欣赏
布仁初古拉演唱的英雄史诗
《开篇调》

蒙古族传统音乐构成表

蒙古族传统音乐	宗教与祭祀音乐	萨满音乐		
		佛教音乐		
		伊斯兰教音乐		
		成吉思汗祭祀乐		
		哈撒儿祭祀乐（科尔沁蒙古部祭祀始祖哈撒儿的音乐）		
	民间音乐	民歌	单声部民歌	长调
				短调
			多声部民歌	潮林道
				呼麦
		歌舞音乐	仪式性歌舞	安代
				呼图克沁
			娱乐性歌舞	萨布尔丁
				哲仁黑
				盅碗舞
				筷子舞
		说唱音乐	乌力格尔	
			英雄史诗	江格尔
				格斯尔
				蟒古思因·乌力格尔
				其他史诗
			好来宝	
		器乐音乐	吹奏类	冒顿·潮尔、临布、箫
			弓弦类	马头琴、四胡、潮尔
			弹拨类	雅托嘎、三弦、陶布秀尔、火不思
			打击类	亨格日格、锟……
	宫廷音乐			

（图/额博）

凡界圣乐——祭祀音乐

蒙古族祭祀音乐分为“人”的祭祀和“物”的祭祀两种。“人”的祭祀乐主要有成吉思汗祭祀乐和哈撒儿祭祀乐两种。成吉思汗陵位于鄂尔多斯伊金霍洛旗，供奉着成吉思汗的八白室及其他遗物。一年有四时大祭奠和30多个小祭奠，有个叫达尔扈特的特定守陵部落专门祭祀。此传统已有数百年。祭祀时，守陵人吟唱一套祭祀歌，共12首。达尔扈特人把12首祭祀歌称为“天语”，唱词不为蒙古人所理解，有说为西夏语者，有说属阿拉伯语者，至今尚无定论。哈撒儿为成吉思汗的长弟，是科尔沁蒙古部始祖。乌兰察布茂明安民众祭祀哈撒儿，祭祀歌曲有16首，均用蒙古语演唱。

“物”的祭祀主要有敖包祭、山祭、泉祭等。祭祀时有的请喇嘛，有的请萨满，亦有专职祭祀者，诵唱经文、神歌或具有音乐性的祭祷词、祝赞词等。

祭敖包。萨满主持的祭敖包仪式上，萨满下跪作法，以鼓伴奏，唱诵祭敖包神歌（图/杨玉成）

巴尔虎宝格德乌拉山祭。位于新巴尔虎右旗的宝格德乌拉被当地民众看作圣山，故每年阴历五月和七月分别进行大型的祭山仪式。祭山仪式上呼伦贝尔各旗民众聚集在这里，喇嘛唱诵特定的祭山祷文（图/杨玉成）

请喇嘛主持的敖包祭祀（图/额博）

哪里有草原，哪里就有长调

用歌喉与自然唱和，不仅仅是歌唱，更是一种生活态度

草原音乐文化的典型标志

传说，匈奴单于有两个女儿，姿色赛过天仙。单于决定把二女赠与天神，高筑楼台，把两个女儿放置其上，希望天神来迎娶。如此过了许久，天神未临，却有一条老狼不分日夜守着高台嗥呼。妹妹认为，狼可能就是天神，故不顾姐姐的反对嫁给了狼，并生了孩子。后来子孙繁衍兴旺，并建立了国家。因此，该国人民歌唱时引声长歌，很像狼嚎。此处“引声长歌”的描述，与长调无异。

匈奴民歌	蒙古族民歌
亡我祁连山， 使我六畜无蕃息。	虽然有辽阔的草原， 却不知何处是泥潭。
失我燕支山， 使我嫁妇无颜色。	虽然有美丽的姑娘， 却不知道她的心。

左面为匈奴民歌，右边为蒙古族民歌《辽阔的草原》，二者唱词均为两行一段，在不同头韵上重复与前

蒙古人的伴侣，草原、骏马和苍穹，这就是长调的故乡（图/额博）

段相同或相似内容。这是蒙古族长调唱词的典型特征。这种特征同样见于鲜卑、柔然、敕勒等草原民族的民歌。可见，长调民歌并不是蒙古人的独创，它是中国北方游牧民族共同的遗产，蒙古族继承了这一伟大的传统，并继以创造和发展，使之牢牢扎根于北方草原。

长调：最接近自然和心灵的声音

长调，是蒙古语“乌日汀道”的意译。“乌日汀”意为“长、久、永恒”，“道”为“歌”之意。相对于结构短小方整、节奏节拍均匀的短调民歌，长调不仅是蒙古族人民关于此种文化表现形式的通行称谓，同时也较为确切地体现了其音乐风格和音乐形态特征。

韩少功说，在一个无须登高就可以望尽天涯的草原，在一个阔大得几乎没有真实感的空间，一个人的灵魂不可能不喷发声流，不可能不用这种呼号来寻找遥不可及的耳膜。这种感染力，被很多音乐学家称为“天籁与心籁的交融”。蒙古人以羊群、骏马、河流、草地和苍穹为伴侣，用秉承天赋的歌喉传达出对辽阔自然的回应。从这个意义上说，长调不仅仅是一种演唱方法，也是一种生活态度。

长调民歌所表现出来的蒙古族音乐审美习惯，其本质是“人和自然的和谐”和“人际关系的和谐”，这两种和谐充分体现在长调民歌当中。长调民歌唱词的典型模式是每段唱词由前后句组成。其中，前一句唱蓝天、大地、草原、高山、河流、骏马等自然万物，后一句抒咏人间的恩情、亲情、爱情、友情、乡情……如《辽阔的草原》，前句“虽然有辽阔的草原，却不知何处是泥潭”歌自然，后句“虽然有美丽的姑娘，却不知道她的心”表人情，两句是在一支曲调的两次重复上完成的。可见，人们把对自然景物的审美感受和对自己内心情感的感受，用同样的曲调唱出，对象和主体的统一、人和自然的统一，完美地凝聚在了一起。从中我们听不到人类对自然的抗争，听到的是赞美和歌颂。

长调民歌是游牧生活的产物，因此它也是游牧生活的生动表现。只有风吹草地见牛羊的草原，才能盛得下如此辽阔悠远高亢的长调，也只有回肠荡气的长调，而不是节奏多变的短歌，才能充分表达出蒙古族的丰富内心。一方面，长调吟唱着草原；另一方面，正因为有了长调民歌的相伴，牧人才能常年放牧而不孤寂和厌倦。

长调有叙事性，承载着蒙古族的历史，反映着蒙古族社会生产的方方面面，且与蒙古族的语言、文学、历史、心理、人生观、世界观、风俗习惯紧密联系在一起，是蒙古族草原音乐文化中最具特色的一种体裁，它所表现出来的博大的精神内涵，是蒙古族乃至全人类宝贵的文化财富。

2005年，经我国和蒙古国联合申报，蒙古族长调民歌成功入选人类口头和非物质遗产代表作名录，说明了世界对长调这一文化遗产重大文明价值的肯定和尊重。

诺古拉：马背上的长调颤音技巧

长调民歌宜于叙事，但更长于抒情。旋律悠长舒缓，意境开阔辽远，音多词少，气息绵延。除旋律本身具有的华彩装饰（如前倚音、后倚音、滑音、回音等）外，还带有“诺古拉”（指波折音或称装饰音），真声与假声，胸腔共鸣、头腔共鸣等特点，是具有独特演唱技法的歌种。同时，拖腔体和其独特的演唱方式，构成了长调民歌独立而完整的音乐风格体系。

长调的分类

长调民歌所反映的内容主题、民俗功能和体裁特征也具有自身鲜明的特色。这些民歌在传统节庆、民俗生活以及野外放牧时歌唱。根据内容题材，长调民歌可分为赞歌、哲理歌、训谕歌、情歌、思念歌、叙事歌等；根据民俗功能和体裁特征可以分为宴歌、婚礼歌、牧歌、娱乐歌、劝奶歌等。

草原上天籁与心籁的交融(图/额博)

诺古拉是长调最有风格特色的颤音技巧。被译为波折音的诺古拉，是长调的华彩部分，其唱法有很多种，既有如丝般柔美的折音，又有如马步一般爽脆的折音。唱诺古拉最关键的是气息，发声时，要配合口与咽腔的复杂动作，发出如水波一样起伏抖动的颤音，一般抖两三次。这种特殊的发音技巧和微妙的变化，现代曲谱很难表现出来，因为诺古拉是没法教的，需要歌者自己去体会。所以即使是同一首长调，每个人唱出来的感觉也不一样。但在草原人的眼里，你只要骑上骏马轻轻颠簸，合着马蹄的节奏，随着气息的波动，便会自然而然地唱出这独特的颤音。

长调的流传、分布和特点

在历史的传承中，由于蒙古高原地域辽阔、自然生态复杂，且各个部族在语言、风俗习惯、社会历史方面存在着明显的区别，长调形成了部族化、地区化、时代和个人的诸多风格系统。从总体上看，蒙古高原上长调风格的分布以中国内蒙古地区的锡林郭勒草原为中心，从东部的呼伦贝尔、科尔沁草原，经过蒙古国喀尔喀，再到内蒙古西部的阿拉善大漠草原，直至青海、新疆蒙古族聚居区。目前从长调民歌的流传分布情况来看，无论是旋律形态方面，还是演唱技巧方面，在保持长调民歌的整体风格特征外，又显示出各地区独特的个性化特征。如，就内蒙古地区长调民歌风格而言，呼伦贝尔长调挺拔豪放，颇具阳刚之气；科尔沁长调含蓄内敛，富有张力；昭乌达长调兼容并蓄，灵活多变；察哈尔–锡林郭勒长调优美舒展，讲究典雅细腻的风格气质；四子王–达茂长调质朴自然，形态简洁；乌拉特长调深沉悠远，含蓄隽永；鄂尔多斯长调婉转凄美，善于抒咏。

神奇的长调，总有动人的故事

每一首长调民歌的背后，往往有一段动人的故事。这些故事通过隐喻和象征来表现大自然的和谐完美和人类历史的壮丽浩荡，以及生活在其中的每一个生命主体的无限丰富的情感世界，处处充溢着温馨的挚情和深邃的思想。可见，蒙古人通过长调，将人类与自然，个体与社会相联结，凝聚成一个和谐统一的整体——草原犹如长调，长调则是歌化了的草原。

胡松华演唱的《赞歌》，可以说是当代中国歌曲作品中的精品。然而，可能许多人不知道这首歌的曲调是由两首蒙古族民歌构成的。其主体短调部分的曲调是流行于科尔沁地区的短调叙事民歌《正月玛》的曲调，首尾的散板长调部分是乌珠穆沁长调民歌《钟赫尔老吉草原》的曲调。而关于这首歌，乌珠穆沁草原流传着一则动人的爱情故事。

《钟赫尔老吉草原》：长调民歌的爱情故事

长调民歌里的爱情，像草原一样长久（供图/博研宝音）

乌珠穆沁旗喇嘛库伦庙有个叫善吉的年轻喇嘛，因为活泼聪慧、能诗能歌而深受当地牧民的喜爱。有一年，巴尔虎草原遇到严重雪灾，牧民赶着牛羊迁徙到了乌珠穆沁草原。其中有个叫都莱玛的少女随年迈的父亲也来到了这里，安扎在寺院的旁边。由于当时女性不可以到寺院里的井上去打水，所以善吉每天给父女俩打水，帮助他们照料牲畜。日久天长，两个年轻人渐生爱意，但是由于善吉的喇嘛身份两人无法公开爱情。到了春天，在父亲的敦促下都莱玛姑娘万般无奈地离开了善吉，回到了故乡。善吉日夜思念心爱的人，最终按捺不住而逃出了寺院，去巴尔虎草原寻找都莱玛。当他寻遍巴尔虎草原，最后找到都莱玛时，却发现她已另嫁他人。万分悲伤的善吉，从都莱玛的毡包旁唱着歌黯然离去。听到歌声的都莱玛，认出了自己的情郎，她不顾一切，策马追上善吉，随他回到了乌珠穆沁草原。但是没过多久，迫于寺院里的压力，善吉不得不将都莱玛送回巴尔虎草原。在路途中，他们经过钟赫尔老吉草原，善吉不能自已，编唱了这首《钟赫尔老吉草原》。故事的最终结局是善吉还是无法割舍心上人，他断然还俗，再次寻找到了都莱玛，两人从此相伴一生。

没有伟大的歌者，哪有长调的传奇？

长调是一种口头传承的民间艺术。它常附着在传承人身上，因为，演唱长调的歌手无疑是长调发展的重要因素。

●他的一生和长调紧紧联系在一起，有过坎坷波折，也有无上的荣耀。乌兰夫称他为“人民的歌唱家”。

●1995年内蒙古自治区政府授予他“歌王”称号。

●他的歌，韵味醇厚，像新茶，像陈酒。他的歌节奏自然，像松风，像溪流。莫说绕梁，简直绕心头。更何有我，我让歌占有。弦停歌歇绒幕垂，竟没想到为他拍手。

——叶圣陶

●他的歌声横过草原，天上的云忘了移动，地上的风忘了呼吸；毡房里火炉旁的老人忽然间想起过去的时光，草地上挤牛奶的少女忽然间忘记置身何处；所有的心，所有的灵魂都跟随着他的歌声在旷野里上下回旋飞翔，久久不肯回来。

——席慕蓉

谁被大家这样推崇？蒙古族长调锡林郭勒流派杰出代表、蒙古族最负盛名的长调大师哈扎布，是举世公认的传统长调最优秀的继承者和最完美的演绎者。哈扎布生长在锡林郭勒阿巴哈纳尔旗一个普通牧民家里，年少时便表现出过人的歌唱天赋。后来，他师从王府歌手斯日古楞、特木汀学习长调和潮林道，成

歌王哈扎布(图/杨玉成)

扫描二维码欣赏
扎格达苏荣演唱的
长调《小黄马》

为一名驰名草原的长调歌手，长期担任王爷的歌手。

新中国诞生后，哈扎布被选入内蒙古文工团，成为一名专业长调演员。哈扎布让长调从民间走向舞台，从草原唱到朝鲜、日本，唱到丹麦、瑞典、挪威、芬兰和俄罗斯，得到国内外专家和艺术界的高度认可。

在多年的舞台生涯当中，在继承蒙古族长调演唱艺术传统的基础上，哈扎布创造性地发展了长调歌曲的演唱方法，总结出一系列演唱技巧，在诺古拉演唱方面进行了许多有益的探索，并广泛地传授后人，对20世纪中叶以后的长调艺术产生了重大影响。

哈扎布是20世纪最伟大的长调传人，他掌握着数百首长调、短调民歌，并能够完整地演唱10多首潮林道。其中，潮林道是流行于阿巴嘎-阿巴哈纳尔一带的一种带有持续低音伴唱的多声部合唱，过去在王府里演唱。哈扎布完整地将这一珍贵遗产继承传唱，尤其是与著名潮尔歌手萨仁格日勒的合作演唱，堪称潮林道经典演唱版本。

莫德格（1932—）：新中国诞生后第一位专业文艺团体长调演员

莫德格是20世纪最具影响力的蒙古族长调艺术大师之一，蒙古族长调乌珠穆沁风格杰出代表，蒙古族长调国家级传承人。生长在穷苦牧民家里，全家都酷爱音乐。在母亲和姐姐的影响下，从小学会大量民歌，十几岁成为远近闻名的民歌手。1949年，著名作曲家美丽其格和说唱艺术家毛依罕到乌珠穆沁招收演员，一眼选中这位天才歌手，把她带到当时设在张家口的内蒙古文工团，她就此成为新中国诞生后第一位专业文艺团体长调演员。20世纪50年代末，她随夫回到锡林郭勒草原生活。莫德格演唱的《清凉的杭盖》《铁青马》等长调歌曲，成为蒙古族长调久唱不衰的经典曲目。

莫德格（图/杨玉成）

宝音德力格尔（1932—）：长调国家级传承人

呼伦贝尔市新巴尔虎左旗人，蒙古族长调呼伦贝尔风格流派杰出代表，蒙古族长调国家级传承人。1955年，23岁的她，在波兰首都华沙举行的第五届世界青年联欢节上演唱《辽阔的草原》《海骝马》，荣获金奖，成为长调历史上的一个里程碑。评委之一的苏联著名作曲家肖斯塔科维奇称她为“罕见稀有的民音女高音”。1975年她被调入内蒙古艺校，培养了许多优秀长调人才。

宝音德力格尔认为“城市的高楼大厦里不能唱出辽阔自由的长调，长调与它生存的辽阔草原维系在一起”，1992年退休后她毅然离开城市，回到呼伦贝尔巴尔虎左旗，在自己的家乡举办长调培训班，培养了一大批年轻歌手。

宝音德力格尔（图/杨玉成）

扫描二维码欣赏
莫德格演唱的长调
《清凉的杭盖》

扫描二维码欣赏
扎格达苏荣演唱的长调
《褐色山峰》

五千人演唱长调（图/杨玉成）

随着近年来国家对非物质文化遗产保护的重视，长调民歌得到迅速发展。从国家到自治区，从盟市到旗县，通过认定非物质文化遗产代表性项目、文化艺术之乡、代表性传承人等方式，极大地促进了各地长调民歌的保护与传承。在广大基层，掀起长调复兴的高潮。2006年，东乌旗组织五千人参加长调演唱活动

天地共鸣，和谐人间

潮尔与呼麦是北方民族最古老的声音

蒙古族有一种叫“呼麦”的独特演唱技艺，由于它是一种一个人同时能够唱出两个声部的演唱而闻名于世。呼麦是北方游牧狩猎民族最古老的声音，来源于生活，在传唱中，升华为世界共赏的艺术奇葩。

人声的奇迹

近些年日渐受到关注的呼麦，其实在20多年前的电影《黑骏马》中，已经让大众惊艳，像某种不熟知的乐器的演奏，像特殊的音效，像草原上的风声。那时还没有人知道“呼麦”这个词，这张电影音乐唱片封面上，歌手的名字前面印着一个古怪的头衔：喉音双声演唱。

呼麦，指与呼麦演唱相关的喉部器官，目前成为这一独特唱法的名称。过去，此种唱法广泛流传于蒙古各地，汉文文献记作“啸”。对普通人而言，呼麦是一种古老而神秘的歌唱方式，一个演唱者的歌喉里怎么可以同时唱出两个甚至更多的高低不同的旋律？深沉的低音，比任何男低音的嗓音还要低，虽沙哑却洪亮；而哨音则像金属振动发出的啸声，远远地飘在高处。

至20世纪中叶，此种唱法在内蒙古地区失传，但在新疆阿勒泰地区的汗德尕特，布尔津县的哈纳斯、冲乎尔、禾木等地仍有流传，当地民众称其为“潮尔”。在新疆，潮尔有两种：一种叫“浩林·潮尔”，便是通常说的呼麦，“浩林”意为嗓子，属纯人声演唱形式；一种叫“冒顿·潮尔”，“冒顿”意为“筋管”，这是一种人声和器声结合的形式，在人声低音声部基础上，用筋管吹出旋律。我国新疆蒙古族浩林·潮尔和冒顿·潮尔，较其他国家蒙古地区呼麦更具原生性，而且因其有悠久的历史、特定的流传区域、传统的表现习惯（牧民野外

呼麦的发声原理

关于呼麦，音乐人巴音认为，严格说，不应该叫演唱呼麦，而是演奏呼麦。“就像吹笛子，吹的时候，气口在嘴这里，音高在手指头上。呼麦呢，全收进去了，气口在喉咙里，上腭就是管音高的那个眼，那个管子呢，就是口腔。”

人的喉咙内部有个皱褶，皱褶上方是假声带，用来保护下方的真声带，真声带是说话、唱歌时发声的器官，假声带一般不参与发声，但是在演唱呼麦时，假声带参与振动了。

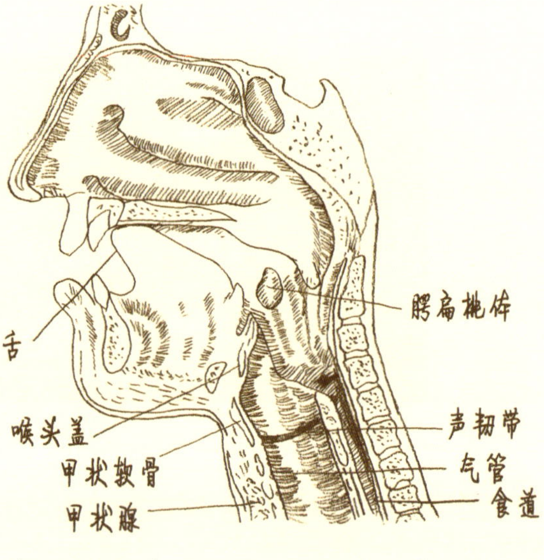

（绘图/ZITAO）

春天，奔跑的羊群和少年。把嘴张开，变换口型，就能跟动物学会各种不同的低音呼麦（图/巴义尔）

放牧时演唱）、自成体系的独特演唱技法、特定的曲目（《鄂毕河之水》《阿尔泰颂》等），故超出了唱法的意义，具备了体裁的属性。

呼麦的起源

潮尔与呼麦的产生与蒙古族特定的畜牧业生产生活方式有关。据说，蒙古人的潮尔和呼麦是牧民在模拟山谷的回声、瀑布直落千丈的声音、小河小溪的汩汩流淌的声音、鸟兽昆虫的叫声。还有人说，呼麦来自口哨。炎热的夏天，蒙古人往往吹起“齿哨”，认为这样可以唤来清风，散去酷暑。另外，还有一种“唇哨”，用来与人打招呼。这种形态进一步发展，成为目前的浩林·潮尔或者呼麦。

蒙古国立文化艺术大学的敖都苏荣教授认为，虽然呼麦起源的具体年代已无从考察，但呼麦无疑是北方游牧狩猎民族最古老的声音。在旧石器时代，人类的行动能力有限，狩猎活动的范围很小，必须用声音把动物召唤到近旁，因而他们会在狩猎中模仿狼嗥、鹿鸣和狐狸的声音……这就是呼麦最初的源头。

站在草原上，有风的时候，把嘴张开，变换口型，你就能听到那种“呼——”的声音。在学呼麦的时候，学“沙哈”可以学绵羊叫，学“依斯和列”的时候就学山羊叫，学“哈日和拉”的时候学牛叫。这几种都属于低音呼麦。

传统意义上，呼麦是一种特定的歌唱体裁，它是“无词歌”，却有特定的曲目以及所表现的意义和内容。如有一首《白母驼》的呼麦曲目，表现了一峰失去驼羔的白母驼哀伤而悲嚎的情景。古代有一队骑牛勇士，冲锋陷阵时人喊牛哞，十分壮观，于是人们编唱《公牛的黑舌》这一曲目，表现这一情景。敖都苏荣说，成吉思汗祭祀蒙古军旗的时候，曾有几千将士合唱低音呼麦的场面，声势慑人。那时候，军队作战前也会齐唱呼麦，千万人发出的声音贴着地面传出去，敌人听见胆子都吓破了。

草原是呼麦的家（图/于怀）

呼麦中的世界观

潮尔与呼麦是蒙古人把自己对大自然的感受，用音乐来形象表达的方式。蒙古人关于多声音乐——潮尔的概念，是在一个持续低音声部与一个旋律声部的对比互动的基础上建立起来的。

蒙古人在世间万物的“动”与“静”、“变”与“不变”的自然法则中总结出了一种独特的听觉美，于是用音乐把它表现出来：持续的低音以“静”或“恒”的形式出现，象征亘古不变的大地；以“动”或“变”的模式出现的旋律声部犹如大地上的河流、绿草、鲜花、鸟兽、人畜等世间万物，生机盎然，自由奔放，变幻无穷，轻轻飘逸在持续低音之上。从民间合唱潮林道到一人独唱的浩林·潮尔，再到人声与乐器组合的冒顿·潮尔以及弓弦乐器潮尔，都属于这一特定的审美表达范畴。这里，蒙古族人民把自己的哲学思考和世界观巧妙地通过音乐，鲜活、形象地予以表达。

失而复得的呼麦

长期以来，关于内蒙古到底有没有呼麦的问题，在学界内部争论较大。一部分人认为，内蒙古本没有呼麦，现今的呼麦手都是从蒙古国学习而来的。另一部分学者认为，流行于阿巴嘎–阿巴哈纳尔一带的潮林道的低音声部便是呼麦，而且中国的呼麦艺术有着悠久

呼麦背后的多声部家族：潮尔

其实，蒙古族有一个庞大而复杂的多声音乐体系，呼麦只是其中一种表现形式。蒙古族把这种多声音乐称为“潮尔”。潮尔，蒙古语意为“回声”“和音”，能够准确地表达这种多声形态。除了浩林·潮尔和冒顿·潮尔之外，在锡林郭勒阿巴嘎–阿巴哈纳尔地区，有一种叫潮林（潮尔）道的传统合唱，是由多个人唱出持续低音声部，其中一位歌手唱出高音长调旋律歌曲，从而形成二声部叠合的合唱效果。在东蒙古科尔沁地区，潮尔是指一种类似马头琴的古老弓弦乐器，两根弦同时拉奏，低音弦持续低音，高音弦上按奏出旋律，二声部重叠错落，实音和泛音相互交替，表现力十分丰富。

潮尔的特点是多音组成和声，但是跟西洋音乐中的和声有明显的不同。当潮尔音乐中有一个旋律在进行时，还有一个固定的根音跟着走，很多时候，根音与旋律之间会出现极不和谐的效果，而西洋音乐中的和声必须恪守音程关系，基本不允许不和谐音效的出现。

在蒙古族的民间音乐家族里，马头琴可以拉潮尔，陶布秀尔（传统弹拨乐器）可以演奏潮尔，口弦可以弹出潮尔，胡笳可以吹出潮尔，人声也可以唱出潮尔——这就是大家所称的“呼麦”。

扫描二维码欣赏
潮尔琴演奏的史诗

的历史，故认为中国古代文献记载的“啸”，便是今天的呼麦，从而进一步认为呼麦曾广泛盛行于中国古代文人阶层中，甚至竹林七贤都会引啸唱呼麦。而与呼麦相关的乐器冒顿·潮尔其实就是汉代著名的《胡笳十八拍》中的胡笳，然而近百年来，呼麦和冒顿·潮尔在内蒙古绝迹了。

20世纪70年代初开始，音乐学家莫尔吉胡开始关注胡笳的问题，对这一在汉代音乐中曾有重大影响的北方民族乐器产生浓厚的兴趣，并通过文献梳理和田野考察来寻觅这一失传乐器的踪迹。20世纪80年代，莫尔吉胡在新疆蒙古族学者道尔加拉的引见下，采访了冒顿·潮尔艺人塔本岱，发现了他所传承的一系列完整的冒顿·潮尔技艺，并通过与文献对照，得出流行于新疆阿勒泰蒙古人中的冒顿·潮尔便是失传已久的胡笳的结论。

莫尔吉胡、道尔加拉等学者首次将新疆的浩林·潮尔、冒顿·潮尔介绍到内蒙古，引起音乐界的关注，人们通过他们的研究，了解了呼麦这一神奇的艺术。

20世纪80年代，随着中国和蒙古国两国之间经济文化各领域交流的增强，有不少人到蒙古国学习呼麦，其中有当代内蒙古呼麦艺术的先驱人物胡格吉勒图、宝力道、斯钦毕力格等人。从此，呼麦艺术在内蒙古迅速发展，学习人数与日俱增。近年来内蒙古地区会演唱呼麦的人已达到万人之多，学习者当中不仅有专业文艺团体演员，还有在校学生、普通民众，不仅有蒙古族，还有汉族和其他民族甚至国外人士，呼麦艺术在内蒙古地区得以全面恢复。

2009年，中国蒙古族呼麦被联合国教科文组织列入第四批“人类口头和非物质遗产代表作名录”；2010年，蒙古国呼麦被列入第五批“人类口头和非物质遗产代表作名录”。

呼麦的技法

呼麦的概念有广义和狭义之分。广义的呼麦是指蒙古族一系列传统唱法之总称。有人总结，呼麦的演唱方法有12种，但普遍采用的唱法主要有4种:“哈日嘎”，是一种超低音演唱方法;“伊斯古日格”，是固定低音加哨音旋律声部的两声部演唱方法，“哈日嘎”和“伊斯古日格”的结合，唱出三个声部;“树伦•伊斯古日格”，是两个声部的“直音”呼麦;“乌叶勒呼”，是一种颤音演唱技法。狭义的呼麦是指一人同时演唱二声部或三声部的演唱方法。演唱者运用特殊的“闭气”技巧，使气息猛烈冲击声带，发出带有气泡音的喉腔共鸣，唱出浑厚的低声部持续长音，在此长音低声部上面唱出清亮透明的高声部泛音旋律。

冒顿•潮尔与胡笳

“冒顿”就是蒙古语的“木头”，乾隆年间编纂的满、蒙古、汉、藏、维五种语言互译辞书《五体清文鉴》中，收录汉语“胡笳”，对应的蒙古语就是“冒顿•潮尔”。这是在民间一直流传的古老乐器，演奏方法同样古老:它不仅依靠吹奏木管来发出高音，演奏者还要同时唱出低音，发声与呼麦相当接近。

胡笳对中国古代文化影响深远。蔡文姬的《胡笳十八拍》，源于她在匈奴的12年胡地生涯。西晋时，刘琨出任并州刺史，进驻晋阳城。数万匈奴兵将晋阳重重围住，城内粮草不济，兵士恐慌万状，刘琨下令会吹胡笳的军士全部到帐下报到，很快组成了一个胡笳乐队，朝着敌营那边吹起了《胡笳五弄》。他们吹得既哀伤又凄婉，匈奴兵怀念家乡，皆泣泪而回。

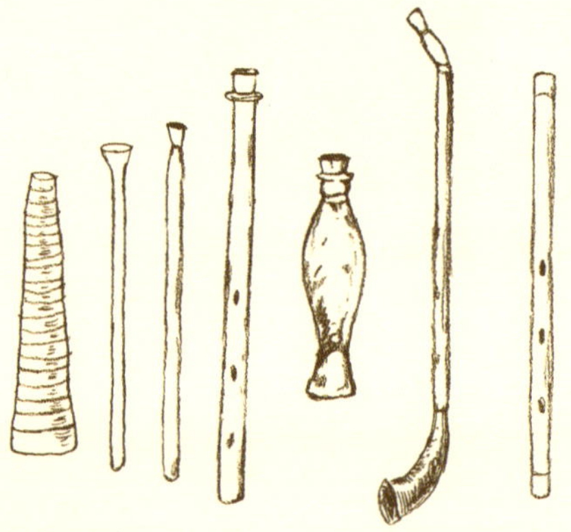

(绘图/ZITAO)

那些呼麦的传人

胡格吉勒图

内蒙古锡林郭勒盟太仆寺旗人，当代最具代表性的呼麦歌手。曾任专业合唱团男中音，20世纪八九十年代到蒙古国学习呼麦，并把它传播到内蒙古。近年来，建立呼麦协会，致力于内蒙古呼麦艺术的传承传播与发展推广。

文丽

年轻的呼麦歌手文丽曾是一位女中音歌手。10多年前开始向蒙古国呼麦艺术家巴特尔·敖都苏荣学习呼麦演唱技艺，2003年，在蒙古国举办的国际呼麦大赛中，荣获女呼麦最高奖，目前已成为国内较有影响的青年呼麦歌手。

法国学者玛格苏尔扎布

如今的呼麦已经成为世界性的音乐表现形式，各国人民踊跃学习。图为法国学者玛格苏尔扎布（蒙古语名字）与著名胡尔齐、潮尔史诗传人扎拉森合作冒顿·潮尔与潮尔合奏。

安达组合：登上国际舞台

呼麦已从过去单人演唱的形式，发展为乐器和人声结合的组合形式，走向了国际舞台，并能够与西洋乐队协奏。图为内蒙古著名的安达组合在国外演出实况。（图/安达组合）

牧歌起时奏响马头琴

马头琴及四胡弓弦乐器是蒙古族生活的一部分

马头琴是蒙古族音乐的灵魂因素

很久以前，有个名叫苏和的牧马青年，他有一匹心爱的小白马。每当苏和唱起歌，小白马就以嘶鸣相伴，声音非常悦耳动听。在一次那达慕会上，苏和骑着小白马一举夺冠，小白马却被王爷抢去。小白马日夜思念主人，日渐消瘦，有一天它跑出了王府，但在回家的路上被王爷的毒箭射中。小白马挣扎着跑回主人身旁，倒地死去。苏和痛不欲生，在迷糊中他梦见小白马走来跟他说："我的小主人，你拿我身上的东西做一把琴吧，这样我们就可以永远在一起了。"苏和醒来后用小白马的骨头做了一把琴，用它的筋做了琴弦，用它的尾巴毛做了琴弓，在琴杆顶上雕刻了心爱的小白马的头。从此，苏和天天为牧民拉琴唱歌，琴声听起来就像是小白马在嘶鸣。

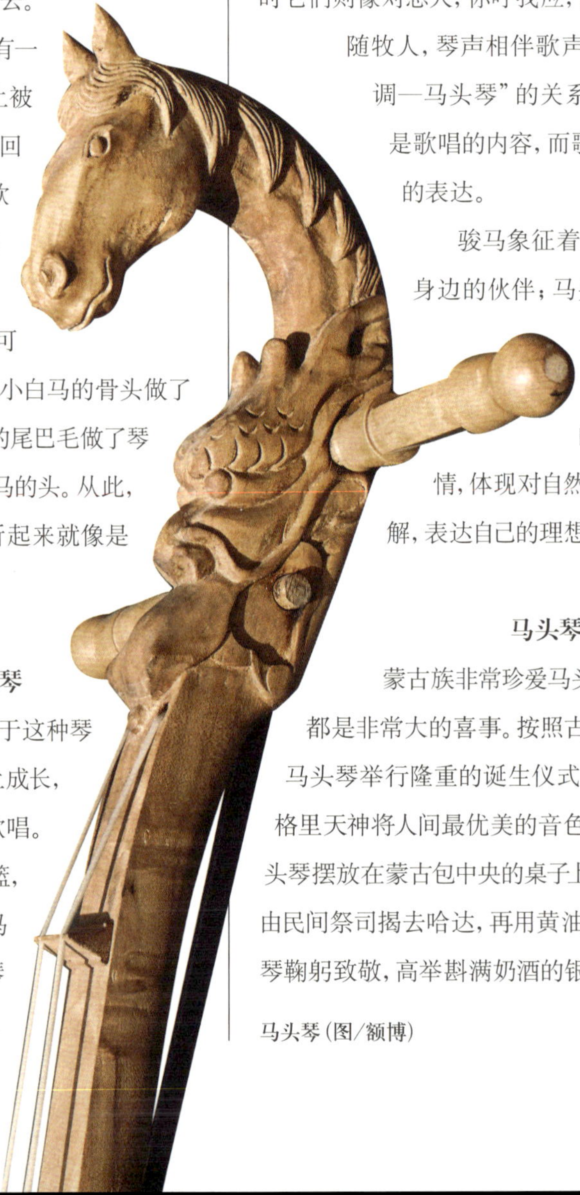

相生相伴：人—马—长调—马头琴

之所以称其为"马头琴"，是由于这种琴与马有关。蒙古人的一生，在马背上成长，马背上放牧，马背上打仗，马背上歌唱。因此对于蒙古人来说，马背既是摇篮，也是战车，又是舞台。蒙古人把骏马尊为五畜之首，把它的头刻在了琴首。牧歌起时，彼相和——蒙古人不但把骏马刻在了琴首，而且把它唱进了歌里头。

在蒙古民歌里，特别是在长调民歌中，以马为题和以马起兴的歌曲不计其数。马头琴伴随长调民歌而来，每当那悠扬的长调唱响，往往有婉转的马头琴声与之缠绵。有时它们就像赛马手，你追我赶，此起彼落；有时它们则像对恋人，你呼我应，此唱彼和。就像骏马伴随牧人，琴声相伴歌声。在这种"人—马—长调—马头琴"的关系中，人是歌者，骏马则是歌唱的内容，而歌声和琴声是歌者内心的表达。

骏马象征着世间万物，它是蒙古人身边的伙伴；马头琴是手中的乐器，是心中的歌声。因此，蒙古人以此来歌唱心中的亲情、乡情、爱情、友情，体现对自然、社会及生活世界的理解，表达自己的理想和追求。

马头琴的神性

蒙古族非常珍爱马头琴，每制成一把新琴，都是非常大的喜事。按照古老习俗，人们为心爱的马头琴举行隆重的诞生仪式，期盼音乐之神——腾格里天神将人间最优美的音色赋予新琴。他们将新马头琴摆放在蒙古包中央的桌子上，用圣洁的哈达覆盖，由民间祭司揭去哈达，再用黄油涂抹琴身，众人向马头琴鞠躬致敬，高举斟满奶酒的银碗，用右手无名指沾上

马头琴（图/额博）

最早记载于北宋典籍的弓弦乐器

上图：壁画图中的潮尔琴——敖汉旗喇嘛沟辽墓备猎图中，后排右侧人所持琴，形状酷似今天的潮尔琴

下图：马头琴是蒙古族生活的一部分（图/额博）

马头琴蒙古语称“莫林·胡尔”，它的历史可以追溯到北宋，沈括的《梦溪笔谈》中便有“马尾胡琴随汉车”的记载。而辽代墓画中，亦有胡人手执酷似马头琴的乐器，此“马尾胡琴”，被认为是包括马头琴在内的中国弓弦乐器的鼻祖。

到了蒙元时期，潮尔或胡尔等马头琴类乐器已经十分普及了。在后来漫长的发展过程中，这一乐器在不同部落和地区有了不同的名称、不同的形制和不同的形状、定弦及表现力。如，过去琴首不仅有马头，还有龙首、兽头、鸟首、马塔尔（传说中的猛兽）首等，其名称在科尔沁、喀喇沁地区叫潮尔，锡林郭勒、喀尔喀地区叫黑力·胡尔（意为“马尾”）、锡纳干·胡尔（“锡纳干”为“勺子”），新疆、阿拉善地区叫叶克勒（意为“马尾”）等。

奶酒后与拇指并拢，向空中弹洒，行洒酒敬神礼，高声朗诵赞美词，仪式后举行新琴试奏音乐会。

这习俗也说明马头琴的产生跟古老的信仰有密切关系，蒙古人对自然和动物的依赖和尊重，尤其是骏马，体现在最初的原始图腾中，所以最亲近的动物也是最原始的崇拜。马头琴用来独奏、合奏以及为民歌、史诗伴奏，它一方面具有娱乐消遣的功能，另一方面具有民俗与信仰的特殊功能。据说，春天为年轻的母畜演奏马头琴，能增加其奶水；冬天在潮尔、马头琴的伴奏下说唱英雄史诗，能够为人和畜祛病禳灾，保全年安康。传说中潮尔琴的马塔尔首象征恶魔，两根琴弦是佛祖用来拴住恶魔的套索，奏出的雄浑厚实的声音，使听到的恶魔闻风丧胆，琴码下面斜插一把蒙古刀，以增强音乐的威力，震慑恶魔鬼怪。

20世纪中叶的马头琴演奏（图/额博）

现代马头琴的定型

20世纪中叶，潮尔大师色拉西被选入内蒙古文工团，开启了马头琴艺术的现代化道路。色拉西的弟子桑都仍，在潮尔、黑力等乐器的基础上，借鉴蒙古国的马头琴改革经验，对传统马头琴进行改革，使它更适合于舞台表演和现代乐队合奏。后经桑都仍的弟子马头琴大师齐·宝力高等人的不断完善，现代马头琴最终定型。“马头”成了这类乐器最终的标志，名称亦统一为“马头琴”。

姐妹马头琴（图/额博）

看见一把琴的诞生：马头琴的制作、定弦和技法

马头琴用硬木制作，音箱有倒梯形、长方形等多种。大者琴长120厘米，小者琴长70厘米。音箱两面蒙绘有图案的马皮或羊皮。琴弦的特别之处是由多根马尾分为两束而成琴弦，按四度关系定弦。

传统马头琴类乐器有三种定弦："孛尔只斤·呼格"，又称"索鲁盖·呼格"，外弦为低音弦，里弦为高音弦，二者形成纯四度，故叫"反四度"定弦，流行于锡林郭勒、喀尔喀、卫拉特一带，现代马头琴亦是反四度定弦；"潮尔·呼格"，流行于科尔沁、东土默特一带，外弦为高，里弦为低，形成四度，潮尔便是这种定弦；"察哈尔·呼格"，流行于察哈尔、阿巴嘎－阿巴哈纳尔以及乌珠穆沁一带，大型合奏阿斯尔中的马头琴便用此种定弦。

马头琴的演奏技法十分丰富，有实音演奏、泛音演奏以及各种衍展技法和混合性的技法，两根弦经常配合出丰富多彩的和声效果，其音乐表现多样，风格优美深沉，富有感染力。

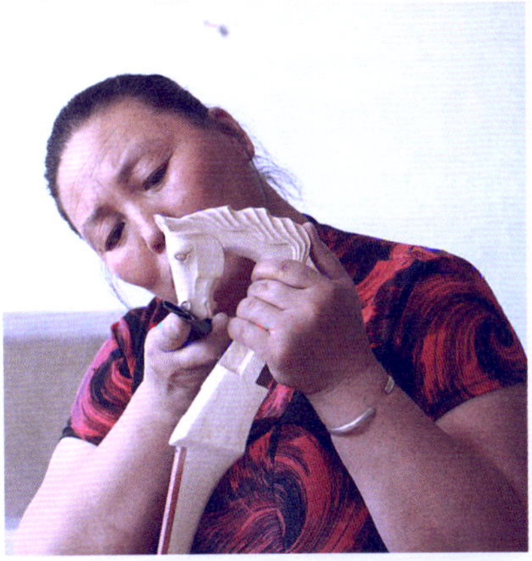

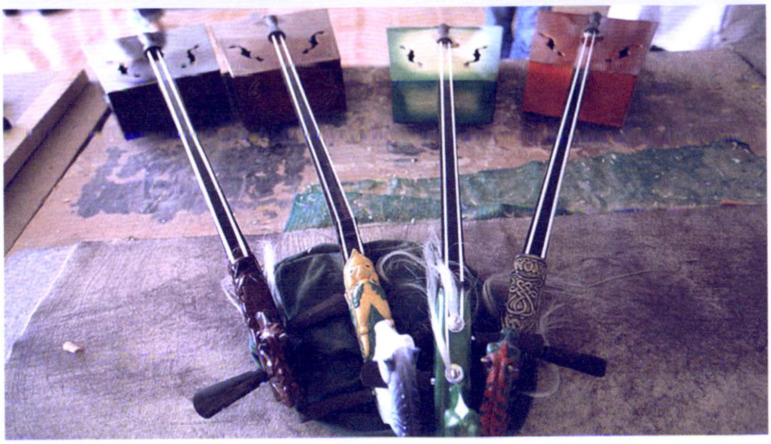

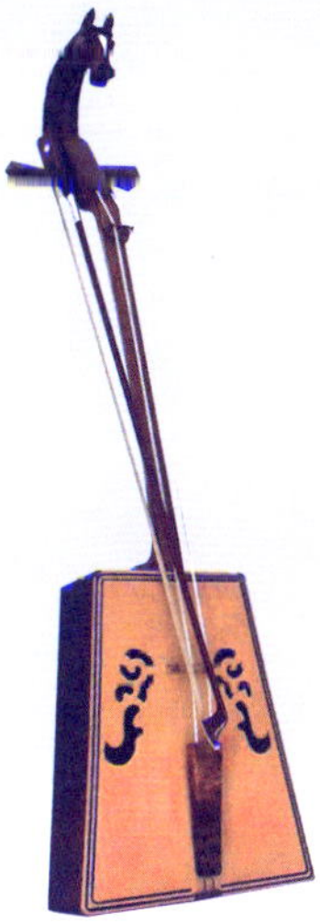

(图/杨坤中)

马头琴大师们的故事

马头琴传人——玛希巴图

现代马头琴奠基人——色拉西（图/杨玉成）

玛希巴图：马头琴传人

马头琴相伴长调，二者是同一种音乐语言的器声和人声的不同的表现。玛希巴图（1915—2005），20世纪最重要的马头琴传人之一。曾任阿巴嘎旗王爷的汽车司机，18岁开始向著名马头琴演奏大师阿尤扎那学习马头琴，曾任王府乐手，是歌手哈扎布的挚友和多年合作伙伴。1935年，同长调歌手特木汀等前往日本、朝鲜等国访问演出。

玛希巴图所传《恩德完满》《恩德三圣》《阿斯尔》等乐曲，是马头琴古典乐曲之精华。

色拉西：现代马头琴奠基人

潮尔艺术大师色拉西（1887—1968），现代马头琴艺术的奠基人。色拉西出生在科尔沁左翼中旗，爷爷和父亲都是远近闻名的潮尔齐。受家庭的影响，色拉西6岁开始向父亲学习潮尔，10岁时能够熟练地演奏，在当地小有名气。19岁时，他到该旗最著名的莫力庙当喇嘛，在那里他结识了莫力庙活佛的专职潮尔齐、史诗艺人那顺特木尔和一个叫仁钦的乐手，系统地学习了潮尔演奏技艺。3年的喇嘛生涯之后，色拉西还俗出寺，身背潮尔，游历草原，成为一名职业艺人。

他游走于科尔沁各旗王公贵族府邸以及富人和牧民农户的家里，有着极高的声望。他曾东渡日本演奏潮尔，并录制了音乐。1949年，他被选入内蒙古文工团，成为新中国第一位专业文艺团体中的潮尔演员，曾为毛主席、周总理等党和国家领导人演奏潮尔，也走访过多个国家。1957年他到内蒙古艺术学校任教，培养了桑都仍、敖特根巴雅尔等一大批潮尔、马头琴艺术家。其中，桑都仍是现代马头琴艺术的先驱，是马头琴艺术大师齐·宝力高的授业恩师。

扫描二维码欣赏
色拉西演奏的马头琴曲
《本宾希里》

齐·宝力高：当代马头琴艺术集大成者

当代马头琴艺术大师齐·宝力高（1944—），科尔沁左翼中旗人，孩童时期被选中为转世活佛，后因酷爱音乐而学习马头琴。他集马头琴演奏、创作、改革、教学为一身，是当代蒙古族马头琴艺术集大成者。

齐·宝力高（图/杨玉成）

他开启了现代马头琴艺术的先河，创作并演奏的《万马奔腾》《回想曲》《草原连着北京》《初升的太阳》《苏和的小白马》等曲子，已成为马头琴经典曲目，他培养的弟子遍布各地。

民间艺人嘎瓦：五度定弦按弦演奏法的最后传人

五度定弦按弦演奏法，曾流行于昭乌达、锡林郭勒等地区。阿鲁科尔沁旗民间艺人嘎瓦，可能是此演奏法最后一名民间传承人。

嘎瓦（图/杨玉成）

巴德玛：额鲁特马头琴重要传承人

长调歌唱家巴德玛也是额鲁特马头琴重要传承人。她采取半跪姿势，琴箱触地，左手运弓，右手擦弦，以演奏马头琴曲《黑鬃马》闻名。

巴德玛（图/杨玉成）

扫描二维码欣赏
陈巴雅尔演奏的
马头琴曲《德玛》

音乐和草原浑然一体（图/额博）

四胡演奏（图/杨玉成）

明清壁画中的四胡，土默特右旗美岱召奏乐百戏壁画中有一位拉奏四胡的乐工。可见，明清时期四胡已经在东西蒙古地区广泛流行

扫描二维码欣赏
伊丹扎布演奏的四胡曲
《正月玛》

蒙古族最普及的乐器：四胡

有人家处，皆有四胡

四胡是蒙古族最普及的乐器，有着广泛的群众基础。尤其在科尔沁、鄂尔多斯地区，走进蒙古族人家，第一眼看到的便是挂在墙上的四胡，几乎家家都有四胡，每户都有四胡手。在东蒙古地区，夏季的傍晚时分，劳作一天的农牧民，往往聚集在村头，大家拉琴唱歌，消除一天的疲劳；冬天夜长昼短，这时候是说唱艺人——胡尔齐的活动旺季。“胡尔齐”本来的意思是“四胡手”，因东蒙古说书艺人用四胡伴奏说书唱歌，后成为说书艺人的专称。他们身背四胡，走村串户说书唱歌。对于辛苦一年的农牧民来说，听书赏歌成为东蒙古民众冬夜消遣的主要方式，尤其是逢年过节或老人过寿、家有喜事时，便请说书艺人到家里，一说就是数十天甚至数月，直到冬去春来，开始接羔耕种为止。

溯源正名

四胡，因有四根琴弦而得名，蒙古语称胡尔，一些地区亦叫胡琴。古代，中原地区的汉族把居住在北方和西北的少数民族统称为“胡”，故他们的乐器和服饰等均冠以“胡”字，这是汉语“胡琴”的由来。在中国历史上，胡琴曾指琵琶、忽雷等弹拨乐器，而作为弓弦乐器的胡琴始于唐代。北宋文献中记载，当时生活在内蒙古东北地区的一个称“奚”的少数民族部落当中有一种弓弦乐器，典籍里记之为“奚琴”，被认为是中国弓弦类乐器的鼻祖。在蒙古族历史上，“胡尔”这一称谓曾是所有乐器的统称，后来才成为四胡的专称。

四胡的分类、技法和名曲

四胡结构与大部分胡琴类似，主要部分有琴杆、琴轴、琴筒和琴弓。琴杆多用红木、紫檀木制作，琴筒多用木制作呈八方形（也有六角形样，或呈圆形），铜制琴筒蒙以蟒皮或牛皮为面，细竹系马尾张丝线为琴弓。

四胡有大中小三种。大四胡流行于东蒙古地区，用于乌力格尔、叙事民歌、好来宝以及英雄史诗的伴奏；中四胡用于民间器乐合奏，流行于东蒙古地区；小四胡广泛流传于蒙古族各地，用于独奏和合奏以及乌力格尔、好来宝、英雄史诗与叙事民歌的伴奏，并形成了科尔沁、察哈尔、鄂尔多斯三个地区流派。

传统独奏四胡曲来源于民歌、说唱音乐、宗教音乐和器乐合奏等，其中《莫德莱玛》《南花》《荷英花》《森吉德玛》等四首曲被称为传统“四大曲”。在东蒙古地区，汉族器乐、戏曲曲牌也是四胡曲的主要来源，如《八音》《万年欢》《普庵咒》《得胜令》《鸳鸯扣》等，都是从汉族民间器乐曲牌和戏曲曲牌演变而来，经过蒙古族艺人的加工改造，成为富有蒙古民族特色的四胡曲调。

四胡是传统合奏乐中的主要乐器。如，锡林郭勒地区有一种叫“阿斯尔”的民间合奏乐，乐队由四胡、马头琴、雅托嘎、三弦、笛子构成；在鄂尔多斯地区，四胡与三弦、笛子、扬琴构成“乃日”（“宴会”的意思）合奏的主奏乐器。

四胡的传统演奏技法分为右手弓法和左手指法。右手弓法包括长弓演奏与短弓演奏，快弓、慢弓、倒弓、碎弓等，左手指法包括实音演奏、泛音演奏、潮尔演奏、弹奏、滑音、打音、高速柔弦等。

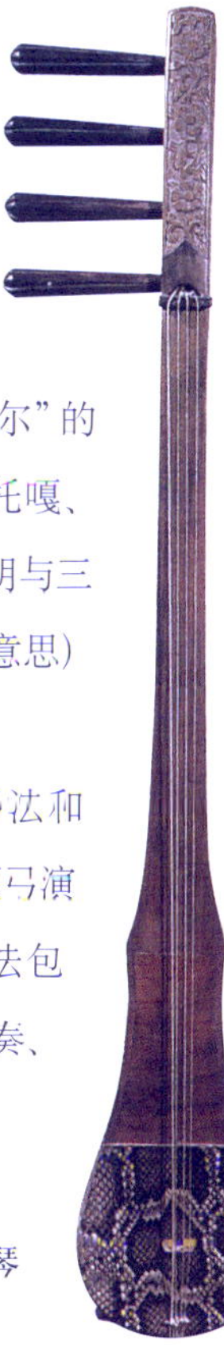

马尾胡琴

孙良：享誉草原的四胡艺术大师（图/杨玉成）

孙良（1910—1997），原籍蒙古贞（现辽宁省阜新蒙古族自治县），主要活动于科尔沁左翼中旗，享誉草原的四胡艺术大师。从小自学四胡，后跟蒙古贞葛根庙乐僧丹巴仁钦学习四胡，20多岁便名震科尔沁草原，成为职业四胡艺人，活动于王公贵族府邸和佛教寺院，以演奏四胡为生。1949年，他被选进当时设在乌兰浩特的内蒙古东部地区文工团，成为四胡独奏演员，他在传统四胡艺术的继承以及舞台化方面做出了杰出的贡献，并培养出一大批四胡传人

扫描二维码欣赏
孙良演奏的四胡曲
《莫德莱玛》

娱乐与象征

传统音乐融汇于民俗生活，无处不在

传统音乐的娱乐与象征功能是核心要素之一，而且在民俗生活中二者往往融合在一起。

何处不飞歌：融“礼”“宴”“乐”于一体的传统音乐

走进过蒙古族生活的人都知道，无论是在牧区、农村，还是在城镇，无论是远方来客，还是亲戚朋友聚会，都会欢宴歌唱。人们通过大大小小各种形式的宴会来庆贺丰收，庆祝寿禄，来进行人际交往，社会整合，通过宴会来游艺娱乐，可以说，宴会是蒙古族社会中最普遍、最活跃的一种民俗生活方式。“宴会”一词在蒙古语中称“乃日”。该词的本义是“情义”“友情”“喜庆”，后语义引申，具有了“联欢”“盛会”的含义，表示聚会、宴筵的场合。在鄂尔多斯、乌拉特等地区，“乃日”也指宴歌、乐队以及乐手和歌手。也就是说，该词包含了“礼”“宴”“乐”三层含义，巧妙地体现了它们之间的内在联系。

宴乐无休，欢乐未央：宴会歌手的重要性

蒙古族在那达慕、祭祀等公众仪式宴会或者婚礼、寿礼私人宴会上往往请乐手和歌手。宴会时间定下来后，办宴者拿着哈达到歌手家里去请；宴会开始，歌手唱完三首歌以后，婚礼主持人向歌手和乐手敬献哈达，馈赠砖茶、酒、布料等礼品，为歌手吟诵赞祝词：“你的歌声就像百灵鸟欢鸣一样美妙动听！你的嗓子就像竹笛吹响般清脆甜美！”“让所有七十套歌曲由你一首首地唱！让所有的亲朋好友为你的歌声而陶醉欢畅！”宴会结束后要举办小型家宴，叫“回报宴”“尾宴”，答谢歌手、乐手、祝赞词人等人员。歌手的选择主要考虑两方面的因素：其一，歌手往往在当地有知名度，他不

宴会中的歌唱习俗

蒙古族宴会中的歌唱习俗俨然是一套规定好的表演程序：宴会开始时有“起宴歌”，中间还有“节段歌”，结束时有“终宴歌”，不同场合、不同阶段演唱特定曲目。起宴歌，便是宴会序歌，是宴会开始时演唱的特定曲目。蒙古族自古崇尚数字“三”，故宴会中历来就有“酒要三杯接三杯地喝，歌要三首接三首地唱”的习俗，以三首歌为一单元把宴歌分成若干组，根据宴会进程，敬一轮酒（三杯酒）唱一组（三首）歌。节段歌，蒙古族宴歌曲目的演唱次序，按照一定的程式来排列。其主线是，随着宴会的进行顺序、特定礼俗情景演唱特定的曲目。终宴歌，可理解成“送别歌”“起程歌”，是在宴会仪式结束时演唱的特定曲目。一个地区往往只有一首规定的“终宴歌”。宴会结束时唱起终宴歌，便表示宴会已进入尾声，主客双方共饮上马酒，同声高歌，彼此告别。

婚礼中的宴唱习俗（供图/博研宝音）

生活中随处可见的歌舞（供图/博研宝音）

但要有一副好嗓子，而且要谙熟宴会规则，更重要的是掌握大量的曲目，能够自如应付仪式活动。蒙古谚语中说："种过的土地不可再翻耕，唱过的歌不可再翻唱。"意思是说，同一场宴会上不可重复演唱同一首歌，所以人们往往以"唱三天三夜不重复一首歌"来要求宴会歌手。其二，要求所请来的歌手必须是家眷健全、身体健康的"完人"。蒙古族传统观念中，鳏寡者、无子者、家有丧事者、残疾者、患重病者被视为不吉利，所以这类人不可担任宴会歌手。另外，过去喇嘛歌手只能在寺院宴会上演唱，禁忌在民间婚礼、家宴上担任歌手。

歌如美酒，礼仪周备

宴会上，歌就像美酒一样，是献给长者和来宾的。宴飨时，年长者的座席设在蒙古包西侧中央，称"主座"，其他人按照年龄顺序坐在两侧。敬酒献歌仪式从年长者开始，歌手代表晚辈向年长者献歌，长者要回应一些祝福吉祥的话。演唱"图日勒格"（两首长调之间的衔接部分）时，由年长者起唱后，其他人方可随之附和。晚辈在长者面前禁忌演唱情歌、讽刺歌、幽默歌、叙事歌等，更不能唱内容低俗、情绪悲伤的歌曲。只有在年长者离席后，同一个年龄级序范围内才可演唱这些歌曲。蒙古族传统观念中，"宴会上要活泼"被认为是男子汉所必备的"十艺"之一；"脸上有朝气、宴上有歌声"是衡量青年男子道德修养的标准之一；"善解音律，歌声像百灵鸟的女性必是合敦（贵族夫人）之命，歌声像鹦鹉者必有财运"，而"会唱宴歌"被认为是母亲的"九艺"之一。在蒙古族传统礼俗观念中，演唱宴歌被视作人人必备的礼节要素，因此在许多地方，男女在宴歌演唱习俗方面的差异，远没有不同年龄级序间的差异那样突出。但是，一些地方的宴歌，分为男性演唱的曲目和女性演唱的曲目。如，在喀尔喀地区宴会上，《万马之首》《金色圣山》《胡兀尔之首》《八大祭祀》《褐色的雄鹰》等歌曲只能由男性演唱，而《北方山岭》这首歌只能由女性来演唱。有时性别因素与年龄因素共同作用，成为能否演唱宴歌的一种标准。如，蒙古族宴会上，严禁未成年者饮酒唱歌、喧嚷哄闹，但是他们被允许旁观大人们的表演。在喀尔喀蒙古的某些地区，女性和40岁以下的男性禁忌演唱“图日勒格”。有些地方未满25岁的男性在宴会上禁止饮酒唱歌，未过45岁的女性在宴会饮酒唱歌也被视作有失礼节的行为。

歌声的信仰：人与神灵交流的特殊符号

蒙古人的观念当中，某些音乐形式具有神力，美妙的歌声和器乐声是人们与神灵交流的特殊符号，具有驱除病灾的威力。如，萨满击鼓歌唱，便获得与神沟通的法力，通过歌乐向神灵表达诉求，借来神的力量来解决人间之事。而东蒙古地区，认为说唱一部史诗，相当于做一次萨满仪式或念一次佛教金刚经，能够起到祛病消灾的作用。蒙古人认为，潮尔、马头琴、四胡等乐器形似人体结构，具有灵魂，并与主人的生命联系在一起，故把琴挂于房屋上方位置，平常不让他人触摸，以香火供之，用时先献以哈达，请示神灵，才可取下拉奏。他人如敲打琴箱，会被看作敲打主人的头，是对主人的大大不敬。人们认为，在除夕之夜到三岔路上拉奏马头琴会有神灵来教导，日后必成为优秀琴手，故每年的除夕成为千千万万学琴者的“开学”日。

北方草原民族的牧业生活中有一类歌唱体裁，是专门“给五畜唱的歌”。幼畜刚生下后，常有母畜不认幼畜，拒绝为其喂奶。这时，牧民便抱着被遗弃的幼畜，在母畜身边低声吟唱起劝奶歌，直至母畜被歌声打动，认下幼畜，给其喂奶为止。其中，哄绵羊调称“吠嗝”，哄山羊调称“切咯”，哄驼调称“嘿嘶”，哄牛调称“呜卟”，哄马调称“咕咧”。另外一些地区，演奏马头琴、四胡为母畜劝奶。

我拉琴来你来听（图/额博）

送亲乃日——乌珠穆沁婚礼的音乐礼俗

草原文化保存完好的婚礼发生地

2007年7月，我们在内蒙古大草原的深处——位于锡林郭勒盟东乌珠穆沁旗道特淖尔苏木呼格吉勒图嘎查（行政村）和呼图勒敖包嘎查，考察了一次典型的乌珠穆沁婚礼。

这是典型的畜牧业旗，可利用草场面积占天然草场总面积的95%。人口7万，其中蒙古族4万，牧民人口近3万，较好地保持着蒙古族传统的畜牧业生产生活方式，在文化上呈现出极其鲜明的草原文化特征。户与户之间相隔几千米甚至几十千米，草场辽阔、人烟稀少。当我们到达目的地的时候，远远地看见草原上那漂亮的三间砖瓦房。走近后我们看见，在砖瓦房前已经架起了3座蒙古包。

送亲乃日

晚9时许，草原的天空已经是弯月当空、满天星斗。大人们不约而同地脱去了便装，穿上了蒙古袍，男的戴好了礼帽，女的戴好了头饰，很快便聚集在西侧的蒙古包里，并按照既定的习俗，井然有序地围坐在蒙古包里。在这一分散的结构里，以新娘大伯为首（新娘在大伯家长大）的男性长者们仪式前便已端坐在蒙古包里，而其他角色纷纷从分散状态聚集到了一起——乃日即将开始。

吉日嘎拉唱起了《修长的青马》，父亲随声应和，并举杯示意，乃日仪式正式开始。这是一首乌珠穆沁长调民歌，上句以“修长的青马”起兴，下句直抒对父母养育恩德的感怀。

唱完一曲之后，两位领唱者接唱“图日勒格”。宴会上的歌唱，往往此起彼伏，歌声不断。当歌手唱完一首歌之后，其他人要唱“图日勒格”以回应。“图日勒格”是由上下两个乐句构成的长调歌曲形态，歌词多为没有明确词义的虚词，旋律性较强，气势恢宏、感情真挚、风格凝重，表达祝福、祈愿、团结等主题。它承接前一首歌，起始下一首歌，从而使不同的宴歌曲目，按照一

献德吉（图/杨玉成）

酒和羊腿被看作“食物之尊”，用来敬献天地神灵，敬献长者和贵宾。而且，这种“食物之尊”往往是神和人共享的。其中，酒之第一盅、肉之第一块、饭之第一碗称为“德吉”（物之第一，有“至上”“尊贵”的含义），将其献给天地、神灵或长辈、贵宾

定的序列逻辑联结起来，形成统一的结构整体。同时，演唱图日勒格可以让歌手稍加休息，为下一首歌的演唱做准备。

一段简短的图日勒格之后，大家共饮一杯。父亲迅速起唱下一首歌——《美丽的乌珠穆沁》，这是由乌珠穆沁作曲家额勒登格创作的歌曲，被看作乌珠穆沁标志性的歌曲，因此可以说人人皆会演唱。与前面的《修长的青马》不同，这次更多的人加入到演唱中，大家放声高歌，蒙古包里气氛一下子变得十分热烈。

第二次"图日勒格"结束之后。男主人紧接着起唱短调民歌《黑骏马》，有两三个人立即应和。

献完"德吉"之后，大人们用餐完毕，又开始了下一阶段的乃日。父亲和吉日嘎拉唱着乌珠穆沁乃日道《像天般》，之后唱起了长调民歌《褐色的雄鹰》，在马头琴的伴奏下他们又唱了长调民歌《清爽宜人的斯雅拉吉》，之后又演唱了十几首歌曲。

传统和当下的融合，呈现新乃日

蒙古族乃日道有着自己的基本范畴，并在题材上有其规定性。蒙古族传统乃日道，多为哲理歌、训谕歌、赞颂歌、赞美歌、感恩歌、思念歌以及送亲歌、嘱咐歌等，而情歌、讽刺歌和内容悲切的民歌，在乃日上是被禁止演唱的。在送亲乃日上演唱的全部27首（去掉重复曲目及马头琴演奏曲目）歌曲当中，22首歌表现了赞颂朝政、赞美家乡和骏马，训谕励志及感怀父母的恩情、思念家乡亲人等内容，它们（包括革命歌曲）是符合乃日道的基本条件的。另外，情歌有6首。可见，实际上的表演，仍有许多偏离于模式之外的细节。尤其是新的社会、新的意识形态和新的文化方式，使得草原上人们过去的认知系统受到冲击。由此，乌珠穆沁婚礼在保持自我文化的传统底色的同时，过去那些不被允许的内容，也悄然进入。

实际上，礼俗规定无法像法律或者宗教信仰那样，具有强烈的约束性，尤其对于乃日这样娱乐性的仪式来说更是如此。仪式表演不是对理想模式的刻板模仿，在仪式的基本结构及主要框架不改变的情况下，表演者可以根据情况自由地选择一些形式来进行表达。在实际表演中，不仅有传统的秉承，也有新因素的纳入。乃日表演在传统与当下的互动中层层推进，彰显出其既熟悉又陌生的面孔。

送亲乃日上演唱（奏）的曲目列表

歌（乐）曲名	类型	形态	题材	演唱语种	国家/地区（部落）	伴奏
《修长的青马》	民歌	长调	感恩歌	蒙古语	乌珠穆沁	无
《美丽的乌珠穆沁》	创作歌曲	短调	赞颂歌	蒙古语	内蒙古	无
《黑骏马》	民歌	短调	情歌	蒙古语	喀尔喀	无
《我心爱的小情人》	创作歌曲	短调	情歌	蒙古语	蒙古国	无
《像天般》	民歌	长调	哲理歌	蒙古语	乌珠穆沁	无
《褐色的雄鹰》	民歌	长调	励志歌	蒙古语	乌珠穆沁	无
《东山哥哥》	马头琴演奏民歌曲调	短调	——	——	科尔沁	——
《乌云珊丹》	马头琴演奏民歌曲调	短调	——	——	科尔沁	——
《青褐色马》	民歌	长调	送亲歌	蒙古语	乌珠穆沁	马头琴
《金翅翠鸟》	民歌	长调	感恩歌	蒙古语	乌珠穆沁	马头琴

《美丽的世界》	创作歌曲	短调	赞美歌	蒙古语	蒙古国	无
《辽阔的草原》	民歌	长调	情歌	蒙古语	呼伦贝尔	无
《小黄马》	民歌	长调	情歌	蒙古语	锡林郭勒	无
《巧步快黄马》	民歌	长调	训谕歌	蒙古语	乌珠穆沁	无
《美丽的乌珠穆沁》	创作歌曲	短调	赞颂歌	蒙古语	内蒙古	无
《大海航行靠舵手》	创作歌曲	——	赞颂歌	汉语	中国	无
《草原上升起不落的太阳》	创作歌曲	短调	赞颂歌	蒙古语	内蒙古	无
《母亲的歌》	创作歌曲	短调	感恩歌	蒙古语	内蒙古	无
《蓝色的蒙古故乡》	创作歌曲	短调	赞美歌	蒙古语	蒙古国	无
《罕山之雪》	民歌	长调	情歌	蒙古语	乌珠穆沁	无
《清爽宜人的斯雅拉吉》	民歌	长调	感恩歌	蒙古语	乌珠穆沁	无
《雾蒙蒙的草原》	民歌	长调	思念歌	蒙古语	乌珠穆沁	笛子
《金翅翠鸟》	民歌	长调	感恩歌	蒙古语	乌珠穆沁	笛子
《山林里的蓬松树》	民歌	长调	思念歌	蒙古语	乌珠穆沁	笛子
《冠军快马》	民歌	长调	思念歌	蒙古语	乌珠穆沁	笛子
《远方的母亲》	创作歌曲	短调	感恩歌	蒙古语	蒙古国	笛子
《辽阔的草原》	民歌	长调	情歌	蒙古语	呼伦贝尔	笛子
《美丽的蒙古马》	创作歌曲	短调	赞颂歌	蒙古语	蒙古国	笛子
《都仍扎那》	民歌	长调	赞颂歌	蒙古语	乌珠穆沁	笛子
《红缎子蒙古袍》	创作歌曲	短调	感恩歌	蒙古语	蒙古国	笛子
《娜木其玛》	民歌	短调	情歌	蒙古语	乌珠穆沁	无
《父母之歌》	创作歌曲	短调	感恩歌	蒙古语	蒙古国	无

撰稿专家

杨玉成（博特乐图），蒙古族，博士，内蒙古艺术学院教授，博士生导师，内蒙古音乐家协会副主席。主要从事民族音乐学、蒙古族音乐研究。代表著述有《胡尔奇：科尔沁地方传统中的说唱艺人及其音乐》《表演、文本、语境、传承——蒙古族音乐的口传性研究》《蒙古族英雄史诗音乐研究》等。

《表演、文本、语境、传承——蒙古族音乐的口传性研究》

《蒙古族英雄史诗音乐研究》

扫描二维码，
阅读专家代表著作的电子版

扫描二维码，
阅读专家代表著作的电子版

以牧民的生产工具套马杆为道具的套马杆舞，彰显男子力量(图/巴义尔)

第10章

草原上的生命律动

舞蹈

本章主撰稿人：内蒙古艺术研究所研究员　王景志　　内蒙古艺术学院教授　赵林平

《蒙古秘史》载：

蒙古人尽情跳舞，在繁茂的大树周围践踏出能盖没小腿的深沟和盖没膝盖的尘土。

这种描述虽显夸张，却使人形象地感受到当时舞者人数之众多，动势之强劲，情绪之激昂，场面之壮观。这是与蒙古族长期在寒冬酷暑的茂密森林和草原地带从事自然经济活动，并由此熔铸而成的强健体魄、激越感情和坚强意志密不可分的，也可见蒙古族是一个多么热爱舞蹈、多么具有热情活力的民族。

在西起阿尔泰山山脉，东至茂密的大兴安岭这片天高、地阔、人稀的蒙古高原上，世世代代积累着、传承着许多富有地域和部落色彩的蒙古族舞蹈文化。这些生活在不同地域的蒙古先民和蒙古族各部落人民，凭借着他们的聪明才智，创造和保存着许多民族民间舞蹈样式，体现着蒙古族舞蹈多样的风采神韵。

蒙古高原先民的狩猎牧业生活是舞蹈的初始成因，他们的举手投足以岩画的形式永恒地镌刻在了荒野石壁之上，当他们信仰神秘的超自然力量时，又以癫狂热烈的萨满舞蹈与神灵对话；藏传佛教传入蒙古高原后，娱人又娱神的查玛舞蹈成为了蒙古族古典舞蹈的代表；还有彰显力量的摔跤舞蹈，以盅碗筷碟为道具的宴会舞蹈……蒙古族人们的舞步从未停止。

源远流长的蒙古族舞蹈艺术，以深厚的草原文化为底蕴，以独具特色的牧业生活为依托，通过独特的肢体语言和绚丽多彩的风姿舞韵，恢宏大气地描绘出了一幅幅充满浓郁民族风情的流动画卷，为我们解读草原文化的厚重、现实生活的多彩和蒙古族的精神品格，提供了其他艺术门类所难以替代的活态信息。

是巫术，还是艺术？

舞蹈与原始宗教

来自远古的舞者：岩画上的舞蹈

在阴山山脉的峭壁间、乌兰察布草原上、巴丹吉林沙漠中，遍布着记录史前人类活动的岩画，而其中尤以舞蹈形态的岩画居多。生活在蒙古高原上的先民，在劳动之余，因生命所需、感情所系，常聚在一起歌之舞之。他们所唱所颂已无从知晓，唯有其舞蹈形态永恒地保存在立壁石崖或幽谷深涧的岩石上，再现了开天辟地之后居住在这里的古代原始居民和各游牧民族的审美观和世界观。

在原始社会，人们模仿各种动物的形象而舞蹈，主要目的和作用，既是为了物质生活所需，也是为了通过跳舞获得某种精神力量，为自己带来希望、带来胜利、带来健康和生活乐趣。后来，随着自然条件的变化和文明社会的演进，舞蹈就不再是单纯的模仿了，而是变成了具有审美意义的表现对象。游牧民族的先民们借助动物的形象表现生命的价值和意义，他们受到各种动物形态的影响和启发而舞蹈，在自己生活过的时代，创造出具有不同社会功用和不同审美价值的舞蹈文化。

当代的蒙古族舞蹈艺术，与原始社会先民创作的舞蹈有着一脉相承的文化血缘关系。作为先民最早创造出来的一种人类活动，舞蹈并非全然是为了审美，可能既是巫术活动，又是艺术活动，同时也是与生产活动和生殖繁衍有关的活动，一定会有许多我们至今难以破解的文化之谜，一定会给予我们从整体上了解蒙古族舞蹈奥妙以积极影响和有益启示。推而言之，原始舞蹈的内在价值，就是生命的、精神的，是对个体生命、

岩画：狩猎和祈祷者（上图）、舞者和动物群（下图）
这两幅舞蹈岩画向人们传递了丰富的内在信息：在那遥远的年代，人在自然面前，在与动物的搏击中，往往显得那样的渺小和无助，甚至狩猎者本身也会变成动物的猎取对象。因此，他们在狩猎前后跳起模仿各种动物的舞蹈，大多都带有功利性质，希望获得神灵的保佑和恩赐，确保狩猎成功。当狩猎成功，解决全体部落成员的温饱后，他们就会以一种本能的冲动、胜利的豪情，将狩猎过程中那些惊心动魄的场景，猎人的勇敢、强悍、机敏、智慧，野兽的桀骜、凶猛、狂躁，通过手舞足蹈的肢体语言再度宣泄一番

事物本身，与客观世界之关系的情感表达。原始舞蹈的外在根据，就是人类希冀与世间万物永存永续、和谐共处的真情演绎。

萨满为何以舞蹈作法？

“萨满”是通古斯语的音译，即“巫”的意思。蒙古族信奉萨满教，将萨满称为“博”，将进行宗教祭祀活动时所跳的舞蹈称为“博舞”。这种基于万物有灵的原始宗教在蒙古社会发展进程中，起到过非常重要的作用，人们依靠博来进行祭祀、占卜、招魂、疗疾等活动，这种仪式通常伴随着击鼓的节奏狂歌劲舞。一名萨满如果没有能歌善舞的能力，是难以以此为生计的。一般来说，虔诚的信仰和痴迷的崇拜是推动宗教产生的力量。从世俗的角度来说，朦胧的对象容易引起神秘的感觉，神秘的感觉容易引起狂热的崇拜，狂热的崇拜又往往会引发出多种艺术形式、艺术形象的想象和创造。利用虚幻的“超自然力量”法术，借助世俗化的舞蹈或其他艺术手段来实现某种愿望，是萨满在预言吉凶祸福和为人“驱邪治病”时最常用的表现手法和表现手段。倘若我们把宗教与艺术，特别是原始的宗教艺术与古代舞蹈艺术之间的关系，放到人类社会发展的历史过程中公正地看，不难得知，蒙古族萨满教与传统的舞蹈艺术之间，在历史起源、情感表现、思维方式、表现手段、探索对象及审美角度等方面，都存在着一种必然的、有机交织在一起的关联。

萨满鞭鼓舞以萨满作法时的法器为道具，释放出神秘的力量（图/王荣昌）

20世纪80年代，笔者（王景志）曾亲眼见到蒙古族

萨满鞭鼓舞模仿萨满法师作法进行舞蹈（图/王荣昌）

可以治病的舞蹈：安代舞

在蒙古族近现代民间歌舞活动的历史上，安代舞所占据的艺术地位和文化价值是不言而喻的。过去，它曾经为生活在科尔沁草原上的蒙古族劳动人民带来情感上的愉悦和精神上的慰藉。今天，它依然以其浓郁的生活气息、鲜明的地域特点，讴歌着蒙古族人民新的精神风貌，演绎着绚丽多彩的草原风情。

如果从历史的角度探讨安代舞，就会发现它既与蒙古族环绕而舞和跺踏而舞的传统表现形式有着一脉相承的渊源，又与古代游牧民族的萨满在为人除灾解困时的宗教活动有着某种内在的联系。

20世纪80年代笔者（王景志）赴科尔沁地区考察安代舞时发现，几乎所有安代舞艺人在1949年前都从事过萨满教活动，有的原本就是职业萨满。这充分说明了安代舞与萨满教之间密不可分的关系。那么安代舞究竟是一种什么样的舞蹈呢?通常在什么场合跳呢?

关于安代舞的来历，有许多的传说。其中流传最广的是一位父亲带久病不愈的女儿求医未果，勒勒车的车轴也断成两截，在绝望之际捶胸顿足，仰天长叹，女儿竟也跟着唱跳起来，病居然奇迹般地痊愈了。从此这个舞蹈流传开来，用以治疗年轻女子的疾病。另有传说是一对夫妇，妻子因为不能生育而郁积成疾。丈夫赶着毛驴车带着妻子四处求医，路过一地，人们正在树荫下唱歌跳舞，妻子也跟着歌舞，病情竟然好转起来。

安代舞的故事在科尔沁各地有许多版本，但大致相似。主要功能是用于治疗年轻女子因抑郁、相思、不孕等原因产生的心理疾病。这种带有治疗功能的舞蹈显然与萨满借用民间歌舞的形式治疗某种精神疾病有着内在的联系。传统安代舞，试图通过群众性载歌载舞的活动，来劝慰、感化因相思或不孕导致精神疾病的患者忘却悲痛哀伤，继而达到治疗目的，体现出一定的人文关怀。安代舞欢快热烈，以甩巾踏跺为主要动作特征。跳舞时，萨满和乡亲们围绕着生病的女子，真诚地劝慰、欢乐地唱跳，能够逐渐增强患者的信心，接下来她便会在大家的鼓励下加入到舞蹈的行列中跟着舞动起来。随着歌舞越来越热烈，病人的情绪受到感染，精神受到鼓舞，于是便忘情地挥动着双臂、跺踏着双脚，最热烈时挥动绸帕或者蒙古袍的下摆，尽情地狂歌劲舞。这种绸帕挥舞凌空飞扬，脚下踏跺砰砰作响的狂欢场面，往往会通宵达旦地持续下去。而这与《蒙古秘史》中所述舞蹈时“践踏出能盖没小腿的深沟和盖没膝盖的尘土”是相一致的。

安代舞欢快热烈，以甩巾踏跺为主要动作特征（图/王景志）

萨满艺人甘珠尔扎布表演的萨满舞蹈。当时，这位已是胃癌晚期的老人，竟然连续做了近百次后仰下腰旋转动作。而且随着击鼓节奏的加快，旋转的速度也越来越快，法裙飘带随之飞扬，铜镜、铜铃铿锵作响，难度之大、技艺之高，堪称一绝，令专业舞者也难以望其项背，若非亲眼所见，实在难以置信。他那灵活多变的舞态，骤然跳跃的技艺，如果没有经历过艰苦的职业舞蹈训练，绝对难以达到如此境界。

由我国北方游牧民族创造的草原乐舞文化，自古便与原始的萨满教关系密切。辩证地说，二者之间的关系既可以说是世俗的乐舞文化借助宗教的传播才得以扩大了流传范围，也可以说宗教的教化力量是通过乐舞这一艺术媒介的美化才渗透到狩猎者、游牧人的精神世界。然而当16世纪藏传佛教逐渐传入北方草原，萨满教逐渐式微，宗教职能降至次要地位，它就会逐渐向艺术攀附，借用艺术的力量维持自己的地位。基于上述理由，显然可见清末以后的萨满教在向民间艺术靠拢和向世俗化审美方向转化，凸显出宗教衰退、艺术攀升的迹象。其中，最典型的例证便是安代舞了。

神圣的宗教舞蹈：查玛

在漫长的历史岁月中，蒙古族传统舞蹈艺术的形成与发展，在很大程度上都与宗教保持着密不可分的联系。继萨满教对蒙古族舞蹈产生重大影响之后，藏传佛教也对蒙古族舞蹈的传播起到了巨大的推动作用。自明朝末期阿勒坦汗将藏传佛教引入，使之成为全民族所信仰的宗教之后，以查玛为代表的藏传佛教舞蹈也在内蒙古草原各地召寺中逐渐传播开来，并对蒙古族民间舞蹈艺术的传承、演变和发展产生了深远的影响，因此被称作蒙古族古典舞蹈的代表。

查玛，源自藏语“羌姆”音译，意为舞蹈。从本质上

喇嘛头戴巨大的面具进行查玛舞表演（图/王景志）

查玛嬉戏舞（图/王景志）

讲，查玛是为藏传佛教意识形态服务，附属于宗教庆典礼仪传统，以祀神、娱神为宗旨的一种艺术形态。受过舞蹈训练的喇嘛饰戴神仙类、鸟兽类面具，在各种吹奏乐器和打击乐器的伴奏下，手持道具（法器）进行舞蹈表演。表演人数从28到108人不等，32至64人居多，通常在阴历正月和七月举行。

查玛大体由15个舞段组成，多以单人、双人、四人的形式进行表演。表演的人物形象均系天神地祇，表现主神的大查玛通常以单人舞的形式独占一个舞段，或者一神化作多神，按照东、南、西、北、中五个方位同时起舞，以示普天之下皆在他的统摄之中；表现普通神或

被佛教征服后供主神差役驱使的神被称作小查玛，常以双人或四人舞的形式出现，或者以侍从者的身份在旁舞蹈，借以衬托主神的尊贵。大查玛动作沉稳狂悍、神态超然，举手投足体现着强烈的宗教内涵和人物的思想情感；小查玛动作灵活、节奏明快、不拘形态，较少神威；以动物形象出现的诸神颇具个性，体现着蒙古族舞蹈擅长模仿、表现动物的万般风情。

今日所见蒙古族舞蹈，无论是气势恢宏的大型舞剧，还是精巧玲珑的单支舞蹈，都在不同程度上有着查玛舞蹈的痕迹。如经典舞蹈《鄂尔多斯》，男子出场时充满豪迈气概的双臂一甩、矫健沉稳的跨步一迈，便源自鄂尔多斯召寺查玛中的一个典型手舞反向绕圆动作。蒙古族舞蹈的七个基础韵律——绕圆、起伏、横摆、点梗、拧转、扭倾、反射都与查玛有着内在联系。从某种意义上说，不了解查玛宗教舞蹈传承嬗变，就无法真正了解蒙古族舞蹈文化的历史。

如今，查玛艺术仍在内蒙古各地的许多召寺中上演，这种通过艺术表现的佛理学说，对于信奉者而言，始终具有一种不可替代的精神和文化的双重作用。在他们的心目中，跳神不是艺术，表演者也不是人而是神，是与他们生死观念密切相联的心灵表述。这些利用舞蹈手段着力铺陈渲染的内容，在现代人面前似乎荒诞无稽，但蒙古族民众对宗教怀有虔诚情感，查玛艺术有着很大的震撼力量。他们通过观看鬼怪魂灵被诸神追捕、围击、捆绑乃至切割、抛撒等恐怖情节，便会自觉地感知到佛陀的神威，坚定今生拜倒在佛门之下积德行善，来世免遭地狱之苦的信念。在查玛活动的现场，当某位扮演天神地祇的角色登场舞蹈时，常常能见到信教者在场地外围匍匐于地顶礼膜拜，向自己崇拜的神奉献哈达或贡品。可见以艺术形式表现的宗教教义远比抽象枯燥的说教更富有说服力。

查玛舞的传说

相传佛教初兴时，有一位很有志气和毅力的老太太，为了表示对佛的执着信仰，执意要在一个人迹罕至的高山上建一座佛塔，便求见国王申请一块地。国王问她需要多大的地方，她说只要一张牛皮大的地方就足够了，于是国王便应允了。哪知她将牛皮拉成细条圈住了整座山，国王明知上当，但已当众许诺，只能认可。建塔时，她除了让两个儿子做帮手外，还用一头牛运载石头，经过旷日持久的努力，佛塔建成。母子三人的虔诚之心感动了天界的佛祖，他们死后得偿夙愿，相继进入了极乐净土世界，唯独留下为了建塔而将肩磨烂了的老牛无人理睬，依然留在尘世承受苦难。它于愤懑之下暗暗发誓：当我转世再生的时候，我要成为人间至高无上的赞普（藏语，统治者的自称），专门与佛教作对。后来它死后果然转世成人，取名朗达玛并登上了赞普的宝座。一场迫害佛教的运动便开始了，许多佛寺被封闭，佛经被焚毁，僧侣被杀害。为了挽救佛教，一些幸免于难的僧人决意要将朗达玛杀死，几经策划想出一个办法。他们请来一个名叫羌邦的善舞者，创造出一套舞者众多、引人入胜的大型舞蹈，邀请朗达玛前来观看。届时，所有舞者皆穿上窄下宽呈三角形衣袖的长袍，内藏弓箭，舞至结尾精彩处，舞者纷纷登场将朗达玛团团围住，一齐从袖内取出弓箭将他射死。从此，佛教又得以复兴。为了纪念这次胜利，僧人们将这种舞蹈纳入到佛教庆典礼仪之中，舞蹈之名查玛便是源于编舞者的名字羌邦。

查玛舞长袍的衣袖呈三角形（图/王景志）

崇拜英雄的情结

舞蹈与力量之美

历史上的蒙古族人们，在缔结部落联盟、推举合罕（首领）、结拜安答（兄弟）、祭天地祖先、期盼丰收、征前誓师、凯旋庆功、超度亡灵、除灾解难、婚丧嫁娶，以及在节日欢庆、节令劳动或自我愉悦等场合，经常会举行规模不等、形式多样的歌舞活动。从其社会意义和民族情感上说，这种全民性的乘兴而舞，对当时的蒙古族民众来讲，无疑会在增强民族凝聚力、提高民族自信心、鼓舞士气、强身健体等许多方面，起到重要的作用。

历史上的蒙古族，是尚武的民族。残酷的自然环境铸就了这个民族强烈的竞争意识和好胜的坚毅品格，因而产生了最为强烈的崇拜英雄的情结和对力量的追求赞美。从原始采集狩猎到部落征战时期，力量都是他们生存必备的素质。因此，狩猎和战争之间历来有着不可分割的关系。在冷兵器时代，狩猎的工具和技能在这一刻用来捕食动物，下一刻就可能用来对付争夺草场和水源的外来者，在技术上并没有太大的区别。因而狩猎舞蹈与战争舞蹈，难以完全区分，具有狩猎性质的舞

摔跤比赛时摔跤手迈着鹰舞步出场（图/额博）

彰显男儿气概的摔跤(图/巴义尔)

竞技和表演的凝练概括，具有多重功能，体现着游牧民族的尚武精神与审美观念。在那达慕摔跤场上，摔跤手们竞赛前后的飞翔之姿、奔腾之态，其实便是“舞”与“武”的完美结合，彰显民族精神与民族性格。

摔跤手们身着摔跤服、肩披象征胜利的五彩江嘎，甩动着双臂，跳跃着入场。江嘎是一个套在脖颈上的环，每获得一次胜利便

蹈也会随之演变成为了战争而进行操练的舞蹈。

成吉思汗征战时期，兵士常常进行狩猎操练，逐渐演变成以舞蹈的形式训练身体的协调性、灵活性和敏捷性，采取排兵布阵的方式进行相互配合协作，这是他们保持旺盛战斗力的首要条件。这种舞蹈操练有着明确的分工、严格的纪律，将秩序和团结引入了这些游牧部落散漫无定的生活中。恐怕舞蹈对于游牧部落的人而言，比起娱乐，更多的是为战争做的准备。为武而生的舞蹈没有过多的浪漫与优美可言，一切都是为着最功利的目的——你死我活的胜利。

时过境迁，蒙古族早已走出了部落征战的时代，但是英雄的基因依然在血液中流淌。在蒙古族最欢乐的节日那达慕上，有一种只有最有力量的蒙古族男子才能跳的舞蹈，那便是摔跤。摔跤始于秦汉年间，亦称“角抵”或“角抵戏”，实则是对我国北方游牧民族的摔跤

在环上系上彩条，因此江嘎上彩条越多，证明其获得的胜利越多，备受尊敬。魁梧健硕的摔跤手们左右大幅摇晃身体，富有气势地跨步跳跃，看似简单的动作，但一经阳刚男儿集体展示，便凸显出强悍的气势和身体的协调性律动。这种舞步集中体现出蒙古族舞蹈以踏跺为本质特征的遒劲体韵，充满着挺拔刚毅的凛然之气。

摔跤手们一边和着韵味悠长、激越豪迈的赞歌，一边随着歌声的节奏晃摆着健硕的身躯，虎视眈眈地注视着对方。之后，在众人的呐喊声中，两人搂抱在一起，以各种摔跤的动作和技巧一决胜负，如对峙、甩臂、绕旋、跳跃、拧腰、搂抱、摔绊、托举等等，尽显摔跤勇士的外在张力和内在机智。机会只有一次，他们两两对决，一局定胜负。

盅碗筷碟，皆可起舞

舞蹈与民俗生活

蒙古民族历来就是一个能歌善舞的民族。如果说语言的主要功能是表达思想、交流感情的话，那么，舞蹈则通过动作语言直接表现人们的思想感情和审美倾向。引申言之，保存在习俗民风中的蒙古族民间舞蹈，就好像是民族社会生活的一个缩影，一个具有潜在能量的、活态的博物馆。其中有图腾仪式的遗存，有宗教信仰的沉积，有民族心理素质的展示，有思想感情的外延，有劳动生产的再现，有民族精神的折射……

一般说来，凡属在草原上流传的自娱性舞蹈活动，大多都是以圆圈形、圆弧形、横排、竖排的队形为主。动作也很简单，有的甚至只有一两个动作，即便是远道而来的客人，也一学就会，随时可以加入到跳舞的行列。牧民们每逢节日或者宴饮聚会的场合，经常会跳起这种看似简单，实则蕴含着许多情感因素的舞蹈。舞蹈的道具也常常就是生活用具，其中以盅碗舞和筷子舞最为著名。

盅碗舞也叫顶碗舞，因舞时以盅碗为道具得名，是蒙古族在宴聚活动中具有代表性的舞蹈形式之一。最早是在宫廷宴饮时，人们高举酒杯迎接出征的将士凯旋，并祭祀长生天。后来宫廷中的某些礼仪文化与歌舞艺术逐渐流传到民间。牧民聚宴酒酣兴浓后，就有善舞者双手各执两只酒盅，轻抖手腕，使盅碗发出细碎清脆的银铃般悦耳响声，伴随着优美的旋律翩然起舞，不仅烘托了宴会的欢乐喜庆气氛，也使舞蹈的表现更加婀娜多姿，风韵独具。其他宾客也会被这种融融的气氛所感染，顺势拿起碗筷、盅盘等用具，情不自禁地且击且舞起来。顿时，全场歌声、乐声、敲击声与各种豪放激情的动作交织成一片，以其强烈的艺术感染力和浓郁的生活情趣，使宴会在“酒不醉人人自醉”的氛围中，高潮迭起，绵绵不断，直至通宵达旦。

另一种蒙古族著名的民间舞蹈筷子舞，因以筷子做道具得名。令人好奇的是，在多种文化，包括蒙古族传统文化中，都有禁止小孩在吃饭时敲击筷子的习俗。当小孩用筷子敲碗时，大人就会严厉喝止，并告知“要掉福气”。鄂尔多斯地区的蒙古族却没有遵循这种固有的风俗习惯，以筷子敲击四肢起舞。人们喜爱这个舞蹈，不外是通过自娱自乐的方式表达欢乐的情感和热爱生活的意愿。

头上顶碗，依然旋转如飞，技之高超的顶碗舞舞者（图/石玉平）

上图：著名民间艺人吉格登表演的筷子舞（图/王景志）

筷子舞的动作、节奏和韵味，与盅碗舞十分相似，都是借助于上身肢体的自然摇摆，通过手臂、肩部的有机配合，才能在舞动过程中形成一种别致的节奏韵味，故在民间宴乐场合，两者常常相伴登场，相得益彰。

一个没有自己歌舞艺术的民族，也是一个缺少积极向上精神和乐观情趣的民族。一个民族可以没有自己的文字，却不可没有自己的舞蹈艺术。在特定的场合，由肢体和表情所构成的舞蹈语言，往往会有超过文字语言的表达能力。舞蹈的终极目的都是为了体现人类至真至善至美的生活观念。蒙古族舞蹈是对草原生态文明——天、地、人之间统一和谐关系的艺术反映，是游牧民族从自然中体悟变化、产生情感，最终形成一种人与自然和谐共处的审美关系与艺术体现。

若要问蒙古族舞蹈艺术“根在哪里，美在何处”，那么，它必定是根植于雄浑壮阔的蒙古高原，源于民族文化精神与游牧生活，真在生命、生存与自然，善在宽广的气度与胸怀，美在人性、心灵与情感。

下图：鄂尔多斯草原上的酒盅舞（图/王景志）

蒙古族新舞蹈艺术的耕耘者：贾作光

舞蹈大师贾作光

说起蒙古族舞蹈，便不能不提贾作光先生这位成就斐然、德高望重的舞蹈大师。在当代中国舞台上看到的蒙古族舞蹈的基本动作元素与风格特征，几乎都与这位满族舞蹈家的继往开来密切相关。从一定意义上说，贾作光既是蒙古族新舞蹈艺术的耕耘者，也是古往今来蒙古族舞蹈艺术的厚积薄发者。

贾作光自幼深受歌舞、绘画、民间文学的熏陶，尤其对舞蹈情有独钟。他少年时师从日本舞蹈家石井漠，从规范系统的训练中获得芭蕾、现代舞的知识和技能。20世纪40年代，贾作光在舞蹈大师吴晓邦的引荐下，来到正值水深火热中的内蒙古草原。辽阔的大草原、豁达的蒙古民族、火热的现实斗争生活、丰厚的草原文化，深深地吸引了这位充满激情、富有浪漫气质的年轻人。在当时的时代背景下，风华正茂的贾作光深入生活，汲取民族传统文化艺术的养料，创造性地发现、提取了各种适宜舞蹈表现的生活元素，相继创作出许多旨在赞美草原新生活，展现牧民新风貌的舞蹈佳作。

在贾作光的感情世界和艺术视野中，蓝天、白云、碧野、花簇，奇幻绚丽、生机盎然；奔腾的骏马、流动的羊群、跋涉的骆驼、翱翔的鸿雁，富有灵性、通达人情；牧马人套马、驯马蕴蓄着力量之美；姑娘们剪羊毛、挤牛奶，刚健婀娜、柔美清新……贾作光满怀着对草原人民的挚爱真情，他的创作始终充盈着蒙古民族文化的底蕴，饱含着对牧民群众的深厚感情。

在近70年的舞蹈艺术生涯中，他先后创作出了近百个舞蹈作品。《牧马舞》塑造了草原上的牧人吃苦耐劳、热爱生活的质朴形象。《雁舞》表达内蒙古人民冲破黑暗统治、迎接光明的美好愿望。在这两个舞蹈里，他汲取蒙古族传统舞蹈元素，在细致观察体验现实生活的基础上，创作出骑马、套马、马步，肩、臂、腕、手指的动作。他从大雁的动作里提取素材，表现雁的飞翔、觅食、喝水等情形，并着力再现大雁在草原上振翅远飞的姿态和气质。他后来还总结出舞蹈审美的“十字解”——对“稳、准、敏、洒、轻、柔、健、韵、美、情”的分析。这些都对蒙古族舞蹈艺术创作产生了深远的影响。

贾作光多次深入内蒙古各地藏传佛教召寺采风，从众多喇嘛艺人所跳的查玛中获益匪浅。他对这种素有蒙古族古典舞蹈之美誉的宗教舞蹈予以发展、创新，同时还把牧民生活中骑马扬鞭、挤奶、梳辫子等动作节律化，并融合并用“大、小挽手腕”“软硬动肩”“甩手下腰”“单腿板腰”等具有草原舞蹈共性的动作语汇，创作出了表现蒙古族人民以乐观主义精神创造新生活，热爱家乡、热爱劳动的舞蹈《鄂尔多斯舞》。这个舞蹈1955年在波兰华沙第五届世界青年联欢节上获金质奖章，至今在国际国内舞台久演不衰，深受人们的喜爱。

舞自远古，舞向未来

在继承中创新的蒙古族舞蹈

蒙古族舞蹈有着深厚的文化积淀，它走下远古的岩画，与萨满教相生相伴，也曾在蒙元宫廷中绽放光芒，又披上藏传佛教的圣衣，并始终在民众的日常生活和节日庆典中占据重要的地位。1949年后，吴晓邦、贾作光等舞蹈大师通过深入的田野调查，采撷民间舞蹈的精华，创作出许多享誉中外的蒙古族舞台舞蹈精品，将蒙古族舞蹈从民间艺术升华为舞台艺术，为民族舞蹈事业开辟了现实主义的广阔道路。有了前辈们打下的坚实基础，当代蒙古族舞蹈艺术家们进一步汲取民族传统舞蹈中的元素，同时紧跟时代步伐，坚持不懈地创新，创作出一个又一个在国内外舞台上大放异彩的优秀舞蹈作品。

登上2013年内蒙古春节晚会舞台的舞蹈《烈马追风》的剧照（供图/赵林平）

从摄影集到舞蹈：《烈马追风》的创作历程

人们常说“艺术是相通的”。当我翻开内蒙古著名摄影家石玉平的摄影集《烈马追风》时，这种感觉尤为强烈。石玉平先生用他的镜头充分展现了草原上的牧马生活，画面中牧人或是在悠闲地走马牧羊，或是技巧娴熟地套马，又或是在那达慕上热烈奔放地赛马……

石玉平先生的摄影作品通过对光影变幻的巧妙运用，营造出独特的视觉效果，既有写实，更有写意，透过画面表现出蒙古人不屈的精神、坚韧的品格。在赞叹摄影师精妙技法的同时，我突然想到，何不将这种手法也运用于关于马的舞蹈中呢？过去已有许多表现马的舞

舞蹈《烈马追风》剧照(供图/赵林平)

蹈，但大多是写实性的，重在对马的形态的模仿，对草原上牧马生活的生动重现。石玉平先生的摄影集给了我极大的启示，我的创作灵感喷涌而出，以往关于马的积累如电光火石般涌现，幻化成一个个优美的舞蹈造型。这便是舞蹈《烈马追风》的由来。

历时两年的孕育，《烈马追风》才从最初灵光乍现的创作灵感，经过编排、磨合、调整，最终成为完整的舞蹈。在创作过程中，《烈马追风》的舞蹈技巧创新让我颇费心思，我打破了传统马题材舞蹈的快慢快和慢快慢结构，以突出舞蹈的力度与速度。例如能够在舞蹈整体快节奏中进行张与弛、强与弱、大与小的对比，使得气韵连贯，舞蹈语言更为丰富；还在动作语言上力求创新与突破，在传统的刨地步与摇篮步的基础上，在节奏、幅度、空间等方面进行扩展。

《烈马追风》在造型、动作、音乐、服装、节奏、格局、结构上，都有意用写意的手法，产生虚实结合的艺术效果，既反映新时期草原人民的幸福生活，又以马为象征，表现蒙古人的精神气质和民族性格。实中有虚、虚中有实，思想主题的譬喻性与多义性拓展了舞蹈的审美空间，力求给观众带来全新的审美体验。最后，《烈马追风》登上了2013年内蒙古春节晚会，并成为压轴节目。

传统中的创新：《草原酒歌》的创作心得

《草原酒歌》荣获了第六届中国舞蹈“荷花奖”民族民间舞蹈大赛金奖。舞蹈以顶碗这一传统民间舞蹈形式，用喝酒、敬酒、顶碗等独特的动作语汇和韵律，刻画出蒙古族男性粗犷、豪放的性格，表现了蒙古族酒文化的深沉与豪迈。与以往的顶碗舞不同，《草原酒歌》以男子顶碗的形式，加上略带醉意的情绪，地面的舞蹈贯穿绕圆，脚下大量运用马步与摇篮步，造成一种马背上跳顶碗舞的动态，与女性顶碗舞飘逸、柔美、端正、典雅相比，更加热烈、狂放，挥洒自如。配以不断变化的舞台背景，为观众徐徐展开了一幅幅具有浓郁蒙古族风情的生活画卷。

虽然名为《草原酒歌》，但舞蹈并不是为了表现饮酒娱乐，而是自始至终都突出一个“敬”字。上敬长生天，下敬茫茫草原，再敬祖先，其赤诚感天动地。在这里，酒是艺术的桥梁、和谐的媒介、情感的见证，展示出真挚、朴实、热情、奔放的草原酒文化。

在这里，男人像男人，女人像女人

有人说蒙古族舞蹈的特点就是男人像男人，女人像女人。这正是蒙古族舞蹈语汇不同性别体系所展现出的独特个性。无论时代如何变迁，蒙古族舞蹈的创新，都立足于深刻理解蒙古族传统文化内涵的基础之上，

表现蒙古族女性坚韧品格的独舞《马背上的女人》（图/石玉平）

充分运用不同的舞蹈语汇来表现丰富的民族性格。

女人的善良、坚韧与男人的勇敢、刚烈，相依相伴、相辅相成。因而，男女舞蹈语汇既有区别，又有相通之处：刚柔相济，内敛而又奔放，高贵而又自然。蒙古族舞蹈体现着历经多重文化洗礼的丰厚的民族心理积淀。

女性舞蹈语汇在独舞中包括手、腕、臂、肩、腰、腿、脚的连贯动作以及由此组合而成的体态，如碎肩、硬肩、耸肩等，还有硬手、软手、弹拨手等。如果说，肩部动作主要表现出蒙古族女性积极乐观的生活态度和幽默的气质，那么软手动作则体现出人与大自然的关系。随着各种韵律展现的软手，仿佛在描摹着微风拂过的辽阔草原。女性语汇就是在动作、呼吸、眼神与韵律的有机配合中达到平稳、深沉的境界。在双人舞以及群舞中，蒙古族女性舞蹈语汇是生动的，其动作原型是现实生活中鲜活的劳动动作。同时它又是丰富的，既有对生活的模仿和再现，也有纯粹、随意、即兴的手舞足蹈，那是女性心灵世界的一种自然流露。

男性舞蹈语汇虽然也是手、腕、腰、臂兼用，但更重要的是腿和脚上的动作。蒙古族以马背民族著称于世，骏马不仅是这个民族的生产工具、交通工具、娱乐工具，还是这个民族最倚重的生活伴侣和朋友。更为重要的是，骏马集中了蒙古族对美的认识，同时也是民族美的象征。古代蒙古先民的尚武精神形成了蒙古族男人特有的豪放、勇武、伟岸、狂悍的英雄气概，这成为男性舞蹈语汇的精神支柱。比如马背舞姿至少有两种：一种是随骏马奔腾的热烈舞姿，一种是骑在走马上的舒缓舞姿。前者脚腿动作激烈、粗放豪迈，是气吞山河的民族气魄之写照；后者昂首挺胸、激情内敛、体态挺拔、外松内紧、潇洒而不松懈。这两种语汇交相辉映，仿佛在

气势恢宏的男子群舞《万马奔腾》（图/王荣昌）

男子群舞《苏力德舞》以成吉思汗战旗苏力德为道具(图/王荣昌)

告诉我们：在蒙古人的心里，处变不惊的民族大气是一种美，勇往直前的孜孜以求也是一种美。

民族的自信心和自豪感是蒙古族舞蹈的灵魂，由此派生出的语汇大体有两类：一类是外显式的，主要出现在男性舞蹈中；一类是内敛式的，主要出现在女性舞蹈中。不论语汇的区别有多大，那挺拔的身姿、舒展的肢体、开阔的胸襟、刚劲的步伐、向上的体态是相通的。再与表情、律动相结合，虽然不可言传，却可以真实地感染观众。因为这是草原赋予蒙古族的真诚、自信、自豪的形体化诉说。

(本章节作者 赵林平)

撰稿专家

王景志，内蒙古艺术研究所舞蹈理论研究室研究员，一级艺术评论，内蒙古师范大学客座教授，多届舞蹈赛事评委。主要研究方向为蒙古族舞蹈理论，承担《中华舞蹈志·内蒙古卷》《中国民族民间舞蹈集成·内蒙古卷》《中国少数民族舞蹈史》等国家和自治区级艺术科研项目，主要著作有《中国蒙古族舞蹈艺术论》，填补了中国北方游牧民族舞蹈理论研究的空白。

《中国蒙古族舞蹈艺术论》

赵林平（葛根珠兰），蒙古族，内蒙古艺术学院副院长、舞蹈系教授，中国舞蹈家协会副主席、内蒙古舞蹈家协会主席，全国中青年德艺双馨文艺工作者，中国舞蹈艺术突出贡献舞蹈家，多次担任"桃李杯""荷花奖"等专业舞蹈大赛评委，代表作有《草原酒歌》《马背上的女人》《塔林毕斯贝》等，《草原酒歌》获第六届中国舞蹈"荷花奖"民族民间舞蹈大赛表演金奖。

扫描二维码，
阅读专家代表著作的电子版

国家出版基金项目
NATIONAL PUBLICATION FOUNDATION

中华民族文化大系

【蒙古族】下

天之骄子

主编 齐木德道尔吉

总顾问单位 国家民族事务委员会

上海锦绣文章出版社 上海文化出版社

目录　CONTENT

目录　CONTENT

第12章
性格塑造，
文化传承
宗教信仰
43

第13章
交流媒介，
民族特征
语言文字
79

目录 CONTENT

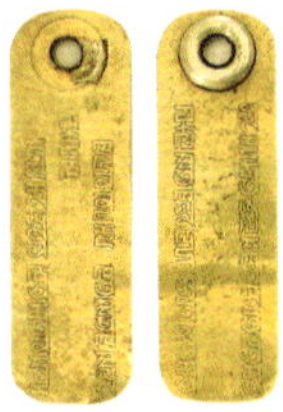

第14章 疾风之民，叱咤风云
历史
97

目录 CONTENT

目录 CONTENT

目录 CONTENT

目录 CONTENT

目录 CONTENT

本书导读示意图

专题标题：以虚实结合的文字概括各民族的某一重要文化事项。

专题段落标题：揭示这一重要文化事项的不同断面，分层切入，条分缕析，引你直抵现象背后的文化之核。

正文

民族经典纹样——蒙古族嘎日迪（凤鸟）纹。《蒙古源流》记载铁木真即合罕位前，有五彩瑞鸟每日在房前呼唤“成吉思”，预示草原圣主即将诞生。作为上天降下祥瑞的吉兆，凤鸟纹在蒙古族民间运用普遍，成为幸福理想的象征。

拓展阅读：与专题相关的名词解释、背景知识、人物小传、田野实录等的延伸阅读，为你构建多维度、多侧面的全息专题文化影像。

蒙古草原上的英雄史诗和说唱艺术

陪伴蒙古人度过漫长冬夜，蒙古史诗口传千载的魅力到底是什么？

一个拥有600多部英雄史诗的民族

蒙古民族是世界上拥有英雄史诗遗产最多的游牧民族。据不完全统计，世界各地蒙古人中流传的英雄史诗多达600多部，其中我国蒙古族中就流传着100多部英雄史诗，包括举世闻名的长篇史诗《江格尔》和《格斯尔》。蒙古英雄史诗不仅数量多，而且都以口耳相传的活形态方式传承到今天。在我们熟悉的世界著名史诗中，荷马史诗《伊利亚特》和《奥德赛》，古代印度两大史诗《罗摩衍那》和《摩诃婆罗多》，法国、德国、俄罗斯史诗等都已经文字定型，变成了古典文学经典，早已不再是口头史诗了。而蒙古族民间依然有史诗歌手在演唱着优美动人、鼓舞人心的英雄史诗，一代又一代流传到现在。

保持游牧生活，史诗才能口传千载

研究史诗的学者们发现，地球北半球有一个史诗带，人类重要的英雄史诗基本上都流传在这个区域内（当然，非洲、拉美和东南亚也有口头史诗，但是与北方民族的英雄史诗有明显区别），而其中包括蒙古民族和突厥语族民族在内的游牧民族世代生息的北方草原是这个史诗带极为重要的组成部分，而且基本上都是生

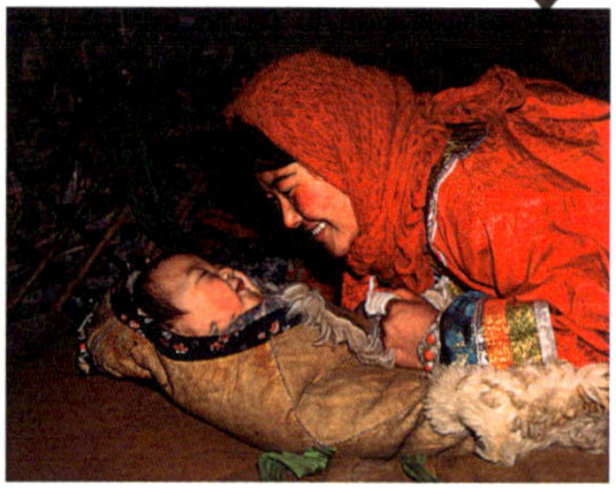

“布拜歌”是蒙古人的摇篮曲，歌词简单，曲调悠扬（图/额博）

会赞美的民俗歌谣：浪漫背后特定的文化功能

四季更迭，蒙古人念念不忘天地人的沟通和祈福

蒙古族的民俗歌谣指的是日常生产和生活中各种仪式场合吟诵的口头诗歌。这些口头诗歌的共同特征是它们与某种特定仪式结合在一起，是各种民俗仪式的重要组成部分。在外人看来，蒙古人的各种民俗仪式富有浪漫色彩，充满诗情画意，但是蒙古人自己却把这些仪式当作生产生活当中必须完成的环节，这些民俗仪式都有自己的特定功能和文化内涵。

召唤词：春季的赞美和祈福

春天是大地复苏，候鸟归来，万物焕发蓬勃生机的美好季节。因此蒙古族牧民在候鸟归来的时候举行招福仪式，吟诵《召唤词》，希望通过从南方飞回北方草原的各种鸟类这些可见的春天标志来带动和促进五畜繁殖。

扫描二维码欣赏
鄂尔多斯祝赞词

蒙古族—14

多媒体技术的全新运用和呈现：音（视）频链接为你直观展现民族文化的某个片段。从此，纸质经典不再是一位沉默的朋友。

图片：既有近百年来中外著名学者亲历现场所拍摄的第一手影像资料，也有当代摄影家极尽巧思的唯美大片，涵盖面广泛，于文本之外，自成一个独立的图片系统。

蒙古史诗分布图。集中分布于北方草原的史诗，基于游牧民族口口相诵的传统，得以千载流传（图/陈岗龙，根据蒙古语方言分布图绘制）

命力旺盛的活态英雄史诗在流传，这是和这些民族的游牧生活方式分不开的。游牧蒙古人把草原保留到今天，也把人类口传史诗传统保留到今天。

大史诗《江格尔》的魅力之谜

《江格尔》是中国三大史诗之一，其地位和影响力毋庸置疑。它的流传和延续也是一个经久不衰的研究主题。

它以口头流传的方式存在于我国新疆卫拉特蒙古

撰稿专家

陈岗龙（多兰），蒙古族，北京大学教授，博士生导师。主要从事蒙古学和东方民间文学教学与研究工作。主要论著有《蒙古民间文学比较研究》《蟒古思故事论》《蒙古民间文学》《草尖上的文明》等。

《蟒古思故事论》

扫描二维码，
阅读专家代表著作的电子版

图片说明：拒绝标签式的大白话图片说明，每一段解读，或长或短，都经撰稿专家反复推敲，发图片画面之所未发，读图时代，仍然需要如此点睛之笔的助力。

专家简介：为你介绍各章撰稿专家的学术背景、学术成就，在作者与读者之间搭建起一座信任之桥，论世需要知人，论著也当知人。

代表性论著链接：扫描二维码可阅读该专家代表作，并可进一步在中华民族文化经典学术著作数据库中阅读其他民族文化学术著作。

蒙古语乌力格尔说唱中原王朝兴衰史曲目表

朝代	乌力格尔曲目	相应的汉语章回小说及其蒙古语译本
夏、商	《商朝故事》	（明）许仲琳《封神演义》
周	《钟国母》	（明）冯梦龙《东周列国志》
战国	《孙庞演义》	（明）吴门啸客《孙庞斗智演义》（《前七国孙庞演义》）
战国	《齐国》或《钟国母》	蒙古族有《钟国母》80回抄本，但没有对应的汉文底本。同样，越南也有《钟国母》80回抄本

15—— 民间文学

表格：删繁就简，将大段枯燥的学术性表述华丽转身为一目了然的图表，文明演进的过程、文化现象的罗列，由此变得简洁明了。

蒙古包里的小教室，文学的种子由此生根(图/内蒙古摄影家协会收藏，额博供图)

第11章

诗性智慧，抚慰心灵

民间文学

本章主撰稿人：北京大学教授　陈岗龙

一提到蒙古族的民间文学，大家可能马上想到《江格尔》《格斯尔》等英雄史诗，因为蒙古族是一个英雄的民族；大家也可能想到《鸿雁》和长调民歌，因为蒙古族是一个能歌善舞的民族；大家或者还可能想到《嘎达梅林》《巴拉根仓的故事》和《马头琴的传说》，因为各民族读者早已经熟悉这些作品。可以说蒙古族的民间文学无处不在。按照民间文学的一般分类，蒙古族的民间文学几乎涵盖了人类口头传统文学中的所有门类，而且富有自己的民族特色。

蒙古族民间叙事文学有古老的神话、传说，有异常丰富的民间故事，而且蒙古族英雄史诗更是享誉世界；蒙古族民间歌谣种类繁多，不仅庆典盛宴上有唱不完的长调民歌和赞颂美好生活的祝赞词，还有牧民在草原上放牧时唱给自己和蓝天听的爱情歌曲，更有一般读者不太熟悉的民俗歌谣，这些民俗歌谣与蒙古族日常生产生活融为一体，随时吟诵。蒙古族的民间歌谣，不仅唱给人听，而且还要唱给天地和五畜听，这是游牧民族民间文学最突出的特征之一。

丰富多彩的民间文学，使蒙古民族成为一个热爱生活、热爱大自然的积极乐观的民族。蒙古民间文学铸造了蒙古人丰富多彩的精神世界，弥补了简单生活中的单调乏味。过去在北方寒冷漫长的冬夜，蒙古人常常听江格尔齐演唱史诗，他们或者用乐器伴奏，或者没有乐器伴奏，抑扬顿挫地演唱着，部落与部落之间的战争和英雄的业绩激励着一代又一代的蒙古人，像史诗英雄那样保卫家乡和部落成为每一个蒙古族男孩的梦想。而叙说祖先的故事则告诉人们民族的起源和迁徙的传说。在蒙古族民间文学中最丰富的是民间故事，以童话居多，勇敢的草原勇士战胜和消灭蟒古思恶魔，美丽善良又聪慧的女孩一次次地通过命运的考验，最终得到属于自己的幸福，所有这些故事都熏陶了每个蒙古人的心灵。

蒙古草原上的英雄史诗和说唱艺术

陪伴蒙古人度过漫长冬夜，蒙古史诗口传千载的魅力到底是什么？

一个拥有600多部英雄史诗的民族

蒙古民族是世界上拥有英雄史诗遗产最多的游牧民族。据不完全统计，世界各地蒙古人中流传的英雄史诗多达600多部，其中我国蒙古族中就流传着100多部英雄史诗，包括举世闻名的长篇史诗《江格尔》和《格斯尔》。蒙古英雄史诗不仅数量多，而且都以口耳相传的活形态方式传承到今天。在我们熟悉的世界著名史诗中，荷马史诗《伊利亚特》和《奥德赛》，古代印度两大史诗《罗摩衍那》和《摩诃婆罗多》，法国、德国、俄罗斯史诗等都已经文字定型，变成了古典文学经典，早已不再是口头史诗了。而蒙古族民间依然有史诗歌手在演唱着优美动人、鼓舞人心的英雄史诗，一代又一代流传到现在。

保持游牧生活，史诗才能口传千载

研究史诗的学者们发现，地球北半球有一个史诗带，人类重要的英雄史诗基本上都流传在这个区域内

“布拜歌”是蒙古人的摇篮曲，歌词简单，曲调悠扬（图/额博）

蒙古史诗分布图。集中分布于北方草原的史诗，基于游牧民族口口相诵的传统，得以千载流传（图/陈岗龙，根据蒙古语方言分布图绘制）

（当然，非洲、拉美和东南亚也有口头史诗，但是与北方民族的英雄史诗有明显区别），而其中包括蒙古民族和突厥语族民族在内的游牧民族世代生息的北方草原是这个史诗带极为重要的组成部分，而且基本上都是生命力旺盛的活态英雄史诗在流传，这是和这些民族的游牧生活方式分不开的。游牧蒙古人把草原保留到今天，也把人类口传史诗传统保留到今天。

大史诗《江格尔》的魅力之谜

《江格尔》是中国三大史诗之一，其地位和影响力毋庸置疑。它的流传和延续也是一个经久不衰的研究主题。

它以口头流传的方式存在于我国新疆卫拉特蒙古人和蒙古国西部阿尔泰地区，17世纪的时候西迁的土尔扈特蒙古人把史诗《江格尔》的口头传统带到伏尔加河边，因此卡尔梅克蒙古人中也流传着《江格尔》。

《江格尔》到底讲了什么故事

史诗《江格尔》是一部以主人公江格尔为核心聚集而成的史诗集群的总称，至今已经搜集到的诗章有80部左右。这些诗章的故事均围绕着英雄江格尔及其率领的12名雄狮大将和6012名勇士共同保卫家乡、保卫人民的壮烈斗争展开，每个诗章都在保持人物、地域和历史背景连贯的前提下，由相对独立的主题和情节组成，其中讲述的基本上都是江格尔领导的宝木巴国与

《江格尔》的发现、流传和版本

1805年德国旅行家别尔格曼从卡尔梅克蒙古人中发现和搜集到《江格尔》史诗，并将其中的两章翻译成德文出版，从此欧洲学者开始关注蒙古英雄史诗。20世纪七八十年代我国学者在新疆搜集到了更多的《江格尔》诗章，世界史诗学界才认识到《江格尔》的真正故乡原来是我国的新疆。

《江格尔》虽然很早就有了各种托忒文手抄本，不过主要还是靠世世代代的《江格尔》史诗艺人——江格尔齐的传唱流传到现在。

周围形形色色汗国之间的军事冲突和斗争。

江格尔两岁时，家乡遭到了蟒古思（魔王）的蹂躏，父母被害。他父亲的好友、大力士蒙根西克西日格救了他。刚刚3岁的孤儿江格尔，就已经能手握兵器、身跨骏马，勇敢出征了。在后来的岁月里，他建立了无数功勋，宝木巴国的臣民推举他为圣主江格尔可汗，但敌人不甘失败，经常伺机侵犯宝木巴国。江格尔率领他的12位“雄狮”、35名虎将和6012个勇士，打败了进犯的敌人，保卫了宝木巴家乡，扬名44国。

每一部的诗章都以优美的序诗开始，序诗交代江格尔苦难的童年，历数他在逆境中创造的功绩，赞颂他的英明和天堂般丰饶富美的国度，然后再仔细讲述江格尔和勇士们的战绩。很明显，史诗充满了英雄主义和理想主义的审美追求，又是一部古代蒙古族的风情长卷，其内容涉及蒙古历史文化的方方面面，所以国内外专家多推崇其多领域的研究价值。

蒙古英雄史诗的战争主题基本上都是英雄和多头蟒古思之间的浴血战争。蟒古思是蒙古英雄史诗中的可怕敌人，它最突出的特点是多头一体，从12颗到95颗，甚至几百颗，头越多，蟒古思的力量就越强大，对人类的危害就越大。

关于蟒古思的形象，长久以来学者们争论不休，有学者认为蟒古思是可怕的自然灾害的象征，有学者认为蟒古思的多头是古代北方民族首领戴的头饰，象征其力量和权力。而我们从蒙古英雄史诗的内容来看，蟒古思最主要的特点就是“多头一体”，头越多力量越大，这种形象与其说是自然属性的恶魔，不如说是人文的恶魔，是草原上游牧民族中与英雄作战的敌对部落或者部落联盟的妖魔化形象。

也就是说，蟒古思的多头就代表着组成部落联盟的许多部落，这些部落的数量越多，形成的部落联盟的力量就越大，他们四处去吞并其他弱小的部落，而英雄史诗演唱的就是英雄为了维护自己的部落而与可怕的

新疆巴音布鲁克天鹅湖旁修建的著名江格尔齐李·普日拜纪念碑（图/巴义尔）

蟒古思战斗的可歌可泣的战争故事。

故事背后：部落联盟的身份认同

蟒古思还有一个特征，那就是蟒古思的多头中有一个是核心的，更多的情况下蟒古思的灵魂还藏在别的地方。因此，英雄如果不消灭蟒古思的灵魂，即使砍掉蟒古思的头还会很快长出新的头来。这实际上就是说英雄如果想摧毁敌人的部落联盟，一定要彻底消灭部落联盟的核心，否则很快会形成新的部落联盟再次威胁英雄的家乡。面对多头的蟒古思，英雄增加力量的方式就是在去消灭蟒古思的途中，不断遇到被蟒古思打败的英雄，这些英雄成为史诗主人公的助手，大家一起去打蟒古思。这实际上就是史诗主人公在与蟒古思——敌对部落联盟作战的过程中不断团结了被敌人打败的部落，组成了部落联盟，用共同的力量去对抗敌对的部落联盟，体现了古代游牧民族的身份认同，那就是“我们是正常的人类，其他部落或部落联盟是非人类”，因此侵犯“我们”的敌人就成了可怕的“非人类”的多头恶魔。

蒙古英雄史诗的口头传统

文/朝戈金，中国社会科学院学部委员，国际史诗学会会长

蒙古史诗的表演形式是史诗艺人一个人独角演唱史诗，把祖先的历史和神灵的神话传说，说唱给普通的听众听，是史诗最古老的表演形式，具有浓厚的信仰特征。

对传统游牧社会的蒙古人来讲，演唱史诗虽然是一项和信仰有关的神圣而庄严的活动，但是同时还具备神圣与世俗相结合的特点，一方面通过史诗艺人的代言和中介与另一个世界的祖先和神灵沟通，另一方面承载着消磨漫长的时光和教育后人的娱乐教化功能。

从“唱”到“说”
江格尔讲述方式的变化

以口头史诗韵律学的比较研究作为出发点，对蒙古史诗的诗行进行研究，这迄今是国际学界的盲区。在实际表演中，若是歌手演技高超、富有经验，会完全或几乎完全用韵文“唱故事”，而业余的、缺少经验的表演者则倾向于利用散文文体来“说故事”。

就那些具体的歌的结构肌理而言，那些高度传统性的要素，例如典型场景，就倾向于体现为诗体形式，不论它的演唱者究竟是谁。在《江格尔》中，多是以宫殿场景作为开端，江格尔和他手下的12名大将以及6012名勇士在热闹地饮宴，而且他往往坐在44条腿的凳子上。这个典型场景有预示后面将要发生事件的功能，为史诗的“旅程”提供了某种地图，当欢宴的场合出现了送信人，则预示后面的故事要围绕着敌人入侵、战争爆发进行了。而散文的部分则出现在这些传统单元之间，成为表演者推进故事讲述的手段。从演唱传统的内部考察，诗歌常被理解为最初的形态，就英雄史诗的典型形态和传唱特点而言，应该是以韵文的“唱故事”为一般形态的。

孩童为什么也能喜爱江格尔？

人类学家把语域定义为“与反复出现的情景类型相联系的主要讲述风格”，算一种“习语”。但史诗中的语域不止这些，更需要关注这些单元和模式，在诗歌传统背景上表达了什么含义和怎样表达。

就某些方面而言，《江格尔》的语域与当代蒙古人的日常用语之间，并无明显的不同。孩童喜欢它的

著名的江格尔齐老人朱乃，祖父和父亲都是江格尔齐，但他为了学会文字，更好地记录《江格尔》，在王爷秘书家学习文化和史诗十几年，也由此学会了32部《江格尔》，能够演唱几天几夜（图/任春生）

故事，部分原因是他们发现它的语域有趣而不太难懂，那些他们不能理解的内容，也能够通过反复聆听，逐步了解各种表达的技巧而快速掌握。确实，在10岁以前就开始学习演唱《江格尔》的歌手并不罕见。

史诗的词序在许多方面与日常用语大体相同，语言形态也遵循相同的规则。但是，其中的句法存在的显著差异，成为史诗的烙印，并提醒听众，这是特定的表演情境。

这类差异，就是古老词汇的使用，比如bal和bere。前者用来描述火焰的热度，早已不在史诗以外的日常生活中使用，后者表达的长度则比较模糊，有人说大约相当于今天的两千米。对于歌手而言，这些术语所代表的距离究竟是多少并不重要，重要的是它象征性地并恰如其分地表达了史诗中的距离，甚至合于惯例地成为史诗语域的一部分，以被认可的、被期待的方式标定了空间距离，并且通过符码而将单独的事例与其他事例结合起来。用bal和bere来讲述故事也就是用史诗语域的方式流畅地讲述故事。

语域：沟通唱者和听众的习语桥梁

另一个差异之处是介于惯常使用的字面意义与传统指涉所提供的特定涵义之间的错位。一位不熟悉史诗语域的读者或者听众就不能够完全理解歌手的意思，这是由于他们对史诗语汇感到陌生，就好像是一位还没有入门的听众或读者需要一部合适的辞典一样。

下面这个三行的程式，就是关于这种专门化符码语域的一个例子，它经常出现在著名江格尔齐冉皮勒的演唱中：

ermen chagaan hödege
无边无际的白色荒原
ejegüi chagaan büürüg
没有人烟的白色戈壁
elesün sira tohoi du
漫漫黄沙的沙湾里

无论是从听觉上说，还是从语义上和比喻上，这都是一个由句首韵连接在一起的程式，不过它所蕴含的意义却远较从字面上能够解读到的要多。它通常与下面三个场景中的一个有关：漫长旅程中的歇息地，一个发生战争的场所，或一个让英雄琢磨他下一步该做什么的安静地方。需要注意的是，这几重含义一点都没有从这个三行程式的字面上泄露出来。尽管如此，任何熟知史诗语域——而不仅是日常语言——的人，都能够领悟这个符码的意思。这是由于史诗传统将这种口头标记与特定的、由歌手和听众共享的更深入层次的知识联系了起来。像这样一个结构上重要、效用上突出的程式，它的核心价值在于给传统语境中的特定故事赋予了普遍的意义。

史诗的故乡，朱乃老人和小江格尔齐（图/朝戈金）

卫拉特蒙古英雄史诗的传承与保护

文/海英

2012年3月，边疆寒意还未过去，我们就前往新疆巴音郭楞蒙古自治州和静县，继续做卫拉特蒙古英雄史诗《江格尔》的传承与保护情况的田野调查。与我们同行的是我们崇敬的老前辈——孜孜不倦为《江格尔》的保护与研究事业倾注毕生心血的贾木查老先生，他已年近八旬。

无从定义的江格尔齐

我们做客《江格尔》史诗国家级传承人——江格尔齐夏日尼玛家的时候，席间夏日尼玛得知贾木查先生膝关节受伤，便主动为他诵经治疗。这已不是我第一次看到这种情景，我每次去夏日尼玛家，总会遇到有牧民前来探访他，或看病或占卜。我们梳理夏日尼玛的身份，却无从定义：他是出色的牧民，著名的江格尔齐，虔诚的佛教徒，占卜很灵，而且看病治病在当地民间颇有名望。无独有偶，在和静县还有一位江格尔齐叫阿·普尔外，他会演唱《江格尔》的很多诗章，还会讲述民间故事，是长调歌手，还是远近闻名的正骨医生。另一位叫杜莱的江格尔齐，除了会演唱多部《江格尔》外还会观测天象，预测天气据说相当准——这就是我们所知道的多重身份的江格尔齐们。那么，江格尔齐到底是一群什么样的人呢？

根据我们的调查和其他学者的田野报告，在新疆，民间根据江格尔齐的演唱水平和能演唱的《江格尔》内容多寡，将《江格尔》史诗艺人分为汗王江格尔齐（在宫廷里专门为王公贵族演唱《江格尔》）、和硕江格尔齐［在旗里为札萨克那颜（贵族）演唱《江格尔》］、艾里江格尔齐（在附近部落里演唱《江格尔》）等。这个传统标准和20世纪末有关部门制定的江格尔齐等级标准很相似：当时在新疆会演唱3—5章《江格尔》的艺人被评定为县级江格尔齐，会演唱5—7章的为州级江格尔齐，会演唱7—9章的为自治区级江格尔齐，而会演唱9章以上《江格尔》的艺人则为国家级江格尔齐。当然，等级越高的江格尔齐的水平也越高，据夏日尼玛讲，和静县巩乃斯乡汗王江格尔齐图玖每次给布云朝格图汗演唱史诗《江格尔》，都会演唱到第二天太阳升起，因为他演唱《江格尔》之前会赞美一遍土尔扈特汗宫帐里的所有东西。这就说明杰出的江格尔齐实际上也是即兴演唱祝赞词的能手。根据江格尔齐的出身，也可分为平民江格尔齐、喇嘛江格尔齐和有官衔的江格尔齐。另外，还根据各自演唱史诗的唱调风格，把新疆地区的江格尔齐大致分为六个流派，即格勒格唱调、李·普日拜唱调、普尔普加甫唱调、朱乃唱调、洪格尔唱调、尼玛唱调。

然而，实际上我们在田野调查中观察到的所谓的江格尔齐们并不仅仅会演唱《江格尔》史诗，而且是熟练掌握各种民间文艺技艺并精通民族文化传统的多面能手。被民众称为“江格尔齐”的艺人们不仅学习和掌握《江格尔》史诗的演唱技艺，而且要按照祖训忠实而完整地演唱《江格尔》5章以上内容。除此之外，会讲唱《格斯尔》的一些篇章和《汗哈冉惠》《祖拉·阿勒德尔汗》等其他中短篇史诗，而且还会讲述民间故事。有时候遇到听众特别要求江格尔齐做一些说明时，他还必须沉着冷静，足智多谋，及时应听众的要求而变，与听众保持心灵上的沟通，这是江格尔齐必须具备的能力。当然，具备比较完整的《江格尔》传统知识是成为江格尔齐的基本的条件。

《江格尔》是债：不能藏在心里带到另一个世界

在卫拉特蒙古民间有这样的说法：有名望的江格尔齐一定要招收徒弟，将自己所掌握的《江格尔》史诗传授给自己的子孙或其他热衷于学习和掌握《江格尔》史诗演唱技巧的初学者。我们在田野调查中也经常听到老江格尔齐说：不把自己知道的《江格尔》史诗内容以及演唱技艺传授给其他人而藏在心里去世，或有意保留部分内容，在他灵魂归天的另外一个世界里，将会成为还不清的债。这句话背后的信仰是：既要求和鼓励出色的江格尔齐招收徒弟并教授《江格尔》史诗的内容和演唱技艺，又保证《江格尔》史诗在卫拉特民间传播的完整性、持久性和传承的广泛性。

卫拉特的江格尔齐有家族传承和师徒传承两种主要传承方式。据我们的调查，在卫拉特民间，比起家族传承，师徒传承更为普遍。很多江格尔齐出生在清贫的牧民家庭，具有超群的语言艺术才华，通过他们的拜师学艺，在师徒关系的文化链中，史诗从一个江格尔齐传向另一个江格尔齐。

尼玛是跟着他当喇嘛的叔叔学习演唱《江格尔》的。尼玛的叔叔叫通古特，会很多乐器。他说演唱《江格尔》要具备几个重要条件：有节奏的演唱主要是为了吸引肉眼看不见的神灵来倾听《江格尔》；也可以逐字逐句地朗诵，那是为了便于初学者记

新疆和布克赛尔蒙古自治县是英雄史诗江格尔齐的故乡，铁布肯乌散乡的孟根布拉克学校创办了“江格尔齐培训基地”（图/朝戈金）

住内容。开始学的时候尼玛叔叔每天考他学过的内容，记住了才让他接着往下学。尼玛认为，学习演唱《江格尔》还是耳闻口授比较好，而且应该向更多的江格尔齐学习，这样学到的《江格尔》才会日趋完善。而且，学习演唱《江格尔》的最佳年龄是童年，小时候学《江格尔》就像看电视一样，具体的英雄人物留在脑海中，不会轻易忘记。江格尔齐宾岱老人还告诉我，一般演唱《江格尔》的时候不仅是演唱者会《江格尔》，听众中可能也有江格尔齐，演唱者如果唱错就会有人站出来指出错误。

江格尔齐演唱时的伴奏乐器陶布秀尔琴，其旋律能催化江格尔齐的创作灵感，所以备受喜爱（图/杨玉成）

陶布秀尔是《江格尔》的命根子

我们在田野调查中常常听到一句话：“陶布秀尔琴是《江格尔》的命根子。”

《江格尔》史诗的演唱活动与陶布秀尔琴有紧密联系，陶布秀尔琴能够给江格尔齐带来源源不断的史诗灵感，如同英雄的坐骑一样，能够带他飞奔向前，将江格尔齐带入狂迷状态。有人认为，演唱《江格尔》时以陶布秀尔琴伴奏是为了通过陶布秀尔琴的琴声召唤神灵，这一解释说明了一个道理：人类并不是自然世界的唯一主宰，人类肉眼看不见的神灵、精灵和人类一起都在倾听江格尔齐的演唱。

江格尔齐在演奏陶布秀尔琴时，其旋律催化触发了江格尔齐的创作灵感和表演欲望，陶布秀尔琴能够给表演中的江格尔齐创造间歇停顿的节奏，这样一来，江格尔齐就可以随着婉转的琴声游刃有余地演唱史诗。

据尼玛讲，学陶布秀尔琴要在清晨到两条河流的汇流处学习，陶布秀尔琴一定要放在右膝盖上弹奏，不能放在左膝盖上。据说陶布秀尔琴曾经是白度母的乐器。因为陶布秀尔琴是佛的乐器，所以洗手之前是绝对不能碰的。演唱《江格尔》时弹陶布秀尔琴，实际上陶布秀尔琴的音乐是用来召集除了人类以外的生灵的，因此过去说：“陶布秀尔琴是《江格尔》的命根子。”

不过，尼玛还很无奈地告诉我，他小时候家家有陶布秀尔琴，人

以狩猎为主题的剪纸。英勇是蒙古人崇尚的品质，也是《江格尔》的主题之一（图/阿木尔巴图）

人会弹奏，而今天别说江格尔齐，连陶布秀尔琴都快见不到了。

人神共享《江格尔》

在卫拉特蒙古人中，《江格尔》的演唱分为日常生活中演唱和祭祀仪式时演唱两种情况。《江格尔》史诗通常在冬季的夜晚关好门窗后在屋里演唱，一般情况下，夏天、春天不能演唱《江格尔》，因为演唱史诗会引起大雨；白天、户外也同样禁止演唱《江格尔》史诗。但有例外，在举行重要的祭祀仪式或婚礼时白天也可演唱。

和静县江格尔齐宾岱老人说，小时候基本上是在冬天的长夜里说唱《江格尔》。一般是五六户人家驻牧在一个冬牧场，一到晚上，大人就弹着陶布秀尔琴，如果有人演唱《江格尔》就听《江格尔》，如果没有人演唱《江格尔》大家就一起跳伯伊勒格舞（背柳舞）。小孩子就这样听着大人演唱《江格尔》，看着伯伊勒格舞，时间长了，耳濡目染就自然都学会了伯伊勒格和《江格尔》。当时会演唱《江格尔》的人比较多，有的人演唱一两章，有的人演唱很长。演唱《江格尔》前都要点佛灯、煨桑，举行仪式。煨桑是在屋里进行的，因为冬天外面风大，怕失火烧草场。据我们的调查，新疆巴音郭楞州和静县土尔扈特部民众在阴历十二月二十九或三十以及正月初五敖包祭祀仪式和夏季的大型敖包祭祀仪式时都会邀请江格尔齐演唱《江格尔》史诗。一般在正月初五的敖包祭祀上演唱圣主江格尔那颜（贵族）亲自出征作战的10余诗章《江格尔》中的任何一章，而夏季敖包祭祀时则演唱《金胸智者阿勒坦策吉》《绝世美男子明彦》等诗章。演唱阿勒坦策吉、洪古尔、萨布尔、萨纳拉4位勇士的篇章，尤其是初夏演唱洪古尔和萨纳拉，据说山水神灵会更高兴。

尼玛还给我讲述了关于敖包祭祀上为什么会演唱《江格尔》的传说。传说中，一个江格尔齐、一个猎

打猎归来。史诗演唱与四季游牧生活的节奏密切相关（图/额博）

人和一个能看到别人看不到的神灵的人，三个人一起在山中打猎，一天什么也没有打着。野外夜宿的时候江格尔齐演唱了《江格尔》，能看到神灵的人看见很多神灵前来听《江格尔》，其中有一个神灵爬到江格尔齐的鼻梁上却不小心滑落下来，见此情景，那个能看见神灵的人就笑出声来，江格尔齐以为取笑自己就停止了演唱。众神灵于是责怪惹事的神灵，惩罚它把自己的坐骑送给江格尔齐，第二天他们果然猎到了一头硕大的公鹿。演唱《江格尔》一般不在白天演唱，因为白天山水神灵不能前来听《江格尔》；演唱《江格尔》的时候还在蒙古包门前拴一只黄头绵羊，据说黄头绵羊代表的是听《江格尔》的非人类。尼玛认为《江格尔》不是舞台艺术，把《江格尔》搬上舞台是对《江格尔》史诗的不尊敬。

史诗演唱时间和游牧生活的密切关联

从时间上看，蒙古族史诗一般在秋末到初春的季节里演唱，而从不在夏天演唱。这和蒙古人的四季游牧生活的时间安排有直接的关系。春天是五种牲畜生产的最繁忙的季节，再加上青黄不接时得帮助身体虚弱的牲畜渡过春天难关，人们根本就没有时间来听史诗演唱。而夏季是游牧生活最丰富多彩、更加繁忙的季节，除了制作乳制品、剪羊毛、剪马鬃等各种生产活动外，还有那达慕等各种仪式活动和娱乐项目，满足了游牧蒙古人的休闲娱乐需求。到了秋天，除了使牛羊长膘和储备冬草等基本生产活动，牧民的休闲时间相对多了起来，尤其到了冬季，如果不遇到白灾等严重情况，牧民的休闲时间就更长，为了度过漫长而寒冷的冬夜，自然而然就把史诗演唱引到人们的生活当中来。一个蒙古人从小在这样的环境中长大，听着史诗度过漫长的冬夜，耳濡目染，其中有志于史诗演唱的青年就会自然走上学习和演唱史诗的传统艺人之路。

蒙藏同源的史诗《格斯尔》

蒙古文《格斯尔》的各种版本（图/陈岗龙）

《格斯尔》是一部以藏族、蒙古族为核心，广泛流传在我国藏族、蒙古族、土族、裕固族、纳西族、普米族地区以及周边国家的巨型英雄史诗。藏族称作《格萨尔王》，蒙古族称作《格斯尔》，土族叫作《格赛尔》。

《格斯尔》是口承史诗，千百年来，蒙古族史诗艺人为史诗《格斯尔》的保存和发展做出了卓越的贡献，并涌现出了杰出格斯尔齐琶杰和金巴扎木苏、罗布生等著名说唱艺人。

格斯尔被蒙古族民众信奉为保护神和战神，在蒙古族地区出现了许多格斯尔庙，演唱《格斯尔》史诗在民间被当作禳灾除祸的宗教仪式和巫术手段。因此，《格斯尔》史诗是一个关系和涉及口头传统、宗教信仰和广泛艺术领域的优秀民族文化遗产。

蒙古族的《格斯尔》是与藏族的《格萨尔王》同源异流的史诗，故事情节与藏族的《格萨尔王》大体相似，主要叙述了天神英雄格斯尔下凡降魔除妖的英雄业绩。不过蒙古《格斯尔》具有蒙古民族的特色，并具有蒙古英雄史诗的传统特点，如蒙古民间口头流传最广的是格斯尔征服十二头恶魔蟒古思夺回美丽的夫人茹格姆·高娃（珠姆）的故事，而这正是蒙古英雄史诗中英雄征服抢劫其妻子的恶魔蟒古思的普遍主题。

藏族的格萨尔王作为天神镇压恶魔，是完美无缺的天神英雄。

格斯尔纪念地，俄罗斯联邦布里亚特共和国首府乌兰乌德市郊色楞格河畔（图/巴义尔）

说书艺术乌力格尔，蒙古人了解中原历史的民间教科书

乌力格尔，起源和流行于科尔沁草原上的说唱艺术，是中原文学流入内蒙古高原开出的第一朵花。默默壮大的民间说书艺术，不经意间承担起了文化交融的使命，蒙古族对中原王朝历史的了解，是从乌力格尔艺人的说唱中得来的。

在扎鲁特草原上流传着这样的民谚："三个扎鲁特人中必有一个是胡尔齐。"胡尔齐就是用四胡伴奏说唱乌力格尔(故事)的民间艺人，民谚说明扎鲁特人中胡尔齐多。

蒙古语说书中，从三皇五帝、夏商周开始，一直到清朝，每个朝代几乎都有对应的乌力格尔曲目。在东蒙古地区，实际上乌力格尔的曲目基本上用朝代来指代具体的故事作品。譬如，《商朝故事》就是《封神演义》，《周朝故事》就是《东周列国志》，《三国故事》就是《三国演义》，《唐朝故事》就是《说唐》。而这每个朝代的故事实际上都是相关历史背景下的古代汉语章回小说。

如果我们拿地理板块理论做一个比喻，乌力格尔就是代表北方游牧文明的蒙古族传统文化和中原汉族农业文明这两块文化板块在昔日的卓索图盟、昭乌达盟和哲里木盟碰撞之后的结果。

乌力格尔传承了蒙古族古老英雄史诗的口传传统和审美情趣，而说唱内容的选择上则接受了中原王朝兴衰更替的"合久必分，分久必合"的主题和题材。

蒙古语说书的表演传统与蒙古族史诗传统密不可分。说唱艺人对英雄好汉的描述、对骏马的赞美和对战

1974年内蒙古乌兰牧骑蒙古语说书训练班，从民间艺人到文艺工作者，这是一种全新的身份转换（图/新巴雅尔教授）

争的栩栩如生、亲临现场式的扣人心弦的描述，都是从古老的蒙古英雄史诗传统里发展而来的。中原王朝的英雄在蒙古故事中都一个个被“蒙古化”了，经过说唱艺人的本土化过滤，这些英雄身上都带上了史诗英雄的特点。

正因为这样，蒙古族喜欢听中原王朝的战争故事而不屑一顾那些才子佳人小说所讲述的卿卿我我。蒙古族民众喜闻乐见的是关公和张飞、混世魔王程咬金和八弟罗成、林冲和武松等英雄好汉。

除了中原王朝历史的本子故事和断案故事，蒙古族说唱艺人也经常演唱本民族的传统故事，其中最著名的曲目就是近代蒙古族大文豪尹湛纳希创作的历史长篇小说《青史演义》。

“锯大腿的乞丐”：曾被蔑视的胡尔齐

冬天是听乌力格尔的季节。

过去在民间，每逢过年、为老人祝寿等喜事的时候一般都会请胡尔齐说唱乌力格尔，而劳斯尔（寺庙法会）期间也会请胡尔齐说唱乌力格尔，这和汉族地区请戏班唱戏是一样的道理。

与江格尔齐、格斯尔齐和玛纳斯齐等史诗艺人往往有过神秘的“神授”“梦授”的经历不同，东蒙古地区的胡尔齐基本上都是拜师学艺，因此可以说，说唱乌力格尔是一门口头表演技艺，其传承基本上都是师徒传承，而不是家族传承。

在蒙古族民众看来，胡尔齐是掌握了一门特殊技艺的民间艺人，他们的表演很少与神圣的叙事联系起来，更多的是在娱乐层面上。正因为这样，过去曾经有过“与其学说书不如去偷盗”的说法，认为胡尔齐不务正业；也有把胡尔齐贬低为“锯大腿的乞丐”，因为胡尔齐拉着四胡说书的姿势看来就像锯着自己的大腿。

但是，尽管这样，东蒙古地区还是涌现出了很多胡尔齐，其中一些才华横溢的胡尔齐就通过说书比赛等渠道成为王爷的专职胡尔齐或者寺庙活佛的专职胡尔齐。

喜欢乌力格尔的人们。夏夜广场上集中了乌力格尔的爱好者，自拉自唱，听众不少。摄于2013年内蒙古兴安盟科右中旗（图/巴义尔）

在1949年前，胡尔齐社会地位低，只有少数杰出的艺人才能博得王公贵族和上层喇嘛的欣赏，有幸成为王爷或活佛的专职胡尔齐。而为了选拔专门为王爷或活佛说书的胡尔齐，东蒙古地区的一些盟旗也经常举行胡尔齐比赛。譬如，1927年图什业图旗（今兴安盟科尔沁右翼中旗）王爷府就邀请科尔沁草原上的100多名著名胡尔齐进行比赛，最后扎那、金宝山等4名胡尔齐获胜。

巴林王府、阿鲁科尔沁王府等经常举行这样的活动，取胜的胡尔齐就留在王府说书，败下阵来的胡尔齐就背着四胡在草原上走家串户，或者说唱数日、半个月的乌力格尔，或者演唱几首好来宝，为的是糊口和生计。

胡尔齐的命运发生历史性的转折是新中国诞生以后。

新中国诞生以后，蒙古语说书成了宣传党的政策和歌颂新社会新生活的重要艺术形式，《林海雪原》《平原枪声》《野火春风斗古城》《保卫延安》等现代革命小说相继被蒙古族说唱艺人们改编成乌力格尔。

在这过程中，琶杰、毛依罕和乌斯夫宝音等胡尔齐脱颖而出，他们演唱的好来宝和乌力格尔甚至一度代表少数民族文学创作水平，作家出版社还出版过毛依罕的好来宝《党和母亲》。呼和浩特建立了蒙古语说书厅，琶杰和毛依罕等任专职胡尔齐，专门为农牧民说唱乌力格尔和好来宝。

琶杰和毛依罕还把乌力格尔艺术带出国门，琶杰演唱的《武松打虎》成为蒙古国学者呈·达木丁苏伦编的《蒙古文学精华一百篇》的经典篇目，毛依罕演唱的《呼日勒巴特尔胡》在乌兰巴托出版，这些都引起国际学界对乌力格尔艺术的高度重视。

舌尖上的生产力：胡尔齐的生存之道

但琶杰、毛依罕等曲艺大师毕竟是少数，更多的胡尔齐则在农村一边务农一边拉四胡说唱乌力格尔。其中一些胡尔齐基本上能够靠说唱乌力格尔养家糊口，用他们的话说就是“在舌头上种地养活一家”。

其实，胡尔齐都是口齿伶俐、头脑灵活的人，他们在说唱乌力格尔时充满了智慧。民间对胡尔齐说唱的传统乌力格尔的内容都是相当熟悉的，因此民间艺人必须严格遵循传统，又要不断出新意，这是很困难的事情。

譬如，关公的坐骑是赤兔马，《说唐演义》中罗成骑的是白龙驹，如果胡尔齐说错了乌力格尔中主人公的坐骑和武器，听众马上就会提出抗议，以后可能不再听

蒙古语乌力格尔说唱中原王朝兴衰史曲目表

朝代	乌力格尔曲目	相应的汉语章回小说及其蒙古语译本
夏、商	《商朝故事》	（明）许仲琳《封神演义》
周	《钟国母》	（明）冯梦龙《东周列国志》
战国	《孙庞演义》	（明）吴门啸客《孙庞斗智演义》（《前七国孙庞演义》）
战国	《齐国》或《钟国母》	蒙古族有《钟国母》80回抄本，但没有对应的汉文底本。同样，越南也有《钟国母》80回抄本
西汉	《西汉演义》	（明）甄伟《西汉通俗演义》
东汉		（明）谢诏《东汉演义》
东汉	《东汉》或《刘秀走国》	
三国	《三国故事》	（元末明初）罗贯中《三国演义》
隋	《隋炀帝故事》	（清）褚人获《隋唐演义》
唐	《唐朝故事》，包括各朝代的故事。以“五传”为代表，包括《苦喜传》《全家福》《尚尧传》《契辟传》《羌胡传》。另有《薛刚反唐》《罗通扫北》等	（清）鸳湖渔叟校订《说唐演义全传》《说唐后传》；《新刻异说南唐演义全传》；《薛丁山征西异说后唐传》（金谷园刊90回本《三唐征西演义》）；《大唐评定西凉传》；《异说大唐平北传》（《增异说唐后传》前15回）；《大唐罗通扫北传》；（清）如莲居士编次《说唐小英雄传》《说唐薛家府传》《反唐演义传》；《征西说唐三传》；《大唐送子会》
宋	《宋朝》或《水浒》	（元末明初）施耐庵《水浒传》
宋		《小五义》
宋	《狄青征南》《五虎平南》	《五虎平西前传》《五虎平南后传》
元朝	《凤凰传》	（清）陈端生《再生缘》
元朝	《青史演义》	（清）尹湛纳希《青史演义》
明清		《明亡清兴记》

他说唱乌力格尔。

传说有个胡尔齐因为口误把罗成的白龙驹说成关公的赤兔马，听众立刻喧哗起来，胡尔齐灵机一动说："人家是富家子弟，好马成群，爱骑哪一匹就骑哪一匹。"

到了20世纪后半叶，内蒙古的哲里木盟（今通辽市）、兴安盟、昭乌达盟（今赤峰市）和内蒙古人民广播电台录制和播放乌力格尔，邀请胡尔齐到电台录制节目。但是编辑对乌力格尔内容严格把关，有些内容会被删掉一两个小时，这对胡尔齐来讲会损失不少收入。于是，有的胡尔齐说着说着就演绎出新的情节来，结果不仅补回了被删掉的一两个小时，有的甚至多演唱了几个小时。

在电台录制乌力格尔对胡尔齐来讲是莫大的荣耀和机会，但是电台录制节目以后就一次性地买断了胡尔齐演唱的乌力格尔，可以反复播放，实际上也影响了胡尔齐在民间走家串户的表演机会。

"失神"的乌力格尔：当代传承困境

在东蒙古地区，民众是把乌力格尔当作"真正的断代史"来倾听的。乌力格尔深刻影响了东蒙古地区民众的国家认同和历史认同，让他们知道"历史"是什么，"国家"是什么。

胡尔齐们创造的乌力格尔是大量的，内蒙古各地广播电台和中国社会科学院等科研机构已经开始了乌力格尔的录制工作，内蒙古通辽市广播电台从20世纪70年代开始到现在，共录制了300多部乌力格尔。然而，这些录音基本上还是静静地躺在仓库里，急需抢救修补和记录整理。比如《钟国母》是演唱半年甚至一年的大型乌力格尔，整理这样几百个小时的乌力格尔绝对不是简单的工程。

2006年，乌力格尔被列入国家级非物质文化遗产名录。2007年，内蒙古通辽市扎鲁特旗建了全国首家乌力格尔博物馆。今天，举着乌力格尔旗号的各旗定期举办乌力格尔艺术节和大型比赛，并且借助网络媒体大加宣传，表面上带来了一番繁荣。但是，这就是东蒙古地区流传几百年的乌力格尔传统吗？在舞台上表演的年轻的胡尔齐能否像他们的前辈那样把真正代表乌力格尔传统的长篇大书连续说唱半个月、一个月甚至一年半载？乌力格尔的博大精深就在这些长篇大书里，舞台上不超过半个小时的表演是看不出真实功力的。

20世纪50年代到80年代末，东蒙古地区的胡尔齐就有600多人，今天锐减到不足100人。年轻人离乌力格尔越来越远了，而各地政府却突然"发现"了乌力格尔，用乌力格尔来展示地方文化的魅力。这种重新打造的文化品牌犹如今天内蒙古地区到处可见的敖包一样，有其形而失其神了。

内蒙古科右中旗至今还保持着蒙古语说书习俗（图/巴义尔）

口头戏曲好来宝

好来宝是蒙古族的口头诗歌，是说唱艺人用四胡伴奏演唱某一个特定主题的曲艺形式。蒙古族曲艺大师毛依罕演唱的《铁牤牛》就是赞美草原铁路的脍炙人口的好来宝。

蒙古族说唱艺人善于观察社会和生活，并时刻注意语言艺术的锤炼，他们经常即兴创作和演唱好来宝，用优美的语言描述人或事物，很快会在民间广泛流传开来。如《烟荷包的好来宝》赞美蒙古族妇女绣的烟荷包，妙语连珠，结果绣烟荷包的妇女只好羞答答地把新绣的烟荷包送给说唱艺人。

蒙古族审美塑造的燕丹公主

《燕丹公主的好来宝》是赞美战国时期燕国公主燕丹的一首脍炙人口的好来宝，其中塑造了美丽而高贵的燕丹公主的形象，而且把燕丹公主说成是佛教护法神的化身。实际上，燕丹公主的形象是用蒙古族审美标准塑造的，她美丽而善良，不但气质高贵，而且心灵手巧，活脱脱一个蒙古族女子。

好来宝现在虽然专指用低音四胡伴奏演唱的曲艺形式，但是这种口头诗歌的起源却是非常古老的。蒙古族自古就有用口头诗歌交流信息和感情的传统，其中祝赞词就是典型的例子。蒙古族好来宝中多为赞美家乡和生活的内容，后来随着社会历史变迁，一些民间艺人也创作和表演了讽刺统治阶级和揭露社会黑暗的好来宝，如流传甚广的《旧社会》等。

民间曲艺家毛依罕，擅长即兴演唱好来宝，出口成章，用韵和谐，唱腔舒展，表演风趣，是20世纪上半叶蒙古族说唱艺术的重要代表人物(图/唤群)

对口好来宝：论辩问答传承历史记忆

好来宝有单口好来宝和对口好来宝。对口好来宝就是论辩的形式，其中最著名的就是《历史好来宝》。中国历史从三皇五帝到清代，蒙古历史从苍狼白鹿的祖先传说到清朝部族故事，《历史好来宝》中通过问答一一道来。实际上这种论辩形式的对口好来宝就是一种对族群历史和知识的记忆，通过问答论辩强化了民众对相关历史知识的群体记忆，这个特征决定了蒙古族儿童从小就喜欢说对口好来宝。

文化交流中的蒙古族神话、传说和民间故事

蒙古地区是煮民间故事的大锅

因为特殊的历史轨迹，以及游牧文明塑造出的开放民族性格，蒙古族民间文学不拘泥于草原和蒙古地区，而是具备了一种国际性的世界品质。正是在这一点上有一位蒙古学家说“蒙古地区是一口煮民间故事的大锅”，是对蒙古族民间文学世界性特质的生动比喻。因为源远流长的族源关系和历史接触关系，蒙古族民间文学与北方阿尔泰语系突厥语族民族之间具有错综复杂的关系，蒙古族和突厥语族民族之间在神话传说、英雄史诗和民间故事等方面具有很多的共同点。由于13世纪蒙古人西征，西方的很多民间文学主要是民间叙事文学传到蒙古地区来，成为蒙古族民间文学的组成部分。随着佛教的传播，印度民间文学和我国藏族民间文学成为蒙古族民间文学的重要组成部分，印度的《五卷书》和《罗摩衍那》已在蒙古地区家喻户晓。

油画《马头琴艺人》，画家M.雅达姆苏伦作品

蒙古族对世界的起源、人类的创造和各种文化事项的发生都有丰富多彩的神话解释。这些神话，有的与萨满教有关，有的与佛教有关；有的神话是蒙古族独有的，有的神话则是北方阿尔泰语系民族中普遍流传的古老神话，或者从古代印度传入蒙古族的佛教神话。蒙古族的神话传统就像一条文化交流的长河，其中一些古老的阿尔泰语系各民族共同神话的因素沉淀在河床，又有通过佛教传进蒙古地区的印度神话的题材，犹如一朵朵浪花漂游在河流中。

人类诞生的追忆：蒙古神话

世界起源神话：
本质相同，创世神受文化影响而各异

蒙古族民间流传的世界起源神话有两种：一种讲神创造了世界，另一种讲世界是自然形成的。蒙古神话的创世神叫布尔罕·巴格西（布尔罕意为佛或者神，巴格西意为老师），他派助手（一只鸟或一个恶魔）潜入海底找来泥土，把泥土撒在汪洋大海的水面上创造了世界，接着世界上长出了草木和万物，最后出现了人类。这个神话是世界上很多民族普遍流传的创世神话，神话学家称之为“潜水捞泥神话”。蒙古族各部落中的创世

神的身份不尽相同，在内蒙古和蒙古国流传的神话中，是佛祖释迦牟尼或佛教神灵瓦齐尔巴尼佛创造了世界；而在萨满教影响比较深远的布里亚特蒙古人中，则是古老的萨满神灵埃赫·布尔罕——母亲神创造了世界。

与古老的“潜水捞泥神话”相对应的，还有世界自然形成的神话。世界之初一片混沌，后来清气上升，浊气下沉，形成了世界。最初的人类和神一样能自由飞翔，而且身上发光，但是因为吃了地上长出来的稻米，失去了身上的光，也失去了飞翔的神力，坠落到地上，于是世界变成一片黑暗。后来佛创造了日月，照亮了世界，拯救了人类。该神话主要是通过佛教传入蒙古地区的，并且很多蒙古文佛教史学著作都记载了这个神话，譬如《蒙古源流》中完整地记载了这一神话。而这一神话早在唐玄奘所译《阿毗达磨俱舍论》中就已经出现，可见，该神话当时在印度非常流行。诸如此类，蒙古族神话中有很多印度神话和佛教神话，它们都是宗教文化交流的产物。

人类起源神话：
折射古代阿尔泰语系诸民族相似的文化背景

同样，蒙古族的人类起源神话也不一而足，可以分为神创造人类和人类从天而降两大类。

神创造人类的神话一般都是神先创造人类的身体，再注入灵魂。在《为什么狗有毛而人无毛》的神话中，神用泥土创造了人类的身体，然后去找圣水注入生命。但是守候人的狗失职，恶魔趁机玷污了人，所以神惩罚狗，命狗舔去了人身上的毛。同样的神话也广泛流传在北方阿尔泰语系的很多民族中。譬如在雅库特的神话中，神创造人的身体后放在石屋中，恶魔用一件厚皮衣买通了看门的神灵，进石屋玷污了人。神发现后非常生气，就把守卫者变成狗，并将人体内外翻转过来。因此，人的内部就是脏的。另外，卫拉特蒙古神话《巴巴额吉造人》讲，巴巴母亲用羊皮缝制人形，然后装满

当代萨满服饰细节（图/苏德夫）

泥土，创造了最初的一对男女，她的儿子创造神为这最初的人类注入了生命，从而繁衍了人类。这里映射了古代蒙古人用皮缝制萨满教神偶翁贡的史实。

蒙古神话中不仅讲世界和人类的起源，还有很多关于日月星辰的神话，其中最有名的要数神箭手额日黑·莫日根射日神话和银河、北斗七星的神话。

额日黑·莫日根射日的神话在蒙古族中非常流行，而且有多种变体。世界上出现了7个太阳，发生了干旱。于是神箭手额日黑·莫日根决定射掉7个太阳，并发誓说：“如果我不把7个太阳都射下来，我就剁掉我的大拇指，钻进地洞里不见天日，变成旱獭。”额日黑·莫日根把太阳一个个射下来，正当射第7个太阳的时候燕子挡住了太阳，于是额日黑·莫日根射中燕子的尾巴，最后的太阳幸存了下来。也有说，天上出现了7颗星星，地上变得寒冷无比，于是额日黑·莫日根去射7颗星星。不管是太阳还是星星，不管是干旱还是寒冷，额日黑·莫日根都是让世界重新回归正常状态的英雄。

萨满拯救人类的神话：承续创世神话，孕育英雄史诗

萨满：创世初期驱除恶魔的天神使者

蒙古人曾信仰萨满教，并有很多萨满教神话。《最初的女萨满》中讲道：从前，天神创造了人类并派鹫去保护人类，以使人类不被恶魔伤害。鹫转悠在人类周围尽自己的责任，但是人类并不喜欢鹫，而且还让孩子们驱赶鹫。于是，鹫回到天上，向天神报告自己的遭遇，天神对鹫说："那么你把自己的神术传给人类，让人类自己去保护自己吧！"

鹫飞回人间，见到一个野外放羊迷了路的少女睡在一棵树底下。鹫就把自己的神术传授给了她。少女昏睡3天后才醒过来，回到家之后，遭到哥哥的粗暴谴责。突然，哥哥得了疾病，妹妹就说："我来治你的病吧！"于是，少女让哥哥躺在白毡子上，身下放一根有杈的木柱，哥哥的病立刻就痊愈了。从此，这个少女就成了最初的女萨满。这个神话中少女治病就是萨满的治疗仪式，古代蒙古萨满治病不是用医术，而是用驱逐恶魔的萨满仪式。当一个人患病时，由萨满宣布某神或恶魔是得病的原因及这神或恶魔向人们要什么东西，神多半同意用某种动物来代替病人的魂，只要萨满同意了，就带着这种动物走，他还要做种种仪式和姿态，好把恶魔从病人身上移到自己的身上，然后又由自己身上移到那动物身上去。

巴尔虎萨满服，黄色飘带上写的蒙古文（从左到右）分别为："一百零八颗念珠""六支犄角""金黄色的头盔""金黄色的阿巴嘎拉岱（面具）""宽大的坎肩""巨大的铜镜"（图/巴义尔）

版画《蒙古萨满》，韩戴沁作品

人、神和恶魔交战的萨满神话，孕育蒙古英雄史诗

另一个蒙古族萨满神话中讲道：鹰是腾格里天神的神鸟使者。它受命降到人间，和部落首领结婚，生下一个美丽的女儿。神鹰传授她与天神及众神通灵的神术，并用自己的羽毛给女儿编织了神衣，制作了插着羽毛的神冠，让她遨游世界，把她培养成世界上最早的了不起的女萨满。蒙古萨满的服装多数袖口肥大，并在前后襟缀满各种颜色的长短布条，看起来像鸟羽，而这种萨满服实际上象

当代蒙古人的生活中也有萨满遗存，萨满作法禳灾祛祸，源于萨满拯救人类的神话（图/视觉中国）

征了诸如雄鹰的神鸟，萨满穿上它就能飞到另一个世界。

神话孕育了史诗的萌芽

在蒙古人和其他信仰萨满教的北方民族中，萨满最主要的职责就是去地下世界拯救被恶魔夺走的人的灵魂，从而治好患者的病。其原因是自从世界形成之后神与恶魔之间就开始了斗争，恶魔加害神创造的人类，人类出现疾病和死亡，于是神派萨满来拯救和医治人类。这一神话主题实际上也是蒙古英雄史诗的核心主题之一——英雄去敌人的领土把被抢走的部落成员救回来，史诗英雄在某种程度上也是一名萨满。譬如，在布里亚特史诗《格斯尔》中，汗霍尔穆斯塔·腾格里神打死东方恶天神之首阿泰·乌兰神，把阿泰·乌兰神的死尸打落到地上世界，其左手、上身和下身变成三个巨大的恶魔并加害人类，最后才由格斯尔消灭了他们，拯救了人类。可以说，蒙古的创世神话和萨满教神话等都有内在的联系，并在高度发展的阶段形成了神与恶魔斗争的诸神神话，其中最著名的就是东方四十四恶天神和西方五十五善天神之间斗争的神话，而这些高度发展的社会神话后来直接孕育了《格斯尔》等蒙古英雄史诗。

民族童年的探究：蒙古族族源传说

苍狼白鹿，熔铁出山：典型传说探究

蒙古族的族源传说集中体现了蒙古先民起源、迁徙的历史脉络和蒙古民族与周围兄弟民族之间错综复杂的族源关系或历史接触关系。蒙古族族源传说有两种：一种是讲述整个蒙古民族的历史起源，流传于几乎所有蒙古部落中，可以说是全体蒙古人的公共知识；另一种是讲述某一个具体蒙古部落的起源，是某个特定蒙古部落的内部知识。

众所周知的全体蒙古人的族源传说是《蒙古秘史》所载的著名的《苍狼白鹿传说》："成吉思合罕的祖先是承受天命而生的孛儿帖赤那，他和妻子豁埃马阑勒一同渡过腾汲思水来到斡难河（今蒙古国境内鄂嫩河）源头的不儿罕山（今蒙古国境内肯特山）前住下，生子名巴塔赤罕。"孛儿帖赤那即"苍色狼"，豁埃马阑勒即"惨白色鹿"。其中，男祖先孛儿帖赤那的名字由突厥语对狼的称呼"孛儿"和蒙古语对狼的称呼"赤那"合成，说明该传说与突厥语族民族有联系。学者们认为，以苍狼和白鹿为图腾的两个有婚姻联盟关系的氏族部落渡海迁徙到斡难河边繁衍了蒙古民族，并且该传说受到了突厥狼图腾族源传说的影响。

与此相关的族源传说还有波斯历史学家拉施都丁所著《史集》中记载的《额尔古涅昆的传说》：约在成吉思汗出生前2000年，蒙古部落与突厥部落之间发生战争，蒙古战败，整部仅余两男两女，他们历经艰险，逃到叫作额尔古涅昆的深山避难。这四个男女互相配偶，长期在此繁衍，久之，感到地狭人稠，拥挤不堪，于是全体协商冲出峡谷。他们宰杀七十头牛马，剥下整张的皮做成风箱，架起煤柴，鼓风扇火，烈焰飞腾，直至山壁熔化，通开大道。他们便一举迁徙来到广阔的草原。这个传说反映了古代蒙古与突厥部落的战争，和苍狼白鹿传说一样，也是一篇祖先迁徙传说。同样的传说见于有

苍狼白鹿主题剪纸，阿木尔巴图作品

关突厥的汉文史书，并且广泛流传于现在的突厥语族民族民间。譬如，与蒙古传说非常相近的活形态传说流传于现代哈萨克族民间。哈萨克传说讲道，从前，居住在阿尔泰山麓的乃蛮部的一支突然遭到外族入侵，几乎全族覆灭，只剩一位老英雄。敌人部落退去后，忽然出现一只母狼，母狼用舌头舔被砍断四肢的老英雄的伤口，使老英雄痊愈，再把他藏到一个峭壁岩穴里，并与老英雄结合生育了儿女，之后子孙繁衍，这支乃蛮部重又发展起来。因为母狼和老英雄当初藏身的峭壁岩穴是在名叫额尔捷涅孔的山巅，所以后来人们就把这支乃蛮部叫作额尔捷涅孔乃蛮。哈萨克传说中的额尔捷涅孔就是蒙古传说中的额尔古涅昆，两个传说同出一源。有学者认为，蒙古传说中熔铁化山、通开大道，源于通过两堆圣火中间以驱邪的突厥习俗，而熔化铁矿山则出于突厥先人居金山从事铁工之史实。因此，蒙古传说的原型产生于突厥。

为什么蒙古族与突厥语族的族源传说如此相近?

这应该从蒙古民族和突厥语族各民族之间的历史联系来思考。首先，各民族之间相同的动物祖先说明了相同的民族起源。动物祖先是史前人类为了区别和

版画《苍狼白鹿》，乌日切夫作品

巩固氏族而产生的原始思维的产物，是氏族的标志。蒙古民族和突厥语族民族的动物祖先信仰和传说的相似，反映了他们的民族祖先可能是密不可分的亲缘关系。

从氏族部落到民族形成，
动物祖先信仰的彼此交融

民族是由许多氏族部落组成的。蒙古民族最后形成并登上历史舞台是从13世纪成吉思汗统一蒙古各部落建立蒙古汗国开始的，而构成蒙古民族共同体的那些古老部落13世纪以前就活跃在北方高原古老的土地上。这些部落的情况比较复杂，其中有的属于突厥系统，有的属于蒙古系统。反过来讲，突厥语族民族也是一样。因此，与某一个动物相关的族源传说不一定完全是全体蒙古或突厥语族民族共同的传承，而很可能是在某一个氏族部落中主要流传的。可能是在民族共同体形成过程当中，这些部落带着自己的动物祖先信仰和与之有关的族源传说，被吸收到蒙古民族或者突厥语族各民族当中，形成了蒙古突厥各族相似相近的动物祖先信仰和族源传说的现象。据说，柯尔克孜族中有叫作蒙古勒多尔的部落，并称他们的祖先就是蒙古人。

婚姻联盟导致鹿（蒙古）、狼（突厥）图腾的复合形态

蒙古突厥民族之间的婚姻联盟也可能导致了两者之间族源传说的互相流动和结合。一些学者认为，蒙古民族和突厥语族民族从远古到13世纪一直保持着婚姻联盟关系，这就是以白鹿为标志和以苍狼为标志的两大部落的婚姻联盟。鹿是蒙古人的图腾，狼是突厥语族民族的图腾，随着两个部落的婚姻联盟关系的频繁出现和加强，鹿、狼两个图腾便结合在一起。从世界各民族的图腾信仰和传说看，这种复合形态的图腾故事一般都产生在两个不同图腾部落之间的婚姻联盟基础之上。

全世界的民间故事，这里都有影子

“蒙古地区是一口煮民间故事的大锅”这句话生动地说明了蒙古族是一个善于讲故事和善于传播故事的民族。蒙古族民间流传着几乎世界各民族中普遍流传的著名故事类型。这一方面和蒙古人西征打通东西方文化交流屏障、促进东西方故事传播有关系，大量的西方故事和波斯、阿拉伯的故事传播到蒙古地区来；另一方面随着佛教传播和佛经翻译，印度童话和我国西藏的民间故事流传到蒙古地区，丰富了蒙古民间故事。蒙古族民间故事是阿尔泰语系民族民间故事宝库的重要组成部分，凡北方游牧民族中流传的民间故事都能够找到蒙古族的“版本”。民间故事从一个侧面反映了蒙古族作为一个对世界历史产生过影响的民族，对人类讲故事的活动也做出了促进交流和扩大传播的独特贡献。

以弱胜强：蒙古人身边的动物故事

每个民族的动物故事讲述的都是这个民族生产和生活中最熟悉的动物。蒙古族故事家取材于游牧生活中的马、牛、绵羊、山羊和骆驼等五种牲畜和草原上常

见的狼、狐狸和兔子等各种动物的个性与行为特征，创作了许多“草原动物社会故事”，其中心主题基本上是弱小的动物和家畜靠它们的智慧战胜对人类和畜牧业有害的野兽，表现了蒙古族人民独有的民族心理。譬如《老狼的哀叹》是蒙古族民间家喻户晓的动物故事。

一只饿扁肚子的老狼遇上一匹陷进泥里的马。狼正要扑上去，马说道：“你先把我从泥里拽出来，拉到河边洗刷干净再美餐一顿也不迟。”狼照办，用舌头把马身上的污泥舔干净后，马又说：“你吃我之前念一念我左胯上的火印子如何？”老狼装得很有学问的样子，蹲到马的屁股后面准备念火印子上的字，马“啪”的一声踢倒狼，一溜烟跑掉了。狼从晕迷中醒来后哀哭道：“本来是一顿美餐，怨我自己太愚蠢。我不是马的主人，凭什么把它从泥里拽出来？我不是马的母亲，凭什么用舌头把它舔干净？我不是识字的先生，念什么火印子上的字？呜呜！”故事中，狼的贪婪愚蠢与马的聪明伶俐形成鲜明对比，体现了蒙古人憎恨恶狼和爱马如命的感情。

世界性的天鹅处女型故事，
布里亚特蒙古人的族源传说

蒙古民族某一部落起源的族源传说中最有代表性的是布里亚特蒙古人的族源传说。《霍里·土默特和霍里岱·莫日根的传说》讲道：霍里·土默特在贝加尔湖边见到9只天鹅从东北方向飞来，飞落湖边脱去鸟衣，变成9个美丽的少女在湖中游泳戏耍。霍里·土默特藏起其中一个仙女的鸟衣，仙女们玩完了，其他8个仙女穿起鸟衣飞走了，找不到鸟衣的仙女就留下来做了霍里·土默特的妻子。霍里·土默特和仙女生育了11个儿子。他们老了之后，有一天仙女提出要看看自己的鸟衣，霍里·土默特想都老成这样子还能跑到哪儿去，于是就把鸟衣还给了仙女。不料，仙女穿上鸟衣就变成天鹅飞走了，这11个儿子就成了霍里·布里亚特人的祖先。

这个传说的核心内容实际上就是大家比较熟悉的“天鹅处女型”故事。“天鹅处女型”故事能够成为布里亚特蒙古人的祖先传说，其目的就是为了证明布里亚特蒙古人的祖先“苍天有根”。因此，人类与异类婚姻的“天鹅处女型”故事中，霍里·土默特的配偶就不是普通的人类，而是从天上飞来的天鹅。而“苍天”则是蒙古萨满教中的最高神，这样我们就明白了世界性的“天鹅处女型”故事成为布里亚特蒙古人祖先传说就是为了把部落的祖先追溯到“苍天有根”。

机智和幽默的象征：蒙古族的阿凡提——巴拉根仓

维吾尔族有阿凡提，藏族有阿古顿巴，阿拉伯世界有纳斯尔丁，而蒙古族有巴拉根仓，他是蒙古族民间故事中机智人物的代表。巴拉根仓聪明过人，与官吏、财主和喇嘛斗智斗勇，为下层人民打抱不平，他的故事也像滚雪球一样越传越广，形成了蒙古族最有民族特色的幽默与笑话故事群。在长期流传的过程中，巴拉根仓不仅愚弄和惩治有权有势的统治阶级和贪得无厌的财主，而且还捉弄和惩罚了阎王爷，可谓无所不能。蒙古族人民的智慧和幽默塑造了民间斗士巴拉根仓。

内蒙古天鹅湖（图/搜图网）

巴拉根仓有一天去巴彦（财主，富人）家里借点糕点，吝啬的巴彦回答说："我们家没有糕点。"巴拉根仓二话没说就走了，夜里把巴彦家的糕点全偷走并分给了穷人。第二天巴彦发现家里糕点全不翼而飞，就直接来巴拉根仓家算账，正好赶上众人吃他家的糕点。巴彦恼羞成怒地说："巴拉根仓你这小偷，你赔我的糕点。"巴拉根仓笑着对巴彦说："我昨天去你们家借糕点，你说你们家没有。我怎么会偷没有的东西呢？你们家没有糕点，怎么会丢糕点呢？"吝啬的巴彦哑巴吃黄连，乖乖溜走了。

巴拉根仓有一次借了王爷的大锅煮肉，但是肉还没有煮熟，王爷就派仆人要回大锅。巴拉根仓把自己家的小锅放在王爷的大锅里，交给仆人说："你们家的大锅来我们家以后生了一口小锅。"贪婪的王爷听后高兴地收下巴拉根仓的小锅。过了一些日子巴拉根仓又借王爷的大锅煮肉，但是这次没有把大锅还给王爷就迁到别的地方去了。王爷追上巴拉根仓要回大锅，巴拉根仓回答说："你们家的大锅来我们家以后死了。"王爷非常生气地问："铁锅怎么会死呢？"巴拉根仓反问王爷："铁锅既然能生，它就可以死。"于是，王爷只好认输。在这个故事中，巴拉根仓巧妙地利用了逻辑原理。本来大锅生小锅是荒唐的事情，但是王爷为了占小便宜，就接受了这个荒唐的事情，承认了铁锅可以生铁锅是事实。而巴拉根仓正好利用了王爷承认铁锅生铁锅，就推理出铁锅也可以死的结论，让贪婪的王爷自己砸了自己的脚。

有一次王爷和大喇嘛问巴拉根仓："你说说，我们俩死后会转生成什么？"巴拉根仓回答说："王爷死后转生为毛驴，而大喇嘛死后转生为王爷。"大喇嘛听了非常高兴，以为自己的命运比王爷好。但是，巴拉根仓马上接着说："您也是距毛驴越来越近。"在这个笑话中，巴拉根仓巧妙利用了逻辑推理，从而讽刺了王爷和大喇嘛所属的世俗和宗教的统治阶级。王爷死后转生为毛驴，大喇嘛死后转生为王爷，而再下一步也转生为毛驴了。

会赞美的民俗歌谣：浪漫背后特定的文化功能

四季更迭，蒙古人念念不忘天地人的沟通和祈福

蒙古族的民俗歌谣指的是日常生产和生活中各种仪式场合吟诵的口头诗歌。这些口头诗歌的共同特征是它们与某种特定仪式结合在一起，是各种民俗仪式的重要组成部分。在外人看来，蒙古人的各种民俗仪式富有浪漫色彩，充满诗情画意，但是蒙古人自己却把这些仪式当作生产生活当中必须完成的环节，这些民俗仪式都有自己的特定功能和文化内涵。

召唤词：春季的赞美和祈福

春天是大地复苏、候鸟归来、万物焕发蓬勃生机的美好季节。因此蒙古族牧民在候鸟归来的时候举行招福仪式，吟诵召唤词，希望通过从南方飞回北方草原的各种鸟类这些可见的春天标志，来带动和促进五畜繁殖：

当白色的水鸟飞来，
当皑皑的雪山融化，
当白色的母驼下羔的时候，
我们召唤无限的福分！
呼瑞！呼瑞！呼瑞！
当洁白的天鹅飞来，
当遍地的冰雪消融，
当乳黄色母驼下羔的时候，
我们召唤无限的好运！
呼瑞！呼瑞！呼瑞！

洒祭词：初夏的献祭与祈祷

到了初夏，蒙古族牧民以母畜初乳洒祭天地诸神举行专门祭祀仪式，吟诵洒祭词祈求人畜兴旺：

每一棵灌木都是神灵，
每一座山岩都是圣主可汗，
向我们逐水草迁徙的故乡山水，
向我们搭建蒙古包的地方，
向我们所到之处的土地，
用洁白的母马初乳，
敬献九九圆满洒祭。

洒祭词一方面表达人们对万物神灵恩赐的感激之情，敬献游牧生产的第一劳动成果——母畜初乳供天地诸神享受，另一方面祈求神灵继续保佑和赐给更多的恩惠。这就是献祭与祈祷的主题——祭祀神灵就是为了诉求。蒙古民间分别有牛、马、羊的洒祭词。

冬季：达尔汗宴《寰椎祝词》对家畜繁衍的祝福

蒙古人每年入冬后要准备一年的肉食，屠宰牛羊，并举行达尔汗宴仪式。屠宰牛羊的人叫作“达尔汗人”，达尔汗人把吃干净后的牛颈骨顺着太阳转3圈后献给火神，然后吟诵《寰椎祝词》：“1岁牛犊的时候就让我们吃上黄油和奶酪，2岁时候让我们穿上貂皮和绸缎，3岁时让我们佩戴珊瑚和珍珠，5岁时套到牛车拉我们去叩拜宗喀巴佛……10岁时放到丰美的草场长肉长膘，11岁牙齿开始松动和脱落时屠宰……”铺叙了牛的一生及其对牧民生活的种种贡献，最后以夸张的言辞祝福主人家畜成群，繁衍兴旺。

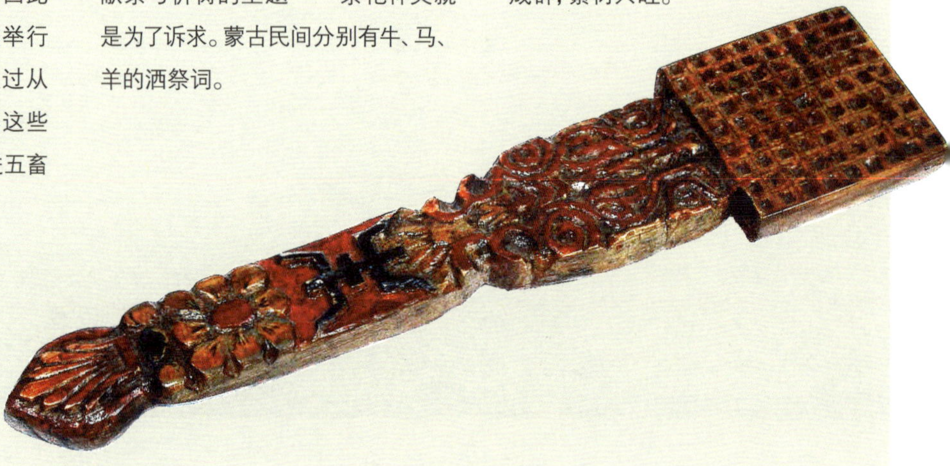

九眼勺

洒祭仪式用具。一般长50—70厘米，勺头刻有九个眼孔，眼孔里镶有珊瑚、珍珠、金、银、钢、铜、绿松石、海螺等九种珍宝，勺把上系彩布条和哈达。九眼勺是一种象征用品，九眼勺的象征功能决定了洒祭词的格式特点，如仪式中向各种神灵都要洒祭九或九的倍数的供祭，是严格遵循九眼勺的象征意义的。

母羊洒祭仪式上由两位妇女一人手持九眼勺，一人手持盛有母羊初乳的奶桶，顺着太阳的方向绕蒙古包和羊圈3周，向天地十方神灵洒祭母羊初乳并吟诵洒祭词

洒祭仪式图，蒙古国著名画家沙日布的作品《蒙古一日》之局部

母马初乳洒祭仪式颇为隆重，因为过去挤马乳是由男子来完成的，所以洒祭仪式也由男子来完成。两位骑白马的男子先用套马杆挑起盛母马初乳的奶桶，绕系仔马的长绳顺太阳方向转3圈，同时一位亦骑白马的男子用九眼勺向四面八方的神灵洒祭并吟诵洒祭词

感动动物的劝驼歌

《母骆驼的眼泪》电影海报

在戈壁地区游牧的蒙古人中，最有代表性的劳动歌是劝驼歌，而广为流传的长调民歌《孤独的白驼羔》就是蒙古族民间的著名劝驼歌。

有部人类学电影《母骆驼的眼泪》，记录了蒙古国戈壁地区生活的普通牧民家庭举行的一次劝母驼接受驼羔的劝驼仪式。这家最后一峰母骆驼难产，母骆驼痛苦了三天三夜后，在主人的帮助下，终于迎来了雪白的驼羔。可是，由于生产的不顺，不仅驼羔虚弱，母骆驼经历了生产痛苦，不愿意接受自己的驼羔，拒绝接近，也拒绝哺乳。

主人把它们牵在一起的各种尝试都失败了，驼羔面临着饥饿和死亡。主人派两个儿子去省府请马头琴师。一个12岁、一个6岁的两个男孩赶了一天的路，请来了琴师。全家人穿戴盛装举行劝驼仪式。主人把母骆驼拴住，把琴师的马头琴挂在它脖子上，让骆驼熟悉琴声。把驼羔牵到母亲身边，琴师拉起悠扬哀伤的曲调，主妇一边轻轻地抚摸母驼，一边用低沉而忧伤的声音，唱起劝驼歌。母骆驼听着听着渐渐变得安静温柔，浑浊的大眼睛里流下了眼泪，爱抚地舔起了驼羔。可爱的白驼羔终于可以幸福地吮吸母亲的乳汁。

劝驼歌：转变身份意识的催化剂

可爱的小驼羔啊，
是你亲生的孩子。
想吃你的乳汁啊，
你为什么要遗弃它？
小驼羔站在你的身边，
快让它吃你的乳汁吧！
浩思！浩思！浩思！
浩思！浩思！浩思！
可爱的小驼羔啊，
是你亲生的孩子。
想吃你的乳汁啊，
为什么驱逐它？
小驼羔可怜地哭泣，
让它吃你的乳汁吧！
浩思！浩思！浩思！
浩思！浩思！浩思！

从人类学的角度讲，劝驼仪式是帮助母驼意识到自己有哺育驼羔的天经地义的身份和责任。牧民通过马头琴琴声和劝驼歌，劝说母驼，如果小驼羔离开母亲的乳汁，就会可怜哭泣甚至悲惨地饿死，也告诉它，如果小驼羔得到爱抚和哺育会健康地长大。劝驼仪式是典型的过渡仪式，帮助母驼从单身的雌性骆驼转变为驼羔母亲。

劝驼歌，辅助马头琴的音乐，在这个仪式中，起到了关键的作用。

骆驼母子(图/巴义尔)

中广泛传播开来。因此，可以说民间文学铸就了蒙古族的精神世界，也铸就了蒙古族与周围兄弟民族文化交流、文化共享的“比较文学”世界。

蒙古族民间文学充分体现了草原游牧民族的诗性智慧。

蒙古族说书艺人在说书
（图/新巴雅尔教授）

民间文学是草原智慧的展现

蒙古族不仅接受周围民族和国家的民间文学，而且吸收和消化之后，在进一步发展民族书面文学的过程中，民间文学也发挥了巨大作用。很多他民族的文学经典在蒙古族中的流传都通过书面翻译和口头流传两种形式，而且，口头传播和蒙古化更具有文化交流意义。

蒙古族接受和吸收他民族优秀文化，一般都是先翻译，再改编和口头传播，一部外来文学作品也就依次完成了其自然本土化。在这过程中，他民族的文学作品获得了第二次生命，蒙古族民众按照自己民族的审美情趣给作品注入了新的内涵和思想。这样，古代印度的骑着大象的佛教神灵到草原上就骑上了漂亮的骏马；《水浒》英雄武松在蒙古族说书艺人的乌力格尔中与老虎的搏斗如同蒙古族的摔跤；中原汉族秀才故事中的科举到了蒙古草原，就变成了诵读佛教大藏经《甘珠尔》《丹珠尔》的比赛了。

无论是国内各兄弟民族的民间文学，还是国外的民间文学，到了草原上，经过蒙古族“煮故事的大锅”一煮，就变成了地地道道的蒙古民间故事，在蒙古族

撰稿专家

陈岗龙（多兰），蒙古族，北京大学教授，博士生导师。主要从事蒙古学和东方民间文学教学与研究工作。主要论著有《蒙古民间文学比较研究》《蟒古思故事论》《蒙古民间文学》《草尖上的文明》等。

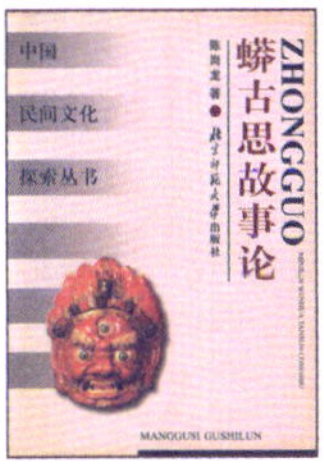

《蟒古思故事论》

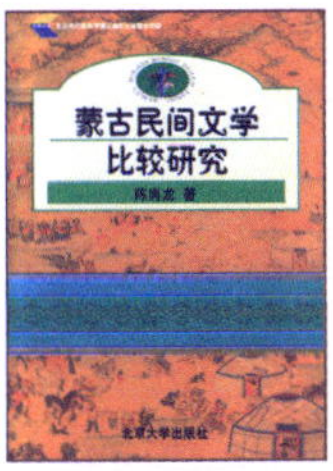

《蒙古民间文学比较研究》

扫描二维码，阅读专家代表著作的电子版

阴山古刹（图/额博）

第12章

性格塑造，文化传承

宗教信仰

本章主撰稿人：内蒙古大学教授　额尔敦白音

宗教是很多民族精神生活的支撑点和最后归宿，是一个时代人们思想意识的核心内容。宗教的变迁，往往直接反映着社会的转型、政权的交替。对蒙古族而言，草原上曾经有过的信仰和崇拜，跟民族的命运紧紧相连，对蒙古人性格塑造和精神气质的形成，有着深刻的影响。

由于蒙古高原独特的自然地理条件、文化传统、民族融合、宗教政策导向以及宗教自身的原因，蒙古族宗教信仰自元代以来，一直呈现多元化特征。除了处于核心地位的信仰藏传佛教之外，传统的萨满教一直延续到现代，基督教、伊斯兰教等宗教尽管传播范围非常有限，也在蒙古族聚居区有一定影响。概而言之，蒙古人的宗教信仰，是以萨满教为基础，以佛教为核心，辅之以基督教、伊斯兰教等，可谓“杂而多端”，从一定意义上张扬了蒙古人海纳百川的性格，体现了蒙古族宗教信仰的多元化特征。

佛教虽然宣扬因果报应观念，但是这些观念背后包含着保护草原生态、保持人与自然和谐共存的深刻思想。比如，蒙古人中广泛流传的地狱图册中，经常描绘破坏草场或放火的人死后坠入地狱受苦受难的情景，这些佛教思想对人们爱护草场、保护自然生态起到了积极的作用。藏传佛教传入蒙古草原后，很多禁忌也都带上了佛教因果观念的印记，例如不能捕猎带有幼崽的动物，违则引来母子分离的灾祸。如果说萨满是针对现实问题，那么藏传佛教思考的更多是来生，并用因果观念来进行阐释。

说不尽的敖包

从萨满的朴素信仰到藏传佛教的综合体现

蒙古人相信
大自然中处处有神灵，
常有敖包堆在山巅
或者路边。
可以用石堆成，
也有用砖瓦及柳木的。
它的大小、形状和数目
都不一定。敖包
在蒙文里就有"堆"的意思，
在边境上的时候
是为了标明边界，
但通常都是崇拜用的，
是山川神祇
地方神灵居所的象征。
在旅途上遇见了敖包，
蒙古人都会下马膜拜之后
才再继续前行

——席慕蓉《敖包》

据说敖包最初是在游牧交界之处或道路上用石块堆积起来以作标记的石堆，后来逐渐被视为神灵的居所，作为崇拜物被祭祀和供奉。于是，原来的界标、路标就变成了祭祀长生天、山神等诸神的场所。

祭敖包原是蒙古族萨满教祭祀传统，这一习俗渊源已久，所祭祀的内容十分丰富。

敖包一般建于地势较高的山丘之上，用很多石块堆积而成，上面插若干幡杆或树枝，挂上各色经幡或布条。包内有的放置五谷，有的放置弓箭。敖包的大小、数量不一，有单一的，也有并列构成的敖包群，敖包群中间的主体敖包比两侧的要大些。蒙古地区萨满教盛行时期，新建敖包时由巫师宣布村落保护神选择某一座山或丘陵，作为自己的所在地。人们就在这个地方用土或石头建成堆子，举行仪式，就算建成了敖包。

信念（图/额博）

红格尔敖包，希拉穆仁草原上的神灵之所

佛教传入蒙古地区后，这一祭祀活动有了很多佛教的因素，敖包内埋入佛像，敖包顶上的玛尼杆挂着书写有佛教经文的风马旗，祭祀活动中也少不了请来喇嘛诵经祈福消灾，祈祷人畜兴旺。后来在民间还有了某某敖包的建立与佛教有关的传说，比如希拉穆仁草原上的红格尔敖包的传说，就是其中的一个。

传说在希拉穆仁草原上住着一对相依为命的母子，蒙古族少年的母亲得了重病，无法医治。这个少年便一步一拜，用自己的身体丈量着大地虔诚地奔向佛教圣地五台山，一路上为自己的母亲祈祷着匍匐前进。到达五台山的那一天，因多天的劳累自己也病倒了。五台山有一座神奇的敖包，被这个远道而来的蒙古少年虔诚之心感动，不仅救了他，还在他返程迷路的时候，变成一盏明灯，出现在前面为他引路。少年走了一晚天快亮的时候，到了红格尔山上，那盏明灯突然站住不走了。当少年回到家里，老母亲已经完全康复了。第二天，这位蒙古族少年搀扶着母亲，来到红格尔山上，用石块垒起一座敖包，取名叫作“红格尔敖包”，让五台山敖包的神灵永远在希拉穆仁草原上安家。这一天是阴历五月十八。从此以后，每年的这一天，这位孝顺的少年和这一带的牧民都来祭祀红格尔敖包。

当代的敖包祭祀

以前祭敖包的活动当天，蒙古族上自王公贵族下至平民百姓都聚集在一起，由喇嘛持法器诵经，以羊的头、角、蹄、尾、皮为祭品，蒙于敖包之顶，并找来树枝插在敖包顶上，用哈达悬挂四周，然后由年长者率众人围敖包行走，走一圈、行一礼，一边走、一边唱歌，歌词大意是祈求太平安康。

除此以外，还有火祭、酒祭和血祭。火祭就是在敖包前点一大堆火，每个人念着自己的名字把带来的祭品投入火中，以祈求吉祥。蒙古人崇拜火，火烧得越旺越吉祥。酒祭就是将奶酒、鲜奶等洒在敖包前，祈求万事如意。血祭是祭礼中最隆重的，蒙古族把牛、羊等牲畜看作是上天赐予自己赖以生存的东西，所以在祭祀时，要宰杀牲畜，供奉神明。

祭敖包仪式结束后，一般要举行赛马、摔跤、射箭、唱歌、跳舞等活动。青年男女也可借此机会交往，所以就有了《敖包相会》这样的名曲。

向火中撒香料，让人马都闻到，从此拥有吉祥好运（图/巴义尔）

新时代新内涵的敖包祭祀（图/额博）

后来宗教观念逐渐淡薄，许多宗教仪式逐渐消失或演变。祭敖包也逐渐剔除原先的宗教色彩，演化为蒙古族人民喜庆、娱乐的节日，名称也改为“那达慕”大会，意为“娱乐”“游戏”的盛会。

蒙古族敖包文化之乡

因为内蒙古鄂尔多斯市乌审旗聚居的蒙古族保留了诸多姓氏，因而成为敖包较为集中、祭祀仪式保留较为完整、祭祀内容较为丰富的敖包文化代表性地区。

2006年8月，该旗被中国民间文艺家协会评为“中国蒙古族敖包文化之乡”。之后，中国蒙古族敖包文化研究中心也在该旗成立。

乌审旗境内有以哈德亨、赫烈特、察哈尔等氏族为单位供奉的13个敖包，种类有祭天、尊崇祖先，以及寺庙、部落、家户敖包等。以其外形讲有单座、双座、三座、七座、十三座、十四座敖包等区分，以其结构讲有堆石、沙柳、沙蒿、沙丘或砌砖敖包等不同类型。所有敖包都有其祭祀主持、祭祀员、管理员、喇嘛等相关人员，他们各负其责完成祭敖包活动。

敖包经过几百年的不断发展变化，形成一种文化现象，作为游牧文化中的一个重要组成部分，敖包文化具有深厚的历史底蕴，也同样具有与现代文明相适应的文化成分。敖包祭祀活动在保留其独特的传统文化的同时，也被注入风土人情、生态保护意识、和谐理念以及竞技比赛、群众文化等广泛的内容，对建设和谐新牧区有积极意义。

从萨满教到藏传佛教

神佛多元是蒙古族宗教的主流

北京雍和宫里藏传佛教创始人宗喀巴大师的塑像，制作于1924年，造型、工艺均属上乘（图/额尔敦白音）

五当召“和气四瑞”雕塑，一头大象驮着一只猴子，猴身上站着一只兔子，兔身上为羊角鸡，四物合一，携手协作获取果实，寓意互相敬重，四瑞和气

蒙古族的核心信仰是藏传佛教，藏语把僧人称为“喇嘛”（意为上师），因此藏传佛教又称喇嘛教。学界认为，佛教最早是13世纪从西藏传入，取代了蒙古历史上曾信仰的萨满教。但整个元代，宗教氛围宽松，统一各部之后，信仰萨满教的成吉思汗，不仅容忍后宫后妃和大臣们是虔诚的景教教徒，同时对其他宗教给予礼遇，佛教、道教、伊斯兰教都可以自由传入。

蒙藏关系的真正序幕，是蒙古灭西夏之后，元太宗窝阔台将西夏故地划给其子阔端。1244年驻守凉州的阔端邀请吐蕃的萨迦派教主萨迦班智达（又作班第达，班迪达），在凉州会晤。1260年八思巴为忽必烈灌顶，被尊称为“国师”，后被尊称为“帝师”，并封大宝法王，佛教自此地位日尊，元朝宫廷贵族均为佛教信徒，但同时民间仍普遍信奉萨满教。

元亡后200多年，藏传佛教几乎被蒙古人遗忘。公元15世纪初，宗喀巴对藏传佛教进行整顿与改革，在噶当派的基础上创立格鲁派。因格鲁派僧侣都戴黄颜色的帽子，故又被称为黄教。黄教创立之初政治上处于劣势，为进一步扩大势力，宗喀巴及其弟子们竭力争取支持的力量，尤其是明朝和北元蒙古贵族的支持。

16世纪后期黄教由西藏经青海传入蒙古地区，最终战胜根深蒂固的萨满教。三世达赖索南嘉措等高僧的不懈努力功不可没，尤其是1578年他与北元阿勒坦汗在青海仰华寺会晤，之后蒙古颁布《阿勒坦汗法典》，强制人们信仰黄教，取缔萨满教，从而确立了藏传佛教在蒙古地区决定性的宗教地位。

为赢得人们的好感，佛教劝喻当权者“好生戒杀”，停止用人、畜殉葬，同时大讲生死轮回、因果报应。之后清朝也对佛教的传播给予大力支持，“以黄教柔顺蒙古”。由于形成了拥有特权的庞大僧侣阶层，寺庙数量大增。清中期仅内蒙古就有寺庙1800多座，僧侣15万余人。民国时期，僧侣有增无减，1939年仅新疆博尔塔拉就有僧侣千余人，僧侣约占当地蒙古族男丁的四分之一，占当地蒙古族成年男丁的二分之一。

当代蒙古人的普通生活中，佛龛随处可见，但也有供奉成吉思汗像的习惯。蒙古人口中习称“长生天”。追溯蒙古历代可汗的令旨，开篇必说“长生天气力里”。“长生天”是萨满教的最高神，蒙古人每行事必“托着长生天的气力”。而另一方面，藏传佛教在蒙古地区的传播中，也有顺应蒙古传统思想文化氛围的做法，以佛教的护法神像替代萨满教的“翁贡”（神偶），以佛教的观念附丽萨满教的祝辞，更为重要的是，把原来萨满教的“腾格里天神”纳入佛家的万神殿中，而且把蒙古历史上的汗王和王妃变成帝释天、转轮王、绿度母等诸神。所以，蒙古族的藏传佛教，在整个民间，是各种因素并存的蒙古族特色佛教。

五当召壁画（图/齐木德道尔吉）

佛事活动（图/额博）

万物有灵，世界有序

萨满教影响无处不在

萨满教是基于万物有灵论基础上的一种自然宗教形态，因为满－通古斯语族各部落的巫师被称为“萨满”而得名。“萨满”在通古斯语中的原义为激动、不安和癫狂的人。

蒙古族萨满教是融合蒙古族古代自然崇拜、图腾崇拜、祖先崇拜等多种信仰的产物。在藏传佛教传入蒙古地区之前，萨满教信仰在蒙古各部落中长期流行。有元一代，皇室祭祖、祭太庙、皇帝驾幸上都等，仍是萨满主持祭祀；遇到战事，也是萨满进行占卜以断凶吉。直到16世纪北元时期与藏传佛教争夺宗教主导权失败，萨满教被统治阶层取缔，转化为民间信仰因素，渗透到蒙古民族的价值观念、思维模式、行为方式的深层结构中，积淀出别具草原特色的蒙古民族深层文化心理。

1931年的巴尔虎萨满（图/贺其叶勒图）

萨满，从权力中心到民间信仰

历史上，萨满的功能主要是沟通天人，他们集占星者、占卜者、医师于一身。萨满因为能知道一切神的旨意，能解梦和预言未来，所以曾经处于权力中心。成吉思汗时代著名的大萨满阔阔出，在1206年成吉思汗于斡难河（今鄂嫩河）之畔召开的大聚会上宣布：“长生天授命，让铁木真来统治全民族。”同时将“成吉思汗”的称号授予他，并且说：“神降旨，你的名字必须如此。”各种记载显示，萨满享有很高的威望，权势几乎可以与皇帝分庭抗礼。

萨满对生活的影响无所不在。占卜，是萨满的一项重要工作，用火烧羊的肩胛骨，通过观察烧出的裂痕来预言将来的事情，有时也用飞箭来占卜。至于草原上牲畜马匹减少、猎物消失的情况，更要请萨满来。巫医不分的时代，萨满治病是通过巫术来驱除恶魔，蒙古人称之为“博格勒姆依”，意思就是请萨满作法。

到了现代，治疗疾病、主持祭祀仪式则是他们的主要职能。仪式在宗教活动中具有重要地位，主要有成巫仪式、祭祀仪式、治病仪式、招子仪式、祈愿仪式、除秽仪式等。萨满巫师被称为“博”，在行博（主持仪式）

时穿着特殊的服饰，包括博服（法服）和奥尔盖帽（法冠），并使用法器，包括铜镜、博鼓、吉达（七星宝剑）以及各种法鞭等。治病仪式大体有祈祷请神、附体下神和送神等基本程序，治病仪式一般在晚上进行，加重了仪式的神秘色彩。而女萨满一般负责招子、接生、保护婴儿等妇幼保健工作，在现代蒙古语中，“渥都干”（女萨满）的意思就相当于接生婆。

庞杂有序的神灵体系

在萨满教的信仰系统中，以神统观为核心的诸神从自然神、职能神到天神的演变经历了漫长的历史过程。起初，众多自然神各司其职，从不越权，诸神互不相统，无所谓上下、主次关系。后来天神出现并成为主神，其他神则成为属神，诸神之间的关系逐渐复杂化，这使得萨满教的神灵系统非常庞杂。尽管如此，在对蒙古族萨满教诸多神灵，如自然神、动物神以及图腾、生殖崇拜等庞杂系统进行梳理后，我们可以发现，“腾格里”和“翁贡”两大神灵系统，在蒙古人的萨满信仰体系中占有重要地位并产生过广泛影响。

古代萨满施法图（图/巴义尔）

萨满服（图/孔群）

传统萨满服胸前背后挂着几十个大小不一的铜镜，重达上百公斤，神奇的是，萨满穿着它跳起萨满舞来轻松自如

能与神灵对话的萨满服饰

萨满的服饰分为法冠和法衣两大部分。法冠以铜帽圈连接十字形帽架内衬黑呢制成，帽檐前部饰缨穗，顶部为一圆铜片，上立一对四叉铜鹿角，两鹿角间立一小雀，鹿角上缀各色绸飘带。

法衣为圆领、对襟、窄袖袍服，为紫红粗布面，胸腹及后背贴兽皮，肩部饰缀满贝壳的披肩，左、右两肩各立一木质小鸟，下垂绣花飘带。前胸、后背共饰几十面大小铜镜。腰部以下饰三层兽皮穗彩条边，并缀铜铃贝壳，后腰系十二条绣花飘带的围裙。腰部系挂小铁弓箭、铁短箭等兵器。

面具形象作愤怒状，三目圆睁，额顶、鼻下、下颏及眉脊均贴羊毛。

法器有法杖、神鞭、铜鼓、铜镜等。

祭火(图/苏德夫)

“腾格里”天神

在蒙古萨满教的天体崇拜中，天地和日月崇拜是最为普遍的现象。古代蒙古人把天作为一个最神秘的力量从而产生敬畏、依赖的宗教情感。蒙古语称天为“腾格里”，而蒙古族萨满教所称“腾格里”就直接具有“天神”之义，认为天上有九十九个腾格里天神，西方的五十五个天是善的天神，给人带来好运，东方的四十四个天是恶的天神，带来厄运和灾难。这种解释具有明显的功利目的和伦理色彩。根据学者的统计，在蒙古英雄史诗和萨满神歌中，具有各种职司的腾格里有上百个之多，可见，九十九并非具体数字，只是表示神灵甚多而已。如吉勒腾格里是司平安顺利之天神、安答之腾格里是司朋友兄弟之天神、毕斯曼腾格里是司财富之天神、喀喇腾格里是司医药之天神、玛纳罕腾格里是司狩猎之天神、巴图尔腾格里是战神等等。土地神也是萨满教所信奉的主要对象之一，各地蒙古族至今仍然保留着祭祀他们赖以生活的土地、山河、泉水的习惯。

此外，日月星辰崇拜、山神崇拜、动植物崇拜等也是萨满教自然崇拜的主要内容。对于日月星辰的崇拜主要是因为它们的光和热。与此相应的是火崇拜，认为火可以涤荡一切污垢。

翁贡

所谓“翁贡”，即萨满神偶。翁贡具有神灵、陵墓等意思，是蒙古人祭拜的偶像。内蒙古地区的萨满翁贡多为青铜制、皮制或毡制。

同腾格里一样，翁贡也是一个庞大的神灵系统。翁贡的数量、规格均无统一标准，在不同时期、不同地区不尽相同。村落有村落的翁贡，家族有家族的翁贡，一般认为翁贡是与人们已故祖先和家庭其他成员的灵魂融合为一体的神物，悬挂于帐屋里面或门外，不得随意触动，人们不断向翁贡供奉饮食，期望获得神灵的保佑。

在内蒙古东部草原，“吉雅其”是重要的翁贡——畜牧保护神，对于蒙古族这样的以牧业为主要生产方式的民族来说，吉雅其神关乎他们的生产生活，是以往蒙古族普遍供奉的神灵。而萨满通过祭祀吉雅其，为广大牧民驱除瘟疫灾害，保佑人畜平安。

萨满使用的各种形状的翁贡，是萨满教祭拜的偶像(图/巴义尔)

巴尔虎蒙古族祭火仪式

文、图/苏德夫

腊月二十三是蒙古人祭火的日子，传说这一天是火神密仁扎木勒哈降生的日子。火是纯洁的象征和神灵的化身，可赐予人们幸福和财富，也是人丁兴旺、传宗接代的源泉。古代蒙古族萨满教巫师认为火与火神可以驱逐各种妖魔与邪恶，医治疾病，施恩惠于人类。祭火仪式很隆重，每个地区祭火的内容也有所不同，巴尔虎祭火是由博（萨满巫师）来做祭祀的。萨满巫师通过一系列的原始舞蹈，包括肢体语言、萨满歌诀，以及专用的神灵沟通器具来进行与火神的沟通。

左4图：博（萨满巫师）开始做准备
下图：祭火牧民

查玛舞（图/齐木德道尔吉）

查玛作为宗教寺庙舞蹈，从西藏传入蒙古族地区，吸收了当地民间文化因素，与当地人们的思想意识融合并产生强烈的共鸣，从而达到既娱神又娱人的目的。跳查玛的场地通常在寺庙院内。在庙台前画上同一圆心直径分别为15.5米和12米的两个圆圈，表演者所有的动作都在这两个圆圈线上或圈内完成。表演时各个角色都戴着神态各异、形象逼真的面具。面具分全面具和半面具两种，有牛头、鹿头、狮子头、骷髅头等。查玛的服饰非常豪华，多半是绸缎蟒袍，款式也很独特。袖口都呈喇叭状。查玛所用的刀、斧、剑、戟等道具（称为法器）的长度均为30厘米左右，设计精巧，做工精致，与实物相比似像非像，为舞蹈增添了几分神秘色彩。查玛以吹打乐伴奏，通过各种节奏、强弱对比及特殊的音色来表现角色形象，粗犷豪放，特色鲜明。舞蹈中既有藏族舞蹈顺手顺脚的特点，又有蒙古族舞蹈所特有的“碎抖肩”“耸肩”等动作。动作既优美，难度又大，需要表演者有一定的舞蹈基本功方能完成

融入草原文化的外来宗教

藏传佛教对蒙古文化的彻底改造

起：阔端和萨班，揭开蒙藏关系序幕的凉州会晤

萨迦班智达·贡噶坚赞（1182—1251）是藏族著名佛学家，佛学经典研究造诣精深，还通达大小五明。自印度来到藏地的外道大师磋怯噶窝等，反对内道佛教，与他辩论13天，最后失败，拜他为师，皈依佛教。因此他名声大振，博得大班智达（精通五明的大学者之意）之称号，获十三把华盖之荣誉，继而戴上了萨迦派的第四位祖师的桂冠。就在贡噶坚赞出任萨迦寺总管时期，管理西夏故地和甘、青等藏区的窝阔台之子阔端于1244年派遣多达那波携带信件、银子、珍珠、锦缎等礼物赴乌斯藏邀请他前往凉州（今甘肃武威）商谈在蒙古地区弘扬佛法和乌斯藏地区归顺蒙古的问题。从而拉开了蒙藏文化关系真正的序幕。

萨班与阔端会见，谈论了很多教法，在原先黎域（今甘肃肃南裕固族自治县）诸大德向阔端介绍佛教的基础上，使阔端领会了佛教之教义。因此阔端十分高兴，下令今后也里可温（元代时对基督徒和教士的通称）和萨满不能坐在上首，祈愿时首先由佛教僧人祈愿。由此在蒙古地方佛教僧人日益受到重视，从此萨班成为阔端的上师，并留在蒙古地方弘扬佛法。萨班来凉州之前，阔端身边有几位维吾尔族和藏族僧人，但他们不精通佛法，未能使阔端信服，因此开祝颂会的时候，也里可温和萨满坐上席，而佛教僧人坐下席。萨班改变了这个局面，使佛教僧人受到更大的尊重，这是蒙古与西藏萨迦派建立的最早联系。阔端还修建了一座幻化

八思巴像（唐卡）。八思巴是藏传佛教萨迦派第五代祖师，意为“圣者慧幢”

寺，作为萨班的驻锡之所。萨迦班智达在凉州四周建起的四大寺庙（即白塔寺、海藏寺、莲花寺、金塔寺）里讲经作法，弘扬佛法。

在凉州，阔端代表蒙古汗廷，萨班代表西藏地方，共同达成了西藏归顺蒙古的协议。阔端扶植萨迦派，命其代理西藏事务，萨迦派从而取得了在西藏各地方僧俗势力中的领导地位。在此基础上，于己酉年（1249），萨班以佛教首领的名义致西藏僧俗官民一封信，叫《萨迦班智达·贡噶坚赞致乌斯藏善知识大德及诸施主的信》（《萨迦班智达致蕃人书》）。阔端信仰佛教有强烈

的政治意向，萨班明确表示臣属于蒙古，阔端则承认萨迦派教主主持西藏政务。这样，蒙古贵族通过以教辅政的办法，更顺利地收服了西藏。

承：忽必烈和八思巴，一代英主和一代帝师

阔端之后，蒙古王室大力扶植佛教的是忽必烈。八思巴与忽必烈1253年的第二次会见，对他们之间的关系以及此后西藏的政局有着重要意义。八思巴是萨迦派的第五任教主，世称萨迦五祖的第五祖，他10岁时跟随伯父萨迦班智达·贡噶坚赞到凉州。据有关资料记载，忽必烈这次会见八思巴后，过去曾询问别人而未能解决的许多疑难问题，均得到详细解答，因此忽必烈十分欢喜。在这一基础上，忽必烈带头接受了八思巴的灌顶（用甘露法水灌于入教者的头顶，是佛教的一种仪式），信奉藏传佛教萨迦派。这是忽必烈第一次从八思巴处接受灌顶，从此八思巴一直跟随忽必烈。

1260年阴历三月忽必烈在上都即大蒙古国汗位。阴历十二月，封八思巴为国师，授玉玺，八思巴任中原法主、统领天下教门。这样，忽必烈正式确立藏传佛教为国教，以西藏僧人为统领。八思巴36岁的阳铁马年（1270），忽必烈第二次请求八思巴传授灌顶之后，封八思巴为帝师。

八思巴奉忽必烈之命创制的蒙古新字当时被定为国字，主要应用于元代官方文书，也用于翻译书籍，以翻译藏文或梵文佛经为多。这种八思巴字由于过于繁杂，书写不便，最终没能推广开来。现在从元代遗留下来的一些碑文、印章及牌符上，还可看到这种八思巴文字。

蒙元一代扶植的藏传佛教不限于萨迦派，对于噶玛噶举派也是关照备至。忽必烈和蒙哥分别接见过噶玛拔希，噶玛发展出黑帽系。直至元顺帝父子时期，这一系统也一直在皇室中传授密法。

"永昌等处行枢密院断事官府印"铜印，八思巴文，1984年额济纳旗出土，北元时期珍贵文物（图/内蒙古文物考古所）

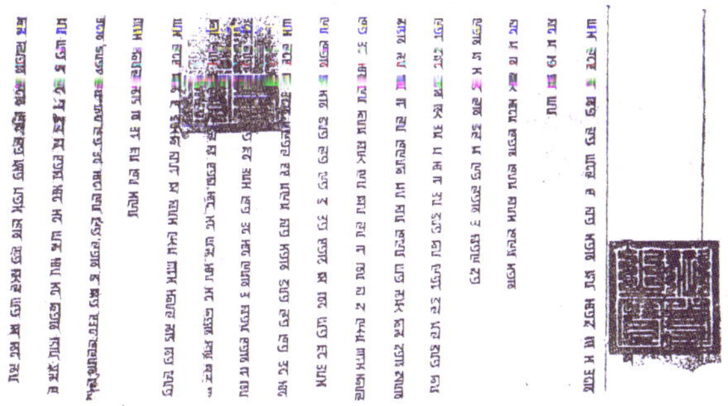

八思巴文诏书

元代帝师

在元廷中，帝师地位很高，权力很大，很尊贵，既是全国佛教的总领，又是管理佛教与西藏地方事务的宣政院的首脑。帝师除管理全国佛教事务外，对西藏、四川、青海、甘肃等地区吐蕃事务，也有权进行干预或向元朝皇帝提出建议。帝师在元廷中，是皇帝、后妃、皇亲贵族信奉的锡特根喇嘛（上师）。帝师主持给皇帝、后妃及皇亲贵族的灌顶仪式，主持宫廷中的各种宗教仪式和宗教信仰活动。帝师地位很高，还表现在每逢百官上朝或庆典节日，他的席位待遇仅次于皇帝，在宫廷中享有崇高的荣誉。帝师出行，迎送仪式极为隆重，死后也受到很高的礼遇。

在忽必烈确立藏传佛教为国教后的108年（1260—1368）里，授封为帝师的人数，说法不一，有6、10、12、14、16位等多种说法。

转：阿勒坦汗和索南嘉措，用法典树立的宗教权威

三世达赖索南嘉措，对藏传佛教再度传入蒙古草原厥功甚伟

元亡后200多年，藏传佛教几乎被蒙古人遗忘。直到16世纪后半期，经宗喀巴改革后的藏传佛教格鲁派才再度传入蒙古，此后，对蒙古的政治、经济、社会各方面产生广泛而深刻的影响。之所以如此，三世达赖喇嘛索南嘉措和阿勒坦汗起了决定性作用。

万历六年（1578），阿勒坦汗与黄教三世达赖索南嘉措在仰华寺会面，并召开规模宏大的法会。阿勒坦汗宣称自己是忽必烈的化身，索南嘉措是八思巴的化身，并互赠尊号。

同时，阿勒坦汗竟然将原先供养的罪恶神祇像通过举行烧施仪轨而付之一炬。当时火堆中燃起绿色的智慧之火焰，升腾于高空中，停留许久，出现无穷神变，使所有的蒙古人感到惊奇，于是所有的萨满翁贡偶像都被要求烧毁。

阿勒坦汗的这一果敢行为，正迎合了三世达赖喇嘛提出的皈依佛门时首先要消灭翁贡的要求，为格鲁派向蒙古草原顺利进军铺平了道路。

此次藏传佛教再度传入草原，并非一帆风顺，遇到的是萨满教强大的阻力，其间有过生死斗争。它最终战胜根深蒂固的传统萨满教，跟阿勒坦汗的鼎力支持密不可分。特别是他制定了一部保护佛教、阻止萨满教传播的法典《阿勒坦汗法典》：“博（男萨满）、渥都干（女萨满）占卜、作法者，（被占卜作法者）死，杖一，罚牲畜九九；未死，免杖，罚牲畜九九。”可见只要萨满进行宗教活动，无论是否有害，都会受到惩罚，也就是说，法典将传统萨满教视为非法。

美岱召壁画中的阿勒坦汗礼佛图
（图/齐木德道尔吉）

巅峰：政教合一，锡勒图库伦札萨克喇嘛旗

内蒙古锡勒图库伦札萨克喇嘛旗（今通辽市库伦旗），是清朝在蒙古地区设立的7个喇嘛旗之一，也是最早设立的喇嘛旗。喇嘛旗的形成标志着藏传佛教格鲁派在蒙古地区已发展到顶峰时期。

锡勒图库伦的形成与阿升喇嘛希日布息息相关。

阿升喇嘛希日布是锡勒图库伦政教合一体制的缔造者。17世纪初，他从土默特部来到东蒙古地区进行传教活动时结识了后金领袖皇太极，不久被皇太极迎请至盛京（今沈阳）。1634年，他移住蒙古地区，后金政府划出领地给他，称为曼殊希礼库伦。1636年，曼殊希礼阿升希日布圆寂后，皇太极赐阿升喇嘛的弟弟囊索喇嘛“锡勒图库伦达尔罕绰尔济”封号，继承阿升喇嘛的法座，由此该寺院得名锡勒图库伦。1646年，囊索喇嘛圆寂。顺治帝命盛京实胜寺喇嘛西布扎衮如克驻库伦，并赐“锡勒图库伦绰尔济”封号，还颁给札萨克达喇嘛印，至此政教合一体制的锡勒图库伦札萨克喇嘛旗开始形成。

锡勒图库伦札萨克喇嘛旗是蒙古地区7个喇嘛旗中最先建立的，1729年时，清廷又确认了锡勒图库伦札萨克喇嘛的世袭制。三世锡勒图库伦札萨克喇嘛西布扎衮如克出任后的1649年，创建兴源寺，它是锡勒图库伦旗的主寺；1655年，又建造吉祥天女寺，寺院建成后就把供奉在身边的吉祥天女画像供奉于寺院中，并立下举办各种法会和供奉的礼规。从此，吉祥天女成了锡勒图库伦的本尊佛。关于供奉吉祥天女有这样一个传说：相传西布扎喇嘛离开西藏时，五世达赖从自己供奉的诸佛像中，取一幅用自己的鼻血描绘的吉祥天女画像赠予西布扎喇嘛，此后西布扎喇嘛就当她是自己的护身佛一直供奉在身边。也许因为这个美丽的传说，这里的人们对吉祥天女推崇备至，不论僧俗，凡是遇到不解之难、蒙受不白之冤都向吉祥天女祈求保佑或期望予以辨明是非。

库伦三大寺之一福缘寺（图/视觉中国）
福缘寺与兴源寺、象教寺并称“库伦三大寺”，始建于清乾隆七年（1742），寺名为乾隆帝所赐

达赖喇嘛，一个宗教名号的政治缘由

阿勒坦汗赠索南嘉措尊号为“圣识一切瓦齐尔达喇达赖喇嘛”，此为“达赖喇嘛”一词的出处。“圣”在佛教中表示超出凡间；“识一切”是普遍通晓之意，“瓦齐尔达喇”为梵文，意为执金刚，是对密宗方面有最高成就的人物的尊称；“达赖喇嘛”是蒙古语和藏语的合称，“达赖”意为大海，“喇嘛”意为“上师”，达赖喇嘛的意思是“智德深广犹如大海能包容一切的上师”。

在西藏佛教中，达赖喇嘛被看作是观世音菩萨的化身，因此具有很崇高的地位。而这个尊号此时仅是蒙藏代表人物私人之间的互赠，从佛法层面来看，根本没有丝毫的实质意义可说，只是人为的政治施设，彼此互取所需、互相利用的世俗称号，尚不具有政治及法律意义。

1587年明朝政府正式承认这一称号，并派使节加以敕封，索南嘉措得此称号之始，为三世达赖喇嘛。宗喀巴第五辈大弟子阿旺·罗桑嘉措在西藏建立了格鲁派“政教合一”的封建政权，1653年，清朝中央政府册封阿旺·罗桑嘉措为“西天大善自在佛所领天下释教普通瓦赤喇怛喇达赖喇嘛”（瓦赤喇怛喇是梵文“金刚持”的意思），并赐予金册金印，阿旺·罗桑嘉措即达赖五世，从此确立了达赖喇嘛系统在西藏的政教统治地位。此后的历代达赖喇嘛转世，必经中央册封，成为定制。

锡勒图库伦寺庙林立，鼎盛时有20多座，集中在旗所在地（图/额博）

最鼎盛时期，锡勒图库伦札萨克喇嘛旗境内有20多座寺庙，大多集中在旗所在地。这些喇嘛寺庙可分为两类：一是由历代札萨克达喇嘛所监造，如兴源寺、象教寺、福缘寺和吉祥天女寺。它们分别建于顺治、康熙和雍正年间，其建筑规模较大，都有常年性例行法会，拥有哈力亚图（属民）和一定的财产。二是由旗民出资建造，即由某一家族，或虽不是同一家族，但来自同一个地方的人集资建造。这类寺庙的建筑年代很难查考。它们的建筑规模都不大，有的举办法会，有的不举办法会。

锡勒图库伦札萨克喇嘛旗的政教合一体制中，由掌印札萨克达喇嘛为一旗之长，总理全旗政教事务，并设有4个札萨克喇嘛和4个德木齐（辅佐达喇嘛管理寺庙杂务的喇嘛）辅佐他。该旗的喇嘛受戒后可以回家居住，继承家业，娶妻生子。旗民分为喇嘛和哈力亚图（属民）两种，他们不服兵役，但世代向札萨克达喇嘛或寺庙纳贡服役。

达赖喇嘛中唯一的蒙古人：云丹嘉措

万历十五年（1587），索南嘉措应蒙古左翼察哈尔部图门汗的重礼聘请，到蒙古东部讲经说法，黄教由此传入左翼蒙古各部。索南嘉措对格鲁派向蒙古地区的传播起了巨大作用。索南嘉措临终留下遗言，说他将转世在阿勒坦汗的家族中，于是阿勒坦汗的孙子，苏密尔代青洪台吉之子成了转世“灵童”，是为四世达赖土默特蒙古人云丹嘉措。“达赖喇嘛的化身既降生于达延可汗的黄金氏族，而今才将宗喀巴的宗教在蒙古之国显扬得如太阳一般。”

崇祯十三年（1640），喀尔喀蒙古与西蒙古封建主集会，制定《蒙古-卫拉特法典》，明确规定了保护和扶植黄教的政策。《蒙古-卫拉特法典》和《喀尔喀法典》则更详细地规定了各级喇嘛的种种政治特权，使寺庙和喇嘛形成一股新的社会政治势力，逐步参与和左右蒙古的政治形势。

修行在草原：蒙古人的藏传佛教

藏传佛教的理论体系《菩提道次第广论》

《菩提道次第广论》是格鲁派创始人黄教师祖宗喀巴大师力作，于1401至1402年期间完成，阐述了显密宗方面的系统理论观点，成为格鲁派教义的根本典籍。从那以后，藏蒙许多高僧文集里都有关于菩提道次第的阐释著作，由此可以看出这本著作的影响力。

《菩提道次第广论》，“菩提”就是佛教徒祈求的果——佛果，佛教徒祈求彻底的离苦得乐，而达到的目标就是佛。“道”是为了达到这个目标的方法。“次第”是努力的过程必须一步一步地循序渐进。“广论”就是详细说明从凡夫到成佛这一条路。

佛法很深奥，修行更神秘。宗喀巴大师掌握佛法的全貌，把三藏十二部的精华提炼出来，规划出一条直接扼要且必不可少的成佛次第，作为凡夫成佛的指针光标。所以，《广论》这本书就像一张“藏宝图”，依着它，可以正确迅速地找到宝藏。

《菩提道次第广论》书影

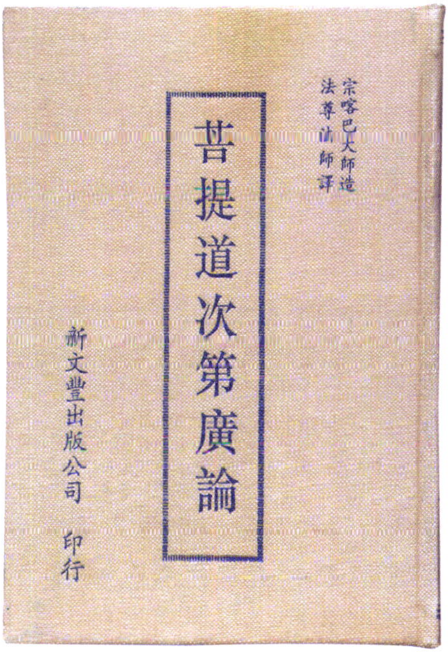

《菩提道次第广论》基本涵盖了藏传佛教教义和修行的全部理论体系。主要以闻说修正法、四谛说、持戒、三士道、中观、因果缘起性空、般若波罗蜜、佛果等思想为主，可以说是黄教纲领性著作。该著作从依止善知识及思维暇满人生之入道前行开始，至念死无常、思恶趣苦、思维业果等基本人天乘（下士道），再经小乘之四谛（中士道），依次第直达大乘菩提心与止观

格鲁派：戒律严谨的黄教

大约从1388年开始，宗喀巴改戴桃形尖顶的黄色僧帽，表示他要继承佛教持律大德的传统，严格遵守戒律。这种僧帽原名“班霞”，意为班智达的帽子，在印度只有获得班智达称号的人才能戴，但颜色不是黄色的。在佛教史上只有两个人戴过黄帽，而这两个人也都是以重视戒律著称的。宗喀巴改戴此帽，其用意则是不言而喻的，就是要加强戒律。

1401年，他开始撰写《菩提道次第广论》，次年完成。此为格鲁派教义的根本典籍，阐述了宗喀巴在显密宗方面的理论观点。1406年他又完成了《密宗道次第广论》，此为格鲁派显密兼修的基本教程，体现了他新的宗教思想体系，是他创立格鲁派的理论基础，也是格鲁派僧人修持的方法及生活准则。

1409年的藏历正月初一至十五，宗喀巴在拉萨发起并主持召开了一次大规模的祈愿法会（藏语称默朗钦摩，汉语称传大召），这是一次不分教派的西藏喇嘛教徒的大集会，从各地来到拉萨参加法会的僧人有1万多人，观光看会的非佛教徒群众多至几万人，声势之大是前所未有的。通过这次法会，宗喀巴已被公认为西藏的一位宗教领袖，也说明了他创立格鲁派的成功。

1409年大法会之后，宗喀巴在拉萨以东偏北30千米处，建立了一座寺院，命名为甘丹南结林，简称为甘丹寺。此即为格鲁派主寺，格鲁派之名也因此而来。因甘丹寺建立后，宗喀巴及其弟子们就居住在这座本派唯一固定的寺院里，人们称他们为甘丹寺派，称他们的宗教理论为甘丹必鲁，简称甘鲁派。“甘鲁派”后来音变为“格鲁派”，意思是善规或善律派，因该派倡导严守戒律而著称。

（上士道）。此论涵盖佛法三藏十二部，开显自文殊、弥勒经龙树、无著所传之深观、广行二门修习要旨，并强调出离心、菩提心及清净正见三心要。

《菩提道次第广论》很早就翻译为蒙古文，对蒙古族佛教产生很大影响。

蒙古人心目中的《金光明经》和《金刚经》

《金光明经》，全称为《金光明最胜王经》，蒙古人简称“altan gerel”，是一部流传最广和备受尊崇的佛经。《金光明经》是大乘佛教中有着重要影响力的经典之一，是众经之王。佛教界认为，《金光明经》与《法华经》《仁王护国般若经》同为镇护国家之三部经，谓若抄写或诵读此经，国家皆可得四大天王之守护。由于经中所说的诵持本经能够带来不可思议的护国利民功德，能使国中饥馑、疾疫、战乱得以平息，国土丰饶，人们欢乐，故历代以来《金光明经》被视为护国之经，早在14世纪时蒙古译师希绕曾格对照藏文和回鹘文译本将其译成蒙古文。但在佛教再度传入蒙古地区的16世纪末，也就是阿勒坦汗时代，很可能看不到这部早期的译文，因此阿勒坦汗再三发指令将这部经典刻版刊行。阿勒坦汗时代刊行的这部佛典，迄今只发现一部，藏在丹麦哥本哈根皇家图书馆。

这部经在蒙藏地区也持诵得非常普遍，过去在蒙古地区每家都供养此经，僧人有每天念诵《金光明最胜王经》的习俗。

《金刚经》是一部极为重要的佛教经典著作。它以佛教“诸法无我”的般若思想为核心，并随着佛教发展而广泛流传于蒙藏地区，成为这两个地区重要的佛教经文之一。《金刚经》中体现的“离相无住”思想及“缘起性空”论中包含着丰富而深刻的世界观、认识论，还蕴含着矛盾、联系、因果等哲学观点。《金刚经》在蒙古地区的传播特别广泛，可以说17世纪至20世纪的佛教发展时期，蒙古地区几乎每家每户都保存并供

五塔寺浮雕，小狮子形态活泼、生动有趣（图/田甜）

蒙古族高僧进学之地：哲蚌寺果芒扎仓

哲蚌寺是西藏佛教格鲁派六大寺院之首，哲蚌寺果芒扎仓主经堂中有102根木柱，面积1000多平方米，吉巴拉康（“拉康”指佛殿）、敏主拉康及卓玛拉康等并列于大经堂的最后面。哲蚌寺洛色林扎仓和果芒扎仓都是专学显宗的五部大论，但学经“见地”又各有侧重。洛色林扎仓侧重于中观自续派见地，果芒扎仓则侧重于中观应成派见地。

“果芒扎仓”是藏文，“果”是“门”的意思，“芒”是“多”的意思，加在一起是“多门之扎仓”。扎仓是藏语，指有严格习经制度的佛寺。据说，来果芒扎仓的学僧们苦读15年以上，读完五部大论，通晓多种佛教经典后获得殊胜智慧，变得神通广大，他们进出墙壁、房顶、地下时，无物能挡，所以把这个扎仓称为“果芒扎仓”。从果芒扎仓走出的蒙古族高僧特别多，他们来到西藏后一般都来这里学修五部大论。很多蒙古族高僧可以获得最高的学位拉然巴格西。

哲蚌寺果芒扎仓，僧侣们的进学之地

阿拉善延福寺(图/额博)

奉一部《金刚经》。因为蒙古人认为《金刚经》是佛经的精髓,供奉《金刚经》就能带来吉祥,带来好运。蒙古文《金刚经》约8000字。

蒙古文译经诵经:佛教在草原的传播途径和文化影响

是谁将佛教典籍翻译成蒙古文?蒙元时代,在宫廷的支持下,大量的译师将梵文、藏文、回鹘文、汉文的佛经,源源不断地翻译成蒙古文,然后从宫廷向蒙古包慢慢传播。

以《大藏经》为例,由元至清,经历了5个大规模的翻译、刻印时期,尤其是清代乾隆皇帝非常支持刻藏和印经,将蒙古文佛经的翻译和出版推向顶峰。三世章嘉活佛精通蒙古文、满文、汉文、藏文,知识渊博,著名的《丹珠尔》便由他主持翻译和出版。从各地汇集的高僧在从1742年开始至1749年的8年时间内,完成蒙古文《丹珠尔》翻译、雕版、刊行的全部工程,与之前康熙年间翻译完成的《甘珠尔》一起,成为完整的蒙古文《大藏经》。为了翻译佛经的需要,三世章嘉还主持编纂了藏文、蒙古文对照的《正字学·智者之源》。

随着佛教的迅速传播和普及,蒙古族喇嘛都使用藏语藏调诵经。

为了让蒙古族出家人掌握更多的佛学知识,能够用自己的母语诵经,18世纪中叶,对蒙古语言文字、诗歌颇有研究,并且精通蒙古、藏、梵三种语言文字的梅力更召一世葛根(活佛)迪努瓦、第三世葛根罗布桑丹毕坚赞为佛经的蒙译念诵做出了突出贡献。梅力更召一世葛根迪努瓦主持佛事以来,和该庙一世法王乌力贡达来把梵、藏文经书编译成蒙古文经书，并且推行蒙古语诵经，用蒙古语举行教学和法会。第三世葛根罗布桑丹毕坚赞重新编译了梵、藏文佛教典籍，根据蒙古族诗歌韵律的特点进行了巧妙的编排，将歌颂神佛的诗词改编成诵经特定的韵律，并采纳了一些民歌旋律编创了适合用蒙古语诵经的曲调，自成体系，独具一格，并且将它发扬和推广，成为百姓生活的一部分。当地小孩出生前后父母到召庙求名，有病由医药仓（医药机构）蒙医喇嘛医治，娶聘等世俗喜事请高僧选良辰吉日诵经祝福。

三世章嘉像。他对蒙古文佛经的翻译出版功不可没

经过梅力更召高僧大德们数十年的努力，蒙译佛经进一步完善，终于形成了蒙古语诵经体系。这一极具特色的蒙古语诵经体系，是在保持佛教经文原义的基础上，为诵读的便利而把经文译成韵文体的一种尝试。这不仅推动了蒙译佛经的深度和佛教传播的广度，而且确立了梅力更召在蒙古地区佛教寺庙中独树一帜的地位。

唯一用蒙古语诵经的梅力更召（图/巴义尔）

蒙古语诵经的萌生、发展和最终形成，经历了一个漫长的历史过程，与蒙古民族的民族史、文化史密不可分，是研究蒙古族文化的重要资料。同时，蒙古语诵经与藏传佛经有着密切的联系，是宗教研究方面的重要文本。

佛教也深刻影响了蒙古民族社会意识。鄂尔多斯贵族萨冈彻辰于1662年写成的《蒙古源流》流行甚广，其中佛教的影响随处可见，他提出蒙古诸汗王是诸佛和菩萨的化身，具有神圣性。这提法有当时的时代原因，目的是为了维护蒙古人自身地位和权力，寻找宗教的支持力量，巩固成吉思汗黄金家族的正统地位。

呼图克图：蒙古地区自己的活佛转世体系

清代藏传佛教在蒙古地区走向全盛的突出标志，就是哲布尊丹巴呼图克图和章嘉呼图克图系统的形成。呼图克图是藏文的音译，指圣徒，蒙古文的呼图克图还有“福禄”之义。哲布尊丹巴是清代蒙古喀尔喀部（漠北）最大也是最重要的藏传佛教格鲁派转世活佛，这一活佛转世系统对蒙古各部的历史发展和蒙藏宗教文化的影响不仅延续于整个清代，而且在近代中国史上也有相当的影响。1691年，由于哲布尊丹巴一世反对准噶尔部噶尔丹与清廷的战争，劝说喀尔喀各部贵族参加多伦诺尔会盟，归顺清朝有功，康熙皇帝封他为“呼

喇嘛们（图/额博）

图克图大喇嘛”，管理喀尔喀蒙古藏传佛教事务。清廷正式承认了哲布尊丹巴在喀尔喀（漠北）蒙古的宗教领袖地位。哲布尊丹巴活佛驻锡庆宁寺，至清末民初，其转世系统共传八世。

根据章嘉呼图克图源流记载，此系统共转十九世。章嘉本是西藏萨迦派的转世活佛，受康熙皇帝册封之前，已转十三世。经班禅指认的阿格旺罗布桑却丹为一世活佛，康熙四十四年（1705）受封“呼图克图”“灌顶普善广慈大国师”，奉旨总管内蒙古佛教事务后，受封后共传六世。因此，在蒙古地区活佛系统中，由于清政府赐给活佛“呼图克图”的封号，所以把第十四世章嘉活佛称为第二世章嘉呼图克图。（一世章嘉活佛是扎巴俄色，由于出生于张家，所以称为张家活佛，后改为章嘉。）

庞大的僧侣体系

清代上层喇嘛的职衔有五等：呼图克图、诺门汗、班智达、堪布、绰尔济。名号有国师、禅师等，并有不同的册印，如达赖、班禅为金册、金印，禅师则为银册、银印。对某些地位崇高的大喇嘛还另外赏给各种封号，如清康熙四十四年（1705）赐章嘉呼图克图为“灌顶普善广慈大国师”，特准其享受“紫禁城内赏用黄车”；封哲布尊丹巴呼图克图为“敷教安众大喇嘛”，特准其“支搭黄布城，乘坐黄车、黄轿”等等。康熙朝以后，在蒙古各地相继指认和确立了一批呼图克图，并赐予不同等级和名号。如归化城的锡勒图呼图克图、阿拉善的达克布呼图克图、五当召的洞科尔班智达呼图克图等等，进入理藩院档册的呼图克图就达160人之多。

在寺院内部，喇嘛也有严格的等级。在《蒙古律例》中甚至对喇嘛出行衣着之类的细节，都不惜用法律的文字加以细细规范，足见当时的清政府对黄教的重视程度。

"黄教裕兴办宝贝禅师喇果呼图克图之印"（图/齐木德道尔吉）

章嘉呼图克图系统在漠南蒙古的地位则完全是由清廷确立的。当看到哲布尊丹巴活佛正在走向一个集政权和教权于一身的领袖位置时，清廷有意扶植章嘉系统以分哲布尊丹巴系统作为蒙古地区黄教领袖的特权。康熙三十二年（1693），清廷谕请二世章嘉来京，驻锡法源寺，授"札萨克大喇嘛职"，管理北京各寺庙。康熙帝任命二世章嘉活佛阿格旺罗布桑却丹为"多伦喇嘛庙管喇嘛事务之札萨克喇嘛"，总管漠南喇嘛教事务，使之成为宗教领袖。康熙五十二年（1713），康熙皇帝向章嘉呼图克图宣布："黄教之事，由藏东向，均归你一人掌管。"从此，章嘉呼图克图成为八大禅师呼图克图的首席。

既是寺庙，也是学校，
蒙古族的民众教育与文化传承

对于没有世俗教育而又全民信教的民族而言，寺院教育几乎成为社会唯一的教育形式和主要的文化传播渠道。寺院教育的内容一般兼跨人文科学和自然科学两大类，涉及语言文学、哲学、宗教、艺术、伦理学、医学、建筑学以及天文历法等很多学科。虽然这些知识并不系统，还被涂抹上神秘的宗教色彩，但就文化内涵而言，却远远超出了宗教范畴。在清代蒙古草原上，随着藏传佛教远播四方，各种科学知识也走出寺院，流入民间。广大蒙古族人民通过一代代出家为僧的方式掌握了知识和技能，使民族传统文化得以延续下来。

在蒙古地区，较大的寺院都设有几个专门学部，称为学问寺。学问寺既是寺院又是学校，既是朝拜诵经的场所，也是研究学术的所在。按照藏传佛教的修习制度，寺院的学部有却伊拉扎仓（显宗学部）、卓德巴扎仓（密宗学部）、洞科尔扎仓（时轮学部）、满巴扎仓（医药学部）、喇嘛日木扎仓（菩提道学部）、吉多尔扎仓（基础学部）。

"扎仓"原意为喇嘛僧舍，之后发展为由寺院僧人组成的组织形式，是寺院进行宗教教育的基本单位。与藏传佛教显密双修、先显后密的特点相应，寺院教育首先注重显宗的修行，之后修密宗，然"藏土教法，是以显道为辅，密道为正"。内蒙古地区的寺庙最多设有六个学部，位于内蒙古西部的五当召（位于今包头市郊），曾是内蒙古地区藏传佛教弘法化众的高等学府，共设有六个学部，也是政教合一的特权机构。其次是具备四个学部的寺庙，如内蒙古西部的百灵庙、东部地区阿鲁科尔沁旗的汗庙、蒙古贞（今辽宁阜新市）的瑞应寺、科尔沁左翼中旗的巴彦莫林庙、奈曼旗的蒙楚格庙等。大多数寺庙只具备其中的两三个学部，一些小寺庙甚至不设学部。

扎仓的学习是一个长期而艰苦的过程，获得学位更是难乎其难，往往需要十几年甚至更长时间的修行，

小喇嘛（图/巴义尔）

有些喇嘛终其一生也得不到学位。当然，一旦获得学位，则非常荣耀。如果能够获得青海塔尔寺、甘肃拉卜楞寺、拉萨三大寺（甘丹、哲蚌、色拉）授予的“格西”学位，会因此获得很高的地位，甚至可能成为转世呼毕勒罕（转世再生的活佛）。

在寺院教育中，学位和学问较高的喇嘛是教师、经师，学位较低或无学位的小喇嘛则是学生。新入寺的喇嘛，可自愿选择学部学习，在学习过程中，还可以拜自己敬佩的一位喇嘛为经师。经师负责引导小喇嘛学经，介绍寺内戒律规章，教导其严格遵守。如果出现新徒弟违犯戒规戒律的现象，经师也要负相应的责任。蒙古谚语说：“可汗的儿子骑着大象来了也得依从庙规，喀喇沁的子弟拄着拐杖来寺也得遵守规章。”这反映了寺院教育一律平等的观念。扎仓学习的主要方法除了讲经、自修外，还有辩经。通过辩经，可以深入理解宗教经典教义、辩明经典哲理，因此，寺庙扎仓经常举行辩经法会，成为修佛学佛的重要途径。而且，通过辩经考试获得拉然巴格西学位，是每位学僧追求的梦想。

蒙医摇篮葛根庙

瑞应寺（旧称葛根庙）是东蒙古地区最大的藏传佛教寺院，民间素有“东藏”之称。它位于辽宁省阜新市阜新蒙古族自治县佛寺镇佛寺村，1669年，在察罕殿齐·呼图克图·桑丹桑布的组织下开始建造此寺。到1703年时初具规模，康熙帝赐名“瑞应寺”，赠与用满、蒙古、藏、汉四种文字雕刻的金龙镶边的瑞应寺大匾。1823年，该寺的僧人弟子多达3000，属民800户。经道光皇帝准许，理藩院授予四世罗布桑图布丹格勒克活佛写有满、蒙古、藏三种文字的“土默特札萨克达喇嘛察罕殿齐呼图克图之印”的印章。1824年，实行“政教合

葛根庙，现名瑞应寺，有庞大的建筑群（图/视觉中国）

瑞应寺精美的建筑细节（图/视觉中国）

一”的管理体制，从此瑞应寺成为东蒙古地区佛教文化中心。

瑞应寺经过180多年的扩建，占地面积约18平方千米，房舍1620多间，形成了庞大的藏传佛教建筑群。其中主寺的大型建筑物有大雄宝殿、祈愿殿、九大臣祈愿殿及东西配殿，大雄宝殿外有萨尼特扎仓（法相僧院）、满巴扎仓（医药僧院）、阿格巴扎仓（密乘僧院）、洞科尔扎仓（时轮僧院）等四大扎仓和德丹阙凌（延寿僧院）及活佛佛仓。

瑞应寺内有金、银、铜、木、药泥等不同材料塑造的各种各样的佛像，墙上唐卡、壁画耀眼绚丽。各种法器、香炉、大锅应有尽有，这里收藏过不计其数的珍贵文物。喇嘛们整天忙着念经驱邪祈福，檀香扑鼻。

这里也曾是东蒙古地区佛教文化中心，对蒙医蒙药、天文地理、建筑工艺、文化艺术的发展都产生过深远的影响，尤其是为蒙医事业做出了突出的贡献。创建瑞应寺的一世活佛察罕殿齐·呼图克图·桑丹桑布是位佛学知识渊博、医术高明的高僧。1702年，桑丹桑布在索克钦庙的西边建造满巴扎仓，给众弟子传授医学知识。1811年时，四世察罕殿齐·呼图克图·罗布桑图布丹格勒克在现有建筑的基础上，建设9间房舍，次年请来两位曼然巴高僧，根据他们的策划、设计又扩建25间房舍。至此瑞应寺的满巴扎仓（医药僧院）成为了规模大、设施设备完善、法会规章制度完备的大扎仓。据有关史料记载，当时瑞应寺满巴扎仓成为了内蒙古地区最好的医学教育基地，内蒙古各地的喇嘛们都来这里修学医学知识，到1949年前为蒙古地区培养过3000多位蒙医医生，为现代蒙医事业奠定了坚实的基础，被誉为“蒙医摇篮葛根庙”。

藏传佛教的空间载体，草原上的那些美丽寺庙

西藏风格的五当召

五当召是蒙古地区藏传佛教最有影响力的寺庙之一，它的创建者是清代驻京呼图克图之一、被尊称为“额尔德尼·莫日根·洞科尔·班智达”的罗桑坚赞，也是五当召第一世活佛。五当召过去是一座政教合一的蒙古佛教寺院，被尊称为“东方小布达拉宫”，人们将拉萨布达拉宫、西宁塔尔寺和包头五当召并称为“三大召寺”，是藏传佛教大寺院的代表作之一。

五当召位于包头市东北约70千米的五当沟内，原名巴达嘎尔庙，始建于1662—1722年间，是鄂尔多斯左翼前旗王爷南吉勒多吉出资建造的，1749年由清政府重修并大规模扩建，赐名为“广觉寺”。它是一个层层依

包头五当召全景。五当召与拉萨布达拉宫、西宁塔尔寺齐名，是藏传佛教代表寺院之一（图/额博）

山垒砌的白色建筑，平顶方形楼式结构，规模盛大，结构严谨，布局合理，蓝天之下、青山之中的白色外表，更显得雄浑壮观。

五当召的主体建筑由八大经堂、三座佛仓和一幢安放本召历世活佛舍利塔的灵堂组成，另有僧房60余间和其他附属建筑，全部房舍2500余间，占地超过20万平方米。现存六大经堂为索克钦殿、洞科尔殿、显教经堂、金刚殿、密宗经堂、日木伦殿。这些殿宇规模宏大，均为典型的藏式建筑。殿内塑像俱全，壁画绚丽，有10米高的释迦牟尼铜像，9米高的宗喀巴大师铜像，还有面目狰狞的护法金刚像和白度母、绿度母等塑像。这些佛像造型奇瑰，制作精美，金光夺目。

五当召三座佛仓之中洞科尔活佛府邸规模宏大，为第二世活佛热西尼玛于1784年所建。它的左右两旁是为接待甘珠尔瓦呼图克图和章嘉呼图克图而建造的两座佛仓。

五当召也是内蒙古地区有名的学问寺，寺内专门设有时轮学部、显宗学部、密宗学部、菩提道学部等扎仓，培养喇嘛们成为德才兼备的人才，也给他们创造了研修佛教经典的必备条件。

仓央嘉措缔造的南寺

南寺是广宗寺的俗称，位居阿拉善八大寺之首，寺中供奉着六世达赖喇嘛仓央嘉措的灵塔，这是远近信教群众虔诚地向往它的最重要的原因之一。

南寺始建于1756—1760年，系第一世迭斯尔德呼图克图阿旺达尔济遵六世达赖的遗愿所建，清乾隆帝赐名为“广宗寺”。

南寺拥有藏区大寺院必须具备的四大扎仓，即学习和修持不同佛经内容的四个学院式僧院。1760年，南寺初具规模。之后经过100多年的发展，庙宇僧舍已有2859间，僧人有1500多名，成为寺院规模大、僧众多，

阿拉善南寺，有内蒙古地区最大的石雕佛像群（图/额博）

元代帝后礼佛唐卡。元代皇帝皇后建佛寺为自己祈福已成惯例

1931年的甘珠尔庙。它曾是呼伦贝尔草原上最有影响力的寺庙（图/贺其叶勒图）

在内蒙古西部地区和藏区佛教界颇有影响的寺院。南寺的发展离不开当地札萨克和施主们的大力支持，先后建有六世达赖的灵塔殿、弥勒殿、金刚亥母殿、三世佛殿、大小经堂、密宗学院、时轮学院、医药学院、上下护法殿、吉祥斋、两个活佛仓、大小庙仓等主要建筑。

南寺是一处集藏传佛教文化与贺兰山自然风光为一体的藏传佛教圣地，岩壁上雕满彩绘佛像，为内蒙古地区最大的石雕佛像群。南寺藏有藏文版《甘珠尔》和《丹珠尔》、宗喀巴师徒三众的全集、五部大论和注释、名活佛名高僧的著作等很多珍贵材料。

南寺有葛根、喇嘛坦两个转世活佛世系，葛根活佛世系是从六世达赖喇嘛开始的转世活佛系统，喇嘛坦活佛世系则是由第巴桑杰嘉措转世的活佛世系，都是清廷册封的呼图克图。

班禅亲临的甘珠尔庙

甘珠尔庙建于1781—1784年间，是呼伦贝尔草原上年代最早、规模最大、地位最高的一组大寺庙，由11座寺庙、4座庙仓组成，占地面积约2公顷。甘珠尔庙的原名是寿宁寺，是乾隆皇帝赐名并亲题匾额的寺庙。因为庙内很早就珍藏许多《甘珠尔经》，所以从建庙时起僧俗大众都叫它“甘珠尔庙”，后来“甘珠尔庙”这个名字一直沿用下来。

甘珠尔庙由于是不同时期分别兴建的，所以呈现出不同的建筑风格，它的主庙是索克钦庙，以索克钦庙和山门为主轴线，两旁建有索克钦西庙、索克钦东庙、玛哈兰扎庙、桑吉德莫洛姆、拉米利马庙、汗庙、占巴庙、却伊拉庙、农乃庙、格萨尔庙和一些附属建筑，其布局结构和内地寺庙建筑风格完全一致。茫茫大草原上出现这样一群碧瓦红墙的宫殿式建筑，远远望去恰似“海市蜃楼”。

甘珠尔庙没有活佛世系，所以没有大的佛仓。庙西南方向，有一所独门独院的砖瓦结构建筑，是唯一的活佛住宅，这是为曾来甘珠尔庙的西藏活佛修建的，后来这位唯一的活佛去喀尔喀未归。1931年，第九世班禅额尔德尼来呼伦贝尔讲经时也曾驻锡于这里。

甘珠尔庙是呼伦贝尔巴尔虎草原上的佛教文化中心、医疗中心。庙里珍藏很多经典和书籍，而佛教文化又是包罗万象的文化，因此这里也成了学习文化知识的好地方。在当时缺医少药的艰难环境下，甘珠尔庙还给牧民们看病禳灾，喇嘛即是医生，寺庙即是医院。

精神信仰的审美体现

融入草原文化特征的藏传佛教艺术

风马旗：蒙古风俗与藏传佛教的结合

关于风马旗，有个美丽的传说：当年佛祖坐在菩提树下，手持经卷闭目思索时，一阵大风刮来，吹走了佛祖手中的经书。经书在风力的作用下，碎成了千万片，被风带到世界各地正在遭受苦难的人手中。据说凡是得到佛祖经书碎片的人都得到了幸福，消除了灾害。后来人们为了感谢佛祖的恩赐，便用彩布制成三角形，上面印上经文和佛祖的像，把它挂在风吹得着的地方，以求消灾祈福，祈求平安。

蒙古族风马旗是佛教进入蒙古地区的产物，是蒙古族独特的民俗文化和藏传佛教文化的结合物。在蒙古族的信仰中，风马旗具有祈福消灾的功能。蒙古族风马旗有青、红、黄、白、黑五种颜色，在风马旗的祭祀中，不同属相的人根据阴阳五行选择属于自己的风马旗进行祭祀活动。风马旗也有送魂的功能，比如内蒙古东北地区，人死后在树枝上挂上白色的经幡，上面写有六字

祭祀中的风马旗（图/杨玉成）

蒙古族的风马旗图案上，风马与四神的组合多样，其他的宗教符号和法器可以增加删除，甚至有的直接是五畜图案

真言，当地人也称它为“玛尼杆”，据说这个经幡能保护死者顺利到达墓地，也保佑死者的子孙免于灾害。

常见的藏族风马旗的图像中心有一匹矫健宝马，马背上驮着燃有火焰的佛法僧三宝，四角环刻着象征深刻圆满的金翅鸟、象征穿透力的龙、象征警戒状态的老虎和象征胜利的狮子。这种构图代表金、木、水、火、土五行，寓意五行循环往复、生命经久不息。另外还有佛像、八祥瑞和佛经等图案，内容丰富，寓意深远。

蒙古族风马旗上也有风马和四神的布局，这个特征是源自藏族，但是传到蒙古地区后经过很长时间的变化，其地域性越来越明显。蒙古族的风马旗除了马的图像外其余的图像经常有变化，比如风马与四神的组合之外，其他的宗教符号和法器可以添加或删除。有的地方的风马旗上四神的位置改变了，甚至风马和四神

蒙古族的风马旗是民俗文化的重要表达形式之一

变成了蒙古族最为珍爱的五种牲畜，即牛、马、山羊、绵羊和骆驼。这五种牲畜常被蒙古族誉为五种吉祥物，它们是生活富裕的象征，也成为庇护人们的一种神灵的象征。而喀尔喀蒙古族的风马旗上最常见的是马背上有太阳、月亮与火状物的图画，火代表过去、现在和未来的兴旺，太阳和月亮代表永远繁荣昌盛。蒙古族风马旗中也有五马的布局和十三匹马的布局。

蒙古族风马旗上的装饰图内容丰富，其变化也大。比如风马旗中马背上所托之物经常有变化，有时是人物，有时是三宝，也有时是法轮，但常用的是八祥瑞和七宝。蒙古人认为八祥瑞和七宝是所有吉祥物的象征。喀尔喀蒙古族使用的风马旗上也有马背上摞起四祥瑞的图案。

蒙古族风马旗是本民族的独特艺术，通过祭祀风马旗表现出游牧大众对美好生活的憧憬，它也是蒙古族民俗文化的重要表现形式之一。

带有蒙古女性印记的绿度母雕像

温都尔葛根哲布尊丹巴活佛多才多艺，他亲手塑造的金铜佛像是以印度、西藏的佛像为模型，再加入本民族的艺术素材创造出的独具特色的作品。他创造过金刚佛、三世佛、度母和佛塔等等，确立了喀尔喀蒙古佛像的标准样式。他塑造的佛像整体上极其秀美端丽，比例舒展、准确，细部精致耐看，花饰精巧，整体动态上也追求工稳对称，但端正中不失纤巧和柔媚感，尤其是以绿度母为一绝。

绿度母雕像的体态匀称而又丰满。她左脚垫在身下，并微微向右倾身，端坐在一朵莲花宝座上，右手掌心向上放在膝上，仿佛召唤世间圣者参加魔幻的喜宴，左手的两个指头优雅地拿着花，恰似发誓要救出磨难中挣扎的众生。她的小巧而笔挺的鼻子、半月形的眉毛、丰满的小嘴、匀称的身段、甜蜜的微笑和柔柔的眼神，让她成为一个典型的蒙古妇女。

威风凛凛的蒙古族唐卡

蒙古族唐卡带有鲜明的民族特色

蒙古文大般若经“通过智慧到达彼岸”(图/齐木德道尔吉)

藏传佛教二度传入蒙古地区后发展迅猛、普及彻底，佛教成为蒙古族全民的信仰。随着佛教的传入，佛教艺术之一的唐卡也逐渐地被蒙古族接受，并加入了自己民族的艺术元素和生活题材，使唐卡内容更为丰富多彩。蒙古地区的寺庙里随处可见内容各异、原料不同的精美的唐卡，蒙古人称唐卡为“布斯吉如格”。蒙古族唐卡多为佛教内容，也有蒙古风情画。比如，内蒙古包头市博物馆珍藏的蒙古人画的《吉祥轮回图》唐卡里除了天上、人间、地狱的画面外，还画了蒙古人居住的蒙古包，最下面用藏文、蒙古文说明此画的内容及功能。蒙古族唐卡中还有全身武装，骑白马、背弓箭，左手牵缰、右手拿旗的威武神气的成吉思汗像，是蒙古族珍贵的唐卡作品。

塔尔寺三绝之一的堆秀也是唐卡的一种，在一年一度的“展佛节”里晒出狮子吼佛、释迦牟尼、宗喀巴和金刚萨埵等四种巨大的堆绣佛像，一般宽约20多米，高30余米，是极为珍贵的堆绣艺术品，被誉为“东方艺术奇观”。

唐卡艺术是蒙古民族的民间瑰宝之一。

传说一世哲布尊丹巴造的绿度母的形象是以呼图克图额和为模特创造的。呼图克图额和是一世哲布尊丹巴的贴身侍女，有人说她是个仙女，也有人说她是一世哲布尊丹巴的妻子。关于呼图克图额和有个这样的故事：有一次，一世哲布尊丹巴造金刚佛的时候，喀尔喀四部汗王和大小官员都前来观看。造佛像首先把金铜等各种各样的珍宝放在一起熔化，然后放到提前弄好了的模子里。可是那次等了很长时间，还是没有完全化掉，一世哲布尊丹就召唤侍女呼图克图额和，呼图克图额和进来后右手放进沸腾的锅里，把宝石一个个捞出来捏碎再放进去后朝大家微笑一下就出去了，这时大家才明白她是一位仙女。后来一世哲布尊丹巴去北京时这位仙女去世，人们把她的尸体按当地的习惯实行野葬。一世哲布尊丹巴回喀尔喀后得知此事，令侍者去抛弃尸体的地方，侍者只捡回她的右手。据说一世哲布尊丹巴后来造绿度母像时就以呼图克图额和为模特，尤其绿度母的美丽优雅的右手和呼图克图额和的右手一模一样。

绿度母像，绿度母可救狮难、象难、蛇难、水难、火难、牢难、贼难及非人难等八种苦难，故也称救八难度母

象征藏蒙和睦的《蒙人牵虎图》

《蒙人牵虎图》又叫《蒙人驭虎图》，藏语称“梭波达扯”，是藏传佛教寺庙里常见的壁画之一。画面中的斑斓猛虎嚎叫暴跳，作挣扎状，但已被蒙古勇士制服，用铁索牵着。《蒙人牵虎图》反映了17世纪中叶，在佛教史上发生的重要事件。

17世纪30年代，在西藏掌权的第悉藏巴·丹迥旺布联合噶玛噶举派发动了反对格鲁派的运动，使格鲁派受到一定程度的打击，五世达赖无法在拉萨立足，只好回到自己的家乡。为了改变格鲁派现状，1636年，四世班禅和五世达赖秘密请来了卫拉特部顾实汗，一起商议消灭格鲁派敌对势力的计划。

顾实汗图鲁拜琥（1582—1654）是位英勇善战的汗王，也是格鲁派的忠实的信徒，所以当格鲁派危急时刻他伸出了援

《蒙人牵虎图》是17世纪蒙藏宗教关系和睦的象征

助之手。1641年，援军从康区进入拉萨，开始与第悉藏巴作战。战争一直延续7个月，第悉藏巴被杀，掌控西藏政教24年的噶玛噶举派的统治也随之结束，从根本上解除了格鲁派的威胁，而格鲁派在顾实汗的军事帮助下逐渐确立了西藏政教领袖地位。

顾实汗深得藏区格鲁派僧俗民众的好感和尊崇。后有人为了纪念佛教史上的这一大事件，画了《蒙人牵虎图》，图中勇士为蒙古顾实汗图鲁拜琥，猛虎代表藏地第悉藏巴政权。这幅画也证明了蒙藏民族的团结和睦。

西安广仁寺的《蒙人牵虎图》碑文上说，此图还包含了另一层意思：图中的勇士象征观世音菩萨、老虎象征文殊菩萨、锁链象征金刚手菩萨，此图表现了祈求三怙主的佑护，祛邪招福，以及自身最终获得无缘大悲、无垢智慧、无敌力量的美好愿望。

撰稿专家

额尔敦白音，蒙古族，内蒙古大学蒙古学学院蒙古语言文学系教授，博士生导师。主要研究领域为蒙古文学，蒙古族古代藏文著作和蒙藏文学关系，蒙古族历代文论及宗教学、蒙古族佛教文化及文献。代表著作有《松巴堪布诗学研究》《〈占布拉道尔吉传〉研究》等。

《松巴堪布诗学研究》
（蒙古文版）

扫描二维码，
阅读专家代表著作的电子版

雪地私语(图/额博)

第13章

交流媒介，民族特征

语言文字

本章主撰稿人：内蒙古大学教授　照日格图　　内蒙古师范大学教授　嘎日迪

据考古发现，蒙古高原自旧石器时代中期就有人类居住生活，蒙古语诞生于何时已无从考证，但是蒙古语至今仍为中国北方草原上生活的少数民族使用的主要语言。蒙古族聚居区居住者以蒙古语作为主要交际语言，与其他民族杂居的蒙古族兼通当地语言。

内蒙古自治区地域宽广，受不同地域自然人文环境的影响，产生了多种不同的方言，我国的蒙古语可以分为以下三种方言：⑴内蒙古方言（也称中部方言），包括内蒙古自治区、辽宁省、黑龙江省、吉林省蒙古族所操的察哈尔、巴林、鄂尔多斯、额济纳阿拉善、科尔沁、喀喇沁土默特等土语；⑵巴尔虎布里亚特方言（也称东北部方言），包括内蒙古自治区呼伦贝尔市的蒙古族所操的陈巴尔虎、新巴尔虎、布里亚特等土语；⑶卫拉特方言（也称西部方言），包括新疆维吾尔自治区、青海省、甘肃省的蒙古族所操的土尔扈特、额鲁特、察哈尔、和硕特等土语。中国蒙古语三大方言中内蒙古方言分布最广，操内蒙古方言的蒙古族人口也最多。内蒙古方言成为我国蒙古语的基础方言，而内蒙古方言又以锡林郭勒盟正蓝旗音为代表的察哈尔土语作为中华人民共和国蒙古语的标准音。

蒙古民族在长期生活实践中创造了独具特色的以草原和牲畜为核心，以四季游牧为主要生活方式的文化。蒙古语言直接而集中地反映了蒙古人的游牧生活形态。

蒙古族自1204年以后，才有了自己正式使用的文字——回鹘体蒙古文。蒙古族在历史上使用的各种文字绝大部分都是表音文字，其中唯有回鹘体蒙古文使用的时间最长，范围最广，影响也最大，这是因其具有符号简单、书写便利等各种优点并符合社会需要。在蒙古族的历史上，回鹘体蒙古文对蒙古族的政治、经济、文化的发展都起了巨大的推动作用，它促进了蒙古语的发展和规范化。

与游牧文化相关的蒙古语汇

所有的语言都描绘着草原生活

蒙古语里的生活词汇

五畜中有蒙古民族赖以生存的食物和驮运工具，牧人的生活皆是以牲畜的需要为核心，因而用以描述五畜的词汇也异常丰富，蒙古语词汇中有着大量专门描述牲畜的名称、颜色、花色、年龄、习性、走势的词汇。例如，同一年龄、不分性别的五畜都各有专用名词：

名称 年龄	Mœr（马）	uxər（牛）	təmə:（骆驼）	Xœn（绵羊）	ɪmɑ:（山羊）
一岁	ʊnɑg （乌那嘎）	tʊgal （土嘎勒）	bʊtag （布塔格）	xʊrag （胡日嘎）	iʃig （亦希格）
二岁	dɑ:g （述噶）	bɛrʊ: （比如）	tɔrɔm （陶日木）	tuləg （土力格）	bɔrlɔŋ （包日朗）
三岁	ʃudləŋ （希都楞）	Fudləŋ （希都楞）	gʊrbat （古日巴特）	xɛʤɑ:laŋ （海扎朗）	xɛʤɑ:laŋ （海扎朗）
四岁	xɛʤɑ:laŋ （海扎朗）	xɛʤɑ:laŋ （海扎朗）	dorbət （都日比特）	sɔjɔ:lɔŋ （素雅朗）	sɔjɔ:lɔŋ （素雅朗）
五岁	sɔjɔ:lɔŋ （素雅朗）	sɔjɔ:lɔŋ （素雅朗）	sɔjɔ:lɔŋ （素雅朗）	budu:n xœn 大绵羊	budu:n ɪmɑ: 大山羊

按照公母、骟过与否、怀孕与否、是否带仔等特征，牲畜有极为详细的区分，并各有专用名词指代。

正在饮水吃草的奶牛（图/额博）

肉食与奶食是蒙古族的主要传统食品，尤其是奶食品，品种丰富，名称各不同，例如：ɑːrʊːl（酸奶干儿）、ɑːrʧ（熟嗜酸奶渣）、əːʤgɛː（酪酥）、əːdəm（酸乳）、urəm（奶皮）、ʧoʧxoi（黄油渣）、ʤoːxoi（稀奶油）、xʊrʊːd（熟奶豆腐）、bɛʃləg（手工制作的生奶豆腐）等等。

甚至蒙古族在搭建蒙古包时，里外纵横用途不同的绳索也各有其专有名词，这些专有名词在其他语言里找不到相应的词汇，只能以合成词或音译词表示。

游牧文化中的谚语、谜语

这些谚语和谜语按照蒙古语的习惯押头韵并整齐排列，容易被人们记住，下面举几个例子。

谚语：dɑːrsan（受冷的）xund（向人）dɑx（皮衣）xurgəx（送），意思为“为受冻的人送皮衣”，相当于汉语的“雪中送炭”；

谚语：ʤʊːn（一百）ɪmɑːnd（山羊里）ʤɛran（六十）ʊxɑn（种羊），意思为“在一百头山羊里有六十头种羊”，相当于汉语的“十羊九牧”；

谜语：白天黑的，晚上白的，是何物？谜底：羊圈。白天羊群离开羊圈吃草时，羊圈变成黑色的，晚上羊群回羊圈歇息时，羊圈挤满了羊变成白色的。

谜语：白天三角形，晚上四方形，是何物？谜底：蒙古包天窗的幪毡。蒙古包天窗的幪毡是四（正）方形的。白天掀开时，幪毡呈三角形，晚上盖上时，幪毡呈四（正）方形。

蒙古族人日常见面的问候语也多与牧业生活息息相关，在问候了对方及家人的身体康健后还要询问雨水多不多，草长得好不好，牲口的状况等，充分体现了蒙古族的生活重心。

蒙古语言展现的蒙古人性情

蒙古族人性情直爽奔放，尤其是生活在草原上的人们，表达感情直接热烈。即使已经成年的孩子，父母也常常是以“miniː xuː”（我的儿子）、“miniː xuːxən”（我的女儿）称呼，较少直呼姓名。从身体语言上看，父母也常亲吻孩子的额头脸颊以表示亲昵，亲吻成年子女也十分常见。

对于美好的事物蒙古族人总是不吝赞美之词，常说“yamar gɔi bʊi！”（多漂亮啊，多美好啊！）在转场前往新营地时也会在旧营地洒上鲜奶，并用语言表达感激之情：“美丽的塔拉，感谢你的收留。”

正因为蒙古族人对天地自然浓郁的感激与热爱之情，才逐渐演变出丰富多样的祝赞文化。清晨的第一勺奶茶、第一片奶食都要奉与天地自然，并以优美诗意的文辞表达这种由衷的感激。

蒙古语标准音手绘示意图
（绘图/周琦）

蒙古语的语言学特征

蒙古语是一种黏着语，发音连贯流畅、音节优美响亮

蒙古语语音、语法特点

蒙古语是一种黏着语，发音连贯流畅、音节优美响亮，语音特点鲜明。

1.元音和谐律。蒙古语基本元音有8个：ɑ、ə、ɪ、i、ɔ、ʊ、o、u。它们分为两组，即阳性元音ɑ、ɪ、ɔ、ʊ和阴性元音ə、i、o、u。在一个词中阳性和阴性元音不能一起出现，或者只有阳性元音，或者只有阴性元音。例如：

阳性元音例子：ʊLɑ:nɑ:r（用红色）、ɑrbɑ:dɑ:r（十来个）、ɪmɑ:（山羊）、ʊnɑg（马驹）等；

阴性元音例子：əmə:lə:r（用马鞍子）、ni:lu:lə:d（汇合起来）、təmə:（骆驼）、iʃig（山羊羔）等。

有的地区蒙古语中没有阳性元音ɪ，而只有阴性元音i。这时的i元音称为中性元音，它既可以出现在阳性元音组成的词里，又可以出现在阴性元音组成的词里。例如：ɑʃig（利益）、ɔ:ʧix（喝）、idəx（吃）、xogʤim（音乐）等。

2.辅音结合律。在以ŋ、m、n、g、l、r、b、j结尾的闭音节后与d、t、ʤ、ʧ、ʃ、s等辅音直接结合形成复辅音。例如：ʊŋʃ-（读）、ʊls（国家）、ɑmt（味道）、ɑrd（人民）等。

3.在汉语中只有n、ŋ两个韵母出现在音节末，而蒙古语中几乎所有的辅音都可以出现在音节末。例如：ɑb-（拿、要）、ɑm（嘴、口）、ɑl（红的）、ɑŋ（裂缝、裂口）、ɑd（恶魔）、ɑt（骟驼）、ɑr（纹）、ɑʧ（恩、恩惠）、ɑʤ（工、活儿）、ɑs（直的、竖直的）、ɑg（紧瘦、紧绷）等。

4.蒙古语书面文字与口语读音常有较大的区别，直接根据文字读出来就会出错，如ɑbu（父亲），读出来则应该是ɑ:w。

蒙古文字母

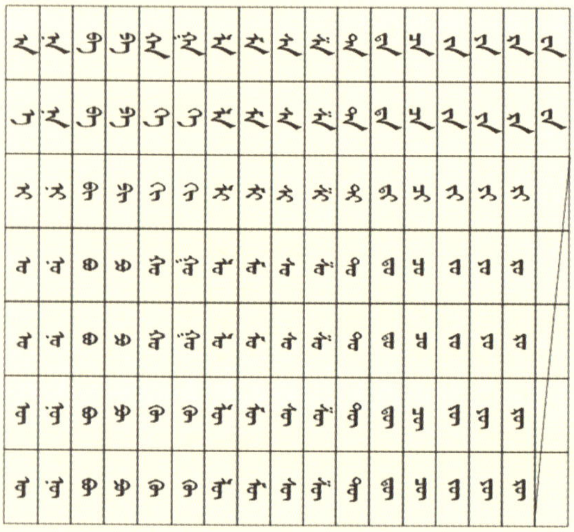

蒙古语语法特点

1.蒙古语具有黏着语的典型特征。在词根和词干上接附加成分，既可以构成新词，也可以构成其语法形式，多个附加成分可以依次相接。以uiLdbərLəLi:n（生产的）这一词的结构为例：

uiL（词根，意为"活计"，名词）＋ -d

uiLd（动词，意为"做"）＋ -bər

uiLdbər（名词，意为"工业、工厂"）＋ -Lə

uiLdbərLə（动词，意为"制造、生产"）＋ -L

uiLdbərLəL（抽象名词，意为"生产"）＋ -i:n

uiLdbərLəLi:n（名词，意为"生产的"）

2.根据词形变化的情况及其性质，首先把蒙古语的词划分为三大类，即静词类、动词类、无变化词类。静词类包括：名词、形容词、数量词、时位词、代词。动词类包括：普通动词、代动词、助动词、联系动词、概称动词。无变化词类包括：情态词、后置词、语气词、连接词、模拟词、感叹词。

静词	名词
	形容词
	数量词
	时位词
	代词
动词	普通动词
	代动词
	助动词
	联系动词
	概称动词
无变化词	情态词
	后置词
	语气词
	连接词
	模拟词
	感叹词

3.静词类有数、格、人称领属、反身领属、级范畴变化，而动词类有体、态、式范畴变化。例如：

nɔm“书”+-ʊːd（数附加成分）——nɔmʊːd“书（复数）”

nɔm“书”+-iːn（格附加成分）——nɔmiːn“书的”

nɔm“书”+-ʧin（第二人称领属）——nɔmʧin“你的书”

ʊLaːn“红的”+-btar（级附加成分）——ʊLaːbtar“比较红的”

ir-“来”+-əːtəx（请求完成体附加成分）——irəːtəx“请来一下”

ir-“来”+-uːl（使动态附加成分）——iruːl“使之来”

ir-“来”+-ʤeː（过去时附加成分）——irʤeː“来了”

4.蒙古语中有一种特殊而神奇的构词法，即元音交替构词法。

蒙古语词根中的不同类型元音交替既能改变原词根的表现形式，也能改变原词根所表示的词汇意义，但不能改变原词根所表达的语法意义。这种元音交替产生意义相关而形式不同的新词，在蒙古语中形成三角形关系。例如：

蒙古语：basa/bas（/前为书面语读音，/后为口语读音）“又、再、还”——bisi /biʃ“不是、非、别的”——

蒙古语的系属关系

蒙古语属于阿尔泰语系蒙古语族语言。阿尔泰语系诸语言包括突厥语族语言、蒙古语族语言、满-通古斯语族语言。以阿尔泰地区命名的这些语言主要分布在从亚洲东北部开始，穿过蒙古高原，横跨亚洲大陆，西至小亚细亚和欧洲南部巴尔干半岛的广袤区域。历史上使用阿尔泰语系诸语言的民族曾经长期活跃在该地区，因此他们的语言也理所当然地分布在了以上地区。

蒙古语族语言包括9种语言。其中6种语言在我国，4种语言在国外。

在我国的蒙古语族6种语言是指内蒙古自治区和东北、西北各省的蒙古语，内蒙古自治区、黑龙江省、新疆维吾尔族自治区的达斡尔语，青海省的土族语，甘肃省的东乡语、保安语和东部裕固语。国外的蒙古语族4种语言是指蒙古国的蒙古语、俄罗斯联邦西伯利亚布里亚特自治共和国的布里亚特语、俄罗斯联邦卡尔梅克共和国的卡尔梅克语和阿富汗的莫戈勒语。

蒙古语族	
境内	境外
蒙古语	蒙古国蒙古语
土族语	布里亚特语
东乡语	卡尔梅克语
保安语	莫戈勒语
达斡尔语	
东部裕固语	

busu/bʊs“否、另外的、其他的”。

从上面所举的三组例词，我们可以看出蒙古语里存在ɑ—i—ʊ元音交替现象，元音交替形成的bɑs — biʃ—bʊs是同源词根。bɑs表示“又、再、还”，biʃ表示“整体的否定”，busu表示“另外的、其他的”。很明显它们所表达的意义有内在的联系，即否定这个就肯定另一个，而否定这一次就肯定另一次。

5.蒙古语语句的基本语序为主语—宾语—谓语。例如：

tər（他）xɔːl（饭）idəb（吃了），意思为“他吃饭了”。

所以，“饭吃”是蒙古语，而“吃饭”是汉语，语序不同。

蒙古语词汇与相邻语言

蒙古语属于阿尔泰语系。所以，蒙古语中保留着一部分与阿尔泰语系突厥语族语言和满-通古斯语族语言一致的同源词。例如：

“好”为sɑyin（蒙古）、sɑğ（突厥）、sɑin（满）；

“金”为ɑltɑn（蒙古）、ɑltın（突厥）、ɑldun（满）；

“书”为bičig（蒙古）、bitig（突厥）、bitxə（满）。

蒙古民族在历史上和其他民族频繁地接触交流，相互影响，所以，在蒙古语中存在一些不同时期、不同来源的借词。例如：

突厥语借词：bilig“智慧”，来自突厥语的bil-“知道、理解”；qɑnɑ“放血治疗”，来自突厥语的qɑn“血”。

汉语借词：tæːʤ“贵族”，来自汉语的“太子”；ʧɔŋx“窗户”，来自汉语的“窗户”。

满语借词：ɑmbɑn“大官、都统”，来自满语的“ɑmbɑn”；gurun“国家”，来自满语的“gurun”等。

同样，蒙古语也为其他民族的语言输入了一些词。例如：

突厥语：bulɑg“泉”，来自蒙古语的bʊlɑ-“埋、压”；olʤɑ“获得物、战利品”，来自蒙古语的ɔl-“得到、获得”。

汉语词：胡同，来自蒙古语的xʊdɑg“井”；戈壁，来自蒙古语的gœb“戈壁滩、戈壁沙漠”。

满语词：ɑyimɑn“部落”，来自蒙古语的æːmɑg“部落、盟”；ɑmilɑnbi“活”，来自蒙古语的ɑmilɑ-“复活、复苏”等。

蒙古语和汉语在长期的交往过程中互有影响。总的来说，汉语对蒙古语的影响较大，蒙古语的许多词汇

扫描二维码欣赏
蒙古语问候（朗读/朝克满达）

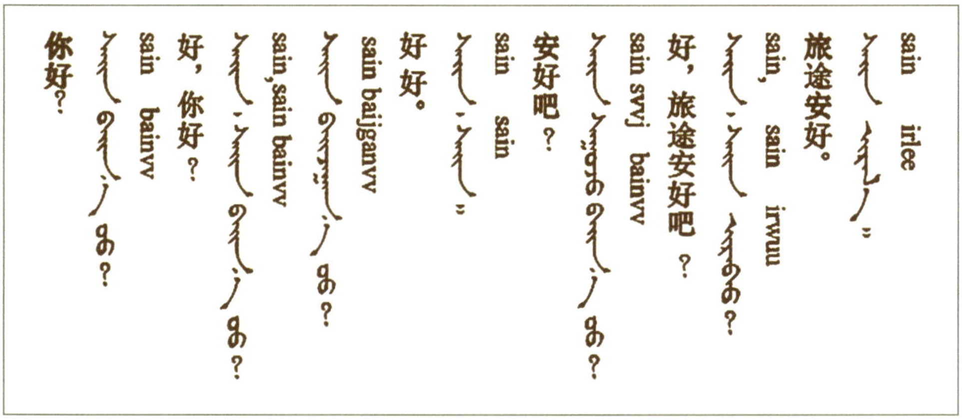

蒙古语问候

蒙古包里的新事物(图/视觉中国)

都是由汉语音译转化而成的，从而极大地丰富了蒙古语的语言系统，方便了蒙汉民族之间的沟通。同时，在蒙汉民族长期的接触和交流中，尤其是忽必烈建立元朝之后，蒙古语对汉语的影响也比较大，一些蒙古语的词汇被汉族所接受。比如，元朝以前，汉族只有“我们”而没有“咱们”这个词汇，“我们”不包括谈话的对方，而“咱们”是包括谈话对方的，这是汉语借用蒙古语后才有的语言上的区分。又如，汉族从汉朝开始对路途中休息的场所一直称为“驿”，元朝政府改成了“站”，明朝建立之后下令“改各站为驿”（《明会要》卷七十五），但是汉族地区的人们已经习惯了“站”的称呼。如今，人们更是认同了“站”而忘却了“驿”。现代汉语中“那达慕”“好来宝”“乌兰牧骑”原本都是蒙古语，却被汉语借用。现在内蒙古地区的许多地名，实际上都是由蒙古语音译而来的，如呼伦贝尔、乌兰察布、包头、萨拉齐、毕克齐、察素齐、乌素图、呼和浩特。还有的是蒙汉语结合，如大召、小召，大和小是汉语，召是蒙古语“庙”的意思。

内蒙古的蒙古语学习现状

在现代化与全球化的洪流中，蒙古语的学习与使用受到了一定程度的冲击，尤其是在城市里，不能听说蒙古语的蒙古族占有较高的比例。随着人们民族文化意识的逐渐觉醒和国家多项保护民族语言方案的实施，越来越多的人开始重新学习蒙古语。内蒙古自治区从幼儿园至大学均设有蒙古语学校或者班级，学生可以用蒙古语参加几乎所有级别的考试。内蒙古自治区及呼和浩特民委开办了免费的蒙古语学习班，面向所有有蒙古语学习意愿的人，并免费发放蒙古语学习教材和CD。蒙古语这一有着深厚群众基础和悠久历史的语言必定能够得以传承。

说的比唱的还好听——蒙古族祝赞词

文/赛音吉日嘎拉

祝赞是蒙古人日常生活中的一项重要礼仪，不但在隆重的场合使用，即使在一般交往中，也要相互致以美好祝愿。按蒙古人习俗，祝赞要分场合和对象，其内容各不相同。诸如毡包的祝词、炉灶的祝词、搭新毡的祝词、彩礼的祝词、火的祝词、阿尔泰山赞词、婚礼赞词、快马赞词、搏克赞词等，几乎涉及了生活的方方面面，统称祝赞词。2011年，蒙古族祝赞词入选第三批国家级非物质文化遗产名录。

除了一些传统的礼俗以及祭祀典礼上吟诵的祝赞词有固定唱词外，祝赞词无一例外地都可以在一定的朗诵曲调中，因人缘事、触景生情，进行即兴创作。

祝词和赞词之间关系密切，祝词中包含着赞美，赞美中也包含着祝颂，但是两者间还是有细微差别。祝词多含祝颂、祝福的意思，因此，它的吟诵曲调庄重敦厚；赞词一般用来表达赞赏、赞美的感情，所以，它的吟诵曲调多快乐热情。

蒙古族祝赞词历史悠久，丰富多样，因此也产生了技艺超群的专业祝颂人，在各种重要的节日、仪式上担当祝颂职责。鄂尔多斯的阿·赛音吉日嘎拉便是这样一位优秀的祝颂人。

赛音吉日嘎拉的爷爷巴图格西格和父亲阿穆郎是成陵达尔扈特人后代，并且都亲自参与成陵祭祀活动，又是民间著名的婚礼司仪、祝颂人。赛音吉日嘎拉从小跟父亲学习祝颂技艺，阅读与祝颂文化有关的书籍资料，背诵许多古老原始的婚礼、那达慕、敖包祭祀祝颂词，较为系统地掌握了蒙古族传统祝颂技艺。从2005年到2007年连续三年参加鄂尔多斯市成吉思汗杯传统祝颂大赛，分别获得铜奖、银奖、金奖。2009年8月，被评为“第十一届亚洲艺术节优秀祝颂人”，现为祝赞词项目内蒙古自治区传承人。

赛音吉日嘎拉不仅自身有着高超娴熟的祝颂技艺，还致力于祝颂文化的传播与传承。他于2011年创办内蒙古自治区蒙古族传统祝颂文化传承与发展研究会，担任常务副会长兼总秘书长，并多次举办传统祝颂文化学术研讨会、中国八省区蒙古族祝颂文化电视大赛，还在鄂尔多斯市鄂托克前旗、乌审旗、鄂托克旗相继成立蒙古族传统祝颂文化实训基地，积极投身授徒传艺事业，使学习祝颂的青少年超过180人。

二维码中音频内容为赛音吉日嘎拉在婚礼上的祝赞词。

扫描二维码欣赏
鄂尔多斯祝赞词

鄂尔多斯祝赞词传承人赛音吉日嘎拉

蒙古语的头韵和尾韵

文/朝戈金

头韵，或者叫作句首韵。这种声学的锁链，把若干诗行连接成一个系列，还有帮助记忆的功效。对于史诗的表演和传播，那些以押句首韵而结合起来的片断，往往更为稳定、更少改动。下面的一段诗行就很好地说明了句首韵是什么形态的。

ama tai kümün
有嘴巴的人们
amalaǰu bolosi ügei
都不敢谈论［他］
kele tei yaɣuma
有舌头的万物
keleǰü bolosi ügei
都不敢嚼舌的
Kümün_ü način
人们中的鹰隼
kündü ɣartai sabar
铁臂萨布尔

相对而言，尾韵，或者说是诗行末尾连续押韵的特点，也具有标志诗行的特质。在此种情况中，尾韵与诗行末尾位置经常留给动词这一语法特点直接相关，相同的动词后缀就在形态上制造了韵律。

oɣtalqula
横切的时候
ulaɣan čilaɣun boldaɣ
变成红石头
čabčiqula
竖砍的时候
Čaɣan čilaɣun boldaɣ
变成白石头

声音范型还可以呈现为一个诗行中的头韵法，可以在一个诗行中出现多达四个词重复运用相同的韵律格式——

baɣa bičiqan baɣatur bayina
［是］年幼的小英雄一个

半韵，或者叫作类韵，以及内韵的声音范型，也具有通过重复出现的元音声音，来组合一个诗行的作用——

arban luu_yin čakilɣan
gilbalǰan bayiba
十个龙的雷电闪耀

在与半韵有关的现象中，充分显示出“元音和谐律”是蒙古语的自然语言特质，一个词语的后缀一定会跟词根的元音在某种程度上相一致。

蒙古史诗的一个诗行可以拥有4个到11个音节（以我们的样例为据），具有彼此完全不同的配置方式，而又运用相同的格律和音调。其次，重音或者韵律重读也不起作用。与体现为扬抑格和抑扬格等以重音为基础的韵律格式不同，蒙古史诗遵循其语言本身所具有的词首重读的法则。这也就是说，在连续语词的每个开始音节的语言重音，给人造成了蒙古诗歌是扬抑格的印象，而实际上，这种印象是不确实的。

蒙古高原召庙林立（图/额博）

蒙古族人名

较少使用姓

蒙古族通常只用名，不用姓，身份证上也只写名，护照上姓一栏多为空白，一些特别常用的名字为便于区分，有的会加上一个音节的姓的简略，如苏·巴特尔、齐·巴特尔等。

具有民族特征的蒙古族人名

蒙古族长期从事游牧经济活动，因而他们的名字多使用体现游牧文明的勇敢、善良、真诚、和谐、美丽、孝顺等词汇。例如：ʤɔrigt（照日格图，意为“勇敢”）、baːtar（巴特尔，意为“英雄”）、unənʧ（乌嫩其，意为“真诚”）、aʧlalt（阿齐拉图，意为“孝顺”）、naranʧiʧig（那仁其其格，意为“向日葵”）、ogoːmor（乌格木尔，意为“心地善良”）等。

具有时代特征的蒙古族人名

在蒙古地区盛行藏传佛教的16—17世纪，人们常以藏语Ligdən（力格登，意为“具善”），galdan（嘎拉登，意为“有运气、有缘”），Səŋgəː（森格，意为“狮子”）等词命名。

在中华人民共和国成立前后，出现了许多带有时代烙印的名字。例如：ʊLaːnxuː（乌兰夫，意为“红儿子”），ʊLaːntʊg（乌兰图嘎，意为“红旗”），xʊbisxalt（忽必思嘎拉图，意为“革命的”）。

具有地域文化特征的蒙古族人名

蒙古民族居住区域广阔，从事的生产活动也有差别。边疆地区或西蒙古地区的蒙古族主要从事传统的游牧生产活动，取名更具蒙古色彩，如格日勒（阳光）、那布其（叶

亲吻宝贝的母亲（图/额博）

子）、照日格图（勇敢）、蒙古哈斯巴根（玉柱）等；而东蒙古地区的蒙古族与汉族杂居，并主要从事农业生产活动，取名也受到了一定的汉文化的影响，如秀兰、金柱、玉宝等，东蒙古地区还常有以出生月份作为名字的，如正月、三月等。

具有象征意义的名字

蒙古人喜欢象征幸福平安、美丽健康、吉祥长寿、富足美满意义的名字。例如：dʒargal（吉日嘎拉，意为“幸福”）、bayart（巴雅尔图，意为“快乐”）、ʧiʧgə:（其其格，意为“花儿、美丽”）、sɛ:na:（赛纳，意为“好的、吉祥如意”）、nasanʊrt（那顺乌日图，意为“长命百岁”）等。

具有辟邪意义的名字

过去在孩子经常夭折的情况之下，蒙古人为了辟邪，希望孩子健康成长，会取一些特殊名称。例如：ənbiʃ（恩毕士，意为“这个不是”）、nərgue:（讷日贵，意为“没有名字”）、xʊrga:（胡日嘎，意为“羊羔”）、mʊ:nɔxɛ:（茂冲孩，意为“赖狗”）等。

具有纪念意义的名字

蒙古人为了纪念某种事件而取的名字。例如：mɔŋgɔlxu:（蒙古勒夫，意为“蒙古族儿子”，纪念自己的民族）、udʒumʧinxu:（乌珠穆沁夫，意为“乌珠穆沁之子”，纪念自己的家乡或部落）、nayantɛ:（纳音泰，意为“八十”，纪念祖父的年龄，说明自己是在祖父八十岁时出生的）、ʧɔlmɔn（朝鲁门，意为“启明星”，纪念出生的时间，说明自己是在启明星在天空闪耀时出生的）等。

具有恳求意义的名字

蒙古人希望发生某件事而取的名字。例如：xu:ir（呼依勒，意为“来儿子”）、du:dagʊ:l（都达古拉，意为“带弟弟、领弟弟”），两者都是渴望得到儿子时给女儿取的名字；saranxu:（萨仁夫，意为“月亮的儿子”）、səʧinxu:（斯琴夫，意为“聪明的儿子”），两者均是渴望得到女儿时给儿子取的名字。

从词汇的来历方面着手，可以把蒙古族人名分成三类：

1.蒙古语人名。指以蒙古语原有词汇命名的名字，例如：ʊLa:n（乌兰，意为“红的”）、naran（娜仁，意为“太阳”）、sɔdsəʧin（苏德斯琴，意为“聪明绝顶的”）、nəməxdʒargal（讷木和吉日嘎拉，意为“幸福多的”）等。

2.混合语人名。指以蒙古语原有词汇和外来词汇构成名字，例如：oldʒi:xʊtʊg（乌力吉呼图嘎，意为“安康、吉祥”，由蒙古语词和突厥语词构成）、gaŋbat（钢巴图，意为“钢一样结实”，由汉语词和蒙古语词构成）、dəlgərsaŋ（德力戈尔桑，意为“大好、善良普照”，由蒙古语词和藏语词构成）等。

3.外来语人名。指以外来词汇构成的名字，例如：Ligdən（力格登，来自藏语，意为“具善”）、galdan（嘎拉登，来自藏语，意为“有运气、有缘”）、Səŋgə:（森格，来自藏语，意为“狮子”）、xafuŋga:（哈峰嘎，来自满语，意为“精通”）、əldəŋgə:（额力登格，来自满语，意为“有阳光的”）以及来自汉语的腊月、金花、铁柱、双喜等名字。

撰稿专家

照日格图，蒙古族，文学博士，内蒙古大学蒙古学学院教授、专职研究员、博士生导师，内蒙古大学蒙古学研究中心副主任，中国蒙古语文学会副会长兼秘书长。主要研究方向为现代蒙古语、阿尔泰语言学、社会语言学等。著有《蒙古语族语言与突厥语族语言词汇比较研究》《蒙古语格范畴研究》《蒙古语言文字使用研究》等。

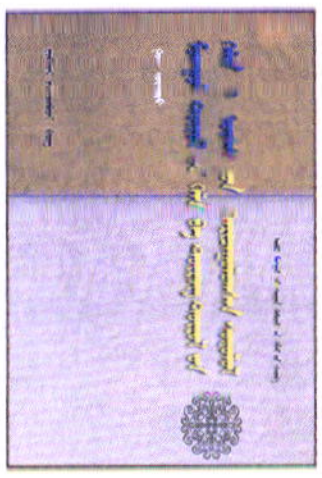

《蒙古语族语言与突厥语族语言词汇比较研究》（蒙古文版）

扫描二维码，
阅读专家代表著作的电子版

传承千载，根系庞杂

蒙古文字象征着蒙古人的性格

蒙古族在中华文明史乃至人类文明史上，是善于创造和改革文字的，其远祖就有创造符号、标记事件的实践。比如，已经流传下来的诸如阿拉善岩画群、阴山岩画群、乌兰察布岩画群、赤峰岩画群以及阿勒泰岩画群等，是蒙古高原上典型的创造符号、记录事物的开端。

蒙古族在短短的一千年中创造和改革的文字已有7种之多，这在全世界是空前的。不过，这7种蒙古文字，都不是蒙古高原岩画的后裔。

现行的蒙古文字有中国现行传统蒙古文（内蒙古等地）、托忒文（新疆），蒙古国和俄罗斯还使用西里尔蒙古文。历史上还曾经使用过八思巴文、索永布文、横式方体文和瓦金但喇蒙古文字等。另外，还曾以汉字、阿拉伯字、藏文和满文来标记过蒙古语。

上述7种蒙古文，均源于外来文字，一部分是西方文字的后裔，一部分是佛教向东传播的产物。

八思巴字蒙古语圣旨金牌（图/内蒙古大学民族博物馆）

蒙古文字设计图。蒙古文字有既拼音又象形的特性，几乎每个文字符号都可以一笔完成

现行传统蒙古文，源自回鹘体蒙古文

内蒙古蒙古族是现行传统蒙古文（从回鹘体蒙古文发展而来）的忠实使用者，从古至今始终不渝。青海、甘肃、辽宁、吉林、黑龙江以及河北等省的蒙古族也在用现行传统蒙古文，新疆维吾尔自治区的蒙古族使用现行传统蒙古文的范围也在扩大。

传统蒙古文是从回鹘体蒙古文演变而来的。在其演变发展的过程中有过17世纪初的阿礼嘎礼的改革，18—19世纪还受到满文的影响。这种改革的原因主要是与藏、梵语和汉语借词的音译书写有关，20世纪五六十年代受到俄语和汉语的影响，传统蒙古文的文字还有些增补，目前已经能够标写所有外来词汇。

传统蒙古文有短元音7个，基本辅音16个和借词辅音8个，另有标记借词的4个音节文字，总共有35个文字符号。复合元音以元音符号的复写来表达。

7种蒙古文在世界文字发展历程中的地位示意图

古埃及文
↓
古腓尼基文→

- 西支：
  - 希腊文→拉丁文和西里尔文→西里尔蒙古文（蒙古国和俄罗斯使用）
- 东支：
  - 阿拉美文→尼斯陶尔文→粟特文→回鹘（古维吾尔）文→回鹘体蒙古文→现行传统蒙古文
    - （回鹘体蒙古文）→
      - 托忒文（1648年）
      - 瓦金怛喇蒙古文字（1905年）
      - 满文、锡伯文
  - 梵文→
    - 藏文→八思巴文（1269年）→横式方体文（1686年）
    - 索永布文（1686年）

蒙古地区寺庙匾额，从左到右分别为蒙古文、藏文、汉文和满文

回鹘体蒙古文是在粟特文、回鹘文的基础上创制出来的，后来发展成为中国现行传统蒙古文。新疆蒙古族称现行传统蒙古文为胡都木蒙古文，以区别于托忒蒙古文。

文字到了粟特人使用的粟特文的阶段，完成了偶尔从上到下的书写的改革，是变革中的阶段。之前是从右到左的书写，类似于现今的阿拉伯文。到回鹘文、回鹘体蒙古文的时期，完成了从上到下的书写的改革。而到了现行传统蒙古文的阶段，有了专门的元音符号，之后还有不断的改革和发展。15—16世纪时，随着维吾尔人信奉伊斯兰教放弃佛教，回鹘文逐步被抛弃，改用阿拉伯字母标记自己的语言。时至今日，唯有回鹘体蒙古文发展而来的中国现行传统蒙古文，还仍有较强的生命力。

八思巴文、索永布文、横式方体文的来源属于梵、藏文字系列。1686年，喀尔喀僧侣扎那巴扎尔仿照藏文梵字，创造索永布字体，共有字母90个，左起横书，一样能精确表达藏、梵语，以及蒙古语的语音。索永布字体非常漂亮，寺院经常以此加以装饰，只可惜此字体写起来比八思巴字还不方便，因此罕用于社会上。同年扎那巴扎尔另造横书方块字，通行于喀尔喀各处之佛寺间。这三种文字已经成为历史文字，多供研究。

喀喇沁旗出土和硕端静公主墓志盖（图/齐木德道尔吉）

传统蒙古文，仍有词首、词中和词尾的变化，并且是从上到下书写，从左到右排行，有印刷体和书写体两种字体。

目前的传统蒙古文，已经能够适应标记蒙古语和其他任何语言的借词。

传统蒙古文和目前的蒙古语各个方言间差距很大，但传统蒙古文标记蒙古语的包容性很大。

以文注音，蒙古文与蒙古语的对照法则

回鹘体蒙古文，顾名思义，从回鹘文演变而来的蒙古文，是中国现行传统蒙古文的古典前期。一开始，蒙古人从回鹘人那里借用回鹘文，标写了蒙古语，后来逐渐改造成了自己的文字。改造的结果，从原来的15个字母符号，增加到19个，分别标记27个语音（借词专用辅音3个）。其中，将一些元音或辅音不很明确的字母，改变成了5个符号7个元音；以复合符号的形式增加了ng[ŋ]辅音。其最主要的系统改革是将不很定型的符号，改革成词首、词中和词尾的变形形态，使之基本适应了蒙古语以词汇为单位的标记方式。其符号和读音列表如下图《蒙古语与蒙古文记音对照表》。

通过表格可以看出，回鹘体蒙古文与我们比较熟知的汉字和英文不同。回鹘体蒙古文有不同于其他文字的自己的特点，这个特点也与蒙古语息息相关。

造字法，承上启下的“字干”

蒙古语词汇音节数量不固定，回鹘体蒙古文书写

蒙古语与蒙古文记音对照表

序号	01	02	03	04	05	06	07	08	09	10	11	12	13	14	15	16	17	18	19
标音	a	e	i	o u	ö ü	n	b p	q γ	k g	m	l	s	š	t d	j č	y	w f	r	ng

一个词是连贯的书写，因此也有词首、词中和词尾的区别。其书写中，文字“字干”起着承上启下的作用，无论是词首、词中和词尾，均连在一起。因此很多词语一笔贯通，起笔落笔较少，达到了快速书写的目的。

回鹘体蒙古文的另一个显著特点是字形结构单一简洁，许多文字在竖形“字干”的基础上，左向45度斜角书写锯齿形或圆形、弓形。这样的字形书写起来顺手便捷，而且短的锯齿形笔画在手写时可以省略，大大缩短书写时间。

与蒙古语语音的和谐特征对应，回鹘体蒙古文的元音以及q、γ、k、g辅音有阳性和阴性特征，亦即语音紧和松的和谐特征。阳性和阴性语音在一个词语中不能混同，同时也为不同语音的读音判定，扮演着区分语音的重要依据。

由字及音，灵活的释读

回鹘体蒙古文还有一个既是优点也是缺陷的特性。有不少文字的读音有两个，有的文字变体甚至还有4个读音，而其读音通过词汇中的搭配位置来断定。

比如一词，词首有两个“短牙”，可以是ɑ元音，也可以是nɑ或ne音，有时或许是e音，但由于之下还有两个“短牙”阳性辅音γ，因此可以排除阴性读音ne或e音；这个音节可以有tɑ、te、dɑ、de 4个读音，由于非阴性的读音，可排除te、de，其最有可能的是ɑγdɑ或ɑγtɑ，nɑγdɑ或nɑγtɑ，而蒙古语中没有读音为ɑγdɑ、nɑγdɑ或nɑγtɑ的词，因此只能为ɑγtɑ，意为“快马、骟马”。可以看出，由于回鹘体蒙古文的上述特征，许多词语有多种读音的可能。据统计，有不少词语甚至可有8种读音，如果混同阳性和阴性的读音包括进来，其可能性更多。如书写为的词语，有多达16种读音的可能，但蒙古语词汇中只有tede代词“他们”和tɑtɑ-动词“拽、拉”两个。

由此可见，回鹘体蒙古文的释读理解，除了文字本身的辨读知识技能外，由于其文字的特性，需要有很强的逻辑思维和判断能力。

改良创制，数次变革

回鹘体蒙古文是通过回鹘文从粟特文演绎过来的。最初从回鹘人那里借用文字标写蒙古语的，并不是全体蒙古部落，而是与回鹘人较近的乃蛮等部落。

1204年，成吉思汗征讨乃蛮之时，乃蛮掌印官回鹘人塔塔统阿虽然遭逮捕，依然守着国家的印信。成吉思汗非常嘉许他忠于自己国家的行为，遂命令他掌管蒙古国的文书印信，并命令他教授太子、诸王畏吾字以书写蒙古语，蒙古人至此时便采畏吾字以书写蒙古语，学界称为回鹘体蒙古文。

一开始是用回鹘文标音蒙古语，后来根据蒙古语的特点，逐渐改良创制，形成了回鹘体蒙古文。回鹘体蒙古文在使用过程中有过几次改革改进。据记载，高僧贡噶坚赞于13世纪中叶对回鹘体蒙古文进行了一次整理改革，之后14世纪初高僧国师搠思吉斡节儿进一步研究改进，使回鹘体蒙古文更加规范，更具科学性，同时奠定了蒙古语正字法的基础。

至16世纪末，随着藏传佛教的进一步推广，蒙古语

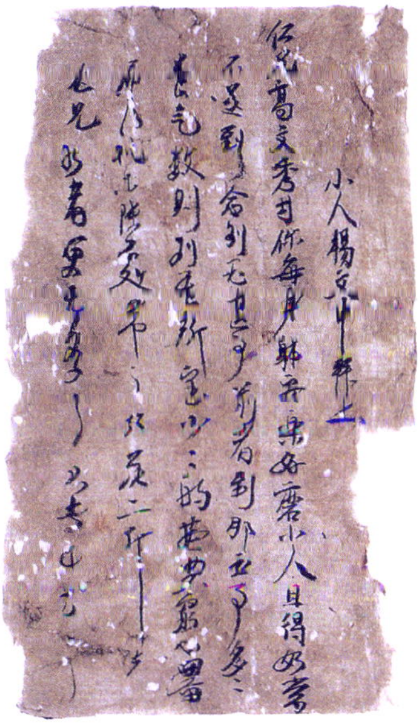

元代亦集乃路古城文书残页，多为汉文，亦有畏吾体蒙古文、八思巴文及藏文等

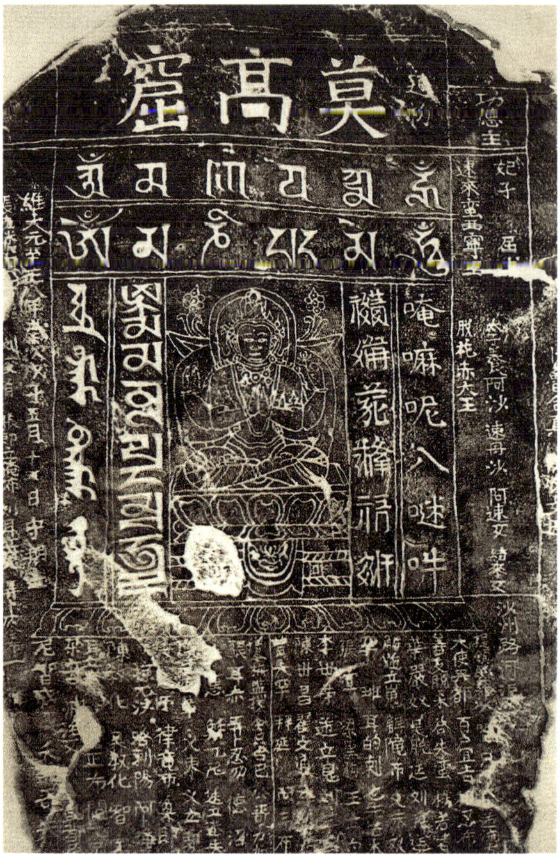

莫高窟元代六字真言碑，除汉字外，还有八思巴蒙古文、回鹘文、藏文、梵文、西夏文

托忒蒙古文

托忒蒙古文，蒙古语的意思是清晰而易懂的文字。1648年由蒙古瓦剌部高僧咱雅班智达（1599—1662）以当时已有的回鹘体蒙古文为基础，同时依据卫拉特方言口语创制的，口语和书面语差别较小。

托忒蒙古文自从创制时起直到今天，一直在新疆卫拉特部使用。自20世纪80年代起新疆的蒙古语言文字教育改用现行传统蒙古文，因此托忒蒙古文的使用范围逐渐在萎缩。

托忒蒙古文是一个以卫拉特方言的音位为基础改革形成的文字，因此与卫拉特方言的融洽性较好，有一定的科学性。但是，从蒙古语诸方言口语的包容性来看，其缺陷也很明显。

面临拼写梵藏语借词的问题。为了适应这个需要，喀喇沁喇嘛阿尤喜固什于1587年，汇编出一套专门拼写梵藏语借词的转写符号，是蒙古文字的改革补充，后人称之为“阿礼嘎礼”。之后，回鹘体蒙古文逐渐演变成了现行传统蒙古文。

回鹘体蒙古文文献的遗存

回鹘体蒙古文纸质文献传世不多，主要是通过考古发掘获得的，完整存留的极少。其出土地域主要在西北丝路通道附近的吐鲁番高昌遗址、黑城遗址和敦煌石窟。

1930年，一位农民在中世纪属于金帐汗国或朮赤兀鲁思（约1243—1502）领土的苏联伏尔加河右岸下游的一座古墓中，发现了13世纪末期的25片桦树皮文献，其中的13面写有回鹘体蒙古文，学术界将其称为《金帐桦树皮文书》，亦称《母子情感歌》，文学表现力极高。这首歌叙写了一个蒙古普通劳动妇女送儿子服兵役时的嘱咐和远征的儿子思念母亲、思念家乡的

最早的回鹘体蒙古文文献《也松哥碑》（原称《成吉思汗碑》）（供图/博研宝音）

石碑于1818年被俄罗斯考古队发现，之后有不少人释读研究，目前收藏于俄罗斯圣彼得堡。此碑通高202厘米，通宽74厘米，无题识，不署年月，从内容推断，当立于《蒙古秘史》中的鸡儿年（1225）。因为此碑以“成吉思汗”名字起首，学术界都称之为《成吉思汗碑》。该碑有文字5行，为带点回鹘体蒙古文。

碑文大意是：成吉思汗西征返回营帐，召集全蒙古那颜（官员）在卜哈忽只该（今俄罗斯境内额尔古纳河的支流乌卢龙贵河畔）的地方举行大呼拉尔（大型聚会）之时，也松哥（哈撒尔之子）在射箭远射比赛中，射出了335庹（相当于现今的550多米）的好成绩

情感抒发，类似于民间的对歌。原件收藏在俄罗斯圣彼得堡市博物馆。20世纪70年代，从蒙古国布尔干省发现了110余份桦树皮文献，多为16—17世纪的佛教文书，弥足珍贵。

八思巴蒙古文字

八思巴字是遵从元朝忽必烈皇帝的圣旨，由国师八思巴（1235—1280）根据当时的吐蕃文字创制的，1269年忽必烈颁诏推行，用以取代标音不够准确的源于回鹘文的回鹘体蒙古文，并作为元朝官方文字形态，力图统一至全国。元王朝灭亡后逐渐被废弃。忽必烈颁诏推行的这一文字，初称蒙古新字，不久改称蒙古字，现称八思巴字或方体字。

八思巴字最初有元音字母8个，辅音字母32个，后陆续增加。据现存资料归纳，包括各种变体达57个符号。八思巴字，形体源于藏文，文字结构和书写顺序参照回鹘体蒙古文，方正的外观参考了汉文。八思巴字书写蒙古语，同时还标写汉语、回鹘语和藏语等。

八思巴字的元音有词首和词中末的两种变化，辅音单独带有元音a。八思巴字书写语言以音节为单位，从上到下书写，从左到右排行，音节可以和汉字一一对应。文字还有正体和篆体两种，篆体多用于官方印章。正体另有手写行书体的变化，类似于汉字的楷体和行书体的区别。

八思巴蒙古字文献有圣旨、懿旨、令旨及法旨碑刻和纸质文书，金银铜铁等金属符牌，刻写经文等的残页，岩石印章刻文和墨书题记等，更有意思的是甚至还有酒坛瓷器上的文字。

传世抄本《蒙古字韵》是八思巴字与汉字的对照字典，标字精准，相当于现今的汉语拼音，研究价值极高。八思巴字、汉字对照《蒙古字百家姓》也有几个版本，也是一个很有价值的文献。另外，现存三十余款八思巴字、汉字对照碑刻，多见于山东、河北、河南和陕西等省份，金属八思巴字汉语官印也很多。

标写藏语的八思巴文作为藏文的一种艺术字，一直受到藏文书法家们的重视，被一些寺院当作一种“文字”来教授并沿用至今。用八思巴文变形体书写的文献，主要用于楹联、匾额、印章、经卷封面等。

在西北地区石窟中作为题记，以及某些出土残片、画押印章中，也有少部分的回鹘语文献传世。

突厥语回鹘文银册书

撰稿专家

嘎日迪，蒙古族，内蒙古师范大学蒙古语言文学系教授，主要从事古蒙古语文献和古蒙古语形态学、元代白话的研究。主要论著有《中古蒙古语书面语敬位》《敦煌莫高窟元代回鹘蒙文图勒黑图古斯题记释读》《现代蒙古语词法结构》等。

《中古蒙古语研究》

扫描二维码，
阅读专家代表著作的电子版

蒙古征战(供图/额博)

第14章

疾风之民，叱咤风云

历史

本章主撰稿人：

辽宁师范大学特聘教授　白玉冬　　内蒙古大学副研究员　张岱玉

中央民族大学教授　苏日娜　　内蒙古博物院教授　陈永志

内蒙古博物院研究员　于宝东　　内蒙古大学教授　齐木德道尔吉

内蒙古大学教授　苏德毕力格　　内蒙古大学副研究员　赛航

中国社会科学院研究员　乌兰　　内蒙古民族文化产业研究院研究员　董杰

内蒙古师范大学教授　郭世荣

蒙古族源于公元前展现于史乘的北方民族——东胡之室韦部，之后进入蒙古高原，与留居蒙古高原的突厥语族居民相融合，成为真正的草原民族，称为“蒙古”。从成吉思汗到忽必烈各位蒙古英豪，对蒙古民族的形成与进步起到了决定性作用，同时，对之后的中国历史与世界历史发展方向的影响不可低估。13—14世纪的蒙元帝国，代表着世界最先进的科学技术和生产力，代表着世界文明的主流。蒙元时代所创造的文化，更是人类文明宝库中的经典。多种族、多民族、多元文化竞相争艳，多语言、多文化、多宗教平等存在。蒙元时代创造的物质和精神财富，至今仍影响着人类。

明末清初，满蒙建立政治联盟，满族进而建立了清王朝，嗣后蒙古民族协助清朝建立了对全国的统治。终清一代，蒙古族又为大清王朝屏藩朔漠，保证了国家的安全与统一。蒙古族在清朝的统治下，其社会、经济、文化发生了重大的转变，随着清朝统治体系的建立，形成了全新的部落和地域布局。

辛亥革命推翻了清王朝的统治，喀尔喀蒙古宣布独立，内蒙古仍为中国的一部分。内蒙古在民国时期被分为绥远、察哈尔、热河等省，东部地区甚至被伪满洲国吞并，成为日本帝国主义的殖民地。1947年，在中国共产党的领导下，内蒙古人民得到解放，全国第一个民族区域自治地方——内蒙古自治区得以建立。蒙古族人民在中国共产党的领导下，迈入崭新的历史发展时期。

天之骄子的童年追忆

从森林到草原，西进的迁徙之路，蒙古族族源追溯

《蒙古秘史》开卷部分介绍成吉思汗的先世，讲述了那个著名的苍狼白鹿传说：奉天命而生的孛儿帖赤那，和他的妻子豁埃马阑勒，渡过滕汲思水，来到斡难河源头的不儿罕合勒敦山扎营住下，他们生下的儿子为巴塔赤罕云云。孛儿帖赤那意为“苍色狼”，豁埃马阑勒意为“惨白色鹿”，滕汲思是某一水名，斡难河即鄂嫩河，不儿罕合勒敦山为现今蒙古国境内的肯特山。高度概括的这段文字，其实并不虚妄，向我们传达了蒙古族先人移入蒙古草原的真实过程。

波斯伊利汗国拉施都丁著《史集》则记录道，据传远古时期蒙古部落在与他部战争中被屠灭殆尽，只剩捏古思、乞颜部两名男子和两名女子，逃进额尔古涅昆（蒙古语，意为险峻的山坡）中。后来，他们在那里繁衍生息，分化出许多分支。由于人口众多，山地狭隘不能容纳，他们协商冲出峡谷。于是，他们找到一处熔铁的旧矿，准备了大量柴火，宰杀70头牛马，用皮制成70个风箱，点燃柴火，鼓风煽火，熔开山壁，冲出到开阔的草原。充满传奇色彩的这段故事，蕴藏着真实的历史背景。

正如马克思所说，过去的现实反映在看似荒诞的神话形式中。以苍狼白鹿为成吉思汗始祖的描述，反映蒙古族先民对狼祖图腾观念（尤以突厥语族草原游牧民族为典型）的吸收，以及对森林狩猎民族鹿祖

额尔古纳河

元代背剑武士，彩塑俑，头戴毡帽，有帽缨，是典型的元代装束

图腾观念的承袭。额尔古涅昆则告诉我们——蒙古族先人的最初居地在今额尔古纳河流域附近的大兴安岭腹地。

我们再从中原史籍中查找线索。现在学界形成的基本共识是，鲜卑南迁入主中原之后，留居大兴安岭地区的余部，以“室韦”名称出现于魏代史料。蒙古族先人，在唐代史料中则被记作“蒙兀室韦”，“蒙兀室韦”始见于《旧唐书》，屠寄《蒙兀儿史记》开宗明义将室韦作为蒙古的族源。王国维、林干等肯定或支持蒙兀室韦说，张久和对此学说进行了系统论证。

《旧唐书·室韦传》记录的室韦部落集团中，蒙兀室韦居地位于额尔古纳河下游以南的大兴安岭北段。自大兴安岭腹地开始向西迁徙，应是在蒙古高原的回鹘汗国（744—840）崩溃之后。这一移居，长达两个多世纪。关于孛儿帖赤那渡过的“滕汲思”水，大部分学者认为是指今呼伦湖，但也有人提出，“滕汲思”指的是贝加尔湖。而有关蒙兀室韦的移居线路及移居过程，需要通过对唐代至辽代室韦部落集团不同阶段的分布情况，重新进行构筑。

苍狼白鹿传说牛皮画

在蒙古民族形成之前，蒙古高原及其周边先后出现过匈奴、东胡、乌桓、鲜卑、柔然、契丹、室韦等政权或部族。专家学者对蒙古民族起源有多种学说，如“匈奴说”“突厥说”“东胡说”等，不一而足。学者主要依据《蒙古秘史》《史集》等文献，结合中国史书进行了探讨。

大兴安岭腹地的东胡余裔

蒙古族是古代东胡人的后裔。东胡活动于春秋战国时期，他们的居住地以今内蒙古东部为主，从老哈河、西拉木伦河流域一直北延至额尔古纳河流域。从考古学文化看，东胡属于夏家店上层文化。夏家店上层文化是西周初至战国时期分布在西拉木伦河流域及其以南诸地的文化。

“胡”，战国至南北朝时期中国北方蒙古高原游牧民族的别称，尤以匈奴族为典型代表。而“东胡”基本上与“胡”同时期出现于史乘，是对当时位于匈奴领地以东的游牧部落集团的称呼。司马迁在《史记·匈奴列传》中记录，秦末东胡强盛，东胡王曾向匈奴冒顿（mòdú）单于索取千里马、阏氏（yānzhī，匈奴单于的皇后）。虽大臣们持反对意见，但冒顿单于满足了东胡王的这一要求。之后，东胡王自大，西侵匈奴，并遣使要求与匈奴边境间的千余里缓冲地带。大臣们都以为可给

匈奴：曾是蒙古高原的主人

匈奴是蒙古高原第一个见于史乘的民族，从战国时期就逐渐形成一股力量。公元前3世纪末，建立了强大的国家。到了公元1世纪末（东汉时期），南北匈奴分裂，南匈奴依附东汉，北匈奴被东胡（鲜卑）吞并。

匈奴人在蒙古地区留下了长久的痕迹。匈奴的某些制度和习俗在蒙古高原各游牧民族中世代流传，比如左右翼和十进制的军事行政划分，一直延续到明清时期。这是由蒙古高原特有的社会经济环境决定的，各游牧民族对它都有继承。

曾有日本学者把匈奴人作为蒙古族的直系族源，被后来学者否定。著名蒙古学家亦邻真说，如果说匈奴人跟后来的蒙古族有什么关系，只有一种情况是可以想象的，那就是一部分匈奴人留在了蒙古高原，同化在其他的民族和部落中，这些人的后裔在13世纪后，就成了蒙古族的成员。

匈奴王金冠（图/内蒙古博物院）
鹰形金冠，1972年杭锦旗出土的匈奴王冠是唯一完整的“胡冠”标本

马形金饰牌（图/内蒙古博物院）

可不给，冒顿说道："地者，国之本也，奈何予之！"于是，亲统大军出击东胡。东胡王因轻视匈奴，未曾设防，被匈奴大军击溃，人民与畜产尽被掠夺。自此之后，东胡衰微，东胡之名渐从历史上消失。稍后出现的乌桓部落集团与鲜卑部落集团，均被记录为东胡余部。

鲜卑贵族人物双狮纹金饰牌，当时是护身的配饰。1990年科尔沁左翼中旗出土（图/内蒙古博物院）

公元前2世纪初东胡人分化为乌桓和鲜卑。

《后汉书·鲜卑传》记载鲜卑是东胡的一部，依鲜卑山而居，所以称为鲜卑，西汉初年东胡被匈奴单于冒顿击破后，逃至辽东塞外。有学者考证鲜卑山位于今内蒙古通辽市科尔沁右翼中旗，也有人说是指大兴安岭北段。关于鲜卑一词的原意，有学者认为鲜卑即"犀毗"，亦称"师比"，是东胡人使用的带钩；也有学者认为鲜卑人的"郭落带"就是瑞兽带或神兽带之意，带钩上镂有东胡人喜爱的鹿等瑞兽，"鲜卑"即"瑞、吉祥"之意。

狼背鹿形银饰件（图/内蒙古博物院）

东汉光武帝年间，鲜卑人始与中原建立联系。公元1世纪末，北匈奴政权瓦解，单于西迁，鲜卑转徙占有其地，匈奴残众十余万户融入鲜卑。自此，鲜卑势力逐步强大起来。鲜卑部落中，在中国历史上产生过重大影响的，当数拓跋部。公元3世纪中期，拓跋力微统领的拓跋鲜卑已经在漠南阴山一带站稳脚跟，以盛乐（今内蒙古和林格尔北）为大帐。这一时期的拓跋鲜卑，人类学方面已经发生了很大变化，除东胡系统的部族之外，还包括源自匈奴、丁零等其他系统之氏族。

拓跋鲜卑：消失的民族，不散的影响力

拓跋鲜卑，南定华夏中原大地，北抗漠北柔然汗国，建立了北魏。它开启了中国北方民族入主中原的先河，进一步促进了中国历史上民族间的交流与融合。这为多元一体中华民族的形成，奠定了基础。佛教在北魏时期的中国，得到了长足的发展。孝文帝的改革，更是在政治、经济、文化等方面，为当时的中国注入了新鲜的血液。虽后期分裂为东魏、西魏，进而演变成北齐、北周，但后续的隋唐帝国，依然与拓跋鲜卑建立的北魏有着密切关系。

有学者认为，唐朝开国皇帝李渊出自鲜卑族。拓跋鲜卑的统治，使拓跋与秦（China）、契丹（Kitai）并肩成为历史上西方人对中国的代称。唐朝时期的突厥、回鹘，以及降至蒙元初期的中亚、西域等地，多称中国为Tabghač（"拓跋氏"或"桃花石"）。始于北魏的可汗、可敦称号，至今仍存在于中国北方民族与中亚民族语言之中，并传入西方。

谁是真正的原蒙古人？

民族是历史的产物，蒙古民族亦不例外。室韦人在9世纪中期以后陆续迁入蒙古高原，融合残留的突厥语族部落，直至13世纪成吉思汗统一蒙古高原各部后，经过长时间的整合与演变，才逐步形成了语言、文化有着共同特点的蒙古民族共同体。尚未迁入蒙古高原，或仍未吸纳突厥语族人口的室韦部落，即是原蒙古人。原蒙古人是指包括蒙兀室韦在内的唐代史料记录的大约三十个室韦部落，也即突厥文史料记录的三十姓达靼，及其迁入蒙古高原后的直系后裔。

原蒙古人的语言，保持着东胡后裔语言和方言特点，与契丹语是近亲语言，突厥语成分尚不明显。《元朝秘史》中的少量词汇，用蒙古语或突厥语难以解释。这些词汇，应即是原蒙古语在13世纪的残留。辽金时代的原蒙古人，除拥有众多分支的合木黑（一切之意）蒙古人之外，还包括札剌亦儿部、塔塔儿部、蔑儿乞部、巴尔忽部、外剌（卫拉特）等部。占据蒙古高原核心地区的克烈人，也出自原蒙古人，只不过他们较早与突厥语族民族接触，更多更早地容纳了突厥语族人口。

室韦-达靼，蒙古民族的直系祖先

鲜卑南迁之后，留守在大兴安岭及嫩江地区的余部，后来以部落集团室韦的名称出现于北魏史料。法国著名东方学家伯希和认为，“室韦”与“鲜卑”古音相同。亦邻真先生认为，高度汉化的北魏统治者不希望弱小落后的部落与其共同享用族名“鲜卑”，故专门使用“室韦”称呼大兴安岭地区的与其族属同源的部落。室韦人从事原始的农耕、畜牧，以及渔猎业，语言与契丹相同，同属东胡语言分支。

关于室韦人的早期记载，带有泛指的性质，被称为室韦的不一定族属相同。亦邻真指出，可以肯定的是，语言属于东胡后裔诸语言的，占据室韦人的主要部分，这部分室韦人又被突厥语资料称为“达靼”（也写作鞑靼），室韦和达靼这两个名称在汉籍中可以互通互易。

唐朝中叶，居住在室建河即今额尔古纳河流域的一支室韦人被汉文史书称为“蒙兀室韦”。“蒙兀”即蒙古，

内蒙古蒙兀室韦苏木（苏木，乡级行政单位）（图/夕烟牧人）

蒙兀室韦是后来兴起的蒙古民族的直系祖先。国学大师王国维说，“蒙古”一名最早在唐代为中原所知，以“蒙兀”首次见于史籍。《旧唐书·北狄传》说，“室韦最西与回纥接界者，乌素固部落，当俱轮泊(今呼伦湖)之西南”，还有“大室韦部落，其部落傍望建河(今额尔古纳河)居。其河源出突厥东北界俱轮泊”。可见，在突厥、回鹘统治蒙古高原的时期，蒙兀室韦还在额尔古纳河流域。

7世纪上半叶，漠北的强大政权突厥衰落了，唐朝一度统治了大漠南北。唐政府设置了六都督府、七州治理漠北，以各部首领为都督、刺史，各部基本上恪守唐朝的规定，漠北数十年中没有吞并邻部的强大政权。在这种有利环境中，室韦部落逐渐发展起来。

有唐一代，是室韦–达靼人民族学特征发生巨大变化的时期。突厥在蒙古高原的覆亡，回鹘的西迁，为室韦部落迁往蒙古高原腹地提供了可能。9世纪前后，阴山南北出现了室韦–达靼人，10世纪前后，蒙古高原北部迁进了许多室韦–达靼部落。从此遍布突厥语族游牧部落的蒙古高原开始了蒙古化的历史进程。

色楞格河流域的室韦部落，其中包括后来的克烈部，最先进入蒙古高原核心地区。游牧于今锡林郭勒盟等地的室韦部落，则被强势发展的契丹所征服。最初移动至阴山一带的室韦部落，则被沙陀后唐所吸纳。同时，占据漠北的室韦部落也与沙陀后唐保持密切关系。从这一时期开始，室韦部落集团以愈来愈清晰的面貌展现在世人眼前，各自不同的名称替代了以往的泛称。契丹人称蒙古高原中心地区的室韦部落为阻卜或达靼，称蒙古高原东部的室韦部落为乌古、敌烈或室韦等，沙陀突厥人称蒙古高原腹地与漠南的室韦部落为达靼或室韦。

有辽一代，随着众多蒙古语族部族自东向西迁入蒙古高原，室韦名称逐渐消失。12世纪初辽亡金兴之后，室韦之名再不见于史料。唐代史料记录的蒙兀室韦或室韦蒙兀部西迁至蒙古高原，最终发展成为今天的蒙古族。

额尔古纳河室韦段(图/白玉冬)

有关原蒙古人历史的珍贵史料——突厥文碑文

19世纪末以来，先后发现于今蒙古国与俄罗斯联邦图瓦共和国、哈卡斯共和国的古代突厥文碑铭，是北方草原民族以自己的语言文字书写的最早的历史纪念物。这些碑铭，建造于后突厥汗国与回鹘汗国，以及黠戛斯汗国时期，与汉籍共同构成记录原蒙古人历史的最珍贵史料。

后突厥汗国阙特勤碑(建于732年)与毗伽可汗碑(建于734年)，提到三十姓达靼是突厥的敌对势力。回鹘汗国西内乌苏碑(建于759年或稍后不久)，记录九姓达靼反抗回鹘统治，被回鹘军队击溃，一半投降，一半逃往东萨彦岭。叶尼塞河上游发掘的碑铭，则记录了九姓达靼与黠戛斯之间的交往。

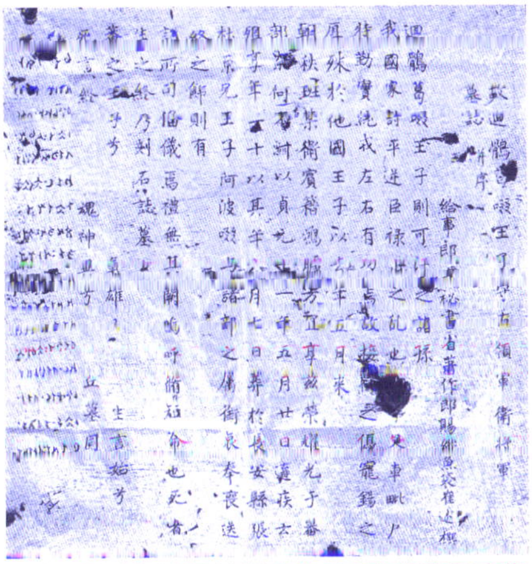

汉文、突厥鲁尼文双语墓志《回鹘葛啜王子墓志》志文(唐代)

唐代之前蒙古高原上的突厥语世界

可以说，唐代以前，大漠南北的蒙古高原基本属于突厥语世界。汉代的坚昆、丁零，一般认为就是后来的黠戛斯、乞儿吉思。据不晚于6世纪的古代传说，他们同青突厥人有共同的祖先，唐以来的文献则明确记载他们属于突厥语族。《新唐书·黠戛斯传》还记载下了黠戛斯人的人类学特征——“人皆长大，赤发、皙面、绿瞳”，即具有欧罗巴人种的特征。丁零、高车、敕勒、铁勒都是汉唐时期居住在蒙古高原及其周围的突厥语族游牧部落，这点是无可怀疑的。

北魏时期，今蒙古国和我国内蒙古自治区中西部北半部，都在柔然可汗统治之下。柔然可汗虽说是“东胡之苗裔”，但他的基本臣民大漠南北的多数人口，都是突厥语族游牧人。北魏时，几万敕勒人迁来阴山以南。《隋书》对漠北铁勒人的分布作了详细的叙述。《太平寰宇记》列举了唐朝开国之初的“铁勒部内之诸部”共十五部。土拉河以北是九姓铁勒的牧地，阿尔泰山南北，一直到中亚，也都是突厥语族部落的居住地。在连绵反复的战乱中，各部落常有迁徙。552年，青突厥人推翻了柔然汗庭，建立了突厥汗国，这个汗国很快分裂成东突厥和西突厥。东突厥先后臣属于隋唐，后来又出现了后突厥汗国。745年后突厥亡于回鹘汗国，药罗葛氏回鹘汗庭取代阿史那氏突厥汗庭，不过是突厥语族各部中的改朝换代，从民族学角度上看，这里没有什么重大的变化。因为有古突厥文、粟特体突厥文回鹘文文献保存下来，完全证明了青突厥人和回鹘人的语言属于突厥语族东支的古突厥语。

突厥和回鹘的草原贵族都力图加强对内蒙古东部地区契丹人、室韦-达靼人的统治，在契丹、室韦驻有官员。后突厥还似乎曾向兴安岭一带移民。突厥、回鹘势力进入内蒙古东部地区，便向这一带的各个部落打开了通向大漠南北的门户。有一部分室韦-达靼人约在8世纪后半叶进入了阴山地区，契丹贵族也向室韦-达靼地区扩展自己的势力。从西、南方面，也有许多其他民族人口流入蒙古高原。

左图：突厥阙特勤碑局部
位于蒙古国后杭爱省，公元732年树立，记述了后突厥汗国的建立者阿史那骨吐禄的次子阙特勤的生平事迹与功绩，是研究突厥历史和文字以及与唐代关系的重要实物资料
右图：暾欲谷碑局部
立于7世纪末8世纪初，位于蒙古国的巴颜楚克图，暾欲谷以第一人称口吻讲述了参与东突厥北征的个人简史，第一行就提到“我英明的暾欲谷，本人受教于中国”

与突厥语族的错综关联

从血缘到地缘，不断强大的蒙古部落（亦邻真先生观点之介绍）

迅速扩张的蒙古部落两大分支

“蒙古”，Mongkhol，词根是mong-，-ol是复数后缀。据《史集》考证，“蒙古”是“质朴无力”的意思。

蒙古人逐渐组成了相当大的部落集团，分成尼鲁温蒙古和迭儿列斤蒙古两大分支。尼鲁温蒙古据说都是成吉思汗十世祖母阿阑豁阿在丈夫死之后感应光灵而生的三个儿子的后代，因为出自阿阑豁阿圣洁的腰脊，所以叫作尼鲁温，这当然又是民间文学式的训释。另一些蒙古人，即不属于阿阑豁阿后裔的蒙古人，则是迭儿列斤。亦邻真考察出，尼鲁温可能是指住在山岭上的蒙古人，而迭儿列斤可能是指居住在山岭下的蒙古人。尼鲁温和迭儿列斤之间可以互通婚姻，这种外婚制关系似乎是从远古熔铁出山传说中人格化的两合氏族乞颜和涅古思延续下来的。

尼鲁温蒙古和迭儿列斤蒙古合在一起称为合木黑蒙古（一切蒙古人）。合木黑蒙古之外还有许多原蒙古人。

到了12世纪，尼鲁温蒙古已经有了许多氏族和部落，据《史集》里先后不同的说法，将近20个。这些氏族和部落大都是《元朝秘史》中提到的阿阑豁阿后代。氏族只是个外壳、传统的名称，里面的人口并不都是同祖同宗的血缘亲属，而是分为主人和奴仆、贵族和依附人口，实质上这是一些游牧人口的比邻公社。

歌剧《阿阑豁阿》中的折箭训子段落（图/巴义尔）

相对近世蒙古人而言的旧蒙古人

亦邻真先生指出，原蒙古人是指包括蒙兀室韦在内的唐代史料记录的大约三十个室韦部落，也即突厥文史料记录的三十姓达靼，及其迁入蒙古高原后的直系后裔。进入蒙古高原腹地的原蒙古人，接纳残留在此的突厥语族部落，部分吸收了当地原有的语言文化。相对经历约一个半世纪统一融合之后形成的近世蒙古人（新蒙古人）而言，处于与突厥语族民族相互融合阶段的这部分原蒙古人，我们可以称之为旧蒙古人。地缘上，10—13世纪，旧蒙古人的首要主体部分占据了蒙古高原核心区域——杭爱山、鄂尔浑河流域。政治上，他们与周边地域——包括契丹、五代、宋、西夏、甘州回鹘、沙州归义军政权、西州回鹘与黠戛斯，有过直接的使者往来。尤其是，与沙陀后唐政权的密切联系，与北宋王朝的朝贡关系，与西北地区各地方政权之间的通使，均说明旧蒙古人阶段的蒙古族历史，与我们伟大祖国的历史息息相关，是中国史的有机组成部分。

立人柄曲刃青铜短剑，1958年宁城县出土

有权势的贵族才能编组氏族——事实上的比邻公社，这些贵族的权势又是辽王朝扶持起来的。成吉思汗的祖先似乎站在辽一边反对辽王朝的敌人，从而取得了愈来愈大的权力。辽在镇州可敦城等地屯有重兵控制蒙古高原北部，依仗辽的势力，足以使草原贵族成为暴发户。他们掠获其他部落和民族的人口，包括蒙古人和土著的突厥铁勒人，编成比邻公社，按照老传统，叫作氏族。掠获其他部落和民族的人口来扩大氏族，是不受本氏族人口自然增殖能力的限制的，只取决于武力的大小强弱。尼鲁温蒙古氏族能在两三代中迅速扩张的秘密就在这里。

从狩猎到游牧，原蒙古人的突厥化进程

蒙古人进入蒙古高原北部之后，主要在辽代，原始的氏族制度已经瓦解了，血缘关系被地缘关系逐步代替。从民族学角度看，这也是蒙古人同当地突厥铁勒人混合，后者同化于前者的过程。我们没有见到直接记载蒙古人进入肯特山区后掠获突厥语族人口的材料。但是不能想象，曾是突厥语族各部主要牧地的这一带，到蒙古人迁来的时候已经空无一人。蒙古语中的大量突厥借词，蒙古人中的浓厚的突厥影响，突厥语地名的保留，都说明有为数不少的突厥铁勒人掺进蒙古人中。

9—12世纪，原蒙古人经历了深浅不同的突厥化过程。额尔古纳河流域的原蒙古人，最初以游猎为主，并从事原始农耕、养畜业。《魏书》中说室韦“无羊少马”是可信的。蒙古语中的绵羊显然借自突厥语，原蒙古人正是向突厥铁勒人学会养羊，所以才在词汇中有这种反映，蒙古语畜牧业术语中突厥借词特别多。学会畜牧业的过程也就是占有畜群的过程，而原来的畜群所有者和生产者有很大一部分是留在蒙古高原的突厥语族居民。他们同畜群一起落在原蒙古人手里，融合在原蒙古人的氏族部落之中。

同突厥铁勒人混合，原蒙古人的民族学面貌进入变异过程。语言由原蒙古语即室韦-达靼语向古蒙古语即元代蒙古语过渡，突厥语的前后列元音体系浸入蒙古语中，开始形成原蒙古语所没有的古蒙古语八元音序列。一批原蒙古语词被淘汰了，输入一批突厥语借词，词法发生了简化的趋势。生活方式也改变了，毡帐代替了皮棚；饮食也发生了变化，习俗开始突厥化。

西域出土文献与旧蒙古人

19世纪末20世纪初，欧美列强在中国西北新疆、甘肃等地进行了所谓的“探险”活动。他们掠去的大批多语种文物文献，是研究中古时期中国历史的第一手资料，弥足珍贵。其中，包括汉文、藏文、回鹘文、粟特文、于阗文文书在内的20多篇文献，记录了10世纪时期达靼人向河西地区的渗透，及其与河西地方政权间的使者往来。这些文献，展示当时的旧蒙古人社会与草原丝路、与中国西北地区紧密相关。对这些文献的最新解读，告诉我们旧蒙古人的历史与中国历史密切相连，是中国史的有机组成部分。

西域出土文献发现重地楼兰古城

蒙古高原那些陨落的强大部落

克烈：蒙古高原中部核心的游牧部落

蒙古地区曾有3个强大的部落，信奉景教的克烈、乃蛮和汪古。

有关克烈人的历史，波斯伊利汗国拉施都丁所著《史集》留下了较为详细的记录。他介绍说，古代，克烈部之王生有七子（一说为八子），因皮肤黝黑，皆被称为“克烈”。后来，诸子之裔各成部落，自有姓氏。继承王统的一支以克烈为名，其余诸部都属于克烈之王。

“克烈”一名的词源不明，有“黑绵羊”或“乌鸦”之说。克烈是《辽史》记录的阻卜（达靼）部落的重要组成部分，是辽代九姓达靼的核心部族。10世纪时期，克烈部与信仰基督教（景教）的回鹘商人曾有过密切交往。13世纪叙利亚史学家把·赫卜烈思所著《圣教编年史》说，1009年克烈王与其臣民曾接受基督教洗礼。《辽史》记录阻卜酋长有名余古赧（Yohanan的对音）与磨古斯（Marcus的对音）者，即为克烈部人。

11世纪初期之后，克烈部被置于辽朝的羁縻统治之下，向辽朝称臣纳贡，其首领被辽朝封为“大王”或“部长”。成吉思汗的义父——王罕，其祖父磨古斯即是“阻卜诸部长”，后因领导抗辽叛乱，被辽朝诛杀。辽末金初，中原王朝对漠北的影响力显著削弱，包括克烈部在内，漠北诸部的势力得到了极大发展。这段时期，雄踞蒙古高原中部的克烈部与其东邻塔塔尔部发生了数次战争，互有胜负。遭到塔塔尔人攻击的克烈部撒里黑汗逃往西边阿尔泰山一带的乃蛮王国别帖乞部，后依靠乃蛮的帮助，才收复了失地。王罕年幼时，也曾经与其母亲一同被塔塔尔人俘虏。其时，王罕的父亲忽而札胡思·不亦鲁黑汗也投靠了乃蛮别帖乞部。忽而札胡思死后，王罕诛杀诸弟，夺取了汗位。

从这一时期起，克烈部与蒙古部的交往愈发频繁。遭到其叔父古儿罕兴兵问罪的王罕，战败后在铁木真（即成吉思汗）之父也速该·把阿秃儿援助下，夺回了克烈之地。不过，之后不久，王罕的弟弟额尔客合剌又依靠乃蛮部援助，击败王罕。王罕损失惨重，不得已逃往西辽，后进入西夏，历尽艰辛，辗转回到漠北。后被铁木真尊为义父，得到其援助，才夺回汗位。

总之，蒙古部兴起之前，克烈部是统治蒙古高原中部的一个游牧王国。克烈部与其西邻乃蛮王国关系密切，且与西辽、西夏均有往来。克烈部后来被铁木真统领的蒙古部所灭，王罕逃入乃蛮境，为乃蛮边将所杀，克烈部民被编入蒙古各千户。因王罕曾强盛一时，13世纪东来的欧洲旅行家多认为他就是传说的东方基督教国王长老约翰。

蒙元时期，后妃、大臣中不乏克烈出身者。其中，当铁木真在1203年被王罕击败后，与其同饮班朱尼河水的患难与共的将领中，即有克烈部人镇海（又称田镇海）。镇海后来官至大必阇赤（大书记官，大体相当于中原的中书丞相）等。王罕弟札阿绀孛之女唆鲁禾帖尼嫁成吉思汗幼子拖雷，生蒙哥（元宪宗）、忽必烈（元世祖）、旭烈兀（波斯伊利汗国开创者）、阿里不哥四子，地位最尊。据悉，克烈姓氏现仍留存于蒙古族中，克烈部则是哈萨克的一大部落。

蒙元时期，有众多克烈人出任必阇赤（书记）。这说明当时的克烈人，相比蒙古人，更有文化优势。

传说中的东方长老约翰，据说是以王罕为原型塑造的

蒙古学家亦邻真曾怀疑克烈人不像原蒙古人。不过，我们现在可以肯定，8世纪中期，位于回鹘汗国牙帐（今蒙古国鄂尔浑河上游地带）东北、色楞格河北100千米的室韦部落，就是克烈人的先世。虽然见于史书的克烈人名几乎都是突厥语，但诚如陈得芝先生所言——克烈主体出自原蒙古人，最好的解释就是——克烈人是突厥化程度最高的原蒙古人。由于克烈人离蒙古人最近，而且十分强大，许多蒙古贵族都带着人马投靠过来。克烈部强大一时，最后亡于铁木真之手。

阿尔泰山的主人乃蛮

乃蛮又译乃马、乃满等，蒙古语作Naiman，11—12世纪时期占据阿尔泰山及其周围广阔地域的突厥语族游牧王国。乃蛮人也是景教徒，在蒙古高原开化程度最高的乃蛮人，语言无疑属于突厥语族。辽朝中后期，乃蛮部处于契丹人的羁縻统治之下；金朝时期，曾通使女真。与其东邻克烈部关系较为密切，多次出兵参与克烈部内部纷争。1204年，乃蛮太阳汗纠集被铁木真击败的各部残军，在杭爱山一带与蒙古军作战。乃蛮大败，太阳汗负伤而死。太阳汗之子屈出律后逃到西辽，篡取西辽王位，1218年，蒙古军征西辽时，为蒙古军擒斩。

乃蛮国内，流传基督教聂思脱里教派（即景教），同时也盛行萨满教。《元史·塔塔统阿传》说，塔塔统阿是高昌回鹘人，被乃蛮太阳汗尊为国师，掌管乃蛮金印与钱粮。成吉思汗灭掉乃蛮俘获塔塔统阿后，始知印之用处，于是下令凡有诏旨，要用印章，命塔塔统阿在其掌管的印章上，以畏吾儿文字书写蒙古语，并教太子诸王。现通行于我国蒙古族人民之间的传统蒙古文的产生，与乃蛮有着千丝万缕之关系。

乃蛮部亡国后，乃蛮人被编入蒙古军队，成为蒙古西征的重要力量。乃蛮贵族与蒙元保持通婚，如窝阔台汗皇后、贵由汗生母乃马真后即出自乃蛮。现在，乃蛮部分留存于蒙古族中，乃蛮部则是哈萨克族的重要组成部分。

为金朝守护界壕的汪古部落

汪古部落是金元时期活动在阴山山脉中段以北的游牧部落，又称白达鞑。中心在今内蒙古包头市达茂旗艾不盖河畔的敖伦苏木古城，后又据有位于今内蒙古四子王旗城卜子村的净州等。汪古部看来是以突厥人、回鹘人为主体，间杂部分室韦-达鞑人，或吐谷浑人、党项人等。他们的部落名称大约来自金朝壕堑，或来自古突厥语“东方”。《元史·阿剌兀思剔吉忽里传》说阿剌兀思剔吉忽里出沙陀雁门之后，远祖卜国，世为部长。沙陀雁门，是指唐末被唐朝封为雁门节度使的沙陀突厥族首领李克用，远祖卜国，是说他比附自己为高昌回鹘传说中的先祖卜古可汗。9世纪后期，当沙陀突厥发展成为代北地区（今山西北部与河北西北部）最强大的势力时，麾下包括部分回鹘人、室韦-达鞑人、吐谷浑人、党项人等。汪古先人占据阴山一带，与契丹对这一地区的统治不无关系。蒙古伐金，汪古贵族作为成吉思汗的同盟者，打开了金人边塞的大门。

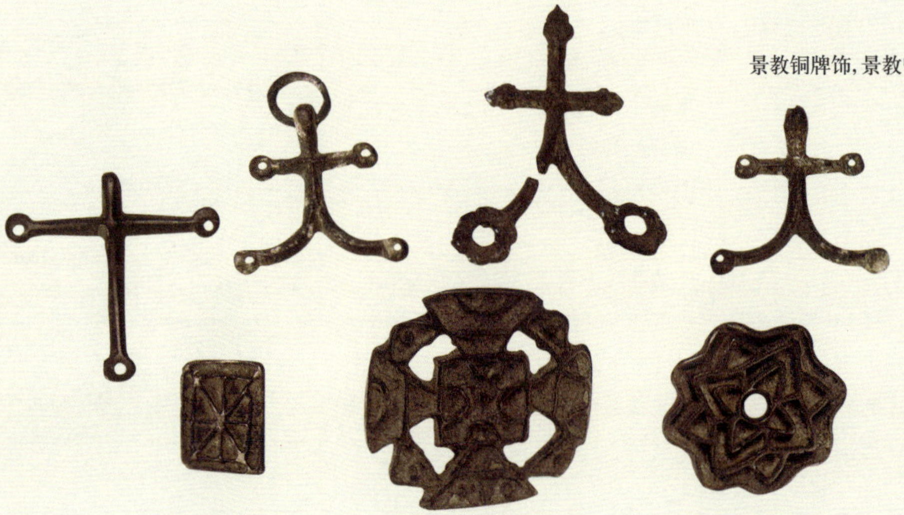

景教铜牌饰，景教曾在蒙古高原流行

成吉思汗的先世：英雄铁木真的家族谱系

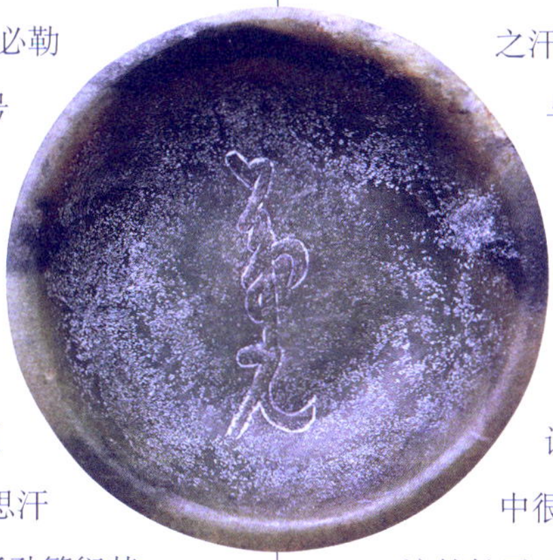

玉樽及樽底铭回鹘体蒙古文“铁木真”

根据《史集》的记载，10世纪时，成吉思汗七世祖母那莫伦一家被札剌亦儿杀害，成吉思汗的六世祖海都幸免于难，海都联合八剌忽部攻打札剌亦儿部，札剌亦儿部失败，其部众成为成吉思汗家族的世袭奴仆，从此成吉思汗的家族开始强大。海都的长子伯升忽儿、次子察剌孩·领忽各自建立了强大氏族部落——乞颜和泰亦赤乌。察剌孩·领忽及其子想昆·必勒格受过辽朝册封，察剌孩·领忽的封号是辽朝大部族首领称号“令稳”，想昆·必勒格的封号是“详稳”。辽朝道宗大康十年（1084）阴历二月和三月“萌古国”两次派遣使臣到辽朝，可见此时蒙古部已是比较强大了。辽末金初，伯升忽儿长子屯必乃是成吉思汗五世祖，他有两个儿子、九个孙子，其子孙繁衍甚众，人丁兴盛，屯必乃的后裔形成另一个大集团。屯必乃之子合不勒称汗，号称统治了全蒙古人，成为蒙古部各氏族联盟的首领，蒙古部建立起了强盛的兀鲁思（诸王封地、王国）。

辽朝灭亡，金朝兴起，逐步招降了蒙古高原的塔塔儿、弘吉剌诸部，势力达到了龙驹河（今克鲁伦河）之北。金朝建国后，金朝遣使招徕合不勒汗，合不勒汗在宴会上抓了金朝皇帝的胡须，被金朝追捕，蒙古对金朝的臣属关系因此破裂。合不勒汗死后，蒙古部联盟的汗位由泰亦赤乌想昆·必勒格之子俺巴孩继承。俺巴孩被塔塔儿人捕送金朝，金朝皇帝将他钉死在木驴上。塔塔儿部的牧地在今呼伦贝尔草原，塔塔儿部与蒙古部本来就有仇，两部因此更为敌对，攻战不休。继俺巴孩为蒙古汗的是合不勒汗子忽图剌，《史集》说他骁勇无比，统率军队，打败金朝，虏获战利品无数。大约在12世纪六七十年代忽图剌汗去世，由于乞颜与泰亦赤乌两大氏族间的矛盾与斗争，更因为蒙古部另一氏族札只剌部札木合的强大，蒙古部联盟首领之汗位长期空缺。蒙古部即将进入铁木真与札木合争雄的时代。

铁木真出身蒙古乞颜氏贵族，他的曾祖父是合不勒，叔祖父是忽图剌汗，他的祖父把儿坛、父亲也速该都拥有把阿秃儿（突厥－蒙古语，意为勇士）称号，在合不勒汗子孙中很有威望。铁木真生于1162年，是也速该的长子，其母名诃额仑。

从不停止的民族融合

还在成吉思汗建立蒙古汗国之前，蒙古高原各部就被历史推上了跨部落联合的道路。阶级分化的加剧打破了部落界限，同一氏族出身的人活动在不同的部落中。草原贵族对人口、畜产的欲望愈来愈大，随之而来的是无止无休的部落战争。在部落战争中，孤立的部落不容易生存下去。13世纪一开始，就有十几个部落组成联盟，来对抗克烈王罕和成吉思汗的联合势力。成吉思汗统一各部建立蒙古汗国，是蒙古高原各部走向更大联合的历史运动的标志。

契丹：被融化的民族

（亦邻真先生观点之介绍）

在鲜卑人迁进内蒙古西部地区和内地以后，北魏时期在东胡故地居住的主要有契丹人和室韦人。契丹人居住在西拉木伦河和老哈河流域，共有8个部落。他们在内部的征战、唐朝和突厥统治、同邻族的战争中改变自己民族学面貌，包括语言、人类学构成等等。

唐朝和突厥、回鹘的统治加速了契丹人的阶级分化和社会进步。648年，唐在契丹之地置松漠都督府，以契丹窟哥为都督，赐姓李，下置十刺史。契丹后来与唐朝进行了激烈的战争，转附突厥统治之下。突厥亡后，契丹又归附唐朝，唐有公主下嫁契丹。8世纪中叶，契丹又处于回鹘可汗统治之下。唐朝的册封和种种扶持大大加强了契丹部落贵族的权势。

916年，耶律阿保机建立了契丹国——辽王朝。契丹的统治遍及蒙古高原，许多部落都向辽王朝称臣纳贡。1125年辽亡于金，辽宗室耶律大石又在中亚建立了西辽-哈剌契丹国。突厥、回鹘的统治也对契丹人有很大影响，在契丹汗国-辽王朝的国家组织中遗留下了许多突厥官号。

契丹人后来同化于其他民族，首先是汉族。在金元时期的蒙古人中，Khitat（契丹，复数）这一族称是“汉儿”的意思，指契丹人、女真人和淮河、秦岭以北的汉人。在现代蒙古语中，汉族仍叫Khitad。作为中国的称谓，契丹一词在波斯、阿拉伯和欧洲的历史文献中也曾广泛使用，俄语中至今把中国称为Kitai。

以赤峰市一带为中心的历史遗迹的考古资料生动地证实了契丹人属于道地的蒙古人种。辽代陵墓墓葬的壁画留下了契丹人的真实形象，画中人的身材和脸型同今天内蒙古东部蒙古族没有什么区别，中间剃光、留下边沿头发的发式，即所谓髡发，具有特征性。

契丹人，“其语言与吐谷浑大体相通”，见于敦煌藏文书卷的这条记载十分珍贵，它说明契丹人的语言是鲜卑语的嫡裔。吐谷浑人早在西晋时期就已远徙甘肃青海，他们的语言到唐代还能与契丹人相通，可见从东胡到契丹，都是使用同一语言的人民。

契丹人后来大部分同化于汉族，一部分加入了形成中的蒙古族。作为一个民族学共同体，契丹人在元代最后消失了。

契丹武士像

海东青鎏金铜饰件，海东青曾是契丹人的猛禽

辽人饮茶图。受到汉文化的影响，辽人也开始饮茶，图中有研磨茶的工具，有煮茶、盛茶的工具

蒙古汗国建立后，用新的千户制体系分封人口。战败的部落，如塔塔儿、克烈、乃蛮被瓜分到各千户。原有的部落界限进一步被打乱了。

这正是蒙古民族形成的开始，辽金时期蒙古高原各部是形成蒙古民族的基本成员。

大量外族人口输入蒙古地区，后来其中的大部分人都同化成了蒙古人。木华黎攻打河北，有一次把10万汉人强迁到蒙古地区。从汉地和中亚征发俘掠来大批工匠和士兵，成批的钦察人、阿速人、斡罗思人在蒙古和元朝的军队中服役。波斯人、阿拉伯人也有来蒙古地区的，还有契丹人、女真人、高丽人。14世纪元亡之后，蒙古高原复杂的民族成分逐渐融化在蒙古族中，这样，蒙古民族的形成过程便大体完成了。

八思巴文金字银牌，元代官员的身份牌

蒙元帝国的屋檐下，不同肤色、不同宗教信仰、不同种族的人们簇拥在一起，甚至一部分人为自己拥有蒙古姓名而感到自豪。当蒙元帝国的余晖笼罩在朔漠草原上时，他们中的一部分人出于对自身信仰的尊重，追随昔日的盟友遁向远方。明帝国继承了元帝国的南半疆域，而北方草原母亲则收留接纳了远归的孩子。从此以后，东亚北部的这片高地，与蒙古结下了不解之缘。生活在这里的人们，逐渐有了一个内外都被认同的族群名称——蒙古。

撰稿专家

白玉冬，蒙古族，辽宁师范大学历史文化旅游学院特聘教授，日本学术振兴会外籍特别研究员。主要学术研究方向为古代突厥鲁尼文文献与回鹘文文献研究，北方民族史研究，主要学术代表作有《十至十一世纪漠北游牧政权的出现——叶尼塞碑铭记录的九姓达靼王国》等。获得日本学术振兴会外籍特别研究员奖励金。

《十至十一世纪漠北游牧政权的出现——叶尼塞碑铭记录的九姓达靼王国》

扫描二维码，阅读专家代表著作的电子版

成吉思汗和蒙元帝国的形成

开创了人类历史上的第一次世界一体化

1162年，“一代天骄”成吉思汗诞生了。

他的名字后来震撼了当时的整个文明世界。成吉思汗骑兵的纵横突进与整个13世纪相始终，他重新划分了世界的疆域。他的业迹不是铭刻于石碑之上，而是体现于他和他的子孙所建立的诸多国家之中。成吉思汗帝国将周围诸文明社会整合进一个全新的世界秩序之中。在他出生的1162年，旧世界由一系列的区域文明所组成，除了邻近地区，各区域的交流非常少。到成吉思汗去世的1227年，他已经以外交与商业的联系将各区域文明连接了起来，这种联系延续至今。

在不断的征服中，蒙古军队将战争转变为一种内陆战事，在跨越数千千米的多个前线作战。成吉思汗的革新战术使中世纪欧洲的重甲骑士变得陈旧，取而代之的是纪律严明的轻骑兵，他们是以协调一致的军事单元运

西夏文青铜法令，用于发送书信时验证身份

动的。成吉思汗不太依靠防御工事，也不太熟于围城战，在战场上，他总是出色地利用速度奇袭敌人，就上述意义而言，他终结了围墙城市的时代。成吉思汗教导他的民众不仅要远距离作战，而且教导他们要维持数年、数十年的作战，而最终，持续的战争超过了3代。

成吉思汗和他的子孙，征服了13世纪人口最稠密的诸文明世界。无论从被击败的人口总数、被纳入依附

蒙古国哈拉和林古城遗址。1235年窝阔台汗在此建都，拉开了蒙古帝国兴盛的序幕（图/陈永志）

体系的国家总数，还是从被占领的地域总幅度来衡量，成吉思汗的征服都是历史上规模最大的征服。在其全盛时期，蒙古帝国所覆盖地域在2800万到3100万平方千米之间，这个面积相当于非洲大陆的面积，它从西伯利亚的冻土地带延伸到印度的酷热平原，从越南的水稻田伸展到匈牙利的麦地，从朝鲜半岛伸展到巴尔干半岛。今天大多数人民所生活的这些区域都曾被蒙古人征服过。这一成就最令人吃惊的方面是，其所控制的整个蒙古部落人数大约100万人，比某些现代大公司的员工数目还少。他从这100万人口中征兵，其军队仅由不足10万的勇士组成。

元代龙泉窑荷叶盖大罐，于粗犷和质朴中透出光华，青绿色的釉，让人想到草原的苍茫，几道平行的弦纹，似乎是跑马留下的掠影，1984年江苏溧水（今属南京）出土

蒙古帝国又确实打破了在它之前存在的此疆彼界所带来的种种阻隔。要是没有这个帝国的存在，13及14世纪旧大陆范围的“全球史”，乃至于后来时代欧洲的历史，也就一定会是另外一种样子了。是历史的“合力”，将人类所蒙受的很多灾难性事件转换为增进他们福祉的客观条件。揭示蒙古帝国与现代世界形成之间的历史联系，并不意味着要为当日蒙古对他国的侵略和蹂躏进行申辩。

姚大力说，包括科技、战争、衣着、商业、饮食、艺术、文学和音乐等等在内的“欧洲人生活的每一方面”，“由于蒙古人的影响，而在文艺复兴时期发生了改变”。除新的战争方式、新机器和新食物外，甚至日常生活最世俗的方面也得到改变。

有学者说，由于有了蒙古人，人类才第一次拥有了世界史，而蒙古人倔强勇猛的精神和机智敏捷的性格塑造出了伟大的成吉思汗……网络还未出现的800多年以前的蒙古人，打通了世界各国的关系，建立了国际关系新秩序。

（本节文字摘自杰克·威泽弗德《成吉思汗与今日世界之形成》）

大蒙古帝国黄金家族汗系表

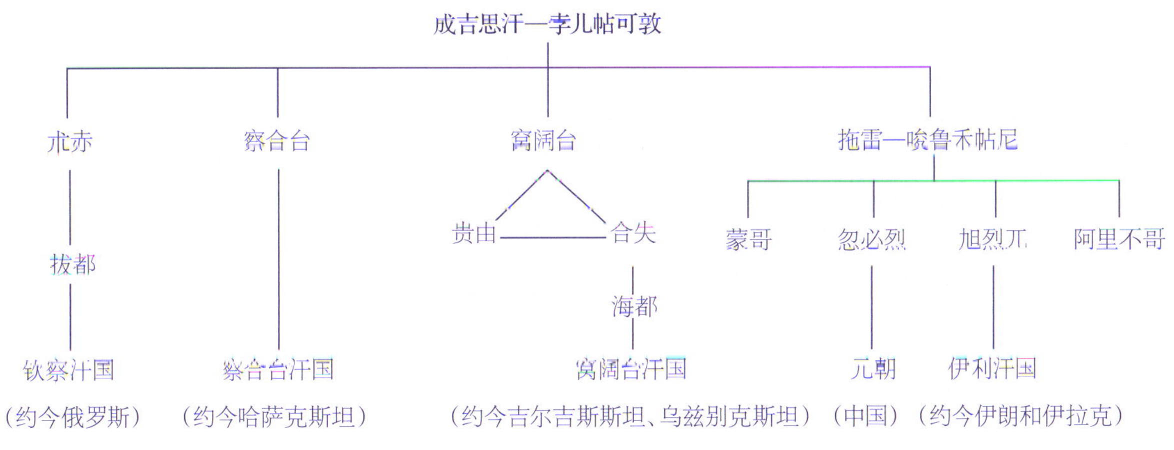

从铁木真到成吉思汗，蒙古民族的选择

铁木真出身蒙古部乞颜氏贵族。《元朝秘史》记载蒙古部传说中的始祖是“天生一个苍色的狼，与一个惨白色的鹿相配了……产了一个人，名字唤作巴塔赤罕”。由巴塔赤罕繁衍下来，形成了蒙古许多的氏族分支。铁木真的十世祖是孛端察儿，六世祖是海都。海都时代，蒙古部征服了被辽兵屠杀后残存的札剌亦儿部人，据有了札剌亦儿人原来的居地——斡难河上游地区。此后，蒙古部得到了很快发展。到辽金时代，蒙古部的分支除由海都的后代形成的乞颜、泰亦赤兀等大小氏族外，还有更为古老的札只剌、合答斤、散只兀、朵儿边等分部。铁木真生于1162年，是也速该的长子，其母名诃额仑，铁木真出生时，也速该正参与蒙古部与塔塔儿的战斗，也速该俘获塔塔儿人大首领铁木真·兀格，得胜而归。蒙古人有用自己所克强敌的名字为新生儿命名的习惯，于是也速该将新生儿取名为铁木真。铁木真降生时，右手握着髀石般的血块。

约在1170年，也速该带着9岁的铁木真前往诃额仑的娘家斡勒忽纳兀惕部去，想向他的母方亲族聘取姑娘。当时，弘吉剌部与蒙古部是互相通婚的两个部落，辽金时期，弘吉剌部的牧地在北起今海拉尔河、额尔古纳河上游，南至今哈拉哈河、乌拉盖河一带。也速该遇到了弘吉剌部孛思忽儿贵族德·薛禅，他要将自己的女儿孛儿帖许配给铁木真。

铁木真留下做女婿，也速该回家。回来时也速该走到扯客彻儿山附近的失剌草原上，遇见塔塔儿人正在举行宴会。由于口渴，他在宴会处下了马。那些塔塔儿人认识他，他们想起以前族人被掳的仇恨，阴谋复仇，便在给他的饮食里下了毒。也速该到家就去世了。

草原英雄成长记：从弃儿到部落首领

也速该死后，诃额仑和几个孩子受到亲族泰亦赤兀贵族的欺负，也速该的属民纷纷追随泰亦赤兀逃走，铁木真一家陷入困境。少年铁木真历经窘困，磨练成

1200年蒙古高原部落分布图(绘图/陈丹正)

成吉思汗全家，波斯细密画风格作品

“深沉有大略”的草原英雄。泰亦赤乌的贵族害怕铁木真长大后报仇，就想除之而后快。

有三次劫难降临到少年铁木真的头上。

第一次：遗弃他们家庭的泰亦赤乌氏担心铁木真长大后报仇，于是就对铁木真家进行了突袭，并且计划将被捕的铁木真处死。铁木真靠着父亲的旧部锁儿罕失剌及其子沉白、赤老温，其女合答安的协助脱逃，躲过了一劫。身为长子的他，携母亲和弟妹们走到不儿罕山（今肯特山），逃避泰亦赤乌氏的追捕，自此形成他刚毅忍辱的性格。

第二次：一天，一帮盗贼把铁木真家的八匹银灰色骟马抢走，铁木真骑着家里仅剩的一匹秃尾甘草黄劣马去追，追了三天，在阿鲁剌惕氏少年孛斡儿出（又译成博尔术）帮助下夺回了马匹。

第三次：铁木真与孛儿帖结婚后，三姓蔑儿乞部的首领脱黑脱阿，为报其弟赤列都的未婚妻诃额仑当年被铁木真的父亲也速该所抢之仇，突袭了铁木真的营帐。在混战中，铁木真逃进了不儿罕山，他的妻子和庶母却当了脱黑脱阿的俘虏。

然而，三次劫难并未击垮铁木真，反而锻炼了他的意志。为了尽快摆脱困境，他决定寻求有力的盟友，重振家业，他投靠父亲也速该的“安答”（蒙古语，意为契交、义兄弟）克烈部部长脱斡邻勒，认脱斡邻勒为义父，并与同样投靠脱斡邻勒的蒙古部札只剌氏贵族札木合联盟。

一个幼年失怙的孩子，是怎样从如此低微的地位成长为蒙古人的汗的呢？

通过考察《元朝秘史》中有关铁木真进入成人期的叙事，我们找到了有关这个强力角色的极为关键的线索，在塑造其性格及其走向权力顶峰的过程中，那些早年留下的创伤事件必定起了重要的作用。他的家族所经受的悲惨遭遇，慢慢地影响到他那意义深远的决定：藐视草原上严格的社会等级结构，向命运发出挑战，并且依赖于值得信赖的伙伴，以这些人作为主要的支持基础，与他们而不是与自己的家族或部落结成联盟。

脱斡邻勒汗、札木合、铁木真三人结盟作战，铁木真夺回了妻子，杀了三姓篾儿乞成年男子，将他们的妻儿都掳为私属人口。铁木真与札木合互赠金腰带和骏马，第二次结为安答，在豁儿豁纳黑草原上一起游牧了一年半。

新的问题渐渐凸显出来：札木合有2万多部属，其中1万左右是也速该的逃亡部属，铁木真趁机拉拢这些部属，想将他们收回，札木合觉察后，两人关系破裂，铁木真不辞而别，部分也速该旧部和乞颜氏贵族追随铁木真而走，铁木真的势力有较大增长，得以在克鲁伦河上游建立了自己的营盘。

约在1183年，以铁木真的族叔阿勒坛·斡赤斤、堂兄弟忽察儿·别乞和薛扯·别乞为主的部分蒙古贵族推举铁木真为乞颜部首领，铁木真成为蒙古部的汗。铁木真称汗后建立起自己的怯薛（侍卫亲军）组织，将他们分成箭筒士（佩箭侍卫）、云都赤（带刀侍卫）、保儿赤（厨师）、阿黑塔臣（掌骟马者）、远箭近箭官（急递使臣）等。

大业初成：铁木真统一漠北

虽败犹胜的十三翼之战

蒙古部联盟形成以后，蒙古部的汗一直出在铁木真六世祖海都的儿子伯升忽儿和察剌孩·领忽两系之内，曾经想谋害铁木真的泰亦赤乌氏就是察剌孩·领忽的后代，铁木真的曾祖合不勒汗号称统治了全体蒙古人。札木合出身于蒙古部札只剌氏贵族家庭，其家族是该部世袭的统治者。12世纪后期札木合有2万多部属，成为蒙古诸部中最有势力的贵族，是蒙古高原东部的枭雄，包括泰亦赤乌贵族在内的多数蒙古人聚集在札木合麾下。

铁木真成为蒙古部的汗后，札木合不甘心，于是

成吉思汗出现的历史必然性

从9世纪中期回鹘汗国瓦解到12世纪末，漠北没有出现强大的政权。迁入蒙古高原的蒙古语族部落和残留在蒙古高原的突厥语族部落经过三百来年相对和平的融合与发展，加上与中原和其他邻近地区的经济文化交流，蒙古高原各部落的社会经济发生了很大的变化。辽金时代，蒙古高原的部族虽然还保持着氏族社会的外壳，但在这些部落中，血缘氏族关系已被地缘关系和阶级关系所取代，那颜和哈阑两大阶级基本形成。原来的部落酋长成为统治者——那颜（老爷，官人），被他们掳来的或投靠来的奴隶、属民及本族的穷人成为被统治阶级——哈阑，由这几部分人组成了地缘意义上的“氏族”。当时，古老的血族复仇已转变为贵族们掠夺财富和奴隶的手段。不断的掠夺与兼并战争，使贵族们拥有了越来越多的奴隶和属民，为了进行经常性的战争和维护对奴隶和属民的统治，10至11世纪末，各部落贵族建立了自己的护卫亲军——怯薛。怯薛是由贵族收集的投靠于他们的各部人组成，其核心是“那可儿”（伴当）——效命于某一贵族的侍从。怯薛成为贵族对外战争、对内镇压的得力工具。

11世纪时，蒙古高原的一个重要特征是，部落之间战争频繁，战争的范围不断扩大，从哈剌温山（今大兴安岭）到按台山（今阿尔泰山），各部落都被卷进来了。各个势力集团所控制的疆界、各部落的闭塞状态被打破。部落处于不断吞并、改组运动中，到11世纪末12世纪初，蒙古高原形成了被称作亦儿坚（irgen）或兀鲁思（ulus）的几个大部落集团：蒙古、弘吉剌、塔塔儿、蔑儿乞、斡亦剌、八剌忽诸部、克烈、乃蛮、汪古。这些部落集团已不再是单纯的亲族联盟，而是强有力的贵族们以利害关系为准则结合而成的集团。这些集团的贵族当中，有的统治着辽阔土地和众多百姓，具备了“国家”的规模，如乃蛮部和克烈部。这些大部落集团之间的更大规模的兼并战争预示着蒙古语族的民族共同体即将诞生。蒙古部和成吉思汗在这种乱世中逐渐强大，最终完成了蒙古高原统一大业，正是当时蒙古高原历史发展的必然趋势。

札木合纠集泰亦赤乌、亦乞列思、兀鲁兀惕、那牙勤、八鲁剌思、巴阿邻等十三部约3万骑来攻打铁木真。铁木真闻讯，以从札木合那里拉出来的人马为主，组成十三个古列延（意为圈子）迎战札木合，两军大战于答阑·巴勒主惕（今克鲁伦河上游），因力量悬殊，铁木真败退到斡难河的哲列涅峡谷。

札木合把俘虏来的赤那思氏的子弟们活活煮死在七十个大锅里。这种惨不忍睹的场面使那些担心自己命运的札木合的部下纷纷倒向铁木真，术赤台率领他的兀鲁兀惕人，畏答儿率领他的忙忽惕人，离开札木合，投奔到铁木真处来。晃豁坛氏人蒙力克父亲，也同自己的7个儿子，一同离开札木合，投奔到铁木真处来。十三翼之战时，脱斡邻勒汗正被其弟额儿客合剌勾结的乃蛮人打败，再次出逃，札木合正是抓住了铁木真没有脱斡邻勒汗可依赖的时机发动袭击。

铁木真战败后，为了生存，与脱斡邻勒汗之弟札阿绀孛结成联盟，共同击败了前来攻打他们的蔑儿乞部。不久，脱斡邻勒汗东归，铁木真与札阿绀孛又一同前往迎接，重新回到了脱斡邻勒汗身边。此后，铁木真长期投靠脱斡邻勒汗，依靠他与札木合对垒。

斡里札河之战

金章宗明昌六年（1195），弘吉剌、塔塔儿两部背叛金朝，金出兵征讨。铁木真得悉后，说："从前，塔塔儿人是杀害祖先和父亲的仇敌，如今乘着这个机会咱们去夹攻他们！"于是联络脱斡邻勒汗共同发兵，与金朝丞相完颜襄合击塔塔儿。铁木真与脱斡邻勒汗攻破了塔塔儿人在斡里札河边（即乌尔匝或乌

元代的秤砣，元大都路铜权，是大都路官方制造的标准衡器

成吉思汗陵中的成吉思汗神箭（图/额博）

颁扎撒（立法度），军令如山

当时的部落战争中，各部人马由各部长指挥，进退随意。战争中各人不注意协调，随意抢夺财物。针对这种情况，《元朝秘史》记载，1202年出征塔塔儿前，铁木真颁布了一道极重要的扎撒（蒙古语，意为法度）："若战胜时，不许贪财，既定之后均分。若军马退动至原排阵处，再要翻回力战，若至原排阵处不翻回者斩。"这两条法令的实质是规定了战利品应当由汗统一分配，论功行赏，战斗中要服从统一指挥，大大提高了汗权和军队的战斗力。

《史集》记载，1202年成吉思汗战胜王罕之后，"召开大会，为了感激神佑，制定了优良而又确切的扎撒"。1218年召开了大会，组织忽里勒台（大聚会），在他们中重新规定了额延（规章）、扎撒（法律）和自古以来的习惯法。成吉思汗的命令被记录下来，成为神圣的原则和不可逾越的法律规范。

成吉思汗传记收藏家夫妇，收集了数十个国家几十种文字版本的几千本成吉思汗传记，2014年摄于呼和浩特（图/巴义尔）

尔戴河，在鄂嫩、克鲁伦两河之间，东北流入尊托列伊湖）的忽速图·失秃延和纳剌秃·失秃延两地的营盘，瓜分了塔塔儿大量的畜群和人口。为答谢蒙古和克烈助战之功，金朝封脱斡邻勒汗为王，自此，脱斡邻勒汗被称为王汗（或写作王罕），封铁木真为札兀惕忽里（“札兀惕”指金朝的沿边属部，“忽里”为小部落长的称号），王罕与铁木真在蒙古草原的威望大大提高。

占领蒙古高原东部

1200—1201年，王罕与蒙古高原东部强大人物、蒙古札只剌部首领札木合争夺呼伦贝尔地区，击溃了札木合组织的蒙古高原许多部落的联盟。札木合投降了王罕。

为了巩固东部的新占领地区，1202年春，铁木真单独出兵征讨牧地在今哈拉哈河支流纳墨尔根河地面的按赤塔塔儿、察罕塔塔儿、都塔兀惕塔塔儿和阿鲁孩塔塔儿，穷追至今东乌珠穆沁旗境内乌拉盖河，塔塔儿人或被杀或被俘。

出征塔塔儿前，铁木真颁布了一道极重要的扎撒，阿勒坛、忽察儿、答里台等贵族不遵法令，铁木真命那可儿（伴当的意思，即侍从）收缴了他们的战利品，分配给众军人，而这三位贵族则叛逃到了王罕帐下。

经这几次战役，铁木真占有了蒙古高原东缘的大部分，与王罕、乃蛮太阳汗并为翘楚。

铁木真清楚地了解，强大的女真金国是怎样利用边境部落间的相互攻伐的，今天的盟友可能就是明天的敌人，就如铁木真与札木合的情况那样。而且，在连续不断的战争和长期争斗的循环中，今天的征服部落明天必将会一次次地被征服。没有永久的胜利，也没有永久的和平。

创业史上最险恶的合兰真沙陀之战

铁木真追随王罕10多年，利用王罕的势力壮大了自己。但从消灭泰亦赤乌部主力后，铁木真经常单独征战，势力日渐强大，王罕在蒙古高原的霸主地位受到了严重威胁，两人的决裂也成为必然。1203年春，王罕与其子桑昆等人商议，假装将女儿许配给铁木真的大儿子朮赤，邀铁木真来吃许婚酒，趁机袭杀他。这个计谋被两个牧马人得知，他们连夜向铁木真报告了此事。王罕谋泄，发兵来袭。铁木真仓促应战于合兰真沙陀之地（今东乌珠穆沁旗北境），寡不敌众而失利，于是沿哈拉哈河撤退，最后转移到班朱尼河（今呼伦湖西南），收点兵马，仅剩2600人。撤至捕鱼儿海子，这是弘吉剌部的营地，铁木真派主儿扯歹率领兀鲁兀惕部人收降了弘吉剌人。弘吉剌部的来归使铁木真补充了力量，随后，铁木真转移到了董哥泽（今贝尔湖以东），脱离了险境。合兰真沙陀之战是铁木真创业史上最险恶的一

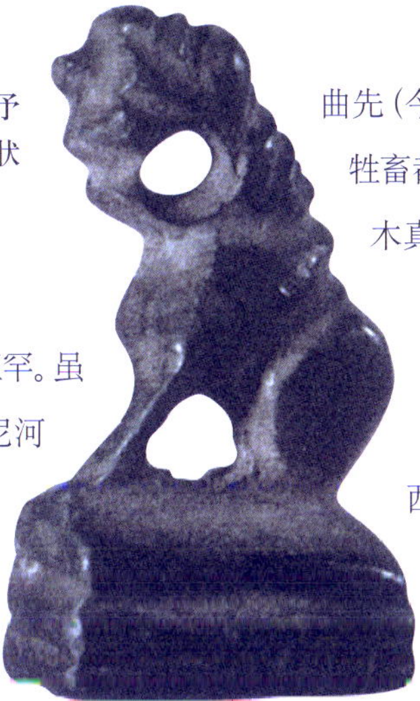

黑龙江阿城出土的金代铜虎符。虎符是帝王授予臣属兵权后调动军队的凭信，多以青铜制造，形状似虎形，故称为“虎符”

战，他首次独战草原上势力最强的贵族王罕。虽然失败，但铁木真处变不惊。退至班朱尼河时，铁木真一行困顿不堪，射野马为食，取浑水为饮。铁木真与他的追随者盲誓：“使我克定大业，当与诸人同甘苦，苟渝此言，有如河水。”“同饮班朱尼河水”的誓言，及时安抚了部属，后来，“同饮班朱尼河水”誓言作为成吉思汗创业佳话载入了史册。铁木真一方面遣使历数王罕背盟弃约诸事，并请求媾和；另一方面，休养士马，收集部众。同年秋天，铁木真的军事力量基本恢复，遂移驻斡难河上游，寻机与王罕决战。

灭克烈奠定帝业

克烈部是一个古老的部族。唐代的九姓达靼与辽代的达旦国九部或阻卜九部以及12世纪的克烈部是一脉相承的。九姓达靼是较早迁入蒙古高原的室韦–达靼人，突厥化很严重。克烈占据漠北的中心土拉河、鄂尔浑河一带几百年，对蒙古高原的局势起着举足轻重的作用。1196年，王罕同铁木真一起帮助金朝攻打叛金的塔塔儿部，被金朝封为王，更加稳固了他在蒙古高原的霸主地位。1203年初的合兰真沙陀之战，铁木真被王罕打败，几近灭亡。这时的王罕已控制了蒙古高原大半部，势力达到极盛。王罕打败铁木真以后，就背叛了金朝。这年夏秋，王罕出兵侵入金朝边境，遭到金朝右丞相完颜宗浩和右丞仆散揆所率金朝大军的合击，损失惨重，退回蒙古高原西部。铁木真趁机发兵攻打王罕，在克鲁伦河上游一带的者折额儿·温都儿山秘密包围王罕的宫帐，发起突然袭击，经过三天三夜的激战，克烈部被击溃，王罕逃入乃蛮境被杀，其子桑昆辗转逃往曲先（今新疆库车），在那里被杀，克烈部的人众、牲畜都被铁木真吞并。蒙古高原三分之二已在铁木真统治之下，其帝业基本奠定。

射杀“太阳汗”，灭亡乃蛮部

王罕与克烈部的灭亡震惊了蒙古高原西部“国土广大、百姓众多”的乃蛮部。乃蛮部主太阳汗（“太阳”是汉语“大王”的音变形式，是金朝授予乃蛮部主的称号）懦弱无能，只知打猎娱乐，但又十分骄横自大。1204年春，他统兵进至杭海岭北的合池儿水（今色楞格河支流哈瑞河）下营，汇合被铁木真打败的蔑儿乞部长脱脱、札只剌部首领札木合、斡亦剌首领忽都合别乞等人，聚集众多人马，共同进攻铁木真，并遣使约汪

铁木真与札木合，从安答到对手

1203年，依附王罕的札木合试图袭杀王罕，夺其部众，事情败露，他只好率部属逃入乃蛮。1205年，乃蛮失败后，札木合逃到了倘鲁山（今俄罗斯唐努山），被他的几个亲信捕送铁木真，铁木真按照处置本部贵族的办法，用不流血的方式（被包裹在毛毡里摔死。蒙古萨满教认为人的灵魂存在于血流之中，死亡时只要不流血灵魂就能上长生天。后来，蒙古人处死有罪的宗室贵族，常常使用这种不出血的方式）将札木合处死。铁木真终于消灭了20多年来的强劲对手。

自铁木真与札木合分裂后，札木合多次纠集各部力量与铁木真进行较量。但这些联盟松散，不能团结一致，最终失败。铁木真则充分利用了各部贵族与其属民、奴隶之间的矛盾，以及民众对部族林立、争战不休局面的厌恶，果断地摒弃贵族联盟时代的准则，极力加强汗权，坚决消灭敢与他分庭抗礼的贵族。铁木真依靠的力量是完全听命于他的那可儿，《元朝秘史》中说，这支队伍像“用人肉喂养”“用铁索拴着”的猛狗，铁木真驱策着这支如狼似虎的队伍，扫荡了漠北草原上一个个贵族营盘，完成了统一事业。

古部夹击铁木真。汪古部是迁居阴山一带的蒙古语族"黑车子室韦"与当地沙陀、回鹘等突厥语族部落长期混合而形成的部族，其统治家族的沙陀人种特征明显，但其部众以室韦人为主。汪古部首领投靠铁木真，并报告了乃蛮将要来攻的消息。

1204年冬，铁木真攻灭蔑儿乞残部和乃蛮不欲鲁汗。至此，西起阿尔泰山，东到大兴安岭，北抵贝加尔湖，南达金朝边境的广大区域尽归铁木真所有，铁木真统一了漠北诸部。

1206年大蒙古国建立后，铁木真乘势进抵按台山，在今科布多河上游的索果克河畔消灭了乃蛮不欲鲁汗残部，收服了太阳汗所属的乃蛮部众。

成吉思汗：蒙古民族共同体的缔造者

1206年春，铁木真在斡难河源的祖茔地附近召开全蒙古贵族参加的大忽里勒台（意为大聚会），树九斿白纛，建立也可·蒙古·兀鲁思，汉语译为"大蒙古国"，也译作"大朝"。铁木真加号"成吉思汗"（Činggis Qan），铁木真家族被称为"黄金家族"，大蒙古国被黄金家族视为家族的共同财产。从此"蒙古"由原来蒙古高原的一个部族名变成了一个新兴的统一的游牧封建大帝国的名称，一个以"蒙古"命名的民族共同体登上了世界历史舞台。

九斿白纛，至今仍是成吉思汗祭祀中的重要象征物

铁木真即位大汗图，波斯细密画风格作品，蒙元服饰被改为阿拉伯风格

"成吉思"的含义

关于"成吉思"一词的含义，较有影响力的说法是法国东方学家伯希和的意见。他认为，"成吉思"一词是来自突厥语tengiz，原意为海或洋，寓意广博，成吉思汗即"海洋一般的大汗"。不过，波斯伊利汗国拉施都丁著《史集》作"强盛、坚强"之意，国内蒙元史学界多从拉施都丁说。据13—14世纪的西方史学家，以及大蒙古国时期曾经出使蒙古的部分西方使者之记录，当时流传"铁木真是铁匠"之说。据此，国外学者多认为铁木真（Temüǰin）一词，是temür（铁）后续表示职业的名词词缀čin之后的省略形。不过，国内有些学者认为čin是"坚石"之意。总之，虽"成吉思""铁木真"的词义仍有些许模糊之处，但均不妨碍成吉思汗在人们心目中的伟大形象。

（文/白玉冬）

四面出击，战无不胜

成吉思汗时代蒙古国的对外战争

征服！征服！

由于游牧经济与封建贵族的特性，大蒙古国的统治阶层把掠夺财富看成最光荣的事业。黄金家族将天下所有国家都视为他们可以占有的财富，《史集》中记载成吉思汗勉励他的儿子们："天下土地广大，河水众多，你们尽可以各自去扩大营盘，占领国土。"成吉思汗曾告诫部属："镇压叛乱者，战胜敌人，将他们连根铲除，夺取他们所有的一切；使他们的已婚妇女号哭、流泪，骑乘他们的后背平滑的骏马，将他们的美貌的后妃的腹部当作睡衣和垫子，注视她们玫瑰色的面颊亲吻着，吮她们乳头色的甜蜜的嘴唇，这才是男子汉'最大'的乐趣。"这种强烈的扩张欲望导致蒙古国不断进行对外战争。大蒙古国建立后，兵力有很大的增加，为蒙古贵族的扩张提供了条件。蒙古高原统一后，成吉思汗将蒙古高原各部的人口与牧地按等级进行了分配，各级贵族、功臣不能相互掠夺了，于是邻国成为蒙古贵族继续进行掠夺战争的目标。自成吉思汗至忽必烈的六七十年中，蒙元的对外掠夺战争西进南下，错杂铺陈。成吉思汗建国后最想进攻的是金朝，但是害怕蒙古国西南方的西夏与金朝联合，使蒙古受到两国的夹击，所以成吉思汗采取先攻西夏的策略，1205年、1207年和1209年3次攻入西夏，迫使其称臣纳贡。

巨型成吉思汗像，位于蒙古国乌兰巴托以东约68千米处，高40米（图/巴义尔）

金泰和八年、南宋嘉定元年(1208)蒙古与金及南宋形势图(绘图/陈丹正)

四处出击之往南:攻克金朝

蒙古与金朝关系的最早记录是合不勒汗应召入朝,这大约是金太宗在位(1123—1135)时期的事,合不勒汗杀金国使者,双方关系长期处于敌对状态。蒙古部时常攻击金朝,金朝北边因此多边患。而金朝也多次出兵征讨蒙古诸部,或令属部塔塔儿进攻蒙古,还捕杀了蒙古的首领俺巴孩汗等。金朝末年,国家处于多事之秋。金章宗死后无子嗣位,由叔父卫绍王完颜永济继位。早年,成吉思汗到净州古城(今四子王旗城卜子)向金朝纳贡,金廷命卫绍王永济受贡,永济"柔弱鲜智能",成吉思汗不向其行蕃臣之礼。1208年,金朝使者向成吉思汗宣告永济继位消息时,成吉思汗说:"我谓中原皇帝是天上人做,此等庸懦亦为之耶,何以拜为!"(《元史·太祖本纪》)即乘马北去。成吉思汗自此更轻视金朝,决计出兵攻金。

1211年,成吉思汗命哲别率蒙古骑兵从金朝西北的界壕攻入。成吉思汗从达里泊(今内蒙古克什克腾旗达里诺尔湖)进入金境。蒙古军在野狐岭(在今河北万全西北膳房堡)之北击溃金三十万守军,乘胜追至浍河堡,歼其大半,《圣武亲征录》称"金朝精锐尽没于此"。金朝的昌州(治今内蒙古太仆寺旗九连城)、桓州(今内蒙古正蓝旗)、抚州(今河北张北)等山后诸州悉为蒙古兵蹂躏。成吉思汗的三个儿子术赤、察合台、窝阔台各率一路军马从金朝西南路进入金朝边墙,为金朝守关的汪古部首领阿剌兀思剔吉忽里献关投降,还为蒙古人做向导,蒙古军攻下净(今内蒙古四王子旗西北)、丰(今内蒙古呼和浩特东白塔镇)、云内(今内蒙古托克托县东北古城)、东胜(今内蒙古托克托县)、武(今山西五寨县北)、朔(今山西朔州)等州,抄掠境内诸城。攻下金朝桓州的群牧监后,得"马儿百万匹,分属诸军,军势大振"。1212年,蒙古军攻下宣德州(今河北宣化),至德兴府(今河北涿鹿)。成吉思汗继续攻取山后州县,威宁(今内蒙古兴和北)守将刘伯林投降,成吉思汗在围攻西京(今山西大同)时为流矢所伤,退走。1213年,成吉思汗在怀来再次消灭金军精锐,蒙古军主力绕过防守坚固的居庸关,出紫荆关,围攻中都(今北京)。同年又兵分三道,攻破黄河以北数十州县。1214年春,蒙古军三路大军合围中都,成吉思汗驻兵中都北郊黄甸,金朝被迫献岐国公主及金帛、童男女等求和,成吉思汗引兵退出居庸关,驻夏于鱼儿泊(今内蒙古克什克腾旗达里湖)。阴历五月,金朝迁都汴京(今河南开封)。1215年阴历五月,蒙古军攻占中都,将中都帑藏悉数运走,在中都置达鲁花赤(掌印者、督察官)等官镇守。与此同时,木华黎所指挥的蒙古军取临潢府(今内蒙古巴林左旗),在花道大败金军,克取辽西重镇北京(今内蒙古宁城县大名城)。1216年春,成吉思汗回到克鲁伦河的斡耳朵(宫帐)。

金代贵族饰物列鞢,女真贵族腰间佩戴的豪华饰物,1973年黑龙江绥滨县出土,全长37.7厘米,上部为鎏金银盒,两侧各有一串玛瑙珠子,最下部是15个玛瑙红珠,整个列鞢用料考究而精致

兵民一体千户制

从匈奴开始，北方许多游牧民族的社会组织形式明显具有军政合一、划分左右翼和按十进制组编的特点。蒙古族也采用十进制组编部属与军队，在千、百、十等级进位的组织方法中，蒙古族以千为基本单位，千户制与分封制、怯薛制构成蒙古政权的三大基本制度。

1204年，出征乃蛮前，成吉思汗就下令按千户、百户、十户统一编组部属，委任了各级那颜。大蒙古国建国后，将全体百姓划分成60多个千户，任命了各千户长那颜。随着蒙古征服战争的进一步胜利，到成吉思汗去世，千户数量增加了很多，《史集》记载成吉思汗去世时有千户有129个，这129个千户也只是大蒙古国全部千户中的大部分，而不是全部。千户长由开国有功的贵戚、功臣充当，实行世袭统治。人数众多的部落首领还在其内部细分了若干千户。各千户长在其千户下又分别设立百户、十户，委派了百户长和十户长。

当时千户的组成有两种情况。小部分千户是以同族人口为基础结合而成的，成吉思汗的姻亲，如弘吉剌氏按陈驸马、亦乞列思部的孛秃驸马、汪古部的阿剌兀思剔吉忽里，都仍旧"统其国族"。多数千户是以不同的部族人众混合组成的。多年的战争，进一步摧毁了蒙古各部的氏族组织残余，原来人数众多的大部落，例如，塔塔儿、泰亦赤乌、克烈、乃蛮、蔑儿乞等，被成吉思汗征服后，其部众都被"分与了众伴当"。成吉思汗的将领们在战争中也各自"收集"到了不少其他部落的百姓。大蒙古国的千户组织中，地缘关系完全取代了血缘组织。

千户制是大蒙古国的基本军事、行政单位，是国家体制中的最重要环节。通过编组千户，全蒙古百姓被纳入严密的组织，由大汗委任千户长那颜管领。各千户有各自相对明确的牧地，平常要在指定的范围内游牧。牧民过着兵民一体的游牧生活，战时出征，平时屯聚牧养。牧民被严格地束缚在自己的千户内，严禁牧民擅自离开所属千户、百户、十户而另投他处或藏匿。如违令，擅离者要处以极刑，接受者也要予以严惩。

大蒙古国的最高统治集团是成吉思汗的"黄金家族"，按照蒙古人的观念，全蒙古的百姓与土地都是黄金家族的共同财产。按照游牧民族分配家财的体例，成吉思汗将百姓以千户为单位分配给了母亲、诸弟、诸子。

忽必烈建立元朝后，将千户制军队与中原传统的地方行政制度相结合，形成万户或千户随路镇戍的镇戍体系。

窝阔台宣布扎撒图，波斯细密画风格作品

向北扩展

在北方，成吉思汗建国后，就向漠北草原以北的森林地区扩展势力，征伐“林木中百姓”各部落。1218年，成吉思汗命长子朮赤出征吉利吉思等林木中百姓，朮赤招降了斡亦剌部。然后向北招降今贝加尔湖东西两岸的巴儿浑、豁里、秃马惕部落，今安加拉河上游的不里牙惕、今贝克穆河流域的合卜合纳思、今乌斯河上游的兀儿速惕，以及今叶尼塞河上游以东的康合思、秃巴思等部，攻入吉利吉思的中心地区（即今叶尼塞河与阿巴根河汇流一带），于是，吉利吉思之西的帖良兀、失必儿、客思的迷、田列克、巴只吉惕等部都向朮赤臣服。成吉思汗将这些林木中的百姓授与朮赤。

西辽覆亡

辽朝灭亡后，宗室耶律大石率部逃到中亚，夺取了哈剌汗王朝的汗位，基本采用辽朝旧制，史称此政权为西辽，伊斯兰作家称之为哈剌契丹，蒙古人也以此称之。西辽都城在虎思斡耳朵（“斡耳朵”意为强有力的宫帐，虎思斡耳朵位于今吉尔吉斯斯坦托克马克西南布拉纳古城），统治区域东至哈密力（今新疆哈密），西至花剌子模，北包金山，南有忽炭（今新疆和田）诸城诸地。1208年乃蛮首领屈出律逃入西辽，攫取了西辽的汗位。1216年成吉思汗遣速不台统军追击逃到乃蛮界外的蔑儿乞余部。1218年哲别征屈出律，屈出律逃到巴达哈伤山地的撒里桓峡谷（今阿富汗东北部），当地居民将其捕获后交给蒙古军。哲别杀屈出律后班师，西辽国土尽为蒙古所有。

挥师中亚：灭掉花剌子模

蒙古兴起时，花剌子模是中亚的强国。花剌子模位于阿姆河下游，都城在玉龙杰赤（今土库曼斯坦库尼亚乌尔根奇），国王称号花剌子模沙（Khwārazm Shāh，“Shāh”，波斯语，意为王）。1210年，花剌子模沙摩诃

花剌子模故地贝希斯屯（Behistun）纪功碑中的雕刻

末打败西辽，攻杀撒马尔罕的统治者斡思蛮，夺取撒马尔罕，吞并了呼罗珊（今阿姆河以南地）东部的古儿国和忽章河下游的昔格纳黑（今哈萨克斯坦契伊利东南），打败了法儿思（今伊朗法尔斯）、阿哲儿拜占（今阿塞拜疆）二国王，迫使他们称臣纳贡，进攻报达（今伊拉克巴格达）受挫，乃转向东方。摩诃末志骄气盛，计划征服中国。就在此时，成吉思汗攻入金国的消息传到中亚，摩诃末为了证实这个消息并探听蒙古实际兵力，派出一个使团来东方。约在1215年底，花剌子模使团到达中都，成吉思汗在驻营地接待了使者，表示愿与花剌子模沙友好，允许双方商人自由往来。当时成吉思汗并无征服西方的计划，只是有意于通过贸易获得异国物品。他曾颁布一道扎撒（法令）：凡商人至其境者，将保证其安全营业；凡有贵重商品，需先送到他那里由他选购。成吉思汗也派出使团携带大量贵重礼品去花剌子模回访，1218年春使团到达河中，转达了成吉思汗愿与花剌子模算端（今译苏丹）缔结合约、建立贸易关系的旨意。在派遣使团的同时，成吉思汗命诸王、大臣各派侍从两三人，给以资金，组成商队去花剌子模贸易。当时来东方各地经商的回回人（穆斯林）很多，蒙古贵族不擅长经商，都把掠来的金银交给他们去贸易生利，因此，这次组成的商队共450人，全部是回回人，他们用500头骆驼驮载金、银、丝绸、毛皮等物，与使团同时出

发。商队到达花剌子模边境城市讹答剌。讹答剌长官亦难出贪图商队财物，竟诬指他们为间谍，将他们扣押起来，然后写信报告摩诃末。摩诃末命令将商人全部杀掉，货物没收。一名商队的驼夫幸免于难，逃回蒙古。成吉思汗得到讹答剌惨案的报告，愤怒至极，决意兴兵复仇。

1219年，成吉思汗亲统大军西征，兵力大约不到20万，秋天，抵花剌子模边城讹答剌。蒙古分兵四路：一路由察合台、窝阔台指挥留攻该城，一路由术赤指挥沿忽章河而下取毡的，另一路由阿勒黑那颜率领南下取别纳客忒（今乌兹别克斯坦塔什干南，锡尔河北岸）、忽毡（今塔吉克斯坦苦盏）等地；成吉思汗和拖雷统主力，越过沙漠，直趋不花剌（今乌兹别克斯坦布哈拉）。蒙古军队进攻前，一贯会派使者谕降，并告知如果抵抗则“你们的城池将被夷为平地，原野将成血海”，如果“听从忠言和劝告，而且恭顺地服从他的指令，那么，你们的生命财产将固若金汤”。讹答剌城抵抗5个月后城破，守将亦难出被捕获。蒙古军杀掠之后夷平讹答剌城堡。亦难出被押送到正在撒马尔罕的成吉思汗面前处死。成吉思汗与拖雷率领人数最多的中军渡忽章河后攻克讷儿等城，于1220年阴历二月抵不花剌。不花剌城在整个穆斯林世界有着崇高的地位，被视为“高贵不花剌”。13世纪的波斯学者志费尼说：“在东方郡邑中，它（指不花剌）是伊斯兰的圆屋顶，那些地方的和平城。它的四方有博士和律师的灿烂光辉作装饰，它的周围有高深学识的珍宝作点缀。自古以来，它在各个时代都是各教大学者的汇集地。”不花剌的守将率领部分军队逃跑，不花剌城的教长、绅士们献城投降，蒙古军在回回礼拜寺宴饮庆功，成吉思汗声称花剌子模沙背信弃义，天降罚于此城。当时还有部分军民据守内城未降，蒙古军用火攻破内城，3万多抵抗者遇害，繁华的不花剌被夷为平地。阴历三月，成吉思汗从不花剌进围花剌子模的新都撒马尔罕，察合台与窝阔台率领的军队攻陷讹答剌后也来此会合，各驱降民随军攻城。摩诃末慌忙离开撒马尔罕，退到阿姆河之南。撒马尔罕城中的几万守军竟不敢出战。第3日部分军民出城攻击蒙古军，但中了埋伏被歼。围城第5日，康里守军和城民献城投降。蒙古军入城后，立即拆毁城堞，驱居民出城，然后纵兵大掠，但允许献降的城民代表、法官和掌教保护其亲属不受侵害，据说其人数达5万人。成吉思汗将投降的康里将卒3万多人包围在一处平野中，全部屠杀；又从居民中签括工匠3万人分赐诸子、部属，并选同样数量的丁壮随军作战，其余居民则在交纳赎金后许其回城。契丹人耶律阿海受命为达鲁花赤，留此镇守。

宴请蒙古汗王，波斯细密画风格作品

摩诃末逃走后，成吉思汗遣哲别、速不台率军追赶，摩诃末避入宽田吉思海（今里海）的岛上，病死。1221年，朮赤、察合台、窝阔台攻克花剌子模旧都玉龙杰赤；成吉思汗与幼子拖雷分兵攻取呼罗珊（今阿姆河以南、兴都库什山脉以北地区）诸城，继而会师击溃花剌子模新王札阑丁的军队于印度河上，札阑丁退入印度。1223年，成吉思汗置达鲁花赤等官镇守撒马尔罕，率军回蒙古。哲别、速不台军在抄掠波斯各地后，越过太和岭（今高加索山），攻入钦察。1223年，溃斡罗思诸国王公与钦察汗的联军，进掠斡罗思南境，又转攻也的里河（俄罗斯伏尔加河的突厥名，又译亦的勒）上的不里阿耳，然后东返蒙古。

西夏王妃供养图，莫高窟，所绘的贵族妇女，体态丰腴，有唐朝风韵

彻底消失的西夏

1226年，蒙古军第六次大举入侵西夏。蒙古军先进攻贺兰山地区，攻下黑水城，接着，攻打沙、甘、肃等州，各州军民顽强抵抗。成吉思汗下旨：“把勇猛敢战的男子、有地位的唐兀惕（即党项）人杀掉！战士们可各取所擒获的各种唐兀惕人。”肃州城破，遭到屠杀，仅剩106户。阴历十一月，成吉思汗率军围灵州，西夏十万军队在黄河边与蒙古军大战，西夏大败，死伤无数，尸积如山，蒙古军取得了决定性的胜利。1227年阴历六月，西夏境内发生强烈地震，房屋倒塌，瘟疫流行，被蒙古军队围困达半年之久的中兴府，粮尽援绝，军民多患病，已失去了抵抗能力。西夏国主李睍走投无路，只得投降。成吉思汗赐李睍名字为“亦鲁忽·不儿罕·失都儿忽”，“亦鲁忽·不儿罕”为“本初佛”之意，是蒙古人对西夏国王的称呼，“失都儿忽”，为蒙古语“诚实的、温顺的”之意，是带有揶揄意味的赐号，之后成吉思汗下诏赐死李睍。之前蒙古第一次出兵西夏，国主表示臣服，尔后又屡有反复，六次出军才彻底征服西夏，成吉思汗认为唐兀惕百姓不履行诺言，对此耿耿于怀，于是“（成吉思汗）俘虏了唐兀惕百姓，杀死了亦鲁忽·不儿罕·失都儿忽，把唐兀惕百姓从父母直到子孙的子孙消灭干净。成吉思汗降旨说：‘每次吃饭时，都要说：把他们消灭干净，杀死，消灭掉！’”成吉思汗死在西夏战场更令蒙古汗室忌恨西夏，元朝修撰胜朝史书时，辽朝、金朝、宋朝都并立为正统，各自独立成书，唯有西夏无史书。

成吉思汗于1227年秋阴历七月己丑日（阴历七月十二日，公历8月25日）病逝于秦州清水县（今属甘肃）西江驻地大帐中，享年六十六。元世祖至元二年（1265），上庙号太祖，三年，追谥圣武皇帝。蒙古诸将遵照他遗留的灭西夏的秘计，于他死后秘不发丧，灭掉西夏之后，护送他的灵柩返回克鲁伦河上游以西的萨里川（撒阿里草原）哈老徒行宫（即其第二斡耳朵）后，才发丧、举哀。然后，将他安葬在他生前选定的不儿罕·合勒敦山（今肯特山）山阳的一处风景秀丽的山谷中。这里是元朝历代皇帝的葬地，《元史》称之为起辇谷，《元朝秘史》称为古连古勒，《史集》称为大禁地，由兀良哈人守护。蒙古皇帝不让汉人、南人官员接近，而且蒙古皇帝的陵地无地面陵园建筑，只是插矢围起一块面积相当大的地方。据研究，起辇谷应在今蒙古国肯特省曾克尔河上游某处，这里是成吉思汗摆脱札木合、第一次建立起斡耳朵的地方。（参见亦邻真《起辇谷和古连古勒》）

蒙古铁骑，所向披靡

不仅仅是弯弓射大雕，成吉思汗的战争制胜术，充满智慧

西夏王陵的釉陶质建筑装饰

成吉思汗"仗剑以行"，率军征战40余年，金戈铁马毕其一生，积累了丰富的军事斗争经验，创造了一系列卓越的战略战术。成吉思汗"用兵如神"的高超艺术，为历代兵家、史家所推崇。志费尼在《世界征服者史》中生动地评价道："说实话，倘若那善于运筹帷幄、料敌如神的亚历山大活在成吉思汗时代，他会在使计用策方面当成吉思汗的学生，而且在攻城掠地的种种妙策中，他会发现，最好莫如盲目地跟着成吉思汗走。"明末清初的历史学家顾祖禹在《读史方舆纪要》中说："吾尝考蒙古之用兵，奇变恍惚，其所出之道，皆师心独往，所向无前。故其武略比往古为最高。"成吉思汗的用兵思想可谓博大精深，其主要内容是他的指挥艺术、战法和战术。

筹划缜密的作战战略

成吉思汗的作战指挥艺术是很高超的。这首先表现在他的战略筹划审慎、周密和富于创造。

成吉思汗选择作战对象的一般原则是：先弱后强，先小后大，先近后远，每次打击一个主要敌人，力避多面作战。在统一蒙古的战争中，成吉思汗便开始这样做，结果高原群雄被其次第削平。在对外作战中，他始终坚持这一战略原则。他先兵临国力较弱的邻国西夏，迫其请和，而后进攻国力较强距离较远的金朝；当认识到金朝比西域诸国力量强，难以消灭，便改变战略，由西防南攻变为南防西攻，由近及远逐次攻灭西辽、花剌子模、钦察等国，最后"解决"大国金朝。弱敌攻灭了，强敌失去羽翼，由强变弱，易于攻取；小敌攻灭了，大敌失去帮手，力量由大变小，便于

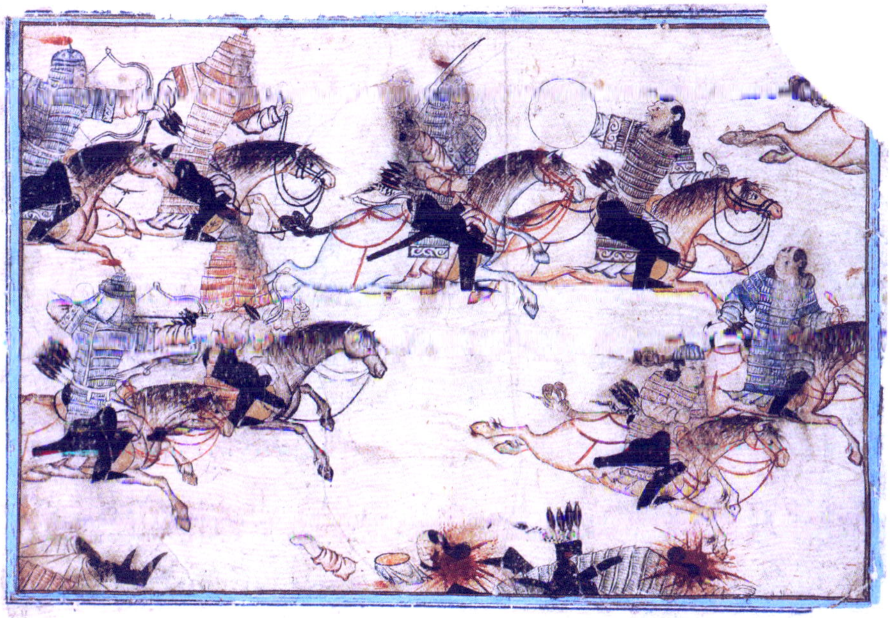

蒙古骑兵追杀敌人图，绘于14世纪初，德国柏林国家图书馆收藏

击灭；近敌消灭了，我方势力扩展，远敌由远变近，为下步作战提供了条件。一次战争攻打一个主要敌人，便可在局部形成对敌优势。

及时准确地把握战机。成吉思汗对敌发动战争，从不贸然行事，善于根据敌方情况，抓住有利时机出击。一是在敌方内政极端腐败，各种矛盾尖锐，政治、经济相当混乱之时发动攻击，如对西辽、西夏的战争；二是在敌方受到邻国牵制，难以主力或全力应战之时发动攻击，如三次攻金之战；三是在敌方与他国联盟解体，新的联盟尚未建立，孤独无援之时发动攻击，如对塔塔儿部、蔑儿乞部之战；四是当敌方自恃力强、疏于戒备之时发动攻击，如对主儿勤、克烈、乃蛮、花剌子模的战争。敌人内部矛盾尖锐，其力量便受到空耗而易于击败了；敌受第三方牵制，难以全力应付进攻，敌方力量也就由强变弱，利于攻灭了；敌方孤立无援，这是弱敌，自是便于攻取了；强大之敌在骄傲无备的时候，则是弱师，经不起对方的突然袭击。

善于利用矛盾。在对外战争中，成吉思汗也采用了这种策略，他利用西夏与金朝的矛盾，进攻西夏，西夏求救于金，金不予援救，西夏遂与金绝交，向成吉思汗纳女请和。成吉思汗又利用西夏与金的矛盾进攻金朝，

蒙古人通过远征，建立了察合台汗国、窝阔台汗国、钦察汗国、伊利汗国，四大汗国与元朝驿路相通，使节往来频繁

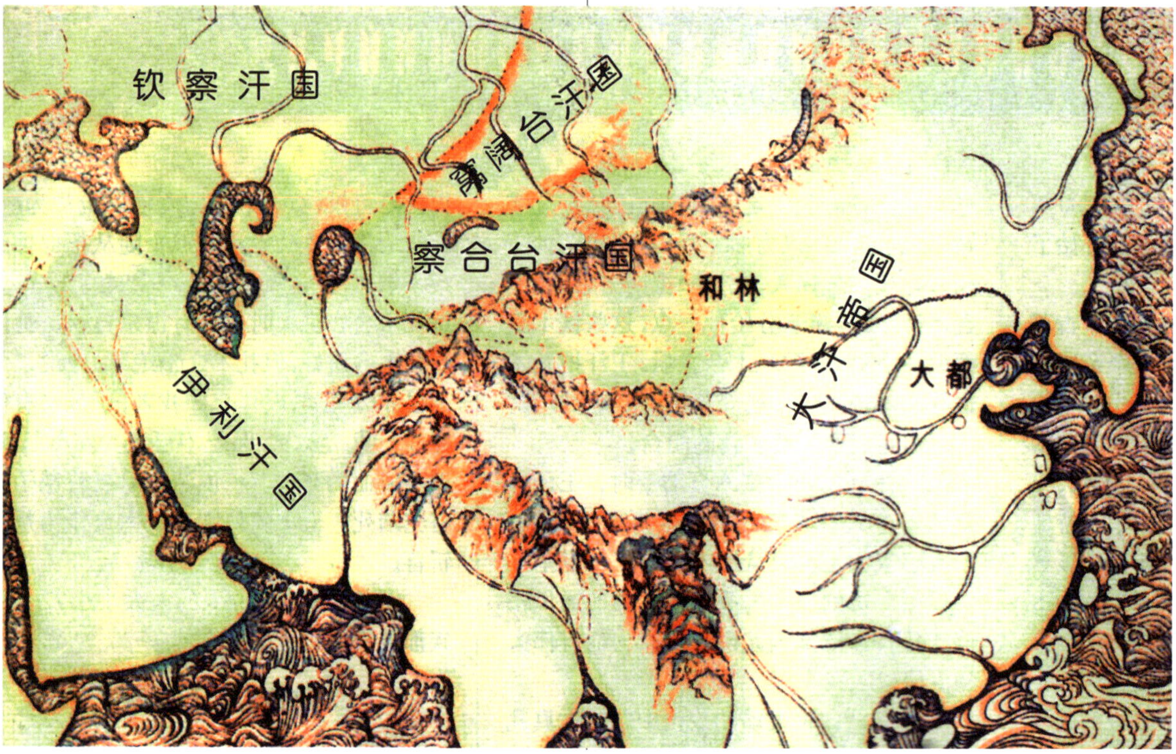

在蒙古征金时，西夏发兵进攻金国的西境。成吉思汗还利用宋金世仇，联宋反金。成吉思汗在临死之前，还嘱咐儿子们对金作战要“假道于宋，兵下唐邓，直捣大梁”（《元史·太祖本纪》）。窝阔台汗遵照成吉思汗的遗嘱，联合南宋，消灭了金国。

奥鲁制度和取用于敌，以战养战。这是蒙古军解决作战时军队补给问题的一个战略性措施。无论近伐还是远征，蒙古军都是携带奥鲁而行。“奥鲁”即作战时原本留在后方的家属（老幼、妻妾、奴婢）和他们的辎重（家产、牲畜等），现在却变成随军从事生产、经营畜群和其他产业的人员，以供应前方士卒的马匹、武器、饮食。战争中，士卒掳获物粮秣、乳酪、肉食、乘骑、器具、人口，按规定交纳一定的数量给上级，其余的归士卒个人所有。西征中，蒙古军伤亡不少，又远离本土几千里，难以从国内补充军需和兵员。成吉思汗每攻一城，便将该城内富户的财物掠来作军需，把工匠技术人员召集起来制造武器装备，将部分丁壮编组成伍，强迫他们去修筑工事，或者作为第一梯队去攻打坚城重堡。蒙古军队连续征战20多年，驰骋欧亚，横扫万里，始终保持着很强的战斗力，很少因人力物力不济而停止战争，在很大程度上取决于以战养战的战略措施和奥鲁制度。“奥鲁”一词虽然出现在元朝，但它是一切游牧民族在军政合一、军民合一的特定条件下，具有共同性的组织。历史上的匈奴、乌孙、鲜卑、柔然、突厥、回鹘、契丹等游牧民族，无一不是战士出征，家属随行，亦即实行奥鲁制度的，只是他们那时不曾有过奥鲁这一名称罢了（参见贾敬颜《奥鲁制度与游牧民族》）。在征服蒙古高原各部的战争中打的就是运动战，而成吉思汗是在建立起自己的冶铁业和武器制造业之后，组建了强大的炮军等技术兵种，才西征花剌子模的。

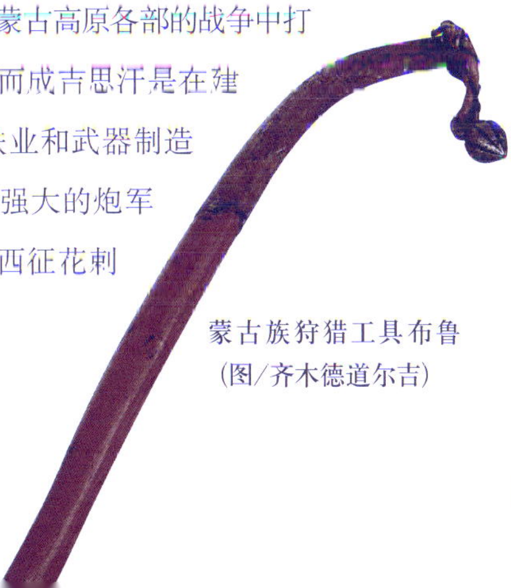

蒙古族狩猎工具布鲁
（图/齐木德道尔吉）

蒙古骑兵图

灵活多变的三大战术

正如罗马教皇使节柏朗嘉宾所说：“蒙古军的胜利，不是以其身体条件，也不是以其兵数之多，从身体条件而言，蒙古人劣于欧洲人，而其人数也不多，结局能取胜，要归功于其优越的战术。”对于成吉思汗的主要战术，他自己在灭乃蛮部的战争中，结合过去作战经验，总结了“像灌木丛般地前进，摆开海子般的阵势，像凿子般地攻进去”的三条战术原则。这是成吉思汗以少胜多、以弱胜强的最基本的战略战术。简短的三句话，概括了蒙古军队对敌进攻时的开进、摆阵、攻击的三条原则，三者是缺一不可的完整战术思想体系。

“像灌木丛般地前进”，北亚草原的灌木，蒙古许多地方的山都有，从山顶生到山脚，远远望去这种矮树几乎无处不在。大军开进时，把部队分成一丛丛的小队，像灌木丛。阵列是四面八方阵，同时采取宽正面、大纵深、多路、多方向隐蔽、神速的联络方式开进。

“摆出海子般的阵势”，是就军队的兵力部署与使用、进攻态势和方式而言。以少数兵力包围敌人而不被众多的敌人所包，如同摆出海子一样阵势，然后聚聚散散、进进退退、多多少少、远远近近，以“来如天坠，去如电逝”，神速奇袭的动作攻击敌人，以使在动静之间知敌强弱，分人之兵，选准凿穿目标和主突方向。

“像凿子般地攻进去”，是说攻打敌阵时，像用凿子穿木一样，对敌进行纵深突击，长驱直入，直逼其中军和首脑统帅部。蒙古军有专门打先锋的探马赤军。从各千户、百户和部落中拣选士兵，组成精锐部队，在野战和攻打城堡时充当先锋，战事结束后驻扎镇戍于被征服地区。1217年，成吉思汗命木华黎攻金，从兀鲁兀惕、忙忽惕、札剌亦儿、弘吉剌、亦乞列思五个蒙古部落的各千户、百户中，挑选矫捷有力的士兵组成五投下探马赤军。这支部队颇立战功，驻屯中原。凿攻时机，应专务敌人混乱之机，待敌溃乱，从乱疾入。乱敌之法多矣，“百计不中，则必驱牛畜，或鞭生马，以生搅敌阵”，示之以动、诱之以利、佯北而走、突然逆袭等等，举不胜举，根据敌情、地形、作战对象、作战方式灵活运用。

铁木真是草原英雄，他对蒙古民族的形成与进步起到了决定性作用。同时，他对之后的中国历史与世界历史发展方向的影响力不可低估。他打破了之前草原上的氏族、部族、种族的界限，缔造了蒙古国家，创制了畏吾体蒙古文字，颁布了蒙古法典，建立了分封制与千户制度。正是在这一时期，具有共同疆域、共同语言、共同心理认同的蒙古民族开始形成。人类文明史上的对外扩张，无一不伴随战争与杀戮。但客观上，成吉思汗及其子孙的征服活动，结束了中国大地唐末以来的纷争格局，为明清以后统一局面的出现奠定了坚实的基础，进一步丰富了多元一体中华民族的内涵。同时，13至14世纪的蒙古帝国时期，人类史上第一次出现了世界一体化。马可·波罗的《东方见闻录》，勾起了中世纪西方人对东方的无限向往。东方的富庶与自由，刺激着亚平宁半岛诗人的神经，激励着欧罗巴航海家的探险。

元代海青牌，元代通行驰驿的牌符证件，圆形，铸有海东青的图样，可用于传递紧急军情

（本章摘自达林太、吴其同、朝克《蒙古民族军事思想史》之“成吉思汗篇”）

蒙古汗国帝都哈拉和林遗址（图/额博）

攻无不克，蒙古铁骑的制胜细节

文/石坚军，内蒙古大学历史与旅游文化学院副教授，历史学博士

蒙古由漠北草原的一个部落，在成吉思汗领导下，迅速发展为一个疆域空前辽阔、军事无比强大的帝国，是人类战争史上的一大奇迹，也是今人难以理解的一大谜团。通过对古代蒙古铁骑基本构成的介绍，我们力求从中找出古代蒙古族军事鼎盛的原因。

最得力的伙伴：蒙古马

如果不借助于蒙古马，蒙古士兵即使再骁勇善战，也难以远征四方，而且蒙古马在战场上本来就可以冲锋陷阵，践踏敌军，直接杀敌。蒙古人自幼生长在鞍马之上，由春至冬，旦旦逐猎，乘马骑射，男子年十五以上即为骑兵，而无步卒。蒙古士兵出征，一般每人携马二三骑或六七骑，轮番骑乘，以备缓急之用。提到"蒙古铁骑"一词，很容易让今人联想起高大修长的战马、身披铁甲的重骑兵，但实际上蒙古骑兵所乘战马是体格矮小的蒙古马，此马个头虽小，但对草料要求比其他品种的马低，耐寒耐暑，可在恶劣自然条件下生存，且耐力惊人，可以长途骑行，利于远程奔袭。

与此前契丹、女真等少数民族相比，蒙古人在养马方法上充分利用了豁鼻与去势技术。蒙古骑兵行军作战用的战马都是已经去势、豁鼻的"攻马"。没有去势、豁鼻的"生马"，在发情交配期间难以驾驭，昼夜嘶叫，互相厮打。公马4岁时便被去势为骟马，早去势的马矫健勇壮，步伐有力，能耐风寒，且性情温顺，不踢人、咬人，夜晚宿营时，这样成百上千匹马组成的马群也不嘶叫。而马经过豁鼻后呼吸便捷，不会气喘，更善于奔跑。因此蒙古战马在机动力、持续力（耐劳力）、隐蔽性等方面，均远远超越了此前与当时各国的骑兵战马。

最擅长的兵器：弓箭

蒙古族兵器排行榜上，弓箭当之无愧是蒙古士兵最擅长的兵器。《元史·兵志》载"元起朔方，俗善骑射，因以弓马之利取天下"，可见蒙古马与弓箭对蒙古征服天下的重要性。根据史书记载，元代蒙古军使用的弓箭弓力都是一石[一石（dàn）为120市斤，合60公斤]以上的，箭杆用沙柳木制成，骑兵在马背上最常用的一种弓是"顽羊角弓"，角面连弓把共长三尺（3尺为1米，下同）。同时，有的蒙古弓是用骆驼骨制成的，甚至箭簇也有用驼骨制的，这主要是因为蒙古漠北本部不盛产铁。箭主要有响箭（即鸣镝）、驼骨箭、披针箭（以削尖的木头作箭头，以雕的羽毛为箭翎）、鞭箭几种。

弩箭、弩炮与抛石机

随着大蒙古国的对外征战扩张，蒙古军也从其他民族或地区学到了许多新式武器，例如比普通弓箭射程更远、杀伤力更大的弩箭、弩炮，包括折叠弩、铧车弩、蹶张弩

乌珠穆沁王府遗物——羽箭
（图/齐木德道尔吉）

（或称踏张弩）、柱子弩、神臂弓。13世纪时杀伤力最大、无坚不摧的攻城利器非抛石机或投石机莫属，是以石头为炮弹的远程抛射武器。弩箭与抛石机的主要区别在于，前者发射的是箭，后者是炮石。史书称元代蒙古军精良的武器是折叠弩和西域炮，均为此前中原地区所未闻。成吉思汗西征之后，蒙古军俘获大量工匠、器械，回回百工技艺极精，攻城之具尤精。蒙古军所用折叠弩和西域炮实际上最初都来源于西域回回工匠之手。

蒙古军攻城经常先使用抛石机发动进攻，因其"力重而能及远"。蒙古军抛石机主要有两种，一种是传统的宋金时代的拽索式抛石机，经常需要几百人拽拉，炮石重量从

1258年，蒙古军占领巴格达图，蒙古军用抛石机攻陷顽抗的城池（选自德国国家图书馆收藏的14世纪初的《史集》插图）

5斤（2斤为1公斤，下同）到100斤不等，射程有几十米甚至几百米，威力惊人，可以重创城墙或守军。蒙古军弩炮有一个非常好的改进创新，弩炮上有棚，棚上有网索，可以掩护拽拉弩炮的炮手不被敌军弩炮的炮石攻击，而让炮手集中全力专心安心地拽拉弩炮。蒙古军另外一种弩炮一般称西域炮、回回炮，不同于中原地区的新式平衡锤式抛石机，由西域回回地区传入元朝，元军曾用回回炮攻破樊城、逼降襄阳，此炮为平定南宋立下功劳，所以此炮又被称为“襄阳炮”。回回炮与原来宋金时期的炮相比，操作简便，不需要数十人甚至上百人拽拉，节省人力，且炮石更重，射程更远，可达300余步。蒙古军的炮石可将城上楼橹合抱之木，随击而碎，威力较金朝抛石机大很多，而回回炮炮石重达150斤或长达数尺，发射后声如雷霆，震天动地，可入地三四尺或7尺，所击之物，无不摧陷。

火箭、火炮、火铳等火器

蒙古军南下中原后，从中学会了先进的火器技术，主要火器有火箭、火炮、铜火铳。当时火箭、火炮主要是通过引燃火药发射火箭去焚烧楼橹、舰船或射杀敌军的燃烧性武器，铜火铳则是通过引燃火药发射弹丸以直接射杀敌人的金属管形火器。铜火铳是在宋金时代突火枪等管形射击火器基础上发展而来，分单兵手持的手铳和安装于发射架上碗口铳两种，分别代表了金属管形火器枪、炮的鼻祖。火器在蒙古对外战争中曾被广泛使用，由于当时火器制造技术刚刚起步，射程、射击速度与精度有待提高，操作较为复杂，不便普遍推广，攻城威力和杀伤力尚不如抛石机。但当时金属管形火器的发明，是中国兵器史上划时代的重大突破，预示着冷兵器时代即将向热兵器时代过渡。

铁骑之由来：甲胄

蒙古军战甲最初主要有柳叶甲和罗圈甲，罗圈甲由6层皮革制成。有时为战事需要，铠甲会由更多层皮革制成，例如1237年蒙古围攻安丰之

战，八都鲁军战甲均由10余层牛皮做成，甚至头上还戴着防备弓箭的“面帘”，只露出双眼。此外，蒙古军还有锁子甲、黄金甲、细甲，乃至给马披的马甲。史书所载之元朝“铁骑”或“甲骑”当指穿戴甲胄的士兵与披挂马甲的装甲骑兵或重骑兵，而“轻骑”则指战马没有披挂马甲的轻装骑兵或轻骑兵。

总体而言，蒙古军最初以骑马射猎为生，生性勇悍，主要兵器为弓箭，生铁稀缺，素无器甲，矢镞以骨制成。金朝废除铁禁后，秦晋铁钱多流入蒙古诸部，蒙古诸部遂大作军器，益以强盛。之后很长一段时间内，蒙古军最主要兵器是弓矢与环刀，这也正是蒙古军最拿手的特长。蒙古第一次西征灭花刺子模后，俘获大量回回熟练工匠，缴获大量攻城器械。灭亡金朝之后，百工之事大备，兵器军械种类也愈加繁多。刀、枪、剑、戟、戈、槊、矛、斧等长短兵器，弩箭、弩炮、抛石机等远射兵器，云梯、钩援、轒辒、冲车、鹅车等攻城器械，甚至舰船无一不备。蒙古军兵种也由单纯的马军，新增弩军、炮手军（炮军）、水军、匠军。因此，可以说，蒙古军大部分精良兵器器械制造技术来源于西域回回或中原金朝地区。

陶蒺藜，地雷的雏形

火器，铜火铳

蒙古骑兵作战图

威武十进制

成吉思汗军队的基本单位和制胜利器

蒙古文化与匈奴文化的渊源很深。匈奴人和蒙古人都是在内陆亚洲北部草原地带建立过强大帝国的游牧民族，可以说，匈奴文化直接影响了蒙古人。蒙古人有关军事、天文、信仰等方面的知识，最初就是承自匈奴人并最终形成了自身独特的天文、军事知识体系。

在军事方面，蒙古人保留了匈奴人的十进制。军事学是蒙古人在天文学方面的造诣体现得尤为明显的领域。在蒙古帝国时期，军队作战时经常利用天文知识，他们通过观察气象变化，选择有利于作战的时机和地点。可以说，蒙古人征战时用的战旗、军队阵形、玉玺、玉符、吉祥结等都与天文学有关系。

有关这些符号与蒙古军事学的关系，在此主要从作为成吉思汗时期军事政治体制的十进制及其基本形态谈起。

成吉斯汗的军事思想举世公认，《元史》说成吉思汗“深沉有大略，用兵如神”。现代欧美军事学界和其他领域的学者们也都极力推崇和研究成吉思汗和他的军事思想。

现在，世界上有关成吉思汗的出版物已经达到500多种，关于成吉思汗的电影已有30多部，有50多个国家的学者从事成吉思汗研究，在网络上发布的关于成吉思汗的信息数不胜数。

成吉思汗是蒙古人的战神，他的军事思想以文化符号的形式渗透进了蒙古人的日常生活中。

其实，我们平常见到的吉祥结、玉符、玉玺，以及在

匈奴铜盔、弩机、箭镞、铜棍头等

文献中记载的十三翼等并非宗教或迷信符号。只要把蒙古文化中出现频率较高的数字3、9、10和十进制等与相关的天文学知识联系起来考察，就会发现它们的原型和隐藏的线索。

其实，十进制与蒙古文化中的很多符号都存在某种程度的联系。要弄清这些，首先要厘清十进制的单位阵形及其特点，而这又关系到成吉思汗在战场上运用的各种军队阵形。

军队阵形的基本形态

围猎阵：从狩猎到征战，无一遗漏的密网布阵法

据《黑鞑事略》《柏朗嘉宾蒙古行纪》《鲁布鲁克东行纪》《世界征服者史》等史书记载，蒙古军队打猎或围剿敌人时经常运用的阵势叫围猎阵。

围猎式阵势的外形为一种密集、整齐的圆圈。蒙古军队在打猎时，首先把士兵以小组为单位编成3至4排，各排间拉开一定的距离同步向前进。同一排的士兵间则形成肩并肩围绕猎场的阵势。这种阵势，即使是在森林地带，也不会漏掉一个猎物。它的特征为，越接近目标，其密度越大，最后把猎物紧紧地围在由几层人圈构成的圆阵内。

围猎既是古代蒙古民族的一种生活方式，也是一种作战方式，平时用来打猎、训练士兵，作战时则用来围剿敌人。

围猎是蒙古帝国时期由成吉思汗倡导推行的一种“寓兵法于猎”的军事战备训练制度。蒙古族是一个“且牧且猎”的游牧民族，为了获取更多的猎物，蒙古人在狩猎时常常联合起来，将野兽团团围住再行猎取。这种方式，蒙古人称之为“打围”“搜狩”或“围猎”。由于围猎既可以锻炼骑马追逐的本领，又可以培养协同配合的能力，蒙古人把它作为一种军事训练方式，用以提高军队的战斗力。

成吉思汗非常看重围猎训练，认为这种训练就是一种实战演练，战争以及战争中的杀戮、清点死者和饶恕残存者，正是按照这种方式进行的，甚至每个细节都是吻合的。因此，通过围猎训练使士兵熟悉弓马，了解军事活动的步骤和形式，培养吃苦耐劳的品质，是军队将官的正当职司。

蒙古人一般在冬初举行大猎。大猎范围往往达50－100平方千米。先派哨骑前去探查猎物情况，然后组织各路人马，排好队形，形成巨大的包围圈，并逐步向中心推进，将猎物追赶到一起。当包围圈缩小到一定程度时，便用绳索连结起来，上面覆以毛毡，由一部分军队围着圈子警戒，防止猎物逃遁，然后蒙古大汗首先入围行猎，接着贵族、将领也带着士兵相继入围射猎。倘若大汗亲自“用鹰围猎”，怯薛军的士兵（宿卫）则紧随其后，与大汗一起行猎。几天以后，猎物已被猎取殆尽，统治者便下令将残存者释放，以示恩德。除了这种大猎之外，小规模的围猎活动更是经常不断。

围猎作为战备训练制度，对建立和培养军事后备力量发挥了极其重要的作用。随着长期战争的消耗，蒙古军队兵源不足的问题日益突出。尽管划定了成人男子皆服役的范围，但仍然满足不了扩张对士兵数量的需求。为了弥补这一亏空，蒙古统治者将蒙古各部中15岁

围猎阵平面图

以下的儿童编成“渐丁军”（意为“渐长成丁军”），作为后备力量，并通过行猎的方式对他们进行弓马训练。据《黑鞑事略》所述，蒙古儿童在“孩提时”，便由母亲用绳子和木板捆束在马上带着进行骑马的启蒙训练。3岁左右，则将其直接“索维”在马鞍上，手里拿着器械，自己骑着马奔驰。四五岁时便在马上练习弓箭。再大一点，便经常参加狩猎。所以长大以后，都成了蒙古军队能骑善射的“骑军”。

阴山岩画狩猎图

岩画上的围猎图，先民狩猎均是集体行动（图/内蒙古博物院）

以围猎形式进行军事训练的传统制度，自蒙古汗国至元朝一直延续下来。忽必烈在上都开平（今内蒙古正蓝旗境内）周围建立了3个很大的猎场，每年举行大规模围猎活动，其侍卫亲军及草原上蒙古贵族队伍都要参加这一活动。

如果把这种围猎阵形运用到军事方面，那就是古代蒙古军队的主要阵形之一——圆阵。《蒙古秘史》《史集》《十七世纪的蒙古编年历》等史书所描写的成吉思汗军队的阵形一般都是这种圆阵（围猎阵）（图1）或者半圆阵（锥形、偃月、月亮阵）（图2）。

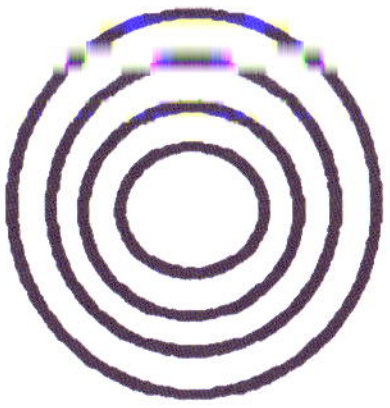

图1 圆阵图

图2 半圆阵图

以军队阵形命名的星座

古代蒙古人在军事行动中熟练应用天文知识。蒙古人谙熟每个星座的轨道和形状，甚至一些天文图上的星座的名称直接来自军队阵形。这可能是因为在外形上，这些星座与蒙古人的军队阵形有相似之处。比如在位于呼和浩特近郊的五塔寺的天文图中有个被称作“军官街”的圆形星座，其原型就源自军队阵形。

目前，人们虽然还没有发现与古代蒙古人的圆阵图直接相关的信物，但是却发现了很多接近圆阵图案的文物，内蒙古鄂尔多斯博物馆收藏的圆形佩饰即为其中之一。专家认为，这是用于佩戴的军人佩饰。从结构上看，佩饰是由9个小圈包着一个大圆圈构成的，这种结构让人联想到成吉思汗军队的基本单位——由十人编成的阵形，即由9名士兵围着护军校（十人长、牌子头）的圆形画面。因此，这很可能是成吉思汗军队的护军校佩戴的佩饰。

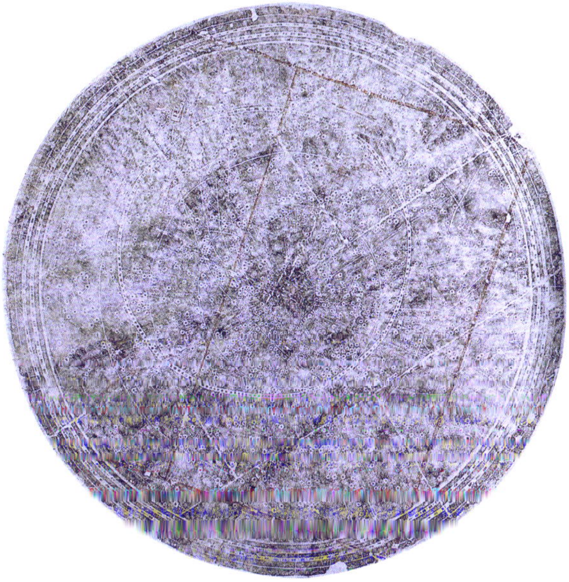

雍正漠南绥远城金刚座舍利宝塔寺（五塔寺）蒙古文天文图拓片（图/齐木德道尔吉）

圆形军人佩饰：从出土文物图可看出，成吉思汗曾经应用过圆形（圆阵）或者半圆形（月亮阵）的军队阵形

三角阵：三三合力，“胡舒”有威

据《圣武亲征录》《黄金史》等史书记载，蒙古军队在面对敌人时，十进制里的每个骑兵的任务都有所不同：护军校（牌子头）的任务是调理手下的9名骑兵，9名骑兵又以三人为单位分成3个小组，每小组3个人的任务分别为持矛、持刀、持弓箭。这样，作战时就变成3个人合力对付一个敌人的局面。

虽然在有关蒙古军队的历史文献中尚未找到以三角形命名的阵形，但是在蒙古帝国的西征军队中却有以“胡舒”命名的军事单位。“胡舒”一般由50到100名士

三角阵的基本功用：这种分工明确的联组协同阵势，有利于降低士兵在战场上的死亡率，增强了军队的协同作战能力和修复功能

兵构成。“胡舒”在蒙古语中指鸟嘴，而鸟嘴一般都是三角形。所以我们可以这样理解，蒙古军队的“胡舒”指的是由50到100人组成的三角阵形。

另一方面，上述五塔寺天文图中还有很多以三角阵命名的星座，比如“堡垒护军”（图3）“小组军星”（图4）等。

这些星座都呈三角形，其名称也都源自军事单位或军中职位。

如下面将要提到，有些史书称蒙古帝国军队作战时的队形像“鸦兵撒星”，给人一种很松散的感觉，但是从上述星座图案中不难看出，其骑兵散开时也能形成以三人为一小组的作战单位（在图形上构成一个如意符），从而有利于保持战时秩序和战斗力。

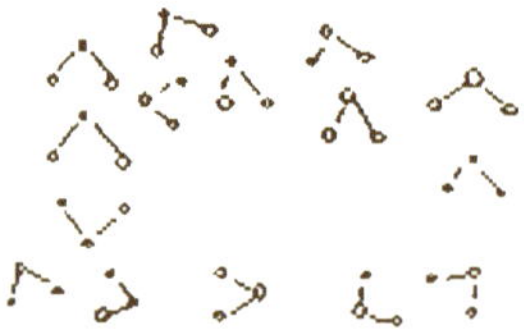

图3 堡垒护军图

图4 小组军星图

鸦兵撒星阵：形散神聚，进退自如

《黑鞑事略》称蒙古帝国的军队看起来像撒满天空的星星抑或漫天飞翔的乌鸦，因而称之为“鸦兵撒星阵”。

进攻时的蒙古军队的阵形虽像“鸦兵撒星阵”，但在围剿敌人时，很快就能变回“围猎阵”，整个阵形变得像竹子，整齐、均匀、密集，把敌人包围得水泄不通，攻击时步调一致、迅速猛烈。

这种阵形和作战方式加强了军队的防御、防守、掩护以及机动能力，降低了士兵在战场上的死亡率。

推演层面：军阵变化的数理结果

那么，既然十户为蒙古帝国军队的基本单位，其阵形演化又是什么样的呢？怎样排列由这10个人构成的基本单元，才能满足阵形的演化要求呢？

三角阵：最佳阵势单元

如上所述，蒙古帝国军队有鲜明的特点：队列整齐划一、密集，作战时能够做到协同、迅速、猛烈，阵形又有围猎阵、圆阵、偃月阵、三角阵、鸦兵撒星阵等变化。不过，恰恰是这些特点，说明它需要有一种固定不变的单元阵形来予以支撑。

通过筛选法，我们得知，能够满足上述各种阵形要求的最佳单位阵只有一个：等边三角阵（图5）。换言之，由10个人构成的基本单元，只有排列成如下图，才能满足上述阵形所需的所有要求。

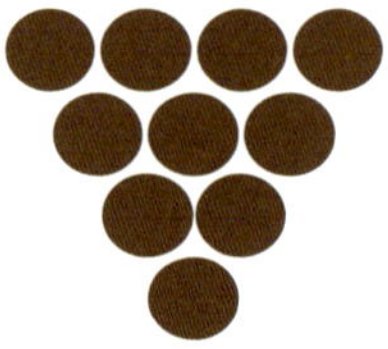

图5 等边三角阵

据数理分析，等边三角阵不仅符合蒙古帝国军队的所有特性，也能演化为蒙古帝国军队的所有阵形。

岩画中的十进制：来自远古的印证

这种由10个人组成的三角阵的图案可见于内蒙古阿拉善曼达拉岩画：

图的最上方是1人，往下依次为2个、3个、4个，总共10个人，阵形是三角形。当然，这幅岩画所示的也许是一户十口人家庭的情况，但它也间接说明了由10个士兵编成的单位阵形能成为三角形的可能性。

岩画：三角阵的细部摹描图（绘图/华婵）

鸦兵撒星威力无穷，源于核心的三角阵

无论是数理推算还是岩画描述，都能得到三角形是十进制的基本几何图这一结论。那么，三角阵形能不能满足成吉思汗所运用的所有阵形的要求呢？

A.成圆阵或半圆阵的情况

假设给定的条件为100人，把三角形排成如图6阵形时，就会出现下列情况：当圈a有10人、圈b有20人、圈c有30人、圈d有40人时，各圈上的人数成为等差数列，此时每个人（士兵）之间的距离为等距离。

所以，如果把10个人排成等边三角形阵形，那么，用10个同样的单位编成圆阵时，其阵形就能达到整齐均匀、队形密集的要求。

半圆形是圆形的一部分，所以，用10个同样的单位编成半圆阵（月亮阵）时，其阵形也满足整齐均匀、队形密集的要求。

等边三角阵的变形

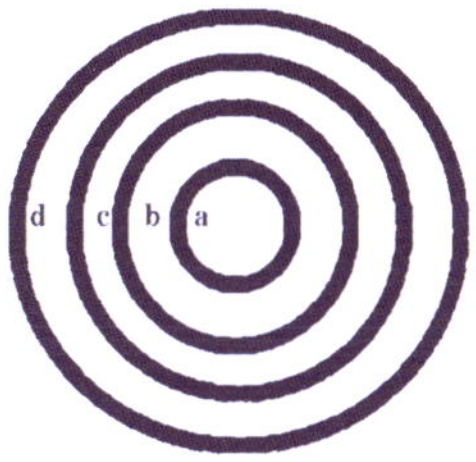

图6

B.鸦兵撒星阵：灵活机动，变化万千

如上所述，“鸦兵撒星”是用来形容蒙古帝国军队的机动性。我们已经知道，由10人构成的三角阵是一个机动性比较强的阵形。尤其值得一提的是，当这个三角阵的构成元素为骑兵时，更加提高了其机动性，它能快速演化出各式各样的阵形（图7）。

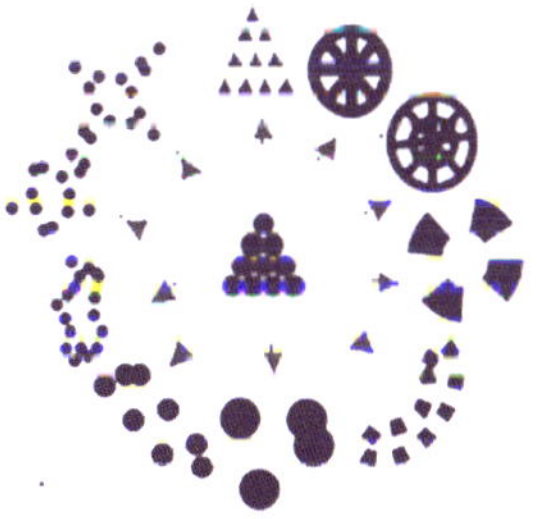

图7 “鸦兵撒星阵”：具有变化多端、令人眼花缭乱的特点，才有了这样的称呼

十进制：成吉思汗作战方法的本原

蒙古帝国的军队阵形虽变化多样，但作战时排兵布阵的方法却基本相同，每个阵的单元阵形也是一样的。

从阵形的组成单元来看，每个阵形都如图5，由等边三角阵构成。所以，无论阵形怎么变化，都能保持列阵整齐、队形密集的特点。三角阵军事单位具有速度快、机动灵活性强、协同密切、攻击迅猛等特点。所以，即使是正在围剿敌人的大圆阵，一旦遇到比自己强大的敌人，马上会分成由无数个三个人组成的最小单位，迅速脱离敌人并诱敌追击，但当追击的敌人呈疏散状时，他们马上就会如旋风那样席卷而至，迅速分割包围敌人，用围猎阵形加以围剿。

如果用阵形变化表现这一过程，其作战步骤应该如此：三角阵—锥形、偃月、月亮阵—鸦兵撒星阵—围猎阵。在成吉思汗的十进制中，1个三角阵单位（图8）可直接演化为1个圆阵（图9），10个三角阵单位可演化成由100个人组成的大三角阵（图10）或者大圆阵（图11）等等。

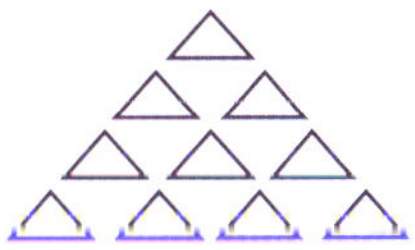

图8

图9

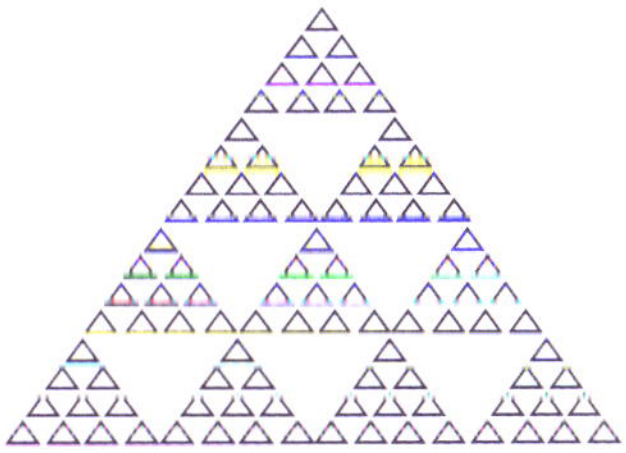

图10

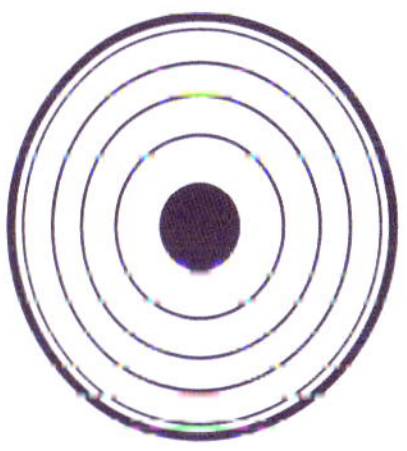

图11

（本章节作者乌仁其木格，蒙古国科学院博士，主要研究方向为蒙古帝国外交与文化）

军旗中的祭祀文化：九斿白纛

文/乌仁其木格

什么是九斿白纛?

九斿白纛是成吉思汗建立大蒙古国的旗徽，也称九足白徽或者九足白旗，蒙古人俗称“查干苏力德”。

查干苏力德由三叉神矛的主苏力德和八柄陪苏力德组成。主苏力德的顶端为一尺(约0.3米)长镀金三叉铁矛。三叉象征着火焰。三叉矛头下端为“查尔”(圆盘)，圆盘沿边固定银白公马鬃制成的缨子。主苏力德的柄也叫“希利彼”，用松木制成，希利彼五寸(约0.17米)粗、十三尺(约4.33米)长，插入中间有孔的花岗岩底座。距离主苏力德一丈左右(约3.33米)距离的地方，四面、四角上竖起八柄陪苏力德，并用马鬃搓成的“呼和纳楚格”(绳子)与主苏力德相连接，加固主苏力德。陪苏力德的希利彼为九尺(3米)长，矛头与主苏力德一样。这个形制象征着汗的绝对中心地位和权力。

铁木真统一蒙古高原众部族后，于蒙古历法的虎年(1206年春)在斡难河(今蒙古国境内的鄂嫩河)源头召开大忽里勒台(大会)，宣告大蒙古帝国的建立。有关建国典礼等重大活动，《元朝秘史》等史书中有“聚集于虎年，祭拜九斿白纛”的记载。由此断定，蒙古人之祭拜九斿白纛和召开建国大会所选择的时间，都是虎年的春天。

九斿白纛，蒙古帝国的族徽和军旗

敬畏之心常在：旗纛祭拜源自星辰祭拜

内陆亚洲高原的游牧民族历来就有祭拜长生天、祭祀各种星辰的习俗。这种习俗在匈奴人时代就已存在。例如，《史记·匈奴列传》写道：“单于朝出营，拜日之始生，夕拜月……举事而候星月，月盛壮则攻战，月亏则退兵。”这就是说，匈奴人有祭拜星辰并随着星辰的转动而生息的习惯。据《元朝秘史》记载，成吉思汗每天都祭拜不儿罕山，蒙古人这种祭拜大自然、长生天、星辰的习俗有可能是从匈奴人那里传承下来的。

蒙古人在十进制的应用、行政机构的命名、祭拜天地等方面也刻有很深的匈奴文化烙印。虽然当代蒙古文化中旗纛祭拜和星辰祭拜各有寓意，但只要仔细观察蒙古人对旗纛的祭祀就不难发现，蒙古人的旗纛祭拜与星辰祭拜间有着十分密切的联系。尤其不能忽略的是，蒙古人之旗纛祭拜是从匈奴人的星辰祭拜演化而来的。

当代也常见的九斿白纛(图/额博)

融合新生的蒙元一代

煌煌大元，制度和文化的全面兴盛

平和的过渡人物：窝阔台

1227年成吉思汗病逝后，由嫡幼子拖雷监国。1229年蒙古贵族召开忽里勒台，遵照成吉思汗遗命推举窝阔台为大汗。

在蒙古人的心目中，黄金象征着王权，也代表着巨大的财富。成吉思汗建立大蒙古国后，蒙古汗廷逐步把黄金同皇家联系起来，黄金家族、黄金生命、黄金门槛、黄金缆绳等都是皇家御用的专有名词，黄金家族逐步成为成吉思汗家族的代名词。帝国的继承者们，用并非

蒙古大汗帐幕中的拖雷，波斯细密画风格作品

蒙古汗国哈拉和林宫殿遗址（图/额博）

他们赚取的财富，换来挥霍安逸的生活，同时兴建了哈拉和林作为首都。

窝阔台汗即位后决定亲征金朝。1230年秋，窝阔台与拖雷、皇侄蒙哥率军经漠南，攻下天成等堡，渡黄河入陕西。1232年初，拖雷在钧州（今河南禹州）南面的三峰山以精骑阻击金军。时值大雪，金军缺粮，冻馁交加，蒙古军乘势猛攻，金军全线溃败，精锐丧失几尽。1233年初，金元帅崔立献汴京（今河南开封）投降。因为之前进攻汴京时金人抗拒持久，军队死伤甚多，有人向窝阔台奏报建议入城后屠之泄愤。中书令耶律楚材坚决反对，他认为将士辛苦奋战为的就是土地和人民，屠城会导致得地无民，而且“奇巧之工，厚藏之家”都集中在汴京，屠城会导致一无所获，没有人民就没有人向朝廷交纳赋税，军队会白辛苦一场，最后窝阔台采纳了耶律楚材的意见，只问罪于城中的金朝宗室，其他人一概赦免。汴京城中147万居民得以免于兵祸。1234年初，金哀宗自杀，金亡。在攻金同时，蒙古还多次发兵入侵高丽，1233年，据有辽东的东真国也为蒙古所灭。

上图：成吉思汗演讲，波斯细密画风格作品

下图：窝阔台即位，波斯细密画风格作品

窝阔台在位期间成功地完全征服了中亚和华北。政治方面，以契丹人耶律楚材为大必阇赤，同时又依其建议，提拔汉人为官，整顿内治。因此，蒙古人在华北地区的地位更加巩固，同时该地区在战后得到一定程度的恢复性发展，为日后元世祖忽必烈灭南宋打下基础。

忽里勒台：权力中枢的聚会

忽里勒台又作“忽邻勒塔”或“忽里台”，突厥－蒙古语，“聚会”“会议”的意思。在蒙古帝国和元朝时期，又被称为诸王大会、大朝会。最初，蒙古人的忽里勒台是部落和各部联盟的议事会，用于推举首领、决定征战等大事。1206年，铁木真（成吉思汗）建蒙古帝国，召开忽里勒台，即大汗位。此后，历朝大汗即位，都由忽里勒台推戴。蒙古没有固定的嫡长继承制，汗位继承权或由先朝大汗生前指定，或通过明争暗斗强取，但形式上总要召开忽里勒台，由诸王、贵戚推举，才能即汗位。新大汗在忽里勒台召开期间，照例向诸王大臣颁发大量赏赐，笼络人心，因而忽里勒台也成了蒙古显贵瓜分帑藏的一种形式。入元以后，忽里勒台即大朝会的形式依旧保存下来，历朝皇帝即位都要召开忽里勒台，举行仪式，颁发赏赐。但忽里勒台已非决定帝位继承的具有实权的议事会，元朝大多数皇帝都是通过权臣拥立、武力争位或流血政变即位的。

忽里勒台又是决定和宣布重大军事行动、分派征伐任务、宣布新定制度的会议。如1235年窝阔台汗召开忽里勒台，决定遣以拔都为首的诸王、将领远征钦察草原和斡罗思等国，开始了著名的蒙古帝国西征。

长子西征和蒙古帝国的形成

1235年窝阔台召开忽里勒台，关于未来出征方向，进行了激烈的讨论：南下南宋会有丰厚的物质回报，西去欧洲结果还不明朗。之前第一次西征老将速不台带回的胜利是以精神性为主的，也就是说物质回报没有达到预期。

窝阔台决定全线出击钦察、斡罗思等未服之国，各支宗王、万户以下各级那颜也以长子统本部兵马随同出征，史称长子西征。参加出征的诸王有朮赤之子拔都、斡鲁答、别儿哥、昔班，察合台之子拜答儿、孙不里，窝阔台之子贵由、合丹，拖雷之子蒙哥、拨绰，成吉思汗的庶子阔列坚等。以朮赤之子拔都为西征军统帅，速不台为先锋，实际统兵作战主将是速不台，出征军人数约有15万。

这次出征欧洲标志了蒙古军事力量达到了巅峰：摧毁了基辅罗斯、弗拉基米尔公国等东斯拉夫列国，并在蒂萨河之战灭匈牙利王国，在列格尼卡战役灭了分裂中的中世纪的波兰。

历史学家都在争论蒙古人对东欧用兵在宏观历史上的重要性。大多数军事史家都认为，这次军事行动的目的，在于扩充蒙古帝国的西部疆域，并通过对波兰及匈牙利致命性的攻击，震慑西欧诸国，从而确保蒙古帝国在斡罗思的领土安全。

1242年，拔都闻窝阔台死讯，率军东返，留驻也的里河（今伏尔加河）下游，统治所征服的钦察、斡罗思等地区，建立钦察汗国。

蒙哥即汗位后，命皇弟旭烈兀征波斯。这是蒙古第3次西征。1256年，西征的旭烈兀灭波斯北部的“木剌夷国”（阿拉伯语mulahidah的音译，意为异端者，此处指伊斯兰教亦思马因派）；1258年攻占报达（今伊拉克巴格达），灭回回哈里发（伊斯兰教领袖的称号，阿拉伯语意为继承者，此处指阿拔斯朝）。次年，旭烈兀侵入叙利亚。

1260年春，旭烈兀在叙利亚得到蒙哥死讯，引军退回波斯，留先锋怯的不花继续征进。阴历九月，怯的不花军在阿音扎鲁特（今耶路撒冷北）被密昔儿（今埃及）军击溃，蒙古西征之役至此告一段落。

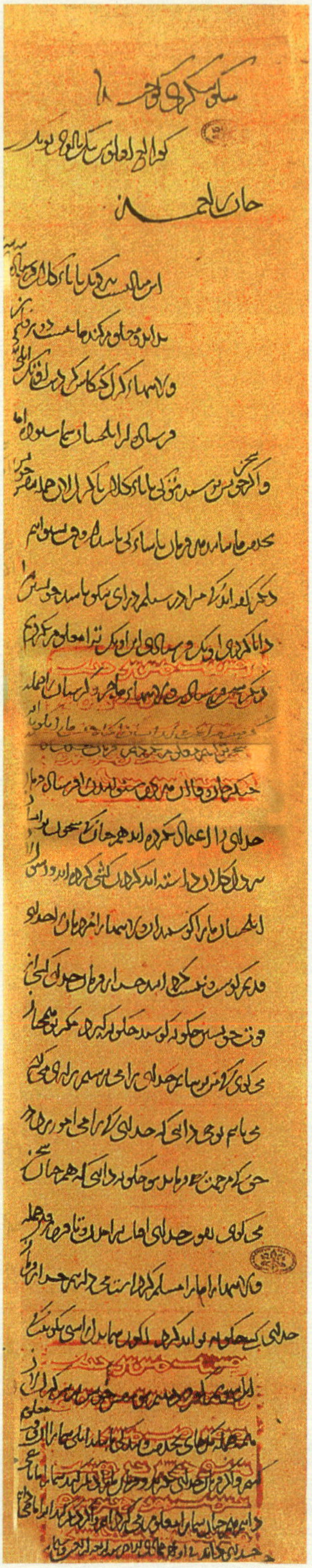

蒙古大汗贵由致欧洲教廷的信（供图/额博）

终结三百年南北分裂

蒙元统一中国

蒙哥即位以后继续窝阔台汗的灭宋战争。1253年，命皇弟忽必烈出征大理，实施迂回包抄南宋之计。忽必烈兵分三路，经吐蕃，涉大渡河，越金沙江，阴历十二月，克大理城，留大将兀良合台继续征讨，忽必烈班师回朝。1258年，蒙古诸王会议决定大举伐宋，1259年蒙古军突破宋长江防线，包围鄂州城，忽必烈亲自率军从阳逻堡渡江，驻扎于南岸浒黄洲指挥攻城，蒙古军围攻鄂州两月不能下。阴历七月，蒙哥汗死于前线四川钓鱼山。阴历十一月忽必烈的正妃察比遣急使至军中，报告了忽必烈的幼弟阿里不哥准备称帝的消息。忽必烈恐阿里不哥先踞汗位，遂采纳谋士郝经等人建议，与南宋贾似道密订和约，立即回师北归。

1260年阴历三月，元世祖忽必烈在开平召集忽里勒台，即大汗位，建元中统，任用汉地士人，建立起中书省、十路宣抚司以及负责中原汉地政务的燕京行中书省等行政机构，巩固了在中原地区的统治地位。阿里不哥此前在漠北召开忽里勒台，称汗，据有漠北地区，大蒙古国于是两汗并立，忽必烈与阿里不哥为争夺汗位，兵戈相向，打了四年，以阿里不哥失败而告终。

忽必烈虽然夺得了蒙古大汗之位，但蒙古帝国却走向了分裂。忽必烈在与阿里不哥争位战争之初，便承认旭烈兀对阿姆河以西土地的统治权，原来由大汗直接领有的波斯诸地逐变为大汗的小藩伊利汗国。而分封于蒙古高原西部的察合台、窝阔台、术赤后王也趁机蚕食大汗在中亚的领地与权益，至元六年（1269）春，术赤、察合台和窝阔台三系诸王撇开蒙古大汗，会盟于塔剌思，商议如何瓜分阿姆河以北地区以及共同对抗忽必烈与旭烈兀等问题。塔剌思大会形成了一个脱离蒙古汗廷统属的中亚蒙古诸王的联盟，大蒙古国就此逐步演变为元朝和几个兀鲁思，它们之间相互联系，又相对独立。塔剌思大会以后的元朝诸帝，虽被尊为成吉思汗

元大都遗址公园。元大都城始建于1267年，1276年建成。元大都城最北部在明朝初年北城墙南移时，被隔在城外，至今仍可见高10多米的城墙遗迹，俗称“土城”

汗位的继承人与黄金家族总代表，但其直接统治地域仅限于东方。大蒙古国走向了分裂。

忽必烈顺应时势，将统治重心移到汉地，中统四年（1263），以开平为上都。至元元年（1264），升燕京为中都。至元四年（1267），于燕京旧城东北建造新城。至元八年（1271）阴历十二月十八日，忽必烈将国号由“大蒙古国”改为“大元”，从大蒙古国皇帝变为大元皇帝，大元国号正式出现，忽必烈成为元朝首任皇帝。次年，升中都为大都。

北方政局稳定后，忽必烈决定进攻南宋，至元十三年（1276）阴历二月四日，元军攻入临安，宋恭帝奉上传国玉玺和降表，南宋灭亡，元朝成为全国性政权。至元十六年（1279）阴历三月十九日，南宋海上流亡政权残余的最后一支抵抗力量被消灭，元朝统一全国。元朝的统一，结束了自唐末藩镇割据以来国内的南北对峙、五六个民族政权长期并存的分裂和战乱局面，推动了多民族统一国家的巩固和发展。

自成吉思汗1206年建国，至元惠宗妥懽帖睦耳于1368年被明朝军队赶出大都，退入草原，蒙元帝国共历15帝（包括天顺帝阿速吉八）162年。

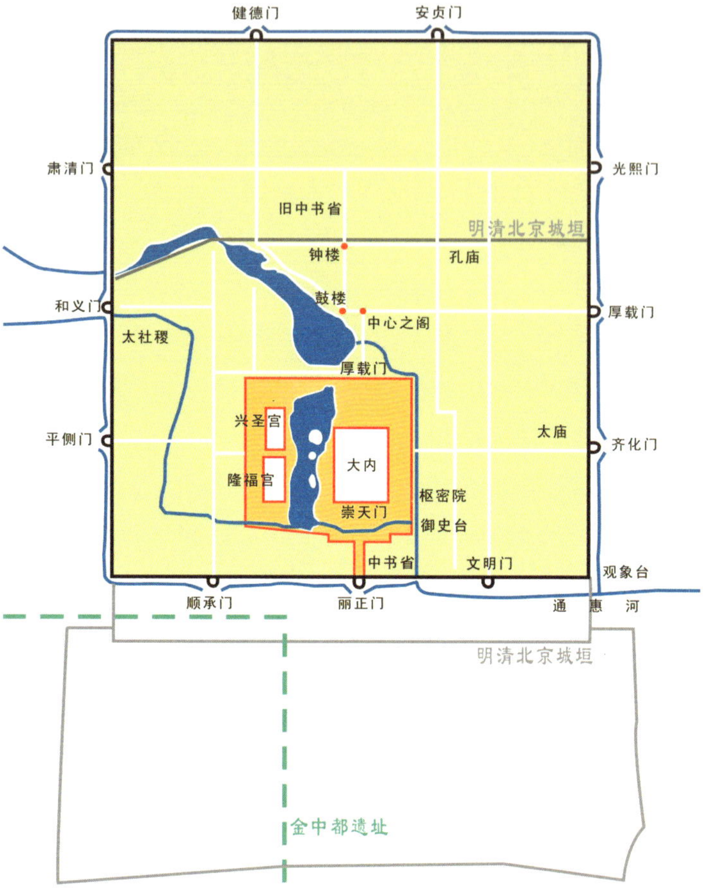

元大都结构图（绘图/周琦）
至元九年（1272）阴历三月四日，忽必烈将中都改名为大都（突厥语称汗八里，帝都之意），元大都包括南城（金中都旧城）和北城（元大都新城），两者的城墙“仅隔一水”。
至元十一年（1274）阴历二月九日，宫阙告成，元世祖忽必烈首次在大都皇宫正殿大明殿举行朝会，接受皇太子、诸王、百官以及高丽国王王禃所派使节的朝贺

元代妙应寺白塔，现存最大的元代藏式喇嘛塔，始建于元至元八年（1271），由尼泊尔工艺家阿尼哥奉命修建，是元大都保持至今的标志

为什么是忽必烈统一了中国?

中国从唐末五代以来的分裂割据局面经过几百年的大浪淘沙，到12世纪至13世纪上半期，形成了辽、宋、金、蒙古几个大的民族政权错杂相处的局面，各政权之间的缓冲地带大为缩减，建立全国性统一政权成为可能。边疆各民族相继走上了封建化道路，边疆与内地的经济文化交流日益频繁，经济差距缩小，历史文化融合加强，为建立全国性统一政权奠定了基础。大蒙古国经成吉思汗到蒙哥汗四朝的东征西讨，建立了地跨欧亚的庞大草原帝国，但是分封制度很快使蒙古走上了分裂的道路。

成吉思汗的四个嫡子朮赤、察合台、窝阔台、拖雷分别获得了蒙古高原及其以西的辽阔封地，史称西道诸王，朮赤、察合台、窝阔台三家在忽必烈即位前已经建立了半独立的汗国。忽必烈与弟弟阿里不哥争夺汗位的战争直接导致了大蒙古国的分裂。在战争期间西道诸王趁机发展势力，侵夺大汗在中亚的领地和其他权益，忽必烈的弟弟旭烈兀则趁机在波斯建立了伊利汗国。西道诸王在忽必烈即位之初通过塔剌思会议结成联盟，对抗忽必烈，划分中亚的势力范围。蒙古高原东部及其以东以南是成吉思汗四个弟弟的分地，史称东道诸王。忽必烈即汗位后，大汗直辖的领地大大缩小，忽必烈要巩固政权，就必须灭南宋，获得原南宋地区的人力物力。

忽必烈接见马可·波罗图(局部)，王延青作品

忽必烈是成吉思汗第四子拖雷正妻唆鲁禾帖尼所生的嫡次子。忽必烈年少有大志，早在1244年，年轻的藩王忽必烈“在潜邸，思大有为于天下，延藩府旧臣及四方文学之士，问以治道”。1251年，忽必烈长兄蒙哥登基成为大蒙古国皇帝(蒙古帝国大汗)，是为元宪宗，因为忽必烈在蒙哥的同母弟中“最长且贤”，蒙哥即位后不久即任命忽必烈负责总领漠南汉地事务。忽必烈在这段时间内任用了大批汉族幕僚和儒士，如刘秉忠、许衡、姚枢、郝经、张文谦、窦默、赵璧等等，并提出了“行汉法”的主张。儒士元好问和张德辉还请求忽必烈接受“儒教大宗师”的称号，忽必烈悦而受之。忽必烈尊崇儒学，“圣度优宏，开白炳烺，好儒术，喜衣冠，崇礼让”。经过磨练，忽必烈具有卓越的政治军事才能，“度量弘广，知人善任使，信用儒术，用能以夏变夷，立经陈纪，所以为一代之制者，规模宏远矣”(《元史·世祖纪》)。

融合变通，忽必烈的治国智慧

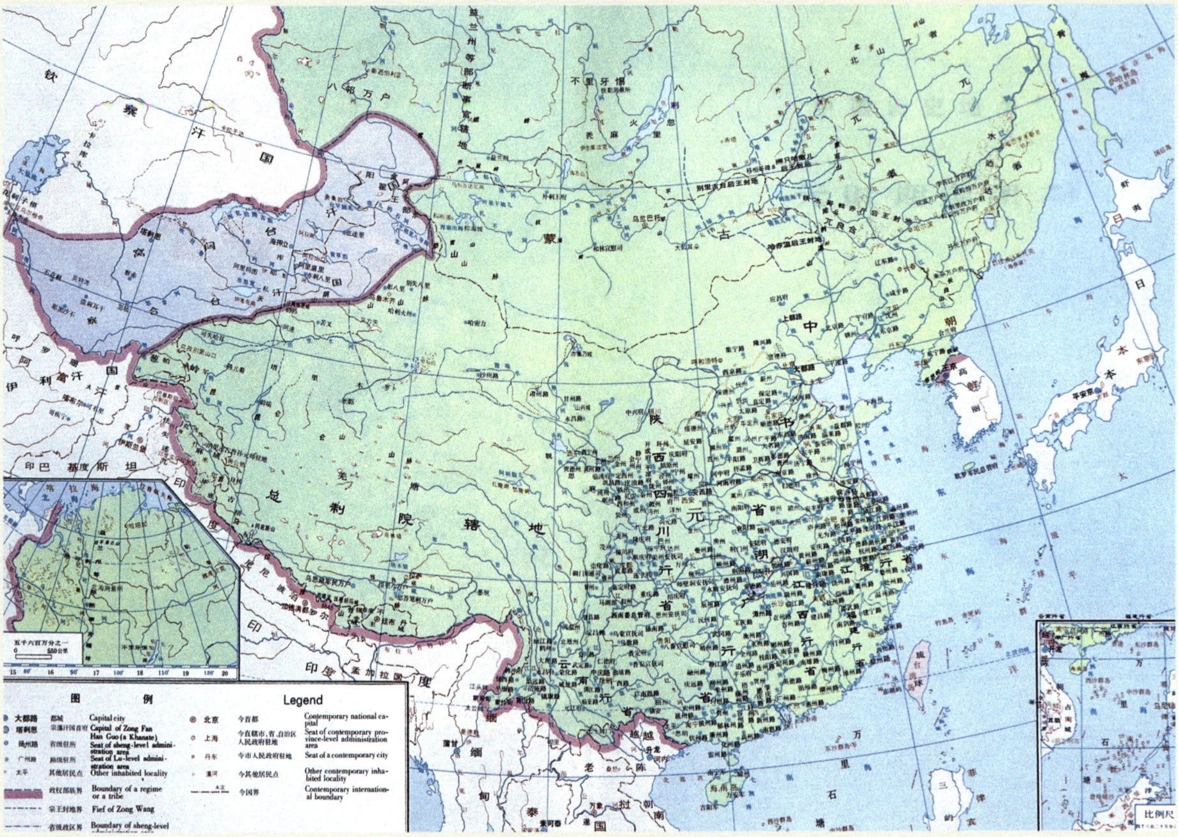

1280年元代疆域图

杰克·威泽弗德说，忽必烈不是成吉思汗子孙中最有军事才能的一个，他的智慧，源于他对形势的判断和把握：不管他的军队如何强大，武器如何精良，他都不可能单凭武力征服整个中国。他运用了政治手腕，实现了他祖父用武力无法取得的成就：征服并统一了全中国。

耶律楚材曾经说过："天下虽得之马上，不可以马上治。"意思是夺天下是用武力，但治天下不能用武力。忽必烈在登上汗位后，在众多各族谋臣的协助下，在争位、平叛的同时，及时制定和推行了适合国情的一系列治理天下的扎撒，兴利除害、补偏救弊。首先制定和推行了"祖述变通"的基本国策。祖述即"稽列圣之洪轨"，即要考稽成吉思汗以来蒙古汗国的制度；变通即"讲前代之定制"，即参用宋金以来的制度，即所谓汉法。根据这个基本国策采取了一系列重大的措施，建立了中央集权制封建王朝。

对于忽必烈而言，他跟成吉思汗最初统一草原部落时遇到的情形相似：如何把大量不同民族的人民组合成一个有内聚力的政治实体？他采取以蒙古族占统治地位、各民族上层分子联合统治的形式。当时中国的人口中蒙古族只占少数，汉族人口占最多，其中各地区还分布着很多其他的民族。忽必烈首先大量吸收各民族各方面的代表人物参政，大规模地使用汉、契丹、女真等各族武装力量，收降的南宋军队就有十几万。在元朝军队里蒙古人只占少数，但是忽必烈汗还是保证了蒙古族占统治地位。

忽必烈围绕着核心民族特征去建设国家的历程是艰难的，而且这个核心文化特征是汉族的，不是蒙古族的。1264年开始，忽必烈采取了“至元”年号，意为全新的开始，稍后的1271年，忽必烈以此为基础，把一统后的新王朝的国号定为“大元”。从此，这个蒙古王朝就名正言顺地纳入了中国的历史。

元代青花笔架水盂，1967年浙江杭州出土，构思精妙，有海上生明月的意境

忽必烈求贤若渴，接纳了许多不同身份的各族才俊。如元初政治家刘秉忠、姚枢以及史天泽、伯颜等人都为元朝的兴盛做出了重要的贡献。忽必烈向这些谋臣们虚心学习，吸收了各民族的先进文化，树立了开明、虚心纳谏的作风，建立了贤明能干的智囊团。

安抚民众，严肃纪纲。忽必烈即汗位后，诏令严禁诸王、军队、官吏扰害民众，在地方设置行御史台和按察司以纠察百官为职。忽必烈执法严峻，任何人触犯刑律都要给予相应的惩治。

推行仁政，收复民心。忽必烈在即位的第六年就开始立常平仓和义仓，并救济遭受各种灾害的地区，有的以减免税的形式，有的以救济钱粮的形式。

他把宋代的罪名数量减少了近一半，从233条减少为135条。即使对保留下来的罪名，忽必烈也很少允许使用死刑，并允许使用罚金来代替体罚。

恢复和发展以农业为中心的生产，这样使农业、畜牧业、手工业和商业都有了较快的发展，为巩固元朝的政权，创造了有利的经济条件。

在国内的各种战争中忽必烈实施正确的指导方案，他把军事打击与政治争取紧密结合，尽可能争取可以争取的对手，尽力减少战争的伤亡与损失。在与阿里不哥的争位战争中，首先实行的是政治争取，不成而后改为军事进攻，打败之后又改成政治争取，结果阿里不哥率众投降。灭宋战争也是如此，在军事打击的同时，注意招抚宋将，不少宋朝将领与地方官员在蒙古的军事打击和政治诱降之下选择投降。

蒙古汗国帝都哈拉和林雕像（图/额博）

怯薛，权力中心的护卫者

“怯薛”（突厥-蒙古语），为轮流值宿护卫之意。怯薛最初是草原部落贵族的亲兵。辽金时期，蒙古高原各部首领的斡耳朵都有称为那可儿（伴当、伙伴）的亲兵卫队，他们兼作各种杂役。1204年征讨乃蛮部之前，成吉思汗组建了由七十散班、八十宿卫组成的怯薛军。成吉思汗即蒙古大汗位后，扩建了这支怯薛军，建成了1万人的怯薛。怯薛主要由各千户、百户、十户长子弟中有技能、身体健壮者组成。各级那颜必须遵旨将自己的儿子送到成吉思汗跟前效力，这其实也是各级那颜送往大汗处的人质。

怯薛分四班入值，每班三昼夜，护卫大汗，还兼事大汗斡耳朵的各种杂役。服役分工种类繁多：箭筒士、养鹰人、文书、书写圣旨者、厨师、带刀者、门卫、尚供衣服者、掌灯火者、奏乐者、守城者、牧军马者、牧骆驼者、牧羊者等，这些内廷服役的职务是世袭的，后来总称为怯薛执事。大汗死后，各斡耳朵都保留一定员数的怯薛。诸王也建立自己的怯薛。除蒙古人外，怯薛中还吸收了一批色目人和汉人。

成吉思汗时，怯薛称为大中军，是蒙古军中最精锐部队，其关键作用是“制轻重之势”。大汗直接掌握这样一支最强悍的军队，就足以制约任何一个在外的诸王或那颜。成吉思汗给怯薛以崇高的地位，宣布在外千户若与大汗怯薛争斗，千户有罪。怯薛对维护大汗权威、巩固新兴政权起了重要作用。

元代，怯薛还是高级军政官员的最主要来源，官员以怯薛出身最为显贵。四怯薛长在朝中担任最重要的官职，如元世祖忽必烈时的四怯薛长安童、月赤察儿、忽都答儿、玉昔帖木儿，在朝中任中书右丞相、知枢密院事、中书平章政事、御史大夫。怯薛歹（怯薛士之意）做官，径由怯薛长官推举，皇帝直接任命，不经中书省议奏，称为“别里哥选”。最显贵的怯薛官可以一开始就授予一品大员，但阀阅低微的怯薛也有个别出任九品小官的。各品秩内外官都有怯薛歹出身的人员。

成陵成吉思汗及皇后的灵堂（图/额博）

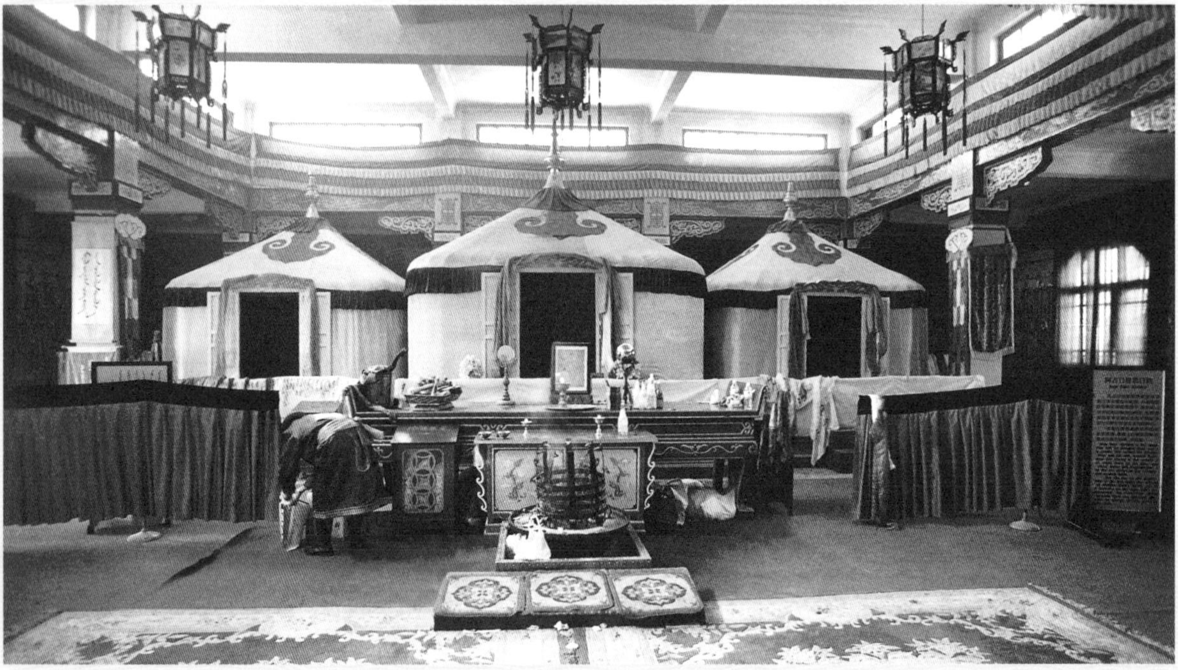

13世纪的“全球一体”和文化普及

蒙元帝国在世界文化史上的地位

前所未有的文化传播

蒙古人使文化传播更加方便。蒙古朝廷将波斯和阿拉伯医生引入中国，同时又把中国医生送往中东。每种知识都包含着推销商品的可能性。很明显，中国人有着丰富的药理学知识和独特的治疗方法，如针刺、灸术。然而，穆斯林的医生在外科上更富有经验。为鼓励医学知识的全面交流，蒙古人任用来自印度和中东的医生，在中国建立了医院和培训中心。元朝的太医院下辖有广惠司，广惠司由爱薛主持创办，建成于至元十年（1273）。爱薛从今叙利亚西部的拂林来到中国，是基督教聂斯脱里派教徒，通西域诸国语及星历、医药。元人杨瑀在所著《山居新话》中录有广惠司卿聂只儿于元统元年为驸马施奇术疗异症一事。《元史·英宗本纪》还有“回回太医进药曰打里牙”（波斯语taryak，意为鸦片）的记载。可见广惠司集中有相当多的回回医家，他们将西来医药传入中国，为丰富中国医学宝库做出了不可磨灭的贡献。

天文台长：当时世界最杰出的天文学家札马鲁丁

当蒙古发展为世界性帝国时，拥有一部功能稳定的历法就显得日益重要了，它应该根据同一标准制定，并在全国通行。为此，许多在波斯和阿拉伯城市被俘的天文学家，被旭烈兀派送到蒙古故地，其中包括札马鲁丁，他是当时最杰出的天文学家之一。至元四年（1267），札马鲁丁造了西域仪象七件，并撰进《万年历》，得到元世祖的批准颁行。至元八年（1271），元朝在上都建立回回司天台，札马鲁丁被任命为“提点”（即台长）。

登封元代观星台

元代天文台复原图

大批天文台及天文观测站的修建设立，以及元代的疆域空前扩大，为天文观测提供了良好的条件。在原有上都、大都、登封等五处司天监、天文台的基础上，在元朝统辖的范围内陆续建立了27所观测台站。其范围之广、覆盖面积之大为前代所无。其最北的北海测景所，据推算应在北纬64° 5′的地方，已达北极圈附近；最南的南海测景所亦达占城（今越南南方）

财务计数的专用文字

在统治比自身文明程度要高的领土时，蒙古人需要处理和记录关于人口、牲畜和房屋的大量统计数据信息。每年他们都必须为来回运输的所有货物登记账目，还要把牧群、士兵和商人的流动情况记录下来。农耕的新方式，天文学的要求，户口统计的制度，以及其他无数的行政管理问题，都难以靠当时的数学知识和运算能力来解决，蒙古人需要新的方法来处理这些数据。为了快速、高效地进行必要计算，为蒙古人工作的官吏们就开始依靠算盘。无数次的计算过程，需要通过编辑综合图表、协调不同国家的数量体系等新方法来保存这些结果。蒙古官员发现欧洲和中国的数学太简单、不实用，于是他们采用阿拉伯、印度数学中的许多实用的新方法。元朝为计算的便捷与保密，引进了波斯专门用于财务计算的书写符号与计算方法：亦思替非文字。因为亦思替非文字“便于关防取会数目”，元朝政府先后在翰林兼国史院、回回国子监教官吏学习亦思替非文字。

印刷术的革新

元代统治者对于刻书、印书很注重，早在入主中原之前，就兴办官方刻书机构。窝阔台汗时期，耶律楚材立编修所于燕京（今北京），经籍所于平阳（府治于山西临汾），收集、印刷经史。随着元代政权的巩固，各种专门负责书籍的收集、整理、印刷的机构也陆续地建立起来了。

元朝民间书坊的商业性印刷业兴盛，民间印刷业最集中的地区有平阳、杭州、建宁路（路治今福建建瓯市），而零星的印刷作坊几乎遍及全国各地。在元代，印刷技术已发展到了今天的新疆、西藏、云南等西部地区，其中最有名的是今天新疆的吐鲁番地区，在这个地区出有大量的写本和雕版印刷品。雕版印刷品基本上都是采用汉文、回鹘文、蒙古文、藏文、西夏文、梵文等六种文字印刷的，但汉文占的比重较大，即便是用其他文字印刷的，也都印有小汉字书名和页码。

天历二年（1329）元廷设立了艺文监，专门负责蒙古文儒学经典的翻译出版。蒙古文字出现较晚，成吉思汗建国之初，创立了畏吾体蒙古文，用这种文字翻译汉字书籍刻印的有《孝经》《资治通鉴》《贞观政要》等。忽必烈即位之后，下令创制蒙古文字，并于至元六年（1269）正式颁布了蒙古新字，即八思巴字。所谓“新”，是相对畏吾体蒙古文而言，不久就径称“蒙古字”或“蒙古国书”。蒙古文书籍的印行，有助于蒙古文字的推广和蒙古文化的普及。

无论是宗教宽容政策、创造八思巴字、维护驿站，还是印刷历书、纸币或天文学图表，蒙古帝国的统治者显示出宽阔的胸襟，因为他们没有把自己的制度强加于所有臣民。蒙古人没有文化优越感，因此他们采用务实的办法去解决问题，而不是以思想意识处理问题。他们一旦发现寻找到最有效的手段，就会很快把它传播到其他国家。他们不在乎天文学是否符合《圣经》的训言，不在乎写作标准是否遵循中国传统的古典原则，也不在乎印刷和绘画是否得到穆斯林阿訇的赞同。蒙古人有能力——至少是暂时地——强制实行技术、农业和知识的国际新规范，它们取代了对某个文明的偏爱或成见，如此一来，他们打破了当地精英阶层对思想观念的垄断。

幻方铁板。1957年在西安东郊元代安西王府遗址出土了5块幻方铁板。下图中是一个六六幻方，这个幻方每行、每列及两条对角线上的6个数之和都相等，都是111。元中都遗址也发现了铸了印度–阿拉伯数字的幻方。说明13—14世纪时，印度–阿拉伯数字已传入中国

从征服性帝国到商业性帝国

文/杰克·威泽弗德，摘自《成吉思汗与今日世界之形成》中“帝国的影子”

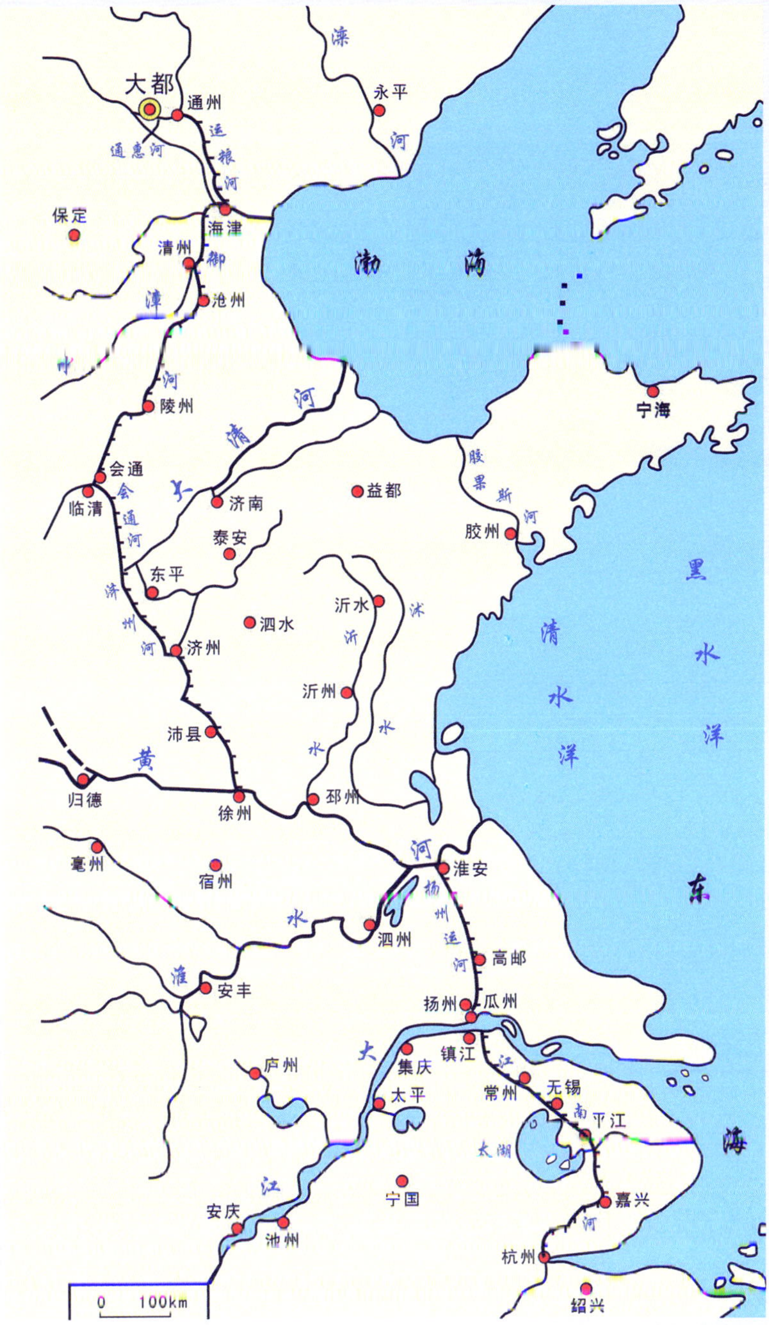

元朝的运河（绘图/周琦）

蒙古商业的影响力要比他们的军队更深远，在忽必烈时期，蒙古帝国转变为“蒙古公司”。13—14世纪，蒙古人维持着横跨帝国各境的商贸线路，每隔一段修筑了备有各种必需品的驿站，这些驿站提供作为运输工具的牲畜，还有一些向导，可以引领商人通过一些险要的地带。驿站物品虽然不能提供给一般商人使用，但驿站的设立，保证了交通要道的通畅，十分有利于商旅往来，促进了商业的发展。

蒙古人拓展维护商路，并不是因为思想上重视商业交流，很大程度上要归因于从成吉思汗时代开始，蒙古部落内部形成的根深蒂固的财产共有制度，每个宗亲分得一“份子”，即“忽比”。每个黄金家族的成员，有权占有帝国各地的一份财富，他们拿到的多份货物，需要在市场上出售其部分来赚钱或者用来交换其他商品。比如作为波斯伊利汗国的统治者，旭烈兀仍拥有在其哥哥忽必烈统治下的2.5万户中国丝织工匠，也对西藏的山谷流域行使所有权，还可以得到北方草原的毛皮和猎鹰，当然，还有牧场、马匹和分配给他的住在蒙古故土的战士。

经常性的财产分配活动，逐渐使得蒙古的战争路线变成商业大动脉。通过不断扩大的蒙古驿站系统，马队或者驼队把各种消息、人员和货物从蒙古运到越南，或者从朝鲜半岛送到波斯。尽管最初的商业路线是

元代航运图（局部），北起大都、南达杭州，京杭大运河沟通了长江、钱塘江、黄河、淮河、海河五大流域，促进南北经济文化交流，影响深远

通过军事征服开辟的，然而人们发现，数量巨大的货物还是以水运为宜。蒙古人不仅拓宽延展大运河，以便更远更有效地把谷物和其他农产品运往北方地区，还开辟了海运航线，使南北货运更加便宜快捷。

蒙古精英阶层与贸易的紧密联系，表明他们与传统的明显决裂。从中国到欧洲，传统的贵族一般都鄙视商业活动，认为它们是有损尊严的、肮脏的，而且通常认为它们是不道德的，工商业的重要性被列在入仕和信教之下。传统的中华帝国在数个世纪的抑商环境下运作，商人的地位仅高于盗贼，这是中国文化的偏见。蒙古人直接冲击这种偏见，他们正式把商人排在所有宗教和职业之前，仅次于政府官员。

蒙古人促进贸易的发展，通过征收地方上的产品，并为它们找到国际市场，蒙古人引进许多新的纺织品。这些纺织品的来源仍可以从它们名称的语源上看出来。有一种特别平坦光滑的丝绸，在西方称之为“satin”（绸缎），它的名称取自蒙元王朝的刺桐港（Zaytun，泉州），马可·波罗就是从那里启航回国的。还有一种高档的装饰布料，叫作“damask silk”（锦缎），其名称来源于大马士革城（Damascus），大多数从波斯伊利汗国来的商队都要途经大马士革去欧洲。

甚至许多微不足道的东西也可能产生高额利润。新商业促使纸牌游戏迅速流行，因为商人和士兵发现，纸牌很轻、容易携带，是一种有趣新奇的消遣活动。象棋和其他棋盘游戏需要带笨重的棋子，相比之下，士兵或骑骆驼者可以随身携带一大包纸牌。新行情刺激着更快、更便宜地生产纸牌的需求，而雕版印刷可以解决这个问题，此方法通常是用来印刷宗教经文的。

传统帝国将财富积累在单个的都城中，所有的道路都通向首都，所有东西的精品都聚集在那里。都城支配着帝国，像罗马或巴比伦这些都城的名字成为整个帝国的名称。蒙古帝国从未有过一个唯一的主要城市，在帝国内，货物和人民经常从一地流向另一地。

元代驿站乘马铜牌

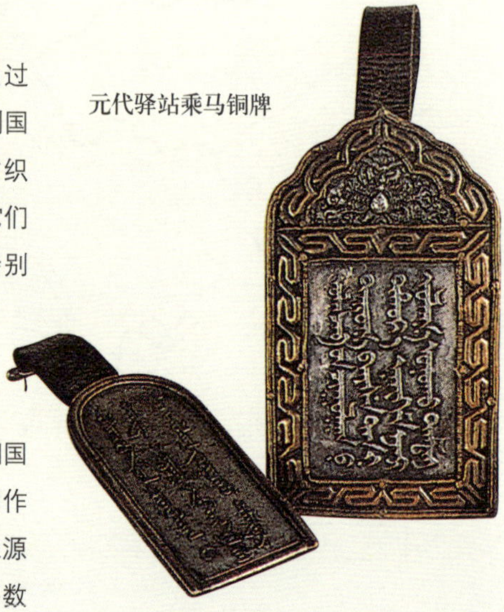

在征服过程中，蒙古人不仅使战争发生革命性的变化，而且还创造了许多全球文化和世界体系的核心区。在蒙古帝国终结后的很长一段时间内，这个新的全球文化继续发展，通过几个世纪的持续发展，它变成现代世界体系的基础，这个体系包含早先蒙古人强调的自由商业、开放交通、知识共享、长期政治策略、宗教共存、国际法则和外交豁免。

蒙元帝国对世界文明的促进和发展功泽后世

蒙元帝国的崛起与新兴的蒙古文化改变了世界的文明格局：在以蒙古高原为核心的地区兴起了一种新的文明体——蒙古民族及其融合了游牧文化与农耕文化形成的蒙古文化；其次，蒙古的征服战争造成了人口大迁移，大量西域各族人口迁入元朝境内居住，在中国形成了一个信仰伊斯兰教的新民族——回族。

蒙古不仅统一了说不同汉语方言的地区，而且还将西藏、女真、畏吾儿及许多小王国、部落民族与汉地合为一体。元朝形成的主流文化当然不单是蒙古的，也不全是汉族的。

随着蒙古的兴起，产生了一系列与蒙古有关的概念，世界地理与政治版图上烙下了“蒙古”的印记。现代地理学将中亚大高原东北部辽阔的高地地区称为蒙古高原，这是一个因为蒙古人兴起而形成的人文地理概念。蒙古高原在亚洲中东部，东界大兴安岭，西界阿尔泰山脉，北界萨彦岭、肯特山、雅布洛诺夫山脉，南界阴山山脉，包括今蒙古国全部、俄罗斯南部和中国北部部分地区。中国汉文文献中，至迟在公元5世纪中期南朝范晔撰修的《后汉书》里是用漠北、漠南来概称今天的蒙古高原，“漠”是指位于今天蒙古国南部至我国内蒙古自治区北部的沙漠、戈壁。大漠南北的广袤高原是游牧民族活动的重要舞台。因为蒙古的兴起，这里才被称为蒙古高原。

随着蒙古高原这一概念的出现，更多的以蒙古高原为载体的事物被冠以“蒙古”二字，形成了举世公认的人文现象，例如蒙古族、蒙古人种、蒙古马、蒙古语、蒙古文、蒙医、蒙药、蒙古长调、蒙古四胡、蒙古包、蒙古袍等等，这种现象充分说明蒙元帝国极大地丰富与发展了世界文明。

元代日晷，郭守敬设计制造的铜质日晷，可以用来测定太阳的方位和角度

撰稿专家

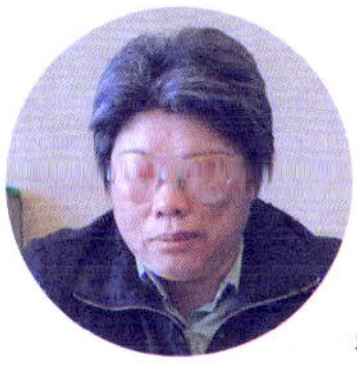

张岱玉，内蒙古大学蒙古历史学系副研究员。参与主编《内蒙古通史》（第二卷）等。发表论文《〈元史·诸王表〉补证及部分诸王研究》《元代漠南弘吉剌氏驸马家族首领考论——特薛禅、按陈、纳陈及其诸子》等。

《〈元史·诸王表〉金印兽纽栏“驼纽”一项订补及其事迹钩校》

扫描二维码，
阅读专家代表著作的电子版

不忘游牧，华丽高贵

融合中原和中亚文化因子的蒙元服饰

元代刺绣艺术的杰作：集宁路元代绣花夹衫及其细节(图/蒙元文化博物馆)

从成吉思汗建立的蒙古国到忽必烈称帝建立大一统的元王朝，简称为蒙元帝国。蒙元帝国幅员辽阔，民族众多，成为历史上民族大融合的一个高潮期。这个原本驰骋于北方草原，以游牧为生的民族，华丽转身走进万众仰望的宫殿之中，掌握着欧亚大陆的丰富资源，天下奇珍、精巧匠人皆可为其所用，使得蒙元时期无论艺术品还是生活用品的制作工艺皆得以蓬勃发展。作为蒙元文化重要组成部分的蒙元服饰，在面料、形制、种类以及服饰的装饰诸方面，都随之达到了相当高的水平，展现出集草原游牧文化、中原农耕文化与中亚文化相交融的多元文化，这在中国历史上不仅是极为罕见的，而且在东西方文化交流方面也极富研究价值。蒙元服饰以它华丽高贵的形态几百年来吸引着人们的注意力，特别是蒙古人的罟罟冠和质孙服独树一帜，成为蒙元服饰的代表，而源于西域的纳石失(织金锦)，其织造工艺水平更是大大超过了西域。

蒙元宫廷国宴礼服——质孙服

质孙服，是蒙元时代大汗颁赐的统一颜色的礼服，出席质孙宴会时穿着。“质孙”，又写作“只孙”“济孙”，蒙古语jisün，意思为颜色、脸色等，也被称为“诈马”，是波斯语jamah的音译，意思为外衣、衣服。质孙服的形制是上衣连下裳，形如中国古代的“深衣”。

质孙服本为戎服，便于乘骑等活动，其特点是轻便实用、华丽美观，后演变为蒙古宫廷宴会的礼服，成为宫廷中最具特色的“国宴”礼服。《元史》记载质孙宴上，上自天子，下至普通卫士、乐工皆穿质孙服，所不同之处在于精粗之别。这种礼服必须是衣、帽、腰带配套穿戴，并且在衣、帽、腰带上均饰有珠翠宝石，做工精细，按身份、地位严分等级。

从戎服到袍服：形制变化凸显身份地位

质孙的形制是上衣连下裳，衣式较紧窄且下裳亦较短，在腰间密密打作细褶，再把红紫线横在腰际，以其在马上腰围紧束突出，也取其艳丽好看，并在其衣的肩背间贯以大珠。质孙发展成为宴会礼服时，其形制发生变化，特别是帝王、大臣、贵族、功臣的质孙服不再局限于戎服款式，而是以袍服的华丽相炫耀。因大汗所赐质孙服，显示了对臣僚的宠爱，受赐者以此为荣，所以质孙服又是蒙元达官贵人地位和身份的象征。

质孙服是蒙元服饰的精华，因其特殊的官服色彩，集中了服饰材料和刺绣等技艺的大成，更体现了游牧民族吸收中原文化和中亚文明的特点（选自《元史·舆服志》）

质孙服的形制大致呈现出两种：一种是帝王、臣僚、贵族等上层社会的人士所穿的袍服，这种袍服为放摆的直身袍，腰间束带，或者在袍服外再穿着半袖比肩，束大带；另一种是在质孙宴上的普通卫士、乐工等侍者所穿的质孙服，承袭戎服形制，其特点是衣式较紧窄且下裳亦较短，在腰间作无数的襞积。在元代的壁画以及波斯彩绘中都可以见到这些种类的质孙服。

《元世祖出猎图》中人物服饰线描图

质孙服饰回回制

质孙服初用毡毳革，后用苎丝金线，色都用红、绀、紫、绿，衣之绣纹有日、月、龙、凤等。张昱《辇下曲》中有“只孙官样青红锦，裹肚圆文宝相珠”的词句，由此可知质孙服以青红锦制者为多，在衣的肩背胸间贯以大珠作饰。

质孙服的衣料是回回工人织造的，镶缀在质孙服上的宝石明珠是回回商人贩运来的，因而来自西域的回回人经常用他们自己的语言“纳石失”称呼这种衣料和珍宝。

来自西域的纳石失：质孙服的重要原料

织金锦是丝绸品的一种，中国历史上开始大批生产织金锦的时代大约在中唐。自唐以降，中国的织金锦北盛于南，如在辽金墓葬里不时出现织金锦实物，这反映出北方游牧民族对织金锦有特殊的喜爱。

探其缘由，端倪在中国织金锦的初始时期就已显露，隋唐两代皇家同游牧民族本来就有血亲关系。蒙元时代中西交流盛况空前，统治民族又是来自北方的游牧民族，导致织金锦风靡。

织金锦的图案以金线显示，华贵而富丽。游牧民族对金和富丽之制具有特殊的热衷。蒙古族自古就以游牧为主，逐水草而行、避寒暑而居，造就了他们对精神生活和物质生活的追求，为此，牧民们习惯把自己的主要财富，转换为金银珠宝佩戴在身上，以便保存、迁徙。织金锦显然符合这个要求。另一方面，黄金又是财富和权力的象征，自古至今，历代统治者都以手中的权力，从民间大量攫取黄金，用来装饰宫殿和制造皇室用具及各种首饰，蒙元帝国亦不例外。

完整的右衽凤纹织金锦长袍（图/蒙元文化博物馆）

元代皇后织金像

典籍中的质孙服

窝阔台汗时代：体现威严，制作规范

质孙服最早见于史籍的是在窝阔台时代。窝阔台在继承汗位的宗王大会期间，慷慨赏赐，大宴亲贵。质孙宴上“他们每天都换上不同颜色的新装，边痛饮，边商讨国事”。《元史》卷2《太宗纪》记载，太宗六年“夏五月……大会诸王百僚，谕条令曰：‘凡当会不赴而私宴者，斩……诸妇人制质孙燕服不如法者及妒者，乘以骣牛徇部中，论罪，即聚财为更娶。’”从以上史料可以看出，窝阔台时期，质孙服业已随着质孙宴而出现了。并且，对质孙服的制作已有明确而严格的规定。

贵由汗时代：每天都换新颜色

贵由汗时代，罗马教皇英诺森四世的使臣柏朗嘉宾出使蒙古，目睹了贵由汗即位大典的盛况，蒙古人搭起巨型白色大毡幕，大宴宾客，宴会期间“第一天他们都穿白天鹅绒的衣服，第二天——那一天贵由来到帐幕——穿红天鹅绒的衣服，第三天，他们都穿蓝天鹅绒的衣服，第四天，穿最好的织锦衣服”。从柏朗嘉宾的记载中可以了解到，到贵由汗时代，质孙服已开始有了制度化的规定，即不仅每天更换一种颜色，而且要求颜色统一。还可得知，当时，用纳石失（织金锦）制成的袍服是质孙服中的极品。

忽必烈时代：纳石失造就质孙服的华丽典范

大汗于其庆寿之日，衣其最美之金锦衣。同日至少有男爵骑尉（即达官显宦和大汗的怯薛歹）一万二千人，衣同色之衣，与大汗同。所同者盖为颜色，非言其所衣之金锦与大汗衣价相等也。各人并系一金带，此种衣服皆出汗赐，上缀珍珠宝石甚多，价值金别桑（别桑，东罗马帝国货币名）确有万数。此衣不止一袭，盖大汗以上述之衣颁给其一万二千男爵骑尉，每年有十三次也。每次大汗与彼等服同色之衣，每次各易其色，足见其事之盛，世界之君主殆无有能及之者也。

庆寿之日，世界之一切达靼人及一切州区皆大献贡品于大汗。此种贡品皆有定额，并有他人献进厚礼以求恩赏。大汗选任男爵十二人，视其应颁赏之数而为赏赐。是日也，一切偶像教、回教、基督教之教徒，及其他种种人，各向其天主燃灯焚香，大事祈祷礼赞，为其主祝福求寿。大汗寿诞之日，庆祝之法盖如此也。（此节摘自《马可·波罗行纪》）

《元世祖出猎图》中的质孙服，从左至右为绿色、红色和蓝色胸背

纳石失：波斯语“织金锦”的音译

元代的织金锦包括两大类，一类是纳石失，一类是金缎子。纳石失品格高，声名大，广泛使用于元代。很早以前回回商人已将中亚出产的一种名叫“纳石失”的织物运销到了蒙古地区。“纳石失”是波斯语或阿拉伯语“织金锦”的音译，又写作“纳失失”“纳赤思”等，是一种以金缕或金箔切成的金丝作纬线织制的锦。据波斯史学家拉施都丁《史集》记载，成吉思汗西征之前，有一个花剌子模商队运了许多金锦、布匹到蒙古贩卖，为首的富商索价太高，每匹金锦要3个金巴里失（西域货币，相当于锭），而其本钱才花10到20底纳儿（当时1个金巴里失约兑换75底纳儿），成吉思汗大怒，命人将库中所存的此类金锦拿给这个商人看，表示这种物品对他来说并不新奇。

纳石失的用途甚广，如裁造衣帽、帷幔、茵褥等等。由于它图案艳丽，色彩夺目，具有极强的装饰性，故多用作衣缘装饰，设在大都的别失八里局就以生产衣缘纳石失为主，元朝的质孙服制作都离不开纳石失。

织造纳石失：官府作坊，专设制造局

元代，纳石失主要产在官府作坊，据《元史·百官志》中记录大约有5处，归属工部的有3处，即两个别失八里局和纳石失毛段二局中的纳石失局。当时，东来的一些“西域织金绮纹工”，被安置在弘州（今河北阳原）、荨麻林（今河北张家口）等地，专门设立了弘州、荨麻林纳石失局，“招收析居放良等户，教习人匠织造纳失失”。

关于纳石失的做法，虞集说：“纳赤思者，缕皮傅金为织文者也。”《道园学古录》卷24《曹南王勋德碑》中记载：“副以纳赤思衣等九袭。纳赤思者，缕皮傅金为织文者也。”

根据我国传统的区别方法，也可按金线的做法，把纳石失分成两类：一类是片金锦，显花的金纬线是将金箔粘附于薄皮，再切割成极窄的长片；一类是捻金锦，显花的金纬线是将片金线搓捻在丝线上。

纳石失辫线袍局部（图/蒙元文化博物馆）

双羊纹提花织锦被面图（图/蒙元文化博物馆）

蒙古大汗以及各亲王对纳石失喜欢至极，生前纳石失不离左右，死后还要带纳石失随葬，并用纳石失遮覆棺木装饰车马。当年，成吉思汗曾发誓，要把妻妾媳女

鸾凤串枝牡丹莲纹锦（图/蒙元文化博物馆）

缂丝动物花卉（图/蒙元文化博物馆）

"从头到脚用织金服装打扮起来"。

中西合璧的设计风格

纳石失图案的特征是主纹采取严格的对称形式，辅纹则一般精巧细密，还常常以波斯文或阿拉伯文织

对狮人面纹纳石失摹绘图

出工匠的姓名，散发着浓郁的伊斯兰艺术风格。工匠虽为西域人，但因在中国生产，纳石失图案少不得大量采用中原农耕风俗装饰题材，因而，纳石失也常常以中西合璧为图案风格。

内蒙古文物考古队1978年在内蒙古乌兰察布盟达尔罕茂明安联合旗大苏吉乡明水墓地出土了一批蒙古汗国时期的锦、绫、罗、纱、缂丝、绢等几大种类丝织品，从中能够了解当时纳石失的织造水平。丝织品中不少为织金锦，特别是一件保存完好的织金锦袍，锦袍面料主要采用方胜联珠宝花织金锦。锦的图案为四方连续花纹，由凸凹两种方格形组成，格内是以对角线为轴的两种对称花卉变形图案。图案外形为规矩方格形，方格中是一个团窠，窠中有一对左右对称并置头戴王冠的带翼人面狮身像图案。人的面部表情略显儿童稚气，毫无狮子的凶猛相，两狮回首顾盼，描画十分传神。该图案不仅反映出当时织金锦的织造技术已达到一定的水平，而且也证明了当时中西文化交流之频繁——带翼人面狮身像图案恰好是中亚10—12世纪之间流行的丝织品图案。

骑马轻便辫线袍

辫线袍正面图(图/蒙元文化博物馆)

辫线袍背面腰部及肩部图(图/蒙元文化博物馆)

什么是辫线袍

辫线袍流行于蒙元时期，是一种腰部饰以辫线并竖向有密褶的窄袖束腰裙袍，其最大特征是腰部缀有辫线，其形似质孙服，所不同之处，唯腰间加多横褶，是腰线的另一特制形式。辫线袍的特点是紧身、轻便，多为善骑射、涉水草、骑马驰骋的武官或随从侍官穿着。以中亚结纱技术织制的纳石失是辫线袍的主要面料，有时还装饰袍的领、袖等部位。

多重文化风格的集中体现

腰部辫线由结纱或丝线加搓而成，并以纽袢、系带和扣带作为前后片的系结方式；肩部的日月纹及肩襕(即位于肩部的横条带)装饰分别具有明显的中原汉族传统文化特色以及中亚艺术风格。

元朝文献中有许多辫线袍的图像资料，如元通俗读物《事林广记》中的元人步射图，元至元刻本《全相平话五种》中的军官兵卒都穿辫线袍。新疆、内蒙古的考古发掘中也有多件实物出土，如1970年新疆乌鲁木齐南郊盐湖一号元墓出土的一件辫线袍，1978年在内蒙古达茂旗大苏吉乡明水古墓出土的方胜联珠宝花织金锦和人面狮身像织金锦辫线袍。在蒙古国国立博物馆藏有出土的蒙古汗国时期的辫线袍。

辫线袍的工艺制作特征

辫线袍的形制是腰线下折成类似百褶裙的细褶，其褶在制作上使前后两片交叠形成了两个左右开衩，便于游牧骑乘活动。辫线袍形制的主要特征为：衣裙相连，上衣短窄，交领，右衽，袖口以窄为多，长袖，下裙长过膝，腰部以下宽大，有多道细裥，并缀以辫线。穿时腰间紧束，十分便于骑射，是典型的北方游牧民族的传统服饰。

辫线为辫线袍最明显的特征，由两根粗细相等的辫线合为一对后密密缝缀于腰部。一件袍的辫线多达60至200根左右。文献上记载辫线多呈蒙元喜好色大红色，但从出土实物看辫线已大多褪色为深紫色。

在双肩部、袖口织制或刺绣装饰图案是蒙元时期辫线袍的重要特征之一。从出土实物来看，其肩部纹饰主要有肩襕纹饰和日月纹饰两种。

罟罟冠和冬帽夏笠

蒙元冠饰的典范

峨峨然者名罟罟
——罟罟冠的华美形制和身份特征

蒙元时期，蒙古女性喜欢戴一种高耸的冠饰，名为"罟罟"，这种蒙古人特有的已婚贵族妇女戴的冠帽，风格古朴，造型夸张，充满想象力，在色彩处理和装饰组合上善于利用对比手法，其珠宝装饰图案结构严密有序，造型对比强烈，纹样视觉效果既简单又丰富，呈现出浑厚、粗犷的游牧民族性格和特色。

罟罟冠的形制特色

罟罟冠的造型可分为三部分：首先是冠顶，有椭圆形和方形两种，插以羽毛或树枝装饰；中部为冠的筒帽，呈上宽下窄的椭圆形或方形；下部是冠筒与头部连接处，以兜帽、风帽等固定，再辅以抹额等装饰。

关于罟罟冠的形制，汉字史料记载最早见于成书约在公元1221年的李志常的《长春真人西游记》，同时代的南宋使者赵珙在《蒙鞑备录》，以及南宋彭大雅在《黑鞑事略》中都有记载，从中看出13世纪初罟罟冠的大致情况：一是以桦皮或铁丝为骨架，外面包以黑布或红青锦绣，其上又插有柳枝细铁丝或野鸡毛；二是其形状呈圆柱形，高约二尺至三尺，并以竹夫人作比喻；三是蒙古已婚妇女普遍戴罟罟冠。而且，当时的元代，南方的汉人不是能够普遍戴罟罟冠的，只有在元朝称臣的南人之妇，才可以戴罟罟冠。

右上图：敦煌壁画元代戴罟罟冠的供养人（选自沈从文《中国古代服饰研究》）

下图：罟罟冠形制图

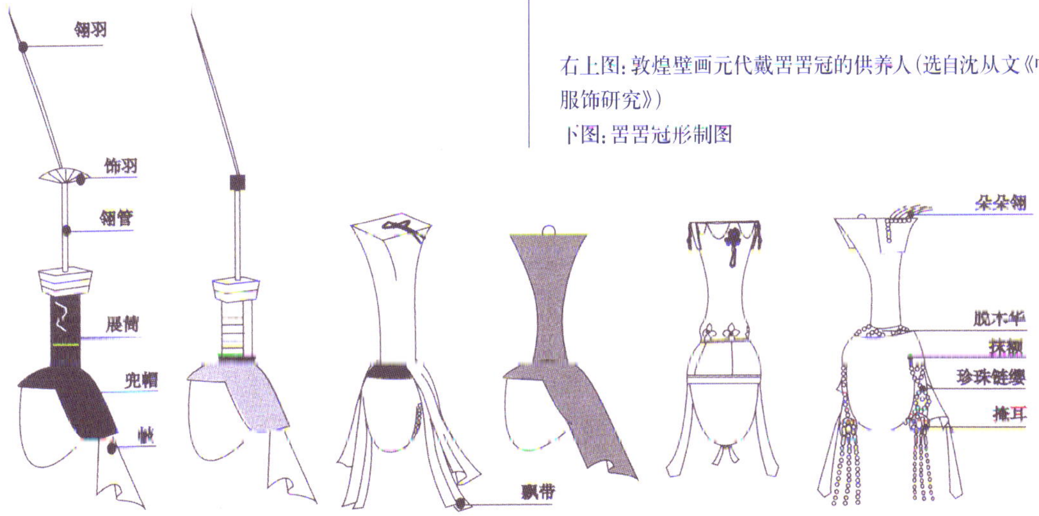

贵族和已婚的身份标记：罟罟冠

当时的西方传教士对罟罟冠亦有很详细的记载，如13世纪中期的两位传教士柏朗嘉宾和威廉·鲁布鲁克都在书中对这种形状奇特的首服有详细的描述，从其描述中可以总结出其所见罟罟冠的如下特点：一是以树皮、树枝或其他轻便材料为材料；二是其装饰物有孔雀羽毛、野鸭毛、织锦、麻布、宝石等；三是其高度在二三尺左右，形状为下细上粗的圆柱体，结构上是在兜帽的基础上另加一个冠；四是罟罟冠是已婚妇女的标志；五是戴罟罟冠已成为贵族妇女的特权。

华贵艳丽的身份体现：罟罟冠的奢华装饰

特别值得一提的是，罟罟冠的装饰非常有讲究，在《元明事类钞》中记载了明代女诗人夏云英的诗句："要知各位恩深浅，只有珍珠罟罟冠。"从元代帝后画像罟罟冠的装饰中可以看到珍珠饰品及其他宝石，尽显其华美贵气之风格。

波斯和其他西方史料亦有关于罟罟冠装饰华丽程度的记录。《鄂多立克东游录》云："已婚者头上戴着状似人腿的东西，高为一腕尺半，在那腿顶有些鹤羽，整个腿缀有大珠。因此若全世界有精美大珠，那准能在那些妇女的头饰上找到。"《克拉维约东使记》这样描述帖木儿大夫人："面罩白色薄纱，头髻高耸，颇类头顶盔盖，发际有珠花宝石等首饰，髻旁插有金饰为一象形，其上亦镶有大粒珍珠。另有红宝石三块镶于象上。宝石之巨大，约有二指长，发际尚插有鸟羽一枚。"

细致的罟罟冠装饰花形

从元顺宗皇后塔济像和元世祖皇后察比像的罟罟冠装饰上看出，在罟罟冠正中额顶处饰有"九珠方胜或叠胜葵花之类"和用10颗硕大珍珠组成的三角形图形，名脱木华。罟罟冠用来固冠的冠缨，为了突出珍珠的光泽往往以黑色带做底，用珍珠连缀成菱形图案装饰

元世祖忽必烈察比皇后像上的罟罟冠（图/齐木德道尔吉）

其上。罟罟冠顶有穿结成珠环下垂到两肩似璎珞的珠链，如元末学者熊梦祥记载："与耳相连处安一小钮，以大珠环盖之。以掩其耳至颐下，光彩眩人。"此外，在珍珠链的左右当耳处还另有装饰，或为一大珠，或为葫芦环，"与耳相连处安一小钮，以大珠环盖之，以掩其耳在内"中的"掩耳"，其功能主要是起到掩饰耳朵的作用，其外形图案"环多是大塔形葫芦环，或是天生葫芦，或四珠，或天生茄儿，或一珠"。

以上资料形象地反映出元代中后期罟罟冠在装饰方面的华丽程度，不仅饰有珠花宝石、大珠玉环，而且大珠玉环的装饰图案、装饰花形亦有一定的讲究。按装饰的不同又分"脱木华"和"速霞真"两种。元人诗歌中也有描写罟罟冠的精美诗句，例如杨允孚在《滦京杂咏》中写道："香车七宝固姑袍，旋摘修翎付女曹。"

椎髻插簪儿：民间女子发髻头饰

不得自由的民间头饰

元代妇女讲究头饰，一般有首饰和头面，首饰包括钗、钿、耳环、梳等，头面主要包括钏、镯等，根据质地不同分为玉头面、金头面和银头面等。同时元代对民间装饰品有严格限制，一般百姓的帽笠上不可以用金、玉装饰，妇女首饰只准许用翠花和金钗各一件，耳环可用金珠碧甸，其他首饰只能用银制成，因而，金、银、珠、玉、翠等饰品成为身份等级的象征。

别样梳的发髻

元代妇女的椎髻发式一般有：包髻、双髻、双垂髻等。包髻式，是将头发梳向后脑顶部盘髻，并插簪或扎带。《元宫词》中有“包髻团衫别样妆”的诗句，似应为包髻式。

双髻式，是将头发梳向头顶分左右作两髻。双垂髻式，是将头发分左右垂双髻，上面饰有彩带等。陶宗仪有《咏碧窗诗》：“双柳垂鬟别样梳，醉来马上倩人扶。江南有眼何曾见，争卷珠帘看固姑。”

从蒙元时期的壁画中可以清晰地勾画出当时人们的发式情况。在内蒙古赤峰元宝山元墓壁画《对坐图》中，女墓主的发式即“盘髻插簪，耳垂翠环”，女仆则“梳双丫髻，髻上扎红带”。内蒙古赤峰三眼井元代2号墓壁画保存完整，《宴饮图》中人物服饰最具特色。男女主人，平坐宴饮，男主人居左，头戴尖顶宽檐帽，上饰朱红帽缨，脑后垂巾；女主人居右，身着宽袖袍罩开襟长衫，领沿饰花，中单盘领。两侍女头上笼髻，上饰红花，身着盘领长衫。

宴居图：凉城元墓壁画，服装和帽子都是蒙古式的，展现了漠南地区经济和文化的兴盛情况

冬帽而夏笠：蒙元男子头饰

蒙元男子帽冠：从防御实用到社会功能的转变

帽冠是头饰的重要组成部分，它主要起到保护和修饰头部的作用，古代概称“首服”或“头衣”。《释名·释首饰》曰：“冠，贯也，所以贯韬发也。”古代人蓄发、戴冠，主要用于韬敛头发。“冠”，是古代人头上帽冠的总称，用以表示官职、身份或礼仪之用。蒙古人善骑射、放牧与狩猎，戴帽伊始，初为御寒、防风沙之用，随着社会的繁荣，经济文化的昌达，帽冠除实用及装饰作用外还有其特殊的含义，从帽冠上可显现出尊卑贵贱之分，这是历史发展的必然结果。

帽冠的形制：王公重臣尊贵自现

明代叶子奇在《草木子》中对此有如下描述：“官民皆戴帽子，其檐或圆，或前圆后方，或楼子，盖兜鍪之遗制也。”以上所说为官民的首服，那么君主的又是怎样的呢？《万历野获编》记载：“元时除朝会后，王公贵人俱戴大帽，视其顶之花样为等威，尝见九龙而一龙正面者，则元主所自御也。”蒙元时期不论男女，均有顶冠戴帽的习俗。蒙古人男子“冬帽而夏笠”，冬季戴暖帽，夏季戴笠帽。下面介绍四种具有代表性的帽冠：

其一，暖帽。暖帽是一种用珍贵皮毛制成的暖额帽。一般以贵重毛皮制成，也有以金锦制成的。暖帽有多种式样，多采用黑貂、青鼠等贵重毛皮制成，为冬季的首服。元太祖成吉思汗、元世祖忽必烈画像中大汗们即戴貂皮暖帽。

其二，钹笠。蒙元时期蒙古王公大臣都戴大帽，即钹笠。钹笠是一种圆檐斗笠形帽，因为形状像钹，所以叫钹笠，也可以叫作笠帽。

笠帽有宽前檐帽、带缨钹笠和后面加帔钹笠，据说宽前檐帽是在忽必烈时期由察比皇后改进而成——在一些史书上对察比皇后的这项创造的由来有如下的解

元壁画行香人（选自沈从文《中国古代服饰研究》）
左：垂辫环、交领小袖长袍行香蒙古贵族（榆林窟壁画）；中：罟罟冠，交领长袍行香蒙古贵族妇女（榆林窟壁画）；右：笠帽，云肩长袍二行香蒙古贵族（敦煌332窟壁画）

释：忽必烈骑射之时感到太阳的光芒异常刺目，将自己的不适告诉了皇后，皇后聪颖地将帽子加了帽檐，忽必烈大悦，将这种样式作为一种惯制定了下来。而后全国的人民都纷纷效仿，成为一种较为普遍的式样。内蒙古赤峰元宝山元墓壁画男墓主人头戴尖顶宽檐帽、饰红帽缨，一男仆头戴圆顶宽檐帽、后檐垂带、形似匙头外分张垂二带。戴宽檐笠帽是元代服饰的一大特征。

帽冠形制与身份场合严谨配套

暖帽、钹笠与质孙服配套穿戴，天子质孙服分冬夏两季。冬季帽冠有五种，即金锦暖帽、七宝重顶冠、红金达子暖帽、白金达子暖帽、银鼠暖帽，分别与15种质孙服搭配成套。夏季帽冠有13种，即宝顶金凤钹笠、珠子卷云冠、珠缘边钹笠、白藤宝贝帽、大红金凤顶笠、绿金凤顶笠、蓝金凤顶笠、银褐金凤顶笠、枣褐金凤顶笠、金凤顶笠、金凤顶漆纱冠、黄牙忽宝贝珠子带后檐帽、七宝漆纱带后檐帽，也分别与15种质孙服搭配成套。

元至顺刻本《事林广记》宴饮图中的蒙古族官吏戴四方瓦楞帽，着披肩、交领长袍

怯薛是蒙古大汗的护卫人员，享有特殊的政治待遇和优厚的经济待遇。忽必烈建大元之后，承袭汉族的衣冠制度，护卫人员的衣饰有了定制。

据《元史·舆服志》记载，宫廷护卫人员在头饰方面所使用的巾、冠达13种之多。

民间流行的瓦楞帽和珠子卷云冠

除上述帽冠外，还有一些冠帽在蒙元时期也颇为流行，如四方瓦楞帽和珠子卷云冠。

四方瓦楞帽，在榆林窟壁画和《事林广记》中均有该形制的帽子。元代对这种笠帽未有名称，唯有宋代孟元老《东京梦华录》记载："五色介胄，跨马之上或小帽……或漆皮如戽斗而笼巾者……"按戽斗即汲水灌田的旧式农具，其形底小而口敞，也是类似此笠式，是用细藤和牛马尾或细藤和草做成。

珠子卷云冠，多见于西方史料波斯彩绘图。

采用珠玉宝石装饰笠帽，是元代的又一特征，尤其是官宦人家"诸石之器，莫贵于玉"，人们可以从笠帽上装饰珠玉宝石的多少来判断主人的社会地位。当时用于装饰笠帽的宝石多达数十种。

从宝石的名称上看，其中相当一部分来自西域地区、中原地区和西夏。元代陶宗仪在《辍耕录》中对此曾有如下记载："成宗大德年间本土巨商中卖红剌石一块于官，重一两三钱，估直中统钞十四万锭，用嵌帽顶上。自后累朝皇帝相承，凡正旦及天寿节大朝贺时则服之。"足以见当时笠帽装饰之华丽、珠宝之贵重。

撰稿专家

苏日娜，蒙古族，中央民族大学教授，博士生导师。主要研究方向为民俗学、蒙古族服饰文化、非物质文化遗产传承与保护、蒙古学文献等。出版各类著作5部，发表学术论文30余篇。主持国家社科基金项目"蒙古族服饰文化的多学科研究"，代表作有《少数民族服饰》《蒙元服饰文化》《百年蒙古学综目》等。

《少数民族服饰》

扫描二维码，
阅读专家代表著作的电子版

沟通欧亚大陆的商贸通道

元代草原丝绸之路

“丝绸之路”是东西方商贸通道的雅称，以丝绸贸易为商品流通标志。中国古代的丝绸之路主要有4条：其一为沙漠丝绸之路，从洛阳、西安出发，经河西走廊至西域，然后通往欧洲；其二为贯通蒙古高原地带的草原丝绸之路；其三为东南沿海的海上丝绸之路；其四为西南地区通往印度的茶马古道。

在大草原上，草原丝绸之路经过的地区水草丰美，具备人类生存赖以仰仗的基本条件。另外，游牧民族逐水草迁徙的生活方式，是草原丝绸之路上最为有力的资源供给与保障，而海上丝绸之路、沙漠丝绸之路就不具备这样的条件。草原丝绸之路上的商品运输一般使用马匹或车辆，这些商品的承载工具灵活而又便捷，因此，草原丝绸之路上的商品交换波及面广，速度快，效率较高。如果从文化传播的角度上看，草原丝绸之路文化传播的面是全方位的，而且所经过的地区又是人类生活的聚集区，文化的冲击力与覆盖面较大，而游牧民族四时迁徙的特点与骑马术的普及，又使得文化的传播速度

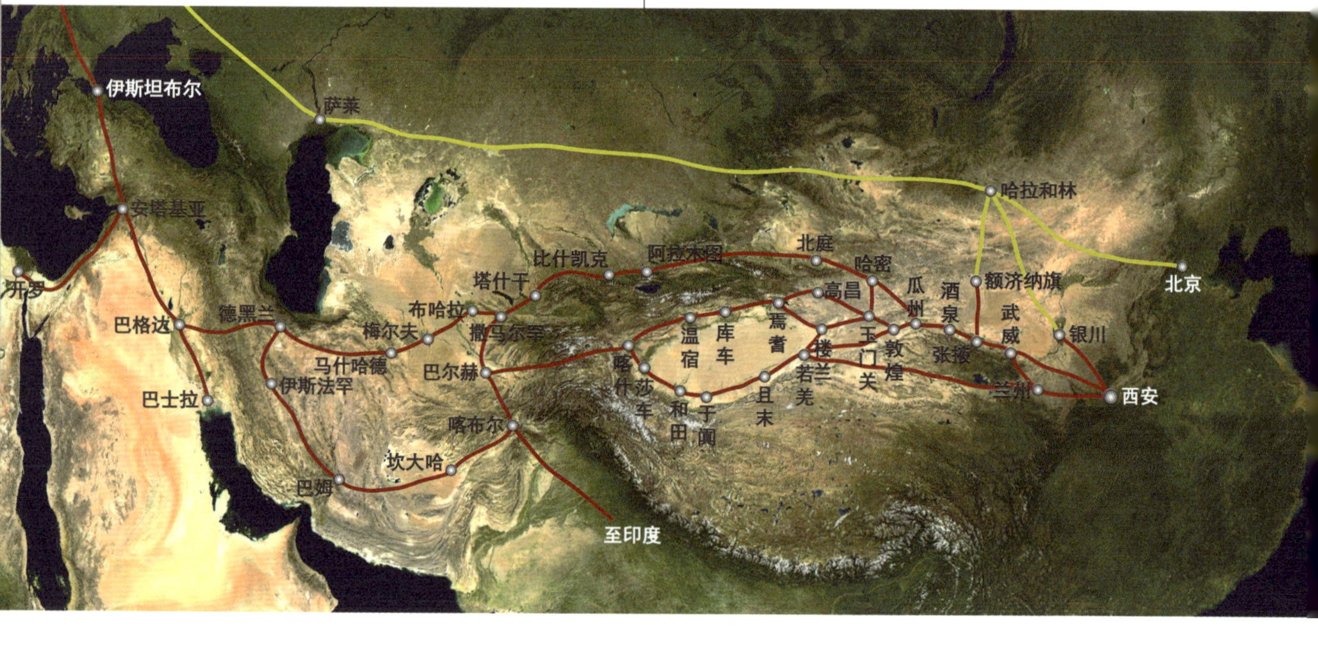

沙漠丝绸之路（红线）与草原丝绸之路（黄线）线路图（绘图/陈丹正）
草原丝绸之路的主体线路是由中原地区向北越过阴山、燕山一带的长城沿线，西北穿越蒙古高原、南俄草原、中亚北部，直达地中海北陆的欧洲地区。
沿线经过的主要古代城市有辽上京（今内蒙古巴林左旗辽上京遗址）、元上都（今内蒙古正蓝旗元上都遗址）、集宁路（今内蒙古集宁路古城遗址）、天德军（今内蒙古丰州古城遗址）、德宁路（今内蒙古敖伦苏木古城遗址）、哈剌浩特（今额济纳旗黑城遗址）、哈剌和林（今蒙古国前杭爱省哈拉和林遗址）、讹答剌（今哈萨克斯坦奇姆肯特）、塔剌思（今哈萨克斯坦塔拉兹）、托克马克（今吉尔吉斯斯坦托克马克）等

较快，而海上丝绸之路、沙漠丝绸之路文化的传播面受自然环境的限制，是单一的，只局限于点状，文化传播的速度要慢一些。

丝绸之路是人类历史上最长的文化交流大通道，千百年来，围绕着这条大通道，发生了一系列重大的历史事件，东西方文化以此为纽带碰撞、融合、升华，对人类文明的产生、社会历史的发展产生了积极而又深远的影响。草原丝绸之路不仅是连接东西方经济、文化交往的通道，也是连接中国长城以南地区与北方草原地区经济、文化交往的要道。

延续千年的北纬商贸带

草原丝绸之路是蒙古草原地带沟通欧亚大陆的商贸大通道，是丝绸之路的重要组成部分。其时间范围可以定位为青铜时代至近现代，空间范围大致框定为北纬40度至50度之间的这一区域，自然环境以草原为主要地貌特点，活动的人类群体以游牧为主要经济类型。

草原丝绸之路东段最为重要的起点是内蒙古长城沿线，这里是游牧文化与农耕文化交汇的核心地区，是草原丝绸之路的重要连接点。

在草原丝绸之路上活动的人类群体主要是古代的游牧民族，自青铜时代起，先后有卡拉苏克、斯基泰、狄、匈奴、鲜卑、突厥、回鹘、契丹、蒙古等主要游牧民族。尤其是元代蒙古人的活动把草原丝路推向一个高峰。

6世纪，突厥汗国为了控制东西商路，曾与东罗马帝国联合，试图消灭波斯，取代其中间商的地位，于是引发了长达20年的东罗马与波斯之间的战争。同样，13世纪初叶，大蒙古国与花剌子模之间的战争，起因也是为了亚欧商路，其中有巨大的商业利益和经济诱惑。

茶马互市图（选自《中国少数民族文化史图典·北方卷》）

草原丝路上游牧民族的特征：爱丝绸更爱黄金

丝绸之路的形成必须具备两大前提要件，首先是要有相对稳定的社会群体与相对文明的组织结构，其次是要有大宗商品交换的需求。在蒙古草原地带，大宗商品交换的需求起源于青铜时代，草原丝绸之路的形成应与之同步。根据目前发现的考古材料来看，草原丝绸之路初步形成于公元前5世纪前后，其产生的重要原因与游牧民族“逐水草迁徙”的生活习俗以及部落之间的战争有关。

2500年前，来自欧洲的斯基泰人在亚欧大陆之间的阿尔泰山地区开采宝石与黄金。黄金宝石是最豪华的装

内蒙古地区发现的古罗马金币（图/陈永志）

苏尼特驼队(图/额博)

饰品，深得草原游牧民族的喜爱，由此促进了草原地带贵金属冶炼技术的发展。

在这一时期，在亚欧草原的中部相继形成了早期的游牧文化，主要有卡拉苏克文化、斯基泰文化、科班文化、塞种文化等。这些文化最大的特点就是“野兽纹”艺术装饰风格的盛行，这些野兽纹装饰品大多以黄金与青铜为主要质地。这些贵重金属装饰品的交换与流通，既促进了不同地区的游牧文化的发展，同时也开辟了不同地区的商贸通道。

在整个亚欧草原地带，相继发现的装饰风格与造型相类的黄金饰品与青铜器，就是不同地带文化交流与商贸通道畅通的表现。在蒙古草原南端的鄂尔多斯地区发现大量黄金与青铜质地的野兽风格的装饰品，其中以内蒙古杭锦旗阿鲁柴登的两座墓葬当中的金器最为典型，包括鹰形金冠、四虎噬牛纹金饰牌、虎形镶宝石金饰、金项圈、金耳坠等。这是草原丝绸之路东端开通的重要标志，内蒙古地区在草原丝绸之路中的区位优势日渐凸显。

爱好黄金饰品，是游牧民族的一大特征

据东罗马帝国史学家梅南窦说，6世纪时天山南麓的巴音布鲁克（蒙古语，意为泉源丰富）草原上突厥王接见东罗马帝国使节时，他坐在纯金辇座上，使者们看到的是他被黄金围绕的奢侈生活。2001年，土耳其考古队在蒙古国杭爱地区发掘出8世纪突厥王毗伽可汗的墓葬，不仅发现了黄金王冠，还有2300多件金银器，其中不少是东罗马帝国史书中记载过的突厥繁盛时的物件，学者认为这是草原丝绸之路中间要冲环节收益丰厚的见证。

伊犁河畔有个叫铁木里克的小村子，村名的蒙古语意思是铁矿石，自古以产铁矿石闻名。现在村庄里仅存的一个老铁匠，70多岁高龄，他打制的马具，都要用红宝石镶嵌，这是欧亚大陆各地常见的游牧传统中对黄金珠宝饰品充满热情的见证。

镶绿松石金耳坠，耳坠由坠和环两部分相连而成，坠上下包金焊饰梅花珠，下连三片金叶，活动自如(图/内蒙古博物院)

驿路系统的制度保障

草原通道的形成，与自然生态环境有着密切的关系。在整个欧亚大陆的地理环境中，要想沟通东西方交往是极其困难的。北亚遍布寒冷的苔原和亚寒带针叶林，很不适合人类生存，中亚又有崇山峻岭和广阔无垠的戈壁沙漠，筑成一道天然屏障，阻隔了东西方的通道。而在整个欧亚大陆的地理环境中，在北纬40度至50度之间的中纬度地区，恰好是草原地带，东起蒙古高原，向西经过南西伯利亚和中亚北部，进入黑海北岸的南俄草原，直达喀尔巴阡山脉。在这条狭长的草原地带，除了局部有丘陵外，地势比较平坦，生态环境比较一致。这条天然的草原通道，向西可以连接中亚和东欧，向东南可以通往中国的中原地区。

草原丝绸之路是几千年来连接东西方经济贸易的大动脉，它的发展与繁荣在蒙元时期达到了顶峰。在窝阔台汗时期，正式建立了驿站制度，元朝形成了规模庞大、四通八达的驿站网络。这些驿站既是元朝政令、军令和消息上传下达的重要通道，同时也是政府对外进行商贸往来的主要线路。

这时的草原丝绸之路形成了三条主线。据《元史·地理志》记载：“北方立站：帖里干、木怜、纳怜等一百一十九处。”“帖里干”道属东道，起点站为元大都，北上经元上都、应昌路（今克什克腾旗达里湖西岸）至翕陆连河（今克鲁伦河）河谷，再西行溯土拉河至鄂尔浑河上游的哈剌和林（今哈拉和林）地区；“木怜”道属西道，在元上都附近，西行经兴和路（今河北省张北县）、集宁路（今内蒙古察右前旗）、丰州（今内蒙古呼和浩特白塔子古城）、净州路（今内蒙古四子王旗）北溯汪吉河谷（今蒙古国南戈壁省翁金河）至哈拉和林；“纳怜”道又称“甘肃纳怜驿”，自元大都西行经大同路东胜州（今内蒙古托克托县大荒城）溯黄河经云内州至甘肃行省北部亦集乃路，北上绕杭爱山东麓至哈拉和林。

哈拉和林遗址发现的龟趺(图/陈永志)

由于哈拉和林地区地处蒙古高原的腹地，草原丝绸之路的三条主干线大多通过这里再向西北经中亚纵向延伸，直至欧洲。这三条通往欧洲的驿路，构成了草原丝绸之路最为重要的组成部分。

莲花鹅尾银香炉，1993年内蒙古宁城县出土，为礼佛者行进时手持的小香炉(图/内蒙古文物考古研究所)

草原丝路上络绎不绝的先行者

推喇嘛庙岩画上的车辆图形（图/达茂旗博物馆）

生活繁衍在蒙古草原地带的游牧民族是传承东西方文明的重要人群，同时也是草原文化的主要缔造者，对开通和繁荣草原丝绸之路做出了巨大的贡献。草原丝绸之路的形成、繁荣与发展，与蒙古族之前的游牧先民匈奴、突厥、回鹘、契丹都有着密切关系。

在中原的夏商阶段，草原丝绸之路形成也初见端倪。在蒙古草原地带的岩画当中发现不同形制的车辆图案，说明车的发明应当与北方草原生活的游牧民族有关系。

由于车辆是承载货物进行交换的重要运输工具，说明此时已经具有商品远距离交换的能力。由于车辆的发明是以道路的形成为主要前提的，因此，可以推断在中原的夏商时期就已形成了若干条较为稳定的贸易通道，草原丝绸之路实际上已经形成。

匈奴肇兴于公元前3世纪，在部落首领冒顿单于时，一举统一北蒙古草原，建立了强大的匈奴帝国。被称为"上帝之鞭"的匈奴南下与西迁，实际上是将蒙古草原地带的丝绸之路进行了强有力的连缀与拓展，与漠南的沙漠丝绸之路形成亚欧大陆南北两大交通要道，丝绸之路逐渐形成带状体系。

在蒙古国诺彦乌拉、高乐毛都匈奴墓葬中出土的玉饰件、漆耳觞、汉式铜镜以及棺椁葬具，还有写有汉字的丝绸与青铜鍑等文物，都是草原丝绸之路上商品交换与文化交流的重要实物例证。

匈奴之后的鲜卑，经过轲比能、檀石槐部落大联盟，又一次统一蒙古草原地带，草原丝绸之路得到了进一步的发展。鲜卑族汉化的历史进程，也与草原丝绸之路的开通具有密切的关联，鲜卑族的南迁基本上是以草原丝绸之路为依托的。

一个民族的迁徙实际上是不同民族文化的互动过程，在草原地带出土的东罗马金币和波斯萨珊朝银币与波斯银壶，还有在西方的金银器皿上施用的牡丹纹、莲花纹、龙凤纹，这些都是渗透在草原丝绸之路上的重要文化因子，彰显出草原文化的昌盛与繁荣。

突厥人于公元6世纪中叶在蒙古草原地带建立了突厥汗国，其疆域东

内蒙古地区出土斯基泰文化风格的虎咬牛纹金牌饰（图/内蒙古博物院）

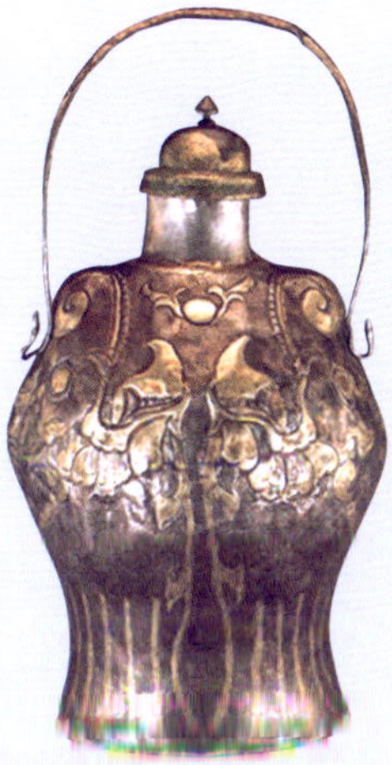

内蒙古喀喇沁旗发现的波斯银壶（图/陈永志）

内蒙古陈国公主辽代墓葬中发现的西方玻璃器、和田玉佩饰（图/陈永志）

尽大漠，西至里海，南抵波斯、印度，使许多草原和森林部落都处于它的控制范围之内。这时的草原丝绸之路具体路线主要有两条：一条由锡尔河出发，通过咸海北岸；另一条沿阿姆河，通过咸海南岸。两条通道在乌拉尔河口附近会合，通向伏尔加河，再沿顿河和黑海北岸到达君士坦丁堡。

唐朝对蒙古草原的统一管理，使草原丝绸之路得到进一步的发展。唐朝军队相继打败突厥、铁勒汗国，迫使漠北草原的游牧部落在回纥的率领下归附唐朝，唐朝以铁勒、回纥诸部设置六个都督府和七个州，“于是回纥等请于回纥以南，突厥以北，置邮驿，总六十六所，以通北荒，号为参天可汗道，俾通贡焉”（《唐会要·安北都护府》。注：788年，回纥改名为回鹘）。

回纥汗国的牙帐位于杭爱山北麓的鄂尔浑河流域，今蒙古国哈拉和林西北哈拉巴拉嘎斯古城，“参天可汗道”就是由唐朝北部军事重镇丰州（今内蒙古五原南）向北通往回纥牙帐的交通要道，也就是草原丝绸之路通往中原的重要支线。

契丹建立的辽王朝，使草原丝绸之路更加贯通。北宋与辽在边境地区设置榷场互通有无，辽政府还在上京（今内蒙古巴林左旗林东镇南）城内的同文馆设置驿馆，为诸国信使提供良好的住宿条件。当时，西夏占据河西走廊，辽与西方国家的往来主要依靠草原丝绸之路，辽以上京（今内蒙古巴林左旗林东镇南）、中京（今内蒙古宁城县大明城）、东京（今辽宁省辽阳市）、南京（今北京）、西京（今山西省大同市）为骨干，形成了可北达室韦、乌古，东北至黄龙府、渤海国、奴儿干城，西北至突厥、吐谷浑，西至丰州、朔州、夏州达西夏，南通北宋的道路网络。

唐代回鹘首都，今蒙古国哈拉巴拉嘎斯古城遗址（图/陈永志）

草原丝路的鼎盛和繁荣

蒙元时期是草原丝绸之路最为鼎盛的阶段。成吉思汗建立横跨欧亚的蒙古汗国，道路四通八达，并建立驿站制度。元朝，以上都、大都为中心，设置了帖里干、木怜、纳怜三条主要驿路，构筑了连通漠北至西伯利亚、西经中亚达欧洲、东抵东北、南通中原的发达网络。当时，阿拉伯、波斯、中亚的商人通过草原丝绸之路往来中国，商队络绎不绝。

此时最为著名的商贸城市是元上都。

元上都城内的西关，是各国商人进行交易的地方，史载："（上都）自谷粟布帛，以至纤靡奇异之物，皆自远至。宫府需用万端，而吏得以取具无阙者，则商贾之资也。"（虞集：《贺丞相墓志铭》，载《道园学古录》卷18）可见商品交易之盛况。在元上都，外国使者、旅行家、商人、教士等频繁来访。

近几年，在这些草原城市的遗址当中，相继发现了当时商品交换的大量实物。在呼和浩特市东郊的万部华严经塔发现了世界上现存的最早的钞票实物"中统元宝交钞"，在额济纳旗黑城古城遗址相继发现"中统元宝交钞""至元通行宝钞"。在内蒙古各地还发现

内蒙古额济纳旗黑城遗址出土的元代纸币（图/陈永志）

了大量中原辗转交换来的瓷器。元代集宁路古城遗址发掘出土了大量的窖藏瓷器，汇聚了中原七大名窑的精品，同时还出土4万余枚铜钱，足以说明当时贸易的兴盛。另外在元上都、德宁路、净州路等地还发现带有古叙利亚文字的景教墓顶石，充分说明了当时东西方文化交流的盛况。

当时，在中国北方大草原上，类似于元上都、集宁路、德宁路、净州路这样的草原商贸城市还有很多，它们成一线分布于蒙古草原的东部边缘地带，是东西方商贸交易的重要枢纽，也是中原向西方输出商品的桥头堡。草原丝绸之路的发达，为开放的元朝带来了高度繁荣，使草原文明在元朝达到了极盛。

内蒙古额济纳旗黑城遗址

保存最久远的文化遗产线路

草原丝绸之路在沟通东西方经济、文化交流方面，比其他丝绸之路有着得天独厚的优势。从文化的角度看，草原丝绸之路具有多样性与复杂性特点。草原丝绸之路东端连接着位于蒙古高原南部边缘的中原地区，强大的农耕文化势必对草原地带的游牧文化产生巨大的影响。草原丝绸之路从本义上看是指一条连接东西方贸易的交通要道，但商品交换的附加效应势必是文化之间的交流与碰撞，而草原丝绸之路恰恰是连接这两种文化的纽带与桥梁，因而，草原丝绸之路从文化的角度上呈现出多样性与复杂性。

游牧民族的经济受自然环境的制约，是极不稳定的，遇到天灾人祸，都会使游牧民族的经济衰退，也会产生为谋求生存而与他族争夺自然资源的战争。所以，草原丝绸之路的发展历史上，除了商品交换以外，还会出现不同种族间的和亲、朝贡、战争等复杂的文化现象。

草原丝绸之路承担着东西方政治、经济、文化交流的重要使命，是当今世界上保存最长、辐射面最广、影响最为深远的文化线路。关于文化线路，国际古迹遗址理事会颁布的《文化线路宪章》中有明确的概念定位：任何交通线路，无论是陆路、水路，还是其他形式，拥有了实体界线；以其自身所具有的特定活力和历史功能为特征，服务于特定的、十分明确的用途。文化线路必须满足以下条件：必须是产生于也反映了人们之间的相互往来，以及贯穿重大历史时期的人类、国家、地区甚至大陆之间的货物、思想、知识和价值观的多维度的持续的相互交流；它也因此必须促进了其所影响的文化在时间和空间上的杂交融合，并通过其有形的和无形的遗产反映出来；与线路存在相关的文物和历史关系，必须已经构成了一个充满生机活力的系统。以上述国际通行的文化线路概念来考量草原丝绸之路，无论从规模、影响与所包含的文化内涵上来讲，它的遗产优势明显高于其他文化线路。所以，我们可以把草原丝绸之路的遗产价值做如下定位：草原丝绸之路是青铜时代以来沟通欧亚大陆最为主要的商贸大动脉，它是集系统性、综合性于一身、具有突出普遍价值的世界级的文化遗产，也是目前世界上最为庞大而又最具影响力的文化线路。

草原丝绸之路东端起点在中国北方长城地带（主要在今天的内蒙古自治区），自东向西分布有一系列的古代城市遗址，这些古代城市遗址是草原丝绸之路重要的实物载体，以此为中心，多民族文化产生、发展、碰撞、融合、升华，从而形成了博大精深的草原文化。草原丝绸之路不仅是中华文化向外传播的纽带与桥梁，也是草原文化的结晶，中华文化的精粹。

内蒙古地区出土的元代商队陶塑（图/陈永志）

内蒙古集宁路古城遗址发现的高丽青瓷（图/陈永志）

世界文化遗产元上都

草原丝路的地理见证

元上都遗址是中国北方草原地带保存最为完整、规模最大、出土文物最为丰富的文化遗存，是草原丝绸之路上最为重要的交通枢纽。元上都遗址至今保存完好，城址内皇城、宫城、外城及关厢遗迹清晰可辨，宫殿台基突兀于地表，有序地排列，规模宏大壮观，虽经800多年的风风雨雨，至今仍巍然屹立在草原之上。

1206年，铁木真在此召开忽里勒台大会，登上汗位，成为成吉思汗。自1263年始，元世祖忽必烈每年二月起程赴上都，八月底返回大都，元朝两都巡幸制度由此形成。元朝皇帝每年有半年时间在上都避暑，同时处理军国大事，随同皇帝巡幸的文武百官辅佐皇帝议办朝政。元上都是当时整个蒙古高原地带的政治、经济、文化中心。

城市设计：农耕文化与草原特点完美结合

元上都是汉族士人根据蒙古人的意图设计的，所以既有汉文化传统城市的风貌，也有蒙古游牧生活方式的印记。元上都遗址所呈现出来的完整的城市布局，真实地体现着中国传统城市建筑风格。以中轴线区划街道、以功能排列建筑的设计理念，天圆地方、前厅后

元上都遗址所在地金莲川草原，地处滦河上游闪电河北岸，蒙古高原南端的锡林郭勒大草原（图/陈永志）

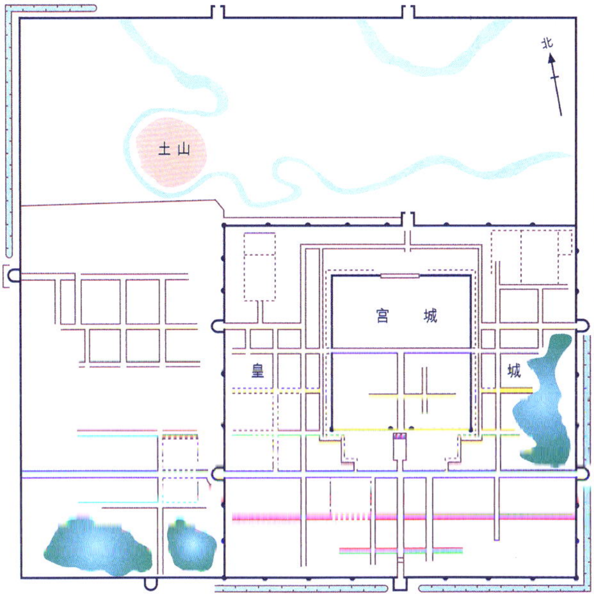

元上都平面图

殿的建筑特点，是中国传统的汉文化与游牧文化完美结合的都城建设典范。

元上都的城市设计理念科学合理，至今都具有较强的借鉴意义。

元上都遗址分为城址与墓葬区两大部分。其中城址由宫城、皇城、外城和关厢四大部分组成。宫城呈长方形，东西宽570米，南北长620米，现存城墙高约5米。宫城内的主要建筑大安阁、穆清阁、水晶殿、香殿、宣文阁、仁春阁等建筑遗迹清晰可辨。皇城呈正方形，每边长1400米，墙体残高约6米，建有高大的角楼。乾元寺、大龙光华严寺、孔庙和道观等宗教建筑分布其中。外城为正方形，每墙皆长2220米，现存高约5米。外城北部是皇家园林，称为“北苑”，当时这里有“高榆矮柳，金莲紫菊”，是皇家豢养珍禽异兽、培植奇花异草和举行小型射猎活动场所，著名的棕毛殿就建在这里，也是举行大型宴会“诈马宴”（质孙宴）的所在。西部是西苑，内有忽必烈汗所建的行宫，是皇帝的避暑地区。

元上都现存有13个城门。其中宫城有分别与东、西、南“丁”字三街相对的东华门、西华门和御天门，元诗“东华西华南御天，三门相对凤池连”指的就是这三个城门。皇城南门为明德门，北门为复仁门，皇城6座城门均建有瓮城。在皇城和宫城墙体外侧，开挖了的环绕的护城河。

整齐划一：军事和商业并重

上都城的东、西、南、北都设有关厢区，关厢内建筑分为粮仓、大型院落、小型民居和临街店铺等几大类，建筑布局整齐划一。在西关发现的东西向主干街道两侧，有成排的临街店铺遗迹，此类建筑均连有后院及成排的住房，应是元上都的商业区。东关因靠近皇城，地势空旷，遗迹较少，为王公贵族觐见皇帝之处，也是帐幕云集之所。元代有“西关轮舆多似雨，东关帐房乱如云”的诗句，指的就是元上都东关、西关当时的场景。南

上图：元上都城墙与护城河（图/陈永志）
下图：元上都东城墙（图/额博）

关遗址为酒肆、客栈一类的建筑遗存，因靠近滦河，故元诗有“滦水桥边御道西，酒旗闲挂暮檐低”的描述，也有“滦河美酒斗十斤，下马饮酒不计钱”的感叹。北关为屯兵之所。在北关，发现了两处整齐划一的并列的建筑遗迹，建筑规模较大，应是驻军的院落遗址。

宫殿巍峨：政权的荣耀象征

2008年至2011年，考古发掘了明德门、御天门、大安阁、穆清阁4处遗址。

其中大安阁建于宫城正中部，是一方形的夯土台基，边长34米，高1.8米，整体呈“凸”字形。此次考古发掘清理出一处附属建筑遗址，出土有大理石龙纹角柱、龙纹柱础、龙纹砖、龙纹滴水、瓦当等重要遗物。

元上都大安阁遗址出土的龙纹角柱（图/陈永志）

大安阁是元上都宫城内最为重要的宫殿建筑，始建于1266年，根据宋汴梁熙春阁建筑而成，属于楼阁式建筑，据熙春阁具体尺寸“高二百二十尺，广四十六步”，高度应在70米左右。元朝皇帝在大安阁内举行重要的政治活动，有5位皇帝在此登基，马可·波罗在此觐见忽必烈皇帝，并记述该宫殿“内有大理石宫殿，甚美……工巧之极，技术之佳，见之足以娱乐人心目”。大安阁是元上都代表性的建筑，元代诗文多有赞誉“大安御阁势岧亭，华阙中

下图和左图：元上都穆清阁遗址保护现场和穆清阁东阙台遗址（图/陈永志）

元上都遗址西关市肆遗迹航拍图（图/陈永志）

天壮上京”“大安阁是广寒宫，尺五青天八面风”，由此可见当时大安阁之建筑规模。

穆清阁建于至正十三年（1353），位于宫城最后端，依北墙而建，阙式建筑，与大安阁相对，坐拥皇城，是元上都城内最大的宫殿建筑，史载有数百间房屋，东西长130米，南北最宽处约60米。穆清阁主要是元朝皇帝赏景宴飨娱乐的地方，也称“太平楼”，有诗赞美其景致“北阙岧峣号穆清，北山迢递绕金城。四时物色图丹壁，翠辇时临喜太平”，“复仁门边人寂寂，太平楼上客纷纷”。穆清阁遗存是元上都城址中保存最好、最完整的元代早期建筑基址。

万商云集：草原丝路贸易繁盛

在元上都，外国使者、旅行家、商人、教士等频繁来访，如发郎国使者（欧洲使者，中世纪近东人对欧洲人的称呼）最早在中统年间就在开平觐见过忽必烈。至元年间，元惠宗派遣发郎国人安德烈及其他十五人出使欧洲，致书罗马教皇，教皇又派遣马黎诺里等人到元上都回访元惠宗，并呈献罗马教皇的回信和礼物。最为著名的事件是意大利商人马可·波罗在至元十二年（1275）随父来到元上都，受到忽必烈的接见，回国后写下了著名的《马可·波罗行纪》，向西方详细介绍了元上都的宫廷生活和礼仪、蒙古族的生活风俗等。18世纪英国诗人柯勒律治看了马可·波罗游记后，写了“上都坐忽必烈汗，恢宏皇城乐御邦”的诗句，后来西方人以“Xanadu”（上都的音译）比拟“世外桃源”。

另外，印度、缅国、尼波罗国等国的使者、僧侣、工艺家、商人等都曾来到过元上都，有诗曾形象地形容当时元上都的繁华程度：“优坊饰文绣，酒馆书填金。市中商贾集，万货列名琛。”

元上都穆清阁出土的琉璃鸱吻（图/视觉中国）

驿路交织，通达四方

由于元上都遗址地处蒙古高原南端，是大兴安岭、燕山山脉与草原接合地带，当时是连接中原与漠北、沟通欧亚大陆的枢纽，国际性的大都会，因此，元上都在世界文明史上占有极为重要的历史地位。元朝以上都城为中心，设置了帖里干、木怜、纳怜3条主要驿路，构筑了连通漠北至西伯利亚、西经中亚达欧洲、东抵东北、南通中原的发达的交通网络。元代全国有驿站1519处，有站车4000余辆，这些站车专门运输金、银、宝货、钞、帛、贡品等急需贵重物资。

丰富文物：农耕文化与草原文化的水乳交融

元上都遗址出土的文物，既有象征着中原农耕民族传统文化的陶瓷器，也有代表着漠北游牧民族草原文化的石刻偶像，充分地体现了农耕文化与草原文化完美的结合。由于元上都遗址地处草原地带，元末废弃之后未经人为大规模扰动，地下文物埋藏异常丰富。

目前出土的文物主要有建筑构件、石雕制品、瓷器、陶器、钱币、金银器等。建筑构件主要有柱础、螭首、鸱吻、瓦当等，石雕制品主要有大理石盘龙纹石

右两图：元上都遗址出土的琉璃筒瓦（上图）和汉白玉螭首（下图）（图/陈永志）

下图：辽上京（今内蒙古巴林左旗林东镇南）古城遗址航拍图（图/陈永志）

元上都遗址考古发掘现场保护情况（图/陈永志）

柱、石雕人像、龟趺、石棺等，瓷器主要有青花盏、青瓷匜、钧窑碗钵、白釉褐花罐、黑釉碗、黑釉梅瓶、绿彩香炉等，金银器有金戒指、金耳环、银镯、银壶等，钱币有八思巴文大元通宝、大观通宝、“天下太平”春钱等，另外还出土有铜镜、玉饰件、铜钗、罟罟冠等珍贵文物，这些文物承载着重要的历史信息，对于彰显元上都遗址的价值具有重要的意义。

消失的亭台楼阁，远播的文化种子

有元一代，草原文明达到了极盛，中国的指南针、火药、造纸术、印刷术通过元上都这样的草原城市以丝绸之路为纽带传播到了欧洲，从而推动了世界文明的发展。所以说，元上都遗址是集系统性、综合性、群组性于一身，具有突出普遍价值的世界文化遗产。

元上都古城规模之大、保存之完整、出土文物之丰富世所罕见，是中国乃至世界珍贵的历史文化遗产。元上都遗址蕴含着异常丰富的历史信息，是草原文化的结晶，也是中华文化的重要组成部分。对元上都遗址的研究，也就是对古代游牧民族的物质生活、精神生活以及制度体系进行正确地定位，从人类历史文化遗产的角度出发，揭示社会文化的发展程度，考察草原文化的发展演进轨迹，探索草原文化与华夏文化碰撞、融合的历史进程。

美丽的上都，衰落的挽歌

1358年阴历十二月，红巾军关先生、破头潘部攻陷上都，焚烧宫殿，七日后撤离，掠走玉玺、仪仗、珠宝等，元上都衰落。1369年阴历八月，明将常遇春、徐达率领的中路大军攻克上都城，元上都逐渐废弃。1396年，明朝在上都正式设开平卫指挥司，大力经营，加强屯守，并修缮城垣。明金幼孜在《北征录》中对其状况有过记载：“初二日晚次开平，营于斡耳朵，华言宫殿也。盖元时宫殿，故址犹存，荒台断础，零落于荒烟野草之间，可为一慨。”说明虽然开平城经过修筑，但原宫殿区已经是一片废墟了。1430年，开平卫移到长城以内的独石口堡（今河北张家口市赤城县独石口），改隶万全都指挥使司，开平卫彻底废弃。16世纪初期，蒙古达延汗重新统一蒙古各部，元上都地区属于应绍卜万户的封地，为云需府管辖。清初，蒙古右翼诸部在此驻牧，并在元上都遗址上修建了庙宇，故元上都遗址又被称为“兆奈曼苏默”（一百零八庙之意）。

1964年，元上都遗址被列为第一批自治区级重点文物保护单位。1988年，元上都遗址被国务院批准为第三批全国重点文物保护单位。2012年，列入世界文化遗产名录。

元顺帝北逃后，曾经作歌怀念失去的两都，歌词中有：以诸色珍宝建造的淳朴优美的大都/先可汗们夏营之所，我的上都沙拉塔拉/凉爽宜人的开平上都/温暖美丽的我的大都……夏季避暑我的开平上都，我的美丽的沙拉塔拉……

这歌未必是元顺帝亲作，却准确地表达了元朝失去上都后的悲哀，而它的长期流传，使得上都开平长期存在于蒙古人的记忆里。

幽蓝神韵，盛世记忆

元代草原青花瓷器的魅力之谜

全世界最贵的瓷器：元青花

元青花"鬼谷下山"罐（图/陈永志）

元青花的名字如雷贯耳。青花瓷又称白地青花瓷，常简称青花，是中国瓷器的主流品种之一。原始青花瓷于唐宋已见端倪，成熟的青花瓷则出现在元代。

元青花中的人物纹别出心裁，并与戏剧相结合，将著名历史人物的故事情节移植到瓷器画面上，呈现一种新的艺术境界，人物故事都绘于体形较大的器物，诸如盖罐、梅瓶、玉壶春瓶等。

中国古代陶瓷艺术在世界上的地位非常高，有专家说，全世界的人用金钱表示对中国传统文化的尊重。2005年7月12日，英国伦敦拍卖了一件"鬼谷下山"元青花大罐，当时的成交价折合人民币是2.3亿。罐子高27.5厘米，腹径为33厘米，一共10多公斤重，却可以换为2吨黄金，这件元青花是当时全世界范围内最贵的瓷器，当时单件工艺品的最高价，也是这件元青花创造的。

价值连城的收藏品

元青花为什么价值连城呢？元青花之所以具有收藏价值，是因为它出现于宋代瓷器生产的高峰之末，上承宋瓷，下启明清瓷，在烧制方法上有了突破——采用釉下彩技术，即在瓷器上作画，然后盖上透明釉，在高温下一次烧成。花纹呈蓝色，在洁白的胎体烘托下，有明净素雅之感。因为图案在釉下，所以永不褪色。

元青花瓷器上的画多为花鸟草虫，人物形象非常少，开辟了由素瓷向彩瓷过渡的新时代，这是我国制瓷工艺上的重大突破。景德镇生产的元青花已经有超过650年的历史，而系统地认识和研究这些器物的历史不过60年。目前学界认可的存世元青花不足400件，而绘有人物故事的器物更是不足10件，极为珍贵。

长期以来，元青花的价值都是被人忽略的——民国初年，一对带有"大元至正十一年"字样的青花云龙纹象耳瓶在北京露面，因国内所有高手都认为其是赝品而被英国人大维德爵士买走。直到1956年，美国佛利尔艺术馆的中国古陶瓷学者波普博士发表了一篇《阿德比尔寺收藏的中国瓷器》的文章，将所有具有象耳瓶风格的青花瓷命名为"14世纪青花瓷"，从此，元青花受到全世界中国古陶瓷学者的重视和公认。

元青花云龙纹象耳瓶（图/陈永志）

青花瓷器主要是指用钴料在瓷胎上作画，然后上透明釉经高温一次烧成呈现出蓝色花纹的釉下彩瓷器。青花瓷器烧造的地点目前主要有江西省的景德镇、吉安、玉山和云南省的玉溪。彩绘是青花瓷器的主要装饰手法，以白底蓝花为主，使用的呈色剂主要为钴料，在元代主要从中亚地区进口，我国云南、浙江、江西等地也有出产。青花瓷器彩绘主要为釉下彩，着色稳定，发色鲜艳，白底蓝花明净素雅，具有中国传统水墨画的观赏特点，深受人们的喜爱。元青花瓷器的烧造成功，一改瓷器刻花、印花、划花、剔花及釉变的传统装饰技法，彩绘成为瓷器装饰主流，这在中国制瓷史上具有划时代的意义。

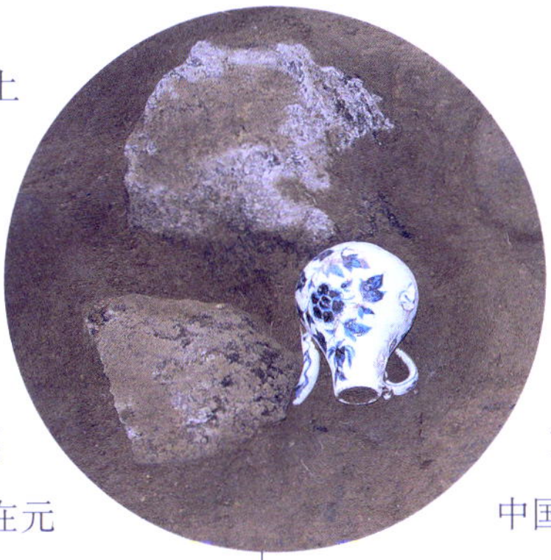

内蒙古集宁路古城遗址青花瓷器出土情况（图/陈永志）

草原是保存元青花的好地方

中国北方草原地带地广人稀，许多元代城镇废弃后鲜遭人为破坏，为保存元青花瓷器提供了十分有利的环境。20世纪初，俄国人科兹洛夫率领探险队首次在元代亦集乃路遗址（今内蒙古额济纳旗达来呼布镇）发掘出土许多元青花瓷片，由此揭开了元青花瓷器在北方草原地区发现的序幕。此后，随着考古工作的不断深入和拓展，元青花瓷器的出土地点和出土数量逐渐增多，中国北方草原地区逐渐成为元青花瓷器研究的重要区域。

中国北方草原地区的元青花瓷器主要出土于城址和窖藏之中。城址内出土的元青花瓷器因遭到倾塌房屋的挤压而多为碎片，少量瓷片在自然因素的侵扰下直接裸露于地表。窖藏元青花瓷器则在各种屏障的保护下完整地保存下来，向世人展示出其特有的绚丽之美。

经过初步统计，中国北方草原地区出土有元青花瓷器的遗址共计21处，主要分布于内蒙古、新疆、甘肃、河北等地。青花瓷器是蒙古草原地区瓷器中的精品，现大多收藏于各级文博单位，还有一些青花瓷片标本，

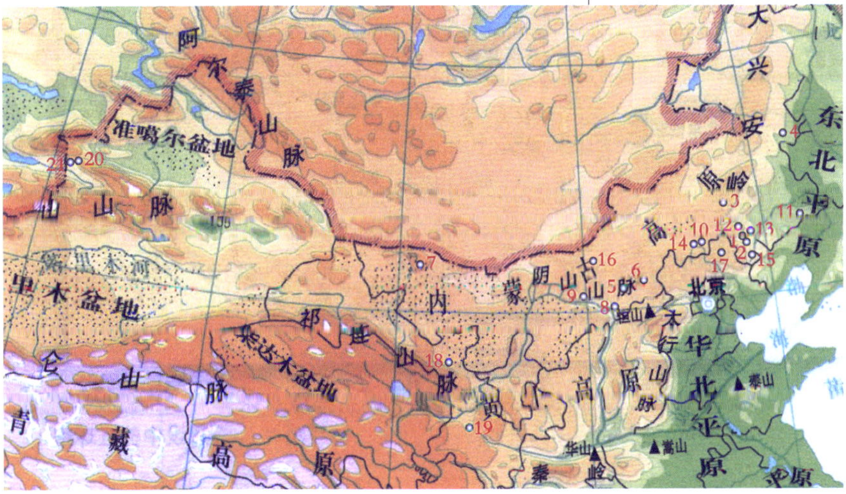

元青花出土地点示意图（注：以下地名为窖藏文物出土时的名称，绘图/陈丹正）

1. 内蒙古赤峰市大营子公社哈金沟村窖藏。2. 内蒙古赤峰市松山区关家营子乡。3. 内蒙古赤峰市林西县繁荣乡前地村窖藏。4. 内蒙古乌兰浩特市义勒力特乡西白音村窖藏。5. 内蒙古呼和浩特市东郊保合少乡窖藏。6. 内蒙古察哈尔右翼前旗元代集宁路古城遗址。7. 内蒙古额济纳旗元代亦集乃路遗址。8. 内蒙古托克托县东胜州故城遗址。9. 内蒙古包头市麻池镇燕家梁遗址。10. 内蒙古多伦县上都河砧子山村。11. 内蒙古通辽市库伦旗奈林穆白庙子大队。12. 内蒙古翁牛特旗老虎洞沟。13. 内蒙古翁牛特旗梧桐花乡墓葬。14.内蒙古正蓝旗元上都遗址。15. 内蒙古宁城县元大宁路遗址。16. 内蒙古达尔罕茂明安联合旗敖伦苏木古城。17. 河北省围场县半截塔乡什巴克村墓。18. 甘肃省武威市城区窖藏。19. 甘肃省临洮县衙下乡寺洼山村双上社。20. 新疆霍城县芦草沟。21. 新疆霍城县元阿力麻里古城遗址

为我所用，不拘一格：元青花的形制和纹饰

元青花八棱梅瓶

青花瓷器主要有罐、盘、高足杯、玉壶春瓶、执壶、方壶、扁壶、梅瓶、觚、碗、盏、匜等器形。在存世数量上，以梅瓶、玉壶春瓶、罐、大盘、高足杯等较多。在初步统计的七八十种元青花造型样式中，传统造型仅占约四分之一，其他四分之三均为元代创新样式，如高足杯、高足碗、大盘、凤首扁壶、四系扁壶、葫芦瓶、器座、楼阁式谷仓、半球形器、圆球形器、六角小瓶、多穆壶等等，八棱形和扁形器物多。

元代瓷器流行八棱样式，最初应该是与蒙古人在迁徙生活中便于携带的考虑有关，这类多棱形的器物显然易于捆扎和把持。八棱形制和凤首扁壶等应仿自中亚、西亚地区的金属器，四系扁壶则源于游牧民族的皮囊壶。

青花纹饰主要有缠枝菊花纹、牡丹纹、莲池鸳鸯纹、莲瓣纹、莲叶纹、蕉叶纹、卷草纹、波涛纹、云龙纹、云凤纹、串珠纹、杂宝纹等，另外还有少量的文字、人物纹饰等。

纹饰特征：1.多层次，画满工。2.莲瓣纹有两个特点：一个是每个莲瓣分开描绘，另一个是莲瓣边框均用青花涂抹成粗线。3.缠枝牡丹叶片基本成松果形，而明代大都演化为风飘形；缠枝莲叶片基本成葫芦形，而明代大部分为飞燕形。4.龙无五爪，无八龙、九龙。5.每片蕉叶的中茎是单线实绘，或双线勾框填色；而明代蕉叶中茎一般以双线勾框后，不再填抹青花而形成中茎拔白。

工艺特征：1.梯形口。2.青花发色均有铁锈斑。3.青花晕散浓艳。4.三色釉，足露胎。5.胎体厚重，器型硕大。6.独有器型多。

包括一些残器及碎片，亦属于元代城址中出土，主要集中在内蒙古集宁路古城与漠北草原的哈拉和林古城这两大地点。另外，在内蒙古额济纳旗的黑城古城、达茂旗的敖伦苏木古城、四子王旗的净州路古城、正蓝旗的元上都古城均有青花完整器及瓷片出土。

大美无言，小而有用：元青花的造型和应用

一般人印象中，元青花造型硕大，外在特征为“大气、雄浑、精美”，因为元青花大器特别多，如大盘、大罐、大瓶之类。土耳其托普卡比宫里有元青花大件瓷器几十件，都是中国当时出口的。

元青花大器多有一个原因，就是跟蒙古人的性格和生活习惯有关。比如高足杯，因为蒙古人是马上民族，骑在马上，一只手腾出来就可以攥住这个杯子。

高足杯脱胎于金属高足杯，是酒文化的产物。因金属高足杯便于马上饮酒，故称“马上杯”，高足杯甚至被用于盛放果实。北方草原地区出土的元青花高足杯完整器很多，杯体轻盈，壁面薄可透光，非常易碎，显然不适宜于长期在马背上颠簸饮酒，否则很难解释这些高足杯能够在马上辗转和醉意朦胧中幸存下来。这些青花高足杯很可能在为某些特殊事件举行特殊仪式时才用于马上饮酒，平时更多用于其他场合和用途。

另一方面，元青花器型有两极化特征：大者甚大，小者甚小。因为元代改进了制胎工艺，可以制作胎体厚重的大件器物。目前所知最高的为原属大维德中国艺术基金会、现藏英国不列颠博物馆的那对至正十一年铭青花云龙纹象耳瓶，一件高63.6厘米，另一件高63.3厘米。与此同时，元青花中又有大量的小件器物，如小罐、杯、带座小瓶

左图：内蒙古包头燕家梁出土的青花大罐
右图：内蒙古集宁路古城遗址出土的青花梨形壶
（图/陈永志）

内蒙古集宁路古城遗址出土的青花高足杯以及内蒙古出土的元代高足金杯（图/陈永志）

等，以各式小罐最具代表性，小者高度仅在4至5厘米之间，稍高者有7到8厘米。

小型元青花瓷造型轻盈小巧，绘画手法随意简洁，与构图严谨的大型元青花瓷形成鲜明的反差，反映出小型元青花瓷器已经进入量化生产的阶段。这类瓷器就是所谓的简笔型元青花，是元青花瓷器进入成熟期以后的产物，也是市场需求激增的结果。虽然学术界将风格接近至正十一年铭青花纹象耳瓶的大型元青花惯称为“至正型”青花，但这并不意味着元代至正年间仅生产大型瓷器。元青花瓷器在北方草原地区出土的情况表明，小型元青花瓷在元代的国内市场上更为活跃一些。

元青花瓷器的使用群体上至王公贵族，下到普通百姓，非常广泛。除了上文中提到中东地区宫廷所藏元青花瓷之外，中国还发现了不少民用元青花瓷。集宁路古城遗址一处院落内出土了6件窖藏元青花高足杯，该院内还出土了一些带有“王宅药铺”墨书款识的瓷器，据此推测，青花高足杯的主人为救死扶伤的民间郎中。民用元青花瓷的另一例是著名的至正十一年铭青花云龙瓶，经考证，此瓶为寺庙供器，主人张文进乃一介平民。由此可见，国内流通的元青花瓷器并不专门限定服务于某一特殊阶层，而是通过贸易等途径，得到了广泛的普及。

横空出世，来源成谜：元青花的窑址和流传

中国陶瓷赏玩尊古重史，元青花长期不被认知是因为历史文献中没有留下它绝美的身影。整个元代没有一部完整的史料或出土的元青花作为史证或标准器来证明元青花的身份，而长达500多年的明清两朝，也没有任何关于元青花的只言片语。

明早期的《格古要论》在谈到元瓷时轻描淡写为“元朝烧小足印花者，内有枢府者高”，没有提及烧造情况，仅有“近世有青花及五色花者，且俗甚”一句，似乎认为元青花微不足道且没有水准。

元青花因为生产时间短，传世作品数量不多，国内除部分窖藏和墓葬发现之外，窑址出土也十分有限。

元代生产青花瓷器的窑址主要集中在江西景德镇、云南建水和玉溪。近些年来，景德镇新发现的窑址和元青花瓷器标本不断增多。通过对比，北方草原地区出土的元青花瓷器中没有发现云南产品，部分元青花瓷器与景德镇湖田南河北岸窑址、落马桥窑址的一些类型较为接近，而与珠山窑址、戴家弄窑址、小黄家上弄窑址出土的青花瓷器在图案装饰方面差别较大。不少元青花瓷器的具体烧造地点还有待于新的考古资料来准确认定。

左图为内蒙古林西县元代窖藏出土的青花龙纹盘，右图为内蒙古通辽出土的青花凤鸟纹玉壶春瓶（图/陈永志）

内蒙古林西县元代窖藏出土的青花鸳鸯莲池盘（图/陈永志）

元青花瓷在我国的分布具有一定规律性。元青花瓷在我国主要出土于江西、广西、浙江、江苏、安徽、四川、河北、北京、内蒙古、甘肃、新疆、山东、河南等地。这些地区或为烧制元青花瓷的窑址所在地，或为元代漕运、海运、陆上丝绸之路的沿线地区，与运输和贸易有着密切的联系。北方草原地区作为中西政治、经济、文化往来的重要通道，是元青花瓷器流布数量较多的区域之一。

远行万里，惊艳世界：元青花的传播和影响

元青花瓷器广泛流布，甚至远销到数万里之外的一些地区，主要与元朝特殊的政治、经济、文化背景有直接的关系。

首先，元朝政府特别重视交通运输的发展，河漕运输和海运非常发达。其次，蒙古统治集团通过三次西征，建立起地跨欧亚的四大汗国，使东、西陆上交通畅通无阻。元朝疆域十分辽阔，为了加强对全国各地边疆的有效控制，元朝建立了规模庞大、四通八达的驿站网络。

元代的草原丝绸之路是中西方陆路贸易的重要途径之一。对于元青花瓷器而言，草原丝绸之路也是“草原陶瓷之路”，元青花瓷器正是沿着这些线路，被商贩辗转贩运到漠北、印度、中东等地。内蒙古托克托县东胜州古城遗址出土的青花开光海水纹盘，口径39.8厘米，从器形到纹样风格，都与土耳其托普卡比宫收藏的青花开光海水纹盘一致。我们曾在哈拉和林古城遗址（位于蒙古国哈拉和林苏木）采集到一片菱口盘的口沿，沿面绘水涛纹图案，经推算，大盘原来的直径约40厘米，在土耳其托普卡比宫内收藏的元青花菱口大盘上也可以看到完全相同的图案。这些元青花大盘恰好出土于欧亚草原的大通道上，不仅说明此类大盘也行销于北方草原地区，更为探究中东等地典型至正型元青花瓷器的来源渠道提供了非常有价值的线索。除了海路远途运输之外，草原陆路运输也是大型元青花瓷器外销的重要途径。

元代创烧成功的元青花瓷器，其后逐渐为世人所认知，构成了中国瓷器文化的经典之作。青花瓷器以其自身华丽的外表、丰富的文化元素，成为欧亚大陆文化交流的重要介质，中华文化的经典之作，世界文明的瑰宝。

舶来的青花原料

青花原料为氧化钴，是一种着色力强、稳定性好的彩绘原料，它不仅烧成面较宽，而且容易烧成，这是它的主要性能。氧化钴一般含有氧化铁与氧化锰等多种成分，其他成分含量的多少，决定了氧化钴的性质。经研究，元青花使用的青料分进口与国产两种。进口青料称“苏麻离青”，又叫“苏尼勃青”“回回青”，这种青料含氧化铁成分高，含氧化锰成分低，并含有砷，是一种高铁低锰料。国产青料含氧化铁低，含氧化锰高，是一种高锰低铁料。进口青料的最大特点是高铁，在还原焰中烧成，呈黑色结晶斑块，绘制纹饰线条具有晕散、流淌的特征。

对于学界而言，苏麻离青与元青花一样神秘，青料的产地不完全明确，到明代中期就不用这种料来烧了，原因可能比较复杂，是否是进口途径的问题，仍不清楚。目前比较主流的说法是苏麻离青来自伊朗，是“波斯料”。它非常特别，对元青花的制造工艺有很大影响，如果用很差的钴料，绝对烧不出像宝石一样的蓝色。没有这种好的青料，难以烧出好的青花瓷。

交流与融合之美

从材料到审美，来自西域的渗透和影响

13世纪初，蒙元多次征服了中亚、西亚，打通了中西文化交通的要道。大批阿拉伯人、波斯人和崇尚伊斯兰文化的突厥人涌入中国，其中包括不少能工巧匠。元统治者非常重视手工制造业的发展，这些匠人把伊斯兰风格的构图和审美习惯运用到了中国的瓷器上，使传统瓷器受到西域风格的影响，并蓬勃发展起来。

元代皇家偏爱白色，同时也偏爱蓝色，而古代波斯帝国也有同样的偏好，蓝色装饰器皿与建筑也是伊斯兰文化的传统，正是由于元青花瓷器与以上偏好的契合，使得它得以跨越文化广受欢迎。

元代青花瓷开辟了由素瓷向彩瓷过渡的新时代，其富丽雄浑、画风豪放、绘画层次繁多的特点，明显区别于汉族传统的含蓄简约的审美情趣。元青花的图案设计变化多端，在注意构图的规范性和准确性的同时，并不恪守成规，而是避免程式化，在构图和题材的搭配上极尽变化之能事。有的利用同心圆，有的利用云肩，有的利用圆形或花形开光，有的利用变形莲瓣，或者几种形式任意组合，填入各种各样的纹饰题材，犹如万花筒里看世界。

青地白花凤凰穿花纹菱口盘
（图/伊朗博物馆）

元代在北方草原地区有许多经营瓷器等远途货物贸易运输的商贩，其中一支重要力量由回回人构成。在亦集乃路古城，不仅发现了大量元青花碎片，还发现了伊斯兰风格的清真寺。元青花瓷器是回回商人带到岭北地区的货物种类之一，这也在哈拉和林城内出土的大量元青花瓷片中得到印证。据鲁布鲁克的描述，哈拉和林有两个城区，其中一个是有市场的撒剌逊人（西方旅行家的游记中，将伊斯兰教徒称为撒剌逊人）居住区，回回人在北方草原地区的商业势力可见一斑。另外，亦集乃路出土文书中还有两条买回回青的记载。回回青产于西域，被元朝太医忽思慧认为有药用价值，“味甘寒，无毒，解诸药毒，可敷热毒疮肿”。回回青同时也是元青花瓷器青花图案发色的颜料，具有高铁低锰的特点。由此看来，除了元青花贸易之外，草原丝绸之路也是回回青料由西域运抵中原的重要途径。

撰稿专家

陈永志，蒙古族，二级教授，博士生导师，内蒙古博物院院长，中国社会科学院古代文明研究中心专家委员会委员，中国考古学会理事。曾荣获“文化部优秀专家”“全国文物系统先进工作者”等荣誉称号。出版《内蒙古出土瓦当》《内蒙古考古大发现》等25部学术专著，发表《蒙元时期的牌符》《考古学形成的哲学根源》等60余篇学术论文。

《内蒙古出土瓦当》

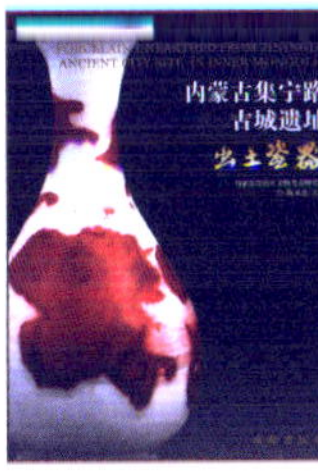

《内蒙古集宁路古城遗址出土瓷器》

扫描二维码，
阅读专家代表著作的电子版

平地崛起的元代玉器

北方游牧民族也有玉文化吗?

蒙古民族是一个具有悠久历史的古老民族，他们长于马背，谙熟“逐水草而居”的游牧生活，生产力较为低下，居无定所。在没有明显社会分工的经济形态下不可能产生发达的手工制造业，所以统一蒙古高原各部之前蒙古汗国尚未形成玉器加工业。换言之，蒙古族并没有形成崇玉、用玉、爱玉的传统。直到1206年，成吉思汗宣告大蒙古国建立，统其精锐之师，向西、向北横扫欧亚大陆，向南深入中原农耕地区，在短短的十几年里，“灭国四十”（《元史·太祖纪》）。于是，不管用何种方式，残酷的还是文明的，主要通过与中原汉民族的接触、交往，蒙古人才真正接触玉器，认识玉器，并开始崇玉、用玉，且一发而不可收，在极短的历史时段内，在治玉的规模、玉器的种类、玉器造作的工艺以及用玉的功能方面，都有独树一帜的建树，这不能不说是一项奇迹!

元代内廷和官办玉器手艺发达，因为承袭了金与南宋的官办玉艺的既成布局，大都和杭州遂成为两大玉器工艺中心。

那么，元代玉器不同于以往历代玉器，而被称为中国玉器发展史之奇迹的玄妙在哪里？出土或传世的元代玉器何止万件，不可能在此逐一进行分类排比，我们不妨从以下几件（类）元代玉器来观察、分析。

把游牧系在身上的春水玉、秋山玉

在经考古发掘出土和各博物馆征集的传世元代玉器中，有两类题材特色明确的玉器。一个是春水玉，一个是秋山玉，表现主题都与北方游牧生活息息相关。

元代春水玉、秋山玉的形制，主要有玉带、玉帽顶、玉提携（一种带饰）、玉牌饰等，多采用立体的多层镂空雕琢技法，配合其他传统的玉雕技术，把惊恐万状的天鹅、矫健灵巧的鹰隼、威猛雄壮的老虎、憨态可掬的山鹿活灵活现地表现出来，这在此前的中国玉雕中从未出现，表明元代玉雕的制作技术和艺术风格有了惊人的进步，堪称民族玉器的典范。

游牧渔猎是蒙古族传统的生活方式。在灭金建立元朝之后，元代蒙古族承袭了辽金的春水、秋山之制。春天以海东青捕天鹅，秋季射杀虎、鹿的题材在元代各种工艺品中大量出现。

春水玉、秋山玉题材源于古代北方游牧民族的四季游猎生活，在辽金元时期被统治者以捺钵的形式固定下来。

镂空秋山饰

秋山玉饰(图/中国文物信息中心)

①设计者多选一块或多或少带有秋葵色皮的玉料(也有很多不带色皮),利用巧雕的技法将黄褐色玉皮雕作金秋时节树木的黄叶。②在树木之中雕出一两个鹿或老虎,表现群鹿在秋天的林间悠闲觅食或老虎在树林坐卧休息的情景。树林之中多有巨大石块以示山景。

这类以远山、近树、猛虎、山鹿的组合为主题图案的玉器,被称为"秋山玉"

春水带饰(图/通辽博物馆)

①玉雕的图案当中,着重刻画天鹅或大雁。天鹅(或大雁)并不是在天空展翅高飞,而是挣扎、徘徊于长满芦苇的水域当中,长颈低垂,伸入草丛,双眼圆睁,鹅喙张开,双翅展开作扑打状,以此显现出天鹅惊恐之态,似在躲避某种正在进逼的巨大危险。②在天鹅的冠部或水草上方,雕琢一只雄健、体形较小的鹰隼,或展翅奋飞,或敛翅立于鹅首之上,高昂着头,呈现出两相搏击后取胜得意之态。

学界将这类题材的玉器称为"春水玉"。以鹘攫天鹅为主,辅之以荷叶、芦苇、细浪等组合图案

"捺钵",为契丹语,意为皇帝出行时的所居之处,是辽代国家政治生活的一项重要内容。契丹建国之后,辽帝沿袭先人四时转徙而畋渔的风俗,在渔猎的同时,与群臣商讨军国要事。

始于辽代的皇帝四时狩猎习俗

四时捺钵有大体固定的区域和活动内容。具体而言,春捺钵主要在冰雪融化之时辽帝与文武群臣到江边湖畔射雁捕鹅,所以被称作"如春水";夏捺钵到凉爽山川避暑捕鱼狩猎;秋捺钵到山林地带射猎虎、熊、鹿等动物,称作"如秋山";冬捺钵主要是选择比较温暖的区域躲避严寒,顺便凿冰钓鱼和射猎动物。

春捺钵,《辽史·营卫志》中这样记载详细过程:"皇帝每至,侍御皆服墨绿色衣,各备连锤一柄,鹰食一器,刺鹅锥一枚,于(鸭子河)泺周围相去各五七步排立。皇帝……于上风望之。有鹅之处举旗,探骑驰报,远泊鸣鼓。鹅惊腾起,左右围骑皆举帜麾之。五坊擎进海东青鹘,拜授皇帝放之。鹘擒鹅坠,势力不加,排立近者,举锥刺鹅,取脑以饲鹘。"这段描述,把皇帝放海东青擒天鹅的壮观场景活生生地展现出来。

金代最重春水玉

金代延续辽代四时捺钵的制度,将四时活动改作春、秋狩猎制,即文献所谓的"春水"(春天扑猎鹅、雁)和"秋山"(秋天射猎虎、鹿)。金人赵炳文《扈从行》诗"圣皇岁岁万机暇,春水围鹅秋射鹿",就是金代春水、秋山活动的描述。《金史·舆服志》记有"其从春水之服则多鹘捕鹅,杂花卉之饰",说明金代已经形成了鹘捕鹅图案的"春水服"。这在金代的绘画及其他工艺品中时有表现。于是,春水玉雕和秋山玉雕随之出现。但有关春水、秋山题材的玉雕,从考古发现来看,金代的春水玉雕、秋山玉雕制作比较简单,数量也不多。

金代用玉有严格的制度，其中玉兔鹘带，就是以天鹅和海东青为图案的玉带（春水玉），是金代官制朝服中，最为贵重的珍品。

春水玉饰

“草原制造”——一个玉带讲述的故事

内蒙古文物考古研究所收藏有1组5件7人的白玉饰件（达茂旗出土），这组玉器表现的似乎是一个比较完整的故事场景：5件玉器上的7个人物，应是代表三个阶级。

由此我们推测，较大的玉人身份应为王或首领，双手持穗状物代表权杖，正威严端坐领受其他人的礼拜；三个独立的人物，从站姿以及面部高傲得意的表情分析，应是将领或武士一类的人物，手持酒杯在庆贺战场上得胜归来；三个并联人及手势表示三人被捆绑在一起，跪姿则显示其身份应是俘虏或奴隶一级的人物，准备接受主人的任意宰割。还有一点比较明确，除较大的玉雕人物的性别不能确定之外，三个独立的人物双脚之间以倒三角形示男性，而捆绑在一起的三人中有一人下身呈倒三角形状而另两人没有，表明俘虏或奴隶有

白玉人物带饰

大玉人

高4.1厘米、宽2.8厘米、厚1.5厘米，其高度和宽度是其余6个人物的2倍，是这组玉器的核心。此人头部轮廓呈贝状，脸颊扁平，尖下颏，正视呈倒三角形。头发梳成辫状，目光平视，嘴巴微合，表情威严。身着长袍。双手于胸前持两个长形穗状物。双膝雕琢成如意云纹表示坐姿。

三个并联玉人

每个高2.1厘米、宽1.5厘米、厚0.6厘米，脸型与大玉人类似，头发也用锯齿状表示，双眼均呈闭合状，嘴部微合，表情痛苦。三人上衣下裤，腿部弯曲呈跪状，双手并拢于胸前，似被捆绑。

三个独立的玉人

每个高2.2厘米、宽1.5厘米、厚0.6厘米，扁平圆脸，发部仅用锯齿纹表示，目光仰视，嘴巴平咧，表情高傲。上衣呈三角形如短袍，双脚着靴，呈站立姿。三人均双手于胸前持一较大的高脚杯状物，似在饮酒。

男有女。而核心人物大玉人较其他人物且宽且大的作法，与古代绘画中突出重点人物时描绘成高大于其他人物的技法相一致。

草原自己的玉雕，原始粗犷却生动传神

这7个玉人的制作技法很有特点：大玉人为半圆雕，其余的则采用平面雕。与中国传统玉雕不同的是，人物的五官雕刻方法最具特色。首先制作出人脸的轮廓，再用减地法琢出橄榄形双眼、“1”字型长鹰钩鼻、微凸的“一”字型嘴巴，眼、鼻、嘴周边的减地如同用刀片平削，棱角分明，视觉上如同猴脸。小玉人的镂空部位采用管钻法，管钻部分痕迹清晰，不作任何打磨。人物整体造型以及细微的面部表情的表现手法都为中国传统玉雕所不见。

这5件7个大小不同的玉人，本是一组带饰。出土于内蒙古包头市达尔罕茂明安联合旗明水村一座蒙元时期汪古部贵族墓葬。而金元之际，汪古部的经济文化在中国北方草原地区比较先进，手工业也有较好的发展。从这组玉雕人物带饰上我们发现，其表现内容、造型设计以及雕琢技法上还略显原始，但也说明大蒙古国时期，汪古部已经有了自己的玉器制作的手工业，是元朝建立之后玉器迅速发展的基础之一。

昙花一现玉帽顶

为什么明代就不认识玉帽顶？

明朝人沈德符在其《万历野获编》记述：“近又珍玉帽顶，其大有至三寸、高有至四寸者，价比三十年前加十倍，以其可作鼎彝盖上嵌饰也。问之，皆曰此宋制，又有云宋人尚未办此，必唐物也，竟不晓此乃故元时物。

“元时除朝会后，王公贵人俱戴大帽，视其顶之花样为等威，尝见有九龙而一龙止宙者，则元主所自御也。当时俱西域国手所作，至贵者值数千金。本朝还我

金座玉帽顶，祥云神龙为图案（图/上海博物馆）

华装，此物斥不用。无奈为估客所昂，一时竞珍之，且不知典故，动云宋物。”

玉帽顶明代时居然只是价高的收藏品，一般人并不了解其文化含义和出处背景了，很是可惜。但也从另一个角度说明明太祖朱元璋由于仇视元廷，采取了一系列去草原化、蒙古化的措施，使得许多具有草原游牧色彩的文化事物被淡化处理。

帽小顶端乾坤大

所谓的玉帽顶，就是指出土或传世文物中元代特有的一种外形似高耸的穹庐，多为深层镂空的玉器，也就是俗称的“玉炉顶”。明以后，随着人们头顶多用束发之冠而不再用帽，许多元代旧帽顶被改为炉顶使用（放在炉盖上），致使许多元代帽顶与炉顶相混杂，难以区分。另外，明代还仿此样式制作炉顶，如明益宣王墓出土的白玉镂空鸳鸯戏莲钮，与故宫旧藏的明代青玉兽面纹冲耳炉紫檀木盖上的鸳鸯衔莲盖钮形制基本相似，这也就是后世人们将此类玉钮都称为炉顶的原因。

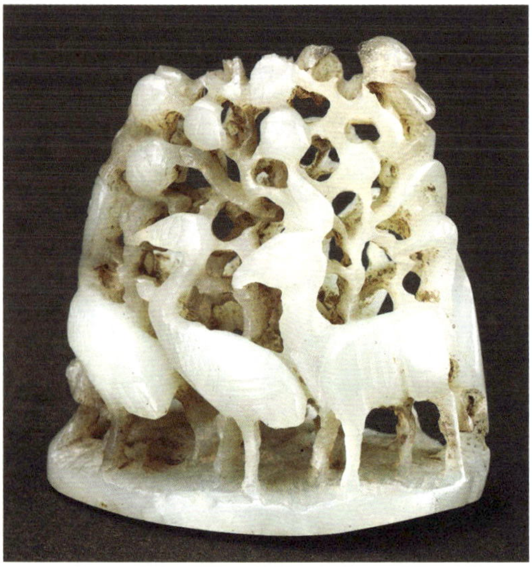

白玉制成的林中之鹿玉帽顶(图/内蒙古博物院)

帽顶一般高4—6厘米，直径5厘米左右。

玉帽顶的图案有河塘莲鹭、鸳鸯衔荷、山林虎鹿、螭虎穿花、祥云神龙等题材。除玉质之外，近年还发现有大理石、滑石等材质的帽顶。

还有一些玉帽顶配有金座，金座四周镶嵌各种宝石，璀璨夺目。

为什么用玉顶做帽饰?

这种玉帽顶奇特之处在两点，即奇特的形状和复杂的制作工艺。

玉帽顶形如穹庐的外形，在中国传统玉器制作中前所未见，应从两点做探寻。

首先，可能源于伊斯兰文化。大蒙古国立国之初及元王朝建立之后，早期掳掠的大量来自西域的工匠，绝大多数信奉伊斯兰教。其中的某些玉雕工匠从伊斯兰建筑或其他类似图案中找到灵感，设计出了穹窿顶式的帽顶。我们试想一下：当时有许多治玉工匠在为贵族和高级官吏们琢制珠宝玉石的帽顶，某位来自西域的“二等人”色目高级官吏需要帽顶，于是熟悉伊斯兰图案的玉雕工匠设计制作了一件类似伊斯兰清真寺穹窿顶样式的帽顶，这个官吏很喜欢而在朝会时戴上了它，新鲜的样式及图案一下吸引了在场的蒙古帝王和大臣们，于是这种帽顶迅速流行起来。

另一种可能是，蒙古族偏爱白色，喜欢住在白色的穹庐式的蒙古包中，于是，治玉工匠们从蒙古包得到灵感，设计制作了白玉的穹窿顶式的帽顶。

帽顶的制作工艺最大的特点在于多层镂空。在玉器的构图设计上，多以北方草原森林地带常见的飞禽猛兽为主题，用繁密、饱满的花草树木为背景。究其根源，它仍然是传入蒙元王朝的中亚、西亚伊斯兰文化细密琐碎的“阿拉伯纹样”的映射，却也获得蒙古贵族的青睐。

细碎的技法，融合中西技艺特色

在玉器的雕琢技法上，镂雕时采用金属细线拉切与柱状钻头结合，从多角度进行钻孔与拉切，器内的雕琢痕迹清晰可见，不做任何修磨，而器表抛光较好，表里形成鲜明的反差。这种深刀立体的雕琢效果，使得动物树木花草层次丰富，立体感极强，特别是花、叶的支脉，或卷或翻，枝梗交错，纷繁错落，凹凸分明。这种图案画的纹饰与高超的多层镂雕技法结合，不仅立体动感，而且与玉材特有的青白色调相得益彰，产生了较金银器、丝织品及青花瓷所表现的平面繁复的装饰更胜一筹的效果。

正是这种与中国传统纹样中雍容洗练、简洁清秀的装饰技法大相径庭的做法，才有明人沈德符得出元代玉帽顶“俱西域国手所作”的结论，说明这种

玉帽顶(图/上海博物馆)

造型特殊、工艺复杂的元代玉器，是融汇草原游牧文化、中原传统汉文化以及西域伊斯兰文化的艺术结晶。

渎山大玉海，古代玉雕之最

什么是玉海？

出土或流传至今的中国古代玉器何止数十万件，但名气大并创造几个历史之最的恐怕非渎山大玉海莫属。

玉海，即玉制的酒海，也叫酒局，蒙古语为“秃速儿格”，即体形硕大的盛酒器。蒙古族早期的秃速儿格用整张的牛皮制作，后来随着国家的建立，皇家及宫廷权贵改用檀木、金银、玉石等贵重器材。

为什么渎山大玉海颇受青睐

第一，体量最大。渎山大玉海高70厘米，直径135厘米，膛深55厘米，重约3500公斤。截至元朝灭亡，在所发现的所有古代玉器中，渎山大玉海是器形最大的一件。

第二，出身名门，有正史记载。据《元史·世祖纪》记载：“至元二年（1265）十二月，渎山大玉海成，敕置广寒殿。”

元人陶宗仪在《辍耕录》中对广寒殿和大玉海都有记述：“广寒殿，在山顶，七间，东西一百二十尺，深六十二尺，高五十尺……中有小玉殿，内设金嵌玉龙御榻，左右列从臣坐床。前架黑玉酒瓮一，玉有白章，随其形刻为鱼兽出没于波涛之状，其大可贮酒三十余石。”

渎山大玉海侧面线图

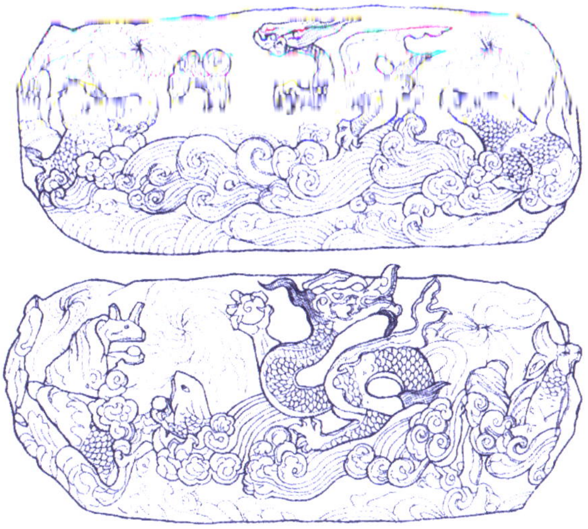

渎山大玉海，3500公斤的巨型玉器，可存酒30多石

这里所说的黑玉瓮，就是指渎山大玉海。可存酒30多石，真是海量。

第三，获得过两个皇帝的青睐，身份极高。渎山大玉海是受过两位皇帝——元世祖忽必烈和清高宗乾隆御命而具体处置过的皇家玉器。

如前所述，《元史》记载的“敕置广寒殿”，是说在公元1265年渎山大玉海制作完工后，忽必烈下令将其陈放在广寒殿内，内装酒水，在与群臣饮酒议事时使用，成为宫廷重器。玉海在制作过程中是否得到过元世祖的指令，文献虽无明确记载，但体形如此巨大、雕工如此精美的玉酒瓮，其制作之目的就是御用，而且定会耗时很长（前后用时4年），耗资巨大，极有可能玉海本身就是奉世祖之命而造。

岁月的脚步跨入清朝乾隆十年（1745），爱玉成癖的乾隆皇帝费尽周折在北京西华门外真武庙找到沦落民间数百年的渎山大玉海，“敕以千金易之”，在承光殿前专设一精美小亭置之。乾隆还亲自先后4次命令工匠对渎山大玉海进行“磨细除垢”，并挥毫作诗以志纪念。渎山大玉海现存于北海团城承光殿前的玉瓮亭中，供游人赏玩。

大玉海细节之美

渎山大玉海四周用浅浮雕技法满雕图案，内容则是日月交辉的海天之内各种灵异神兽翻江倒海的壮观景象，所雕刻的动物有海龙、海马、海羊、海蟾、海蚌、海螺、海犀、海豚、海兔、翼鱼、螭虎、鳌等，并雕刻日、月、云、海等图案。整个构图气势磅礴，尽显这件皇家重器的宏伟气势。

由此可见，渎山大玉海不但体形硕大、工艺精湛、历史内涵丰富，而且因其历史记载明确、承传有序、保存完好，历经两位功名卓著的帝王亲自使用或处置，堪称中国古代玉雕巨制杰作、国之重器，无与伦比！

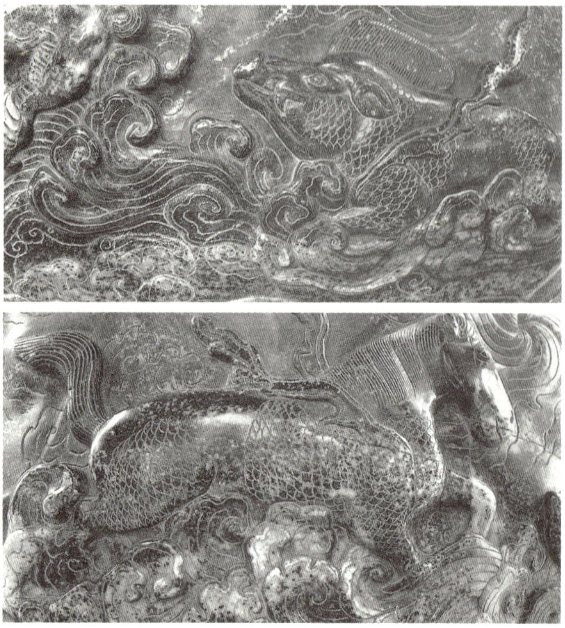

渎山大玉海局部特写。上图为海犀，下图为海马

撰稿专家

于宝东，蒙古族，博士，内蒙古博物院研究员、副院长，内蒙古文物鉴定专家组组长，2015年度内蒙古草原英才。学术研究方向为中国古代北方民族文物的研究和鉴定，著有《辽金元玉器研究》、《内蒙古珍宝·玉石器》、《中国玉器通史》（元代卷），以及多篇古代北方民族史相关论文。

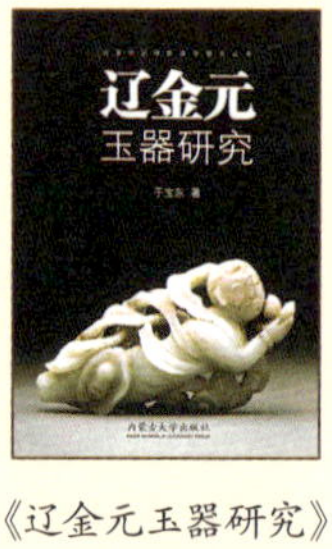

《辽金元玉器研究》

《内蒙古珍宝·玉石器》

扫描二维码，阅读专家代表著作的电子版

清代蒙古族的新布局

全新盟旗制度下，蒙古族社会经济文化深刻变革

从一体到分裂，清代蒙古族的新局面

忽必烈建立的元朝，到元惠宗至正二十八年（1368）时寿终正寝。明军逼近大都，惠宗北走，元廷北徙，蒙古势力退居草原，继续以“大元”称国，史称“北元”。

北元与明朝对峙之初，明太祖、成祖两朝，多次深入草原征伐北元势力，却始终未能使其就范。明朝修长城，以防蒙古的南侵，试图隔断南北联系。双方时战时和，几近三百年。

北元蒙古游牧政权从元惠宗至林丹汗传位23代大汗，天聪八年（1634）亡于金国（又译为爱新国，史称后金）。北元初期，蒙古政权内部纷争，形成西蒙古瓦剌与东蒙古达靼两股势力，明正统年间，瓦剌曾统一东西蒙古。明成化年间，属于成吉思汗黄金家族的达延汗统

清末成吉思汗陵祭祀图，画家那顺巴图作品

一东蒙古，分封诸子，形成左右翼各三万户。左翼三万户有察哈尔、兀良哈、喀尔喀，右翼三万户为鄂尔多斯、土默特、永谢布。明嘉靖间，土默特部阿勒坦汗强盛，西逐西蒙古瓦剌部于杭爱山以西，占领青海。隆庆年间与明朝修好，接受明廷“顺义王”封号。1572年，阿勒坦汗率土默特部驻牧归化城（今呼和浩特），并在今玉泉区境内建库库河屯城，从此土默特部从草原游牧过渡到定居生活。

到明朝末年，以瀚海为界，蒙古诸部分为三大部分：漠南蒙古、漠北蒙古和漠西蒙古。

明万历三十二年（1604），林丹汗继蒙古大汗位，称呼图克图汗。面对蒙古各部长期割据、蒙古汗权衰微的局势，他致力于强化汗权，试图用武力与强权将蒙古诸部重新统一在大汗统治之下。由于蒙古各部离心力的加剧，林丹汗实际上成为只能驾驭察哈尔一部的蒙古末代大汗。

散落分布的蒙古各部落（地图）
大兴安岭以北、以西山阴地带，包括呼伦贝尔草原直到克鲁伦河下游地区分布着阿鲁蒙古各部——成吉思汗诸弟后裔所统阿鲁科尔沁、乌喇忒、茂明安、四子、翁牛特、喀喇车里克、伊苏特、阿巴嘎、阿巴哈纳尔等部落。山阳嫩江流域居住着嫩科尔沁部。与其相邻、分布于兴安岭南西辽河和辽河流域的是内喀尔喀五部。控制山西、大同边外归化城和土默川地区的是阿勒坦汗后裔西土默特部。处于察哈尔和土默特中间的是喀喇沁万户，包括喀喇沁、东土默特和原辽东地区的兀良哈三卫所属部落，即原“山阳万户”。占据黄河河套地区的是鄂尔多斯部。实力最强的是蒙古大汗所在的察哈尔部，分布于西拉木伦河以北和老哈河以东、广宁以北的辽河河套地区。
漠北为外喀尔喀部的游牧地，其地东自黑龙江，西至阿尔泰山，南接瀚海，北邻俄罗斯。分三部：土谢图汗部居中，车臣汗部居东，札萨克图汗部居西，与额鲁特部为邻。漠西蒙古亦称额鲁特蒙古，明中期时分为四部：和硕特、准噶尔、杜尔伯特和土尔扈特，统称四额鲁特（或四卫拉特）。后和硕特一部移牧青海、西套，土尔扈特部西迁至伏尔加河流域，乾隆年间，除部分返回原牧地外，其余成为俄罗斯境内的卡尔梅克人。大蒙古国时期的“林木中百姓”的一部，依旧居住在贝加尔湖周围和叶尼塞河流域，成为后来俄罗斯境内的布里亚特人和图瓦人

清代蒙古族的地域布局

当代蒙古族的初步定型

万历四十四年(1616)，明建州女真首领努尔哈赤统一女真各部，建立金国(史称后金)。邻近的蒙古科尔沁、五部喀尔喀、喀喇沁、阿鲁蒙古以及部分察哈尔部众纷纷归附。金国天聪八年(1634)，林丹汗为避金军征讨，向西退走，病死青海大草滩，苏泰太后偕林丹汗子额哲率部降多尔衮，交出传国玉玺，北元亡。漠南蒙古全部附清。康熙中叶，漠西卫拉特蒙古准噶尔部噶尔丹汗进攻外喀尔喀诸部，外喀尔喀归附清朝，清廷出兵干预，噶尔丹败亡。乾隆年间，清廷武力征服准噶尔汗国，蒙古诸部全部纳入清朝统治。终清一代，蒙古族成为屏藩朔漠、保障国家安全与统一的重要依靠力量。蒙古民族在清朝的统治下，形成了全新的盟旗制度下的部落和地域布局，其社会、经济、文化发生了重大的转变。

清代蒙古族分布格局表

外藩蒙古	内札萨克蒙古 ●漠南蒙古各旗 ●保留了一定的兵权	哲里木盟 卓索图盟 昭乌达盟 锡林郭勒盟 伊克昭盟 乌兰察布盟
	外札萨克蒙古 ●漠北、漠西诸地各旗 ●兵权统归当地的将军、都统、驻扎大臣(西套蒙古二旗除外)	外札萨克喀尔喀蒙古 外札萨克额鲁特蒙古
内属蒙古	各旗由朝廷任命官员治理，与内地的州县无异	
八旗蒙古	与八旗满洲、八旗汉军性质相同的军事组织	
喇嘛旗蒙古	政教合一的独特旗分	

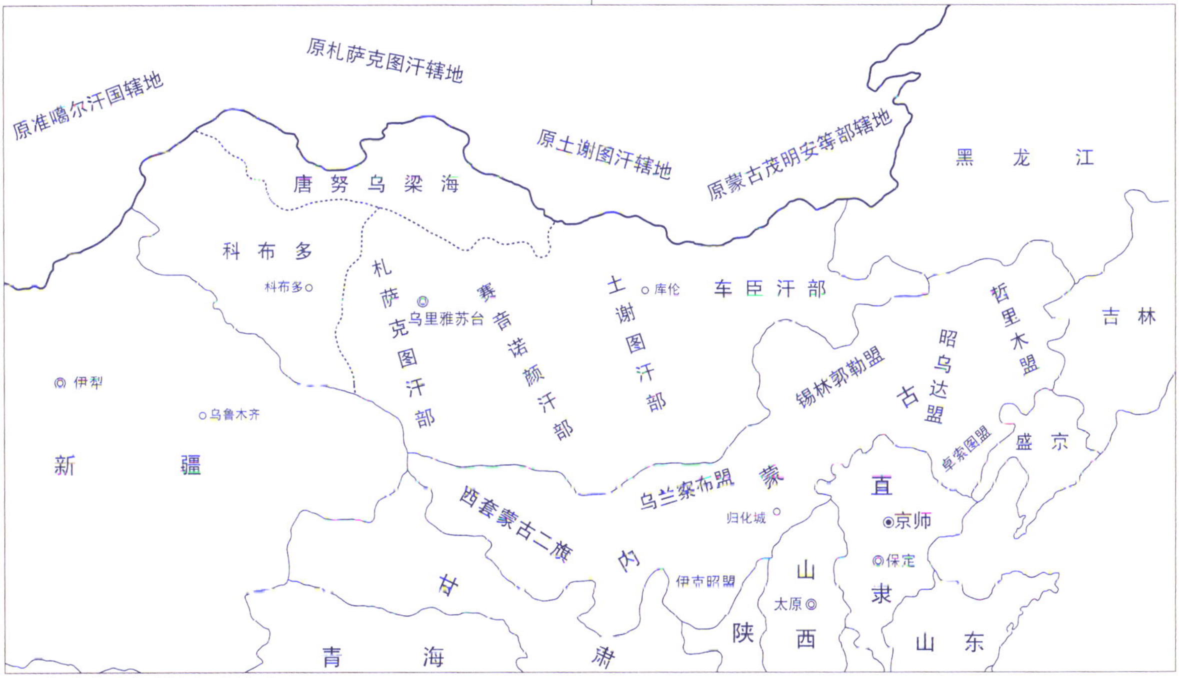

1820年蒙古诸部(绘图/陈丹正)

作为藩部的蒙古定位

文/苏德毕力格

清代，蒙古、西藏和新疆等边疆民族地区被统称为藩部。在汉语中，藩的本意为篱笆，引申为屏障、遮蔽或沿边等。清朝统一全国后，蒙古、藏、回各部被置于其有效的统治之下，但按照清朝政府的政策目标，中原内地是国家的政治、经济和文化基础，是国家经济的重点和统治中心所在。而蒙古、藏、回各部所居住的边疆地区则具有重大的军事和国防价值，是内地的“屏藩”。所以，清朝采取了不同于内地的羁縻、笼络政策，以保证藩部的政治稳定，使之世世“屏藩”内地。

清廷在蒙古地区建立起以盟旗制度为主体的统治秩序，从而确立了清中央政府的有效管辖权。主要措施是基本保留蒙古各部固有领地，通过分封札萨克的制度确保蒙古各部首领对各自部落属民的领有权。这一基本方针成为了蒙古各部归附清朝的政治基础。“分而治之”，则是清中央政府对藩部采取的重要控制手段。它有效地分散了藩部上层的权力，防止出现割据势力，使封建国家权力——皇权始终处于至高无上的地位。正是这种因俗施治和分而治之的基本政策，使得清朝直到20世纪初，在包括蒙古各部在内的广阔的边疆地区保持了长期稳定而有效的统治。

绥远城（今呼和浩特）北门城墙（图/内蒙古将军衙署博物馆）

康熙六十一年（1722）蒙古佐领达什查布及夫人诰命

“因俗而治”与外藩蒙古

清代，蒙古诸部由于管理方式的不同，区分为外藩札萨克旗蒙古、内属蒙古、喇嘛旗蒙古和八旗蒙古4个部分。

外藩札萨克旗蒙古是清朝征服蒙古各部的过程中，将蒙古原有的多数鄂托克、爱玛克等贵族领属集团整编为由札萨克世袭统治的诸多旗分，其中漠南蒙古各旗称内札萨克蒙古，漠北、漠西诸地各旗称外札萨克蒙古。

外藩蒙古各旗由当地的世袭札萨克管理，享有高度的自主权力。札萨克衙门下设协领、副协领、参领等职。

在外藩蒙古，以若干旗合为一盟，设正、副盟长，掌管会盟事宜，并对各旗札萨克进行监管。清廷在中央安排理藩院统管蒙古事务。

什么是札萨克?

科尔沁札萨克

札萨克是“执政官”的意思，札萨克为一旗之行政、军事长官，相当于内属蒙古的总管（旗长）。外藩蒙古的札萨克一般都有爵位，大多可以世袭。在新疆的哈密厅、吐鲁番厅，朝廷也册封维吾尔贵族首领为札萨克。

在札萨克的封地内，山脉、河流、山林、牧地、田产均归其所有，且不向政府担负任何徭役、税赋。人民统归其管辖并交纳赋税，承担徭役，而且札萨克对他们有生杀予夺之权。

蒙古台吉王公虽然身份地位高下悬殊，但只要是一旗札萨克，均直隶皇帝，互不统属。清朝还在中央设立理藩院，在各地设立驻防将军、都统、大臣，对蒙古实施严格有效的行政管辖和军事统治。

内札萨克蒙古：内蒙古概念的由来

内札萨克蒙古，地处漠南，其地域为东界吉林、黑龙江，西界阿拉善额鲁特，南界盛京、直隶、山西、陕西、甘肃五省并以长城为限，北倚外札萨克喀尔喀蒙古，袤延数千千米。凡24部，即嫩科尔沁、扎赉特、杜尔伯特、郭尔罗斯、喀喇沁、土默特、敖汉、奈曼、巴林、扎鲁特、阿鲁科尔沁、翁牛特、克什克腾、喀尔喀左翼、乌珠穆沁、浩齐特、苏尼特、阿巴噶、阿巴哈纳尔、四子部落、茂明安、乌喇忒、喀尔喀右翼、鄂尔多斯。自崇德元年（1636）设旗编佐始，至乾隆元年（1736），在漠南地区共设立了49个札萨克旗，同时推行会盟制度，由若干旗组成一个会盟单位。雍正年间，又以会盟地点命名，形成6个盟，并称为内札萨克蒙古。“内蒙古”之概念即由此而来，进而衍变为今天的内蒙古。

善射的科尔沁人，24部旗之首

哲里木盟因会盟于科尔沁右翼中旗的哲里木地方而称为哲里木盟。

哲里木盟各旗札萨克及王公贵族均为成吉思汗胞弟哈撒儿之后裔。科尔沁部是以哈撒儿后裔为统治集

阿鲁科尔沁旗宝善寺萨布腾哈拉大殿。宝善寺始建于清顺治八年（1651），是清代蒙古地区八大黄教寺庙之一（图/齐木德道尔吉）

团的蒙古强部。科尔沁一名，来源于蒙元时期的火儿赤（箭筒士），是汗廷卫士之意。因哈撒儿及其子移相哥以善射著称，又曾统领蒙古汗廷卫士中的箭筒士，所属部众因此得名“科尔沁”。

1624年科尔沁部首领奥巴与努尔哈赤盟誓和好，建立军事联盟。天聪五年（1631），皇太极令科尔沁诸部牧地西移。新划定的科尔沁部牧地基本上覆盖了岭南喀尔喀及部分察哈尔牧地，东北与达斡尔人为邻，东界松花江，西接兴安岭北的阿鲁蒙古诸部。天聪八年（1634），噶拉珠色特尔等科尔沁部贵族反抗金国兵役的举事被镇压后，科尔沁部基本归附了金国。

崇德元年（1636）开始直至顺治年间，清廷陆续把原科尔沁左右翼诸部编为10个札萨克旗，并对其原有牧地重新作了调整。

哲里木盟地图

位于内札萨克蒙古东部，东南与盛京、吉林交界，北与呼伦贝尔相接，西部与昭乌达盟和锡林郭勒盟接壤，西南与卓索图盟东北端的锡勒图库伦喇嘛旗毗连。现在是内蒙古通辽市以及兴安盟地区。

哲里木盟由科尔沁右翼前、中、后旗，科尔沁左翼前、中、后旗，郭尔罗斯前后旗，杜尔伯特旗，扎赉特旗10个札萨克旗组成

科尔沁右翼五旗：地位显赫

科尔沁右翼中旗地位显赫，俗称该旗为哲里木盟第一旗，掌右翼五旗事。哲里木河在旗西北部，曾为哲里木盟10个札萨克旗会盟之所。清廷实行“备指额驸”制的蒙古十三旗之一。崇德元年（1636）以科尔沁部首领土谢图汗奥巴之子巴达哩属众编为一旗，巴达哩受封札萨克和硕土谢图亲王，职爵世袭，俗称土谢图王旗。

盟旗制度，蒙古社会的架构基础

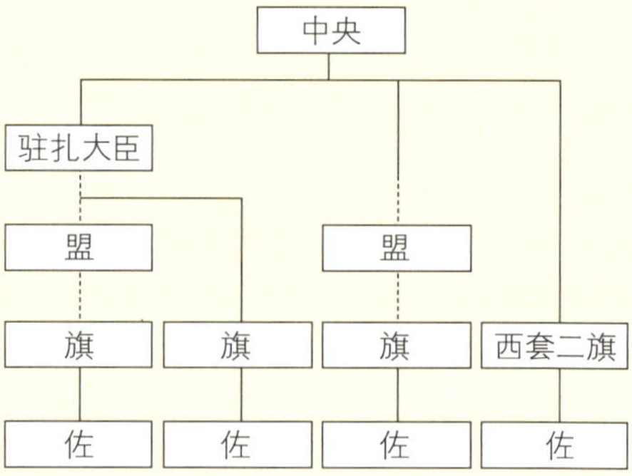

（佐相当于现代意义的乡，约150户为一佐）

现代人喜欢去蒙古草原，锡林郭勒盟、乌兰察布盟（昔名）、昭乌达盟（昔名），很多地名耳熟能详，却不知道其含义是从清代蒙古族的历史承袭而来。旗是基层政权组织，又是军事组织和社会组织。每旗设札萨克（旗长）等官员管理，一旗或数旗合为一盟，设盟长和副盟长。盟即会盟，各盟旗受清政府理藩院管辖。

旗内150丁编1佐，1丁1户，即150户，设佐领，管理佐内事务。每佐还设骁骑校、领催等员，负责审查本佐内的户籍、钱粮、婚丧、诉讼、田土等事。

旗作为蒙古族地区的政权机构，主要职能是：统计户口，编选壮丁；分配游牧场地，防止牧区被过度垦种；防止人口流动，稳定社会秩序；荒歉年份进行社会救济；审理刑事诉讼案件等。旗作为军事组织，主要任务是察阅兵丁和巡阅边防。札萨克旗除战时承担兵役和羊、马军需，部分旗承担平时站役外，不承担其他常年国家赋税、差役。为清朝提供后备武装力量，是盟旗对国家承担的最基本的义务。每个旗均须定期编审丁册，将18—60岁的男丁登记造册，呈报理藩院，并且须经常整饬装备、武器，以备随时奉调出征。

《康熙私访月明楼》(局部)，画面表现了康熙(穿红披风者)在归化城月明楼的一段传说故事，归化城是呼和浩特古城，清代草原名城，商贸重镇(图/齐木德道尔吉)

科尔沁右翼前旗，也是清廷实行“备指额驸”制的蒙古十三旗之一。崇德元年(1636)，以科尔沁部首领土谢图汗奥巴之弟布达齐札萨克图杜棱属众编为一旗，受封札萨克多罗札萨克图郡王，职爵世袭，俗称札萨克图旗。

科尔沁右翼后旗，崇德元年(1636)，以科尔沁部图梅卫徵之子喇嘛什希属众编为一旗，被封为札萨克镇国公。有清一代，因镇国公职爵世袭，俗称该旗为镇国公旗或苏鄂公旗。

扎赉特旗和杜尔伯特旗，是科尔沁属部，位于哲里木盟北部，随着开垦蒙荒的延伸，内地民众涌入，清把两旗的部分垦地划出。

科尔沁左翼五旗，外戚众多

科尔沁左翼中旗，掌左翼五旗事，是清廷实行“备指额驸”制的蒙古十三旗之一。有清一代，科尔沁左翼中旗贵族与清朝关系密切，地位显赫。清初有三位皇后出自该旗，即清太宗时的孝端文皇后、孝庄文皇后和清世祖时的孝惠章皇后。乌克善和满珠习之祖父莽古斯，即清太宗岳父。此外还有六位皇室公主下嫁该旗。科尔沁左翼中旗位于哲里木盟西部，跨东、西辽河，地域辽阔。乾隆末年始，由于汉人逐年增多，清在该旗境内陆续设置府、厅、州、县。

科尔沁左翼前旗，也是清廷实行“备指额驸”制的蒙古十三旗之一。科尔沁左翼前旗位于哲里木盟最南端。有清一代，该旗在哲里木盟各札萨克旗中，属开垦最早的旗分。顺治年间，就有皇室公主随嫁民人开始耕种。

科尔沁左翼后旗，也是清廷实行“备指额驸”制的蒙古十三旗之一，第十任札萨克僧格林沁因镇压太平天国有功，于咸丰五年(1855)晋封为博德勒噶台亲王，职爵世袭，故俗称该旗为博王旗。

郭尔罗斯前旗和后旗，也是科尔沁属部，占据松嫩平原的一部分，土地肥沃，适于耕种，大部分地区相继被开垦。

有清一代，科尔沁以列朝外戚，地位崇高，列内札萨克24部之首。

科尔沁部蒙古族火药囊(图/齐木德道尔吉)

备指额驸，满蒙关系的风向标

额驸是清代对满洲贵族包括皇室女所嫁夫婿的专称，备指额驸即准备供皇帝指认的额驸。备指额驸作为一种制度并不是清代初期形成的，它是乾隆朝中后期满洲贵族在蒙古王公中选择额驸发展到一定历史阶段之后制度化的产物。

有清一代从蒙古王公中选择额驸，大体可分三个历史时期，即入关前的太祖太宗时期、入关后从顺治朝到乾隆朝中后期、乾隆朝中后期到清末。三个时期清统治者所面临的政治任务不同，因而选择蒙古额驸的范围、标准也不一样，即使在同一个时期内，不同的发展阶段也各有差异。

第一个蒙古额驸是努尔哈赤于1617年（金国政权建立之后的第二年）赐婚，在招纳蒙古额驸的同时，严格约束满洲贵族之女："汝等当敬谨柔顺。苟陵侮其夫，恣意骄纵，其恶甚于魑魅矣。"努尔哈赤选择归附的蒙古王公做额驸，体现了金国政权当时对漠南蒙古各部王公的政策，而这种政策服从于满洲贵族进据中原、取代明朝统治的战略目标。努尔哈赤时金国政权力量尚不强大，特别是作为外藩的漠南蒙古地区，绝大部分尚未归顺。这一客观情况决定了努尔哈赤选择蒙古额驸，只能以前来归附金国政权、被编入八旗组织内和满洲贵族集团融为一体的蒙古王公为重点。除满洲宗室女嫁给科尔沁蒙古王公外，皇太极本人亲生女也下嫁科尔沁部蒙古王公。

皇太极也特别注意选择对蒙古各部有影响的人物做额驸。虽然，在争夺控制漠南蒙古各部的斗争中，皇太极和林丹汗处于敌对的立场，但林丹汗毕竟是蒙古大汗，在蒙古各部中处于"正宗"的地位。因此，当林丹汗败亡，其子额哲归附后，皇太极毫不犹豫地把固伦公主马喀塔许配给他，其娶婚仪式之隆重，赏赐物品之丰厚，前所未有。

第二阶段，从顺治朝到乾隆朝中后期。其中最主要的变化是在地域和部族上，由漠南蒙古发展到漠北喀尔喀蒙古、漠西额鲁特蒙古，在有关额驸的规制方面也更为详尽。

第三阶段，从乾隆朝中后期到清末。清政府经过康、雍、乾三朝对西北地区用兵以及采取一系列措施之后，这时期满洲贵族对蒙古地区的统治已比较稳定。蒙古王公的作用日益减弱，清统治者对他们的感情也日渐疏远。这体现在满洲贵族选择蒙古额驸时，数量锐减以及地域、部族范围的缩小。

与此相对应，就是备指额驸制

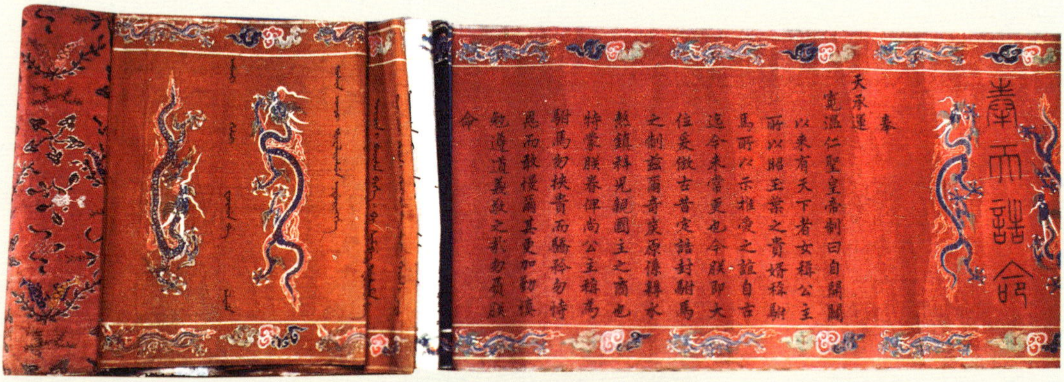

崇德八年（1643）固伦靖端公主下嫁蒙古王公奇塔特诰命（图/齐木德道尔吉）

巴林右旗出土雍正七年荣宪公主珍珠团龙袍（图/齐木德道尔吉）

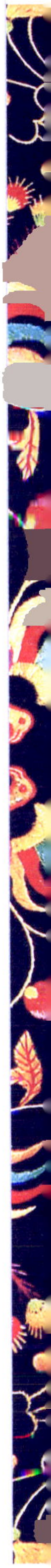

度的产生。道光初年清政府制定了备指额驸制度，正式规定满洲贵族选择蒙古额驸只局限于漠南蒙古七部十三旗的范围。满洲贵族选定科尔沁、巴林、喀喇沁、奈曼、翁牛特、土默特、敖汉等七部十三旗为备指额驸的范围，因为这七部都属于漠南蒙古东四盟，从地理位置上看，处于漠南蒙古的南半部，它们成一个半弧形和盛京、直隶相邻。从归附清朝的时间上说，这七部也都是在天命、天聪年间先后投归努尔哈赤和皇太极的，和清政权一直保持密切关系。从满蒙联姻的程度上讲，这七部也较其他部更深广。

从备指额驸制度可看出满蒙关系的日益松懈。在康熙、雍正以及乾隆朝中前期，当准噶尔问题尚未解决的时候，满洲贵族之女不但下嫁漠南蒙古各部王公，而且远到喀尔喀蒙古各部和额鲁特蒙古。喀尔喀蒙古土谢图汗部敦多布多尔济、札萨克图汗部亲王策旺札布、赛音诺颜部策棱，以及定居西套的额鲁特蒙古和罗理子阿宝，都曾是清朝统治者的额驸。当时满洲贵族的蒙古额驸分布地域之广、部族之多，是空前的。但自乾隆三十五年（1770）以后，再没有满洲贵族女去遥远的喀尔喀蒙古地区。当然，“北不断亲”是清王朝的一项基本国策。备指额驸制度只是满蒙联姻关系缩小的标志，并没有取消联姻关系。

清代蒙古地区城市的发展变迁

文/何一民

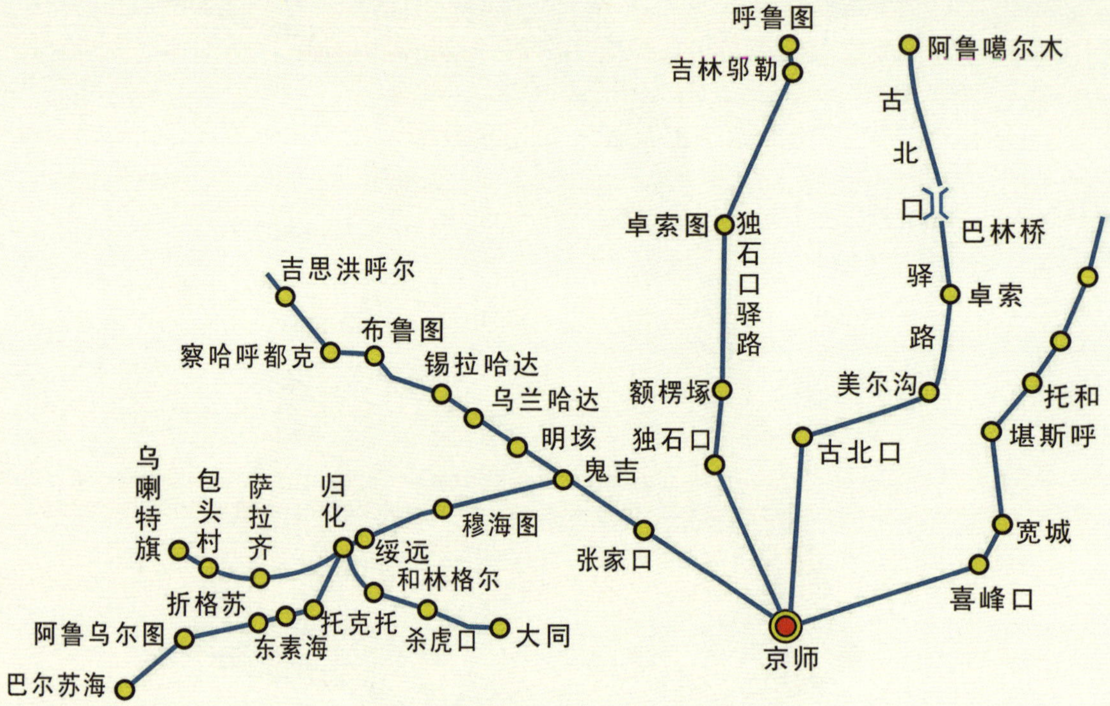

清代蒙古地区交通示意图，沿驿道分布的特点明显（绘图/周琦）

清朝统一全国后，在内蒙古设立将军、都统，以监督和控制内蒙古各盟旗，先后设立有绥远城驻防将军、热河都统、呼伦贝尔副都统、察哈尔都统等。这些将军、都统衙署所在地逐渐发展成为政治、经济、文化的中心。此外，内蒙古地区佛教盛行，寺院广建，而且这些寺庙多建在交通便利、蒙古族民众集中的地区。寺院规模宏大，僧人众多，前往朝拜的蒙古人络绎不绝。手工业者和商人便在其周围造屋建铺，逐渐形成以寺院为中心的集镇。17世纪末18世纪初，大量内地移民流入内蒙古地区，仅山东民人“或行或商或力田，至数十万人之多”。他们从事农业、手工业和商业贸易，为内蒙古地区城镇的形成奠定了基础。

清代漠南蒙古的城市主要沿驿道分布，较著名的城市有归化城、多伦诺尔、热河、丰镇等；漠北蒙古则沿中俄贸易商路分布，重要城市主要有库伦、乌里雅苏台、科布多等。

近代以来，原来主要处于自然经济状态下的农牧业产品，已愈来愈多地成为商品，被卷入贸易市场。蒙旗原有的传统庙会集市也有很大发展。库伦喇嘛旗的庙市，随着绥东县的设立已转变为周邻地区的重要商业城镇。呼伦贝尔南部的甘珠尔庙集市，已具有上万人的规模，景象十分繁盛。

商业贸易活动的增加，直接导致原有商业城镇规模的发展扩大和新商业集镇的成批出现。新出现的商业城镇，西部主要有丰镇、武川、包头，东部主要有经棚、绥东（原库伦喇嘛旗，今属通辽）、辽源、洮南、海拉尔、满洲里等。

蒙古地区城市与内地城市另一个重要的不同之处就是买卖城。“买卖城”来源于“买卖人”，“买卖人”是蒙古人对旅蒙商人的称呼。买卖城一般不在主城区内，而是在主城区外，或单独成城。除了寺庙以外，买卖城内的建筑不甚讲究，住宅区分布不整齐，也很简陋。

归化（呼和浩特古城）和绥远（呼和浩特新城）为漠南蒙古的政治、军事中心，也是内蒙古重要的集市贸易场所和物资储运站，同时又是西北诸部、喀尔喀蒙古来往贡使必经之地。归化城建于明隆庆年间，由土默特蒙古部阿勒坦汗建造，初名“库库河屯”，明廷赐名“归化城”。乾隆朝以后，归化城商业大发展，位居塞外诸城榜首。声名赫赫的大商号如大盛魁、元盛德、天义德、义和敦等入住这里，年贸易额能达500万—1000万两白银。

库伦（今蒙古国乌兰巴托）是清中前期蒙古高原北部人口规模最大的城市。库伦主城区以蒙古人为主，人烟稠密，约3万余众，多喇嘛僧徒，土人以运货为生，或打牲猎兽。作为库伦城市重要组成部分的“买卖城”大约有男女计5000人，其中大约有1800名汉人，其余是蒙古人。清后期，库伦居住着较多内地汉人和俄罗斯商人，库伦另有驻防兵2000余名，统于办事大臣。

有清二百余年间，蒙古地区的城市虽然较明代有较大的发展，但城市人口规模始终较小，没有形成大城市，也未形成首位型城市，因而城市的聚集力和辐射力都不大，对区域的带动力也较为有限。

绥远城（呼和浩特新城）东门（图/内蒙古将军衙署博物院）

清代蒙古主要盟旗列表（内札萨克蒙古部分）
二十四部，四十九旗，设六盟

盟	部	旗	含义及特点
哲里木盟 （4部10旗） 会盟于科尔沁右翼中旗境内之哲里木	科尔沁部 内札萨克24部之首	科尔沁右翼中旗	科尔沁一名，来源于蒙元时期的火儿赤（箭筒士），是汗廷卫士之义
		科尔沁右翼前旗	
		科尔沁右翼后旗	
		科尔沁左翼中旗	
		科尔沁左翼前旗	
		科尔沁左翼后旗	
	扎赉特部	扎赉特旗	部名源自古老的蒙古部落札剌亦儿部落，辽代就有10个分支，游牧在斡难河、怯绿连河一带
	杜尔伯特部	杜尔伯特旗	部名起源于古老的朵儿边部，其祖先为成吉思汗第十一世祖都蛙锁豁儿之四子
	郭尔罗斯部 附牧于科尔沁左翼	郭尔罗斯前旗	部名源自古老的豁罗剌思部，为迭儿列斤蒙古诸部的组成部分。12—13世纪游牧于呼伦贝尔一带，与蒙古乞颜部为世代姻亲
		郭尔罗斯后旗	

草原生活图局部（供图/齐木德道尔吉）

<table>
<tr><th>盟</th><th>部</th><th>旗</th><th>含义及特点</th></tr>
<tr><td rowspan="5">卓索图盟
（2部5旗）
会盟于土默特右旗境内的卓索图地方</td><td rowspan="3">喀喇沁部</td><td>喀喇沁右旗</td><td rowspan="3">喀喇沁部名来源于元代为皇室制作黑马奶酒的职业名称——哈剌赤，后由从事这一职业的钦察人为核心，形成钦察军或钦察卫，也被称作哈剌赤</td></tr>
<tr><td>喀喇沁左旗</td></tr>
<tr><td>喀喇沁中旗</td></tr>
<tr><td rowspan="2">土默特部</td><td>土默特左翼旗</td><td rowspan="2">系东土默特部，15世纪蒙古右翼三万户之一满官嗔（今译蒙古贞）——土默特万户之分支</td></tr>
<tr><td>土默特右翼旗</td></tr>
<tr><td rowspan="11">昭乌达盟
（8部11旗）
会盟于翁牛特左翼旗境内之昭乌达

乾隆十三年（1748）颁发的昭乌达盟盟长印

昭乌达盟盟长印文</td><td rowspan="2">扎鲁特部</td><td>扎鲁特左翼旗</td><td rowspan="2">系北元后期喀尔喀万户左翼——岭南喀尔喀五鄂托克之一，其首领为达延汗第五子阿尔楚博罗特及其子孙</td></tr>
<tr><td>扎鲁特右翼旗</td></tr>
<tr><td rowspan="2">巴林部</td><td>巴林右翼旗</td><td rowspan="2">巴林部系蒙古古老的部落之一，成吉思汗第九世祖孛端察儿之子巴阿哩歹及其所属部众为巴林部先民，属于尼鲁温蒙古。岭南喀尔喀五鄂托克之一</td></tr>
<tr><td>巴林左翼旗</td></tr>
<tr><td>克什克腾部</td><td>克什克腾旗</td><td>“克什克腾”一名来源于蒙元时期大汗直属护卫军怯薛。北元时期克什克腾作为部名出现，并成为蒙古大汗直辖的察哈尔万户重要组成部分</td></tr>
<tr><td>敖汉部</td><td>敖汉旗</td><td rowspan="2">敖汉、奈曼二部系北元时期蒙古大汗直辖的察哈尔万户重要组成部分</td></tr>
<tr><td>奈曼部</td><td>奈曼旗</td></tr>
<tr><td>阿鲁科尔沁部</td><td>阿鲁科尔沁旗</td><td>成吉思汗之弟哈撒儿后裔属部，是北元时期科尔沁万户的重要组成部分。“阿鲁”，蒙古语，指方位之北，在此有山阴之意，因阿鲁科尔沁牧地位于兴安岭山阴一带</td></tr>
<tr><td rowspan="2">翁牛特部</td><td>翁牛特右翼旗</td><td rowspan="2">部名原意为“有王的百姓”，即“王的属民”，特指成吉思汗诸弟哈撒儿、别里古台、合赤温和斡赤斤，以其领地在蒙古高原东部，元代被称为“东道诸王”。入清后的翁牛特部是合赤温后裔所统部落</td></tr>
<tr><td>翁牛特左翼旗</td></tr>
<tr><td>喀尔喀左翼部</td><td>喀尔喀左翼旗</td><td>外喀尔喀札萨克图汗部台吉衮布伊勒登部众。康熙三年（1664），札萨克图汗旺舒克为同族台吉额琳沁所戕，部众溃散。同年，衮布伊勒登率所部，越瀚海归附清朝</td></tr>
</table>

<table>
<tr><th>盟</th><th>部</th><th>旗</th><th>含义及特点</th></tr>
<tr><td rowspan="10">锡林郭勒盟
（5部10旗）
会盟于阿巴噶左旗境内的锡林郭勒地方</td><td rowspan="2">乌珠穆沁部

乌珠穆沁王府遗物</td><td>乌珠穆沁右翼旗</td><td rowspan="2">由北元时期蒙古大汗直辖的察哈尔万户主要组成部分构成。“乌珠穆沁”一名是由表示“葡萄”之意的名词“乌珠穆”和其后附加的表示身份、职业的词缀“沁”组成</td></tr>
<tr><td>乌珠穆沁左翼旗</td></tr>
<tr><td rowspan="2">浩齐特部</td><td>浩齐特部左翼旗</td><td rowspan="2">源自忽必烈后裔蒙古大汗私属人口，发展为好陈察哈尔万户，简称察哈尔</td></tr>
<tr><td>浩齐特部右翼旗</td></tr>
<tr><td rowspan="2">苏尼特部</td><td>苏尼特左翼旗</td><td rowspan="2">蒙古古老的部落之一。成吉思汗第六世祖海都三子抄真斡儿帖该第四子雪尼惕所属部众成为后来的苏尼特部先民，也是察哈尔万户右翼之组成部分</td></tr>
<tr><td>苏尼特右翼旗</td></tr>
<tr><td rowspan="2">阿巴噶部</td><td>阿巴噶右翼旗</td><td rowspan="4">阿巴噶、阿巴哈纳尔部，系成吉思汗之弟别里古台后裔所属的伊克土绵万户的主要组成部分。阿巴噶意为叔父，阿巴哈纳尔为叔父之复数，意为叔父们。成吉思汗诸弟及其后裔对蒙古大汗为首的黄金家族有着叔父辈分，故北元时期他们的所属部落被统称为阿巴噶</td></tr>
<tr><td>阿巴噶左翼旗</td></tr>
<tr><td rowspan="2">阿巴哈纳尔部

康熙二十五年（1686）“管辖阿巴哈纳尔左旗札萨克之印”</td><td>阿巴哈纳尔左翼旗</td></tr>
<tr><td>阿巴哈纳尔右翼旗</td></tr>
</table>

<table>
<tr><th>盟</th><th>部</th><th>旗</th><th>含义及特点</th></tr>
<tr><td rowspan="7">伊克昭盟
（1部7旗，受绥远城将军节制）
会盟于伊克昭地方</td><td rowspan="7">鄂尔多斯部
因主持祭祀成吉思汗八白帐，其政治地位显赫，
守护成吉思汗陵寝伊金霍洛的“达尔扈特”，约有五百户，不隶属任何旗</td><td>鄂尔多斯左翼中旗
俗称郡王旗</td><td rowspan="2">鄂尔多斯一名来源于蒙元时期的斡耳朵（意为宫帐），鄂尔多斯即斡耳朵的复数。北元时期，鄂尔多斯部由蒙古大汗嫡系后裔“济农”统辖。济农一名，出自元代成吉思汗四大斡耳朵的领主“晋王”一词。15世纪中期，以照看和祭祀成吉思汗四大斡耳朵为中心的蒙古右翼人众入居河套后，逐渐形成了鄂尔多斯万户</td></tr>
<tr><td>鄂尔多斯右翼中旗
俗称鄂托克旗</td></tr>
<tr><td>鄂尔多斯左翼前旗
俗称准格尔旗</td><td rowspan="5">
鄂尔多斯右翼中旗札萨克令牌</td></tr>
<tr><td>鄂尔多斯左翼后旗
俗称达喇特旗</td></tr>
<tr><td>鄂尔多斯右翼前旗
俗称乌审旗</td></tr>
<tr><td>鄂尔多斯右翼后旗
俗称杭锦旗</td></tr>
<tr><td>鄂尔多斯右翼前末旗
俗称札萨克旗</td></tr>
<tr><td rowspan="6">乌兰察布盟
（4部6旗）
会盟于四子部旗的乌兰察布地方</td><td>四子部</td><td>四子部旗</td><td>四子部落、茂明安、乌喇忒5旗札萨克及王公贵族均为成吉思汗长弟哈布图哈撒儿后裔。北元时期是科尔沁万户的重要组成部分。四子部是哈撒儿十五世孙诺颜泰后裔属部。诺颜泰有子四，与阿鲁科尔沁分牧于呼伦贝尔地区，号称四子部落。最终落脚于阴山背后，以屏藩归化城</td></tr>
<tr><td rowspan="3">乌喇忒部</td><td>乌喇忒前旗</td><td rowspan="3">哈撒儿十四世孙布尔海鄂托根后裔属部。乌喇忒，又作吴喇忒、乌拉特，是蒙古语“工匠”之复数读音</td></tr>
<tr><td>乌喇忒中旗</td></tr>
<tr><td>乌喇忒后旗</td></tr>
<tr><td>茂明安部</td><td>茂明安旗</td><td>哈撒儿十三世孙鄂尔多代布延图后裔的属部</td></tr>
<tr><td>喀尔喀右翼部</td><td>喀尔喀右翼旗</td><td>其部落原属外喀尔喀土谢图汗部，顺治十年（1653）内徙</td></tr>
</table>

分布广泛的外札萨克蒙古

外札萨克喀尔喀蒙古，地处漠北，其地域东至黑龙江呼伦贝尔城，南至瀚海，西至阿尔泰山，北至俄罗斯，广五千里，袤三千里。初为土谢图、车臣、札萨克图三部，后增设赛音诺颜部，共四部，86旗。

喀尔喀蒙古为北元大汗直属六大万户之一，形成于15世纪中期，因驻牧喀尔喀河流域而得名。喀尔喀万户的主体由蒙元时代札剌亦儿、弘吉剌、亦乞列思、兀鲁、忙忽惕等五投下属民后裔组成。15世纪初，达延汗分封诸子到蒙古大汗直属六万户，原喀尔喀万户左右翼分别受达延汗六子阿尔楚博罗特和十一子格埒森扎统治。留居喀尔喀河流域的原喀尔喀万户右翼被称作“阿鲁喀尔喀”，清译“外喀尔喀”，在格埒森扎子孙统治下迅速强大。天聪四年（1630），林丹汗出征阿鲁蒙古诸部，阿巴噶、乌珠穆沁、苏尼特等部北投阿鲁喀尔喀左翼达赖济农硕垒，拥戴硕垒为“玛哈撒玛谛车臣汗”，形成阿鲁喀尔喀三大汗部。

17世纪初，喀尔喀发生红教黄教之争，诺诺和诺颜第四子图蒙肯大力扶持黄教，受到达赖喇嘛的嘉许，获“赛音诺颜”称号。雍正三年（1725），其孙善巴从弟策棱以军功获超勇亲王爵，属民繁殖，遂从土谢图汗部分出属民领地，别为一部，以其祖赛音诺颜号冠之，为赛音诺颜部。至此喀尔喀四部名称、属民、领地逐渐固定。

顺治十二年（1655），清廷在喀尔喀七鄂托克设八大札萨克，分左右翼。土谢图汗察珲多尔济继其父衮布多尔济为左翼长，与车臣汗巴布、赛音诺颜丹津喇嘛、墨尔根诺颜掌左翼。札萨克图汗诺尔布为右翼长，与俄木布额尔德尼、车臣济农、昆都仑陀音掌右翼。

康熙三十年（1691）五月，康熙帝亲临多伦诺尔，与外喀尔喀诸汗会盟，定诸部依外藩四十九旗例，编旗设

清末喀尔喀喇嘛人家（图/内蒙古摄影家协会收藏，额博供图）

札萨克，保留土谢图汗、车臣汗和札萨克图汗号，次年喀尔喀并入清朝版图。

康熙三十六年（1697），喀尔喀札萨克增至55旗。雍正三年（1725），增设赛音诺颜部，此时凡四部74旗。乾隆十五年（1750），增至83旗，附辉特1旗、额鲁特2旗，统称为外札萨克喀尔喀蒙古。

外札萨克额鲁特蒙古

额鲁特，又称“卫拉特”“厄鲁特”，明时作“瓦剌”，属原蒙古部落。额鲁特，意为长者，是卫拉特四万户中绰罗斯及其后来分支准噶尔、杜尔伯特的统称。15世纪初，卫拉特四万户中绰罗斯氏贵族马哈木、脱欢父子强大，把持卫拉特政局。脱欢及其子也先还一度统一整个蒙古。凭借在卫拉特诸部中的地位，绰罗斯部获得“额鲁特”之名，明代汉籍中的“大瓦剌”便指额鲁特。

17世纪初，额鲁特分为四部：和硕特部，姓博尔济吉特；准噶尔和杜尔伯特二部，姓绰罗斯；土尔扈特部，姓克埒古特。土尔扈特部，部名来源于蒙元时期的汗廷、王廷怯薛（护卫）——禁卫军中的秃鲁花（质子军、散班），是“秃鲁花”一词的复数形式。到17世纪时，土尔扈特部成为卫拉特蒙古的重要组成部分。

回归的土尔扈特部

天聪二年（1628），土尔扈特部首领和鄂尔勒克率领五万帐，向伏尔加河下游迁徙，沿途征服达靼等部落，两年后于天聪四年（1630）到达伏尔加河下游驻牧。阿玉奇汗统治时期（1670—1724）是土尔扈特汗国的鼎盛时期。乾隆二十六年（1761），渥巴锡承袭汗位。乾隆三十五年（1770），因不堪哥萨克移民的挤压、俄国无休止的征兵、征税以及强迫土尔扈特人进行东正教洗礼，渥巴锡汗率大部分属众，东返卫拉特故土。中途遭受俄罗斯及哈萨克、布鲁特人的夹击，所领部众损失惨重。翌年，渥巴锡汗率余众归附清朝。

青海、新疆、黑龙江等蒙古各部旗

青海额鲁特部

明末清初，西藏佛教噶举派与格鲁派的矛盾加剧，噶举派依靠西藏藏巴汗和占据青海之喀尔喀绰克图台吉的势力，迫害以达赖喇嘛为教宗的格鲁派。天聪九年（1635），格鲁派集团派出安萨呼图克图（三世温萨活佛）到卫拉特寻求援助。翌年，和硕特顾实汗和绰罗斯巴图尔珲台吉率领卫拉特联军万余人，分左右翼，南下救援格鲁派佛教，占领青海。战后，顾实汗所率和硕特右翼军留居青海。随后不久，和硕特大部分人口迁移到青海，被称为青海和硕特蒙古，是为有清一代青海额鲁特部之源流。青海额鲁特部由和硕特、土尔扈特、准噶尔、辉特等部组成，共有29旗。

套西额鲁特蒙古

套西额鲁特蒙古由阿拉善和硕特、额济纳旧土尔扈特二部组成，因地在河套（即贺兰山以东，狼山、大青山南的黄河沿岸地区）以西，故称套西额鲁特蒙古。

新疆新旧土尔扈特部

乾隆三十六年（1771），居住在伏尔加河流域的土尔扈特部首领渥巴锡汗率所部东迁至伊犁，归附清朝。清廷照内外札萨克蒙古盟旗之例安置其部，分所部为新旧二部分，并赐以封爵。乾隆四十年（1775），又将新旧二部分为五个盟，另将和硕特部编为一盟。任命正副盟长，编设札萨克、旗分、佐领，铸造印信。渥巴锡汗所部系和鄂尔勒克之嫡系，被称为旧土尔扈特，由渥巴锡统领，为乌讷恩素珠克图盟，该盟又分为东西南北四路（四盟），共设10旗。舍楞一支系和鄂尔勒克叔父卫衮察布察齐之后裔，被称为新土尔扈特，为青色特启勒图盟，共设3旗。随渥巴锡归附的和硕特部恭格等被编为巴图色特启勒图盟，共设3旗。

土尔扈特蒙古重返祖国记

文/马汝珩、王思治，摘自《土尔扈特蒙古西迁及其反抗沙俄压迫、重返祖国的斗争》

《朔方备乘》卷38《土尔扈特归附始末》记载，1770年10月11日，“渥巴锡乃集大小宰桑谕以逃走伊犁之利，众喜，皆为远行之计”。他们原计划等到伏尔加河结冰之后，携同北岸的1万多户土尔扈特人同返祖国。非常不幸的是，“是岁（乾隆三十五年，即1770年）冬温，河冰不冻”。同时，土尔扈特将要东归的风声也已走漏，俄国政府有所觉察。形势的发展迫使“渥巴锡不能待河北人户，遂杀俄罗斯匠役千人及贸易人等”，以示与俄罗斯彻底决裂。伏尔加河下游反抗的战旗高举，一位西方历史学家写道，整个部落异口同声高呼：“我们的子孙永远不当奴隶，让我们到太阳升起的地方去。”可是，留在伏尔加河北岸的1万余户却始终未能回到祖国。

1771年1月5日，土尔扈特人启程回国，开始了艰苦卓绝的历程。俄国女皇叶卡捷琳娜二世，因为她的大臣们竟漫不经心到让整个部落在她信任的奴仆的鼻尖下举行暴动，逃出了神圣的俄罗斯国境，因而大发雷霆。俄国政府立即派出军队追袭土尔扈特人。之后，他们在东进的道路上又遇到哥萨克等的阻击。经过了多次激烈的战斗，忍受了饥饿疾病的折磨，土尔扈特人终于在6月底7月初进入中国境内，追袭他们的俄国军队“乃引兵还”。

渥巴锡在给伊犁将军伊勒图的信中写道：他们“向居俄罗斯地，久愿为大皇帝臣仆，而无机可乘，乃于去冬谋弃故地，挈属内附，因自彼逸出，行程万千有余里”，希望“准令入觐，以伸积诚”。这封信的文词虽然简括，却十分诚挚地表达了土尔扈特蒙古人民向往祖国的心情，他们“积诚”于心，历百余年而不衰，终于冲破艰难险阻回到祖国故土。

万树园赐宴图，1754年阴历五月，乾隆在避暑山庄的万树园举行隆重的宴会，对回归的土尔扈特部进行了热情的招待，宫廷画家郎世宁等人奉旨对这次宴会进行了纪实性描绘

土尔扈特起程回国时，超过3万户17万人，在短短的几个月时间内，竟有一半人死于归途中的战斗以及饥饿和疾病。回到祖国的土尔扈特人，经过长途跋涉，颠沛流离，几乎丧失了所有的牲畜。他们形容枯瘠，衣衫褴褛，靴鞋俱无，“其幼孩有无一丝寸缕者”。为了实现回归祖国的宿愿，他们蒙受了巨大的牺牲。

清政府对土尔扈特的来归十分重视。从《优恤土尔扈特部众记》碑文中可以看到，当时新疆、甘肃、陕西、宁夏及内蒙古等地的各族人民，以大量物资供给土尔扈特，计有：马牛羊20余万头，米麦4万多石，茶2万余封，羊裘5万多件，棉布6万多匹，以及大量的毛毡庐等。这真是雪里送炭，帮助土尔扈特人民渡过了难关，在祖国的故土上“皆安居得所”。

乾隆三十六年（1771）九月初八，渥巴锡等至热河木兰围场的伊绵峪觐见乾隆，并随围观猎。乾隆询问了土尔扈特的历史及其回国的情况。回到避暑山庄后，乾隆又多次接见他们，并举行灯宴，观火戏。其时，普陀宗乘之庙落成，渥巴锡等前往瞻礼，与喀尔喀、内蒙古、青海、新疆等地少数民族上层人士一起，举行盛大的法会。乾隆在普陀宗乘之庙内立了两块有关土尔扈特的石碑。

科布多杜尔伯特部

该部姓绰罗斯，系卫拉特四部之一。清廷按内外札萨克蒙古之例，在杜尔伯特部中划分旗和佐领，分设13个札萨克。该杜尔伯特部又名赛因济雅哈图左、右翼盟。

科布多和硕特旗

又称哈弼察克新和硕特部，嘉庆元年（1796）设。乾隆三十七年（1772），跟随土尔扈特部渥巴锡汗回归的和硕特部台吉巴雅尔拉瑚之族人蒙根，率所部归附清朝，并愿附牧新土尔扈特贝子沙喇扣肯之旗。

黑龙江伊克明安旗

伊克明安旗，蒙古语，意为大千户，系北元时期卫拉特之辉特部贵族姓氏。乾隆二十二年（1757），清廷命阿卜达什、巴桑所部徙于黑龙江之通根河与乌裕尔河流域游牧。旗地东至讷谟尔河及乌裕尔河源，西至嫩江东岸，南界明水县南边至林甸县东北边一带，北至讷谟尔河。隶黑龙江将军节制。

内属蒙古

内属蒙古，包括总管旗蒙古、都统旗蒙古、佐领旗蒙古及其皇家牧厂。为清廷的直辖领地，不设札萨克，不实行会盟，由清廷委派总管、都统等进行管理，“官不得世袭，事不得自专”。包括察哈尔八旗，归化城土默特部二旗，呼伦贝尔陈巴尔虎、新巴尔虎、额鲁特八旗，伊犁察哈尔八旗与额鲁特八旗，扎哈沁与明阿特旗，唐努乌梁海、阿尔泰乌梁海、阿尔泰诺尔乌梁海诸旗，达木蒙古八旗，同时也包括清廷牧厂。

喇嘛旗蒙古

喇嘛旗是建立在大寺庙领地上的特殊旗分。喇嘛旗与札萨克旗一样是行政实体，拥有自己的徒众与沙毕纳尔（蒙古语，喇嘛所辖之众），占有大面积的游牧地。札萨克达喇嘛在一定的范围内据有政教权力。清代蒙古地区设立了7个喇嘛旗：内蒙古的锡勒图库伦札萨克喇嘛旗，喀尔喀的哲布尊丹巴呼图克图旗，额尔德尼班智达呼图克图旗，咱雅班智达呼图克图旗，青苏珠克图诺门罕旗，那鲁班禅呼图克图旗和青海的察汉诺门罕旗。

八旗蒙古

八旗蒙古为清代八旗的三个主要组成部分之一，又称“蒙古八旗”。旗色、官制与八旗满洲同。

明万历四十三年（1615），努尔哈赤创建八旗时，已将部分蒙古人编入女真牛录（满语，八旗制度的基

丰盈的物品供应基地：牧厂

牧厂系清军队、皇室、王公大臣之马匹、肉食、乳制品等物品供应地，清廷在口外沿边地区设立了许多牧厂。清太宗征服察哈尔后，因为大塞外水草丰沃，宜于畜牧，置公私牧厂于此。顺治后又陆续设立了隶属于内务府和太仆寺等机构的牛羊群和驼马厂。同时，还以赏赐、借住等名义给一部分王公圈定了数处牧厂。

内务府上驷院所属牧厂有大凌河牧厂、上都达布逊淖尔牧厂、达里冈爱牧厂。

内务府庆丰司，初名“三旗牛羊群牧处”，主管宫廷坛庙祭及牛羊群畜牧事务。其所属牛羊牧厂有察哈尔牛羊群牧厂、达里冈爱牛羊群牧厂和养息木牧厂。

察哈尔牛羊群由察哈尔镶黄、正黄、正白三旗牧放，故又称作察哈尔镶黄、正黄、正白三旗官牛羊群牧厂。

太仆寺是专掌马政的机构，太仆寺左翼牧厂在张家口东北70千米的喀喇尼敦井。太仆寺右翼牧厂由察哈尔游牧八旗的正黄、正红、镶红、镶蓝四旗放牧，八旗牧厂系季节性牧厂，主要用于牧放军驼、军马。礼部所属牧厂主要用于朝廷祭祀、馈赠、膳食等用，由礼部委官管理。王公大臣官员等牧厂多散处在察哈尔八旗和各大牧厂间，且随王公大臣爵位的升降而时有变动，或撤或增。

层军政组织)，分隶诸旗主之下。天命六年(1621)，蒙古内喀尔喀部古尔布什台吉、莽果尔台吉率属民并牲畜归附金国，努尔哈赤授二人总兵官之职，赐以满洲一牛录三百人，并蒙古一牛录，共二牛录，隶八旗满洲之下。天命七年(1622)初，努尔哈赤将归附的喀尔喀、察哈尔兀鲁特诸贝勒各编为一旗，形成蒙古喀尔喀旗和兀鲁特旗。

天命九年(1624)，为规范管理八旗下蒙古人，于满洲八旗每旗各附设蒙古五牛录，共形成40个蒙古牛录，成为“八旗蒙古”的雏形。这些在天命时期编成的蒙古牛录因均隶属于满洲八旗，故又称“八旗游牧蒙古”，或“满洲移营蒙古”。他们主要从事畜牧业生产，有自己的驻牧地，其牧地随形势的变化而有所变化。八旗游牧蒙古多次参加了金国的军事行动。

天聪二年(1628)，出于作战需要，又将各满洲旗下蒙古牛录分成两翼，组成蒙古二旗。左翼固山额真(都统)为吴讷格，右翼固山额真为鄂本兑。此蒙古二旗又被称为旧蒙古二旗，或称为左、右营，天聪八年(1634)改称蒙古左翼兵和蒙古右翼兵。

天聪六年(1632)，取消喀尔喀旗和兀鲁特旗的建制，两旗贝勒散入满洲八旗各旗下。两旗所属蒙古人，则被分编入吴讷格、鄂本兑二蒙古旗中。

天聪八年(1634)起，开始对归附的漠南各部编旗、划定地界和分配民户时，出现了蒙古两黄旗、两红旗、两白旗、两蓝旗等蒙古八旗名称，一并与归附蒙古各部划定了牧地。

天聪九年(1635)阴历二月，编审内外喀喇沁蒙古壮丁，分为11旗。除喀喇沁的古鲁思辖布旗、俄木布楚虎尔旗及耿格尔与善巴同管旗等仍属外藩蒙古三旗之外，其余八旗皆由原八旗满洲下的蒙古牛录加上这次新附的内喀喇沁壮丁混编而居，成为与八旗满洲并列的八旗蒙古。至此，八旗蒙古正式建立。八旗蒙古与八旗满洲、八旗汉军共为24旗，并非形成以族别为划分标志的三个并列的八旗，而是仍以原八旗满洲为格局，将八旗蒙古、八旗汉军分别按旗色与八旗满洲组成新的八旗。每旗设固山额真1人，梅勒章京(副都统)2人，甲喇章京(参领)2人，分统所属蒙古牛录(佐领)。后续将归附蒙古人众编入，到崇德末年共有佐领117个、半分佐领5个，雍正年间增至204个，遂为定制，不再增加，直至清末未变。

入关后的八旗蒙古又分驻防畿辅蒙古八旗和驻防直省蒙古八旗。

撰稿专家

齐木德道尔吉，蒙古族，德国波恩大学哲学博士，内蒙古大学教授，博士生导师。主要研究领域为女真语言文字、清代蒙古史、满蒙档案文书，以蒙古、汉、德等文字发表有关女真文研究、蒙古史研究方面的文章80多篇、各类著作10多部。主持国家社科基金项目《蒙古学百科全书·国际蒙古学卷》，国家清史工程子课题《清史·民族志·蒙古族篇》，国家社科基金项目《内蒙古通史》(清代卷)。

《辽夏金元史微·金朝卷》

《清代蒙古志》

扫描二维码，阅读专家代表著作的电子版

晚清蒙古族的国家意识

满蒙联盟——蒙古族是清代政治和军事的重要支柱

保家卫国——
僧格林沁率蒙古马队抗击英法联军

清朝入主中原后的二百余年中，蒙古一直是该王朝稳定的后方，而蒙古王公更是维持王朝统治的可靠力量。自清初直至清末，无论在内地还是在边疆，一旦有了战事无不有蒙古士兵的身影。在保持对蒙古的绝对控制的前提下，满洲贵族同蒙古王公建立起紧密的“盟友关系”，并使之成为支撑清王朝政治、军事结构的一根重要支柱。

在蒙古各部中，科尔沁部与清廷的关系源远流长、最为密切。近代，列强接踵而至，内地汉民的反抗接连发生后，清廷仍寄希望于蒙古王公，期望他们能够身先士卒，为保护大清王朝的江山效劳。第二次鸦片战争爆发后，英法联军逼近天津海河入海口，京师受到严重威胁，清廷便起用科尔沁亲王僧格林沁，咸丰皇帝亲授重任，寄予厚望。

1858年5月英法联军北上攻陷大沽炮台后，迫使清廷签订了《天津条约》。对于这个丧权辱国的条约，僧格林沁痛心疾首，表示坚决反对。当时“朝廷九卿以下皆画押，唯忠亲王不允”，直至咸丰皇帝下诏劝谕，他才不得已画押。条约签订，英法兵舰南撤后，咸丰帝任命僧格林沁为钦差大臣统帅清军，加强天津海防，以防止英法再仗势生事端。僧格林沁奉旨后，历时4个月完成大沽口炮台重建工程，并在加强防务方面采取了诸多积极措施，如对于从大沽口到山海关一线的众多海口，本着“择要分布”的原则，分别在沿线屯兵设防。经过重建，大沽口炮台的海口南、北岸的炮台由原来的4座增加到7座，安装岸炮64门；另在北岸石头缝地方新建炮台1座，作为后路策应。炮台周围均筑坚固堤墙，刨挖壕沟，竖立木栅，加强防护。

大沽口炮台

第二次大沽口之战：鸦片战争以来中国取得的最大胜利

1859年6月25日，贺布率英法军舰悍然闯进白河，突然开炮进攻大沽口炮台，亲临指挥的僧格林沁即下令开炮还击。清军将士利用敌舰受阻于水中障碍物的有利时机，充分发挥火力优势发起猛烈攻势，激战一昼夜，使侵略者遭到惨败。包括旗舰在内的5艘敌舰被击沉击毁，6艘被击伤，2艘被俘获；英军死伤464人，法军死伤14人，而清军阵亡38人。联军遭到彻底失败，残敌一直溃逃到杭川湾。这次直接参战的3000名清军中，有内蒙古哲里木、卓索图两盟蒙古士兵2000人。此次战役，是自第一次鸦片战争以来，中国军队所取得的最大的胜利。

严密布防，第二次大沽口之战中僧格林沁的制胜奥秘

文/蔡伟，摘自《大沽口之战：僧格林沁的成败萧何》

对一个没有强大海军的国度而言，海岸的防御是勉为其难的工程。战舰一日航行数百里，而在漫长的海岸线上处处布防几乎绝无可能。

1858年的大沽炮台周边，是苦寒的荒滩。战旗被海风撕扯，远离家乡的炮手们只得在炮台下的窝棚中居住。这些炮手，是僧格林沁调集的京城火器营和健锐营的精锐，还有吉林、黑龙江、绥远（今呼和浩特）和直隶北部的骑兵。炮台可以增拨银两建造，训练有素的炮手却难求。如何令这些来自千里之外的兵士在荒滩苦水中安心？僧格林沁的做法是赏罚分明：一方面提高守军的待遇，风大浪高时实弹射击，凡能中靶的一律赏银二两；另一方面，若是训练不力，则将施以严厉的处罚。

积极布防的背后，透露的是僧格林沁誓死一战的决心。他决意在被毁的炮台原址上重修更高更厚的新炮台；遍访周边，遍问民情，布防周密。重修的炮台共有6座，北岸和南岸各3座。南面3座呈西北—东南布局，北面则是东西布局。僧格林沁设计的炮台位置，炮口正对着海河入海的方向。炮台前有矮墙，墙前有三道壕沟，登陆者即便渗透到相邻两座炮台之间，也处在轻武器的射程之内。

大沽和大沽以北的北塘，唯有一条石路通往塘沽，再延伸至天津和北京。在没有现代陆上交通的时代，水路一直是西方人青睐的捷径。1730年出使中国的俄国人萨瓦就曾在给沙皇的秘密报告中指出，可以经天津沿白河接近北京。从军事地形上看，如果攻克大沽，沿白河而上，便可在有大路的城镇登陆，从而避免在海滩和盐塘跋涉。守住大沽口，便遏制住了入侵者进入天津和北京的可能。僧格林沁的布防确是抓住了要害。

防卫充分，战略得当，守军虽在火力上处于下风，坚固的炮台设置和强化的训练却提供了充分的弥补。没有让联军成功登陆，这才是制胜的根本关窍。

大沽口炮台原为明清时期北方海防的军事防御设施之一，是三次大沽口战役的主战场

骑兵铁锁甲（图/齐木德道尔吉）

僧格林沁于1811年出生于哲里木盟科尔沁左翼后旗（今内蒙古通辽市）。科尔沁左翼后旗郡王死后无子，奉旨从家族中选定僧格林沁为嗣子。僧格林沁于1825年袭郡王爵，1851年署管銮仪卫掌卫事，后又督办京城巡防事宜

第二次大沽口之战后，僧格林沁继续增兵备防，包括新征调的察哈尔马队2000人，卓索图盟马队1000人，归化城土默特兵500人。另有锡林郭勒盟马队1000人集中于张家口北，乌兰察布、伊克昭二盟骑兵各500人集中于绥远城备调。1860年第二次大沽口之战前后，又有归化城及绥远城（驻防八旗）兵1000余人，察哈尔马队两批3000人，卓、昭、哲三盟马队各1000人奉调增援京津战场。

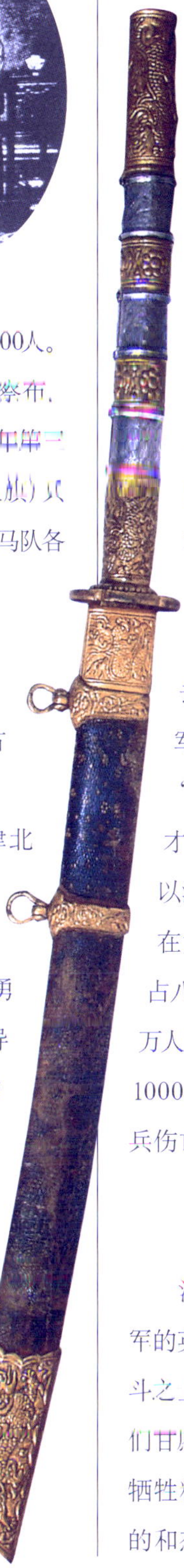

康熙御赐错金龙纹宝刀（图/齐木德道尔吉）

决战八里桥

僧格林沁统率3万清军布守京畿，其中蒙古马队共近1万人。

1860年9月18日，英、法联军先头部队自天津北犯，僧格林沁所部守军早已严阵以待，向敌阵勇猛冲锋。英、法联军为抵御彪悍的蒙古马队，以数百支康格列夫火箭齐射悍不畏死的蒙古勇士，蒙古骑兵马匹惊骇回奔，冲动后面的步队，导致阵势混乱，纷纷后退。在清军失利的形势下，僧格林沁立即率部退入八里桥，以扼赴京道路。9月21日，联军向通州以西八里桥一线清军阵地发起全面进攻，引发了第二次鸦片战争的最后决战。

僧格林沁从通州退守八里桥后，全军分设南、东、西三路截击敌军。其中，将近1万名满族和蒙古族马队部署在八里桥一带防守。八里桥东距通州4千米，西距京城15千米，是由通州入北京城的咽喉要地。清军利用八里桥周围的灌木丛林，在这里构筑了土垒和战壕，准备和敌军决一死战。

当联军分路展开进攻时，僧格林沁首先亲督马队向敌发起全线冲击。据参战敌军忆述：“从四面八方正对着我们就出现了无数用长矛和弓箭武装起来的骑兵，又整齐又迅速地向前冲来……达靼骑兵的人数每时每刻都在不断地增加，很快我们整个战线都遭到迂回和包抄。”勇猛的蒙旗骑兵前仆后继，反复迂回冲锋，一度使联军西路被迫后撤，但最终被联军密集的枪弹和霰弹炮火击退。僧部骑兵冲击受阻后，瑞麟、胜保二部也开始与敌接火，奋勇抵抗。从清晨浴血鏖战到中午，胜保不幸中弹落马，所部遂失去斗志纷纷溃散，瑞麟部也受到牵动而败退。联军分兵抄袭与敌相持的僧部侧后，经哲里木盟马队“备力冲突，复又毙贼多名”，阻其攻击，僧格林沁才“一面抵敌，一面缓缓撤退”。这场反侵略战争，以清军的败北而告终。蒙古族官兵（不含八旗蒙古）在大沽口保卫战中占清军总兵力的三分之一以上，占八里桥决战总兵力（3.4万人）的四分之一以上（近万人）。据史书记载，从天津海口到八里桥一直参战的1000名昭乌达盟骑兵，战后只剩下100余名。蒙古族官兵伤亡之惨烈，可见一斑。

骑兵时代的终结

法军军官吉拉尔在《法兰西和中国》一书中，对清军的英勇作战做了详细的描述：“光荣应该属于这些好斗之士，确是应该属于他们！没有害怕，也不出怨言，他们甘愿为了大家的安全而慷慨地洒下自己的鲜血。这种牺牲精神在所有的民族那里都被看作为伟大的、尊贵的和杰出的……这样的英雄主义在中国军队里是经常

八里桥之战的失利，是蒙古骑兵作为清朝军事支柱时代的终结

可以看到的；而在欧洲则以误传误，竟认为中国军队是缺乏勇气的，此乃是一大谬误。”并点评说“八里桥之役，中国军队以少有之勇敢迎头痛击联军。他们的军队是由两万五千名达靼兵和为数众多的民团所组成的”，“尽管他们呼喊前进，勇猛和反复地冲杀，还是一开始就遭到惨败！然而，他们顶住了使他们惨遭伤亡的强大火力”，最后他们“还是宁愿一步不退，勇敢坚持”。

关于清军八里桥之战的失败和僧格林沁督战失利，学界历来有不同的评价。有人认为八里桥之战僧格林沁虽败犹荣，堪与第二次大沽口之战媲美。僧格林沁在八里桥之战中是首先接仗，并主动反复冲击敌军，继而较早撤退，但并不是逃跑。这是因为联军包抄僧军侧后，僧格林沁只得一面抵抗一面缓缓撤退。僧格林沁虽有战术上的失误，但兵力装备、物资供应悬殊是失败的根源。更有人主张僧格林沁领导的八里桥之战是中国千年传统的骑兵冲击、冷兵器近战与西方经过拿破仑战争和工业革命后以炮兵为核心的火力战之间的两个时代的决战，血肉之躯终归抵挡不住侵略者的新式枪炮。但是，有不少人认为八里桥之战之所以失败，是由于僧格林沁的临阵脱逃造成的，僧格林沁在八里桥之战中是找借口保命逃跑。此外亦有人认为八里桥之战的失败，完全是僧格林沁不汲取以往失败的教训，以及对新形势下的战争的无知和指挥失误造成的。清军八里桥之战失败的具体原因究竟是如何，见仁见智，学界可以继续争论，但一个不争的事实是僧格林沁和满蒙马队终归一败涂地，“辜负”了清帝的“厚望”，这标志着蒙古王公及其骑兵一向作为支撑清王朝这座大厦的重要支柱的时代已经成为过去。八里桥之战的确成了蒙古骑兵“最后的挽歌”。

内忧外患与放垦蒙地

19世纪中叶以后，由于列强的接踵而至，西部和北部边疆地区普遍出现危机。中国的北方强邻俄国的不断侵略、扩张，使蒙古地区形势变得日趋严峻。

自19世纪中叶以来，俄国在割占中国西北、东北边境大片领土的同时，对北部蒙古地区大肆进行经济掠夺和政治渗透。1858年的《中俄天津条约》规定，俄国商人经陆路到中国贸易，其人数、货物及资本均不受限制。通过1860年《中俄北京条约》，俄国取得了在库伦、张家口、喀什噶尔等地的免税贸易权，以及在库伦设立领事馆的特权。1881年，《中俄伊犁条约》签订后，俄国又取得了在蒙古地区进行免税贸易和在科布多、乌里雅苏台设立领事馆的权利。

就国内形势而言，由于内地汉民的不断涌入，清朝在蒙古的固有秩序受到极大冲击，清朝对蒙古的传统政策和制度愈来愈不适应时局的变化了。据估算，清中叶内蒙古地区蒙古族人口总数在130万左右，而当时汉族移民人数至少在100万以上。

再从蒙古社会的内部而言，随着传统游牧经济的衰落，蒙古各部日益贫弱，普遍失去了昔日强劲的军事实力。

从默认到清末新政中允许开垦蒙地，清廷有自己的考虑。其一，抵御外来威胁。俄国割去中国东北、西北边疆大片领土之后，又通过中俄陆路通商章程及历次续订、改订，攫取在蒙古地区的种种特权，不断扩大侵略和渗透，对中国北部边疆造成严重威胁。其二，开辟利源。通过放垦蒙地，收取地租，以增加国家和地方财政收入。

清代前期的封禁，尽管未能完全阻止汉民进入蒙地开垦，但毕竟限制了其数量，客观上对蒙旗牧场起到了一定的保护作用。清政府专门派大臣到内蒙古并通过官办的垦务机构推行垦务，意味着清朝已经放弃对蒙古牧场的保护政策。20世纪初清末新政的10年间，清政府在内蒙古西部地区放垦蒙地计约6000平方千米。推行放垦蒙地政策之后，内蒙古各蒙旗大都失去了原先放垦、收租皆自主的权力，而原先“私租私垦”的汉民则纳入正式的国赋体系，照例向官府交纳课粮，成为“编户齐民”。

内蒙古东部地区较之西部，农业发展比较早，许多地方业已出现成片的农业区，而且一部分蒙古人已经弃牧转农，将开垦种地“视为固然”。而大部分王公札萨克早已通过招民私垦旗地，坐收荒银地租之利，还有部分王公札萨克因债务，急于谋求新财路。所以，清政府推行放垦时，除了激起蒙古族中下层群众的反抗外，没有遇到像西部盟旗那样上下一致的抗垦运动。

招民放垦对于广大下层蒙古族民众来说，除丧失牧场、土地而外并无任何其他意义。因此，清末放垦蒙地从一开始就遭到蒙古族群众的反对。随着放垦蒙地的规模越来越扩大，内蒙古东西部各盟旗群众的反垦情绪越来越高涨，逐渐形成了武装抗垦的潮流。抗垦队伍虽然人数不多，武器简陋，但他们能够与占绝对优势的清军对抗数年之久，主要得到了深受清政府放垦蒙地之害的蒙旗群众的积极支持和掩护。抗垦队伍在极为艰苦的环境中，不屈不挠地转战东蒙古各地，沉重打击了清政府强行放垦蒙地的民族压迫和掠夺政策。

20世纪初，用骆驼搬家的蒙古人（图/内蒙古摄影家协会收藏，额博供图）

蒙古王公的革新图强

贡桑诺尔布（1872—1931），字乐亭，号夔盦，系成吉思汗勋臣者勒篾的后裔，卓索图盟喀喇沁右旗世袭札萨克郡王，兼卓索图盟盟长。贡王自幼常去北京，精通蒙古、满、汉文，对清末动荡的时局、变法革新的形势深有感触，很早就产生了变革自强的意识。他挑选旗内精壮青年成立了20多人的王府警察队，使之成为一支新式军队，采用新军的操典进行训练。

1902年，他在王府西衙门开办了一所新式学堂，开学时写了“崇文尚武无非赖尔多士，正风移俗是所望于诸公”的楹联，因此被命名为崇正学堂，次年又办起了毓正女子学堂和守正武备学堂。

贡王所办“三正”学堂招收官员和旗民子女，还专门从内地和日本聘请教师，教授学生，课程基本遵照钦定小学堂章程及蒙学堂章程办理，有修身、读经、作文、习字、历史、地理、算数、体操等课程，并添设满、蒙古文课。女子学堂还学习日语、家政、编物、图画、唱歌等。在贡王的努力经营下，学堂规模逐渐扩大，截至1912年时，已培养了600多名接受近代新式教育的学生，为开启当地民智、民风起到了重要作用。

近代蒙旗邮电业之创办亦始于喀喇沁右旗。贡王痛感本旗境内邮电不通，导致诸多不便，遂派人到离王府45千米的围场县接洽，取得县方同意后，自围场县的克勒沟到喀喇沁王府架设电线，使喀喇沁右旗与国内各地有了电报联络，“不复使人有边塞荒漠，内外隔绝之叹”。随后，设电报收理处及邮政代办所等机构，派干员专司其事。自邮电畅通以后，各校师生及旗民中知识分子便能够订阅北京出版的报章书刊，这使当地人民不断地吸收到外界新文化，风气为之焕然一新。

贡王在王府东边的丕厂子村建了一座综合性工厂，内设织布，染色，造绒毡、肥皂、蜡烛等各部门，聘天津北洋工厂实习回来的学生为技术员，又请1名天津工人为织地毯的师傅，招收很多蒙古族青年为学徒工。他向北京的俄国道胜银行借银3万两作为资本，在王府西八家村开设了一家百货商店，名为“三义洋行”。该商店除出售综合工厂的一些产品外，还从天津及其他各地批发来蒙汉民众所必需的各类商品。于是，百货杂陈，五光十色，邻近各县、旗的购物办货者，络绎不绝于途，使当时的喀喇沁王府有“小北京”之称。

喀喇沁王“世守漠南”寿山石印（图/齐木德道尔吉）

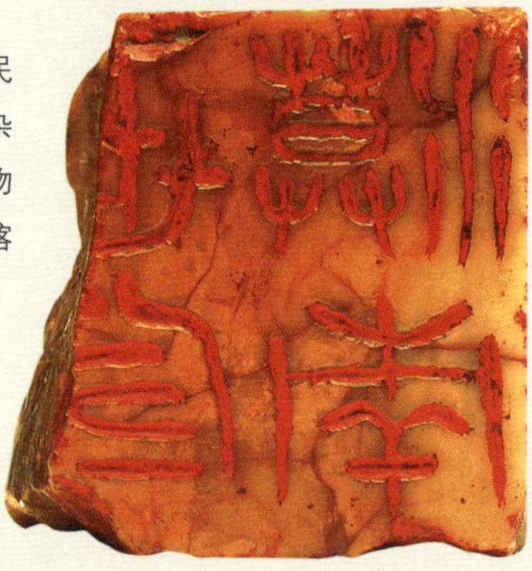

历史无奈的过往，外蒙古的离去

锡盟蒙古王公红宝石顶暖帽（图/齐木德道尔吉）

清政府在全国范围内推行新政的形势下，蒙古王公当中不仅有了一些“革新图强”的意识，而且也有人认识到对旧制进行一定调整的必要性。但蒙古王公普遍要求的是符合蒙旗自身利益前提下的调整或革新，而不是把蒙旗置于州县和汉官的直接管辖之下。然而，内省督抚所主张的“筹蒙改制”与蒙古王公的想法大相径庭，他们执意要求蒙古各部凡已设立府厅州县之处，无论蒙民汉民，“皆受治于地方官（即州县官）”。

晚清政府在内蒙古大行放垦和一厢情愿的“筹蒙改制”引起了蒙古各阶层，尤其是外札萨克喀尔喀蒙古（简称外蒙古）僧俗上层的恐慌。在清代，蒙古没有形成统一的地方政权，内外蒙古各部在行政上分属于为数众多的旗。各旗互不统属，而归理藩院管辖。不过，外蒙古的情况与内蒙古有所不同。内蒙古临近内地，受清政府控制较为严密，没有形成地方的政治中心。然而在远离清朝统治中心的外蒙古逐渐形成了以哲布尊丹巴活佛的神权为象征的带有政教合一性质的地方政治中心。在清末内外形势发生巨变的情况下，外蒙古僧俗上层便以哲布尊丹巴活佛的神权为依托，加以抵制清政府实施的新政措施，表现出维护其原有自治权利的强烈意识。

面对沙俄的日益侵逼，清政府积极采纳地方督抚的意见，采取以“移民实边”为目标的各项政策，其动机无疑是实边固圉，加强统治。但是，清政府完全放弃“因俗而治”的传统政策，试图通过设官垦荒，将蒙古与内地完全“划一”，乃至改设行省，则是不切实际的。这种一厢情愿、急功近利做法的结局自然是事与愿违、适得其反。

1911年10月10日，武昌起义爆发，清王朝覆亡指日可待，消息传来，外蒙古局势更加动荡。俄国政府决定向外蒙古提供武器，驻华公使廓索维慈则经由使署私下劝告外蒙古王公，切莫放过中国发生革命这一非常有利之时机。1911年11月，外蒙古王公杭达多尔济等由俄国返回库伦，他们向会集库伦的王公上层通报了赴俄求援情况。随后，外蒙古王公上层决定乘南方各省纷纷独立之际，推举哲布尊丹巴为大蒙古国汗，宣布外蒙古独立。清帝退位，清王朝覆亡，袁世凯出任中华民国临时大总统后，哲布尊丹巴政权致电袁世凯，仍重申脱离中国“自立”。此后，外蒙古的“自立”“独立”逐步变成事实。

撰稿专家

苏德毕力格，蒙古族，内蒙古大学蒙古学学院蒙古历史学系教授、博士生导师。主要从事近现代蒙古史、近代中国边疆地区史方面的研究与教学工作。代表性论著有《晚清政府对新疆、蒙古和西藏政策研究》（专著）及《清朝对蒙政策的转变——筹划设省》《试论晚清边疆、内地一体化政策》《“蒙租”与蒙旗土地权力关系的变迁》《十三世达赖喇嘛与清末外蒙古政局变迁》等论文。

《晚清政府对新疆、蒙古和西藏政策研究》

扫描二维码，
阅读专家代表著作的电子版

民族区域自治的典范

内蒙古自治区是中国共产党领导下建立的第一个省级少数民族自治区

内蒙古自治运动联合会执委会委员合影（图/赛航）

内蒙古自治运动的兴起

近代以来，蒙古族人民与国内其他民族一样，长期遭受着军阀、外国列强的欺凌和压迫。兵匪为患、灾害频仍，广大农牧民贫病交加，在困苦中备受煎熬。在北洋军阀和国民党统治时期，内蒙古的疆域被特别区、省、县所分割。统治者对草原的肆意开垦，致使牧场日益缩小，蒙旗原有的权益受到严重侵夺。日本帝国主义入侵后，沦于殖民统治之下的内蒙古又一次遭到肢解。内蒙古东部地区被划入伪满洲国，中部和西部地区则成为伪蒙疆政权的辖区。

抗日战争胜利后，蒙古族人民民族解放的激情像火山一样爆发了出来。在内蒙古中东部地区，以蒙古族青年知识分子和反日起义官兵为骨干，组成政权机构，开展自治运动，建立武装，抵制国民党，并积极寻求中国共产党的帮助。1945年11月，以乌兰夫为主席的内蒙古自治运动联合会在张家口成立。联合会是在中国共产党领导之下，广泛联合各阶层蒙古族的群众团体，同时还是具有政权职能的领导机关。联合会的工作方针是：通过广泛开展自治运动，建立各盟旗自治政府，发展政治、经济、文化等项事业，逐步实现内蒙古的统一自治。联合会成立后，即在各盟旗广泛开展自治运动，在农村牧区进行反封建斗争，领导各族军民抵御国民党的军事进攻。1946年4月，内蒙古自治运动统一会议，即著名的“四三”会议在承德召开，内蒙古东西部的革命力量实现了统一联合。自此，结束了自清代以来内蒙古东、西部地区的蒙古人民长期隔绝的状态，为组织和动员各阶层民众，推动自治运动的深入发展，成立内蒙古统

1946年“四三”会议全体代表合影（图/赛航）

1947年，内蒙古人民代表会议的代表步入会场（图/赛航）

一的自治政权创造了条件。1947年初，自治运动联合会领导机关迁往兴安盟王爷庙（今内蒙古乌兰浩特市），在相邻解放区的帮助下，开始进行成立内蒙古自治政府的各项筹备工作。

民族解放的盛会

1947年4月23日，内蒙古人民代表会议在兴安盟王爷庙隆重召开。来自内蒙古各盟旗的蒙古、达斡尔、汉、满、回、鄂温克、朝鲜等各族、各界代表共393人参加了大会，共商民族解放大业。东北、冀察热辽解放区军政代表到会，向内蒙古人民代表会议致以热烈祝贺。乌兰夫在会议政治报告中，回顾了内蒙古革命斗争的历程，总结了自治运动开展以来的各项工作，在进行自卫战争、加强民族团结、发展经济和文化事业以及培养蒙古族青年等方面提出了内蒙古自治政府成立后的主要任务。会议讨论通过了《内蒙古自治政府施政纲领》《内蒙古自治政府暂行组织大纲》《内蒙古人民代表会议宣言》；完成了提案审议和临时参议会参议员候选人的资格审查，议定设立自治政府的办公厅、民政部、公安部、文化教育部、财政经济部、军事部及民族事务委员会、参事厅等行政机关；对内蒙古自治政府成立后的各项工作作出了全面、具体的规划。大会还宣读了给毛

周恩来总理在乌兰大陪同下视察内蒙古（图/赛航）

泽东主席、朱德总司令的致敬电。

会议选举乌兰夫为内蒙古自治政府主席，哈丰阿为副主席；特木尔巴根、奎璧、阿思根、王再天等21人为政府委员。博彦满都当选为内蒙古临时参议会议长，吉雅泰当选为副议长。在121名参议会议员中，蒙古族96人，汉族24人，回族1人，其中包括妇女代表5人。

内蒙古自治政府的成立

1947年5月2日，内蒙古自治政府成立典礼在全体代表热烈的掌声和欢呼声中隆重举行。乌兰夫率全体政府委员及参议员正式宣誓就职。经政府委员会议任命，各部、厅负责人就职。同时决定：5月1日为内蒙古自治政府成立纪念日，以内蒙古自治运动联合会会旗为内蒙古自治政府旗，自治政府所在地暂设于兴安盟王爷庙。

成立庆典礼成后，内蒙古骑兵部队以雄壮的军容接受了政府主席及全体委员的检阅。聚集在王爷庙街的数千名各族军民走上街头，群情激昂，载歌载舞，共同欢庆这一伟大的时刻。5月19日，毛泽东主席、朱德总司令致电祝贺内蒙古自治政府的成立，指出："曾经饱受困难的内蒙古同胞在你们领导之下，正在开始创造自由光明的新历史。我们相信：蒙古民族将与汉族和国内其他民族亲密团结，为着扫除民族压迫与封建压迫，建设新蒙古与新中国而奋斗。庆祝你们的胜利。"内蒙古自治政府成立前后，东北、陕甘宁、晋察冀、冀热辽、绥蒙、晋冀鲁豫等解放区政府也纷纷来电致以祝贺。各解放区报刊都相继发表了关于内蒙古自治政府成立的社论和报道。

出席第一届全国人民代表大会的内蒙古代表(图/赛航)

内蒙古自治政府委员宣誓就职(图/赛航)

《内蒙古自治政府施政纲领》是一部历史性的重要文献。它体现了蒙古族人民为实现统一的民族区域自治团结奋斗的意志,对内蒙古自治政府的性质、任务、施政方针和各项基本政策作出了明确的规定。主要内容为:内蒙古是蒙古族各阶层联合各民族实行高度自治的区域性民主政府;以内蒙古各盟旗为自治区域,是中国的组成部分;自治区域内各民族一律平等,建立亲密合作团结互助的新型民族关系,消除一切民族间的隔阂与成见。各民族相互尊重风俗习惯、宗教信仰、语言、文字,发扬各民族的优良历史文化传统,发展各民族经济、文化建设事业,保障人民民主权利和生命财产安全;实行各项民主改革,发展教育和医疗卫生事业,壮大人民军队;保护蒙古民族土地总有权之完整,保护牧场,合理解决蒙汉土地关系问题等等。这些方针政策不仅在内蒙古地区的革命和建设中发挥了重要

科右前旗牧民参加民主改革运动(图/赛航)

作用,也为中国革命发展中解决全国的少数民族问题取得了经验,为后来不断充实完善民族区域自治政策奠定了基础。

《内蒙古自治政府暂行组织大纲》规定:内蒙古自治政府可在中国民主联合政府法令范围内制定、公布单行法,地方制度划分为3级,即盟、旗(县、市)和努图克(苏木、街、村)。

内蒙古自治政府的成立,是近代内蒙古历史上空前的盛举,结束了数百年来内蒙古疆域被分割、隔绝的历史,初步实现了内蒙古地区蒙古族各阶层人民多年来渴求统一与自治的愿望,标志着蒙古民族政治上的彻底解放,对于推动内蒙古地区的社会改革、经济文化事业的发展具有划时代的深远意义。它作为中国少数民族第一个实行区域自治的民主政府,为国内其他少数民族的解放斗争树立了成功的典范。因大会于5月1日庄严宣告内蒙古自治政府成立,被称为“五一大会”。

内蒙古自治政府诞生于战火纷飞的解放战争时期,由于内蒙古西部地区还处在国民党的统治下,所以管辖范围属于解放区,包括呼伦贝尔、纳文慕仁、兴安、锡林郭勒、察哈尔5个盟的34个旗(市),1个县,辖区面积为53.8万平方千米,人口共约200万,其中蒙古族约50万人。

牧区的民主改革

1947年，内蒙古自治政府根据内蒙古的民族特点和地区特点，制定了一系列政策，领导各族人民开展了大规模的社会改革运动。在蒙古族聚居的牧区，采取了慎重缓进的方针，即以较为缓和的方式解决牧区的阶级矛盾，废除封建制度，限制剥削，对旧式的“苏鲁克”经营方式（牧工与牧主之间的生产关系）进行改良，以恢复和发展包括牧主经济在内的畜牧业生产，改善牧民的生活。通过在实践中不断总结经验教训，逐步形成了“牧场公有、放牧自由”“不分不斗、不划阶级”“牧工牧主两利”的基本政策（后来被简称为“三不两利”政策）。自治区的民主改革，大大促进了畜牧业经济的发展，大批牧民摆脱了贫困状态，牧区呈现出繁荣的景象。“三不两利”政策的形成和推广，为后来其他少数民族地区的牧区民主改革提供了宝贵经验，这一创举也成为全国少数民族地方实行民主改革的一项基本政策。

统一的民族区域自治的实现

1949年3月，毛泽东主席在中共七届二中全会上提出：为恢复内蒙古的历史地域创造条件，逐步实现内蒙古统一的民族区域自治。新中国成立后，中央人民政府决定，将内蒙古自治政府改称为内蒙古自治区人民政府。不久，即在周恩来总理的主持下，召集相关部门、地区负责人专门研究内蒙古的区划问题。1952年，察哈尔省撤销，多伦、宝昌、化德3县划归内蒙古。1954年，绥远省撤销，其辖区并入内蒙古。为便于领导和管理全区工作，内蒙古自治区人民政府领导机关先由乌兰浩特迁往张家口，后迁至归绥。归绥市更名，恢复其历史名称——呼和浩特，作为自治区首府、政治和文化中心。1955年，热河省撤销，宁城县、喀喇沁旗等6旗县划归内蒙古。同年，原属甘肃省管辖的阿拉善、额济纳旗划归内蒙古。至此，内蒙古统一的民族区域自治圆满实现，蒙古民族开始谱写崭新的历史篇章。

国立蒙藏学校旧址，位于北京西单小石虎胡同

民国时期，执政者旨在通过振兴蒙藏教育，开通民智，培养国民意识维系国家的统一。有鉴于此，陆续在北平（今北京）等大城市开设了各种新式蒙藏教育机构，这为蒙古族近代转型提供了落脚之地。其中北京蒙藏学校是设立较早、影响较大的一所。蒙古平民学子变革社会的愿望更加强烈，并逐渐成为内蒙古政治运动的主要力量

解放战争中的蒙古族骑兵

1946年4月，内蒙古自治运动实现了东西蒙统一，内蒙古解放区各武装部队统一整编为内蒙古人民自卫军。1948年改称内蒙古人民解放军，同时组成内蒙古军区，乌兰夫任司令员兼政委，辖5个骑兵师1个纵队及3个独立团，兵力2万余人。内蒙古骑兵部队不仅担负着抗击国民党军队的进攻、平息匪患、保卫解放区的重要任务，还多次开赴东北、华北战场，参加了辽沈战役、平津战役，与兄弟部队一道浴血奋战，以骑兵的迅猛和果敢，冲杀在枪林弹雨中，用鲜血和生命为全国的解放做出了重大牺牲和贡献。

1949年，内蒙古骑兵部队以5个师的建制正式编入中国人民解放军序列。

乌兰夫，蒙古民族的英雄儿子

乌兰夫，1906年出生于归化城土默特左旗塔布村的一个普通农民家庭。幼时曾在私塾读书，后进入土默特高等小学校学习，1923年赴北平蒙藏学校。

1923年12月在北平蒙藏学校读书时加入中国社会主义青年团。在这所学校期间，由于乌兰夫等同学参加了驱赶反动校长、争取恢复官费斗争的活动并取得了最后的胜利，引起了中国共产党北方区委的注意，李大钊、邓中夏、赵世炎等人先后来到北平蒙藏学校，向广大进步爱国学生讲授了马克思列宁主义的思想知识，引导乌兰夫等人走上革命的道路。1925年9月乌兰夫成为一名中国共产党党员，同年10月到苏联莫斯科中山大学学习。周恩来访苏时见到了乌兰夫，鼓励他道：“你是蒙古族，希望你努力学习，将来把马列主义带回内蒙古去，为内蒙古民族的解放服务……”周恩来亲切的关心之情和殷殷的期待之意，让乌兰夫感动的同时，更激发了他为国家和民族奋发的动力。

1929年7月，乌兰夫从苏联归国，在内蒙古地区负责开展当地的革命工作。1936年2月21日，在乌兰夫主导和影响下的革命青年云继先率领百灵庙蒙政会蒙旗保安队1000余名官兵举行暴动，号称“百灵庙暴动”，这次暴动给日本侵略者妄图迅速侵占内蒙古、汉奸卖主求荣的行动以极大的打击。1941年8月，乌兰夫赴延安，担任延安民族学院的教育长，深入学员中做思想工作，赢得了学员的尊重和信任。1945年，乌兰夫在中共“七大”上被选为候补中央委员；同年7月20日，绥蒙政府成立，乌兰夫任主席；同年10月，率领工作组赴苏尼特右旗，积极宣传中国共产党的民族政策，揭露少数人企图搞分裂的阴谋，团结广大爱国青年，迅速解决了“内蒙古人民共和国临时政府”的问题。1946年年初，乌兰夫亲率内蒙古自治运动联合会代表团与东蒙古自治政府代表团谈判解决内蒙古地区东西部统一问题，成功地召开了在内蒙古革命史上有着重要意义的“四三”会议，撤销了东蒙古自治政府，为建立统一的内蒙古自治区奠定了基础。1947年5月1日，内蒙古人民代表会议选举政府委员，乌兰夫当选自治政府主席。1947年5月2日，乌兰夫庄严宣告中国第一个少数民族自治政权——内蒙古自治政府诞生。

新中国成立之后的三年困难时期，是一段特殊的难以让人忘记的岁月。饥饿让每个人都对那个岁月印象深刻。特别是华东地区，出现了很多吃不饱饭的孤儿，情状十分可怜。了解这个情况的康克清同在京开会的乌兰夫商量对策。乌兰夫建议：一方面供给这些孤儿奶粉，另一方面就是让热情好客的蒙古族牧民收养这些孤儿。康克清听了之后十分高兴。在周恩来的过问之下，在乌兰夫的具体指挥下，几千名孤儿在草原牧区找到了新家。

撰稿专家

赛航，蒙古族，内蒙古大学蒙古学学院蒙古历史学系副研究员。主要从事蒙古近现代史的研究与教学工作。参与《内蒙古通史》《蒙古学百科全书》等国家项目，发表《内蒙古牧业区民主改革》《试论抗战胜利后内蒙古东部地区蒙旗复员》《国统区蒙古自治运动述评》等学术论文。

《试论抗战胜利后内蒙古东部地区蒙旗复员》

扫描二维码，
阅读专家代表著作的电子版

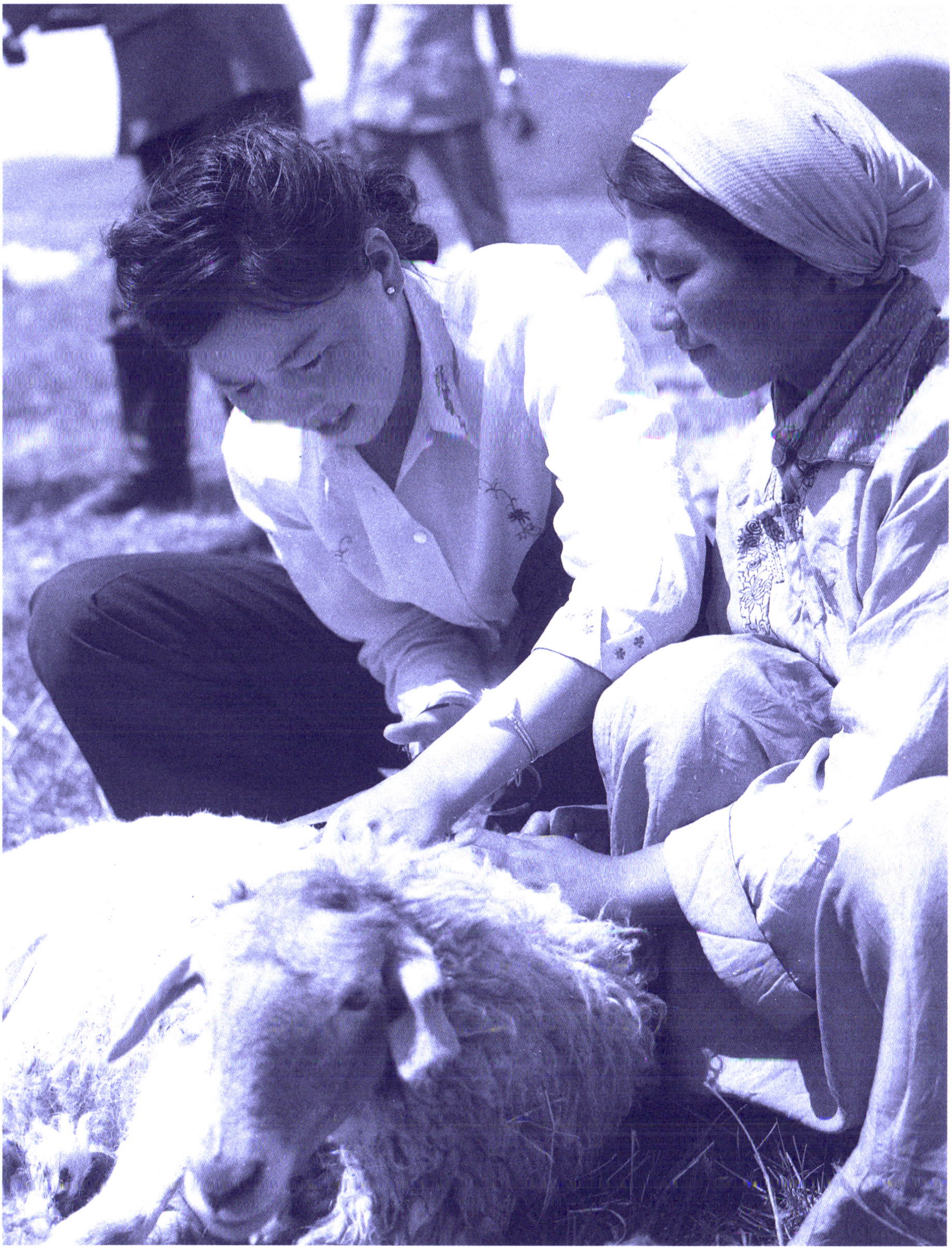

牧区新生活（图/额博）

鉴以往而知未来

研究蒙古族历史是研究人类历史不可缺少的一环

利用他人文字写就的史书

蒙古人自古就有记忆自身历史的传统。自使用文字以来，从前经口耳相传的族系起源、祖先谱系和先人史事被记载下来，并不断得以流传和续写，形成了一批蒙古文历史文献。流传至今的蒙古文历史文献种类较多，数量也相当可观。这使蒙古人成为蒙古高原诸游牧民族中史学遗产最为丰富、史学成就最为辉煌的民族。《蒙古秘史》《黄金史纲》和《蒙古源流》被称为蒙古族三大经典文献。

据史书记载，在成吉思汗时期，蒙古人从13世纪初开始正式使用一种借自畏吾儿人（维吾尔族前身）的文字来记写蒙古语，后人一般称为“畏吾体蒙古文”。畏吾体蒙古文很快即在蒙古人的政治、经济、文化生活等方面发挥了重要的作用。

1227年成吉思汗去世后不久，蒙古汗廷就组织相关人员撰写了他的历史。这应当是蒙古人的第一部史书。蒙元时期，有为每朝大汗撰写其历史“脱卜赤颜”（史书）的惯例，并得以断断续续地维持。然而这些史书大多已经失传，现在仅能看到一部早期脱卜赤颜的明初汉译本《元朝秘史》（又称《蒙古秘史》，简称《秘史》）。从《秘史》的风格来看，充满草原生活气息，描述生动逼真，故事性较强，往往文史不分，反映出早期草原史家的撰史特点。

藏传佛教对修史的影响

现存蒙古文历史文献中，有一批产生于17世纪前后的史书。从16世纪初达延汗统一诸部以来，蒙古地区的政治形势开始好转，社会相对稳定，经济逐步恢复和发展，为修史提供了必要的条件，而藏传佛教的大规模传入也从精神上刺激了史书的创作，并带来了藏族修史特点的影响。这一新时期的史书多为蒙古汗统史，也有个别高层统治者的个人传记。17世纪蒙古文史书在内容详略、史料来源等方面有些差别，但总的来说共同点还是比较明显的。它们都采用编年史的体裁，记载远古到作者生活时代的蒙古通史，以蒙古汗统为主线，辅以佛教传播史，对早期蒙古文史书脱卜赤颜既有继承也有发展，已形成风格不同的新模式，对后世的蒙古文历史著作产生直接影响，起到了承前启后的作用，其中以《蒙古源流》为集大成者。

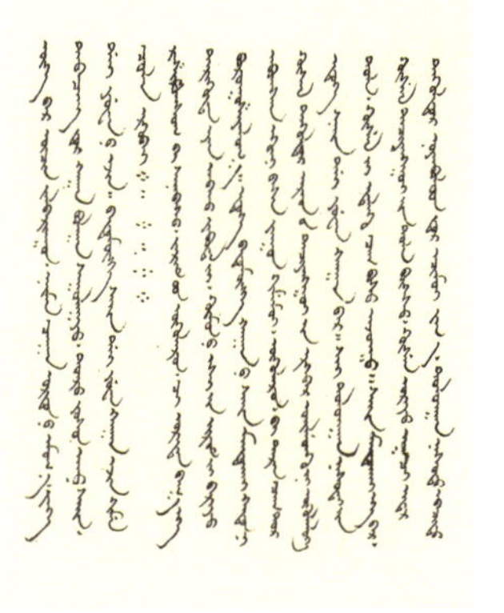

《水晶念珠》哈佛影印本之A本某页（线装）（图/乌兰）

撰写形式逐渐多样化

18世纪以后，蒙古文历史文献的撰写形式呈现多样化。既有蒙古汗统史，也有个人传记、部族史等，还出现了类似史评类、纪事本末类的史书，显示出文化交流的作用。

明末清初至清末，曾产生了大量与蒙古事务有关的档案，其中一些被保存下来，如今中央和地方的一些档案馆等处都有收藏。这些档案是研究蒙古人历史的第一手资料，具有非常重要的价值。

丰富的蒙古文历史文献，为蒙古史研究提供了重要的史源

蒙古民族是在世界历史画卷中留下浓墨重彩印记的民族，无论在当时还是对后世，其活动所产生的横向或纵向的客观影响都是广泛而深远的。无怪乎德国著名蒙古学家夏嘉斯说：“研究蒙古族历史是研究人类历史不可缺失的一环。”

研究历史，离不开史料。蒙古史学科拥有蒙古文、汉文、藏文、满文以及波斯文等多文种史料，研究时需要综合利用，而出自蒙古人自己之手的史料则更具特殊意义，在直接反映蒙古内部的史实以及蒙古人的历史观方面具有不可替代的价值，是蒙古史研究的重要史源。

蒙古文历史文献，目前世界上不少国家都有程度不同的收藏，总量还是相当可观的。其中中国、蒙古国、俄罗斯的收藏占有绝对比重，一些欧洲国家的收藏中也不乏重要文献。我国的收藏主要集中在内蒙古、新疆、北京以及其他一些省区的公共藏书机构或个人手中。

这些丰富的文献，为蒙古史乃至整个蒙古学的研究提供了最基础的史料。国内外的学者都较早注意到了蒙古文历史文献对于蒙古史研究的重要意义。钱大昕等清代学者挖掘《元朝秘史》史料，用以研究蒙元历史和边疆民族史；俄国、德国、法国等国学者注重搜集并研究蒙古历史文献。东、西方的研究及其互动，以及后来蒙古学者的加入，不断推动着相关研究的总体进展。迄今为止，主要的一些蒙古文历史文献已经得到了不同程度的研究，各种影印本、拉丁转写本及词汇索引本、不同文种的译注本等等，在世界许多地方都有出版。

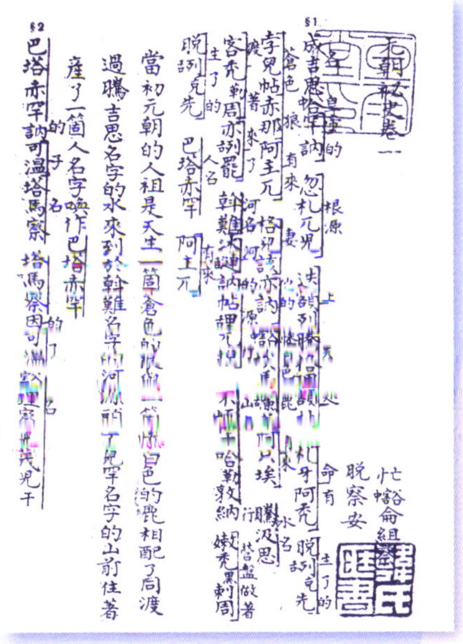

元朝秘史卷一

忙豁侖紐察 脫察安

§1

成吉思合罕訥 忽札兀兒

孛兒帖赤那 阿主兀

脫列克先 巴塔赤罕 阿主兀

當初元朝的人祖是天生一箇蒼色的狼與一箇慘白色的鹿相配了同渡過騰吉思名字的水來到於斡難名字的河源頭不兒罕名字的山前住著產了一箇人名字喚作巴塔赤罕

§2

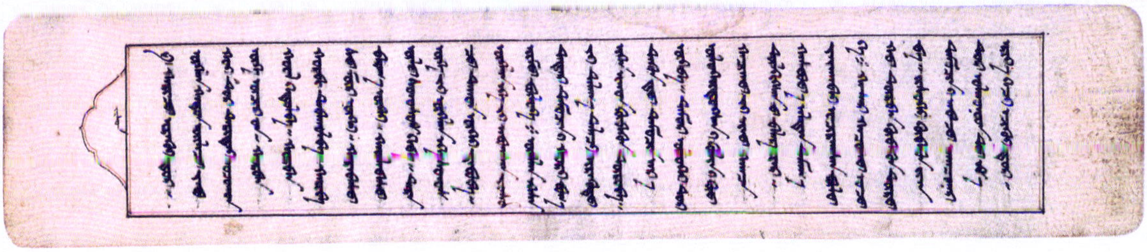

左图：《元朝秘史》韩泰华旧藏本某页（图/乌兰）

右图：《清内秘书院蒙古文档案汇编》第一册某页（线装）（图/乌兰）

下图：《黄金史纲》蒙古国抄本某页（贝叶装）（图/乌兰）

蒙古人的家国往事《元朝秘史》

蒙古人自己撰写的最早史书

现存《元朝秘史》卷尾第282节是跋文，交代该书完成于“鼠儿年七月”。这个鼠儿年，应该视为《元朝秘史》所据畏吾体蒙古文原文之写作完成的时间。以往不少学者认为此鼠儿年当即1240年（庚子年），于是1990年被当作《元朝秘史》成书的750周年。

就在1990年的前一年，1989年6月联合国教科文组织在巴黎召开执委会第131次会议，在会上就《元朝秘史》成书750周年通过决议，号召会员国对该书举行广泛的纪念活动。

《元朝秘史》明刻本某叶（图/乌兰）

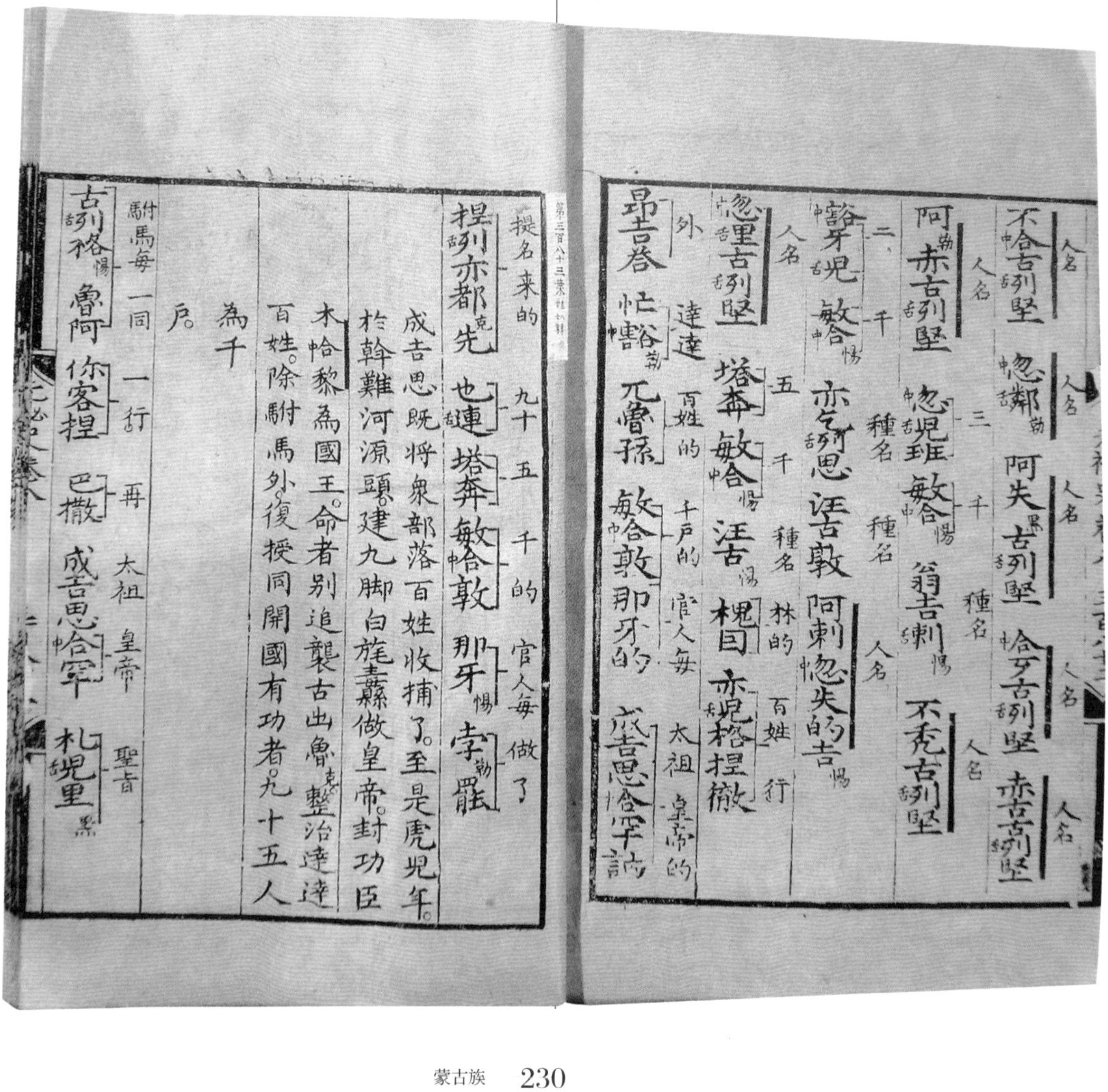
提名来的 九十五 千的 官人每 做了
成吉思既将众部落百姓收捕了。至是虎儿年。於斡難河源頭建九脚白旄纛做皇帝。封功臣木合黎為國王。命者别追襲古出魯克。整治達達百姓。除駙馬外。復授同開國有功者九十五人為千戶。

家与国的秘史

《元朝秘史》是一部成吉思汗黄金家族勃兴史和大蒙古国创建史。书中开篇即讲成吉思汗的先祖孛儿帖赤那是应天命而生的，接着讲他传续多少代后，至成吉思汗的曾祖合不勒汗时，始为蒙古部的首领；成吉思汗虽然幼年丧父，历尽艰辛，但他自强奋进，终于在“长生天”的护佑下统一草原各部，建立了大蒙古国；又讲窝阔台继承父亲成吉思汗的遗志，继续奋斗，完成了消灭金国、广泛设置驿站等大业。主要宣扬的是成吉思汗黄金家族统治的合法性和正当性，激励成吉思汗的后人继承祖业，将其发扬光大，永保大蒙古国长盛不衰。

当年蒙古汗廷所修纂的畏吾体蒙古文史乘脱卜赤颜，随着蒙古汗国的扩张和元朝的建立，成了外人不得窥见的内廷秘藏。史书中即有“脱卜赤颜非可令外人传者”，“国史曰脱卜赤颜，至秘也”，“元人有秘史……书藏禁中不传”等记载。“秘史”之“秘”，除了反映成吉思汗黄金家族以及蒙元皇室的尊贵威严，还在于记载了一些事关成吉思汗本人及其家族成员不宜为外人所知的史实。在元世祖忽必烈朝，以成吉思汗脱卜赤颜为主要依据译编而成的《圣武亲征录》中，已经删除了诸如成吉思汗幼年时和胞弟哈撒儿因争夺猎物射杀异母兄弟别克帖儿、成吉思汗结发妻子孛儿帖曾被蔑儿乞人所掳、成吉思汗长子术赤与次子察合台之间的争执等不少内容。

身世坎坷：奇特的出现和消失

1227年，成吉思汗在征服西夏的进程中病逝于六盘山。不久，记载其生平事迹的脱卜赤颜在漠北客鲁涟河（今克鲁伦河）上游曲雕阿兰草原初步写成。除了一部分文字资料外，大部分素材应该都是口述的，是由一批耆老们回忆和口述，必阇赤（书记员）们记录、整理加工而成的。在此后的岁月里，成吉思汗的脱卜赤颜等又经历过不止一次的修改和补充，成为深藏宫廷的秘籍。

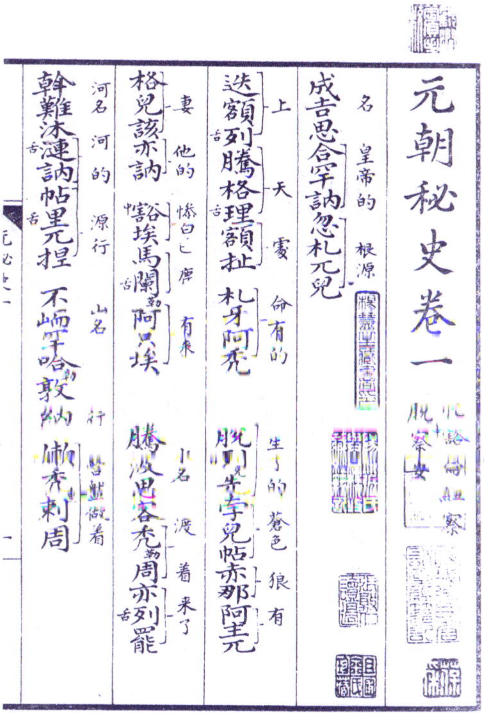
元朝秘史卷一
忙豁侖紐察脫察安
成吉思合罕訥忽札兀兒
迭額列騰格理額扎札牙阿禿 脫舌列先孛兒帖赤那阿主兀
格兒該亦訥豁埃馬闌勒阿兀埃 騰汲思客禿勒周亦列罷
斡難沐漣訥帖里兀捏 不峏罕合勒敦納 嫩禿黑剌周

《元朝秘史》四部丛刊三编本卷首页(图/乌兰)

1368年元廷退回蒙古高原后，元朝国史脱卜赤颜在战乱中落入明人之手。明洪武年间，为了应付同蒙古高原北元政权的频繁交往，朝廷将昔日元朝的皇家秘籍编译为教习蒙古语的教材，以训练一批懂蒙古语的官员。因为是教习异族语言的教材，该书采取了一种特殊形式，即用汉字音写蒙古语原文作为正文，其右侧逐词加注汉译（旁译），每隔一段长短不一的内容后附有汉文缩译（总译）。每一个这样的单元称为“节”，全书共分为282个节。

畏吾体蒙古文脱卜赤颜的原文已经散佚，流传下来的只是明初根据原文用汉文做成的教材，即题名为“元朝秘史”的书。译编者们又用蒙古语将新起的书名译为“忙豁仑纽察脱察安”，意即“蒙古秘史”，因此该书又被称为《蒙古秘史》。明初根据脱卜赤颜完成的教材，先定名为《元秘史》，分为十二卷，洪武年间已有刻本问世。至永乐初年修《永乐大典》，又从刻本抄出一部收入其中。《永乐大典》本由十二卷改分为十五卷，题名亦改为《元朝秘史》。洪武刻本已基本无存，仅于1933年在故宫内阁大库发现了41枚残页。《永乐大典》本也已随《永乐大典》的劫难而不存。

成书时间和作者之谜

《元朝秘史》中成吉思汗先祖谱系、成吉思汗生平史两部分，约完成于13世纪20年代末，即成吉思汗去世后不久，窝阔台简史部分是后来续写的，以后各部分都经过多次修订。书末跋文所提到的成书时间“鼠儿年七月”，当指成吉思汗去世次年的1228年（戊子年），跋文原本在成吉思汗生平史的后面，明初汉译为《元朝秘史》时被后移至书末。

原书跋文没有给出作者的姓名，正文里也看不到相关的直接信息。学界此前虽然有各种猜测，但是由于缺乏过硬的证据，终究难以形成定论。我国著名蒙古史学家亦邻真先生曾精辟地指出：“企图找出《秘史》的作者是徒劳无功的，因为没有任何线索。《秘史》不是一次修成的，所以不可能只有一个作者。当时畏吾人当必阇赤（元代文书类官职）的很多，执笔人未必非是蒙古人不可。《秘史》是由一批耆老们回忆和口述，必阇赤们记录、整理加工的产物。当时的蒙古人，文化还没有发展到由一个人独自撰史的水平。”

文史不分，是弱点也是亮点

《元朝秘史》具有多方面的研究价值。首先它是一部史书。书中所述成吉思汗先祖谱系、成吉思汗生平事

《元朝秘史》是古蒙古语独一无二的典范文献

《元朝秘史》所据原文是以畏吾体蒙古文写成的，记写的语言是古蒙古语，因其篇幅和纯蒙古色彩，成为古蒙古语独一无二的典范文献，也是蒙元时代唯一的长篇蒙古语作品。它是真正用蒙古语思维、用蒙古文撰写的。一方面，《元朝秘史》保存了大量的古蒙古语词语，而现在有些词语已经消失，有些词语已经转义。另一方面，《元朝秘史》保留了不少古蒙古语特有的语法现象，现在有些也已经消失或发生了变化。这些词语和语法现象，被脱卜赤颜使用和记录下来，而其原音原义，通过《元朝秘史》的汉字注音和汉译得以比较准确地保全，为后人了解和研究古蒙古语提供了不可多得的第一手资料和权威参考。

《蒙古溯源史》新疆某抄本某页（贝叶装）（图/乌兰）

迹和窝阔台生平事迹，都成为了解、研究相关历史的基本史料依据。只是由于游牧民族生产、生活方式的特殊性，以及当时还处在蒙古民族历史编纂的早期阶段，《元朝秘史》的整体风格呈现出较多的文学色彩，也可以说是文史不分。但是这并不影响它作为一部史书的性质，书名（无论是国史“脱卜赤颜”还是“秘史”）和书的内容都有助于理解这一点。书中大部分素材来自世代口耳相传的口头作品和当事人的口述，而在尚无文字的时代口头作品总是借助便于记忆的韵文来维系，因此其文学色彩较浓的现象在所难免。书中虽然也存在一些诸如史事年代错乱、历经几年的事集中于一年记述、人物记载偏离史实、脸谱化等弱点，但是，亦邻真先生指出，“这些缺陷并不足怪，无非是各民族早期历史编纂中常见的现象”。参与《元朝秘史》创作的人们“毕竟是一些草原史家，他们没有受过中原封建史官那样严格的训练，没有封建史学的先例可援”。

《元朝秘史》有大量的韵文、俗语，人物记述多采用文学描写，经过了艺术加工，反映出当时的蒙古人作为草原民族的文化传统和文学成就，同时也反映出当时蒙古史家的历史倾向性，“在某种意义上，《秘史》的文学描写是代替评论的”。

百科全书式史书：被推崇的研究价值

《元朝秘史》是现存蒙古人最早的史书，是蒙古人首次用自己的语言、从自己的视角和观念出发，撰写的自身的历史。正如前苏联著名蒙古学者符拉基米尔佐夫所指出的那样：“《秘史》叙述着成吉思汗所出生的民族，自由而奔放地绘出草原生活的图像，为推断12—13世纪蒙古人生活的各个方面提供了极为丰富的资料……如果可以说在中世纪没有一个民族像蒙古人那样吸引史学家们的注意，那么也就应该指出没有一个游牧民族保留下像《秘史》那样形象地详尽地刻画出现实生活的纪念作品。”《元朝秘史》不仅是蒙古人也是整个欧亚大陆游牧民族值得骄傲的精神文化财富。

《元朝秘史》可以称得上是古代蒙古社会历史的百科全书。书中可以看到古代蒙古社会人们生产、生活的生动记录，及其社会组织发展和变化的情形。书中还提供了包括行政、军事建制等古代蒙古社会结构，以及游牧生产中人与人的社会经济关系方面的珍贵资料。书中所反映出的古代蒙古的社会心理、伦理道德观念、宗教信仰等等，也成为相关历史研究的重要依据。

曲折的版本流传及国际《秘史》学的形成

明代，《元朝秘史》的影响有限，这可能与它作为“教材”的性质有关，所能见到的影响只是在个别书籍的引用中，而且多为只言片语，所引用的内容也主要集中在第一节。

罗桑丹津《黄金史》对《元朝秘史》的保存

元廷退回蒙古高原后，蒙元时期的皇家史乘以某种传抄本或异本的形式在草原上留存下来。虽然今天已经看不到这类本子的全貌，但幸运的是17世纪罗桑丹津《黄金史》中保留了大量的移录。

与《元朝秘史》的篇幅相比，罗桑丹津《黄金史》大概收录了其三分之二的内容，主要相当于成吉思汗先祖世系和成吉思汗生平事迹部分。可以说，罗桑丹津《黄金史》和《元朝秘史》是脱卜赤颜的两个主要流传方向，罗桑丹津《黄金史》在内容上相对间接，但是保留了蒙古文的形式，有助于后人了解蒙古文的特征及变化，而《元朝秘史》在内容上相对直接，又经过加工，有助于后人确认其读音和语义。

该书因跋文中提到“罗桑丹津”之名，故通称罗桑丹津《黄金史》。关于罗桑丹津，从跋文的叙述来看，他是编辑抄写该书的主持者，是个有“固什”尊号的僧人。但其生平不详。

1926年，这部珍贵的史籍被札木扬发现，如今收藏在蒙古国国立中央图书馆。现存抄本为藏式贝叶装，竹尖笔书写。

进入清代，《元朝秘史》的流传和研究逐渐有所活跃。除了传抄和一般著录之外，研究成分更重的成果相继问世。其中，钱大昕、顾广圻、博明、阮元、张穆等人做出了积极的贡献。

1805年，顾广圻在张祥云家见其藏有“影元椠旧钞本”，“通体完善”，就让张古餘借来“覆影”一部，他再进行校勘。新成的本子一般称为“顾校本”或“顾氏监抄本”等。顾校本属十二卷本，其底本“影元椠旧钞本”之“元椠”即原椠之义，当指洪武刻本。由于洪武刻本、张祥云藏本均已失传，而十五卷本诸本都出自《永乐大典》从洪武刻本转抄的本子，所以经过顾广圻校勘的影抄本就成为现存《元朝秘史》的最佳抄本。

顾校本后来辗转为清宗室盛昱所得，19世纪80年代中期，文廷式、李文田据盛昱藏本各自转抄一部。1908年，叶德辉据文廷式的转抄本刻版发行，一般称“观古堂本”或“叶德辉本”。盛昱去世后，藏书四散，顾校本后为上海涵芬楼所收。商务印书馆于1936年将顾校本影印收入《四部丛刊三编》，当时以故宫内阁大库明刻本中的41枚残页替换了抄本中的相应部分。四部三编本因此成为学界最受欢迎和普遍使用的本子，广为人们利用的一些拉丁转写及词汇索引本、畏吾体蒙古文还原本等，也都以此本为底本。

十五卷本中，现存丁丙、陆心源、孙星衍、韩泰华、瞿镛、翁同龢等清人的旧藏本。1848年，张穆抄自《永乐大典》十五卷本的总译部分刻入《连筠簃丛书》，这个十五卷总译本的刊行，扩大了《元朝秘史》的流传范围，为更多的人开展研究提供了机会。

自钱大昕等人的研究之后，清末又出现了一批注释类的成果，李文田1896年的《元朝秘史注》，具有开拓性意义，其后沈曾植完成的《元秘史补注》考证相当精审。

在国外，19世纪后半叶，巴拉第于1866年出版了根据《连筠簃丛书》本完成的《元朝秘史》俄译本《关于成吉思汗的古代蒙古传说》。正是通过他的译注本，欧洲人得以接触和认识到《元朝秘史》，并引发了欧洲学者对这一重要文献的不懈研究。

那时的研究还只是局限于《元朝秘史》的总译。

进入20世纪，《元朝秘史》的研究发生了一个巨大的转折，研究工作开始直接针对蒙古语原文展开，出现了一批不同文种的译本或译注本。在日本，那珂通世于1907年出版了根据文廷式再抄本完成的《元朝秘史》日文译注本《成吉思汗实录》。这是世界上第一部《元朝秘史》的日文全译本。

20世纪20—40年代，王国维、陈垣就《元朝秘史》展开了文献学方面的研究，取得了很高的成就。

20世纪40年代以来，国内外陆续出版了大量《元朝秘史》的译注本，如谢再善的汉译本，札奇斯钦、道

《元朝秘史》对汉文史籍、波斯文史书的影响——成吉思汗生平及蒙古汗国创建史的史源文献

《元朝秘史》的前身为脱卜赤颜的最初部分，以畏吾体蒙古文撰写，完成于13世纪上半叶。进入元代后，仿汉地“实录”，开始撰写诸汗史。世祖忽必烈时期，第一项修史工作的成果是《圣武亲征录》。《圣武亲征录》是撰写成吉思汗实录的稿本，以脱卜赤颜中成吉思汗史为主线内容，参以内地的汉文文献，用汉文撰写而成。在翻译利用脱卜赤颜的相关内容时，根据当时的需要既有删改也有修饰。依据《圣武亲征录》完成的成吉思汗实录现已不存，其基本内容保留在了《元史·太祖本纪》中。《圣武亲征录》日后又被翻译成蒙古文，用金字书写，发往藩国。14世纪初波斯文史书《史集》的编著者拉施都丁曾提到的参考文献《金册》，即为其中一部。脱卜赤颜的成吉思汗史部分是原创，经过汉译修改补充的《圣武亲征录》、间接利用该成果并补充大量口述资料的《史集》，其相关记载的源头都可以追溯至脱卜赤颜。结合脱卜赤颜的成吉思汗史部分（即《元朝秘史》的主要内容）、《圣武亲征录》乃至《元史·太祖本纪》《史集》三方面的记载，可以相当清楚、完整地了解成吉思汗的一生及其创建蒙古汗国的过程。

上图：罗桑丹津《黄金史》相当于《元朝秘史》部分的某页（贝叶装）（图/乌兰）
下图：《黄史》蒙古国抄本某页（贝叶装）（图/乌兰）

润梯步、余大钧、阿尔达扎布等人分别出版的汉文译注本；海涅士的德文译注本、柯津的俄文译注本、小林高四郎的日文译注本、伯希和的法文译注本（卷1—6）、帖木儿的土耳其文译注本、李盖提的匈牙利文译注本、卡鲁津斯基的波兰文译注本、村上正二的日文译注本、柯立夫的英译本、小泽重男的日文译注本、鄂嫩的英译本、罗依果的英文译注本、朴元吉等人的韩文全译本等，另有意大利文、西班牙文、捷克文等译本。

原文转写的工作也开始得较早，目前学界普遍使用的拉丁转写体系是由伯希和开创的，经李盖提、罗依果改进后定型。

蒙古文转写、还原本等已有近百年的历史。最早的蒙古文转写翻译本出现于1917年，是由呼伦贝尔人成德公根据叶德辉刻本完成的。20世纪40年代前后，先后出版了都嘎尔扎布与服部四郎合作的《元朝秘史》第一卷之蒙古文还原文，克西格巴图、布和贺西格、金永昌等人各自的蒙古文编译本，达木丁苏隆的现代蒙古语编译本等。达木丁苏隆今译本流传较广，为在蒙古人中间普及《元朝秘史》做出了一定贡献。1987年出版的亦邻真《〈元朝秘史〉畏吾体蒙古文复原》，将《元朝秘史》的研究提高到一个新的水平。

原文校勘起步相对较晚，20世纪80年代初出版了额尔登泰等人的《〈蒙古秘史〉校勘本》（仅校音译正文部分），2012年出版了乌兰的《〈元朝秘史〉校勘本》（全校本）。

对于《元朝秘史》解题性的研究，20世纪50年代曾出现一次小的高潮。洪煨莲《〈蒙古秘史〉源流考》一文、小林高四郎《〈元朝秘史〉研究》一书、植村清二《〈元朝秘史〉小记》一文等，利用大量相关资料，就成书时间、作者、书名以及与脱卜赤颜等文献的关系、版本流传等方面的问题及研究史展开了讨论，推动了相关领域的研究。

关乎《元朝秘史》其他诸多领域的研究，也可以说是方兴未艾，在语言、文学、宗教、社会学等方面都取得了丰硕的成果。

《元朝秘史》的研究蓬勃发展，很快形成了一个国际性的学术领域。20世纪80年代以来，《元朝秘史》的研究呈现出新的特点。从总体上说，研究者的学术素质进一步提高，研究更加遵循学术规范，研究在某些方面不断深入，反映出学界的成熟发展。

三大经典文献之《蒙古源流》

冲破蒙古文化黑暗时期的史学旗帜

沉寂400多年后的又一个蒙古史学高峰

为什么我们看不到蒙古地区保存下来的16世纪中叶以前的明代蒙古文化作品？尽管蒙古人的文化传统在明初以来的约200年间没有完全丢弃，蒙古文字仍然一直在传习使用，但毕竟缺乏一个安定的局面，无法大量出现书面作品。有学者把元末至16世纪后半叶称为蒙古历史上的“黑暗时期”：至今尚未发现一部成书于蒙古“黑暗时期”——14世纪末至16世纪末的完整史著。

15世纪中叶以后，蒙古人的经济开始逐渐复苏，困扰著述的纸张问题也得到了解决，跟明廷互市以后，用牲畜、畜产品交换得到了纸张。16世纪末《甘珠尔》等藏文佛经蒙译开工，蒙古地区已具备创作大部头文化作品的客观条件，随后才出现了17世纪蒙古文史书的高峰。这里面，《蒙古源流》是最具代表性的。

《蒙古源流》成书于1662年，原名全称为“诸汗源流宝史”，简称“宝史”，清乾隆年间汉译本刻本简称“蒙古源流”，遂成为该书汉译本之通称。2012年12月1日，纪念《蒙古源流》成书350周年学术研讨会在呼和浩特市内蒙古大学举行。

文化黑暗时代的终结

17世纪在蒙古历史上是一个特殊时期。至17世纪30年代漠南蒙古诸部已先后被满洲统治者所制服，林丹汗遁死青海大草滩，传续了400多年的蒙古汗统从此不复存在。满洲贵族建立清王朝后，继续向外扩张，蒙古外喀尔喀和卫拉特诸部亦面临险境，命运凶多吉少。蒙古人一次次的反抗遭到了失败，而清朝的统治日趋巩固。无奈的心情使贵族出身的文人自然怀恋起以往的岁月，触发了他们的创作意念。他们急切地要写下自己民族的历史，让子孙后代了解并记住蒙古人高贵的血统、源远流长的历史和曾经有过的辉煌业绩。如《黄史》的作者在卷首一开始就引用了五世达赖喇

《蒙古源流》库伦本某页（图/乌兰）

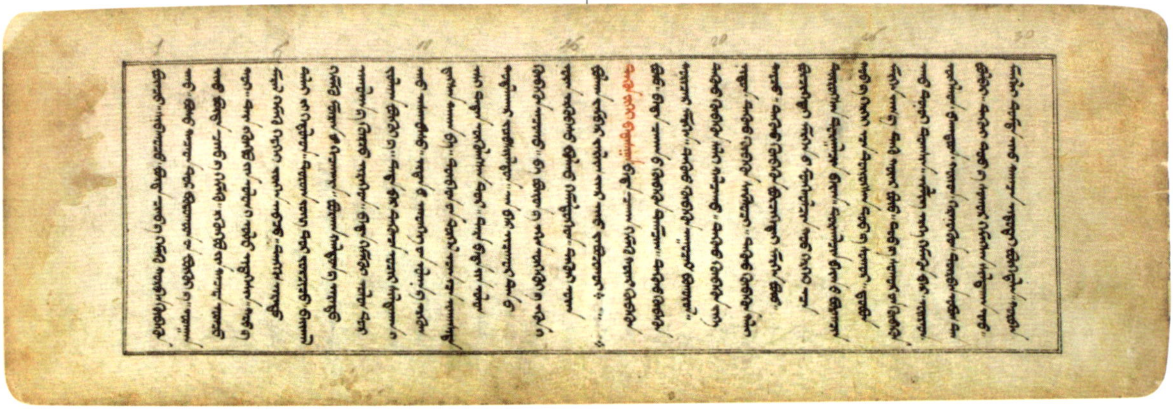

嘛在《西藏王臣记》中说过的一句话："凡人不知其来源，则如林中迷路的猴子；不知其宗族，则如玉石雕成的假龙；不读其家史，则如遭到遗弃的婴儿。"《阿撒剌黑齐史》的作者在引用五世达赖喇嘛的这句名言后接着说："为使如今尚不知晓者了解，为使后来人继续修纂而概略写成此书。"罗桑丹津在《黄金史》的后记中提到撰写该书的目的是"让广大的人民世代传阅"。在这样的历史背景下，《黄金史纲》《蒙古源流》等史书接连出现，而《蒙古源流》以其丰富的史料和成熟的编撰特点，与《蒙古秘史》《黄金史纲》并列蒙古三大经典文献。

源自谁之手？作者是成吉思汗后裔

《蒙古源流》的作者是蒙古贵族出身的萨冈彻辰洪台吉，为成吉思汗后裔，其家族属鄂尔多斯万户首领巴儿思孛罗济农的长子衮必里克一系。萨冈的曾祖父库图克台彻辰洪台吉曾是鄂尔多斯万户乃至整个蒙古的知名政治活动家，促成了土默特万户阿勒坦汗与藏传佛教格鲁派的联系，向蒙古地区引进了藏传佛教，并协助阿勒坦汗与明朝政府建立了正常的通贡互市关系。萨冈11岁获"彻辰洪台吉"之称号，17岁入选臣僚之列参与执事，17世纪30年代当后金国军队侵入鄂尔多斯地区时，他为保护万户首领和部众发挥了重要作用。按照部落内的传说，他因不与清廷合作而被人杀死。

萨冈在家乡有很高的威望，受到人们的尊敬和赞颂，他去世后，家乡的人们一直守护着他的墓地，每年为他举行祭奠活动。萨冈能创作出《蒙古源流》这样一部蒙古史书，与他的家庭环境有密切关系。他从小有条件学习读写，家中藏书使他眼界开阔，先辈的出身和功绩使他产生自豪感，而家族和他本人的地位又使他能够直接了解当时贵族上层的活动，这些都成为他日后创作的有利因素。

由于作者萨冈所处的时代环境，他的思想意识不可能不带有那个时代的烙印，其主要反映体现在该书的总体特征上。其一，佛教氛围贯穿全书。在结构上，开篇就讲佛教创世说，然后讲印度—吐蕃—蒙古一脉相承的王统史和佛教弘传史。较其他17世纪蒙古文史书的相关内容更为系统、充实，成为印度—吐蕃—蒙古一脉相承王统史模式的集大成之作。在内容上，也时时可以感觉到佛教思想意识的存在，带有佛教色彩的传说、反映佛教思想影响的言语比比皆是。

另一个突出特征是强烈的成吉思汗—忽必烈系黄金家族正统观念。元朝灭亡以后，非成吉思汗—忽必烈系黄金家族的异系贵族，以至异姓的封建主中曾几度有人登上汗位。萨冈对这一历史事实采取了否认的态度，将元末以来所有大汗一律说成是出自忽必烈系，还通过历史人物之口谴责了篡夺汗位的行为。这反映出他身为忽必烈系后裔的立场，也反映出成吉思汗—忽必烈系黄金家族正统思想的根深蒂固。

为什么有多种版本及译本？
蒙古史研究的重要依据

《蒙古源流》篇幅较大、内容丰富，涵盖时间跨度长远，包括宇宙生成及人类起源、印度王统史、吐蕃王统史、蒙古汗统史、满洲皇统史等几大部分。蒙古汗统史是全书的中心内容，其中元末至清初的一段历史又是全书的重点，约占整个篇幅的二分之一、蒙古汗统史部分的三分之二。《蒙古源流》是17世纪蒙古编年史当中篇幅最大、记载元末至清初的蒙古历史最为详尽的一部史书。

《蒙古源流》提供了元末至清初蒙古大汗的完整系谱。明代汉籍当中记载了不少有关蒙古的内容，但是由于双方大多数时间处于非正常的交往状态，明朝方面对蒙古内部的详情缺乏全面准确的了解，甚至不能提供完整的蒙古汗统系谱。该书和其他蒙古文史书在这一方面补了汉籍之缺。《蒙古源流》详细记载了达延汗统一蒙古本部的过程。达延汗是蒙古史上一位非常重要的人物，他于16世纪初再度统一蒙古诸部，结束了蒙古高原自元末以来持续百余年的内乱，恢复成吉思汗—忽必烈系黄金家族的汗位继承权，分封子嗣，收回异姓封建主的部落统辖权，对后世的蒙古社会产生了深远的影响。明代汉籍对他的记载很有限，该书为这一段蒙古历史的研究提供了宝贵的史料，同时还提供了达延汗诸子名号及其属部之名，较其他17世纪蒙古文史书更为完整详尽。

见微知著：对鄂尔多斯万户详细的记载

《蒙古源流》真实、生动地描述了鄂尔多斯万户的历史，所用篇幅较其他部落更多，叙述也更为详细。鄂尔多斯万户是蒙古本部六万户中举足轻重的一个，由济农统辖，地位仅次于大汗的直辖部落察哈尔万户。由于占据鄂尔多斯高原，成为蒙古与明朝西部地区、青海藏区、河西走廊乃至西域地区联系的先头部落，并且发挥了重要的作用。由于萨冈出自鄂尔多斯万户，所以他尽可能地详细记载了该万户的重要历史人物、重要历史事件以及贵族世系等，成为了第一手的史料。

从该书讲述的具体事例、专有名称、人物言论等内容中，可以捕捉和分析出元末至清初蒙古社会组织、部落变迁、经济状况、阶级关系、思想意识、封建主之间的关系等诸多方面的情况。

藏传佛教的导向：对先王来历的改写

《蒙古源流》记录了格鲁派藏传佛教在蒙古地区传播的历史。格鲁派藏传佛教是在16世纪下半叶从鄂尔多斯万户和土默特万户开始传入蒙古地区的。在传播的过程中，萨冈的曾祖父库图克台发挥了重要作用。萨冈用较长的篇幅详细记载了格鲁派藏传佛教传入蒙古的原因、过程，在相关记载中最为丰富详尽。

《蒙古源流》的版本及流传

《蒙古源流》原稿已佚，现有30多种蒙古文版本存世，最佳抄本通称为“库伦本”，现藏蒙古国国立中央图书馆。

1766年，清喀尔喀蒙古赛音诺颜汗部王公成衮扎布奉旨进献乾隆皇帝一部该书的抄本，清廷据其制成精抄本，有所删改后再刻版印刷，即成蒙古文殿本。

清廷又据蒙古文本依次译出满文本、汉文本，各自仍有精抄本、殿本。蒙古、满、汉三种文字的故宫精抄本和殿本，每式各两份，分别藏于北京故宫和盛京（今沈阳）故宫内。

后来，从蒙古、满、汉三种文字的不同本子又发展出了一些新的译本，主要有施密特德译本、江实日译本、克鲁格英文选译、崔鹤根韩译本、道润梯步汉译本、乌兰汉译本、冈田英弘日译本等。

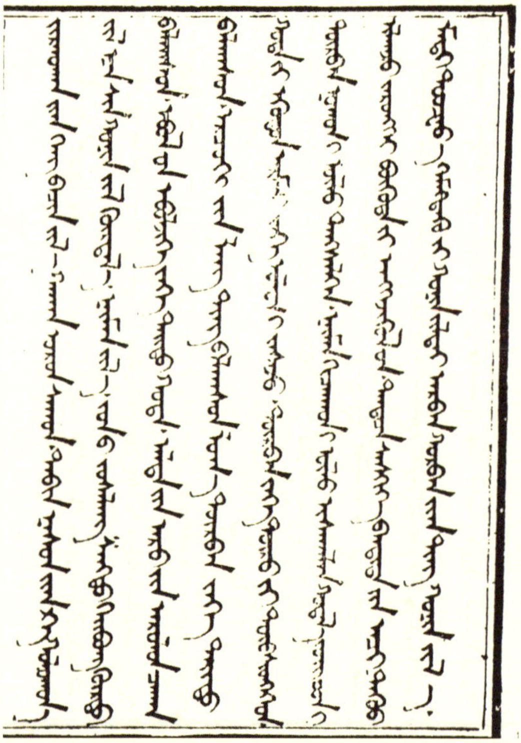

《蒙古源流》蒙古文殿本某页（线装）（图/乌兰）

最有意思的是，其中有关蒙古汗系族源以及蒙元时期蒙古史的记述，反映出17世纪蒙古人历史观方面的变化。在《蒙古秘史》中，成吉思汗的先祖孛儿帖赤那被尊为“应上天之命而生的”，而到了4个世纪后的《蒙古源流》，孛儿帖赤那却被说成是具有古印度王族血统的吐蕃王的后裔，因遭难而逃到蒙古地方，被拥戴为首领，于是成了蒙古部的始祖。蒙古帝国和元朝的历史波澜壮阔，充满兴亡盛衰，但是《蒙古源流》对那一时期的众多具有历史意义的事件和人物缺乏兴趣，惜墨如金。在萨冈的笔下，蒙古帝国和元朝的历史仅仅是用一些佛教色彩浓厚的神话传说故事连缀而成的。萨冈（包括其他17世纪蒙古史家）对蒙古历史的改写，反映了在藏传佛教的影响下17世纪蒙古人历史观方面的变化。

可以说，《蒙古源流》既是一部蒙古通史，又是一部蒙古佛教传播史，必然受到蒙古人自身的喜爱和研究者们的关注。因此，该书拥有众多的版本，仅手抄本和木刻本见于著录的就有30多种。译本也有近10种，语言涵盖汉、满、德、日、英、韩等。

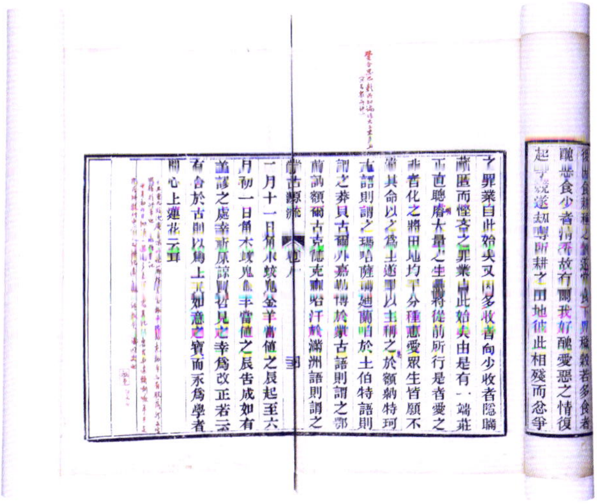

《蒙古源流》某页

其他主要蒙古文历史文献简表

书名	作者及简况	成书时间	体例	内容特点	版本及流传
《黄金史纲》 原名全称为“诸汗源流黄金史纲”	不详	约17世纪上半叶	编年类	主要记述古印度众恭王摩诃三末多至蒙古末代大汗林丹汗的简史。以成吉思汗的传说始祖孛儿帖赤那为吐蕃王后裔，从而将蒙古汗统上挂至吐蕃王统，并因此进一步上挂至古印度王统，形成了印度—吐蕃—蒙古一脉相承王统史的模式	有几种抄本存世，分别为我国内蒙古、蒙古国、俄罗斯的个人或图书馆所收藏
《黄史》 原名全称为“古昔蒙古诸汗源流之大黄史”	不详	约17世纪上半叶	编年类	重点记述成吉思汗的传说始祖孛儿帖赤那至林丹汗的蒙古汗统史，还记载了达延汗诸子世系、成吉思汗长子和次子世系、成吉思汗诸弟封部、达延汗六万户、四卫拉特等方面的情况	有几种抄本存世，分别为蒙古国、俄罗斯的个人或图书馆所收藏

书名	作者及简况	成书时间	体例	内容特点	版本及流传
《阿撒剌黑齐史》	善巴，其别名为阿撒剌黑齐，出身蒙古贵族，成吉思汗后裔，曾任札萨克和硕亲王	1677年	编年类	前一部分基本采取编年体的形式，简要记述了自孛儿帖赤那至达延汗的历史，突出成吉思汗的生平事迹；后一部分为达延汗后裔的世系，重要人物处穿插一些史事	仅有孤本存世，为藏式贝叶装抄本，竹笔书写，现藏蒙古国国立中央图书馆
《恒河之流》原名全称为“成吉思汗黄金家族史恒河之流”	衮布扎布，出身蒙古贵族，为达延汗长子后裔	1725年	编年类	初编部分先记孛端察儿至林丹汗为止的成吉思汗黄金家族简史，然后按部落记载达延汗子孙所在盟旗、爵位；续编部分主要记载成吉思汗诸弟后裔世系及所在盟旗、爵位。各部分内容都非常简略，像一部族谱	仅有孤本存世，为线装抄本，毛笔书写，现藏俄罗斯科学院东方文献研究所图书馆
《金轮千辐》原名全称为“黄金家族确史黄金氏族心悦之金轮千辐”	僧人达哩麻固什，有译自藏文的著作，据说曾参加《智慧之源》的编写工作	1739年	编年类	全书篇幅较大，分为九章，另有序言和跋文。其中第七、八两章的内容最具价值，特别是首次完整记载了内喀尔喀五部的具体名称	目前已知有三种抄本存世，一种通称“哥本哈根本”，一种通称“呼和浩特本”，一种通称“圣彼得堡本”

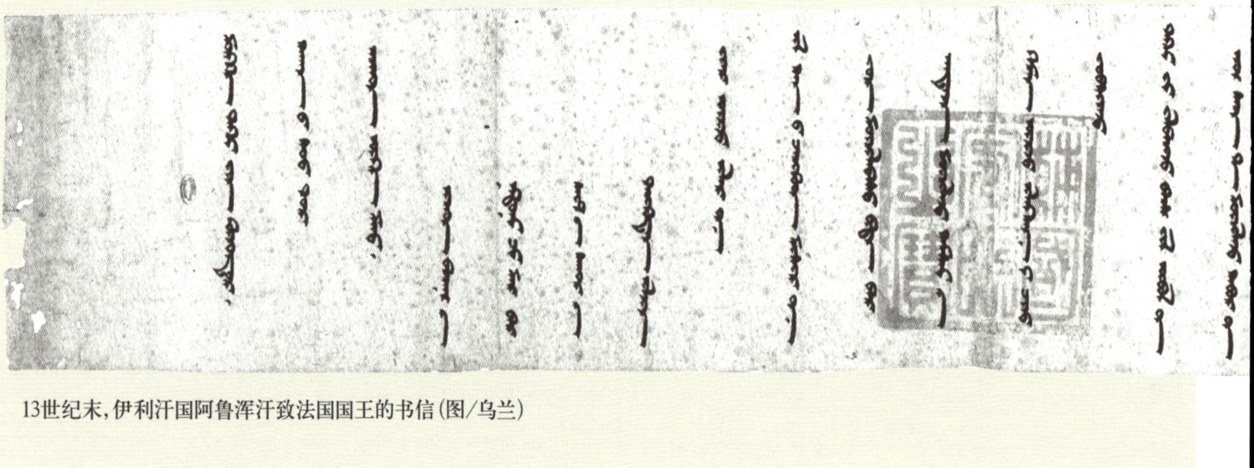

13世纪末，伊利汗国阿鲁浑汗致法国国王的书信（图/乌兰）

书名	作者及简况	成书时间	体例	内容特点	版本及流传
《蒙古溯源史》	特克第，生平不详	1825年	编年类	记述了17世纪中叶至18世纪下半叶卫拉特准噶尔部的史事，涉及准噶尔汗国的兴亡。多据传闻所记	用托忒蒙古文写成。有几种抄本存世，多收藏于个人手中
《阿勒坦汗传》封叶题名“宝澄史”，卷尾作“转轮王阿勒坦汗传”	不详	约17世纪初	传记类	阿勒坦汗（1507—1582）为16世纪蒙古土默特万户首领，该书主要记载了他一生所经历的重要史事。该书是个人传记，记事按照年代顺序，撰写形式采用韵文体，共包含390多节四行韵文。记载相当详细，且可信度高	目前仅知有孤本存世，现藏内蒙古社会科学院图书馆
《咱雅班第达传》原名全称为“兰占巴咱雅班第达传月光”	喇德纳巴德喇，为咱雅班第达的弟子	17世纪末	传记类	主要记述了蒙古卫拉特高僧咱雅班第达（班第达，也称班智达，1599—1662）的生平事迹，书中穿插记载了当时卫拉特的一些重大历史事件，涉及卫拉特的游牧地、社会状况、宗教文化等方面	已知有五种抄本存世，四种托忒蒙古文抄本中，有三种现藏于俄罗斯的藏书机构，一种现藏蒙古国国立中央图书馆；一种老蒙古文抄本现藏蒙古国国立中央图书馆
《四卫拉特史》	噶旺沙喇布，为卫拉特土尔扈特人	1737年	纪事本末类史书	该书主要记载了四卫拉特的首领世系和史事。叙事简单，不交代年代，多取自传闻。内容涉及卫拉特政治、宗教和社会其他一些方面	用托忒蒙古文写成。已知有若干抄本存世，为个人或藏书机构所收藏

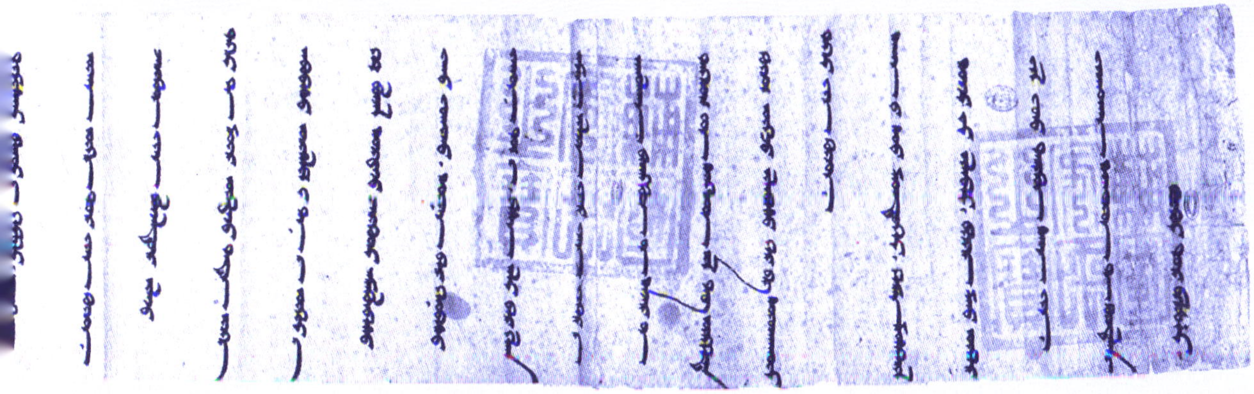

书名	作者及简况	成书时间	体例	内容特点	版本及流传
巴图尔乌巴什《四卫拉特史》	巴图尔乌巴什及其父亲图门济尔噶勒	1819—1820年	纪事本末类史书	主要记载了四卫拉特的首领世系及史事，在内容和结构上都接近噶旺沙喇布的著作，补充了1737年之后近70年间的内容，对辉特部首领家族世系补充尤多	用托忒蒙古文写成。俄罗斯圣彼得堡大学东方学系图书馆所藏抄本，为目前可以利用到的旧抄本
《水晶念珠》原名全称为“大元水晶念珠”	喇什朋素克，出身蒙古贵族，为达延汗第五子后裔	1774—1775年	史评类史书	篇幅大，内容丰富，记述了自成吉思汗黄金家族起源至林丹汗为止的蒙古通史，记载了至清代早期的蒙古贵族家族系谱。参考利用了满译汉文资料，兼具纪传体、编年体、纲目体、家谱等特点。史评的特点比较突出	国内外现收藏有几种旧抄本
《清内秘书院蒙古文档案汇编》		起讫时间1636—1670年	档案类文献	约有三万件（册）。主要内容涉及清廷与漠南蒙古、漠北蒙古、新疆、青海、西藏等地区在政治、经济、军事、民族、宗教、文化等方面的关系	中国第一历史档案馆保存着一批清代蒙古文档案
《准格尔旗札萨克衙门档案汇编》		1739年—民国年间	档案类文献	准格尔旗札萨克衙门档案绝大部分是用蒙古文写的，只是一些人名、地名用满文书写。内容主要涉及旗务各方面，还涉及回民起义、义和团运动、清末放垦蒙地、清末民初外蒙古离去等重大事件	内蒙古档案馆

《阿勒坦汗传》首叶（贝叶装）（图/乌兰）

蒙古文文献的质料与版式

金帐汗国14世纪桦皮文书某片（图/乌兰）

蒙古文文献的主要材质是不同质地的纸张，包括汉地纸、高丽纸、藏纸、俄罗斯纸、中亚纸等，蒙古人自己基本上不生产纸张。例如，13世纪末伊利汗国阿鲁浑汗致法国国王的信函就是写在高丽纸上的。

17世纪以后，东蒙古地区多使用汉地纸、藏纸，北喀尔喀地区多使用俄罗斯纸，卫拉特、卡尔梅克地区多使用俄罗斯纸、中亚纸，另外还使用桦树皮等材料。著名的《金帐汗国桦皮文书》《白桦法典》等都是写在桦树皮上面的传世之宝。

《金轮千辐》哥本哈根本某页（线装）（图/乌兰）

蒙古文文献的主要书写工具是竹笔（木笔）和毛笔，早期主要使用竹笔，后来多改用毛笔。卫拉特、卡尔梅克、布里亚特蒙古人还逐渐开始使用欧洲的羽毛蘸笔。一般都是蘸黑色墨汁书写，这种墨汁多从植物中提炼。间或使用红色颜料、金粉液等。

蒙古文文献的版本主要分为手抄本和刻木（包括木刻本、石刻本）。版式主要包括贝叶装、线装、梵夹装等。17世纪蒙古文史书多采用贝叶装，清代逐渐改用线装。卡尔梅克、布里亚特蒙古人另使用欧洲版式。

《阿撒剌黑齐史》某叶（贝叶装）（图/乌兰）

撰稿专家

乌兰，蒙古族，中国社会科学院民族学与人类学研究所研究员，研究方向为蒙古史及中国北方民族史。曾出版《〈蒙古源流〉研究》《〈元朝秘史〉校勘本》，并发表了多篇学术论文。

《〈蒙古源流〉研究》

《〈元朝秘史〉校勘本》

扫描二维码，
阅读专家代表著作的电子版

融贯东西、领先世界的蒙古族科技

元代在天文历法方面成就突出

中国是一个多民族的国家，因而中国的科技也是由各民族同胞共同创造的，是多元一体的科技文化。一方面，每个民族都在各自的生存空间里，因时因地创造了自己的物质文明，产生本民族独特的科技；另一方面，有的民族曾经走到历史舞台的中央，得以影响整个国家的科技进程，甚至融汇东西方的科技，使当时的科技水平位居世界前沿，蒙古族便是这样一个曾创造了辉煌科技成就的伟大民族。

13世纪初，成吉思汗崛起于漠北，统一了蒙古高原，于1206年建立大蒙古国，1211年开始经略中原，占领黄河以北广大地区。在这场意义重大的民族大融合中，蒙古族不但成为北方草原的王者，更是从其他北方民族继承了具有草原特色的科学知识与技术手艺。1219年，成吉思汗率大军西征，打开了东西交流的通道，促进了中国与中亚、欧洲的科技交流，致使蒙元帝国在天文学、数学、农学和水利等方面均取得了比唐宋时期更为丰富、更为进步的科技成果，处于世界领先地位。

蒙古人建造了当时世界上多个先进的天文台

元代在天文历法方面非常突出，大量吸收前人和其他民族的成就，特别是吸收了阿拉伯、波斯的天文学成果，并在蒙古人的主导下，先后修建四座天文台，均为那个时代最大、最有影响力的天文台。

元上都宫殿遗址，据史料载，元上都天文台曾设立于此（图/额博）

郭守敬简仪，制作于1279年

设有回回司天监的元上都天文台

元上都天文台最初修建于1255年，不久因元上都被忽必烈定为都城而加以扩充。元上都故城位于今内蒙古锡林郭勒盟正蓝旗境内，在相当于北门的位置上有座特殊的建筑高台遗址，东西132米，南北52米，平面略呈凹字形。据研究，此即元上都天文台遗址。据文献记载元上都有“承应阙”，但对此阙在哪里则未指明。此阙应与宫城即紫禁城有关，而又区别于午门的天阙。在对元上都遗址的多次调查中，目前仅见有此一阙，故应是承应阙。《元史》载：“至元八年以上都承应阙官增置行司天监。”说明至元八年（1271）之前，这个阙上有负责官员，他的职责可能也是管理天文工作，只是未命名，所以才有承应阙官增置行司天监之举。该监或名“回回司天监”，或简称“行监”。回回司天台属于阿拉伯的天文观测处所，它主要由精通阿拉伯天文学的伊斯兰学者札马鲁丁（约1225—1290）负责。1260年，忽必烈登汗位后，札马鲁丁逐渐得到重用，几年后，被派去伊利汗国的马拉加天文台学习，两年后回到忽必烈身边，曾向忽必烈进《万年历》，之后《万年历》得到推广。札马鲁丁的主要工作，是从事天文仪器的制造，从至元四年（1267）到至元七年（1270）共完成包括“咱秃哈剌吉”“咱秃朔八台”“鲁哈麻亦渺凹只”“鲁哈麻亦木思塔余”“苦来亦撒麻”“苦来亦阿儿子”和“兀速都儿剌不定”等共7件“西域仪象”，《元史》中有详细的记载。这些仪器造成后，放在元上都承应阙，增置行司天监，并且始置司天台，又设回回司天台官署，以札马鲁丁为提点。

回回司天台建造初期，收藏了不少回回书籍。欧几里得《几何原本》于13世纪传入中国后，成吉思汗的孙子蒙哥最早对它进行了研究。在元代，15卷本的阿拉伯文译本《几何原本》被完整地保存在国家天文台里。

昼夜繁忙不息的大都天文台

公元1279年，元世祖忽必烈批准兴建规模宏伟的大都（今北京）天文台，地址选择在今北京建国门外泡子河北。大都天文台又叫灵台，由太史院主管，整个建筑南北300多米，东西80多米，高20多米，包括顶层共3层。下层为太史院的办公处和研究室，中层是收藏图书资料和室内仪器的处所，顶层是露天的观测台，放置大量天文仪器。据《元史》记载，这些仪器有：玲珑仪、简仪、浑天象、仰仪、高表、立运仪、景符、日月食仪、星晷定时仪、候极仪、正仪、正方案和仪座等，主要由郭守敬负责制造。大都天文台将天文台和天文研究机构建在一起，设计周到、完美，一改前人机构与天文台长期分离的状态。

元大都天文台设备完善，工作人员众多。白天有人负责整理前夜观测结果，拟订当夜观测计划。负责记录时间的人观测着高表、仰仪、日晷，并和滴漏校对。负责历算的几十人，则在中间一层查阅

元代科学家郭守敬

历史资料，计算新的历法。夜晚更加繁忙，工作人员通过巨大的浑仪、简仪进行观测，漏房中不时地报告时间。守候四方的目视观测人员凝视着深邃的夜空。他们观测的项目繁多，观测的对象也比前人增加了很多。日月出没、没有命名的星官、日食月食、异常天象、天极位置、五星会合、二十八宿、日影月影等等，都属观测之列。

大都天文台是当时世界上规模最大、设备最完善的天文台之一。大都天文台由太史院主管，于至元十七年（1280）颁行《授时历》。这是我国古代最先进的一部历法，该历法被认为“自古及今，其推验之精，盖未有出于此者也”。自此《授时历》颁行全国。对宗教上有特殊需要的其他民族，也颁行其他历法。《授时历》采用的天文数据是相当精确的，如重新测定的黄赤交角为古度23.9030度，约折合今度23° 33′ 34″，与理论推算值的误差仅为1′ 36″。法国著名数学家和天文学家拉普拉斯在论述黄赤交角逐渐变小的理论时，曾引用《授时历》的测定值，并给予其高度评价。

元代颁《授时历》诏书影（图/内蒙古博物院）

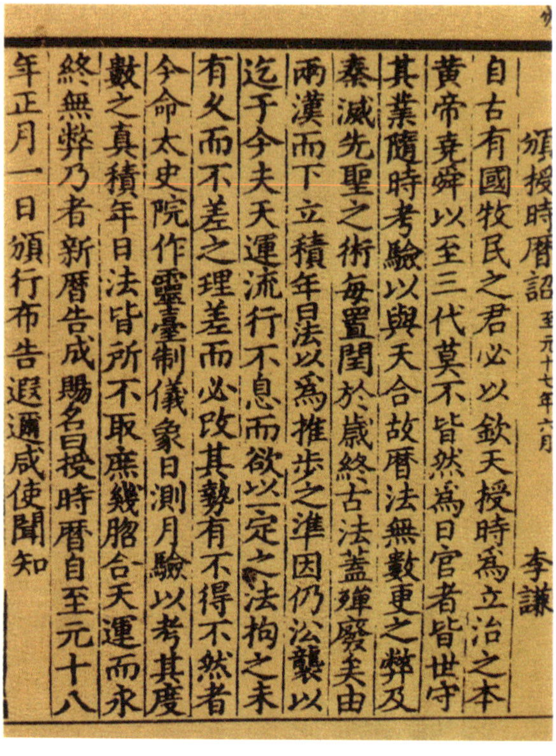
頒授時曆詔 至元十七年六月 李謙
自古有國牧民之君必以欽天授時爲立治之本
黄帝堯舜以至三代莫不皆然爲日官者皆世守
其業隨時考驗以與天合故曆法無數更之弊及
秦滅先聖之術每置閏於歲終古法蓋殫廢矣由
兩漢而下立積年日法以爲推步之準因仍沿襲以
迄于今夫天運流行不息而欲以一定之法拘之未
有久而不差之理差而必改其勢有不得不然者
今命太史院作靈臺制儀象日測月驗以考其度
數之真積年日法皆所不取庶幾脗合天運而永
終無弊乃者新曆告成賜名曰授時曆自至元十八
年正月一日頒行布告遐邇咸使聞知

除了位于上都和大都的两座天文台外，蒙元帝国时期还建有两座天文台，分别是建于今乌兹别克斯坦撒马尔罕东北郊的兀鲁伯天文台，以及建于今伊朗西北部大不里士城南的马拉加城天文台。兀鲁伯天文台由帖木儿帝国的创建人帖木儿之孙，著名天文学家、学者、诗人和哲学家，撒马尔罕的统治者兀鲁伯（1394—1449）于1428—1429年建造，是中世纪时期具有世界影响的天文台。马拉加城天文台于1259年由旭烈兀汗在天文学家纳西尔丁·图西的建议下修建。马拉加城天文台天文仪器露天安放，其中包括一座半径不小于4米的墙象限仪，一座环半径约1.5米的浑仪和许多较小一些的仪器。天文台还拥有来自各地的天文学家，包括中国和西班牙的学者。马拉加城天文台包括一个大图书馆，一度成为当时伊斯兰世界的学术研究中心。作为当时世界上最大的天文台，它的研究成果丰富，之后一直使用到14世纪初。

元代计时工具漏壶，开始时使用单只漏壶，后来出现多壶组成的复式漏壶。壶身有制作年份和人员的刻文

北京通惠河古河道遗址。通惠河修成后，元大都可由水路通黄河、淮河、长江，直达杭州

通运河、勘河源、重修都江堰

忽必烈执政时对水利一直很重视，最大的水利工程是打通了南北运河。至元二十六年（1289），元世祖下令开凿会通河，即大运河的山东一段。在会通河完成之后仅一年多，于至元二十八年（1291）又开凿了大运河的最北一段，即由通州到大都，总长80多千米，“节水以通漕运，诚为便益”，至元三十年（1293）竣工，忽必烈命其名为“通惠河”。至此南北大运河全线开通，连接海河、黄河、淮河、长江和钱塘江五大水系，加强了京师与最富庶的江南地区的联系。

元至元十七年（1280），忽必烈派遣女真人都实（又译为马什）为“招讨使，佩金虎符”，带领人马到黄河源进行勘察。他们自河州（今甘肃临夏）宁河驿出发，穿过甘肃南部崇山峻岭，经积石山东，溯河而上，历时4个月到达河源地区，完成考察任务。同年冬回到大都，将考察情况绘图上报。元人潘昂霄根据都实之弟阔阔出的转述，写成《河源志》，对黄河上游干支流的情况作了详细记载，这是中国历史上第一次大规模河源考察。

元顺帝元统二年（1334）蒙古人吉当普出任四川肃政廉访使，在任时主持重修都江堰，第一次将堰体由竹笼结构改为铁石结构，对后世治堰产生了巨大的影响。《元史·河渠志》中记载，他在修都江堰时，“诸堰皆甃以石，范铁以关其中，取桐实之油，和石灰、杂麻丝而捣之使熟，以苴罅漏。岸善崩者，密筑江石以护之，上植杨柳，旁种蔓荆，栉比鳞次，赖以为固”。他还“或疏旧渠以导其流，或凿新渠以杀其势”。

忽必烈支持勘验黄岩岛

在忽必烈支持下，郭守敬、王恂等人进行了一次大规模的“四海测验”活动，在全国建立了27座观星台，最北的至北海（贝加尔湖），最南至南海，最东至朝鲜，最西至云南，其中登封观星台是全国的中心观星台，也是目前中国现存最早的一座观星台。测量的项目主要是各地的北极出地高度，以及夏至时八尺圭表的长度与昼夜时刻的长度。同时测验这27个地点是办不到的，于是精选了6个地点。北海的测量已接近北极圈，南海测点经过测算，其所在位置是在今天的西沙群岛和中沙群岛的黄岩岛。根据国际法关于领土取得的“最早发现、最早命名、最早开发经营和最早连续不断的行政管理”这四大要素看，在黄岩岛进行四海测验的郭守敬，当时就职于元太史院，其行为属于有组织的官方行为，充分证明了中国在700多年前就已经对黄岩岛进行了有效的管辖，黄岩岛至少从元代开始就已纳入中国的版图。“四海测验”地域广大，规模空前，数据精确，在我国和世界天文观测史上堪称伟大的创举，不仅为元代的历法改革奠定了坚实的基础，同时也为中国古代疆域的界定做出了不可磨灭的贡献。

人间科技先驱，天上行星长明

蒙古族是一个充满智慧的民族。在历史的长河中，涌现出了明安图、占巴拉道尔吉、李四光等一大批具有代表性的科学家。他们是蒙古民族的骄傲，也是我们学习的楷模。

明安图，字静庵，蒙古正白旗人，清代卓越的天文学家、数学家、测绘学家。明安图生活于康熙盛世，幼时被选入八旗官学。据康熙九年（1670）旨意：“天文关系重大，必选择得人，令其专心习学，方能通晓精微”，礼部规定于官学生内“每旗选十名，交钦天监分科学习，有精通者，俟满汉博士缺补用”。这种培养、选拔天文人材的制度使明安图走向了科学研究的道路。

康熙对这个青年人的一生产生了重大的影响。康熙是一位懂得自然科学的统治者，他乐意向西方传教士学数学，十分关心这些官学生，“亲临提命，许其问难，如师弟子”。明安图学业优秀，受到皇帝喜爱，1712年康熙到承德避暑，他奉命随行。一生中他受到几任皇帝器重，直到晚年，1762年乾隆到承德，他仍是重要随员之一。这种宫廷天文学家的地位，有利于实现他在科学上的抱负。

1713年，明安图完成学业，留在钦天监工作，立即参加编纂巨著《律历渊源》中的天文部分。随后又参加编修《历象考成》、《历象考成后编》10卷、《仪象考成》等天文历法书籍。

1755年平定准噶尔后，乾隆皇帝命何国宗带领明安图、那海等人组成测量队勘测新疆。乾隆二十四年（1759）破例晋升明安图为钦天监监正，他旋即率队再赴新疆，主要往西部，包括现今乌兹别克斯坦的塔什干等地进行大地测量。这时明安图已是近70岁的老人，经过近一年的艰苦努力，新测不少于26个经纬点，始于康熙时期的国家版图测量工作终于告成，据此绘制成著名的《皇舆西域图志》（1782年成书），对祖国版图的完整与统一，立下不朽的历史功勋。

明安图因钦天监的工作关系，与10余位传教士学者过从较多。他们有一定的科学知识，在清初西学东渐过程中起到媒介作用，而明安图在中西文化交流史上做出了积极的贡献。

明安图在青年时决心按自己的方式解决无穷级数的疑难，使他进入了数学的一个广阔新天地。经过一二十年的酝酿和推算，他感到新的思想和方法都已经成熟了，便在1730年前后开始著《割圆密率捷法》。工作时断时续，“次第相求以至成书，约三十余年”，因公务繁重，明安图仅在业余研究数学。从档案中能查到明安图觐见皇帝的许多记录，大多与月食、日食、观候、编时宪书等事有关。他两赴新疆从事大地测量，无暇著书，特别是在担任钦天监监正之后，每年被皇帝接见的记录都有一二十次。

明安图终其一生在钦天监工作，达50年之久。除了晚年两赴新疆外，没有史料表明他曾远离过北京。长期稳定的科研、学术生涯使他得以专注于天文、数学工作。在18世纪的中外科学史上具有如此资历的科学家是罕见的。明安图以乾隆时朝廷首席天文学家、中算无穷级数新领域的开拓者和清朝版图测量的最终完成者而名垂史册。他在18世纪世界科学史上所达到的水平令后人敬仰，他是蒙古民族、中华民族的骄傲。他的科学成就，不仅仅在中国得到人们的高度评价，在国际上同样受到称赞，国际永久编号的28242号小行星被命名为“明安图星”，充分肯定了明安图的世界影响。明安图星的命名，是蒙古族的光荣，也是全中国各族人民的共同荣耀！

蒙古族科学家明安图
（图/内蒙古博物院）

五塔寺后照壁上的石刻蒙古文天文图

五塔寺蒙古文天文星座图（图/内蒙古博物院）

在呼和浩特的五塔寺后照壁上，有一幅石刻的蒙古文天文图，署“钦天监绘制”，大概刻于乾隆初年。这幅图的形式和南宋苏州的石刻天文图相似，是以北极为中心的盖天图，北极在图的中心，由内向外有五个同心圆，它们是恒显圈、夏至圈、赤道圈、冬至圈、恒隐圈。上面有赤道、二十八宿的划分和银河。与赤道圈相交的还有一个扁圆双线圈，它外切于夏至圈、内切于冬至圈，号为黄道圈，表示太阳运行的轨道。在恒隐圈之外有四个线圈，构成两个夏线圈，分别标注二十四节气名称和黄道十二宫名称。图上的星点除历史上已有的外，另有新增星，共1113颗，新测定的恒星，和其他恒星没有连线，是一幅内容全面的“盖天图”。乾隆九年到十七年（1744—1752）编纂《仪象考成》的时候，曾经进行一次恒星观测，“外增一千六百一十四星”，并“著之于图”。呼和浩特天文图显然和这次测量有密切的关系。天文图星座的连法和我国古代传统连法一致，银河的两端相接更接近事实，把黄道画成扁圆是个改进。所有标注的文字全是蒙古文，周天度数和纬度都用藏码标记。用少数民族文字刻制的天文图保存到现在的极少，呼和浩特天文图是目前所见的唯一的一幅石刻蒙古文天文图。蒙古文天文图虽未有署名，但有蒙古文图例及“钦天监绘制天文图”字样，当时正是明安图在钦天监工作的时候，因而推测其为明安图译制后刻到五塔寺后照壁上的。

撰稿专家

董杰，内蒙古民族文化产业研究院院长。国家万人计划入选者、内蒙古草原英才，主要研究方向为文化遗产与科技认知、文化产业。承担国家自然科学基金、国家社科基金等10余项科研项目，发表论文50余篇，出版《〈大测〉校释》等著作6部。主持蒙古族传统牛角弓制作技艺申报国家级非物质文化遗产工作。

《〈大测〉校释》

扫描二维码，阅读专家代表著作的电子版

郭世荣，内蒙古师范大学科学技术史研究院院长、二级教授、博士生导师。国际数学史委员会执行委员，全国少数民族科技史研究会理事长。自治区草原英才、自治区有突出贡献的中青年专家，主要研究方向为数学史、中外科技交流史、清代科技史、少数民族科技史。主持各类科研项目20余项，出版著作12部，发表论文150多篇。

额济纳胡杨林(图/额博)

第15章

纵横东西，天赐美景

走进蒙古族

本章主撰稿人：内蒙古师范大学教授　白音查干

提起内蒙古的自然景观，大家首先想到的是一望无垠的草原、成群结队的牛羊，一幅草原牧歌的恬静画面，实际上草原风情只是内蒙古万千风姿中最广为人知的一种。从内蒙古最东北角的恩和哈达，到最西北角的“中国500”号界桩（中国与蒙古国交界处），从寒温带到暖温带，从温润到干旱，从寒冷到温暖，从有人烟到无人区，这片土地上有三大林带、三大草原带（八个亚带）、五大沙漠、五大沙地、五个火山群，还有淡水湖、咸水湖和盐湖。这些形形色色的景观之中，隐藏着许多不为人知的中国之最乃至世界之最。那些著名的景观，让整个中国为之赞叹：大兴安岭的针叶林和白桦林，柴河火山顶上和月亮一样圆润的天池，阿拉善起伏有致的沙漠，点缀着110多个常年积水的湖泊的巴丹吉林沙漠，宁静幽深的呼伦湖，赤峰克什克腾旗花岗岩和石林相结合的特殊地貌“阿斯哈图石林”……当然，最有名的，是呼伦贝尔、锡林郭勒、科尔沁、乌兰察布、鄂尔多斯和乌拉特六个著名的大草原。

内蒙古草原作为中国北方草原的代表，是我国温带草原的主体，绵延几千千米，包括森林草原、草甸草原、典型草原、荒漠草原、荒漠山地草原、沙地疏林草原，牧草种类繁多，畜牧业资源丰富而多样，与青藏高寒草原以及新疆山地草原比较，内蒙古草原几乎就是一个完整的天然草原博物馆。

这片土地不仅孕育了蒙古族独具特色的游牧文化，也对中原农耕文明产生了难以估量的影响：远古的人类遗址，神秘的草原岩画，精美的青铜器和元青花，这些古老的历史痕迹，是中华文明重要的组成部分。

远古开端，积淀深厚

内蒙古高原的文化遗产之旅

内蒙古历史悠久、文化灿烂，北方游牧民族在茫茫草原上繁衍生息的历史进程中，形成了独具特色的草原文化。自远古以来，内蒙古草原就有人类活动。商周时期，内蒙古是鬼方、犬戎、獫狁等北方民族的活动地域之一。春秋战国时期，以东胡、匈奴为主体的北方民族逐渐兴起。秦汉时期，我国北方民族历史上第一个游牧国家——匈奴帝国诞生于蒙古高原。魏晋时期，拓跋鲜卑以内蒙古地区为根据地入主中原。隋唐时期，内蒙古高原分布着突厥语族部落，形成了与隋唐并存的突厥汗国。10—12世纪，契丹、女真、党项等北方民族先后建立辽、金、夏等国家，与北宋及之后的南宋共同绘制了当时中国之版图。1206年，成吉思汗统一蒙古高原，建立大蒙古国，其子孙横扫亚欧、统一中国，元上都与元大都成为蒙古帝国的政治中心。1368年朱元璋攻克大都，元势力退至草原，中国历史又一次形成以长城为界，南为明朝、北为北元的局面。17世纪中叶，北方民族再次进军中原，建立统一多民族国家之清朝，内蒙古地区主要居住着蒙古各部。1947年建立了中国历史上第一个民族自治区。今天的内蒙古是蒙古族聚居的主要地区，仍然保留着自己的草原经济、文化和生活形态。

大窑文化：世界上面积最大的古人类石器制造场所

1973年考古工作者在内蒙古呼和浩特市东郊33千米处大窑村南山二道沟发现了数千件石器以及灰烬遗址和动物化石。1979年，文化部确认它为目前已知世界上面积最大的古人类石器制造场所，并命名为“大窑文化”，证实大窑文化遗址的时代为距今40万—50万年前的更新世中期，相当于周口店北京猿人生存时期。大窑文化遗址不仅有石器、化石等具有历史文化价值的文物，展示着草原历史文化的远古开端，更有背靠阴山、面临土默川、黑河水环绕其边的优美环境。文化遗址区内还有具备观光价值的无字天书、磨光巨石、双龙含蛋、百米古洞等景观。

旅行点：呼和浩特市东郊大窑村

河套文化：鄂尔多斯高原和黄土高原接合带

1922年，中外考古学家在内蒙古萨拉乌苏河畔首次发现了古人类化石。后经多次深入考察和科学发掘，发现了数十件古人类化石、石器、炭屑和大量的动

大窑文化遗址，与周口店北京猿人时期大致相当（图/内蒙古博物院）

物化石。考古学家们经过研究正式命名为“河套人”，并确定为距今3万—7万年前的人类，属于晚期智人。河套人遗址中出土了丰富的化石，标志着河套人不仅是远古草原历史文化延续中的重要节点，而且在中国原始社会历史中占据极其重要的地位。河套人已被写入各类历史专著，影响深远。2001年，萨拉乌苏遗址被列为全国第五批重点文物保护单位。

河套文化地处内蒙古、陕西、宁夏交界处，散落在鄂尔多斯高原和黄土高原的接合地带。这里沙漠和黄土相间，地貌丰富多样，地形浑厚层叠，尤其萨拉乌苏遗址正好处在国内仅有的沙漠大峡谷中，拥有得天独厚的自然环境。

黄河老牛湾——以黄河为界，它南依山西的偏关县，北岸是内蒙古的清水河县，西邻鄂尔多斯高原的准格尔旗，是一个鸡鸣三市的地方。黄河从这里入晋，内外长城在这里交会，晋陕蒙大峡谷以这里为开端，我国黄土高原沧桑的地貌特征在这里彰显（图/于怀）

旅行点：萨拉乌苏（河套人）遗址，因位于乌审旗的萨拉乌苏河沿岸得名，是旧石器时代晚期重要的文化遗址，曾经是草原森林地带，湖泊密布，植被茂盛，动物成群，气候温和适宜，是河套人的生存家园。

红山文化：震惊世界的中华文明之曙光

在内蒙古地区从东到西普遍发现了大量的新石器时代的文化遗址，其中东部的扎赉诺尔文化、中东部的兴隆洼文化和红山文化、中西部的庙子沟文化和白泥窑子文化、西部的阿拉善文化和朱开沟文化等都具有典型性和代表性。这些文化的发现足以说明中国北方草原人类活动的频繁性和草原历史文化的延续性。内蒙古地区新石器时代诸多文化中，红山文化最为著名。红山文化1935年发现于内蒙古赤峰市红山，1955年正式命

上图：震惊世界的红山文化就是在这座山的北坡被发现的

左图：黄玉龙，红山文化遗址出土，周身蜷曲，通体磨光，吻部前伸，首尾相顾，是原始先民的图腾崇拜或权力象征

名。之后的考古工作中发现了属于红山文化类型的多处遗址和大量文物。红山文化的内容极为丰富，通过多年的发掘和研究，最终发现了以红山文化为代表的辽河流域古代文化圈，震撼了整个考古界和史学界。红山文化中发现的坛、庙、冢为代表的大型礼仪性建筑群体，石雕和泥塑的祖神造像，以及铜器的冶铸等文化遗址和实物的发现，证实了与黄河流域仰韶文化并存的辽河流域红山文化的存在。我国著名的考古学家、中国考古学会理事长苏秉琦先生，经过长期研究，著书《中国文明起源新探》，认定红山文化是中华大地上最早的原生文明，应该称其为“中华文明曙光”，并由此发现了中国历史发展的基本规律，提出了“多元一体”论，得到学术界的共鸣和普遍承认。红山文化中首次出土的玉龙令文化界惊奇不已，被誉为“中华第一龙”。龙是中原农耕民族崇拜的图腾，更有后来的中国人都自称“龙的传人”一说。红山文化作为中华文明的重要源头之一，在中国古代史中占据非常重要的位置，长期以来在各种书刊中不断地出现，同时进入大学教科书，引起世人的极大关注。红山文化内容丰富，历史文化价值极高，拥有很高的知名度，吸引着国内外游客。

旅行点：内蒙古赤峰市红山，坐落在英金河的东岸，因为构成山体的岩石全都是赭红色，故名红山。海拔665米，虽不高，但临河突兀，怪石嶙峋，挺拔神秀。

匈奴文化：草原地区第一次成为统一的整体

内蒙古自治区的阴山和河套地区，是匈奴民族的发祥地。从公元前209年冒顿单于建国至公元91年北匈奴西迁欧洲，匈奴人成为草原历史舞台的主人达300年。匈奴人创造的游牧文化为整个草原文化奠定了基础，其政治、经济、文化、民俗被后来的北方草原民族全面继承和光大。匈奴人在其首领冒顿单于的率领下，在中国历史上第一次统一北方草原各民族，第一次统一整个北方大草原地区。中原地区的秦汉王朝和草原地区的匈奴帝国，形成两大政治、经济、文化、民族集团并举的局面达三四百年。匈奴冒顿单于把草原地区作为一个统一的整体，与中原发生频繁的交往，并建立了密切的关系，为以后中国统一多民族国家的形成和发展做出巨大贡献。匈奴民族对中国历史和世界历史产生过重大

匈奴时期铜鹿一组，内蒙古准格尔旗速机沟出土

影响，今天匈奴人已离我们远去，然而他们给后人留下了极为宝贵的文化财富。匈奴文化中至今保留下来的有昭君墓、匈奴青铜器，以及在汉匈关系中产生的秦汉长城遗址等有形文化；另一方面，也有在《史记》《汉书》《后汉书》《三国志》《晋书》《北史》等正史中以文字记载形式保留下来的大量的无形文化。元朝以前，萨拉乌苏周边地区是整个鄂尔多斯高原的政治、经济、文化中心所在地，有着统万城等多处文化遗址。

旅行点：统万城，今俗称白城子，位于陕西靖边县和内蒙古乌审旗交界处，毛乌素沙漠的边缘无定河北岸流沙中，为公元5世纪匈奴铁弗部首领赫连勃勃所建的匈奴大夏国都城遗址。该城在中国建筑史上有着极其重要的地位。

鲜卑文化：从兴安岭跨越草原入主中原

鲜卑是古老的北方草原民族，他们兴起于内蒙古大兴安岭一带，活跃于汉晋北朝时期。匈奴人退出草原历史舞台以后，鲜卑人由大兴安岭走向草原，在其首领檀石槐率领下，建立了鲜卑军事大联盟国，定都在今内蒙古乌兰察布草原上的弹汗山。据《后汉书·乌桓鲜卑传》记载，鲜卑"南抄缘边，北拒丁零，东却夫余，西击乌孙"，尽据"匈奴故地"。此后，鲜卑人分裂，以部落为单位不断进入中原：鲜卑慕容部在十六国时期建立了其中的前燕、后燕、西燕、南燕等国，鲜卑宇文部在北朝时期建立了其中的西魏和北周等国；鲜卑拓跋部在十六国和北朝时期建立了代国和北魏王朝。其中鲜卑拓跋部乘淝水之战和前秦土崩瓦解之机，于公元386年建立北魏王朝，定都在内蒙古和林格尔县境内的盛乐城，并奋力征战，统一中国北方地区，结束了自五胡十六国以来130多年的分裂割据局面。

在北方草原民族中，鲜卑虽不如匈奴在欧亚大陆

北魏鲜卑墓中的《敕勒川狩猎图》(局部)，内蒙古呼和浩特市和林格尔县

影响广泛，但从中国历史的角度看，却比匈奴更值得重视，因为鲜卑人开创了北方草原民族入主中原的先河，在中国北部建立一系列政权，把广大的北方草原游牧区和黄河流域农耕区置于同一政权之下。鲜卑拓跋人建立的北魏王朝不仅统一了中国北方，而且为了维护和巩固这种统一，孝文帝进行改革，促进了民族大融合，各民族间的经济文化交流得到空前加强，为中国历史的不断发展和自我更新注入活力，提供了重要的推动力。鲜卑人最终融入中原汉族和其他草原民族之中。鲜卑人也为旅游业留下极其丰富的文化资源。

内蒙古作为鲜卑人的故乡，有拓跋鲜卑的发祥地嘎仙洞，有北魏早期首都盛乐城遗址，有北魏皇帝的度假胜地辉腾锡勒草原，有参合陂之战的古战场。

旅行点：拓跋鲜卑的发祥地嘎仙洞，内蒙古呼伦贝尔市鄂伦春旗。盛乐城遗址，内蒙古和林格尔县北。

契丹文化：横跨草原和中原，影响深远

契丹人曾生活在今天的内蒙古赤峰市境内的西拉木伦河和老哈河流域。契丹民族在中国北方建立过长达200多年的辽王朝。辽朝灭亡后，契丹人又在我国西域和中亚地区建立过长达80多年的西辽王朝，西辽灭亡后又有部分契丹人在今伊朗建立过长达80多年的起儿漫王朝。契丹人建立了横跨草原和中原的辽王朝，成为中国历史上贡献多、影响大的古代民族。契丹人创造的文化，成为中华民族传统文化的重要组成部分。

契丹人的历史文化主要记录在《辽史》《金史》《宋史》《旧五代史》《新五代史》等正史和《契丹国志》等其他重要史籍中。契丹人在北方草原地区和中原地区留下大量的有形文化，其中辽代的建筑在中国建筑史上的地位尤为突出，保留下来的建筑很多，寺庙和佛塔都有1000多年的历史了，个个成为国家级重点保护文物，吸引着现代旅游者。其中，天津独乐寺、山西应县木塔、河北定州塔等最为著名。内蒙古是辽王朝的龙兴之地，辽建五都，其中两个位于今内蒙古赤峰。辽王朝的首都临潢府遗址（今内蒙

陈国公主墓出土覆金面具

辽上京（今内蒙古赤峰巴林左旗）南塔

塔为八角七级空心塔，高约25米，砖木结构。因年代久远，损坏较严重，比较完整的是约3米宽、6米高的台座。由此向上，塔身逐步内收，但塔刹已经损坏。塔南侧有高2.4米，宽1.6米的门可以进入塔内，其余七面均设有假门。塔身一层各面有赭色石质浮雕，但现在能够观赏的仅有20余尊，主要有佛像、飞天、菩萨等。这些浮雕，刀法娴熟而精致，形象逼真而优美，动感强烈，体态柔润丰满。华盖两侧的伎乐人、供养人、坐佛以及莲花下的孔雀，都给人以栩栩如生之感，足见当时工匠技艺之精湛

古赤峰巴林左旗）和辽大明塔（今内蒙古赤峰宁城县）、林西县白塔、呼和浩特市万部华严经塔等三个辽塔构成了恢宏的辽代建筑群，从内蒙古境内出土了很多辽代文物，其中契丹陈国公主墓和吐尔基山辽墓震惊国内外。

旅行点：临潢府遗址，辽上京南塔，内蒙古赤峰巴林左旗。

蒙古文化：北方草原文化的高峰

蒙古民族是今天内蒙古自治区的主体民族和自治民族。蒙古人从额尔古纳河和大兴安岭走向大草原，全面继承和发展了北方草原民族的历史和文化。成吉思汗统一蒙古各部建立了大蒙古国，之后蒙古人数次西征建立了四大汗国，同时不断南下建立元朝统一了全国。成吉思汗及其子孙，通过几十年的努力最终建立了横跨欧亚大陆的世界帝国，对中国历史乃至世界历史做出巨大贡献，其影响至今犹在。蒙古民族有自己的史学家、文学家、艺术家和科学家，蒙古民族有自己独具特色的音乐舞蹈、绘画艺术、宗教信仰和风俗习惯，蒙古民族创造的蒙古文化极其丰富且知名度很高。今天的内蒙古仍是蒙古族聚居的主要地区，仍然保留着自己的草原经济、文化风情和生活形态，蒙古民俗文化成为草原文化的重要组成内容。

主要旅行点：元上都遗址，锡林郭勒盟正蓝旗。

世界文化遗产——元上都遗址（图/巴义尔）

壮美五千里，俯仰皆入画

内蒙古精品旅游线路

内蒙古自治区旅游业经过30多年的发展，已经形成4条具备一定规模的精品旅游线路。这4条精品旅游线路以中心城市为区域核心和旅游集散中心，以铁路、公路和航空线路为骨架，以重点旅游城镇和旅游景区为依托，组合若干次一级的旅游线路和专项旅游线路，形成层次清晰、内容丰富的旅游线路产品。

松涛激荡，大兴安岭绵延着向草原过渡

第一条是以呼伦贝尔、满洲里口岸和阿尔山为核心的草原森林、火山温泉、边境观光旅游线。

该旅游线路地跨呼伦贝尔市及兴安盟两个盟市，所处地区西邻俄罗斯、蒙古，东与东北三省毗邻，与日本、韩国、朝鲜往来便利，是内蒙古最具吸引力的旅游产品之一，也是内蒙古极具少数民族风情和山水魅力的旅游产品。

线路1：额尔古纳—根河—金河—阿龙山—内蒙古莫尔道嘎国家森林公园。

莫尔道嘎国家森林公园，是中国最大的森林公园，也是摄影爱好者最青睐的大兴安岭观赏红叶的地点，它是我国最后一片寒温带原始森林，兼有呼伦贝尔草原到大兴安岭西北坡过渡带的地质地貌景观，其原始林区素有“落叶松故乡”之称，树种以落叶松为主，其次为白桦，故秋色以橘红和黄色为主。

线路2：满洲里市—达赉湖（呼伦湖）小河口旅游区—呼和诺尔大草原旅游区—鄂温克族自治旗—白音呼硕旅游区—红花尔基国家森林公园旅游区—新巴尔虎左旗—诺门罕景区—道乐都景区—阿尔山—乌兰浩特成吉思汗庙。

莫尔道嘎林海朝霞（图/于怀）

“中国的阿尔卑斯小镇”阿尔山

阿尔山，全称为哈伦·阿尔山，其意思为“热水圣泉”，得名于面积1平方千米的泉区。泉区内有42个大小不同的泉眼，冷泉只有1℃，高热泉则像滚沸的开水，终年升腾着热气。阿尔山的泉水含有不同的成分，可以治疗几十种慢性疾病。

阿尔山市是中国纬度最高的城市之一，全市人口只有6.8万，总面积7408.7平方千米，辖区内中国与蒙古国边境线长93.434千米。阿尔山横跨大兴安岭西南山麓，是群山之间的安静小镇，被称为“中国的阿尔卑斯小镇”。这座被森林环抱的美丽小城，春天，杜鹃盛开，迎风傲雪；夏天，林海绿浪，百鸟齐鸣；秋天，红叶如火，层林尽染；冬天，壁挂冰凌，山披银盔。一年四季，既有珍禽异兽，又有奇花异草，既有美景，又有温泉，是旅行度假的好去处。由火山岩形成的石塘林、火山堰塞成的松叶湖等景区，点缀着阿尔山这块宝地。

内蒙古东部是中国火山锥和熔岩分布最广、数量最多的地区，全国有1000多座火山锥，在内蒙古就有800多座，而阿尔山又是火山锥发育最典型的地区。火山中隐藏着堪与天山天池和长白山天池媲美的第三大天池，还有100多个类型迥异的火山湖泊，山水相映成趣。

进入阿尔山石塘林的人们恐怕都感觉如同行走在森林大火后的废墟中。巨大而破碎的块状黑褐色玄武岩裸露地表，傍晚的暮色中，种种诡异的造型让人浮想联翩。翻花石、石海、喷气锥、喷气碟……它们似乎定格在当时的状态，为我们展示着一个个大自然地理变迁的活标本。

旅行点：天池、石塘林、杜鹃湖、三潭峡、松叶湖、玫瑰峰、五里泉、阿尔山圣泉旅游度假区、驼峰岭天池、好森沟、[illegible]河、哈拉哈河。

阿尔山石塘林。黑褐色玄武岩组成的石海，高度与人的腰平齐，3万年前火山喷发的熔岩在此汇聚，岩浆流淌形成了一条“石河”（图/于怀）

上图：发源于阿尔山的哈拉哈河，在林间穿行，湍急俊美。哈拉哈河全长仅399千米，却是创造了“爱国”传说的典范之河。流入蒙古国之后又多情地流回祖国的怀抱（图/吴双泰）

下图：阿尔山杜鹃湖。阿尔山最年轻的火山于全新世喷发时，流出的熔岩堰塞了哈拉哈河，形成杜鹃湖（图/于怀）

线路3：满洲里市—俄罗斯后贝加尔斯克—俄罗斯红石市—黑山头口岸—拉布大林—海拉尔。这条线路由满洲里口岸出境，游览俄罗斯红石市后，当天或者次日由额尔古纳市的黑山头口岸入境，是一条具有中、俄两国旅游内容的旅游环线，既可以体验俄罗斯风情，又可以饱览中俄界河额尔古纳河风光和黑山头古城遗址。

旅途中随处可见的牛群（图/孙一兵）

从绵延的草原到沙地石林的地质奇观

以锡林郭勒盟、赤峰市、通辽市3个盟市为核心的区域旅游，包括浑善达克沙地、锡林郭勒草原、巴林草原、燕山山脉余脉——七老图山、科尔沁草原、科尔沁沙地、大兴安岭南段等地理单元，组成了以锡林郭勒大草原、阿斯哈图石林和喀喇沁为重点的地质奇观、民族文化、草原风情相结合的旅游线路，这是内蒙古最具文化魅力的旅游产品。该旅游线路所处的地理区位独特，距离北京市、承德市、沈阳市、张家口市等大中城市较近，交通便捷，特别是与北京市、承德市两个重要旅游城市相邻，可以借助优势，组成跨区域的旅游线路。该旅游线路所在区域是内蒙古自治区旅游资源最丰富的地区之一，不仅数量丰富，而且类型多样。同时，这条旅游线路还具有典型性，特别是锡林郭勒大草原、阿斯哈图石林、元上都遗址、辽文化遗址、巴林奇石、蒙古族风情等都具有极高的旅游价值，是内蒙古的王牌旅游资源。因此，该线路是内蒙古自治区最具发展潜力的旅游线路，也是率先成为中国北方旅游热点的旅游线

阿斯哈图石林位于赤峰市克什克腾旗北部，“阿斯哈图”在蒙古语中意为“险峻的岩石”。这些由冰川融水冲蚀而成的冰石林，山峰相叠，景色迷人（图/白音查干）

路。因距离京津地区较近且高速公路便捷，本线路也成为京津游客自驾游的热门线路。

线路1：锡林浩特市—西乌珠穆沁旗—东乌珠穆沁旗，既有锡林郭勒草原、白音锡勒国家级草原自然保护区等自然景观，也有乌珠穆沁部落文化等民族风情，还包括蒙元文化苑、蒙古汗城、乌里雅斯台山等景点，让游客尽情参与草原风情游、民族文化游和地质奇观游。

线路2：太仆寺旗—正镶白旗—正蓝旗—多伦县，重点突出草原马文化和蒙古族察哈尔部落文化，主要包括贡宝拉嘎草原、马文化博物馆、元上都遗址、浑善达克沙地等优势旅游产品。

线路3：正镶白旗—正蓝旗—锡林浩特市—阿巴嘎旗，重点突出蒙古族察哈尔部落和阿巴嘎部落文化，主要包括正镶白旗爱国主义教育基地、千马部落、元上都遗址、蒙元文化苑、贝子庙、别勒古台公园、洪格尔高勒沙地草原公园等景点。

线路4：二连浩特市—苏尼特右旗—苏尼特左旗—锡林浩特。重点突出边境旅游和苏尼特部落文化，主要包括二连国门、恐龙墓地、德王府、赛汉塔拉旅游娱乐园、洪格尔岩画、宝德尔楚鲁石林等景点。

青城（呼和浩特）和鹿城（包头），草原城市的历史和现在

呼和浩特大召寺白塔雪景（图/额博）

呼和浩特—包头—鄂尔多斯历史文化与民俗风情游是内蒙古中西部旅游线路。这条旅游线路包含了呼和浩特市、包头市、乌兰察布市、巴彦淖尔市和鄂尔多斯市5个城市，有草原、沙漠、河流、湖泊、森林、民俗与民族文化、文物古迹、工农业成就等多种旅游资源，推出了自然观光、历史文化、民俗风情、工农业旅游、商务会展等多项旅游产品。

围绕呼和浩特市、包头市、鄂尔多斯市、乌兰察布市和巴彦淖尔市等旅游中心城市，以周边城市为依托，形成了呼和浩特市（大召、五塔寺、昭君墓旅游区、白塔、内蒙古博物院、将军衙署博物院）—土默特左旗（哈素海旅游区）—土默特右旗（美岱召旅游点）—包头市（五当召旅游区、希拉穆仁草原）—乌拉特前旗（维信高尔夫草原生态旅游区、乌梁素海旅游区）—杭锦旗（夜鸣沙旅游区、穿沙公路景点）—伊金霍洛旗（成吉思汗陵文化旅游区）—东胜区（鄂尔多斯世珍园旅游区、鄂尔多斯羊绒集团）—达拉特旗（响沙湾旅游区、恩格贝沙漠生态旅游区）草原沙漠旅游线，该旅游线以成吉思汗陵、响沙湾、乌兰察布草原、黄河等为重点，形成了以内蒙古民族文化、沙漠风情游为主，兼有湖泊观光、草原高尔夫度假和工业、农业观光旅游的一条精品旅游路线。此外，这条旅游路线也成为内蒙古配套设施最为齐全完备的旅游产品。

沙漠秘境，北方岩画的探秘之旅

以阿拉善盟和北鄂尔多斯以及乌拉特地区为中心，形成了内蒙古最为神奇的精华旅游资源，也是内蒙古极具发展潜力的旅游产品，包括阿拉善盟和鄂尔多斯市鄂托克旗、鄂托克前旗以及巴彦淖尔市乌拉特后旗、乌拉特中旗西部、磴口县西北部。西与甘肃省酒泉、张掖、武威相连，东南隔贺兰山与宁夏回族自治区青铜峡市、吴忠市、银川市、石嘴山市相望，东北与巴彦淖尔市、乌海市接壤，北与蒙古国交界，经济上充分受到银川市与酒泉市的辐射，可利用西北相邻地区的旅游客源市场。目前，主要形成“阿左旗巴彦浩特—阿拉善右旗—东风航天城—额济纳旗”和“银川—中卫—巴彦浩特”两条环线旅游线路。第一条涉及阿拉善左旗广宗寺旅游区、福因寺旅游区、延福寺、阿拉善王府、月亮湖沙漠探险旅游区、天鹅湖旅游区、哈布茨盖怪石园、阿拉善右旗大漠民俗度假村、曼德拉山岩画景区、红墩子峡谷景区、海森楚鲁怪石景区、特布希庙景区、巴丹吉林沙漠景区、东风航天城、额济纳旗八道桥沙漠胡杨旅游区、怪树林、黑城子、红城、绿城等景区景点。第二条主要涉及西夏王陵、西夏影视城、通湖草原旅游区、沙坡头旅游区、阿拉善左旗广宗寺旅游区、月亮湖沙漠探险旅游区等景区景点。

撰稿专家

白音查干，蒙古族，内蒙古师范大学教授。主持并参与成吉思汗陵、成吉思汗庙、元上都遗址、蒙元文化苑等多项旅游景区景点的规划与设计。代表作有《内蒙古民俗概要》等。

《内蒙古民俗概要》

扫描二维码，阅读专家代表著作的电子版

巴丹吉林沙漠位于内蒙古西部额济纳旗、阿拉善右旗，是中国第三大沙漠，东南部的沙山间分布着约140个海子（内陆小湖）（图/额博）

冬日布里亚特男子(图/宝音)

“中华民族文化大系”牢牢把握为祖国各民族做一张历史文化名片的编辑宗旨，以人为本，从细节入手，力争展示每个民族的亮点、特点和发展过程中的关键点。这套“集大成”之作，从撰稿到出版，历经数载，凝聚了众多专家学者的心血，得到诸多领导、同仁、读者的关心与支持，亦参考借鉴了相关研究成果，因体裁所限，未能逐一标注，特此申明，并深表谢意！

需要说明的是，书中部分文字、图片、音乐、视频等，经多方努力，仍未能找到相关作者或著作权人的联系方式。作者或著作权人如发现请随时与我们联系（meimin56@163.com），我们在核实后将奉上稿酬。

民族文化丰富而博大，繁复而琐细，虽已尽全力核查、考证，但挂一漏万，肯定还存有不少谬误，恳请读者批评斧正。

本书编委会

2017年6月

图书在版编目(CIP)数据

天之骄子 ：蒙古族 ：全2册 / 齐木德道尔吉主编.
-- 上海 ：上海锦绣文章出版社：上海文化出版社，2017.8（2018.3重印）
（中华民族文化大系）
ISBN 978-7-5452-1880-0
Ⅰ. ①天… Ⅱ. ①齐… Ⅲ. ①蒙古族-民族历史-中国②蒙古族-民族文化-中国 Ⅳ. ①K281.2
中国版本图书馆CIP数据核字(2017)第166450号

上海文化发展基金会图书出版专项基金资助项目

责任编辑 汪冬梅 田 甜
特约编辑 徐学文 姑茹玛
整体设计 周艳梅
美术编辑 费红莲 华 婵
督 印 张 凯

书 名 天之骄子——蒙古族
主 编 齐木德道尔吉
出 版 上海锦绣文章出版社 上海文化出版社
出 品 上海故事会文化传媒有限公司
（200020 上海市绍兴路74号 www.storychina.cn）
发 行 上海文艺出版社发行中心
（上海市绍兴路50号）
印 刷 上海雅昌艺术印刷有限公司
版 次 2017年8月第1版 2018年3月第2次印刷
规 格 787×1092 1/16 印张 33
书 号 ISBN 978-7-5452-1880-0/G · 720
定 价 160.00元（全2册）